陈高华　陈智超　等著

中国古代史史料学（第三版）

中华书局

图书在版编目(CIP)数据

中国古代史史料学(第三版)/陈高华等著. —北京：中华书局,2016.11(2025.3重印)

ISBN 978-7-101-11872-8

Ⅰ.中… Ⅱ.陈… Ⅲ.中国历史-古代史-史料学
Ⅳ.K220.6

中国版本图书馆 CIP 数据核字(2016)第 125901 号

书　　名	中国古代史史料学(第三版)
著　　者	陈高华　陈智超 等
责任编辑	王传龙
责任印制	管　斌
出版发行	中华书局
	(北京市丰台区太平桥西里 38 号　100073)
	http://www.zhbc.com.cn
	E-mail:zhbc@zhbc.com.cn
印　　刷	三河市宏达印刷有限公司
版　　次	2016 年 11 月第 1 版
	2025 年 3 月第 5 次印刷
规　　格	开本/710×1000 毫米　1/16
	印张 32¾　插页 2　字数 500 千字
印　　数	11501-13500 册
国际书号	ISBN 978-7-101-11872-8
定　　价	96.00 元

目　录

前　言

　　理论是历史研究的指导，马克思主义的历史唯物论和辩证唯物论是历史研究的正确指导。史料是历史研究的基础，系统的、充分的、经过检验的史料是历史研究的坚实基础。详细地占有史料，在马克思列宁主义指导下，从这些史料中得出正确的结论，这便是研究历史的唯一科学的方法。

　　随着人类创造历史的活动不断深入，人类对历史的认识不断深化，人们对史料的观念也不断变化，史料的范围越来越扩大。不但专门史籍可以作为史料，其他文献也可以作为史料；不但有意识的记录可以作为史料，无意识的记录也可以作为史料；不但文字记录可以作为史料，实物材料（如文化遗存）和口头材料（如传说）也可以作为史料。

　　史料总是不可避免地带有产生它的那个时代的特点，有它的历史局限性。文字史料更必然打上记录史料的个人和集团的阶级烙印。本书论述的范围是中国的奴隶社会和封建社会，当时奴隶主阶级和地主阶级垄断了文化，所有的文字史料都出于他们之手，充满了剥削阶级的偏见。这给后人研究这一段历史带来了许多困难。只有在历史唯物论的指导下，对史料进行科学的搜集、鉴别和整理，才能加以合理的利用。

　　史料学就是研究史料的搜集、鉴别和运用的科学，是历史科学的一个分支。史料学可大体区别为两类：一类研究搜集、鉴别和运用史料的一般规律和方法，可称为史料学通论；另一类研究某一历史时期或某一史学领域史料的来源、价值和利用，可称为具体的史料学。

　　我们这本《中国古代史史料学》属于后一类，其范围上起有文字史料的商代，下讫鸦片战争前的清代前期，即中国的奴隶社会和封建社会时期。中国古代的文献浩如烟海，考古发现又层出不穷，初学者常苦于不得其门而入，我们编写这本书的目的，就是为学习中国古代史的同志介绍有关史料的基本知识。本书的编写采取统一体例、分头执笔的办法。各章的划分及执笔的同志分别是：第一章，商殷，齐文心。第二章，西

　　前

言

周春秋战国，刘起釪。第三章，秦汉，吴树平。第四章，魏晋南北朝，张泽咸；这一章的二、三两节不少地方采用了唐长孺先生讲稿的观点。第五章，隋唐五代，张泽咸。第六章，宋代，陈智超。第七章，辽金西夏，陈智超、陈高华。第八章，元代，陈高华。第九章，明代，曹贵林、郑克晟。第十章，清代，郭松义。

就我们所知，到目前为止还没有出版过一部中国古代史史料学。我们的工作属于草创，没有前人系统的经验可以借鉴；再加上水平有限，这本书肯定存在不少缺点错误。我们愿借本书出版的机会，听取大家的意见。同时，正因为工作属于草创，更显出它的迫切性。我们希望这本书对广大有志于学习和研究中国古代史的中青年同志，能有所帮助。在编写过程中，我们参考吸收了史学界许多同志的研究成果，谨此表示谢意。

陈高华　陈智超

1981 年 7 月

修订本前言

《中国古代史史料学》是一部史学入门书，主要面向喜爱中国古代文史的青年人，也可供研究者和教师参考。出版以后，很多读者给予我们热情的鼓励，不少大学将本书列为教材或参考资料。我们谨向关心此书的同志们表示衷心的谢意。

《中国古代史史料学》出版至今已二十余年。在此期间，不断有新史料发现，古籍整理工作取得了巨大的成绩。我们这次修订，一是改正原有的一些讹误，二是力求吸收史料学的最新成果。由于见闻所限，必定有不足之处，期待着读者的批评。

本书第二章《西周春秋战国史史料》的修订得到中国社会科学院历史所吴锐副研究员的帮助。本书第九章《明史史料》的修订是在中国社会科学院经济所封越健研究员的帮助下共同完成的，还曾得到历史所何龄修研究员的帮助。谨向他们表示感谢。

陈高华　陈智超

2006 年 7 月

增补本前言

《中国古代史史料学》原由北京出版社出版（1981 年），后经修订由天津古籍出版社再版（2006 年）。承中华书局厚意，现将修订本加以增补，重新出版。此次增补的内容是：（1）近年新发现的重要资料；（2）近年出版的史籍重要整理本；（3）原书中明显的不妥之处。

增补工作由各章作者执笔。但刘起釪先生、曹贵林先生相继去世，第二章增补请吴锐先生负责；第九章增补由郑克晟先生负责，在中国社会科学院经济研究所封越健研究员和南开大学历史学院孙卫国教授及其博士生秦丽的帮助下共同完成；第六章近年新出版的宋代史籍重要整理本，由中国人民大学清史研究所周勇军博士生帮助补充。在此向刘、曹二先生表示深切的怀念。

中华书局申作宏先生、陈洁女士为增补本的出版付出了很大的劳动，谨向他们道谢。

陈高华　陈智超

2015 年 3 月

第一章　商殷史史料

第一节　概况

商朝是我国历史上继夏代之后的一个强盛的奴隶制王朝。从商汤灭夏至殷纣灭亡，传十七世三十一王①，约相当于公元前 17 世纪至公元前 11 世纪。商的王都屡次迁徙，到盘庚时，迁都于殷（位于今河南省安阳市西北部的小屯村一带），因此商朝后期被称为"殷"。以盘庚迁殷为界限，商代的历史可以划分为前后两个阶段，后一阶段共经八代十二王，二百七十三年，这是商朝历史上重要的发展阶段。这期间王室加强了统治，殷人的统治区域和文化影响从黄河流域伸展到长江中下游的广大地区，青铜文化高度发展，达到了鼎盛时期。

随着奴隶主阶级统治的加强，在殷王朝的国家机构里设置了一些精通文字，掌管文书的史官，甲骨文中的"贞人"，可能就是史官的一种。他们当时的记载，就是我国最早的文字史料。根据古书所载，商代本来有丰富的史料。《尚书·多士》说："惟殷先人有册有典，殷革夏命。"证明殷人曾有记载汤革夏命的"典""册"。当时的"典""册"是刻写在竹木之上的，可惜由于年代久远，早已荡然无存了。

商代的文献史料，流传下来的甚少。春秋末年的孔子对于殷代文献缺乏的情况已经发着慨叹，他说："夏礼，吾能言之，杞不足征也；殷礼，吾能言之，宋不足征也。文献不足故也。足，则吾能征之矣。"②孔子距殷时代未远，已感到可信赖的史料不足，对于距孔子两千多年的今世来说，自然更无足够的文献可征了。幸运的是，在《尚书》《诗经》等

---

①　三十一王为：大乙（汤）、太丁、外丙、中壬、太甲、沃丁、太庚、小甲、雍己、太戊、仲丁、外壬、河亶甲、祖乙（中宗）、祖辛、沃甲、祖丁、南庚、阳甲、盘庚、小辛、小乙、武丁（高宗）、祖庚、祖甲、廪辛、康丁、武乙、文丁、帝乙、帝辛（纣）。

②　《论语·八佾》。

古籍中，还保存了一些商代的文献史料，尽管这些史料不免经过后人的加工删改，使用起来还需下一番分析鉴别的工夫，但是它们有如凤毛麟角，仍是值得珍视的。

《尚书》中的《商书》流传至今的有五篇，即《汤誓》《盘庚》《高宗肜日》《西伯戡黎》和《微子》①。

《汤誓》是汤伐夏桀时的誓师之词。关于汤伐夏桀的故事，《诗经·商颂》以及汉代的《书序》《史记·殷本纪》中都有记载。其内容应有原始的史料根据，但《汤誓》文字比较浅显，像文中的"尔""庶""天"等都是周人的用语。其写定的时间较晚，应是战国时代的作品。

《盘庚》分上、中、下三篇，是殷王盘庚在迁都前后对臣民的告诫，为当时史臣所记。全文共一千二百八十三字，在《商书》各篇中文字最长，写定的时间最早，史料价值较高。《盘庚》三篇的次序在流传中有所颠倒。第一篇（原中篇）是盘庚在即将迁殷时对臣民所作的动员讲话；第二篇（原下篇）是既迁之后，对官员百姓的告诫；第三篇（原上篇）是迁定一段时间之后，因"民不适有居"，盘庚通过贵戚大臣向臣民的安抚讲话和对官员们的告诫。这三篇学者多认为是殷代的文献，但在文字上也不免经过周人的加工润色。

《高宗肜日》的内容，是记殷高宗武丁在祭祀成汤时有飞雉登鼎耳鸣叫，大臣祖己借机会对王进行劝诫。此事在《书序》和《史记·殷本纪》中都有记载。以鸣鸟为不祥之兆和殷人的观念吻合。甲骨卜辞中就有以鸣鸟象征灾难的记载，例如，一条卜辞记载"……庚申亦有酰，有鸣雉，疒圉羌戎……"意思是说：某庚申日，有灾害，有雉鸣叫，疒地的监狱羌奴暴动了……②《左传》襄公三十年，也记载"鸟鸣于亳社，如曰：'嘻嘻'。甲午，宋大灾"。证明殷之后人宋国人，仍以鸣鸟为不祥之兆。这证明《高宗肜日》篇有其原始的史料依据。但是文中提到的"王司敬民，罔非天胤"的民本观念，郭沫若认为在当时是不可能有的。另外，篇中所见"民""德"等用语和以"天"为至上神的观念都非殷人所有，

---

① 孔颖达疏，阮元校刻：《尚书正义》，《十三经注疏》本，中华书局 1980 年影印本。
顾颉刚、刘起釪：《尚书校释译论》，中华书局，2005 年。
② 见齐文心：《殷代的奴隶监狱和奴隶暴动——兼甲骨文"圉"、"戎"二字用法的分析》，刊《中国史研究》1979 年第 1 期。

可能是东周时写定的。

《西伯戡黎》是记周文王征服了商王国西北部的藩属黎国之后，商王朝的亡国之祸迫在眉睫，大臣祖尹对殷纣王的告诫。《微子》则是宗室贵族微子在商朝行将败亡之际向太师、少师讨教个人对策的一篇对话。这两篇文献大概都是根据了当时留下的原始材料，但从内容和称"商"为"殷"等用语看来，当写成于春秋时代。

《诗经·商颂》① 是一组较早的文献史料。主要内容是歌颂商之先祖的诞生和商汤的武功，是殷的后人宋国人祭祀殷祖的诗篇。《商颂·玄鸟》曰："天命玄鸟，降而生商。"《商颂·长发》曰："有娀方将，帝立子生商。"意思是说，上帝想立子，就命玄鸟降至人间，使有娀氏生下了商的始祖。这些神话诗篇是关于商族起源的最早的史料。

除此之外，《左传》《国语》《竹书纪年》《世本》《楚辞·天问》以及周秦诸子，虽然都是战国及其以后的作品，但其中也都保存了一些有关商代的零星史料，也是不可忽视的。

《史记·殷本纪》② 是记述商殷历史最为系统详实的文献。司马迁在撰述此篇时，主要的根据是《尚书·商书》和《诗经·商颂》，所谓"余以颂次契之事，自成汤以来，采于书、诗"③。后来经过王国维的研究，将甲骨卜辞中的先公先王名号及位次，与《殷本纪》中的先公先王世系进行比较，发现两者基本相符④。由此，商代历史成为信史。《殷本纪》虽成书较晚，但记述的内容多有较早的史料根据，因此有重要的参考价值。

综上所述，我们所能见到的有关商殷历史的文献史料甚少。而甲骨文的被认识，是关于商代史料的空前惊人的大发现，使商代史料缺乏的困境赫然改观。

商朝后期的王都遗址"殷墟"，位于今河南省安阳市西北郊，横跨

① 毛亨传，郑玄笺，孔颖达正义：《毛诗正义》，《十三经注疏》本，中华书局 1980 年影印本。
② 司马迁撰，裴骃集解，司马贞索隐，张守节正义：《史记》，涵芬楼影印本。
　司马迁撰，[日]泷川资言考证：《史记会注考证》。
③ 见《史记·殷本纪》篇末之"太史公曰"。
④ 王国维：《殷卜辞中所见先公先王考》《殷卜辞中所见先公先王续考》，见《观堂集林》卷九。《海宁王静安先生遗书》本，商务印书馆，1940 年。

洹河南北两岸及其附近的二十多个自然村。① 很久以前，当地农民犁田时就不断发现有刻辞的甲骨，他们将其作为药材卖给药店，称作"龙骨"。有字的往往被刮去，有的骨头被碾成细粉做"刀尖药"出售，用以止血。清光绪二十五年（1899年），在北京做官的王懿荣在用药前审视药物时，偶然发现了这种刻在"龙骨"上的文字。王氏本为金石学家，精研铜器铭文和古文字。他立即派人往药店买来了全部字骨，访明来历，并继续搜求，使三千多年前的古文字，被发现并得到了应有的重视。这种古文字，就是甲骨文。

甲骨文是自盘庚迁殷至殷纣灭亡二百七十多年之间，殷王室、贵族进行占卜的遗物。殷人是非常迷信的，大至祭祀、战争，小至疾病、梦幻都要占卜。每逢癸日要卜旬，每晚要卜夕。占卜使用龟的腹甲、少量的背甲或牛的肩胛骨，在甲或骨的反面整齐地施以钻凿，用时向凿处加火灼之，另一面就破裂成兆纹，称为"卜兆"，根据卜兆判断吉凶。卜完之后，将所问的事和占验的结果刻在卜兆之旁。一条完整的卜辞包括叙辞（记卜问的时间和贞人的名字）、命辞（记向卜龟提出的问题）、占辞（记根据卜兆所作出的吉凶判断）、验辞（记占卜之后应验的事实）。除卜辞外，还有少量的记事刻辞，在记事刻辞中数量最多的是关于入龟和攻治卜用甲骨的记录②。还有一些人头刻辞、鹿头刻辞、牛头刻辞、虎骨刻辞等，记载了捕获战俘或猎取野兽的战果，作为战利品用于向祖先献祭。就目前已发现的甲骨而言，甲骨文字有四千个左右③，已识字在一千以上。甲骨刻辞的内容涉及殷人的经济生产、政治军事活动及意识形态等多方面，如农业、畜牧、田猎、阶级关系、军队、监狱、战争、方国、鬼神崇拜、天文历法、气象、建筑、医学等。

① 郑振香：《殷墟的发现与研究·前言》，见中国社会科学院考古研究所编著：《殷墟的发现与研究》，科学出版社，1994年。

② 郭沫若：《殷契粹编》第1534片考释。中国科学院考古研究所编辑，考古学专刊甲种第十二号，科学出版社，1965年。

胡厚宣：《武丁时五种记事刻辞考》，收入《甲骨学商史论丛初集》第三册，成都齐鲁大学国学研究所专刊之一。又收入宋镇豪、段志洪主编：《甲骨文献集成》第二十一册，四川大学出版社，2001年。

齐文心：《历组胛骨记事刻辞试释》，刊《中国史研究》1991年第4期。

③ 沈建华、曹锦炎编：《新编甲骨文字形总表》，香港中文大学出版社，2001年。

从 1899 年发现甲骨文至今，已有一百一十余年。出土甲骨文十多万片①，其中包括民间私藏传世的甲骨和解放前中央研究院及建国后中国社会科学院考古研究所科学发掘的甲骨。这些甲骨，凡有文字的都具有一定的史料价值。科学发掘所获，由于有明确的地层和同出的器物，其史料价值更高。同时，考古发现的陵墓、建筑遗址、遗迹和其他出土遗物，对于甲骨文和商史研究也都具有重要意义。

出土的甲骨实物，绝大部分都保存在国内，广布于中国内地四十个城市的九十多个单位，以及台湾地区和香港地区。有少部分流落到国外，包括日本、加拿大、英国、美国、德国、俄罗斯、瑞典、瑞士、法国、比利时、新加坡、韩国等十二个国家。国内外所藏的甲骨，内容重要的，绝大多数都已发表。从 1903 年第一部甲骨文著录书——《铁云藏龟》问世以来，目前国内外著录甲骨文资料的书刊已达二百余种②。

甲骨文著录书的不断出版，为研究商代历史提供了丰富的第一手材料。但是甲骨文不是殷代唯一的文字，而是殷代应用文字的一种。殷代的应用文字，大部分应该是刻写在"典""册"之上的（如前所述），此外殷人还常在陶器、石器、玉器、骨角器等各种器物上刻写文字，陶文内容以单字为多，多是陶器烧前刻在器物口沿、肩部、腹部、足部等部位。除河南殷墟以外，江西清江、河北磁县下七垣、藁城台西村、邢台曹演庄、河南郑州二里冈等商代遗址和陕西周原都发现有陶文，内容为数字或符号、族名、人名、记事、卦辞等③。商代有铭文的玉石器近百件，字迹可辨认的约三十件，主要出土在安阳殷墟。玉石文字多为契刻，少量是书写的。玉石文字内容简短，主要为族名、祖先名、卦辞或涉及战争、祭祀、赏赐等文字④。较陶文、玉石器和骨角器铭文而言，铜器上的铭文内容更为重要，数量也更多。因此，殷商铜器铭文（一般称为

---

① 关于甲骨文的总片数，说法不一。参见胡厚宣：《八十五年来甲骨文材料之再统计》，刊《史学月刊》1984 年第 5 期。陈炜湛：《关于殷墟甲骨文的两个基本数字》，刊《中国文物报》2003 年 1 月 3 日第 7 版。

② 见宋镇豪主编：《百年甲骨学论著目》，语文出版社，1999 年。

③ 刘一曼：《殷墟陶文研究》，刊《庆祝苏秉琦考古五十五年论文集》，文物出版社，1989 年。

④ 陈志达：《商代的玉石文字》，《华夏考古》1991 年第 2 期。

"金文"）也是有关商史的重要资料①。

早在北宋末年，有关商周古器的专门著作就有十几种。这些书多摹有图像、铭文，并对器名、文字作了考释，有的还注明出土地点或藏家。其中颇具代表性的是吕大临的《考古图》。该书著录了四件殷代铜器：乙鼎、兄癸卣、足迹罍、亶甲觚，并注明得于"邺郡亶甲城"或"亶甲墓旁"。所谓"亶甲城"或"亶甲墓"，都指"殷墟"所在。此外，在王黼等《博古图录》、王俅《啸堂集古录》、薛尚功《历代钟鼎彝器款识》等书中，也都录有商器，可能是宋代殷墟出土之物。

清代中叶以后，金石学获得进一步发展，著作繁多，其中有关商周时期的著录不下百种。如：吴式芬《捃古录金文》著录了戊辰彝、庚申父辛角、殷甗等商器，而且摹刻精善，在木刻金文中为最佳者。近人罗振玉《三代吉金文存》，收殷周四千八百三十一器，凡传世铭文大致完备，搜罗宏富，鉴别精审，印刷精良。其中所收"文父丁簋"（8.33.2）、"乙亥父丁鼎"（4.10.2）、"毓祖丁卣"（13.38.6）等都为商器。罗氏所著《殷文存》和王辰的《续殷文存》收器虽然不少，但除著名的"戊辰彝"等数器外，多属周代器物。

民国以后，殷墟古物大量被盗掘，市面散见甚多。北京尊古斋古董商人黄浚，将他经手收售的器物辑成《邺中片羽》三集，所收铜器除"蟠螭钟"形制较晚为周器外，其他都可认为殷墟遗物。在前中央研究院史语所的殷代陵墓发掘报告未出之前，此书为研究殷代铜器中比较重要的资料。

抗战前，前中央研究院在小屯发掘殷代陵墓，出土了一大批有铭铜器，仅1934年10月至1935年1月第十次发掘，就出土了成形铜器一百二十四件，完整的在半数以上，精品二十七件。这批铜器不仅数量大，而且都是通过近代科学考古方法发掘出来的，史料价值较高。对这些殷人遗物的研究，使我们获得了鉴别殷代铜器的可靠标准。

建国以来，考古工作飞跃发展，取得一系列可喜的成果。1969年5月至1977年5月，中国社会科学院考古研究所安阳工作队在殷墟发掘了九百多个殷代墓葬，出土大批铜器，其中有铭铜器四十三件，多为族名金文，

① 容庚：《商周彝器通考》（上、下册），燕京学报专号之十七，哈佛燕京学社出版，1941年。

容庚、张维持：《殷周青铜器通论》考古学专刊丙种第二号，科学出版社，1958年。

每器铭文一二个字，不同的图文近二十种，是研究殷代族氏的重要资料①。特别值得注意的是，1976年由郑振香发现并主持发掘的殷墟"妇好墓"，出土器物丰富，组合完整，其中获青铜器近二百件，不少器上铸有商王武丁配偶"妇好"的铭文②。这些铜器属武丁晚年至祖庚、祖甲时期③。

此外，在山西、陕西、湖北、湖南、安徽、山东、四川等地也陆续发现殷商时期的有铭铜器④。这些地区距离商王朝政治中心较远，应属于当时的诸侯封国地区。

20世纪八九十年代，陆续出版了关于殷周金文的大型汇编——《殷周金文集成》共十八册，由中国社会科学院考古研究所编纂，中华书局出版。所收铭文的时限是从商殷、西周至春秋战国时期截至秦统一以前，铜器采自宋代以来各公私藏家、海内外主要博物馆和各地新出土或采集的有铭铜器。经去伪存真，分类整理，共发表有铭铜器一万三千多件，铭文近十万字。商代有铭铜器尽在其中。资料的采集截至1985年。中国社会科学院考古研究所编《殷周金文集成释文》六卷，2001年由香港中文大学出版。张亚初历经六年完成了《殷周金文集成引得》，2001年中华书局出版，归纳出金文字头四千九百七十二个，为使用《殷周金文集成》这部巨型资料，提供了极大的方便。其后刘雨、卢岩编著《近出殷周金文集录》全四册，2002年中华书局出版，对1985年以后新获的有铭铜器做了补充。其后刘雨、严志斌又编著《近出殷周金文集录二编》，2010年中华书局出版。

殷代铜器铭文多比较简短，以一字至五六字最为常见，记做器者的族氏和为某人作器。作器的原因以祭祀、赏赐为多。铭文最长亦无过五十字者。

和十多万片甲骨文比较，殷金文和其他铭刻数量少，内容所涉及的方面也有限。所以甲骨文对研究商代历史来说，无疑是最直接最重要的文字史料，也是最丰富的史料宝库。下面仅就已著录的甲骨文著录书，

① 中国社会科学院考古研究所安阳工作队：《1969—1977年殷墟西区墓葬发掘报告》，《考古学报》1979年第1期。

② 中国社会科学院考古研究所编著：《殷墟妇好墓》，中国田野考古报告集，考古学专刊丁种第二十三号，文物出版社，1980年。

③ 李学勤：《论"妇好"墓的年代及有关问题》，《文物》1977年第11期。

④ 见中国社会科学院考古研究所编辑：《新出金文分域简目》，考古学专刊乙种第二十二号，中华书局，1983年。

按"传世甲骨文的著录书""科学发掘的甲骨文"和《甲骨文合集》三个部分择要介绍。

第二节　传世甲骨文的著录书

甲骨文被发现以后，由于民间私掘和古董商人的收售，使甲骨大量地流散于世间，其中有一部分还被盗运至国外，使我国的宝贵文化遗产遭到严重损失。这时有一批早期的甲骨学家如刘鹗、王襄、罗振玉等和后来的甲骨学家胡厚宣等，努力搜求甲骨并著录成书，为甲骨文史料的收集保存和流传作出了重要的贡献。为了与科学发掘的甲骨文相区别，我们称这些非科学发掘的甲骨文为"传世的甲骨文"。传世的甲骨文著录书共有六十多种，现择要分组介绍如下。

（甲）早期的甲骨文著录书

甲骨文的第一部著录书是《铁云藏龟》，著者刘鹗，字铁云，江苏丹徒人，通晓算学、医学、治河等学问，曾参与治理黄河，颇著声誉。又曾向清政府建议借外资兴办实业，不得志。此后，以私售仓粟罪流放新疆，逝于迪化（今新疆乌鲁木齐）。晚年曾著小说《老残游记》。刘氏嗜金石考古之学，曾投古文字学家吴大澂门下，为甲骨的早期收藏家之一。他所藏甲骨的来源，得自王懿荣之子王翰甫千余片，定海方药雨三百余片，此外还有在山东、河南、河北一带购买的四千余片，总共收藏有五千片以上①。刘氏竭半载之力，从中挑选一千零五十八片，编成《铁云藏龟》六册，于光绪二十九年（1903 年）由抱残守缺斋石印出版。

《铁云藏龟》的原刊本有罗振玉序、吴昌绶序和刘氏的自序。另外又有吴、刘二序本，还有一种无序本，仅题"抱残守缺斋所藏三代文字第一"，这种本子流传较广。以上三种，除序有所不同之外，其他版式皆同。此书拓片墨色不佳，印制欠精，因而字迹模糊。1931 年上海蟫隐庐翻印二序本，后附《铁云藏龟之余》，合为六册，每片之旁附有鲍鼎的释文。该书许多拓片用白粉描过，字形失真，且多处描错，误释亦多。

《铁云藏龟》为开创之作，编排无一定标准，而且混入五片早期锲刻

① 《铁云藏龟》自序。董作宾、胡厚宣：《甲骨年表》，商务印书馆，1937 年。

中国古代史史料学

拙劣的赝品（57.1、84.1、130.1、254.1、256.1），这是由于当时认识水平的限制。刘鹗断定甲骨卜辞为殷代文字，提出了"以天干为名，实为殷人之确据"的论断，这是正确的。但是刘鹗当时只认出了四十余字，其中包括十九个干支字和两个数字，只对几条卜辞作了极初步的解释，而对甲骨卜辞本身的内容尚缺乏认识。尽管如此，该书著录的材料却是很有价值的。卜辞多属武丁时期，有关于祭祀、战争、方国、祖先、人物、上帝、神祇、求年、求雨、卜旬、卜夕等多方面内容，为后来的研究者不断征引。

《铁云藏龟》问世后一年，孙诒让根据该书写成了第一部甲骨文的研究著作——《契文举例》。孙诒让，浙江瑞安人，晚清著名经学家，同时又是一位有素养的古文字学家，自称"治古文大篆之学四十年，所见彝器款识逾两千种"[1]。孙氏见到《铁云藏龟》，欣喜异常，"穷两月力校读之，以前后重复者参互采绎，乃略通其文字"[2]。他主要采用与金文比较的方法认出了一百八十多个字，而且多为基本的常用字，这样就为识读甲骨卜辞奠定了初步的基础。同时，他将《铁云藏龟》所著录的史料按事类分为十章：日月第一、贞卜第二、卜事第三、鬼神第四、卜人第五、官氏第六、方国第七、典礼第八、文字第九、杂例第十。这是甲骨文分类研究的雏形。

孙氏的《契文举例》处于甲骨文研究的草创时期，由于所见到的材料有限，卜辞未能通读，不能在卜辞的语句中求通字义，他作出的一些结论就难以成立了。加之《铁云藏龟》印制欠佳，因而误释很多，如：释"王"为"立"，以"贞"为"贝"，视"河"为"人乙"，误"告"为"吉"等，比比皆是。《契文举例》与孙诒让的其他著作相较，显得粗疏。虽然如此，孙氏的草创之功还是应该充分肯定的。

刘鹗死后，1915年，罗振玉从刘氏所贻墨本中选出《铁云藏龟》所未刊者四十片，编成《铁云藏龟之余》。原本墨拓甚精。这批材料后来又收入罗氏《殷虚书契续编》。

上海英籍犹太人哈同的妻子罗迦陵得到刘鹗旧藏千片。"其中见于

---

① 孙诒让：《契文举例》自序，上海蟫隐庐石印本。
② 孙诒让：《契文举例》自序，上海蟫隐庐石印本。

《铁云藏龟》者十之一二，而未见者十之八九。乃复选其优者"① 编成《戬寿堂所藏殷虚文字》（简称《戬》），共著录甲骨六百零五片。书题睢宁姬佛陀类次，实出王国维之手。王氏在《随庵所藏甲骨文字序》中曾提到："丙辰丁巳间，铁云所藏一部归于英人哈同氏，余为编次考释之。"② 《戬》于1917年由上海仓圣明智大学石印出版，编入《广仓学窘丛书》《艺术丛编》第三集。1918年又刊单行本，与王国维所作考释合为二册。单行本印制较精。王国维所作诸条考释，灌注了他对甲骨文专题研究的心得。《戬》书内容重要，材料丰富，内中有几条卜辞构成了王氏所著《殷卜辞中所见先公先王续考》的主要论据。王氏的名著《殷卜辞中所见先公先王考》和《殷卜辞中所见先公先王续考》，以甲骨卜辞考订了古文献的史料价值。他在《古史新证》③ 中指出：由于地下材料的出土，"我辈固得据以补正纸上之材料，亦得证明古书之某部分全为实录"。以地下出土的甲骨卜辞，与文献材料相印证，以发明商代的历史，是王国维特别提出的"二重证据法"。

　　《戬》1.10与《后》④ 上8.14为一骨之折，由王国维发现并加以缀合，据以纠正《史记·殷本纪》的先公先王次序，是为甲骨缀合之始。后来董作宾又将刘惠之旧藏一片与此两片拼合。三片缀合的摹本著录于《卜辞通纂》的《书后》页2，拓本著录于《殷契粹编》112，"此三片之复合，于殷先公先王之世系，至关重要"⑤。三片缀合后的卜辞是：

　　　　乙未酒嫌品，上甲十、报乙三、报丙三、报丁三、示壬三、示癸三、大乙十、大丁十、大甲十、大庚七、小甲三……三，且乙十……

　　上甲六示在《史记·殷本纪》中的次序是：上甲、报丁、报丙、报乙、主壬、主癸。王国维根据卜辞的先公先王次序校正《殷本纪》"三

① 《戬寿堂所藏殷虚文字》序。
② 王国维：《随庵所藏甲骨文字序》，载《观堂别集》卷四。
③ 王国维：《古史新证》，1934年北京来薰阁书店影印王氏稿本。
④ 《殷虚书契后编》简称《后》。
⑤ 郭沫若：《殷契粹编》112考释。

报"的次序应是：报乙、报丙、报丁，使史籍中延续的错误得到廓清。王国维的这一发现，成为甲骨学中著名的一例。

此外，《戬》3.3对甲骨文"后"字的考证，《戬》1.1、1.2之"土"，《戬》1.3之"王亥"，《戬》1.4之"高祖亥"，《戬》1.5之"上甲"，《戬》3.4之"中宗祖乙"等考释中都有重要发明。

《戬寿堂所藏殷虚文字考释》为甲骨文著录书附考释之始，此后出版的诸种著录书亦多附有考释。

著录刘鹗旧藏甲骨的书还有叶玉森的《铁云藏龟拾遗》。叶氏所得共一千三百版，选其中二百四十版编成《拾遗》，均为《铁云藏龟》和《铁云藏龟之余》所未录者。后附释文合为一册，1925年上海五凤砚斋石印出版。又有富晋书社重印本。书中著录的甲骨卜辞有关于人祭、邑内骚乱、战争、封侯、田猎、疾病和入龟等项内容。

旅居我国的美国人福开森（John C. Ferguson）也得到一部分刘鹗的旧藏甲骨，后经商承祚选拓编成《福氏所藏甲骨文字》，并作考释。全书共著录三十七片，1933年4月由金陵大学中国文化研究所影印出版，书后附董作宾跋。董氏根据他的分期标准对全书的材料作了分期分类。第一期武丁时期有祭祀、征伐、狩猎、疾病、风雨、卜旬、杂卜、骨臼刻辞等项内容；第三期廪辛、康丁时期有祭祀、卜旬；第五期帝乙、帝辛时有田游。

刘鹗旧藏的一部分又归于商承祚，商氏选拓六百多片，又加上所收集的其他各家所藏共一千片编入《殷契佚存》（简称《佚》）。其中《佚》255至316，共六十二片，为燕京大学教授美国人施美士（Ernest K. Smith）藏，多数是第三期廪辛、康丁时的卜辞。施氏旧藏的《佚》256与前中央研究院第三次发掘出土于大连坑西南的《甲》[①] 2282可合，拼合片为《佚》986。此片是董作宾拼合的，后又著录于《殷虚文字缀合》51和《甲骨文合集》27456，是第四期卜辞。此片的拼合，可确证施氏旧藏甲骨出土于大连坑一带。这片甲骨上面载有：上甲、大乙、大丁、大甲、大庚、大戊、中丁、祖乙、祖辛、祖丁十示直系先公先王。

施氏死后，他所藏的甲骨由他的遗孀捐赠给哥伦比亚大学东亚图书

----

① 董作宾主编：《殷虚文字甲编》。

馆。这批材料后来又由周鸿翔著录在《美国所藏甲骨录》（简称《美》）的哥伦比亚大学所藏部分内（《美》414—477 片）。

《佚》518 正、反，为著名的"宰丰骨"，一面镂刻花纹，另面刻有文字，这是帝乙、帝辛时期殷王田猎捕获野兽之后，赏赐臣下及进行祭祀的记事。

王襄也是一位早期的收藏家，他的收集活动大约和王懿荣同时①，所藏甲骨约四五千片之多。1925 年编成《簠室殷契征文》一书，著录甲骨一千一百二十五片，后附释文二册，共四册，由天津博物院石印出版。王襄将所录甲骨按内容分为十二类：天象第一、地望第二、帝系第三、人名第四、岁时第五、干支第六、贞类第七、典礼第八、征伐第九、游田第十、杂事第十一、文字第十二。

天象类第一片是武乙、文丁时期关于日食的记载，卜辞是：

> 癸酉，贞日夕有食唯若？
> 癸酉，贞日夕有食非若？

此拓片被剪割，其完整的拓片见《佚》374 片。

天象类第二片是武丁时期关于月食的记载，卜辞是：

> 旬壬申，夕，月有食……

以上都是研究古代天象的宝贵史料。

《簠室殷契征文》一书内，重要的史料很多，但此书在编纂上有很大的缺点，就是割裂拓片以适分类。一块完整的龟甲或牛胛骨上面，往往刻有几条以至几十条卜辞，王襄将完整的拓片剪割为数条，或将一条卜辞又割为数段，失去了完整性。再者文字多用粉笔加工，全失真趣。因此，书出之后，多疑其为赝品。其实，王襄辨伪功力极深，所收无一赝品，后来这一事实才逐渐为大家所承认。郭沫若在《卜辞通纂》一书的

---

① 胡厚宣：《五十年甲骨文发现的总结》，商务印书馆，1951 年。
胡厚宣：《八十五年来甲骨文材料之再统计》，刊国务院古籍整理出版规划小组：《古籍整理出版情况简报》第 129 期，1984 年 10 月，中华书局。

《后记》中说："知《征文》不伪，则其书自为一可贵之研究资料。"

（乙）罗振玉所辑甲骨文著录书

在科学发掘的甲骨文未发表之前，最重要的甲骨文著录书当推罗振玉所辑四种：《殷虚书契》（简称《前》）、《殷虚书契后编》（简称《后》）、《殷虚书契菁华》（简称《菁》）、《殷虚书契续编》（简称《续》）。

罗振玉，字叔言，号雪堂，祖籍浙江上虞，生于江苏淮安。1896 年在上海办《农学报》译载西方农学著述。1898 年 6 月创办东文学社，当时王国维入社就学，得到罗振玉赏识，遂结为终生之交。

罗振玉于 1902 年在刘鹗处初次看到甲骨拓本，并"怂恿刘君亟墨拓，为选千纸付影印，并为制序"①。在甲骨文研究的早期阶段，由于材料缺乏，认识不免受到局限，即便是精通小学的孙诒让，他所作的《契文举例》也"未能阐发宏旨"②。罗氏认为要提高对甲骨文的认识水平，大量收集整理材料为当务之急。他说："宝物之幸存者有尽，又骨甲古脆，文字易灭……不汲汲搜求，则出土之日，即渐灭之期，矧所见未博，考释亦讵可自信，由此观之，则搜求之视考释不尤急欤!"③ 从 1906 年起，罗氏开始了个人的收集活动，先是通过古董商人购买甲骨。和刘鹗等早期收藏家一样，开始时也以为甲骨出自河南汤阴，后来还是从古董商人那里"询知发现之地，乃在安阳县西五里之小屯，而非汤阴"④。知道确实出土地点之后，便于 1910 年派人前往当地"瘁力以购之。一岁所获，殆逾万"。"复命弟子敬、振常，妇弟范恒斋兆昌至洹阳采掘之，所得又再倍焉"⑤。《殷虚书契菁华》中所录大版，即当时所获。罗振玉的收集，与从来的古董家有所不同，他不仅收集有文字的甲骨，还注意与甲骨同出的其他古物。后来罗氏将所搜集的古器物的一部分编为《殷虚古器物图录》，其中有甲骨四片，于 1916 年 4 月照相影印出版。

1911 年辛亥革命爆发，罗振玉携带其多年累积的甲骨赴日。由于辗转运输及税吏检查，损坏者十之五六，但墨本尚存。在日本，罗氏以一

---

① 罗振玉：《殷商贞卜文字考》，1910 年，玉简斋石印本一册。
② 罗振玉：《殷虚书契》序。
③ 罗振玉：《殷虚书契》序。
④ 见罗振玉：《殷商贞卜文字考·序》。
⑤ 罗振玉：《殷虚书契》序。

年之力，编成《殷虚书契》八卷。1911年曾出《国学丛刊》石印本，不全。1913年出珂珞版精印本，收录甲骨二千二百二十一片。1932年有重印本。新版胜于旧版。

罗氏刊行《殷虚书契》之后，又将所存尚未墨拓之大胛骨，采用照相影印的办法予以刊布，名《殷虚书契菁华》，于1914年出版，全书不分卷，共著甲骨六十八片。后又有富晋书社重印本，页次有所颠倒。书中所收四片巨大牛骨，都属武丁时期，正、反面有字，笔锋雄劲，大字涂朱，内容完整，不仅是宝贵的史料，而且是罕见的艺术珍品。

1915年仲春，罗振玉返国亲自往安阳小屯进行探访，作实地考察。回日本后，"发箧尽出所藏骨甲数万，遴选《前编》中文字所未备者"，复得一千一百零五片，编为《殷虚书契后编》一册，于1916年3月出影印本。又辑入《广仓学窘丛书》，是为《艺术丛编》本，又有重印本。日本学者池田末利作有《殷虚书契后编释文稿》（1964年12月）。

此后，罗氏继续收集国内各藏家拓片，到1933年影印出版《殷虚书契续编》，全书六册，收录甲骨二千零一十八片。

罗氏四种书，共著录甲骨五千四百一十二片，取材精审，编辑严谨，印刷精美。在四种书中，特别是《前编》和《后编》，是研究甲骨文和商史必要的典籍，也是罗氏编著的诸书中贡献最大的两部。

继《前编》之后，罗振玉主要根据《前编》的材料著《殷虚书契考释》六万余言①。内容分为八章：都邑第一、帝王第二、人名第三、地名第四、文字第五、卜辞第六、礼制第七、卜法第八。十二年以后又出增订本，它是罗氏在甲骨文方面资料整理和研究的最后成果。

罗氏于"都邑"一章，首先考订出小屯为故殷墟。他说："商自成汤至于盘庚凡五迁都，武乙立复去亳徙河北，其地当洹水之阴，今安阳县西五里之小屯即其虚矣，方志以为河亶甲城者是也。"这一重要的发现为甲骨文的研究提供了历史背景。但以为武乙时所迁则有误。他还确定甲骨卜辞为殷商王室之遗物，是很有见地的，较之刘鹗一般地指出甲骨为殷人遗物，大大地推进了一步。

---

① 罗振玉：《殷虚书契考释》，1914年12月王国维手写石印本一册。又1923年10月，商承祚决定不移轩刻本节录四章一册，附入《殷虚文字类编》。又1927年2月，东方学会石印增订本三卷二册。

罗氏于"帝王"一章，罗列了一系列王的名号，"《史记·殷本纪》载成汤以来至于帝辛传世三十，今见于卜辞者二十有二"，即：大乙、大丁、卜丙、大甲、大庚、小甲、大戊、中丁、卜壬、且乙、且辛、且丁、南庚、羊甲、般庚、小辛、小乙、武丁、且庚、且甲，康且丁、武乙。《增订殷虚书契考释》（简称《增订》）又补文武丁，又举配食之妣十四。这就为殷王世系的研究打下了良好的基础。

罗氏于"地名"一章，指出地名一百九十三个，《增订》本增至二百三十个。分为十六类：曰王在某、践于某、至于某、往于某、出于某、步于某、入于某、田于某、狩于某、驱于某、舟于某、在某次、于某、伐某、征某、某方，《增订》本又增从某。以上列出的十七项确定地名的标准大致不差，对释读甲骨卜辞很有帮助。但仍有未当之处尚需斟酌，如：驱于某、舟于某。

罗氏于"文字"一章，将卜辞中之文字分为"有形声义胥可知者，有仅得知其形与义者，有形声义不可知而与古彝器款识同者"三类。《增订》本将后两类取消。罗氏认为，商代文献缺乏，甲骨卜辞文至简质，甲骨文字又多假借，尚难确定其义。因此他治商史便从文字入手，"由许书以溯金文，由金文以窥书契，穷其蕃变，渐得指归，可识之文遂几五百，循是考求典制，稽证旧闻"[1]。

罗氏考证文字的方法多就文字偏旁的形、声部加以隶定，就其形体与金文小篆加以比较，阐明其因袭关系，从而确认了不少的甲骨文字。但联系甲骨卜辞对字义进行考察尚不充分，因此他所确定的字还有一些错误。但是罗氏为甲骨文字的考释奠定了基础。郭沫若关于罗氏对甲骨学的贡献曾作过全面的评价："甲骨自出土后，其搜集、保存、传播之功，罗氏当居第一。而考释之功亦深赖罗氏。""1915年有《殷虚书契考释》一卷（后增订本改为三卷），则使甲骨文字之学蔚然成一巨观。谈甲骨者固不能不权舆于此。"[2]

叶玉森根据《前编》，作《殷虚书契前编集释》八卷，1933年10月由上海大东书局石印出版。此书以《前编》著录的甲骨文材料为顺序，

① 《殷虚书契考释》序。
② 郭沫若：《中国古代社会研究》，科学出版社，1960年。

逐片作释文，逐字罗列诸家考释文字之说。各家说法以著作先后为序，或全录，或节录，"后说袭前说者概置不录，有引申者仍节存之，间有献疑，藉供探讨"①，最后附以自己的见解。

吴其昌所作《殷虚书契解诂》②，就《前编》所录卜辞逐一进行疏解，征引诸家说法颇为详备，对于有关典籍、制度考索亦详，但因体例庞大，惜未完成。

（丙）国外的甲骨文著录书

在殷墟甲骨文被发现不久，就有一些外国传教士兼营古董生意，乘机搜罗甲骨。1903 年前后，有英国浸礼会驻青州传教士库寿龄（Samuel Couling）和美国长老会驻潍县传教士方法敛（Frank H. Chalfant）等，在山东潍县一带大肆收购甲骨。1909 年前后，又有德国人威尔次、卫礼贤等人在青岛收购甲骨。这些宝贵的文物后来大部流散到国外。方法敛曾将所得或所见到的甲骨都摹录下来，积时十年编成《甲骨卜辞》（稿本）。方氏死后，稿本归美国人白瑞华（Roswell S. Britton）保存。白瑞华自 1935 年以来，从方氏稿本中选印了三部书：《库方二氏所藏甲骨卜辞》（The Couling-Chalfant Collection of Inscribed Oracle Bone）（简称《库方》）③，摹录甲骨一千六百八十七片；《甲骨卜辞七集》（Seven Collections of Inscribed Oracle Bone)④，摹录甲骨五百二十七片；《金璋所藏甲骨卜辞》（Hopkins Collection of the Inscribed Oracle Bone）（简称《金璋》)⑤，摹录甲骨四百八十四片。这三种书的摹写，都出自美国人方法敛（Frank H. Chalfant）之手。《库方》收录的部分甲骨和《金璋》所收的全部甲骨都在英国。

英国是国外藏有甲骨较多的国家之一，此外是日本、加拿大和美国。其中日、加、美三国的甲骨已经过多次调查，均有拓本发表（详下）。唯英国所藏甲骨虽然数量多且内容重要，但长期以来研究者所能见到的主要是发表在《库方》《金璋》两书中的摹写本。这些摹本存在不少缺欠，

---

① 叶玉森：《殷虚书契前编集释》，《凡例》，大东书局 1934 年出版。
② 载《武汉大学文哲季刊》三卷二、三、四期；四卷二、四期；五卷一、四期，未完。
③ 1935 年，由商务印书馆出版石印本一册。
④ 1938 年，在美国纽约（New York）出版影印单行本一册。
⑤ 1939 年，在纽约出版影印单行本一册。

如摹写失真、漏字、缺反面文字、缺骨臼文字等。其中还掺杂了全伪或部分伪刻的摹片，不便使用。更重要的是，还有不少材料尚未发表①。上世纪80年代有机会对英国所藏甲骨进行了全面地收集、系统地整理，首次以拓本的方式发表了《英国所藏甲骨集》（Oracle Bone Collections in Great Britain）（简称《英藏》）②，刊布了迄今所知的英藏甲骨，包括六个城市十一个公私单位的甲骨藏品，共计二千七百三十五片③，其中未发表过的新片占三分之一以上。少数原骨因残损而造成拓片字迹不清的，除拓片以外附以摹本。书后附有原骨现藏表、《英藏》与《金璋》《库方》《合集》的著录号对照表及字、词索引。

在《英藏》中有不少值得注意的新内容，例如：甲骨文中的先祖之名"上甲"，一般都作"囲"，是一个合文。在大英博物馆所藏的一片卜骨的反面（《英藏》12反）上面刻有"于上甲"三个字，"上甲"分书作"⌣十"，为首见。

《英藏》2262有关于（商王）命令，"伊衍"去做某事的贞问。这条卜辞属廪辛、康丁时期。"伊"是国族名、氏名。"衍"是私名，人名"伊衍"首见。在甲骨卜辞中与商汤名相伊尹有关的卜辞近百条。文献中还有关于"伊陟""伊奋"的记载④，他们都属伊氏家族。伊衍亦当是伊尹之后。卜辞中"伊衍"的出现，证明在商之末世，伊氏家族仍然显赫⑤。

"美"作为地名"于美"（《殷契拾掇》2、78）、人名"子美"（《前编》1、29、2）已见著录。"美"作为地名中的方国名首次出现在《英藏》59，卜辞中记有"美方"。

在剑桥大学的甲骨藏品中，发现一片形状特异的残甲（《英藏》1313），上面刻有一条残辞，曰"辛巳卜，翌壬……"属武丁时期。为确定此龟甲的产地，特请大英博物馆所属自然历史博物馆的 E. N. 爱尔纳德博士做出鉴定，确认是"分布于从缅甸到印度尼西亚的一种大龟"⑥。联

---

① 详见齐文心：《关于英藏甲骨整理中的几个问题》，载《史学月刊》1986年第3期。
② 《英国所藏甲骨集》上、下两编共四册。1985、1991年由中华书局出版。李学勤、齐文心、[美]艾兰合作。该书得到中国社会科学院历史研究所和伦敦大学亚非学院的大力支持。
③ 正编二千六百七十四片，下编补入六十一片（见下编下册补1至补61）。
④ 《竹书纪年》中有关于"伊陟、伊奋"的记载。伊陟之名又见于《史记·殷本纪》。
⑤ 见齐文心：《伊尹、黄尹为二人辨析》，收入《英国所藏甲骨集》下编上册。
⑥ 见《英国所藏甲骨集》下编上册第247页。

系到《乙编》4330著录的产于马来半岛的"武丁大龟"，为研究商朝与东南亚一带的交通又增添一例确凿的物证。

在外国人当中，收集和研究甲骨最著名的是明义士（James M. Menzies）。明义士是加拿大人，自1904年以来驻彰德传教。1914年春，他时常骑着一匹老白马在洹水南岸一带考察殷墟遗址并收买大量甲骨，至1917年收集已达五万片。他从中选出二千三百六十九片加以摹写，编成《殷虚卜辞》在上海出版。原骨现藏南京博物院。1923年至1926年，小屯村又出几批甲骨，其中有不少大块的牛胛骨，这几批也大多被明义士买去。明氏所藏甲骨有一部分在1927年毁于彰德驻军之手。他于1937年"七七事变"前回国，所藏甲骨一部分留在中国，一部分运往国外。明氏死后，由他的家属捐赠给加拿大多伦多皇家安大略博物馆，共四千七百片，都未曾发表过。

对这一批未经发表的甲骨，学术界很重视。1968年，台湾大学许进雄应加拿大皇家安大略博物馆的聘请，前往整理明义士旧藏甲骨。经许氏整理缀合后，从明义士旧藏中选出三千一百七十六片编为《明义士收藏商代甲骨》（The Menzies Collection of Shang Dynasty Oracle Bones），1972年由多伦多皇家安大略博物馆出版。第一集为图版，第二集为释文。该书编辑的体例是，先根据董作宾的分期标准，按时代分为五期：每期内甲和骨分别排列，以"S"代表龟甲，"B"代表牛骨，下面再按事类编排，根据卜辞内容分祭祀、求年、气象、卜夕、卜旬、田游、方国征伐、疾病等类。该书拼合七片，与其他书拼合四十二片，摹录于后。这批材料第一期多为碎片，间或有他书未曾出现过的内容；第二期关于祭祀的卜辞占了大半，还有卜问风、雨、旬、夕的内容；第三期、第四期卜辞材料比较丰富，关于田猎的卜辞中有新见地名；第五期以祭祀卜辞和卜问旬、夕的刻辞为多，亦有很少见的卜问生育的卜辞。

明义士于1928年将自藏的甲骨，于《殷虚卜辞》未收者，又选拓编成《殷虚卜辞后编》（拓本）。此拓本原分装九大册，每页一片，前六册为藏甲，后三册为藏骨，拓片共计二千八百一十九片。许进雄用明氏原拓片，依《明义士收藏商代甲骨》一书的体例，重新整理编辑，仍题《殷虚卜辞后编》，1972年由台湾艺文印书馆印行。明氏原拓本共二千八百一十九片，著录二千八百零五片。书中比较重要的内容过去已于胡厚宣的《战后南北所见甲骨录》一书中发表了八百四十七片。另外，《殷虚卜辞后编》有十七片与《殷契佚存》"商承祚藏本"之部相重。《殷虚卜辞后编》一书内比较重要的内容是第二期和第三期的卜骨，有不少关于对上一世祭祀的卜问，可以由称谓决定所属的时代，为甲骨文的分期提供了宝贵材料。

安大略博物馆所藏甲骨，除上述明义士旧藏外，还有怀特（William C. White，中文名为怀履光）的藏品约三千片和少量其他藏家的藏品。许进雄又将上述几批甲骨编为《怀特氏等收藏甲骨文集》（Oracle Bones from the White and Other Collections）共收录甲骨一千五百一十五片。其中有二十六片曾在《古代中国的骨文化》（Bone Culture of Ancient China）中发表过。此书的编辑体例与《明义士收藏商代甲骨》一书相同。编辑完毕，又发现可以缀合者，重新施拓附于书后。该书拓片可与他书拓片缀合者，则以摹本附于书后。最后有释文与摹本合为一册。此书有半数是第一期的碎甲，内中有不少珍贵的材料。如：B1915 是迄今所见唯一的虎骨刻辞，是帝辛于鸡录田猎获虎的记事。骨的另面刻有夔龙纹、饕餮纹、蝉纹和虎形动物，雕刻的花纹和文字上都镶嵌绿松石。这和甲骨文中的鹿头刻辞、牛头刻辞、牛肋骨刻辞一样，同为殷晚期有关田猎的记事刻辞。

此外，B1464 的"东行""上行"、S1504 的"中行"、B1640 的"右旅"、B1581 的"大行"、B1901 的"大左旅"等都不曾见于著录，对于研究商代的政治、军事组织都有重要的参考价值。

由于甲骨文日益受到国内外研究者的重视，除加拿大外，流散到其他各国的甲骨也在陆续刊布。

美籍中国学者周鸿翔，自 1965 年以来，多次漫游北美，遍观美国各地博物馆及图书馆所藏甲骨，选拓了匹兹堡卡内基博物馆、哈佛大学皮博地博物馆、哥伦比亚大学东亚图书馆、圣·路易斯城市艺术博物馆、华盛顿弗里尔美术馆等十一个单位所藏甲骨共计七百片，编成《美国所藏甲骨录》（Oracle Bone Collections in the United States）（简称《美》），1976 年由美国加利福尼亚大学出版。编辑的方法是按藏家排列。其中一至四百一十三片为卡内基博物馆所藏，与《库方二氏藏甲骨卜辞》（简称《库》）中的"卡内基博物馆所藏"即第 971 至第 1408 片相重。《美》不仅弥补了《库》摹本的不足，而且剔除了全伪四片（《库》973、978、1080、1082），至于半伪之片仍收录。《库》内可拼合的三十二片亦加以缀合成十一片。

《美》34、81 两片（在《库》中原分散为九片），是关于用"侯屯"作为人牲进行祭祀以求晴的占卜。《美》34 是第一卜，《美》81 是第三卜，可知前后占卜至少三次，足见对这次人祭的重视。在甲骨卜辞中，以方伯首领用为人牲的不乏其例。侯屯，应是一个侯国的首领。

在欧美地区流散的甲骨资料还刊布在饶宗颐所编的《巴黎所见甲骨录》（1956 年）、《海外甲骨录遗》（1959 年）、《欧美亚所见甲骨录存》（1970 年）等诸种著录书中。雷焕章（Jean A. Lefeuvre）于 1985 年发表了《法国所藏甲骨录》（Collections of Oracular Inscriptions in France）（简称《法藏》）① 共收集巴黎所藏的五十九片甲骨，其中有三十三片是首次发表的。每一片甲骨都有正、反两面照片、摹片、楷书译写、释文和评注。正文由中、法、英三种文字组成。该书的图版都比原片大约 1.3 倍，故字体较清晰，但不便拼合。1997 年，雷焕章又刊布了《德瑞荷比所藏一些甲骨录》（Several Collections of Oracular Inscriptions in Germany, Switzerland, the Netherlands, Belgium）②，编辑体例与上书大致相同，但照片、摹本都采用了原大。1988 年，胡厚宣出版了《苏德美日所见甲骨集》（摹写本）③。

1999 年，出版了《瑞典斯德哥尔摩远东古物博物馆藏甲骨文字》④，发表该馆所藏商代刻辞甲骨一百零八片，这批甲骨都未曾发表过。根据该博物馆所提供的照片，采用照相、摹本方式发表。有释文和索引。另外，该馆还收藏有山中商会拓本十三片，附在馆藏甲骨之后一并发表，编号是附 1 至附 13，原骨现藏美国哈佛大学皮博地博物馆。

关于日本所藏甲骨的著录，主要有早年林泰辅所编的《龟甲兽骨文字》（1917 年），郭沫若《卜辞通纂》内《日本所藏甲骨择优》（1933 年），和后来金祖同在日本搜拓甲骨编成的《殷契遗珠》（1939 年）、《龟卜》（1948 年），以及梅原末治的《河南安阳遗宝》和饶宗颐的《日本所见甲骨录》（1956 年），贝塚茂树所编的《京都大学人文科学研究所藏甲骨文字》（1959 年），增订版改称《甲骨文字研究》（1980 年）。松丸道

---

① 台湾利氏学社出版。

② 台湾利氏学社出版。

③ 四川辞书出版社出版。

④ 李学勤、齐文心、[美] 艾兰：《瑞典斯德哥尔摩远东古物博物馆藏甲骨文字》，中华书局，1999 年。

雄的《散见于日本各地的甲骨文字》①和《东京大学东洋文化研究所藏甲骨文字》（1983 年）。伊藤道治有《天理大学附属天理参考馆藏甲骨文字》（1987 年）等。

（丁）郭沫若所作甲骨文著录书

郭沫若是以马克思主义观点研究中国古代社会的开创者。他所著《中国古代社会研究》一书是代表性著作。其中《卜辞中的古代社会》这一篇，就是以历史唯物主义观点充分利用甲骨卜辞这一直接的丰富的文字史料去观察研究商代社会。他说："得见甲骨文字以后，古代社会之真实情况灿然如在目前。"这与过去学者的研究是迥然不同的。因为即使像罗振玉、王国维那样第一流的古文字学家，也只是对个别的文字或具体的史料作出考证。

为了进一步研究古代社会，郭沫若非常注意收集原始材料。他在日本时，发现殷墟甲骨流入日本，计划就便收集日本诸家所藏编成一书未成，便改变计划，编成《卜辞通纂》（简称《通》）。所据资料多采自刘鹗、罗振玉、王国维、林泰辅诸氏之书，其中也有未经著录的新材料，如马叔平（衡）的凡将斋藏甲骨文拓本、何叙甫（遂）所藏拓本和在日本收集的公私藏家的拓本或照片都编为《别录》，后附考释及索引共四册。1933 年 5 月，由日本东京文求堂影印出版。1977 年日本朋友书店重印。1983 年 6 月科学出版社又出影印本一册，收入《郭沫若全集·考古编》第二卷。

郭沫若说，他编著《卜辞通纂》的目的是："选择传世甲骨之精粹者，重新加以排比之，并一一加以考释，以便观览。"他将整编内容分为八类，即干支、数字、世系、天象、食货、征伐、田游、杂纂。一方面以甲骨卜辞的分类排比来反映商代社会，同时通过对甲骨卜辞的考释，阐明自己对社会历史和甲骨文字研究的观点，以他的新发现，为商代历史提供了重要的史料。例如：

《通》118，卜辞为：

庚寅卜，[贞] 其酯又 [于] 羌甲、南庚、羍甲、□□、小辛？

---

① 日本《甲骨学》第七、八、九、十、十一期。又见《古文字研究》第三辑，1980 年。

羌甲，罗振玉释"羊甲"，谓即《史记》之阳甲，王国维从之。郭沫若根据其位次在南庚之上，确定是南庚之父沃甲。后来他在《殷契余论》①以及《粹》250的考释中续加申述，遂成定论。于省吾又指出：沃乃羌字之形讹。文献中的沃甲是由甲骨文中的羌甲衍变而来②，使此说更臻完善。郭沫若根据卜辞定"象甲"为殷王名，而且以其位在南庚之次小辛之上，又考《史记》南庚与小辛之间为阳甲、盘庚，说明"象甲"自是阳甲。又根据《簠室殷契征文·帝系》中的卜辞39、117、146都是祭后甲协祭先甲之例，证明象甲为阳甲无疑，亦成定论。

以羌甲为沃甲，以象甲为阳甲的发明，推进了甲骨卜辞中关于先王世系的研究。

又如《通》596，卜辞的内容是关于殷王出师时师次（即军事驻地）中的记录，是第五期卜辞。这片甲骨是郭沫若以《前》2.13.7、2.3.5、2.4.5、2.4.1四片甲骨拼合而成。由卜辞中的记月和记日，计算出所经地点的距离，认为殷京到所至地点的路程所需时间在四十日以上，师行平均以日七十里计，约在三千里内外，因疑殷人活动已达今浙江上虞，由此推测殷时疆域已越长江而南。

再如以《通》635、657、642三片卜辞上所记的地名之间的关系加以归纳，证明殷王朝的田猎区在今河南沁阳一带。这又比王国维《殷卜辞中所见地名考》以声类为媒介证之史籍的方法前进了一大步。

书中于商史发明甚多，不能一一列举。

1937年郭沫若在日本又出版了另一部甲骨文著录书——《殷契粹编》（简称《粹》）。所用的材料是根据上海收藏家刘体智所藏两万八千多片甲骨的全部拓本从中精选的，此拓本由金祖同带至日本。《殷契粹编》共选用1595片，仍由东京文求堂石印出版，与考释合五册，后附索引。解放后，考古研究所遵照作者的意见作了一些必要的加工，图版部分，全部换用了考古所新拓的善斋旧藏甲骨拓片，按甲骨原形原大拓全。原书骨、臼分离的并为一号，有缺臼文、缺背文的一并补入。科学出版社又

---

① 收入《古代铭刻汇考》，日本东京文求堂石印，1933年。
② 于省吾：《甲骨文字释林》，《释羌甲》，中华书局，1979年，第43页。

为之重编索引，作为中国科学院考古研究所考古学专刊甲种第十二号于1965年5月重印出版，精装一册①。全书经于省吾校阅，并将意见录于眉端，由于换新片增加的文字由胡厚宣作了考释。该书编辑体例及分类与《卜辞通纂》大体相同。其中有许多重要材料，在考释方面也有不少新的精辟的见解。

卜辞中有先公名夒，屡见祀典，由王国维首先指出，认为是帝喾，学者有所怀疑。《粹》1、2片都有"高祖夒"之称，《粹》3更有"夒眔上甲"，郭沫若认为夒是"殷之始祖"。这些材料为王国维的说法补充了例证。

《粹》113是作者以刘体智的两个断片与燕京大学藏片的拼合。上著先公名号，次序是：上甲、报乙、报丙、报丁、示壬、示癸。又《粹》114片虽缺刻横画，辞亦不全，但其残辞也显示了报乙次于上甲。上甲之次是报乙的史实，可证《史记·殷本纪》的世次之误无疑，为王国维的《先公先王考》又补充了两个例证。

《粹》1171卜辞中有甲骨文"三万"的合文。此为甲骨文中数字的最高记录。

《粹》1468锲刻甲子至癸酉十个干支，共计五行，其中一行字体精美整齐，其余数行字体稚拙歪斜不正，作者认为这是殷人从师习刻的最好例证。

此外，还有"王作三师"之制、日出日入之祭、"南单三门"、"十朋"的合文、"大今二月""大今三月"等，都值得注意。

总之该书内容丰富，颇多精品，在考释方面也有很多新的创见。

（戊）战后甲骨文著录书

1937年抗日战争爆发，前中央研究院在安阳的发掘工作被迫停止，随后盗掘偷贩者蜂起，日伪乘机劫掠，因此不少甲骨流散于京、津、沪各地以至日本。1945年抗战胜利后，胡厚宣从四川专程往京津、宁沪一带，收集流散的甲骨并整理研究，在上世纪50年代完成了《战后京津新获甲骨集》《甲骨续存》《战后宁沪新获甲骨集》《战后南北所见甲骨录》四部书。

---

① 又有台北艺文印书馆翻印本，书名改为《善斋藏殷契萃编》，1970年10月出版。日本三一书店影印本，1976年2月出版。

《战后京津新获甲骨集》（简称《京津》）四册，著录甲骨五千六百四十二片，1954年上海群联出版社墨拓影印出版。该书所录的甲骨都是在京津一带收集的，编排上采用先分期后分类的办法，给研究者提供了很大的方便。作者把甲骨分为四个时期：一期包括盘庚、小辛、小乙、武丁；二期为祖庚、祖甲；三期为廪辛、康丁、武乙、文丁；四期为帝乙、帝辛。每期之下又以类编次，分来源、气象、农产、祭祀、神明、征伐、田猎、刍鱼、行止、占卜、营建、梦幻、疾病、死亡、吉凶、灾害、诸妇、多子、家族、臣庶、命唤、成语、纪数、杂类等二十四项。

该书内重要的材料很多，如《京津》1是一片完整的龟腹甲，上面刻有关于冰雹的记载，对于殷代气象学的研究有重要意义。有关冰雹的记载还见于《库》410、《丙》537、《丙》62等卜辞①。

《京津》520记有四方名及四方风名，属武丁时期，与其相关的记载还见于《乙》4548和《缀合》472等。胡厚宣所著《甲骨文四方风名考证》②，后又作《释殷代求年于四方和四方风的祭祀》③，论证殷代于东南西北四方和四方风各有专名，它们在殷人的心目中都是一种神灵，并受到隆重的祭祀；又指出，这种四方和四方风名全部保存在《山海经》和《尧典》里。过去学者多以《山海经》为荒诞不雅驯之言，王国维于《大荒东经》中发现了王亥之名与甲骨文中记载的王亥相合，人们或以为事出偶然。胡厚宣发现《山海经》中四方和四方风名，不但名称与甲骨文相同而且句法也几乎完全一样，由此进一步证明了《山海经》的史料价值。对于一般以为成书于秦汉时期的《尚书·尧典》，也由此证明其中包括着早至殷代武丁时期的史料。

《京津》1255（正）与《前》7.9.2可合。《京津》1256为其反。这版卜辞是关于武丁时以五百个战俘奴隶（仆）用作人牲，杀牲祭祀的重要史料。

《甲骨续存》三册（简称《续存》），上编为拓本，著录甲骨二千七百五十五片；下编为摹本，著录甲骨九百九十八片，共著录三千七百五

---

① 胡厚宣：《殷代的冰雹》，《史学月刊》，1980年2期。
② 胡厚宣：《甲骨文四方风名考证》，《甲骨学商史论丛》初集二册，1944年3月。
③ 胡厚宣：《释殷代求年于四方和四方风的祭祀》，《复旦学报》（人文科学）1956年1期。

十三片，1955 年上海群联出版社出版。该书材料来源，包括了四十个单位或个人的收藏，书后附有《采录资料索引表》。编辑体例与《京津》相同。书中史料有不少值得注意者。例如：《续存》下 916（正）、915（反），为帝乙、帝辛时期的牛胛骨。正面是残缺的干支表；反面是关于一次战争的刻辞，应是属于一条卜辞的验辞部分。由正面的干支表所占的位置推测，全文约在一百五十个字以上。这是甲骨文中关于在战争中掠获外族战俘奴隶，劫获车马、武器等最为详尽的记录，对于我们了解商王朝对外战争的性质提供了生动具体的史料。[①]

《战后宁沪新获甲骨集》（摹本）二册（简称《宁沪》），著录甲骨一千一百四十一片，1951 年 4 月由上海来薰阁出版。该书卷一著录的内容为 1940 年前后安阳村中出土的甲骨，时代多属廪辛、康丁、武乙、文丁四王。卷二多属武丁及帝乙、帝辛时期，与罗振玉早年所获相类似，大约出自小屯村北。卷三为数年间在宁沪一带的零散收集。该书编辑体例与《京津》相同。书中有不少重要的材料，如：

《宁沪》1.119 有"高祖河"，知"河"为殷之先祖；由《宁沪》1.148"伐"字的变体，像用戈砍伐羌人之首，形象地证明羌为殷人伐祭的牺牲。

《宁沪》1.110 及 1.111 为一牛胛骨之正、反，是牛卜骨中最大，而且字数最多且完整者。

《战后南北所见甲骨录》（摹本）五卷三册（简称《南北》），共著录甲骨三千二百七十六片，1951 年 9 月由上海来薰阁出版。[②]

第三节　科学发掘的甲骨文

在甲骨的私人挖掘时期，甲骨出土坑位不明，地面下堆积的层次及遗址、遗迹、遗物等往往遭到破坏。同时有不少外国传教士乘机抢购，甚至偷运到国外，使我国的宝贵文化遗产遭受严重损失。

[①] 1996 年又出《甲骨续存补编》，上下两册七卷，胡厚宣辑，王宏、胡振宇整理。天津古籍出版社出版。

[②] 王宇信：《新中国甲骨学六十年（1949—2009）》第 27—30 页。中国社会科学出版社，2013 年。

1928 年，中央研究院成立，开始进行科学的考古发掘。发掘的目标首先是"殷墟"。

"殷墟"一词，首先见于《左传》定公四年"命以《康诰》而封于殷虚"。杜预注："殷虚，朝歌也。"据史书记载，帝辛都朝歌①。《史记·项羽本纪》说："项羽乃与期洹水南殷虚上。"在这里，"殷虚"是指今河南省安阳市西北五里洹水沿岸的小屯村一带，是商朝后期殷王朝的都城遗址。

从 1928 年秋季至 1937 年春季，中央研究院在殷墟进行了十五次考古发掘，最初的工作重点是寻找甲骨文和其他遗物，后来也注意到宫室遗址和陵墓的发掘。十五次发掘共得有字甲骨二万四千九百一十八片。第一至第九次接连在小屯村工作，所得甲骨文字收入《殷虚文字甲编》（简称《甲编》）。第十至第十二次工作的重点，转至洹河北岸侯家庄西北冈殷代陵墓，没有得到甲骨文字。第十三至第十五次又回到小屯村进行发掘，并集中在村北的 B、C 两区，所得甲骨文字收入《殷虚文字乙编》（简称《乙编》）。这些科学发掘的甲骨有明确的坑位、同出的器物，并且绝对地排除了伪片。

《甲编》，由董作宾主编，1948 年 4 月商务印书馆出版。董作宾，字彦堂，河南南阳人，生于 1895 年，卒于 1963 年。1923 年入北京大学研究所国学门做研究生。1928 年中央研究院史语所筹备处成立于广州，受聘为通讯员，调查殷墟甲骨文字出土情形。史语所成立后，受聘为编辑员，主持殷墟第一次发掘工作。1932 年改聘为专任研究员。自后殷墟发掘皆参与其事，和李济、梁思永均为科学发掘的主持者。

《甲编》拓片共有三千九百四十二号，其中三千九百三十八号为甲骨文字，此外还有兽头刻辞三件和鹿角器一件。为了表明这批甲骨是科学发掘的产物，全书的编排方法不是按分期分类，而是依照出土的先后次序排列。为方便读者参检，每片附有两种号码，即拓本号和发掘时在实物上所编的登记号。登记号从左向右读，第一组数字表示发掘次数，第二组数字表示出土物品的种类；"0"是有字龟甲，"1"是无字龟甲，

---

① 《帝王世纪》："帝乙复济河北徙朝歌，其子纣仍都焉。"见徐宗元：《帝王世纪辑存》，中华书局，1964 年。

"2"是有字骨版，"3"是无字骨版，该书只收"0""2"两类。第三位以下的数字是出土物品的号数。如："3871.2.0139"，3871 为《甲编》拓本编号，1.2.0139 表示这一片为第一次发掘（1），是有字骨版（2）；出土编号是0139。引用时只写拓本号即可。

《甲编》2121 至 2124 著录了四版大龟，董作宾曾据此作《大龟四版考释》①。其中最重要的发现是，对于卜辞中常见的"卜"字之下"贞"字之上的一个字的内涵的确认，以前都以为是贞卜的事项，自从大龟四版出世，董作宾发现它是人名，由是建立了"贞人"说。贞人是殷代记事的史官，以同时期的史官，确定同一的年代，在断代研究上找到了一个最为确实有力的凭证，是一个重大的发现。以后董作宾又根据贞人推演出分期断代的十个标准，于1933年发表了他的名著——《甲骨文断代研究例》②。他所提出的十个断代标准是：一、世系；二、称谓；三、贞人；四、坑位；五、方国；六、人物；七、事类；八、文法；九、字形；十、书体。据此标准将盘庚至帝辛分为五个时期：

第一期，武丁及其以前（盘庚，小辛、小乙）；

第二期，祖庚、祖甲；

第三期，廪辛、康丁；

第四期，武乙、文丁；

第五期，帝乙、帝辛。

随着考古发掘工作的进展新材料不断出土，以及研究工作的深入，关于甲骨文分期的认识也在不断地推进。李学勤在《论"妇好"墓的年代及有关问题》一文中③，打破了"历组卜辞"属于武乙、文丁时期的传统看法，根据字体的演变，卜辞的文例，卜辞的人名、事项、称谓等五个方面，认为"历组卜辞"是武丁晚年到祖庚时期的卜辞，引起了甲骨学研究者的关注和热烈的讨论。④

《甲编》3933 至 3938 是六个完整的龟腹甲，3939 为背甲，通称为

① 《安阳发掘报告》第三期，1931 年 6 月。

② 刊《庆祝蔡元培先生六十五岁论文集》，《历史语言研究所集刊外编》第一种，1933 年 1 月。

③ 刊《文物》1977 年 11 期。

④ 刘一曼、曹定云：《三论武乙、文丁卜辞》，《考古学报》2011 年第 4 期。

"大龟七版"，是 1934 年春第九次发掘殷墟时，于侯家庄南地出土，同属廪辛、康丁时期。这七版甲骨不仅片大，而且满版皆字，除贞人"口"有二卜之外，均属贞人"狄"所卜。据统计"狄"所记之辞有一百三十五次之多①。

《甲编》1647，是有关用黄吕（指铜）作盘的卜辞，属廪辛、康丁时期。此辞稍残，《金璋》511 辞较完整，是关于铸黄吕的卜辞，属帝乙、帝辛时期。这都是有关商代冶铸的重要史料②。《金璋》511 是摹写本，拓本见《英藏》2567，原骨现藏英国剑桥大学图书馆。

《甲编》3353 是有关殷的封国"六"向殷王贡龟的卜辞。六，是地名，地处江淮之间，当今安徽六安，是殷的封国。此辞卜问：让𣥺去祭祀从"六"地入贡的龟是否顺利。此为第三卜，另外《佚》991 和《续存》下 44 是同文卜辞，为第一卜。此外，甲骨文中有"妇六"（北京大学藏骨）、"六圉"（《乙编》9051）、"祸六"（《乙编》8888）、"不祸六"（《乙编》8725）等也都从不同的方面反映了"六"国和殷王朝的关系③。

《甲编》2399+2414（正）、《甲编》2400+2415（反），是有关羌奴暴动的重要史料。拼合版著录于《殷虚文字缀合》36 正、反和《甲编考释》后附图版 102、103。正面是五条卜旬之辞，分别在癸卯、癸丑、癸亥、癸酉、癸未日卜问今后十天之内有无祸患。卜骨的反面内容与正面相接，是癸丑日卜旬之辞的验辞。内容是，殷王亲自视兆判定吉凶说：有祸祟！……第三天乙卯将有不祥之兆……情况异常。第八日庚申又有祸祟，有雉乱鸣，预示着灾难即将降临。果然，疒地监狱发生了羌奴暴动④。

根据前中央研究院史语所编辑《殷虚文字》的原则，每一编都有"图版"和"考释"两部分。关于《甲编》的释文，胡厚宣于 1940 年完成。后来屈万里在此基础上作了《殷虚文字甲编考释》⑤。除考释外，每片附有分期，按五期分法，对于分期有争论的"自组""子组"卜辞，屈

① 董作宾：《安阳侯家庄出土之甲骨文字》，《田野考古报告》第一册，1936 年 8 月。
② 燕耘：《商代卜辞中的冶铸史料》，《考古》1973 年第 5 期。
③ 见齐文心：《"六"为商之封国说》，收入《甲骨探史录》，三联书店，1982 年。
④ 见齐文心：《殷代的奴隶监狱和奴隶暴动——兼甲骨文"圉"、"戎"二字用法的分析》，《中国史研究》1979 年第 1 期。
⑤ 1961 年由"中央研究院"史语所在台北出版。

氏认为属第一期。《甲编考释》书后还著录新缀合的甲骨 221 版，补遗 10 版。拼合版是拼合之后重新拓过，印制效果亦佳，字迹较《甲编》原片清楚。

《乙编》上、中、下三辑，董作宾主编，具体编辑工作则由屈万里担任，后来李孝定、张秉权继之。上辑、中辑分别在 1948、1949 年出版。下辑 1953 年由台湾艺文印书馆出版，铜版印刷，效果较《甲编》及《乙编》上辑、中辑为差。1956 年考古研究所据之重新制版印行，由科学出版社出版。

《乙编》的编辑体例，一如《甲编》，仍按出土先后次序排列。著录的内容包括第十三次至第十五次殷墟发掘所获甲骨；所收材料超过《甲编》四倍以上，而且出土的坑位简单明晰，内容丰富多彩，史料价值远胜《甲编》。后三次发掘所得的甲骨文字，以第十三次发掘中的 H127 坑所藏最为突出，这是十五次发掘工作中收获最大的一次，共得甲骨一万七千零九十六片，基本上都是龟甲，牛骨只有八片。《乙编》487 至 8530 都是此坑所出的龟甲，八片牛骨著录于《乙编》8663 至 8673。此坑所出的龟甲，十分之九是宾组卜辞，十分之一是子组、午组和其他。

《乙编》4330 是自甲骨文出土以来最大的一版龟腹甲，被称作"武丁大龟"。经专家鉴定，确认和现在产于马来半岛的龟种同类。全长四百四十毫米，宽约三百五十毫米，大部分完整，仅右边有残缺，背面有钻凿（据对称复原）二百零四处，灼用者仅下半五排，共五十处。这一版大龟和所发现的其他卜龟一样，都是从当时的封国、服国进贡来的。《乙编》中还有大量的材料，专门记载着龟甲的来源、数量，被称作"甲桥刻辞"。据统计，《乙编》中的"甲桥刻辞"共有三百多条①，这些都是向殷王朝贡龟的记录，这些史料对于我们研究商王朝与诸臣属国的关系和商代的交通都是极有价值的。

在第十三次发掘中，YH127 坑出土的大量龟甲和 YH006 坑、B119 坑等坑位中都出土了后来被称为"自组""子组""午组"等卜辞，这些卜辞与武丁时期的宾组卜辞共存，但是其字体、文例和贞人又与宾组不同。董作宾在《乙编》序言《揭穿了文武丁时代卜辞的谜》一节中，将这批

---

① 胡厚宣：《武丁时五种记事刻辞考》，《甲骨学商史论丛》初集三册，1944 年。

卜辞定在第四期文丁时期。又由于这类卜辞在许多方面和宾组存在相似之处，他提出文丁复古的看法，在分期之外，又提出所谓"新、旧派"的分派观点。他根据祀典、历法、文字、事类等方面的特点，将甲骨卜辞按时代分为新、旧两派，认为盘庚至祖庚是旧派，祖甲至康丁是新派，武乙、文丁复古，至帝乙、帝辛时又恢复新制。对于这类卜辞的分期，在甲骨学界引起了长期的争论。

1951 年陈梦家发表的《甲骨断代学》①，根据发掘的坑位和卜辞之间的联系等大量证据，认为"自组""子组""午组"卜辞属武丁时期。1953 年贝塚茂树、伊藤道治发表了《甲骨文断代研究的再检讨》，结论和陈氏大体相同，但是由于这类卜辞存在字体不同等特点，认为他们应属于另一贞卜机关。1963 年姚孝遂在《吉林大学所藏甲骨选释》② 中发表了一片宾组、子组两种字体共存的胛骨。该片原刊于《前》3.14.2，只存子组字体的干支表，上部的宾组字体被剪去，现以所发表的完整的原拓片，为确定子组等卜辞的时代提供了有力的证据。邹衡的《试论殷墟文化分期》③ 从考古发掘的层位关系证明上述卜辞属武丁时期前后。1976 年肖楠的《安阳小屯南地发现的"自组卜甲"——兼论自组卜辞的时代及其相关问题》，以 1973 年考古研究所安阳工作队在小屯南地新发现的八片卜甲，从卜辞出土的坑位和卜辞本身的特征进一步证明自组卜辞属武丁晚期。目前关于"自组""子组""午组"等卜辞分期的讨论基本上取得一致意见，绝大多数甲骨学者认为这几种文例、字体特殊的卜辞属于武丁时期。

1995 年，台湾地区"中央研究院"史语所出版了《殷虚文字乙编补遗》④。《甲编》《乙编》内所收材料，有许多是同坑出土的甲骨，这些甲骨有不少原来是完整的，但是由于屡经迁运和其他原因破碎了许多。将这些破碎的甲骨，重新缀合复原是很重要的工作。1955 年郭若愚、曾毅公、李学勤所著《殷虚文字缀合》，就《甲编》《乙编》所著录的甲骨，

① 收入陈梦家：《殷虚卜辞综述》，科学出版社，1956 年。
② 刊《吉林大学社会科学学报》1963 年第 4 期。
③ 刊《北京大学学报》（人文科学）1964 年第 4 期。又见于《夏商周考古学论文集》，文物出版社，1980 年。
④ 钟柏生主编，中国考古报告集之二·小屯第二本。

缀合了四百八十二片。1957 年 8 月张秉权著《殷虚文字丙编》（简称《丙编》）出版，这是由《乙编》及其编余的甲骨加以缀合重新传拓、编辑而成的，共分上、中、下三辑，每辑两册，共六册，共缀合复原甲骨六百三十二片，后附考释。这些甲骨的缀合工作，为我们提供了更为完整的史料。加拿大不列颠哥伦比亚大学亚洲研究所高嵨谦一为《丙编》释文编撰了《殷墟文字丙编通检》。内容包括："未类别字"（根据单字检索）、"类别字"（根据事类检索）、"部首索引"和"拼音索引"等，便于对《丙编》内容的检索。①

在科学发掘工作中，一次重要的新收获是解放后，1973 年在安阳殷墟小屯南地出土的一大批甲骨。这是由考古研究所安阳工作队进行发掘的，共发现甲骨五千零四十一片（缀合前数字），是解放后发现甲骨最多的一次。这批甲骨经考古研究所研究、整理，编辑成《小屯南地甲骨》（简称《屯南》）一书，1980 年 10 月由中华书局出版。上册有两个分册，由前言、拓片、目录表、龟甲统计表、背文统计表组成，下册有三个分册，分别是释文、索引和钻凿。该书将 1973 年发掘的有字甲骨，不论大小和字数多寡，全部收入，按灰坑（H）、房基址（F）、墓葬（M）、探方（T）顺序编辑，共收拓本四千五百八十九片。此外，在附录中还收录 1971 年冬在小屯西地出土的卜骨，以及 1975 年至 1977 年在小屯村一带零星采集的甲骨二十三片，总计四千六百一十二片。该书所收甲骨（除零星采集者外），都具有完备明确的出土记录。

《屯南》为"钻凿"单立一册（下编第三册）值得注意。上世纪 70 年代以前出版的甲骨文著录书一般只注重文字资料，而对甲骨的攻治和钻凿情况仅有少量的涉及②。"真正对此问题作过专门研究的是许进雄"（《屯南》第 1489 页），他从大量的甲骨实物中分析出甲骨钻凿的不同形态，并发现了这些不同的形态与甲骨文的分期断代有密切联系。是对董作宾提出的甲骨文断代的十项标准之外的一项新的补充。为此发表了专

① 高嵨谦一编撰：《殷墟文字丙编通检》，"中央研究院"史语所专刊之八十五。1986 年台北出版。

② 郭若愚：《殷契拾掇》第二编·序。董作宾：《商代龟卜之推测》，《安阳发掘报告》第 1 期。陈梦家：《殷虚卜辞综述》第 11—13 页。贝塚茂树：《京都大学人文科学研究所藏甲骨文字》《本文篇》第 117—122 页。

著《甲骨上钻凿形态的研究》①，引起了研究者的重视。许进雄在他所编著的《明义士收藏的商代甲骨》（1972年）和《怀特氏等收藏甲骨文集》（1979年）②中，在每片甲骨的释文之后，用文字描述了该片甲骨反面的钻凿形态。《屯南》在《钻凿》一册中，对小屯南地甲骨的钻凿形态详加分析，统计列表，并发表了甲骨钻凿的拓本和摹本。此后的甲骨文著录书，在重视甲骨文字之外也都关注了甲骨的钻凿形态，而且更用照相等先进的手段，多方位地展现钻凿情况，以方便学者研究使用。

1991年10月中国社会科学院考古研究所安阳工作队在殷墟花园庄东地发掘了一坑甲骨，编号91花东H3。出土甲骨一千五百八十三片，其中有刻辞的六百八十九片，以大块和完整的卜甲居多。这是继1936年小屯北地YH127坑和1973年小屯南地甲骨发现以来殷墟甲骨文的第三次重大发现。根据对甲骨出土地层和同出陶片的分析，确定花东H3坑出土卜辞的时代为殷墟文化一期晚段，大体相当于武丁前期。占卜的主体是"子"。2004年12月出版了《殷墟花园庄东地甲骨》（简称《花东》）考古学专刊乙种第三十六号，中国社会科学院考古研究所编著，云南人民出版社出版。全书共六分册，包括甲骨拓本、摹本、照片、钻凿形态、释文、卜甲用龟的属种鉴定、索引等。

1986和1989年，中国社会科学院考古研究所安阳工作队在小屯村中进行发掘，获刻辞甲骨三百零五片（缀合成二百九十一片，编为293号）。2002和2004年，安阳队又在小屯村南获刻辞甲骨二百三十三片（缀合成二百零七片，编为221号）。两批甲骨合编一道，2012年出版了《殷墟小屯村中村南甲骨》收录刻辞甲骨514号，该书附录还包括小屯北出土的刻辞卜甲十二片；花园庄东地出土的刻辞甲骨三片；苗圃北地出土的刻辞卜甲一片；大司空村出土的刻辞卜骨一片共计十七片刻辞甲骨。全书包括：拓本、摹本、照片、释文、甲骨钻凿形态、索引等项内容③。

1977年，陕西岐山县凤雏村周原甲组建筑遗址西厢房第二号房间

---

① 许进雄：《甲骨上钻凿形态的研究》，台北艺文印书馆，1973年。

② 许进雄编撰：《明义士收藏的商代甲骨》，1972年，加拿大皇家安大略博物馆出版。许进雄编撰：《怀特氏等收藏甲骨文集》，1979年，加拿大皇家安大略博物馆出版。

③ 中国社会科学院考古研究所编著：《殷墟小屯村中村南甲骨》，云南人民出版社，2012年。

H11 和 H31 号窖穴发现了周人卜骨一万七千余片。这是继山西洪洞坊堆村、陕西长安沣西、北京昌平白浮之后，第四个周人甲骨卜辞的出土地。这是目前在殷墟以外发现的数量最多、内容最重要的一批甲骨文材料。先后清理出有字卜甲近三百片，总字数近千①，内容涉及周人早期的祭祀、田猎、征伐等活动。周，原来为商的封国，这批周人早期的甲骨文材料，对研究灭商前的周以及商周关系，有重要参考价值。

第四节　《甲骨文合集》

自从甲骨文被发现以来，随着甲骨文资料的日益丰富，关于甲骨学和商殷史的研究也不断深入。从文字的考释、卜辞的通读、分期的整理，到对社会历史研究的全面展开，都取得了显著的成绩。解放前五十年内，就有论著约九百种，建国以来的几十年中，取得了更为可喜的成就。广大研究者充分利用甲骨文和地下发掘的其他原始材料，结合文献记载和民族学资料来考察商代社会，研究工作空前活跃，成果累累。单只国内的著作，就有近四百种，如果加上国外已发表的著作和尚未发表的学位论文等，就有近千种了②。这些丰硕的成果，使殷商这个长期在人们心目中处于朦胧混沌状态的奴隶王朝，逐渐揭开了帷幕，引起了越来越多的研究者的关注。

为了适应研究的需要，将过去极度分散的甲骨文史料尽可能集中起来，进行一番彻底的整理，为广大研究者提供一部材料完备、体例精善、便于使用的大型甲骨文资料汇编，是非常必要的。

在胡厚宣多年对甲骨文资料进行调查研究的基础上，在中国社会科学院历史研究所的大力支持下，先秦史研究室同仁群策群力，从 1960 年起，正式开始了编辑《甲骨文合集》（简称《合集》）的工作，由郭沫

---

① 陕西周原考古队：《陕西岐山凤雏村发现周初甲骨文》，《文物》1979 年第 10 期。见王宇信：《西周甲骨探论》，中国社会科学出版社 1984 年出版。曹玮：《周原甲骨文》，世界图书出版公司，2002 年出版。

② 胡厚宣：《编好〈甲骨文合集〉向建国三十周年献礼》，《中国史研究》1979 年第三期。关于自甲骨文 1899 年被发现到 1999 年百年来甲骨学论著详目，可见宋镇豪主编：《百年甲骨学论著目》，语文出版社，1999 年。

若任《合集》主编，胡厚宣任总编辑。历时二十载完成图版部分①。图版之后又完成《释文》和《来源表》②。

《合集》与以往的诸种著录书相比较，有如下显著特点：

首先，《合集》比以往任何一种甲骨文著录书的材料都要齐备。除解放后在小屯发掘的甲骨之外，它包括全部的国内外已著录的传世甲骨、前中央研究院科学发掘的甲骨和尽可能收集到的，过去未刊布过的甲骨和拓本。它可称是甲骨文资料的总汇。原来分散在国内外的甲骨和拓本，还有不少至今未见著录者，就国内保存的甲骨文实物来讲，甚至早期收藏家的甲骨也还有未著录的。另外在国内各单位收藏的甲骨拓本还有一百九十六种，共计十四万零三百多片，其中也有不少未见著录③。《合集》不但集中了中外书刊中著录的甲骨文，并拓印全国各文博单位、图书馆、高等院校等有关单位和私人收藏的甲骨实物，翻拍各单位和私人藏家的甲骨拓本、照片、摹本，再加上征集到的有关资料总计不下二三十万片之多。除安阳新出土的甲骨外，国内所藏已著和未著录的甲骨，尽其所能，尽力收集，做了一番空前规模的清理。所收集到的新材料，如徐宗元的《尊六室所藏甲骨文字》，过去未曾发表，原骨现藏历史所，内中就有不少史料有重要参考价值。

在全面收集材料的基础上，《合集》入录的标准是"凡甲骨刻辞，文句完整或比较完整，以及文句虽有残缺但内容较为少见者"。"凡文句一般，常见而又残缺过甚者，则不予选录。"④ 据此标准，共选用四万一千九百五十六片。总体来说《合集》是一部大型的精选本。

第二，《合集》采用分期分类的编辑体例，将所收入的甲骨材料先分期，各期之下再按内容分类。

如前所述，甲骨文是盘庚迁殷至纣灭亡二百七十三年之间的殷王室遗物。在此期间，社会有所发展，人事不断变迁。如果将这上下近三百年的甲骨文资料，前后不分，混为一谈，其研究的结果，势必与事实相

① 《甲骨文合集》影印本 13 册。1979 年至 1982 年中华书局出版。
② 胡厚宣主编，王宇信、杨升南审校：《甲骨文合集释文》，中国社会科学出版社，1999年。胡厚宣主编，肖良琼、谢济、顾潮、牛继斌编：《甲骨文合集材料来源表》，中国社会科学出版社，1999 年。
③ 胡厚宣：《编好〈甲骨文合集〉向建国三十周年献礼》，《中国史研究》1979 年第三期。
④ 《甲骨文合集·凡例》。

去甚远。因此，将每块甲骨上所记的事实，确定其原有的时代，是甲骨作为史料运用的必要前提。只有使用经过分期的材料，才能有效地去探索殷代社会发展的程序和文化的演进。

王国维的《殷卜辞中所见先公先王考》根据父甲、父庚、父辛的称谓而定为"武丁所卜"，因兄己、兄庚的称谓而定为"祖甲时所卜"，已引出以称谓定时代的端绪。董作宾在1933年发表的《甲骨文断代研究例》（简称《断代例》），将甲骨文划分为五个时期，更为甲骨文的全面分期断代打下了良好的基础。《断代例》发表以后，影响很大，但在甲骨文的著录书中很少采用。自1933年至1945年之前，共出版二十六种重要的著录书，无一采用分期编排。自1945年胡厚宣编著的《甲骨六录》及其以后的《战后宁沪新获甲骨集》《战后南北所见甲骨录》《战后京津新获甲骨集》《甲骨续存》等书，都是采用分期分类的编排方法，极便读者检阅。又因为第三、第四期，即廪辛、康丁、武乙、文丁时期，有一部分甲骨不易划分，因而采用了将三、四期合并为一期的"四期分法"。后来陈梦家又提出将甲骨划分为早、中、晚三期和七世九王的分法，但在实际应用中常遇困难。

《合集》在前人研究的基础上，将甲骨文分为：

第一期，包括武丁及其以前（即盘庚、小辛、小乙时期），将所谓"𠂤组""子组""午组"卜辞附在武丁期之后，称为"附一期"；

第二期，包括祖庚、祖甲时期；

第三期，包括廪辛、康丁时期；

第四期，包括武乙、文丁时期；

第五期，包括帝乙、帝辛时期。

以往的甲骨文著录书，在材料的编排上，常常是根据甲骨卜辞的不同内容划分为几类。如王襄的《簠室殷契征文》（1925年），将内容分为十二类；郭沫若的《卜辞通纂》（1933年），将内容分为八类；胡厚宣的《战后京津新获甲骨集》等书，在分期的基础上，将内容分为二十四类。这些分类比早期著录书的混同编排，前进了一大步，但是作为史料来用，仍有许多不便之处。

《合集》吸收前人研究的成果，以历史唯物主义观点为指导，按商代社会历史的内容进行分类如下：

一、阶级和国家

1. 奴隶和平民

2. 奴隶主贵族

3. 官吏

4. 军队、刑罚、监狱

5. 战争

6. 方域

7. 贡纳

二、社会生产

8. 农业

9. 渔猎、畜牧

10. 手工业

11. 商业、交通

三、思想文化

12. 天文、历法

13. 气象

14. 建筑

15. 疾病

16. 生育

17. 鬼神崇拜

18. 祭祀

19. 吉凶梦幻

四、其他

对于一版上有一条以上的卜辞，包括多项内容的，仅选其中一条进行分类，其他内容将另编索引，以备查考。

第三，《合集》将大量的甲骨文材料进行过审慎的去芜取菁的遴选和整理，除分期分类外，包括去伪、去重、拼合、换片等。

甲骨文的作伪，和甲骨文的发现几乎是同时产生的。由于甲骨的昂贵，甚至以字计银，引起了古董商人造伪的兴趣。他们以伪刻欺骗买主，像处于甲骨文发现早期的美国人方法敛，英国人库寿龄、柏尔根等，都收购了不少伪品。其中以方法敛所摹《库方二氏所藏甲骨卜辞》伪片最多，诸家对伪片的鉴定有些不同意见①，特别是对其中所谓"家谱刻辞"的真伪问题争论最多②。加拿大人明义士，早期收购的大片也多是伪品，其中有些以新牛骨仿刻的甲骨，时过不久便腐臭难闻。为避免上当，后来他专买小片，并悉心研究，终成为辨伪的能手。早期的著录书，常混入伪片。初期作伪技法拙劣，后来，像专以仿造古董为业的蓝葆光，是制伪的能手。他的作品不仅刀法娴熟，而且是在殷墟出土的无字卜骨上仿刻，骨料是旧的，文字是新的，弄虚作假，妄图鱼目混珠。但是作伪者多不认识甲骨文，常加刻几个自造的怪字，甚至将字刻倒。另外他们更不懂甲骨文字的分期和文例，因而总要露出破绽，难以乱真。《合集》将全部伪片予以剔除，对于在一片上真伪参半的甲骨，仍然收录，在释文中加以说明。

　　已出版的甲骨文著录书，各书之间难免重出互见。一种书之内，也往往有自相重复的情况。去重，是一件相当繁琐艰巨的工作，甲骨片碎小，字体纤细，再加上有的编者将拓片加以剪裁，片形不一，校对重片十分困难。在去重方面，前人也积累了不少成果，如曾毅公的《殷虚书契续编校记》③ 就是校对罗振玉的《殷虚书契续编》（简称《续编》）中的重片。后来，胡厚宣又有所补充，作《读曾毅公君〈殷虚书契续编校记〉》④。《续编》一书收录甲骨二千零一十六片，与他书相重复的就有一千六百四十一片，不重的仅三百七十五片。由此一例，可见去重工作的繁重。《合集》在去重方面做了大量的工作，在七十种著录书之间，以及书和拓本之间互校，找出重片达一万四千多片次，剔除重复达六千多片。

　　甲骨质脆，在出土、流传过程中破碎很多。断片残骨，使卜辞不能卒读。将破碎的甲骨拼合复原，是整理工作中重要的一环，其重要性不亚于发表新材料。1939 年出版的《甲骨缀存》⑤，以十六种书拼合碎片成

------

　　① 《殷虚卜辞综述》第 652 页。
　　② 胡厚宣：《甲骨文〈家谱刻辞〉真伪问题再商榷》，于省吾：《甲骨文〈家谱刻辞〉真伪辨》，刊《古文字研究》第四辑，中华书局 1980 年 12 月出版。齐文心：《关于英藏甲骨整理中的几个问题》，刊《史学月刊》1986 年第 3 期。
　　③ 见 1939 年，齐鲁大学国学研究所《国学汇编》。又单行本。
　　④ 见 1941 年，成都齐鲁大学国学研究所《责善半月刊》二卷十五期。又收入《甲骨学商史论丛》初集第四册。
　　⑤ 曾毅公：《甲骨缀存》一册，1939 年齐鲁大学国学研究所出版。

七十五版，是第一部著录甲骨文拼合成果的书。郭若愚、曾毅公、李学勤共同编著的《殷虚文字缀合》，拼合《甲编》《乙编》断片（见第30页）。屈万里的《甲编考释》书后，著录《甲编》新缀合的甲骨二百二十一版，补遗十版。张秉权作《殷虚文字丙编》，将《乙编》中的碎片缀合复原六百三十二版。1975年出版的严一萍的《甲骨缀合新编》对各家拼合续有所补。《合集》在以上基础上，以四十余种书中的两千多个碎片，缀合成为一千六百余版，大大超过了以前拼合的成绩。此项工作由桂琼英承担。她将多年积累的拼合成果毫不犹豫地奉献出来，融合在《合集》之中①。1999年，蔡哲茂发表了《甲骨缀合集》②，主要以《合集》为对象，又做了不少补充缀合的工作。除了他个人的成果之外，还吸收了其他学者的缀合成果。除《合集》外，又将《小屯南地甲骨》和《英国所藏甲骨集》的有关缀合成果也附表于书后，可以说是一部迄今为止关于"甲骨缀合"成果方面的集大成著作。2004年蔡哲茂又发表了《甲骨缀合续集》③，新的缀合成果也不断涌现，台湾地区学者林宏明出版了《醉古集——甲骨的缀合与研究》（2011年）；继之又出《契合集》，两书各收入三百八十二组缀合，共计七百六十四组④。2010至2013年，黄天树主编《甲骨拼合集》《甲骨拼合续集》《甲骨拼合三集》共计发表拼合成果九百一十四则⑤。

甲骨文的著录书大部是拓本，也有一部分摹本。由于摹写容易失误，不如拓本真切，所以在《合集》中尽可能采用墨本。如明义士的《殷虚卜辞》共二千三百六十九片原为摹写本，原骨现藏南京博物院，已全部墨拓收入《合集》。胡厚宣所著《战后南北所见甲骨录》，其中的《明义士旧藏》部分，其原拓本全见于1972年发表的《殷虚卜辞后编》，此书拓本被全部采用。《战后宁沪新获甲骨集》原骨多藏清华大学，亦经重新

---

① 彭邦炯：《默默奉献的甲骨缀合大家——我所知道的〈甲骨文合集〉与桂琼英先生》上、下，《中国社会科学报》2010年7月27日、29日。
② 蔡哲茂：《甲骨缀合集》，"中央研究院"史语所外版书，1999年。
③ 蔡哲茂：《甲骨缀合续集》，文津出版社，2004年。
④ 林宏明：《醉古集——甲骨的缀合与研究》，台北万卷楼出版，2011年。
　林宏明：《契合集》，台北万卷楼出版，2013年。
⑤ 黄天树主编：《甲骨拼合集》（2010年）、《甲骨拼合续集》（2011年）、《甲骨拼合三集》（2013年），学苑出版社。

墨拓。《甲骨卜辞七集》，由美国人方法敛摹写，白瑞华校订，1938年在纽约出版。此书收录甲骨五百二十七片，由七种不同来源的甲骨组成，其中第六部分是《孙氏所藏甲骨文字》，间有摹错，学者怀疑是伪片。《孙氏所藏甲骨文字》共计三十一片，其中有十四片已找到原骨，从甲骨实物来看无一伪片，而且内容很重要，有关于田猎、地理、人名、祭祀和人祭等多项内容，这十四片甲骨的墨本也全部收入《合集》。

此外，过去的著录书还存在许多其他的缺点，印刷不良、字迹不清的如《铁云藏龟》《戬寿堂所藏殷虚文字》等，《合集》尽量换以清晰的拓片。有的书将完整的拓片剪割，以适分类，以《簠室殷契征文》最为典型。《合集》则采用王襄旧藏《簠室殷契拓本》，将剪碎的拓片还其本来面目。还有的书将甲骨的正、反、臼分开排列，或缺正、缺反、缺臼。以《殷虚书契》为例，此书在传世甲骨的著录书中，其选材、编排、印制等方面都是比较精良的一部，但仍存在若干缺点，如自重十三片，有的墨拓不全，拓片剪割，有的缺正、缺反或缺臼，有的原为一骨之折而分为二处等。《合集》剔除《前编》中的重片，并以山东博物馆、北京图书馆（今国家图书馆）、旅顺博物馆、吉林博物馆、吉林大学、上海博物馆、故宫博物院等地藏骨，重新墨拓，共换新拓三百五十三片。

《甲骨文合集》出版后，陆续发现有漏收的材料，其中还有从未发表过的新片。为了使《合集》的内容更臻完善，由彭邦炯、谢济、马季凡编纂的《甲骨文合集补编》于1997年7月出版[①]。共发表甲骨文资料一万三千四百五十片。除了这些年国内相继出版的《小屯南地甲骨》《英国所藏甲骨集》《甲骨续存补编》没有纳入外，基本上囊括了上世纪80年代以前《合集》选余的所有著录和未著录过的材料，以及80年代到90年代中期稍后一段时间里，海内外陆续刊登和缀合的材料。基本上仍按《合集》体例编排，包括图版、释文及来源表。在图版的最后，附有殷墟以外遗址出土甲骨，共三百一十六片（由王宇信、杨升南编辑）。

《合集》从十几万片甲骨中经过去伪存真的精心挑选，分期分类的科学整理，选出四万一千九百五十六片著录成十三巨册，展现在研究者面

---

① 彭邦炯、谢济、马季凡：《甲骨文合集补编》全七册，语文出版社，1999年。

前，作为中国古文字的重要载体，毫不逊色地树立于世界古文字著录之林①。作为商代的基本史料，《合集》的出版为商代历史、商代社会的研究提供了方便，使相关的研究得以迅猛发展。

进入 21 世纪，随着国家经济的繁荣，文化建设的发展，甲骨文资料的整理也进入了一个新阶段。各甲骨收藏单位纷纷将藏品悉数发表，发表的方式也更加先进，力争多方位地展现甲骨的内容。新的甲骨文著录书主要有：

《中国国家博物馆馆藏文物研究丛书·甲骨卷》朱凤瀚、沈建华主编，刊布有字甲骨二百六十四片，无字卜骨四片。包括彩色照片、拓本、考释、论文。2007 年由上海古籍出版社出版。

《北京大学珍藏甲骨文字》（北京大学震旦古代文明研究中心学术丛书特刊）上、下册。由〔韩〕李钟淑、葛英会编撰。上册为影印本及拓本；下册为摹本及释文，并附著录重见表。顺序编号为 1—2929。著录采用先分类再分期的办法。2008 年由上海古籍出版社出版。

《上海博物馆藏甲骨文字》上、下册。濮茅左编著，共著录甲骨五万余片，包括彩照、拓本、摹本、释文。2009 年由上海辞书出版社出版。

《史语所购藏甲骨集》，由"中央研究院"史语所编印。该书是在已发表的《甲编》《乙编》《丙编》之外，由前辈学者陆续购藏的甲骨，共收录三百八十片，包括影印、图版、拓片和摹本，2009 年在台北出版。

《中国社会科学院历史研究所藏甲骨集》上、中、下三册。由宋镇豪、赵鹏、马季凡编著。上册为彩版和附录，彩版著录刻辞甲骨一千九百二十片。同片甲骨根据文字、钻凿等情况拍照正、反、侧、臼四种不同角度。附录还包括碎卜骨、无字卜骨等以利拼合。中册为拓本，编号与彩照相对应；体例与《合集》一致，采用五期分法，先分期再分类。下册为释文和检索表。检索表包括与《合集》《合集补编》等书的著录重见情况，甲骨来源和缀合等项内容。2011 年由上海古籍出版社出版。

《俄罗斯国立爱米塔什博物馆藏殷墟甲骨》由宋镇豪、〔俄〕马丽娅

---

① 1983 年，在英国墨拓甲骨期间，时任大英博物馆东方部主任的罗森夫人，请我参观了该馆古巴比伦泥板文书的库藏（约十三万片）。由古文字专家用摹写的方法著录发表。

主编。公布该馆所藏全部刻辞甲骨藏品共二百片，包括彩照、拓本、摹本、释文、研究论文及著录检索表。2013 年由上海古籍出版社出版。

《旅顺博物馆所藏甲骨》上、中、下三册，由中国社会科学院甲骨学殷商史研究中心、旅顺博物馆编；宋镇豪、郭富纯主编。该书所刊甲骨主要是罗振玉的旧藏，共著录二千二百一十一片（《合集》曾选用五百八十七片）。包括彩照、拓本、摹本、释文及检索表。内容涵盖从早到晚五个时期，涉及农业、战争、宗教、气象等诸多方面。有新字、新字形、新词例。照相包括正、反、臼、侧。2014 年由上海古籍出版社出版。

还有个人收藏的甲骨集录：

《殷墟甲骨辑佚》，段振美、焦智勤、党相魁、党宁编辑。共发表甲骨一千一百余片。该书包括照片、拓本、释文，2008 年由文物出版社出版。

有新发现的拓本：

《云间朱孔阳藏戬寿堂殷虚文字旧拓》上、下册。朱孔阳原著，宋镇豪、朱德天编集。《戬寿堂殷虚文字旧拓》是朱孔阳 1952 年从哈同罗迦陵的后人处购得。据说是王国维手拓墨本。与已发表的石印本《戬寿堂所藏殷虚文字》相比较，字迹更清晰，内容更完整，还有未发表的新材料。另外，每片还配有摹本，摹本是由原来在戬寿堂工作过的李庆霄摹写的，字迹清楚、准确。该书附录还刊出另种拓本《甲骨文集锦》，上卷为《殷虚文字拾补》有拓片一百三十五片，下卷为《殷虚文字之余》有拓片一百五十八片，合计二百九十三片。附录还包括宋镇豪作的《朱孔阳旧藏戬寿堂甲骨拓本校订》和孙亚冰作的《甲骨文集锦校勘记》。拓片中有未发表过的新内容。

除了文字记载的史料之外，古代人类通过各种活动留下来的遗迹、遗物也是历史资料的重要组成部分。但是由于篇幅所限，本章不包括商代考古资料的介绍。

第二章　西周春秋战国史史料

第一节　概况

周代（包括春秋、战国，下同）是我国开始有文献史料传下来的第一个历史朝代，当时设有各种史官，负责记录统治者的言论和事迹。这种制度当沿自商代，但没有商代原始史料作为历史文献传下来。甲骨卜辞到清末才作为考古文物出土，商代其他几篇文献，都是经过周人加工改写才在《尚书》中传下来的。到了周代，才有当时书写在竹简上的文件，到秦汉之世以隶书移写传下来。

周代传下的文献，一部分为有意垂示后代的史官记载，它撰写的目的就是作为历史的鉴戒，即《汉书·艺文志》所说"君举必书，所以慎言行，昭法式也"。它类似后世封建王朝的记注工作，后来又发展出修史工作。《礼记·玉藻》说："动则左史书之，言则右史书之。"《汉书·艺文志》则说："左史记言，右史记事。"这两处虽然把左右史的职掌刚好说得相反，但反映了古代的史官随时记录着统治者的"言"和"事"。这是我国古代在历史记载方面独步于世界的突出表现，全世界任何民族任何国家，都没有像我国这样几千年持续不断、继继绳绳地形成和积累了这么丰富的有系统的历史著述和资料。而这主要靠有一套记注和修史的史官制度。这一套制度基本奠定于周代，不过可能没有后世那么粲然大备罢了。他们当时写成的史料必然不少，但传下来的不多，其中传到现代的，关于"记言"方面的典型文献就是《尚书》和《逸周书》（其中如有记事的，多非当时原件）；关于"记事"方面的典型文献就是《春秋》，后来在晋代还出土了《竹书纪年》，都是编年纪事书。

上述这两种史官记载在早期都称为"书"。先秦文籍所引"《书》曰"，除了指《尚书》的篇文外，还用以称引其他记载的文字。《荀子·劝学篇》说："'书'者，政事之纪也。"《说文解字·叙》说："著于竹帛谓之'书'。"较晚的吴澄则在《书纂言》里解释说："'书'者,史之所录也。"《墨子·贵义》说"周公旦朝读《书》百篇",就是指这种史料。

除此之外,当时统治者还特别注意礼、乐。"礼"是关于政治制度、人伦关系、行为规范、典礼仪式等等的总称。当然它有一个发展过程,最早只把"仪"方面的活动称为礼,后来才扩展到政治制度、人伦关系、行为规范等等上面去。繁文缛节的很详细的仪节单,以及有关的文字记述,就是最早的《礼》。西周的《礼》的原本已不能看到,从《尚书》的《金縢》和《顾命》等篇和一些金文中可以看到西周确有一套完整的礼制,不过后来又逐渐发展变化。现在看到的《礼》书,大抵传自春秋、战国,有些还整理厘定于汉代。"乐"则是他们举行各种典礼、纪念活动、应酬宴会时所一定要演奏的。虽然当时应当也有乐的本子,但还不能用乐谱记录乐曲,所以乐无法流传下来;能传下来的只是乐歌,这就是所谓"雅""颂"一类的诗,加上民间歌唱的反映社会生活被称之为"风"的诗,至迟春秋时就有西周《诗》的集子流传了。这两项中,"礼"是关于制度章规性的东西,相对来说,是静态的;"诗"则往往是歌颂或讽刺某个人物、咏赞某项历史活动的作品,大多数是动态的历史纪录,它可以直接反映历史事件。

因此,《诗》和上述的《书》,就成了周代主要是西周的重要史料。其中《尚书》里面的西周诸诰是周代前期直接的政治史料和思想史料;《诗》里面的《雅》《颂》《豳风》《周南》《召南》以及其他国风则多是西周的政治史料、思想史料和社会史料,《礼》的某些部分当保存有西周传下来的典制史料、社会史料。

卜筮是当时统治者决定行动的主要手段,大小事情都离不开卜筮。卜筮的书成了当时重要的统治工具之一,因此也是反映当时政治生活、社会生活和思想活动的历史资料。特别是记载占卜的吉凶例证中,保存了不少过去的和当时的史事,更是重要史料。西周卜筮的书《周易》,秦代单纯地把它看成是一般卜筮书,汉代儒家开始把它列为"五经"之一,由于当时儒生的方士化,把它推崇得很神秘,把书中的八卦说成是上帝赐下的"河图",从此《周易》作为首要"经书",一直为历代统治者所膜拜,到近代才恢复了它原是西周重要史料之一的地位。

周王朝运用宗法组织维系着它的全部统治网。周天子作为全国的大宗，统治着各诸侯小宗；各诸侯在自己的国内作为大宗，统治着各卿、大夫小宗；以下递相以宗法加以严密控制。因此周代统治者特别重视宗族世系的问题，除了《礼》记载了有关的理论性或规定性的东西外，还有具体的记载世系的谱录牒记之类。但《历谱谍》《谍记》这类书没有传下来，司马迁撰《史记》时还见到，在一些篇里加以采用。世系材料后来汇集在战国时最后写定成书的《世本》里，传至唐代已有残缺，到宋代完全散失，高似孙曾加以辑录，无传本，清人则有好几家辑本。这些也都是周代重要史料。

以上就是今天所能见到的主要是西周的一些文献史料的简单情况。

到春秋之世（以至战国之世），史职发展，史官记载的方面较前加广，原来把"书"作为史官记载的共名，已不适应了，于是出现了一些不同体裁的不同名称，而把"书"缩小为只是"记言"的专名，而且已有按王朝分别称用的《夏书》《商书》《周书》等名称出现（春秋以至战国时还没有"虞书"一词。《左传·文公十八年》出现过一次，顾炎武《日知录》已辨其非。又还没有"尚书"一词，《墨子·明鬼下》曾出现一次，王念孙《读书杂志》已校订为"尚者"之误）。其他与"书"并用的不同体裁名称，除上面提到的"世"（如《世本》）"谍"（如《谍记》）之类外，还有"语"（如《周语》《齐语》《楚语》等，汇编称为《国语》）、"志"（如《周志》《军志》等），等等。而对于编年纪事书，各国也分别用了各自不同的专名，如鲁叫《春秋》，晋叫《乘》，秦叫《记》，楚叫《梼杌》等。《墨子》把它们综称为"百国《春秋》"，使"春秋"一词成了这种编年纪事书的代表性名称。所有这许多体裁不同名称不同的史籍，后来直接流传下来的较少，只是在战国秦汉人的著作中引用保存了一些。其本身较完整地传至今日的，除上面已说的《春秋》等书外，只有《国语》《左氏春秋》等少数几种。

到战国百家争鸣时代，各家都鼓吹自己的学说，写出了不少专门著述，这就是现在所说的战国诸子百家的著作，成了现在研究战国历史的重要史料。而他们当时都想用自己的学说来说服别人，说服的方法就是拿出古代的历史来做证据，因此竞相搜集古代文献资料。但他们竞相立说的本意只是要向前看，给社会治病开出新药方；"向后看"只是他们的一个手法，他们所要求的只是古人替他们背一块"黄金时代"的招牌。就是说，只要这些资料为自己的学说服务。有些文献和自己观点不一致时，他们就随自己的需要加以改写；如果没有符合自己学说的古史文献时，他们就干脆自己编造古史，这就是所谓"托古改制"，因而在这时期也就出现了不少关于古史的传说或资料，其中包括了西周的。《礼记·曲礼》说："毋剿说，毋雷同，必则古昔，称先王。""则古昔，称先王"，是他们打的幌子；他们的实质是"毋剿说、毋雷同"地任意创说。当时诸学派中主要的儒、墨两家"显学"，在这方面干得最"出色"，都纷纷塑造了自己心目中的古史。例如儒家利用旧资料编写了《尧典》《皋陶谟》等篇，又改造了当时地理学著作《禹贡》篇；墨家在《墨子》一书中也谈了不少"古圣王"、"虞夏商周三代圣王"的历史和故事。《韩非子·显学篇》揭露他们说："孔子、墨子俱道尧舜，而取舍不同，皆自谓真尧舜。尧舜不复生，将谁使定儒墨之诚乎。"所以这个时期除了诸子百家著作本身作为反映春秋战国时期的史料外，又出现了许多关于春秋战国以前的古史传说或资料。很多西周史料本来靠春秋战国时期著作如《左传》等传了下来，现在更有了春秋战国时期加工编造的三代包括西周在内的史料。

战国之世，除了各国都有的各种史职的著作（这些多已不传，传者主要有《战国策》）、百家争鸣的诸子著作（这些传下者相当丰富）之外，还有下列一些：

（一）礼家（实即儒家中以礼为业的一派）的著作，如整理春秋时所有官制材料加以系统化组织而成的《周礼》，以及后来由汉代编成的《礼记》和《大戴记》有关说礼的文章。

（二）地理家的著作，即上面提到的《禹贡》。这部书是战国之世走向统一前夕的总结性的地理记载，把当时七国所达到的疆域算作天下，而根据自然地理来划分其区域成九州，并定出各州的特产作贡物，又根据土地肥瘠来定各州田赋的等次。这是对当时实际地理作一理想式的规划，是当时一篇可贵的地理学杰作，是当时独步于世界的科学撰作，是战国时很有价值的一篇史料。此外还有记载了不少古代神话传说和古史故事传说而实际反映当时地理情况的《山海经》《穆天子传》和《逸周书·王会篇》等重要地理文献。

（三）反映当时海外交通发展刺激而产生的邹衍大九州、小九州的学说等。

（四）当时天文历算学家的著作，如反映当时恒星和行星观测水平的《甘石星经》（甘德《天文星占》和石申《天文》的合称）。

（五）医学著作。

（六）影响后世文学至巨，与《诗经》并称"风骚"的《楚辞》，更是战国时期代表南方思想、文学艺术的重要史料。总之当时是著作繁荣的时代，原是有着丰富的史料可以传下来的。

但丰富的史料，经常受到自然的和人为的摧残。由于当时的史料主要是用竹简书写（也用帛书写，但帛较昂贵，使用较少），而竹简容易腐坏，大概经过二三百年就没法再传下去。流传下来的《春秋》就反映了这种情况。它原是鲁国史记，当然应从伯禽封鲁开始，但现在看到的《春秋》，却从一个距伯禽已七代的鲁国第十四位国君鲁隐公开始，显然是伯禽以后隐公以前的竹简在鲁哀公以后整理时已经毁灭了；就是隐公以后竹简也损毁不少，例如书中有"夏，五"（桓公十四年）、"冬，郭公"（庄公廿四年）等文，显然都是毁损残断的现象。关于人为的破坏，就是统治者的有意摧残。例如《孟子·万章下》说："诸侯恶其害己也而皆去其籍。"《史记·六国年表》说："秦既得意，烧天下《诗》《书》，诸侯史记尤甚，为其有所刺讥也。"《史记·秦始皇本纪》也说："史官非《秦记》皆烧之，非博士官所职，天下敢有藏《诗》《书》百家语者，悉诣守尉杂烧之。……所不去者，医药、卜筮、种树之书。"到项羽焚咸阳，《秦记》和博士官所职守的《诗》《书》百家语也都烧光了。所以自西周到战国之世虽有丰富的史料，却遭到了彻底性的毁灭，只有极少数的人敢于把自己专业的文献偷偷藏在屋壁里，侥幸保存下来，但那是百不存一的。

大体说来，春秋时期文献史料种类较少，但有重要的史书《春秋》和《左传》《国语》在，这一历史时代就以《春秋》这一部重要史籍而得名。战国时期的文献史料比较丰富，但较杂乱，而且大多数史料所涉及的史事不像春秋时期那样有明确的年月可稽。而《左传》与《战国策》之间相距一百三十余年，空无史籍，故反映春秋战国之交的史料比较贫乏。

到了汉代，为了巩固封建统治，统治者重视了意识形态的作用，就以国家的力量广泛搜集整理汉以前的文献史料。于是先秦残存的文籍逐渐出现，汉代的学者就成了我国第一批整理历史文献资料的人。凡今天所能见到的西周、春秋、战国的史料，基本都是经过汉人搜集、整理和解释（当时称为"传""说"），才流传下来的。这是西周到战国时代文献史料的一个特点。

既然所有周代文献史料都是经过汉代学者整理传释后才流传下来的，那么附丽于这些史料的，首先是汉代的传注解说。不过汉人缺乏科学观念，在阴阳五行说的信仰之下，所作的解释处处反映他们时代的思想特点（今文家尤其这样），但文字训诂及制度名物方面的解释（古文家比较侧重这方面），仍是颇有价值的。自汉以后历代不断有人做这些工作，有些往往比汉人注释的科学性要强，其中隋唐的一些人往往利用了后来已失传的有关文籍，为我们保存了一些有关周代的史料。

汉代以后又有不少人对古史做编纂工作，出现了一些历史著作，有态度较谨严、科学性较强的，能忠实地利用过去史料。如《史记》《汉书》等巨著，它们比较诚实地运用各历史时期的史料。《史记》中保存了大量西周至战国史料，《汉书》中的表、志及少数民族列传等篇也多保存这时期的史料。但时代所给的影响仍是有的，如《汉书·律历志》中就有刘歆学派所加工编造的叙述古史系统的《世经》，它所编造的古史系统一直支配着后来的古史著作。而汉代的纬书提出了大量关于古史的虚构的说法，这些说法也很有力地影响后来的一些有关古史的专著，对正确地研究古代历史起了很大的干扰作用。像三国时谯周的《古史考》，晋初皇甫谧的《帝王世纪》，承用一些古史资料，更主要的是按照汉代《世经》和纬书等的编造，加以自己的臆说，提出了杜撰的古史体系。《帝王世纪》给共和以前远古各代帝王都安排了具体的年代，淆乱了后人对古代史料（包括周代）的认识。

到宋代又出现一些叙述古史的著作，如司马光《稽古录》卷八至卷十一，刘恕《通鉴外纪》卷三至卷十，都记西周至战国史事，还有苏辙《古史》、吕祖谦《大事记》、金履祥《通鉴前编》等等，虽所叙古史也常从汉人之说，但使用史料的态度是比较认真的，而且其中有些史料现在已经失传了。另有胡宏的《皇王大纪》，用邵雍《皇极经世》所杜撰自尧至五代的编年，叙盘古到东周末事。又罗泌《路史》详引远古传说，其《国名纪》分列古帝的后代及周世各国的族姓资料。此三书风格同于汉代纬书，但《路史》中有一些资料，往往可与今日所考得的古史情况略相合，可知罗泌必曾利用过宋时尚存之古史资料。这些史料今已不存，就靠这书窥见一二。

清代开始以较科学的态度整理古史资料，对西周、春秋、战国三个历史时期的文献，以文籍考据之学进行整理，比前大有进步，使我们今天利用这三个历史时期史料时得到不少便利。其中综合整理古代史料较著的，有马骕《绎史》，但只有搜集功夫，而缺乏批判精神。

清初对古代史料以批判精神进行整理的有姚际恒，他遍疑群经，写了《九经通论》，对每一部被奉为经典的古籍进行疑辨，又写了《古今伪书考》，把他认为不可信的典籍都进行了疑辨，使人知道不要盲目信从古代文籍。后来又有崔述的《崔东壁遗书》，以"考信于六艺"为标准，即以"经书"为标准，来定历史资料之是否可信。他分别将原资料汇集，以经文传文为主，其他古籍材料合者并列，不合者另列"备览"（可疑书中可信的资料）、"存疑"（可信书中可疑的资料）、"附录"（事不可疑但其时不可详者）、"附论"（虽非纪实之文但其理合于史实者）、"备考"及"存参"（虽属后世纪事与后世言论而足证古史者特"备之以俟考，存之以相参"）诸项目。虽然他采取的标准以经书为断仍是拘于成见的，但他能对众多的古代史料以批判精神作了整理，区别其可信和可疑之处，启发了现代"《古史辨》派"考辨古代史料的工作，对我们今天批判地使用古代史料来说，其作用是很大的。

清代对古代典章制度、社会结构、经济生产诸方面的史料进行整理汇集工作的，一般继承"三通"（《通典》《通志》《文献通考》）的精神，也做出了成绩，除"续三通"之类外，大抵主要集中在研究《三礼》的工作中。最早的是徐乾学的《读礼通考》，有草创之功。最著名的是秦蕙田的《五礼通考》，按吉、凶、军、宾、嘉五礼来分，实际是古代一切制度的资料汇编，对研究周代社会经济基础到上层建筑都非常有用。起同样作用的还有黄以周的《礼书通故》和林昌彝的《三礼通释》。此外清人很多治《礼》方面的著作也多可参考。而顾栋高《春秋大事表》，系统整理《春秋》和《左传》史事，也整理了春秋这一时期的许多典章制度。

西周、春秋、战国的年代问题和地理问题也是很重要的问题。因为西周共和以前无年代记载，以致聚讼纷纭；《战国策》所记都是片断史事，大都不著年月，时序不明；至于地理地名古今差异甚大，分歧更多。清人对这些也做了不少研究工作，搜集整理了不少资料。大抵这两方面各有数十种之多，对我们运用这时代史料很有用处。

清代还有不少人做古史文献辑佚工作，其中以马国翰、黄奭、王仁俊等人所辑佚书较多，可以利用它们来查找有关西周到战国散佚的史料。

总的来说，西周、春秋、战国当时所产生的文献史料是基本史料；汉、晋以至宋代的有关历史著作，可作为参考史料；汉以来的许多传注考释以至清代的整理成绩，则提供了这个历史时期的研究资料。

除了文献史料之外，还有应予充分重视的考古文物史料。远在汉代，郡国山川往往有鼎彝出土，已有学者治其文字。到宋代开始了金石之学，一直相沿到清代，搜集和整理了大批金石文物。清代晚季的扬州学派，开始把金石文字从玩赏对象提高为证经证史的研究资料。到近代考古学发展，甲骨文、金文、石刻以及竹简、帛书等等的不断发现与研究，达到新的科学水平，给西周、春秋、战国的历史研究提供了新的第一手史料。这些文物是埋藏在地下已两千多年的当时原始作品，其可靠程度较流传已久的文献要高，它能证历史记载或传说的真伪，也能证流传文献本身的真伪，能作为论断古史的有力证据。但和文献史料相对来看，它们都局限于较狭隘范围之内，其本身多是孤立的，片断的，不具有连贯性的，是不直接反映历史活动和意识活动的全过程的，有赖于具有系统性的文献史料来帮助正确认识它。往往离开文献，就无法认识文物的作者及有关人物，它所记事件与什么历史事实相关联，应是什么历史时期的产物，等等。而且文物史料的产生者（如墓主、作器者之类），多是古代社会中的个别人物，不论是多大的贵族，总不像当时国家政权、当时王朝最高统治者那样具有全面性、整体性。因此它必须与文献史料相结合使用，才足以说明历史问题，有助于研究历史。

西周重要文物史料，是西周金文和新出土周原甲骨文。吴大澂、孙诒让、王国维、郭沫若、杨树达、陈梦家、丁山、唐兰、于省吾、徐中舒、张政烺等提供了珍贵研究成果。春秋、战国重要文物史料，除了金文，还有竹简、帛书、石刻等。近代学者也有不少研究贡献。

所有以上文献史料和考古文物史料，都需要以文籍考辨学的方法进行"批判地审查"的工作，然后才可应用于各自历史时代的研究工作上去。那些参考史料和研究资料，如果正确运用，也能给有关研究工作以重要帮助。

现将关于西周、春秋、战国的各种史料按下列四项分别录列：

（一）西周至战国文献史料；

（二）汉代以下有关周代的文献史料；

（三）清代对周代文献的整理研究资料；

（四）有关周代的考古文物史料。

第二节　西周至战国文献史料

（甲）历史著作及官方用书等史料

《尚书》伪《孔安国传》本十三卷，有相台本及翻刻本。唐孔颖达《正义》本二十卷，有《十三经注疏》本。宋蔡沈《书集传》本六卷，有明监本《五经》通行本。顾颉刚、刘起釪《尚书校释译论》集其成，2005 年由中华书局出版。

此书汉代今文二十八篇，加伪《太誓》共二十九篇。西晋末亡失，东晋初出现伪孔本，其中有汉今文二十八篇析成三十三篇，加伪造二十五篇，共五十八篇。唯析为三十三篇之二十八篇为商周史料。其中自《牧誓》至《吕刑》十六篇（《顾命》与《康王之诰》为一篇）为西周史料，《文侯之命》《费誓》《秦誓》三篇为春秋诸侯国史料，《尧典》《皋陶谟》《禹贡》为战国时编写的古史资料。

《逸周书》十卷　晋孔晁注，《丛书集成》本。

此书是《尚书》以外的十部周代历史文献汇编。古人认为是《尚书·周书》的逸篇，故标此名。其中《世俘》《克殷》《度邑》《皇门》《祭公》《芮良夫》以及《作雒》等篇基本是西周文献，《度训》等二十多篇则近战国文字，《武称》等十余篇则是兵家之作，《谥法》《明堂》《王会》《职方》等篇与《礼》同，《周月》《时训》《殷祝》等篇则显然成于汉代。晋孔晁注原为八卷，七十一篇。到唐时存四十五篇。由于《隋书·经籍志》误注《周书十卷》为《汲冢书》，《新唐书》遂有

"《汲冢周书》十卷"与"孔晁注《周书》八卷"并立。《宋史》把它并而为一，称"《汲冢周书》十卷……孔晁注"，即今所见六十篇之本（其中并入了所谓《汲冢周书》中晋以后掇补而无注之十五篇，孔晁注亦亡三篇）。李焘、王应麟指出汲冢未出《周书》，杨慎遂主张复称《逸周书》，清代刊本遂皆恢复旧称。清人有八九家对该书进行校正、补注、辑要、集训校释、平议等工作，以卢文弨校本较通行，陈逢衡《补注》二十四卷为翔实，孙诒让《斠补》及刘师培《补正》为较佳。

《诗经》 汉大毛公传《诗》二十九卷，隋时附郑玄《笺》作二十卷，相台本及翻刻本。唐孔颖达《毛诗正义》四十卷，《十三经注疏》本。宋朱熹《诗集传》八卷，明监本《五经》通行本。

书中《周颂》及《大雅》为先周及西周史料，《小雅》及《国风》中大部分为西周史料，小部分为春秋史料，《商颂》《鲁颂》为宋国、鲁国史料并追颂祖先之史料。清代研究《诗经》有成就的多家，以陈奂《毛诗传疏》三十卷为较好，有《清经解续编》本。

《周易》 魏王弼、晋韩康伯注《易》九卷，相台本及翻刻本。唐孔颖达《周易正义》十卷，《十三经注疏》本。朱熹《周易本义》四卷，明监本《五经》通行本。

此书为周代卜筮用书，卦、爻辞是西周早期所作，其中所载故事及社会情况除有早于周代者外，有不少是西周初期的。彖辞、象辞晚于《左传》，可能是战国时资料。系辞等篇更晚，可能在秦汉之世，这一部分便不能作为周代史料。清人治《易》者多家，以焦循《雕菰楼易学三种》较好，有《清经解》本。今人权威著作有高亨《周易古经今注》《周易大传今注》。

《竹书纪年》 王国维《古本竹书纪年辑校》一卷，《观堂遗书》本。范祥雍有《订补》本。

此书为晋太康年间汲县魏襄王墓出土，是止于魏襄二十年（战国中后期）的古代编年大事记，起黄帝到战国。原书亡佚于宋代，后来流行本可能为明代伪造，清代据以整理校释者十余家，以徐文靖《统笺》十二卷、雷学淇《义证》四十卷、陈逢衡《集证》五十卷材料较富，缺点是不辨真伪。朱右曾始辑原书佚文为《汲冢纪年存真》二卷（附《周年表》一卷），王国维据以撰《辑校》一卷，最可用。王又撰《今本竹书纪年疏证》二卷，找出材料来源以证今本之伪。今本为伪书不可用，但清人据以整理之古史材料仍可参考。近有方诗铭、王修龄辑证本，上海古籍出版社版。

《世本》 商务印书馆《世本八种》本。2008 年中华书局据此影印。

此书述及"今王迁"事，因而知最后定稿于战国末赵王迁时。记三皇五帝至战国自天子至诸侯大夫的世系、族系、名号以及居地、制作等项。司马迁撰《史记》曾用其材料，原有汉应劭、宋衷注及魏宋均注。书亡佚于南宋，清人辑者十家，钱大昭、洪饴孙二家不传，今"八种"本为王谟、孙冯翼、陈其荣、秦家谟（包括洪饴孙稿）、张澍、雷学淇、茆泮林、王梓材八家辑本，以茆本为佳，雷本次之。

《春秋》和《左传》 晋杜预将二书按年合编加注，称《春秋经传集解》三十卷，唐孔颖达据以撰《正义》四十卷，有《十三经注疏》本。杨伯峻《春秋左传注》极为流行。

此为春秋时代史料的大宗，亦载往古及西周史事不少。汉代立学官的有所谓解释《春秋》义例的《公羊传》《穀梁传》，与周代史事关涉不大，不必参考。清马骕撰《左传事纬》十二卷，为纪事本末体。高士奇有《左传纪事本末》五十三卷，则按国纪事。

《国语》 三国吴韦昭注二十一卷，《四部丛刊》本。

此书分国列周王朝及鲁、齐、晋、郑，楚、吴、越诸国史事，其中《晋语》共九卷，将近全书之半。书中最早为周穆王时事，晚至晋三家灭智伯止。少部分为西周史料，绝大部分为春秋史料。清黄丕烈刻本有顾广圻《札记》一卷，武昌书局翻刻黄本增汪远孙《考异》四卷，注释者有董增龄《国语正义》较佳，有光绪间会稽章氏刻本。

《战国策》 题汉高诱注三十三卷，实为宋姚宏校本，有雅雨堂本。宋鲍彪注十卷，元吴师道《补正》，有《四部丛刊》本。

此书主要为战国纵横家游说之辞，亦有当时纵横捭阖的一些史事。司马迁曾用其资料入《史记》，只称《短长书》。刘向按十二国分别整理得三十三篇，始定名为《战国策》。东汉高诱注二十卷。至宋时，原篇亡佚十二篇，存二十一篇；诱注亡佚十二卷，存八卷。曾巩校订时有十卷，遂取二者合并，再自他书撷取二卷，补足并重编为三十三卷。姚宏据曾本及钱藻、刘敞本校订刊行。鲍彪又据曾本移改并加注，为十卷，有审

中国古代史史料学

改处，不及姚本。元吴师道补正成新注本。现有上海古籍出版社 1978 年据上述诸本之汇校本。1973 年长沙马王堆出土帛书有由整理者定名之《战国纵横家书》二十七章，其中十一章即《战国策》中之文，余十六章则可云《国策》逸文，皆可供考辨《国策》及《史记》之用，已由文物出版社出版。1957 年第 9 期《历史研究》有顾颉刚论其传本一文。

《仪礼》　汉郑玄注，唐贾公彦疏《仪礼注疏》十七卷，《十三经注疏》本。

儒家以给统治者办典礼为职业，所以要掌握很详细的仪节单。这是从先秦流传下来的十七篇仪节单，近代考古学者证明它的制度大体流行于春秋末年和战国初期（见陈公柔《士丧礼、既夕礼中所记载的丧葬制度》，《考古学报》1956 年 4 期）。它本来都是单篇，戴圣本编次杂乱，戴德本依《昏义》五礼为序，唯刘向本则将各篇按尊卑吉凶的次序排列，故郑玄据刘向本加注，成为注疏本底本。这是反映周代典礼活动、伦理关系、吉凶婚丧等社会生活的史料。清代治《仪礼》者二十余家，以胡培翚《仪礼正义》四十卷最好，1993 年江苏古籍出版社出版了段熙仲点校本。

《周礼》　汉郑玄注、唐贾公彦疏《周礼注疏》四十二卷，《十三经注疏》本。

此书是西汉中后期始出的古文经，故历代为人所疑。但汪中《周官征文》已举六证说明先秦有此书。王国维亦补充了资料。今考此书中的官名，至迟不出春秋之世周王室及鲁、郑、卫三国的官制范围，没有受战国官制影响；唯各官的职掌有同于战国者，如小宗伯祭五帝之祀典，大司徒及遂人与《考工记》匠人所掌田制，以及大司徒等正月公布法律等等，皆取自战国现实。可知此书官制原本是春秋以前的，后来杂采了战国一些制度、办法。此书可分别作为春秋、战国两时代的史料。清孙诒让《周礼正义》八十六卷，搜集了丰富的材料进行精审的辨订，最好。1987 年，中华书局出版了王文锦、陈玉霞点校本。

《礼记》　汉郑玄注，唐孔颖达疏《礼记正义》六十三卷，《十三经注疏》本。

此书是战国到汉代关于述说周代礼制的文章汇编。汉初有一百三十一篇，戴德取八十五篇为《大戴记》，戴圣取四十九篇为《小戴记》。马融传小戴本，郑玄承之并作注，遂成为《礼记》。孔颖达据以为疏。宋卫湜有《礼记集说》一百卷，材料繁博，有《通志堂经解》本。清杭世骏《续卫氏礼记集说》一百卷，有杭州书局本。1960 年甘肃武威出土汉简《礼记》九篇，1963 年文物出版社出版。

《大戴礼记》 北周卢辩注十三卷，雅雨堂本、《四部丛刊》本。

此书即汉戴德所取八十五篇说礼之文编成，唐时已亡四十六篇，存三十九篇。今本为四十篇，以从《盛德篇》析出《明堂》之故。大抵其中有战国之文，有汉代之文。《夏小正》一篇说周代天象、物候，有单行本。《帝系》《五帝德》二篇为周代所传古史系统，孔颖达说出自《世本》。其余大抵承周代史料或传说，或汉儒之说。它没有像《小戴记》那样得列于经书，可能因有不少篇同于诸子（管子、荀子、曾子书及贾子书等）之故。然其史料价值不减于其余礼书，故亦有列为《十四经》的（见《学斋占毕》）。唯错乱多，清戴震、卢文弨有合校本，汪中有《正误》一卷。孔广森有《补注》，不佳。王聘珍有《大戴礼记解诂》十三卷，较佳，有广州书局本。1973 年定县出土竹简《哀公问》《保傅》两篇。

《山海经》 晋郭璞注本十八卷，《四部丛刊》本。

此书中的《山经》述五方之山而未配五行，又以中国四周皆海，比《禹贡》知道只有东方有海的观念要早，可知成书于战国早期。书中多说草木鸟兽矿物而有铁，则又不能太早。《海经》多叙海外传闻，又有秦汉郡名，当写定于秦或秦汉之际。全书多古代至周代神话和历史传说以及地理记载。王国维取以证史，始发现其史料价值。清毕沅有《新校正》，在《经训堂丛书》中。郝懿行撰《山海经笺疏》，有《郝氏遗书》本。今人袁珂有《山海经校注》（1980 年上海古籍出版社）。

《穆天子传》 晋郭璞注六卷，《四部丛刊》本。

此书亦晋太康时在汲郡魏墓发现，由荀勖、傅瓒等人校定，郭璞注后行世。书中叙周穆王西行途中经历，《四库总目》把它列在小说类，但已指出书中所谓西王母，不过西方一国君。近人亦多指出，书中道里风俗，证以今之地望，大致相合，自宗周至河宗三千余里，所言道里亦近翔实。故此书是反映周代与西北少数民族交往旅游情况和有关地理的著作，足为周代史料。清代洪颐煊校本七卷，有《丛书集成》本。

（乙）私家学术著作史料

《墨子》十五卷　孙诒让《墨子间诂》十五卷，外附四卷，《诸子集成》本。1986 年，中华书局出版了孙以楷点校本。

这是墨子学派综录墨子学说的总集。墨学分相里、相夫、邓陵三家，所以从卷二至卷九同一题皆分上中下三篇，即三家不同记录，大同小异。这些是墨子及门学生所录，故著作期较早，当在战国初期。其余记墨子本人言行诸篇当亦较早。至总结性地阐述墨家学术理论及行为实践方面经验（前者如《经》及《经说》，后者如《备城门》等）诸篇，当为后期墨家学派作品。可知此书为战国时期重要史料，而书中所鼓吹的三代以来（包括西周）古史更丰富。1972 年临沂银雀山汉墓出土有汉初竹简抄本。

《晏子春秋》八卷　《四部丛刊》本。

此书柳宗元以为是墨子学派中的齐人所撰，托为晏婴相齐景公的行事及谏净之言。宋《崇文总目》以为原书亡，此盖后人假托晏子行事为之。但银雀山汉墓出土有汉初抄本（不全）。书中宣扬兼爱、节葬诸说，然有时亦袭老庄语。即使如此，所反映者仍为齐国史事及思想，仍可作此时参考史料。清孙星衍本《晏子春秋》七卷，《音义》二卷，岱南阁本。近人张纯一《晏子春秋校注》，《诸子集成》本。

以上墨家。

《老子》　晋王弼注二卷，《诸子集成》本。

此书是战国时著作，后为道家主要经典，别称《道德经》，《道经》在前，《德经》在后。1973 年长沙马王堆出土两部帛书《老子》，皆《德经》在前，《道经》在后，由文物出版社出版。

《庄子》　晋郭象注附《释文》本十卷，《四部丛刊》本。

此书为庄周及道家后学所作，为战国时思想学术史料。

《文子》二卷　守山阁本。

此书 1973 年定县汉墓出土竹简本，知今本多经后人改窜。

以上道家。

《论语》　魏何晏集解、宋邢昺疏《论语注疏》二十卷，有《十三经注疏》本。宋朱熹《论语集注》十卷，有各种《四书》本。

此书为孔子门人所记孔子言论学说的重要史料。崔东壁《洙泗考信录》指出书末《尧曰》篇三章不可靠。清人整理研究者多家，以刘宝楠

《论语正义》二十四卷较佳，有《清经解续编》本、中华书局点校本。1973年定县汉墓出土有竹简本，与传本有差异。

《孟子》　汉赵岐注十四卷，有《四部丛刊》本。加宋人疏者，有《十三经注疏》本。

此书为孟轲言论，门人所记，原为七篇，是重要的儒家思想史料，列入《十三经》。清人研究者多家，以焦循《孟子正义》三十卷较佳，有《清经解》本、中华书局点校本。

《荀子》　唐杨倞注二十卷，《四部丛刊》本。

此书为荀卿自著，是战国后期儒家思想的代表。清王先谦纂《荀子集解》二十卷，有《诸子集成》本。

以上儒家。

《孙子兵法》三卷　有《丛书集成》本。《孙子十家注》十三卷，有《四部丛刊》本。

《汉书·艺文志》并列《吴孙子兵法》《齐孙子》二书，颜师古分别注明作者为孙武、孙膑。然宋叶适始疑前者非孙武作，近人多说二书为一，为孙膑作。1972年临沂银雀山同时出土《孙子兵法》和《孙膑兵法》，始知后人误疑误说。此书为孙武作，代表春秋至战国早期军事思想。《孙膑兵法》代表战国时期进一步发展的军事思想。

《六韬》六卷　《四部丛刊》本，银雀山及定县出土竹简本。

《吴子》二卷　《四部丛刊》本。《诸子集成》本六篇不分卷。

《汉书·艺文志》著录《六弢》于儒家，而《吴起》为四十八篇。姚际恒《古今伪书考》以其论俚鄙肤浅，并有屠城之语为可恶，而疑两书为伪书。但由《孙子兵法》和《六韬》之确有，推知《艺文志》著录当有根据，都是代表当时军事思想的史料。

《司马法》三卷　《四部丛刊》本。

此书多记军礼，故《汉书·艺文志》称《军礼司马法》，为战国时期军事制度的资料。先秦典籍中所引有不见于今本者，当系脱佚。旧题齐司马穰苴撰，不确。清黄以周撰《军礼司马法考征》二卷，可参考，有杭州书局本。

《尉缭子》五卷　《丛书集成》本。

《汉书·艺文志》著录此同名书有二：一为二十九篇，在杂家类；一为三十一篇，在兵家类。后隋唐诸志只有杂家类《尉缭子》。然《群书治要》中所收此书有《兵谈》《兵令》等篇，可知仍是兵书，是尉缭对梁惠王所讲的兵法。临沂银雀山出土孙子、孙膑两兵书时，也出土了此书残简六篇，证明这确也是流传至汉代的战国时的军事著作。

以上兵家。

《公孙龙子》三卷　宋谢希深注，涵芬楼影印《道藏》本。明杨慎《评注》一卷，有《四部备要》本。

此书作者公孙龙为战国后期的名家，今存者六篇。近人有疑其伪者，无确证。是名家名著，为战国学术思想重要史料。

《尹文子》一卷　《四部丛刊》本。钱熙祚校本一卷，有《诸子集成》本。

《汉书·艺文志》列此于名家，师古注引刘向说亦稷下学者。《四库总目》指出此书本名家者流，但出入黄老申韩之间，因引《涉笔》言尹文由道家至名家，由名家以趋法家。宋濂《诸子辨》谓其文无足称，并疑其序之伪。姚际恒《伪书考》亦指出这一点。唐钺则以全书为伪（见其《尹文和〈尹文子〉》，《古史辨》第六册）。梁启超则以为是"先秦古籍，毫无可疑，但指为尹文作，或尹文学说，恐非是"（《汉书艺文志诸子略考释》）。无论此书作者为谁，其内容所反映仍当为先秦思想史料。

以上名家。

《管子》二十四卷　唐尹知章注，《四部丛刊》本。

此书是齐国稷下学派的论文集，经历很长的历史时期积累而成。记了不少管仲的政治措施和齐国一些政治故事，而更多的是一二百年间稷下学派的学说与思想。个别篇章甚至晚到汉代才写定。总之它是反映齐国较长时期内政治和思想的著作，主要是齐国法家思想，也有齐国的阴阳、五行思想等等。清代整理研究《管子》的有十余家，戴望《管子校正》，有《诸子集成》本。郭沫若《管子集校》，1956 年科学出版社出版。

《法经》一卷　清黄奭辑，《汉学堂丛书》本。

此书是战国魏李悝著，为法家法律性文书，久佚，至黄奭始辑出残本。

《商君书》五卷　清严可均校本，《诸子集成》本。

此书是战国后期秦国法家托名商鞅所撰，既记商鞅言行，亦为秦国自商鞅变法以后长期实行法治的经验总结。

《韩非子》二十卷　《四部丛刊》本。

此书是战国后期有名的法家韩非的重要著作，也有他的后学增写的文字在内，为后期法家重要思想资料。清人校释研究者七八家，王先慎《韩非子集解》二十卷，搜辑较全，有《诸子集成》本。今人陈奇猷有《韩非子新校注》，2000年上海古籍出版社出版。

以上法家。

《吕氏春秋》二十六卷　汉高诱注，《四部丛刊》本。

此书为战国末年秦吕不韦门下宾客合撰，集当时不同学派学者所写，代表当时学术思想的方面颇广，史事记载亦多，为秦统一六国前夕的重要史料。今人陈奇猷有《吕氏春秋新校释》，2002年上海古籍出版社出版，王利器有《吕氏春秋注疏》，2002年巴蜀书社出版。

以上杂家。

《素问》　唐王冰注二十四卷，《四部丛刊》本。

此书在《汉书·艺文志》内称《黄帝内经》，共十八篇。后汉张仲景《伤寒论》引用始称《素问》。《四库总目》引皇甫谧《甲乙经序》说："《针经》九卷，《素问》九卷，皆为《内经》。"与《汉书·艺文志》十八篇之说合。唐王冰注本始流传至今。一般认为这是战国时作品，反映当时医学水平。

《甘石星经》　《开元占经》卷六十五至卷七十共六卷，主要为甘、石遗文，有长沙刻本。

战国时齐国的甘德（一说为鲁人或楚人）撰《天文星占》，魏国的石申撰《天文》，后人合称《甘石星经》。《史记·天官书》《续汉天文志》皆采用之。据云原书收在《道藏》的《通占大象历星经》（纂辑于隋代）中。其书反映战国时代天文学成就，是世界上最早成书的恒星和五行星的观测记录。观测星数载郑樵《通志·天文略》中。

《夏小正》　清洪震煊《夏小正疏义》四卷，有《清经解》本。

此为《大戴礼记》中的一篇，汉已有单注本流行，宋元及清有多家校注本，清任兆麟《夏小正注》尚佳，而以洪震煊本最佳。西人恰特莱

（Chartley）据其所载天文内容考订成书年代为公元前 350 年左右，即战国中期。

《月令》 清蔡云辑蔡邕《月令章句》二卷，有《南菁书院丛书》本。

此为《小戴礼记》中的一篇，《吕氏春秋》用以分别冠于其《十二纪》之首。自宋至清解《月令》者多家。日本人能田忠亮《礼记月令天文考》以为其成书年代约为公元前 620 年左右，不晚于前 420 年。李约瑟《中国科技史》第四卷以为是公元前 5 世纪，则在战国早期。

以上科技（《汉书·艺文志》属"方技""术数"二类）。

《楚辞》 汉王逸《章句》十七卷，《丛书集成》本。宋洪兴祖《补注》本十七卷，《四部丛刊》本。朱熹《楚辞集注》八卷、附八卷，崇文书局本及翻印本。

这是战国时楚国文学的总集，其中除不少古史资料外，主要是战国后期楚国重要的政治史料、思想史料、文学史料。

以上诗赋。

以上都是周代产生的文献史料，此外还有些书，如《列子》《尸子》《慎子》《鹖子》《关尹子》《邓析子》《鹖冠子》《亢仓子》《孔丛子》《子华子》《子思子》《计然子》《孔子家语》等，一般皆认其为伪书。除其中个别的如果将来有地下发现能证明其有可信之处外，大都不能信其为周代史料。但并不排除这些伪书中抄集了些周代真史料（马王堆汉墓帛书《老子》乙本前佚书，或说有与《鹖冠子》相同相似的文句，或说是已佚的《黄帝四经》）。

第三节　汉代以下有关周代的文献史料

（甲）历史著作

《史记》一百三十卷 汉司马迁撰，南朝宋裴骃集解，唐司马贞索隐，张守节正义，中华书局点校本。

其中本纪三卷、表三卷、书七卷、世家二十二卷、列传二十八卷，为西周至战国史事。

《汉书》一百二十卷 汉班固撰，唐颜师古注，中华书局点校本。

其中表三卷、志的大部分与少数民族诸传往往涉及西周至战国史事。

《吴越春秋》十卷　汉赵晔，《四部丛刊》本。宋末徐天祐《音注》本六卷，《丛书集成》本。

《越绝书》十五卷　汉袁康，《四部丛刊》本。

《蜀王本纪》一卷　题汉扬雄撰，清洪颐煊辑本，《问经堂丛书》本。

《华阳国志》十二卷，附录一卷　晋常璩，《四部丛刊》本。

以上四种皆汉以后所撰有关春秋战国时南方国家的史书，后两种所叙时间更长，始于远古，《华阳国志》所叙晚到晋代，但都叙了周代诸国史事。故事性很强，不必都是信史，但当是根据了一些流传下来的史料加工写成，因此仍可作为周代参考史料。今人任乃强有《华阳国志校补图注》，1987年上海古籍出版社出版。

《古史考》辑佚本一卷　蜀汉谯周撰。

此书内容素称不可据，然亦往往引有古史资料。其书久佚，零散保存在六朝至隋唐文献及注疏家引文中，清人辑本有：章宗源辑，《训纂堂丛书》本；黄奭辑，《黄氏佚书考》本；孙星衍辑，平津馆本。

《帝王世纪》十卷　晋皇甫谧撰。

此书固多出皇甫谧自己编造，然大抵依据汉以来纬书等等之说，有时亦有晋以后失传之古史资料。其卷一至卷四为"三皇"至商代，卷六至卷九为秦至曹魏，卷十记星野及历代垦田户口数，唯第五卷为自周祖稷至周末赧王纪事。清宋翔凤辑为《集校》十卷、《补遗》一卷、《附录》一卷，有《训纂堂丛书》重刊本。顾观光辑本有《丛书集成》本。中华书局出版近人徐宗元辑本。

《稽古录》二十卷　宋司马光，《四部丛刊》本。

司马光撰《资治通鉴》，从三家分晋开始。书成后复撰此书，起伏羲，至宋英宗，按年简叙。卷八至卷十一为西周至战国史事，并附秦二世事。

《通鉴外纪》十卷，目录五卷　宋刘恕，《四部丛刊》本。

刘恕参加《通鉴》编撰工作，欲与司马光采三家分晋以前古史为《前纪》，特先撰此《外纪》以供司马光删定。其卷三叙西周，卷四至卷十叙东周平王至威烈王。此书比谯周以来诸书皆远为谨严，以认为可信史事大书，其异同舛误及荒远茫昧者用分注或细书，纪年不用岁阳、岁名。后附"目录"，实是简要编年，其卷一为伏羲至周厉王纪年，卷二至卷五为周及十四国年表。于共和以后据《史记·年表》编年，共和以前皆称为"疑年"，都是此书谨严处。

《资治通鉴》二百九十四卷　宋司马光编著，元胡三省音注，中华书局点校本。

此书卷一至卷七为战国，起威烈王二十三年（前 403 年），终于秦统一天下。此书和《稽古录》《通鉴外纪》所用史料亦有宋以后散失者，故较可贵。

《古史》六十卷　宋苏辙，明南监本。

此书原为欲改写《史记》而作，上起伏羲三皇，下至秦始皇止，共为《本纪》七卷、《世家》十六卷、《列传》三十七卷。保存了些宋以后失传的文籍内容，偶可作为周代史料查找。

《大事记》十二卷、通释三卷、解题十二卷　宋吕祖谦，《金华丛书》本，或《说郛》本。

此书据《史记·年表》内容加以扩充，改写成编年大事记，起周敬王，终汉武帝（原拟写至五代，未成），每条下皆注明出处，亦偶有宋以后不见的史料。

《皇王大纪》八十卷　宋胡宏，万历刊本。

此书所叙从盘古起至周末止，为编年体。卷一、卷二简列帝王名号，卷三帝尧以后根据《皇极经世》所定编年，并据各种可靠的和不可靠的古籍，尽量将古史排列得整齐完备，是继承汉代纬书、《世经》及皇甫谧书所出现的一部虚构的古史系统，但对后来影响很不小。

按《皇极经世》原是道家术数书，宋邵雍撰，实系五代道士陈搏所传衍，多方士推步之术，妄说宇宙间事物皆依十二与三十配合所成之周期而循环往复。附会了古代帝王世次，并排定帝尧甲辰为纪元之始，直叙至五代显德年间，以后谈古史的即多遵用此帝王编年体系和其在位年代，因此值得注意。

《路史》四十七卷　宋罗泌撰，其子罗苹注，《丛书集成》本。

此书《前纪》九卷、《后纪》十四卷、《国名纪》八卷、《发挥》六卷、《余论》十卷。《前纪》《后纪》列汉代《春秋纬》中《命历序》所定的开辟以来到春秋末获麟之年，共十纪（即从"九头纪"至"疏仡纪"，唯略有变异）二百多万年。"十纪"中的帝王从天皇氏叙到夏桀。

然后《国名纪》按太昊、炎帝、黄帝之后代各姓，直叙至周代各分封国之支系氏姓，并附杂国及汉国。《发挥》《余论》则为关于古史的看法。此书集纬书以后谬说之大成，但也就包括了比较丰富的宋以后已失传的古史资料，其中以周代史料为大宗。因为它的内容有时与现代研究所得结果相合，其史料价值比《帝王世纪》《皇王大纪》都要高。

《通鉴前编》十八卷，卷首一卷、《举要》三卷　元初金履祥，《通鉴全书》附刻本，又有光绪间《金仁山遗书》本。

此书作者反对刘恕以史家立场撰的《外纪》，而要以经学的立场来写，故一依《尚书》为准，但实际采《皇极经世》《皇王大纪》体例，卷首为《外纪》，起"三皇纪"盘古氏，止于五帝有虞氏。《举要》三卷为唐、虞、夏、商、周举要。正文卷一至卷五为尧、舜、夏、商，卷六至卷九为西周，卷十至卷十八为东周。其优点是目录下皆注明"用某书修"，指明出处。又《尚书》外并及《诗》《礼》《春秋》和诸子、旧史，表年系事，复加解释。其资料搜集功夫尚有可取，而准确性不及刘恕《外纪》。

《春秋别典》十五卷　明薛虞畿，《守山阁丛书》本。

此书搜集《春秋》及《三传》以外的先秦典籍中的有关史料，按《春秋》十二公并依《三传》原有人名加以汇编，材料颇丰富，缺点是没有注明出处，清金山钱氏补注了出处。

《七国考》十四卷　明董说，《丛书集成》本。1987年，上海古籍出版社出版今人缪文远《七国考订补》。

此书从先秦西汉典籍中搜集有关战国七国各种典章制度资料，分职官、食货、都邑、宫室以至刑法、灾异，琐征共十四门，加以类编，并注明出处。虽材料间有芜杂，但不失为可参考之史料。

（乙）其他杂项著作史料

《尚书大传》　清陈寿祺《校注》本六卷，《四部丛刊》本。

此书为汉代伏生一派今文家著作，不是解释《尚书》，而是就《尚书》各篇称引史事，阐述今文说，可作周代参考史料。清代辑者尚有五家，皮锡瑞《疏证》本七卷，有长沙思贤书局刻本。

《韩诗外传》十卷　题汉韩婴撰，《四部丛刊》本。

此亦汉今文家著作，为《诗》齐、鲁、韩三家中的韩家，也不是直接注解《诗》，而是称引不少古代故事，为之说解。也可作参考史料。

《淮南子》二十一卷　汉淮南王门客撰，高诱注，《诸子集成》本（《四部丛刊》所据北宋本误题许慎注）。刘文典《淮南鸿烈集解》久负盛名，有中华书局点校本。

此书出于西汉前期，成于众手，与《吕氏春秋》相近，差不多每篇都谈古事，而以周事为大宗，因此保存了西周到战国可参考史料亦不少。

《新序》十卷　汉刘向，《四部丛刊》本。

书中多记春秋战国时事，汉事不过数条，所记与《左传》《国语》《国策》《史记》常有出入，可知是根据西汉末尚存在的先秦不同古书资料写成，因此可作春秋、战国参考史料。

《说苑》二十卷　汉刘向，《四部丛刊》本。

此书亦掇拾流传至汉代之春秋战国遗文或传说资料写成，故事性较强，历史可靠性更不及《新序》，但总不失为春秋战国之参考资料。

《古列女传》七卷　题汉刘向撰，《四部丛刊》本。

《汉书·艺文志》及《隋书·经籍志》都载刘向撰《列女传》。宋嘉祐间王回加以改编，将书中所叙汉代妇女别为《续列女传》一卷，前七卷中皆秦以前妇女，标为《古列女传》。《四部丛刊》本即据明刻此本。

《水经注》四十卷　北魏郦道元，《四部丛刊》本。

旧题汉桑钦撰《水经》，郦道元为之注。

书中按水道记载所流经各地的地理情况及有关史事，引用不少北魏尚存在而后世已失传的古籍。凡古代及西周、春秋、战国在各地发生的重大事件都加以记载，因此是一部内容极丰富的史料书，能补正过去流传史书的一些记载。《四部丛刊》本系上海涵芬楼据武英殿本影印，1990年上海古籍出版社出版了陈桥驿点校本。陈桥驿另有《水经注校证》（2007年中华书局）。杨守敬、熊会贞《水经注疏》集《水经注》研究之大成，1989年江苏古籍出版社出版了段熙仲点校本。2014年，中华书局出版了杨氏后人杨甦宏、杨世灿、杨未冬《水经注疏补》上编。杨守敬、熊会贞还编绘有《水经注图》，中华书局2009年影印。

第四节　清代对周代文献的整理研究资料

（甲）综合整理资料

《古今伪书考》一卷　姚际恒，《知不足斋丛书》本。

此书为对先秦以来史料辨伪名作，有黄云眉《补证》本。

《绎史》一百六十卷　马骕，杭州书局本，又有尚友斋石印巾箱本。

此书将有关上古至秦亡的各种文献史料分题汇编，计三代二十卷，春秋七十卷，战国五十卷。以基本可信的古籍史料为正文而把认为只可参考的史料以小字附录于后，都注明出处，是清初所见古史资料的一大汇集。马骕另有《左传事纬》十二卷，有自刻本，是专据《左传》史料按题集中的书。

另有李锴据《绎史》材料改为纪传体之《尚史》一百零七卷，有嘉庆间晚香堂刊本。有了《绎史》，它的用处不多。

《春秋大事表》五十卷，舆图一卷、附录一卷　顾栋高，《清经解续编》本。1993 年，中华书局出版了吴树平、李解民点校本。

此书将《春秋》和《左传》各项历史资料按时令、朔闰、爵姓、都邑、山川、官制等等项目立为表，最便于查找春秋时期各项史料。

《五礼通考》二百六十二卷　秦蕙田，江苏书局。

《礼书通故》一百卷　黄以周，光绪间原刻本。有中华书局点校本。

《三礼通释》二百八十卷　林昌彝，原刻本。

以上三种中有大量的周代各项典章制度以至经济生产诸方面的资料。清初徐乾学有《读礼通考》一百二十卷，开始综合整理有关制度的资料。其集大成为古代一切制度的资料总汇者，当推《五礼通考》。其书按吉、凶、军、宾、嘉五礼分成七十五类，许多专题都按性质纳入此五礼七十多类中。如"乐律"附在宗庙之后，属于"吉礼"；天文、算学等都在"观象授时"内，古今地理沿革在"体国经野"内，属于"嘉礼"，等等。《礼书通故》分五十目，对资料及制度均以校核精确著称。《三礼通释》分类比《通故》又加详，所录材料按题汇列，也便于利用。

《考信录》三十六卷，《翼录》十卷　崔述，《崔东壁遗书》本。

此书《前录》二种四卷，为提要和《上古考信录》；《正录》五种二十卷，为唐虞、夏、商、丰镐、洙泗五种《考信录》；《后录》五种十二卷，为《别录》《殊录》《续说》《附录》及《孟子考信录》；《翼录》四种十卷，为《王政三大典考》《读风偶识》《古文尚书辨伪》与《论语余说》。以"考信于六艺"为标准，处理各项资料，区别其真伪等第，是一体大思精的史料大整理工作，对我们如何运用古史料，有启发作用。

《玉函山房辑佚书》 马国翰辑，光绪间有三种刊本。王仁俊有《续编》，系稿本，存上海图书馆。

《汉学堂丛书》 黄奭辑，道光黄氏刊本，有光绪印本。

先秦汉魏旧籍失传者甚多，赖古人著作中偶有征引，获保存一二。清人从事辑佚者多，上述两家为成绩较著者，有很多失传的古籍可从诸家辑佚书中窥见一二。如玉函山房所辑佚书中，"经部"达三百五十二种，"史部"则八种，而《汉学堂丛书》所辑"史部"逸书达九十二种。因此也是残缺古史资料不小的渊薮。

（附）

《古微书》三十六卷 明孙瑴辑，守山阁本。

《七纬》三十八卷 清赵在翰辑，福州小积山房本。

汉代纬书编造了不少有关古史的说法，虽是伪说，却影响了汉代今文经学和郑玄古文经学，以及晋、宋史学。在接触古史资料时，往往受到其干扰，因此也须掌握它。而且它也包括了一些先秦材料，特别是那些丰富的天文历法材料，多是从先秦所出，也足资参考。明、清辑纬书者有数家，马国翰、黄奭、殷元正也有辑本，可以寻纬书所涉周代史料的大概。

（乙）年代的研究资料

《三代正朔通考》一卷 崔述，《崔东壁遗书》本。

《古史纪年》十四卷 林春溥，《竹柏山房十五种》本。

此书自黄帝开始，到周平王五十一年止，全部西周纪年在内（平王四十九年即鲁隐公元年，为《春秋》的开始）。

《古史考年异同表》一卷、后说一卷 林春溥，《竹柏山房十五种》本。

此书将《今本竹书纪年》《史记》《三统历》《帝王世纪》《大衍历》《通志》各书杂见及《通鉴前编》所有关于古史的纪年（主要是周纪年）

列成比较表，便于寻览。

《武王克殷日记》一卷　林春溥，《竹柏山房十五种》本。

《武王践阼记》一卷　任兆麟，乾隆、嘉庆《述记》本。

《周年表》一卷（附《汲冢纪年存真》后）　朱右曾，归砚斋本。

《周公年表》一卷　牟庭相，《聚学轩丛书》本。

周代开国以至共和以前的年代问题，是西周史上由于史料欠缺而最难解决的问题。因此清人不少从事整理研究。上面举其成书者，尚有专论研究，如陈以纲《汉志武成日月表》，李锐《召诰日名考》，姚文田《周初年月日岁星考》，成蓉镜《尚书历谱》等。钱大昕《三统术衍》亦涉及此问题。近人继续整理者，有王国维《周开国年表》，陈梦家《西周年代考》，皆可参考。

《春秋长历》十卷　陈厚耀，《清经解续编》本。

《春秋朔闰表》三卷（《春秋大事表》第二）　顾栋高，《清经解续编》本。

《春秋朔闰异同》一卷　罗士琳，《清经解续编》本。

《春秋经传朔闰表》二卷　姚文田，《邃雅堂丛书》本。

《春秋经传朔闰表发覆》四卷　施彦士，《求己堂八种》本。

《春秋经传日月考》一卷　邹伯奇，光绪间两湖书院刊本。

《春秋朔闰至日考》一卷　王韬，光绪间上海排印本。

《春秋历学三种》王韬，1959年中华书局版。

春秋时代的史事，由于有《春秋》和《左传》的记载，其年月大抵是分明的。成问题的是二书的历法不一致，以及历法中的季节、朔晦、置闰等在在有问题，因此引起很多困惑。晋杜预原撰《春秋长历》，至明已散佚，后从《永乐大典》中辑出，其困难仍在经传勉强兼顾，陈厚耀乃述杜预之说而考辨之。继起研究者多家，最后王韬曾就学伦敦，利用西方天文历算成就及英人察满推算春秋日食成果而成其研究，因此所考订的比较精确。又《辛巳丛编·经学博采录卷一》载清代研究《春秋》历法之著作，可参考。近人朱文鑫的《历法通志》及日本人新城新藏《东洋天文学史研究》，尤当参考。

《孔孟年表》二卷　林春溥，《竹柏山房十五种》本。

《战国纪年》六卷　林春溥，《竹柏山房十五种》本。

《孟子七篇诸国年表》二卷　张宗泰，《积学斋丛书》本。

《国策编年》一卷　顾观光，光绪间刊本。

《周季编略》九卷　黄式三，《儆居遗书》本。

《战国策年表》（不分卷）　于鬯，上海古籍出版社本《战国策》附录据手稿印。

由于《战国策》史料原来年月不明，故司马迁遂据《秦记》撰《六国年表》。但他当时也叹"独有《秦记》，又不载日月，其文略，不具"（《史记·六国年表》）。因此凡要使用战国史料，首先遇到的是确定它所载史事的年代问题。上列清人著作就致力于此，或但著各国纪年，或以史事编年，此处也只录其主要者。朱右曾《汲冢纪年存真》所附《周年表》，自西周至战国，今附在《古本竹书纪年辑校订补》本后，亦可参考。近人陈梦家有《六国纪年》，为最后出。

（丙）地理的研究资料

《禹贡锥指》二十卷　胡渭，《清经解》本。2006 年，上海古籍出版社出版了邹逸麟整理本。

《尚书地理今释》一卷　蒋廷锡，《清经解》本。

《诗地理征》七卷　朱右曾，《清经解续编》本。

《诗地理考略》二卷，图一卷　尹继美，《鼎吉堂合集》本。

《王会篇笺释》三卷　何秋涛，江苏书局本。

《春秋列国地形口号》一卷　顾栋高，《昭代丛书》本。

顾氏《春秋大事表》内有《疆域》《都邑》等五表，皆地理。

又顾祖禹《读史方舆纪要》亦有周代地理材料。

《春秋地名考略》十四卷　高士奇，《高文恪公四部稿》本。此书《潜邱札记》谓为徐胜代作。

《春秋地理考实》四卷　江永，《清经解》本。

《春秋地名辨异》三卷　程廷祚，《丛书集成》本。

《春秋左氏传地名补注》十二卷　沈钦韩，《清经解续编》本。

《春秋左传分国土地名》二卷　沈淑，《丛书集成》本。

《春秋异地同名考》一卷　丁寿征，《小方壶斋舆地丛书》本。

《国语释地》三卷　谭沄，《味义根斋全书》本。

《四书释地》一卷，续一卷，再续两次四卷　阎若璩，《清经解》本。

《四书释地辨证》二卷　宋翔凤，《清经解》本。

《四书典故考辨》一卷　戴清，《戴静斋遗书》本。

《七国地理考》七卷　顾观光，武陵山人本。

《国策地名考》二十卷，首一卷　程恩泽撰，狄子奇笺，《粤雅堂丛书》本。

《战国策释地》二卷　张琦，《丛书集成》本。

《鲜虞中山国事表疆域图说》一卷　王先谦，《王益吾所著书》本。

释春秋时期地名之书，早者有晋杜预《春秋地名》一卷，又晋京相璠《春秋土地名》一卷，皆古代名著，不幸失传。清代马国翰、黄奭、王谟三家皆有辑本；京氏书更有洪颐煊集本。宋王应麟则有《诗地理考》，有《丛书集成》本。而上列清人诸书，谈春秋地名者以江永书较佳，题高士奇撰写之书亦可。谈战国地名的，以程恩泽、顾观光本为博洽翔实，进行了较详的考证。而宋薛李宣之《书古文训》，清徐文靖《竹书纪年统笺》、雷学淇《竹书纪年义证》、董增龄《国语正义》等书，虽非专释地理者，而考订春秋、战国地名材料皆较繁多详尽，几乎都成了研究周代地理不可少的要籍。还有清人研究《汉书·地理志》《水经注》等书的成果，也很重要。近人锺凤年有《战国各国疆域变迁考》，刊于《禹贡》半月刊。近代更提供了地图名作，一为清末杨守敬的《历代舆地图》，一为谭其骧主编的《中国历史地图集》八巨册。其第一册除首数幅为上古至殷外，全为西周、春秋、战国地图。这都是治周代历史考订其地理时重要的工具资料。

第五节　有关周代的考古文物史料

自宋代金石之学兴，金石书纷纷著录文物，提供了不少西周到战国的原始史料，清代著录更多，而近代出土器物逐日俱增，于是此时期的原始史料日益繁富。但作为历史研究所最便于利用的，还是现代考古学者的研究成果，因此一般只要掌握现代科学的研究成果已够用。但自宋代至现代的金石著录，是原始的历史资料，必要时尚需去查找，而且作为史料学，也是应当把它提到，像有名的研究成果《两周金文辞大系图录考释》及工具书《金文诂林》，都大量根据了这类金石著录要籍，因此现在先简单选录这类书目，然后再介绍现代考古发掘和考古研究方面的成果。

（甲）宋以来金石学要籍

《考古图》十卷　宋吕大临，乾隆黄晟《三古图》本。

《续考古图》五卷　宋人，陆心源刊本。

《宣和博古图录》三十卷　宋王黼等，乾隆黄晟本。

《啸堂集古录》二册　宋王俅，涵芬楼《续古逸丛书》本。

《历代钟鼎彝器款识法帖》二十卷　宋薛尚功，海城于氏影印本。

《复斋钟鼎款识》十卷　宋王厚之，阮元刊本。

《集古录》十卷　宋欧阳修，光绪间朱记荣刻本。

《金石录》三十卷　宋赵明诚，同上朱记荣刻本。

以上宋代。

《西清古鉴》四十卷　清乾隆敕编，清内府刊本。

《西清续鉴》甲编二十卷附录一卷　清乾隆敕编，涵芬楼影印本。

《西清续鉴》乙编二十卷　清乾隆敕编，北平古物陈列所影印本。

《宁寿鉴古》十六卷　清乾隆敕编，涵芬楼影印本。

《十六长乐堂古器款识》四卷　清钱坫，嘉庆间自刊本。

《积古斋钟鼎彝器款识》十卷　清阮元，嘉庆间自刊本。

《怀米山房吉金图》二册　清曹奎，陈乃乾影印原石本。

《筠清馆金文》五卷　清吴荣光，道光间刊本。

《清爱堂钟鼎彝器款识》一卷　清刘喜海，道光间刊本。

《长安获古编》二卷　清刘喜海撰，同治十一年刊本。

《攀古楼彝器款识》二册　清潘祖荫，同治十一年刊本。

《两罍轩彝器图释》十二卷　清吴云，同治十二年自刊本。

《恒轩所见所藏吉金录》一卷　清吴大澂，光绪十一年自刊本。

《愙斋集古录》二十六册、《滕稿》二册　清吴大澂，涵芬楼影印本。

《从古堂款识学》十六卷　清徐同柏，光绪十二年石印本。

《缀遗斋彝器款识考释》三十卷　清方浚益，光绪二十年稿，涵芬楼影印本。

《捃古录金文》三卷九分册　清吴式芬，光绪二十一年刊本。

《奇觚室吉金文述》二十卷　清刘心源，光绪二十八年石印本。

《敬吾心室彝器款识》二册　清朱善旂，光绪三十四年石印本。

《陶斋吉金录》八卷续二卷　清端方，光绪三十四年本，宣统元年本。

《移林馆吉金图识》一卷　清丁麟年，宣统间刊本。

《清仪阁所藏古器物文》十卷　清张廷济，涵芬楼石印本。

《金石萃编》一百六十四卷（首卷石鼓文，前三卷周器）　清王昶，扫叶山房石印本。

以上清代。

《周金文存》六卷　邹安，1916年版。

《艺术类征》二册　邹安，1916年版。

《双玉钦斋金石图录》一卷　邹安，1918年版。

《梦邨草堂吉金图》三卷、续一卷　罗振玉，1917年版。

《贞松堂集古遗文》十六卷、补遗三卷、续三卷　罗振玉，1930—1934年版。

《贞松堂吉金图》三卷　罗振玉，1935年版。

《三代吉金文存》二十卷　罗振玉，1937年版。

《新郑古器图录》一卷、附录一卷　关百益，1929年版。

《澂秋馆吉金图》二册　孙壮，1933年版。

《宝蕴楼彝器图录》二册　容庚，1929年版。

《颂斋吉金图录》一卷、续录二卷　容庚，1933年、1938年版。

《武英殿彝器图录》二册　容庚，1934年版。

《海外吉金图录》二册　容庚，1935年版。

《善斋彝器图录》三册　容庚，1936年版。

《双剑誃吉金图录》二卷　于省吾，1934年版。

《双剑誃古器物图录》二卷　于省吾，1940年版。

《商周金文录遗》　于省吾，1957年科学出版社版。

《善斋吉金录》十三卷　刘体智，1934年版。

《小校经阁金文拓本》十八册　刘体智，1935年版。

《两周金文辞大系图录》五册　郭沫若，1934年版。

《十二家吉金图录》二册　商承祚，1935年版。

《尊古斋所见吉金图》四卷　黄浚，1936年版。

《河南吉金图志賸稿》一卷　孙海波，1940年版。

《痴庵藏金》二卷　李泰棻，1940年版。

《故宫》四十五册　故宫博物院编，1929—1940年版。

《岩窟吉金图录》二册　梁上椿，1944年版。

《殷周金文集成》十八册　中国社会科学院考古研究所，1984—1994年中华书局版。

《国史金石志稿》七册　王献唐，2004年青岛出版社版。

以上现代。

《泉屋清赏·彝器部》三册、续一册　日本滨田耕作，1919年、1926年版。

《支那古美术图谱》二册　日本大村西崖，1923年版。

《白鹤吉金》一册　日本梅原末治，1934年版。

《欧美储藏支那古铜器精华·彝器部》三册　梅原末治，1934年版。

《青山庄清赏》一册　梅原末治，1942年版。

《冠斝楼吉金图》三册　梅原末治，1947年版。

《白鹤吉金撰集》一册　梅原末治，1951年版。

《中国古代青铜器》　法国伯希和，1924年版。

《献氏集古录》　英国叶慈，1929年、1930年版。

《柯尔铜器集》一册　英国叶慈，1939年版。

《中国铜器图说》一册　美国华盛顿傅利亚艺术馆，1946年版。

以上国外。

（乙）现代考古发掘成果，略录其重要者

（一）西周

河南浚县辛村、陕西宝鸡斗鸡台遗址　辛村，斗鸡台二处，是解放前对周代遗址进行过田野考古的仅有的两个地方，提供了西周早期的可靠史料。

陕西扶风和岐山周原遗址　陕西周原考古是近年成绩巨大的西周史迹发现之一，由岐山县凤雏村、扶风县召陈村西周宫室建筑基址的发掘，加上岐山贺家村等地墓葬，扶风庄白村、强家村的铜器窖藏及云塘村的墓葬，与西周制骨作坊遗址的发掘，弄明了西周早期都城岐邑就在以凤雏村为中心的大片地区。凤雏村建筑是武王灭商前的宗庙，使用到西周中晚期；召陈村建筑则是西周中期偏后的宫室。周原出土文物中有两项极珍贵的史料：一为凤雏村宫室内出土早周甲骨一万七千余片，有字卜甲一百九十多片，除记先周活动外，还有与商王朝关系的卜辞；一为庄白一号窖藏出土的微氏家族铜器一百余件，有铭文者七十四件，最著者为铭文二百八十四字的"墙盘"，记周文王以下七个王的功烈，并自叙其先祖五代人的事迹，足以印证文献记载，成为周初第一等史料。

陕西西安沣西、沣东丰镐遗址　自上世纪 50 年代起陆续在西安沣水两岸张家坡、客省庄、马王村一带进行了考古发掘，逐步探得了西周继岐邑以后的首都丰镐的地点，又为西周考古文物资料建立了编年的标尺，因此史料意义是非常巨大的。

陕西临潼铜器窖藏　利簋 1976 年 3 月出土于临潼零口，是周武王伐纣时一个贵族在牧野之战后第八天受到赏赐特铸以为纪念之物，明记武王伐纣之日为甲子，证实了文献记载之可信。

陕西宝鸡墓葬　宝鸡市郊的西周墓葬出土文物甚多，提供了丰富的西周史料。意义重大者为茹家庄发现的大型的用人殉葬的西周贵族弜伯夫妇墓，为历史研究提供了重要物证资料。

河南洛阳庞家沟墓葬　洛阳庞家沟两侧直达浐河西岸二十多万平方米的大片地区，皆西周贵族墓葬，出土文物甚多，其青铜器铭文中，有康伯、伯懋父、毛伯、丰伯、太保等器铭，为西周早期有名上层贵族，遗器多属穆王以前。又在附近发现西周铸铜遗址，文物亦多。洛阳的成周、王城，考古工作者亦曾进行探索。此地成了西周重要文物史料区。

河北元氏西张村墓葬　1978 年 3 月西张村西周墓出土一组铜器，其中"臣谏簋"反映西周初年几件重要史事：（1）周公庶子所封邢国地点，史载不明，今知在元氏以南的邢台；（2）有軝国在今元氏槐河即古泜水之地，文献失载，今补出；（3）邢国与戎族争夺频仍，戎族活动于今元氏以北之地。

陕西岐山董家村铜器窖藏　董家村一号墓窖藏器物最多，一次出土三十七件，其中三十件有铭文，且有长篇者。是解放后一次重要发现，既为西周中晚期彝器增加断代标准器，又有重要史料价值。如裘卫四器记载了西周中期租田易地等土地制度，"曶匜铭"记录了西周晚期的诉讼判决情况。

陕西蓝田出土彝器　蓝田在丰镐之东不远，故所出多是直接右王命的周王室大贵族之器。此处永盂、询段皆西周中晚叶要器，学术界曾展开过讨论，是关于西周土地赐予的重要史料。

陕西陇县曹家湾墓葬　1974年在陇县出土矢氏器数件，现藏宝鸡市博物馆，过去金文中曾有矢氏器，而不明其地望。今明确出土于陇县西境墓葬，知矢国原在此地，对研究西周矢国史及矢周关系史有重大史料价值。

辽宁凌源、河北怀来燕国铜器　"匽侯盂"1955年出土于凌源县马厂沟小转山子北坡，陈梦家作了考释，同时对西周之燕及上世纪50年代各地出土的燕文物做了研究。而贮在陶瓮中的"明刀"，在燕境各地时有发现，60年代在怀来又有文物出土。70年代，北京房山琉璃河、昌平白浮村大量燕国墓葬被发掘，出土文物更多。而凌源东南喀左县山湾子续有燕器出土（《文物》1977年12期），加上1958年对河北易县燕下都遗址进行勘察和钻探，都为西周时期燕国历史提供了不少史料。

（二）春秋

河南洛阳中州路墓葬及东周城址　洛阳中州路墓葬区由春秋早期延伸到战国晚期，可依时代分为七期。其各期陶器成为东周考古编年学的标准，因此很关重要，也为春秋和战国提供了重要文物史料。洛阳东周城址的勘察发掘报告也成重要史料。

河南三门峡市上村岭虢国墓葬　黄河三门峡水库地区上村岭的虢国墓葬共三百三十多座，其中三十八座出有铜器，有一座多达二百余件。内有一件"虢太子元徒戈"，提供了春秋时期这一地区重要史料。

河南淅川县下寺楚墓　淅川下寺多大贵族墓葬，出土文物七千余件，中有楚令尹子庚墓，出土铜鼎七，铭文皆具子庚名。考古工作者考订此可能为楚都丹阳所在。

河南信阳长台关楚墓　信阳楚墓竹简出土，为上世纪50年代后期考古工作一件大事，提供了春秋后期晋、楚、陆浑戎之间的一些史迹，更提供了重要的楚国历史和文化的原始资料。而80年代信阳楚墓发掘，则提供了春秋早期已被楚所灭的樊国史料。

河南固始侯古堆墓葬　此为春秋末年景公妹嫁为勾吴夫人之墓，殉葬者十七人，随葬九鼎及一套编钟、一套编镈，反映当时礼乐制度崩坏之现象，时代即将进入战国之历史见证。又第一次出土了春秋时期木制的肩舆。

安徽寿县蔡侯墓　安徽寿县于解放前出土战国墓葬铜器，一般均以为楚器，解放后始证实为未被楚灭以前的蔡国文物。这一大批精美铜器，提供了春秋时期蔡国极珍贵的史料。

湖北江陵雨台山楚墓　1937年在江陵雨台山发掘楚墓一座，1975—1976年发掘清理五百五十四座，1976年再在雨台山河两岸发掘三座，共五百五十八座。此地近楚郢都（纪南城），前后共发掘历时五百年的楚墓群，出土文物非常丰富，提供了研究楚史的重要资料。

陕西宝鸡西高泉村、秦家沟、福临堡秦墓　宝鸡入东周后，为秦国基业所建之地，所出文物为春秋时期秦国重要史料。考古工作者以为，其中西高泉村铜器属春秋初年；阳平秦家沟器则属春秋前期偏晚，已有秦国自己特色；福临堡诸器皆为春秋中期之稍早者。所出土秦公钟，铭文历叙文公以下四公功勋，为武公时器，尤为记载秦国历史的重要史料。

陕西凤翔秦遗址　凤翔在秦时称雍，为自秦德公至秦献公近三百年之秦国首都，故所出器物皆为春秋时秦国的重要史料。八旗屯一期墓青铜器，考古工作者以为与宝鸡秦家沟及户县宋村铜器相近，都属春秋前期。高庄与高王寺秦墓青铜器，则在战国中期、中晚期。考古工作者以为这些可作为秦文化分期的重要参考。雍城考古队已对秦都雍城遗址进行勘探，特别在南指挥村秦公陵墓区进行发掘，其中有一座规模非常巨大的秦国陵墓。已有秦国的重要史料发表。

（三）战国

陕西咸阳塔儿坡铜器　1966年在咸阳塔儿坡出土铜器二十一件，现藏咸阳市博物馆。其中"安邑下官钟""中敀鼎"等皆记明容量，为研究战国和秦的量制，特别是为秦统一度量衡提供了有用史料。

山西曲沃侯马盟书　侯马为古代文物荟萃之区，自晋景公于春秋鲁成公六年（前585年）迁来，地名"新田"，为晋首都垂二百年。山西考古所侯马工作站自1959年开始了对新田遗址的探查，发现古城遗址五处及其他各种遗址、遗物。1965年冬在侯马市区东南发现第一批以玉圭朱写的盟书，郭沫若定为前386年赵敬侯打败武公子朝事；唐兰以为是前424年赵桓子逐赵献子事；李裕民以为是晋景公灭赵氏、先氏后，与国内赵氏遗族盟誓事。虽尚未论定，总之是春秋战国之世晋国政治斗争中的重要文物史料。

河北平山中山国墓葬　1974年11月—1978年6月在平山县三汲公社进行了战国时期中山国古城遗址的调查，以及三十座墓葬的发掘工作，出土各种文物一万九千余件，发现了中山国王礜的陵墓，并考订其地是战国中叶的中山国都灵寿。出土铜器中有铭刻者五十多件。其中记燕王哙禅位燕相子之致乱，中山派相邦伐燕夺得大片土地之事，是能补充文献所缺的战国中期重要史料，其文物尤足为研究白狄族鲜虞国家的珍贵资料。

山东临沂银雀山汉墓竹简　1972年12月，在山东临沂银雀山发掘汉墓两座，一号墓出土竹简四千九百四十二枚，大部为兵书，二号墓出土三十二枚，为《汉武帝元光元年历谱》。兵书中出现《六韬》《尉缭子》及孙子、孙膑两《兵法》，解决了过去误以为无孙子其人及《兵法》由孙膑一人写成的怀疑说法。久已失传的《孙膑兵法》重新出现，内容能纠正《史记》的某些错误，因此史料价值是非常巨大的。竹简中的其他各种也都已整理出版。

安徽寿县鄂君启节　"鄂君启节"是楚怀王发给鄂君（名启）的关于水陆行程的铜节（略似近世的护照），用青铜铸成，上有错金铭文。其中一件一百六十五字，是舟行水程之节，另三件铭文相同，各一百五十字，是车行陆程之节，详细规定了鄂君从鄂（今湖北鄂城）向外的水、陆行程路线。它们为研究古代地理解决了许多久悬不决的问题，并纠正许多传统错误说法，尤为研究当时楚国境内交通情况和地区开发情况提供了极好的资料，因而其史料价值是至为巨大的。

湖南长沙马王堆汉墓帛书　此项帛书于1973年12月在长沙马王堆三号汉墓出土，学术界诧为惊人收获，计有：甲本《老子》，后附佚书四种。乙本《老子》，前附《经法》《十大经》《称》《道原》四种。《战国纵横家书》（《战国策》别本）《春秋事语》《五星占》《天文气象杂占》《彗星图》《导引图》《五十二病方》《地形图》《驻军图》等等。除最后三四种为汉代者外，余皆战国时要籍，不仅新得《老子》前后八种逸书，即《老子》"德经"在前，"道经"在后，亦与今本异。新出了战国纵横家之文在《国策》之外者十六篇，而在《国策》内诸篇与今本亦大有出入，总之为研究战国历史及当时学术提供了极珍贵的史料。

湖北随县曾侯乙墓　曾侯乙墓之发掘，为考古工作之一大收获。湖北历年发掘战国墓葬数以千计，但规模大，文物珍贵且多，而又有确切年代者只此一座。墓主为战国初年之曾国国君，何以出于随县？曾与随是二是一？曾与楚之历史关系如何？都成了重要研究问题。

湖北郭店楚墓竹简　郭店位于湖北省荆门市，1993 年出土竹简，1997 年发表报告，1998 年出版《郭店楚墓竹简》。出土竹简的一号墓被定为战国中期（约公元前 300 年左右），竹简内容被认为与思孟学派有关。另有竹简《老子》。

上海博物馆藏战国楚竹书　马承源先生推测是楚国迁郢都以前贵族墓中的随葬物。竹简共约一千二百余枚，三万五千多字，内容达八十余种，以儒家为主，兼及道家、阴阳家等。已由上海古籍出版社出版九册。

湖北云梦睡虎地秦墓竹简　包括：（1）《编年纪》，（2）《语书》，（3）《秦律十八种》，（4）《效律》，（5）《秦律杂抄》，（6）《法律答问》，（7）《封诊式》，（8）《为吏之道》。其中《编年纪》始自秦昭王元年（前 306 年），当战国中期，距秦统一六国之年将近九十年，故为秦统一过程中有关大事的较原始记载。有些为《史记》所失载或误载的，此可以订正。《秦律》亦写成于秦统一之前，为研究秦法形成及社会历史的重要资料。其他诸件，重要意义多与此相同。

河北定县汉墓竹简　共古籍八种，除汉代两种外，有五种已录于第二节该书下，尚有《儒家者言》，保存了一些儒家较早的史料。

（丙）近人考古学术著作

这是指对出土文物史料进行研究的著作，不是指据考古成果对历史进行研究的著作。

《观堂集林》二十二卷，别集二卷　王国维，中华书局版。

《海宁王忠悫公遗书》四集　王国维，1927—1928 年排石印本。可取书中研究周代文物史料的精深著作。

《两周金文辞大系图录考释》　郭沫若，1956 年科学出版社版。

《殷周青铜器铭文研究》　郭沫若，1961 年科学出版社版。

《金文丛考》　郭沫若，1932 年文求堂版。

《金文余释之余》　郭沫若，1932 年文求堂版。

《陕西新出土器铭考释》　郭沫若，《说文月刊》3 卷 10 期。

《古代铭刻汇考》，又续编　郭沫若，1933 年、1934 年文求堂版。

《石鼓文研究》　郭沫若，1955 年人民出版社版。

《诅楚文考释》《行气铭释文》（后收入《天地玄黄》）　郭沫若 1947 年撰。

《文史论集》　郭沫若，1961 年人民出版社版。

《积微居金文说》　杨树达，1952 年中国科学院出版。

《积微居小学述林》七卷　杨树达，1954 年中国科学院出版。

《积微居小学金石论丛》五卷、补遗一卷　杨树达，1955 年科学出版社版。

《西周铜器断代》　陈梦家，《考古学报》9—14 期（1955 年 12 月—1956 年 12 月）。

《西周铜器断代中的康宫问题》　唐兰，《考古学报》1962 年 1 期。

《石鼓年代考》　唐兰，《故宫博物院院刊》1958 年 1 期。

《吉金文录》四卷　吴闿生，1934 年邢氏刊本。

《双剑誃吉金文选》二卷　于省吾，1934 年来薰阁石印本。

《双剑誃诸子新证》四卷　于省吾，1940 年虎坊桥大业印刷厂排印本。

《双剑誃易经新证》四卷　于省吾，1937 年虎坊桥大业印刷厂石印本。

《双剑誃尚书新证》四卷　于省吾，同上。

《双剑誃诗经新证》四卷　于省吾，1934 年虎坊桥大业印刷厂石印本。

《泽螺居楚辞新证》　于省吾，《社会科学战线》1979 年 3、4 期。

《𦅫氏编钟图释》　徐中舒，1932 年史语所影印本。

《陈侯四器考释》　徐中舒，1933 年《史语所集刊》。

《禹鼎的年代及其相关问题》　徐中舒，《考古学报》1959 年 3 期。

《商周彝器通考》　容庚，1941 年燕大铅印本。

《殷周青铜器通论》　容庚、张维持，1958 年科学出版社版。

《读金器刻词》　马叙伦，1962 年中华书局版。

《中国青铜器时代》　郭宝钧，1963 年三联书店版。

《商周铜器群综合研究》　郭宝钧，1981 年文物出版社版。

《周代用鼎制度研究》 俞伟超、高明，《北大学报》1978 年 1、2 期，1979 年 1 期。

《古文字研究》（第一辑） 吉林大学古文字研究室，1979 年中华书局出版。书内有研究介绍周代陶器、铜器、玺印、周原甲骨、盟书及中山国、随县曾侯国等文物的资料。2004 年已续出至第二十五辑。

以上是关于考古文物资料的研究成果，是可以有选择地加以利用的。历史研究中，往往直接利用这些研究成果。

《新中国的考古收获》 中国科学院考古研究所编，1961 年文物出版社版。

《三十年来的中国考古学》 夏鼐，《考古》1979 年 5 期。

《文物考古工作三十年》 1981 年文物出版社出版。

《商周考古》 北京大学历史系考古教研室商周组，1979 年文物出版社版。书中第三章西周至东周初，第四章春秋中叶及春秋战国之际。

《夏商周考古学论文集》 邹衡，1980 年文物出版社版。

以上是了解和掌握考古文物史料的指引门径的书，依靠它们就可以知道怎样去找文物史料和利用哪些史料。其中也有对文物的研究成果，同样能指引怎样认识有关文物史料。

第三章　秦汉史史料

第一节　概况

秦始皇嬴政二十六年（前221年），结束了战国以来诸侯称雄割据的局面，建立了统一的中央集权制的秦王朝。秦二世时，陈胜领导的农民起义导致秦政权瓦解。经过数年的楚汉相争，刘邦战胜了项羽，于汉王五年（前202年）即皇帝位，此后一直到东汉覆灭，其间虽然有过激烈的政治动荡，但长时期保持了统一局面，政治上处于相对稳定状态，专制主义的中央集权制得到巩固。

汉朝初年，统治者采取比较宽缓的"休养生息"政策，经过农民的辛勤劳动，文、景时期，社会经济由凋敝走向复苏，武帝时呈现繁荣景象。"都鄙廪庾尽满，而府库余财。京师之钱累百巨万，贯朽而不可校。太仓之粟陈陈相因，充溢露积于外，腐败不可食。"① 西汉昭、宣帝时期和东汉前期，经济也有一定程度的发展。与战国时期相比，两汉的经济提高到了一个新的水平。牛耕、铁制农具普遍推广，兴办了一系列水利工程，农业耕作技术不断进步，出现了赵过的代田法。亩产量有所提高，垦地面积日益扩大。据西汉末年统计，当时全国耕地面积达到八百二十七万多顷②，东汉和帝时有七百三十二万多顷③。商业和手工业伴随农业的发达而兴起。

与此同时，统治者逐渐意识到文化学术的重要性，比较重视史书的编写。这在客观上有利于秦汉史著作的产生。秦始皇为了巩固刚刚建立的专制主义中央集权制，曾颁令焚书，禁绝私学，又加上立国时间短暂，

---

① 《汉书》卷二十四《食货志》上。
② 《汉书》卷二十八《地理志》下。
③ 《续汉书》卷二十三《郡国志》五刘昭注。此数略低于西汉，当时地主大量隐匿土地，和帝时实际垦田数量不见得少于西汉。

因此，秦代没有留下可令人称道的秦史专著。楚汉相争，项羽入据咸阳，秦宫室被付之一炬，博士官典藏的图籍化为灰烬。汉高祖依然不太看重文化学术。陆贾常向他讲说《诗》《书》，他斥骂说："乃公居马上而得之，安事《诗》《书》！"陆贾讲述了一番古今成败的教训，他才改变了态度，告诉陆贾："试为我著秦所以失天下，吾所以得之者何，及古成败之国。"① 从此，最高统治者改变了对待文化学术的冷漠态度，越来越注意文化学术的作用。汉武帝是个有雄才大略的君主，在他统治时期，确立了儒家思想的统治地位。此后西汉诸帝固守其法，时有修补。这一时期，最高统治者对史学似乎还来不及给予更多的注意。司马迁修《史记》，为一代史学壮举，汉武帝却没有直接过问。到了东汉，最高统治者继续崇尚儒学，同时，改变了西汉皇帝基本上不过问修史工作的状况，开始直接插手其事。班固后期撰写《汉书》，就是奉了明帝的命令。其他如《东观汉记》《汉纪》等书也都是皇帝下令编写的。最高统治者如此重视史书的编写，其目的固然在于颂扬统治阶级的文治武功，总结历史经验，作为巩固封建政权的借鉴。但这也为撰写史书提供了便利条件，使撰史人能够运用中央政府收藏的大量图籍，搜集丰富的史料，把一些翔实的材料经过整理记录下来，从而提高史料的真实性。《汉书·地理志》详载各郡国的户口数字，如："京兆尹，元始二年户十九万五千七百二，口六十八万二千四百六十八。"在当时条件下，班固根本没有可能靠个人的力量作出这样精确的统计，只有看到中央政府的档案，才能记下如此具体的户口数字。

政治上的长期统一和相对稳定，社会经济的进步，不但对文化事业的发展提出了要求，而且也为它奠定了发展的物质基础。加之最高统治者对文化学术日益重视，又有前代文化遗产可资吸取和借鉴，于是逐渐培育出了一批学者，其中对当时和后世产生过较大影响的，如哲学思想领域的董仲舒、王充，史学领域的司马迁、班固，文学领域的枚乘、司马相如，农学领域的氾胜之，目录学领域的刘向、刘歆等，都曾著书立说，留下了有关秦汉史的史料。后来出现的秦汉史史料，也多受秦汉学者的影响。

---

① 《史记》卷九十七《陆贾列传》。

秦汉史史料基本上可以区分为两大类，即文献资料和考古资料。就文献资料而言，有几种值得注意的现象。

（一）史料范围扩大，种数增多。西汉时虽曾出现了《史记》这样的不朽著作，但史学领域还没有形成著书立说的社会风气。《汉书·艺文志》本于刘歆《七略》，它把群书分为六艺、诸子、诗赋、兵书、术数、方技等六类，史书还没有成为一个门类，《太史公百三十篇》（即《史记》）《续太史公七篇》和《汉大年纪五篇》等，一律附于六艺《春秋》家之后。这一情况说明西汉史学著述尚处于不太发达的阶段。东汉时情况有了变化，史学著述呈现初步繁荣景象。史书类别比战国时期明显增多，在纪传体史书之外，还有编年体史书、杂史、起居注、载记、史钞、史评、故事、职官、仪制、刑法、杂传记、地理、谱系、簿录等类别的史籍。史籍的种数也很可观，据清姚振宗《后汉艺文志》著录，东汉共有史部书一百九十六部，其中绝大部分属于两汉史。东汉以后，又有不少人致力于汉史的撰述，增加了汉史史籍的数量。晋荀勖据魏郑默《中经》更著《中经簿》，总括群书，分为甲、乙、丙、丁四部，列史书于丙部，在目录书中成为新的门类。这与两汉史史籍的增多不是没有关系的。遗憾的是，这些史籍流传下来的仅寥寥数部。虽然如此，其史料范围的宽阔和丰富程度，也是战国时期所不能比拟的。

（二）出现了史学巨著。秦汉王朝从政治、经济、文化等方面，为史学的发展创造了远比前代优越的客观条件，史学巨匠司马迁、班固又发挥了自己的史学天才，分别完成了《史记》《汉书》两部史学巨著。嗣后南朝刘宋的范晔吸取前人成果，编写了《后汉书》，成为汉史史料宝库中的又一部巨著。据粗略统计，《史记》全书有五十二万多字，《汉书》有八十多万字，《后汉书》有六七十万字。其篇帙之多，规模之大，前所未有。

（三）纪传体是秦汉史史料中最重要的体裁。我国古代史籍的体裁，主要有编年体、纪传体、纪事本末体、会要体等几种。编年体始于《春秋》，东汉荀悦著《汉纪》，晋袁宏著《后汉纪》，采用编年体的编纂方法，汇集了一些两汉史史料。纪事本末体和会要体较为晚出。就秦汉史史料而言，上述三种体裁都不如纪传体重要。纪传体始于《史记》。《史记》采用"本纪""表""书""世家""列传"五种体例。"本纪"冠于全书之首，是按年月次序编写的帝王简史，用以记载帝王的言行政迹为主，兼述当时的政治、经济、军事、文化、外交等重大事件。"表"用表格的形式谱列人物或事件。"书"记载典章制度。"世家"记载子孙世袭的王侯封国的历史。"列传"主要是人物传记，也有关于我国少数民族和与我国互相往来的一些国家的专篇。各个部分，分则独自构成一个体系，合则相辅相成，成为一个有机的整体。因为这种编纂方法以"本纪""列传"为主，所以，称为纪传体。受《史记》的影响，出现了多种纪传体的两汉史，如东汉刘珍等的《东观汉记》，吴谢承的《后汉书》，晋司马彪的《续汉书》，华峤的《汉后书》，刘义庆、谢沈、袁山松和梁萧子显等各家《后汉书》，都是纪传体的东汉史。人们所熟知的班固的《汉书》和范晔的《后汉书》，也都是用纪传体编写的。纪传体成了秦汉史最重要的编纂形式。

（四）秦汉史的重要史料基本上由私家修纂。秦汉是私家修史的时代。司马迁的父亲司马谈在汉中央政府做太史令，有志于编写一部包括秦汉史在内的古今通史，愿望没有实现便死去了。司马迁继承他父亲的遗愿，独立完成了《史记》。他也曾做过太史令，负责管理皇家图书，搜集史料，主管星历之事。这一职务有利于修史，但修史并不是职内的事情。他撰写《史记》是子继父业，完全出于个人的决定。《史记》所书终于汉武帝中期，后人刘向、刘歆、冯商、卫衡、扬雄等缀集时事，相继撰续，止于汉哀、平年间。班彪认为各家续作言多鄙俗，刘歆、扬雄又美化王莽政权，误后惑众，不足以踵继《史记》。于是他依靠个人力量，"采前史遗事，傍贯异闻，作《后传》数十篇"①。班彪死后，其子班固回到家乡扶风安陵（今陕西咸阳市东），在《后传》的基础上撰写《汉书》。直到此时，《汉书》也是处于私家撰述的阶段。后来明帝才加过问，让班固写完《汉书》，《汉书》的编写工作始与官方发生了联系。范晔撰写《后汉书》的起因，据《宋书·范晔传》记载，是他遭贬黜后，"不得志，乃删众家《后汉书》为一家之作"。可见，《后汉书》全然出于私家著述，与中央政府没有任何直接关系。

私家修史，摆脱了最高统治者和中央政府的直接控制，在史料的取

---

① 《后汉书》卷四十上《班彪列传》。

舍和运用上，可以减少一些顾忌，有利于提高史料的真实性。班固后期修《汉书》，虽然承命于明帝，但撰写工作仍然是由个人担负，国家没有设置严密的修史机构，与唐代以后官方修史的做法有所不同。这既使作者能够利用中央政府的图籍，又不至于产生过多的忌讳，影响史料的价值。

有关秦汉史的文献史料大部分出现在两汉，一小部分产生在魏晋南北朝时期。此后问世的不多，史料价值也不很高。由于秦汉史史料大多出自当代人之手，或由接近秦汉时代的人所记录，这些史料比远离秦汉时代的人的追记更为可信。

秦汉史史料产生时代的久远，也带来一些不利的因素。秦汉的书写材料以竹木为多，缣帛次之。这就使当时问世的秦汉史史料非常不易于流传和保存。另外，这些史料，或者由于内容的不足，或者由于自然条件的变异和社会条件的不利，很多都散佚了。前面提到的姚振宗《后汉艺文志》著录的东汉史部著作一百余种，基本完整保存至今的还不到十种。而且现存的少数完整的史料，屡经抄写刻印，都存在不同程度的讹误，给使用这些史料带来不少困难。这一情况要求我们对秦汉史史料，常常要做辑佚和校订的工作。

第二节　基本史料

（一）《史记》一百三十卷　作者司马迁，字子长，左冯翊夏阳（今陕西韩城）人，生于汉景帝中元五年（前145年），卒于汉武帝征和三年（前90年）前后。

《史记》是一部贯穿古今的通史，记事起于传说中的黄帝，止于汉武帝元狩元年（前122年）①。此后记事应是后人的搀入。如《司马相如列传》引述扬雄的话，显系后人窜入。据司马迁说，《史记》全书一百三十卷，包括本纪十二卷，表十卷，书八卷，世家三十卷，列传七十卷。但

---

① 《史记》记事下限有三说，一曰终于元狩元年，一曰终于太初，一曰终于天汉。主张第一说的有清人崔适，其说详见《史记探源》。主张第二说的有清人梁玉绳，其说也言之有据，详见《史记志疑》卷三十六。主张第三说的有刘宋裴骃的《史记集解序》，唐司马贞的《史记索隐后序》和张守节的《史记正义序》，此说根据薄弱。

后来有散佚。今本《史记》也是一百三十卷，少数篇章显然不是司马迁的手笔。汉元帝、成帝时的博士褚少孙补写过《史记》，今本《史记》中凡属"褚先生曰"的文字就是他的补作。在利用《史记》的史料时，应明了这一情况。

《史记》虽然是一部通史，但略于先秦，详于秦汉，一百三十卷中有七八十卷属于秦汉史史料。这些史料，无论对研究秦史，还是汉武帝以前的西汉史，都是珍贵的材料。

《史记》本纪部分记载秦统一全国以后一段秦汉史的有《秦始皇本纪》《项羽本纪》《高祖本纪》《吕太后本纪》《孝文本纪》《孝景本纪》《孝武本纪》等七卷。《秦始皇本纪》围绕秦始皇、秦二世的行迹，记述了秦削平六国的经过，以及统一全国后所推行的各项政令，反映了专制主义中央集权制初建时期的具体情况，不失为研究秦王朝兴衰过程的一篇重要史料。司马迁修《史记》已经苦于见不到像样的秦代史料，今天也拿不出比《史记》更原始和更系统的文献史料。在这种情况下，愈加显出《秦始皇本纪》的重要。见于《史记》其他部分的秦史史料，如《吕不韦列传》《李斯列传》《蒙恬列传》和一些零散片断，虽然也足资治史者撷拾，但一般地说，它们对《秦始皇本纪》只起一种补充作用。

《项羽本纪》和高祖、吕后、文、景四篇本纪，是从项羽、刘邦起义反秦，历经楚汉之争，至景帝后元三年（前141年）的编年史。比较各篇内容，以《孝景本纪》最为疏略，很可能不是司马迁的原作。《孝武本纪》，裴骃《集解》引张晏说认为是褚少孙的补作。其实，通篇文字基本上是从《史记·封禅书》移植的，内容与司马迁亲手撰写的几篇本纪截然不同。《封禅书》今天尚存，《孝武本纪》的史料价值也就无可称道。

《史记》的世家和列传，记载了一批秦汉时期的重要人物。每一篇世家和列传，就是一篇研究历史人物的专门史料。这些历史上的重要人物，当时活跃在政治、经济、军事、文化等领域，其中不少人物，如吕不韦、李斯、陈涉、萧何、曹参、张良、陈平、周勃、韩信、叔孙通、贾谊、晁错、卫青、霍去病、司马相如等，都从自己的主要活动领域对社会产生过重大影响。因此，世家和列传对他们生平事迹的陈述，往往保存了一些与当时重大历史事件和典章制度息息相关的史料。就一篇世家或列传来看，有些史料未免显得零散，但分门别类地进行整理，就会集腋成

中国古代史史料学

裒，为研究工作提供比较充足的史料根据。世家和列传中也有一些篇章某一方面的史料特别集中，成为了解这方面问题的主要史料。如《陈涉世家》详细记述了陈胜领导的我国历史上第一次农民大起义，它是了解这次农民起义的最基本的史料。

列传中有十卷类传，与秦汉史有关而又比较重要的有《儒林》《酷吏》《游侠》《货殖》等卷。每卷都集中反映了历史的一个侧面。《儒林列传》专记儒家代表人物的学术活动和儒家经典《诗》《书》《礼》《易》《春秋》的传授过程。《酷吏列传》是关于崇尚严刑峻法的官吏的传记，以酷烈著名的郅都、宁成，善于治狱的张汤、王温舒等，都收在本传。通过这些人物传记，一方面看到了统治阶级的残暴，同时又反映了统治阶级内部矛盾和统治者与被统治者之间的对立。《游侠列传》记载了"其言必信，其行必果，已诺必诚，不爱其躯"① 的侠义之士，可以看出这一势力在当时社会上的地位和影响。《货殖列传》是经济专篇，保留了一些有关各地物产、农业经济、手工业和商业的史料。传中提到的由战国入秦的卓氏、程郑、孔氏、邴氏，都以冶铁致富，刀闲逐渔盐商贾之利起家。这些材料对于研究秦的冶铁和商业发展状况，以及这些领域的阶级组成，是不可多得的。

另外，《匈奴列传》《南越列传》《东越列传》《朝鲜列传》《西南夷列传》《大宛列传》，集中保存了我国少数民族和与我国相邻的一些国家的史料。这些史料，比较系统完整，而又较为原始，在民族史和中外关系史上的重要性，已被人们所公认。

司马迁写有《太史公自序》，是《史记》最后一卷。它先谈了司马迁的家世和编写《史记》的原因，然后概述了各篇的内容，是研究《史记》时离不开的一篇原始史料。

《史记》有八书，《平准书》是武帝以前的西汉经济专篇，概述了西汉初年经济恢复和发展的过程，重点讲述了盐铁政策和钱币制度。汉武帝时有名的"杨可告缗"即见载本篇。《酷吏列传》虽然也有涉及，但语焉不详，史料价值不能与《平准书》相比。《河渠书》记载西汉的河渠水利。《封禅书》以较多的篇幅叙述了秦汉最高统治者祭祀天地诸神和名山

① 《史记》卷一百二十四《游侠列传》。

大川的迷信活动。这不但是统治者思想意识的反映，而且也是一项重要的政治措施。《天官书》和《历书》是天文和历法专篇，保存了我国古代天文学和历法学的一些珍贵史料。《礼书》和《乐书》分别论述了礼、乐的社会作用，其观点多本于《荀子》。

《史记》有十篇表，其中七篇谱列秦汉史事。由于表自身形式的限制，记事内容显得简略。因此，人们一般不大看重表。其实，表也有其他部分所不能代替的作用。各表记事，经纬分明，《秦楚之际月表》《汉兴以来诸侯王年表》年经而国纬，《高祖功臣侯者年表》《惠景间侯者年表》《建元以来侯者年表》国经而年纬，《汉兴以来将相名臣年表》以年为经，以职官为纬。次序井然，颇便查检。表中内容，基本上都可与《史记》它处的记载相互印证，同时，也间有补充，提供了该书别处未见的史料。如《高祖功臣侯者年表》记载，汉王三年（前204年），代太尉冯解敢以地降汉，为雁门守，以特将平代地反抗者，于八年（前199年）封阏氏侯。卒后，冯它、冯遗、冯胜之、冯平几代嗣侯，于武帝元鼎五年（前112年）国除。关于阏氏侯，《史记》中仅此一见。此类情况，表中不是个别的。

凡是接触过《史记》的人，都感到它记事翔实，内容丰富。司马迁的著作能达到这样的水平，有多种原因，其中有两个原因比较重要。

一是取材广泛。他做过太史令，掌管皇家图书，能看到大量的文献资料和国家档案，从中广泛搜集有用的材料。另外，司马迁注重实地调查，耳闻目睹了不少秦汉人物的事迹。如他在《游侠列传》论赞中说："吾视郭解，状貌不及中人，言语不足采者。"可见，司马迁亲眼见过郭解。在《淮阴侯列传》论赞中说："吾如淮阴，淮阴人为余言，韩信虽为布衣时，其志与众异。其母死，贫无以葬，然乃行营高敞地，令其旁可置万家。余视其母冢，良然。"这里所记，是从实地调查得来的。汉武帝元朔三年（前126年），司马迁二十岁，漫游了祖国的名山大川，到处考察历史遗迹，采集民间传说。从实地获得的材料，格外生动，格外可靠，成为《史记》取材的重要来源。

另一个原因是修史态度严肃认真，比较尊重历史事实。司马迁对搜集来的大量材料，作了认真地分析和选择，淘汰了那些无稽之谈。对弄不清楚的问题，或者采取阙疑的态度，或者兼载各种不同说法。司马迁写汉初历史，是当时人记当时事。他在一些地方不怕触犯最高统治者，直书其事。班固《汉书·司马迁传赞》说："刘向、扬雄博极群书，皆称迁有良史之材，服其善序事理，辨而不华，质而不俚，其文直，其事核，不虚美，不隐恶，故谓之实录。"因为对统治者"不虚美，不隐恶"，所以东汉王允把《史记》斥为"谤书"。正是这种秉笔直书的修史精神，使司马迁敢于触及时政，反映历史的真实状况。《平准书》记载汉武帝时，宗室侯王和公卿大夫争于奢侈，地方豪富之家武断于乡曲，黎民重困，男子力耕不足粮饷，女子纺绩不足衣裳，揭示了当时经济繁荣景象所掩盖的阶级矛盾。司马迁的修史态度，对提高《史记》的史料价值起了积极的作用。当然，司马迁的直书精神，是有一定限度的。

《史记》注最有影响的是刘宋裴骃的《史记集解》、唐司马贞的《史记索隐》和唐张守节的《史记正义》，人们习惯上称作"三家注"。《集解》博采儒家经书和诸史，广引前人旧说，着重释义。《索隐》采摭众家旧注，音义并重。《正义》是作者竭尽一生精力撰写的，最为详备，是当时《史记》注集大成之作。日本泷川资言撰有《史记会注考证》，水泽利忠撰有《史记会注考证校补》，台湾地区学者王叔岷撰有《史记斠证》，搜罗宏富，足资参考。吴树平主持编写的《全注全译史记》（天津古籍出版社出版）、韩兆琦主译的《传世经典文白对照史记》（中华书局出版）通俗易读。

历代对《史记》的校补考订之作很多，在清代学者中，持论精核者应推钱大昕、梁玉绳、王念孙三人。钱大昕的成果见于《廿二史考异》，梁玉绳的成果集中在《史记志疑》一书，王念孙的成果收在《读书杂志》中。清末郭嵩焘撰《史记札记》，于考证也有一定的成就。今人陈直著有《史记新证》，侧重使用考古材料印证《史记》。

2013 年中华书局出版了点校本《史记》修订本，这是最新的版本，质量较好，阅读方便。

（二）《汉书》一百二十卷　作者班固，字孟坚，扶风安陵（今陕西咸阳东）人，生于东汉光武帝建武八年（32 年）。父亲班彪是史学家，曾作《后传》数十篇续补《史记》。班固撰写《汉书》，即以《后传》为基础。明帝永平五年（62 年），班固任兰台令史。兰台是皇家藏书之地，图籍甚富。班固在这里任职，给他写作《汉书》提供了极为有利的条件。

后来他升迁为郎，典校秘书，明帝命他把《汉书》写完。此后二十多年时间都在撰写《汉书》。班固在政治上追随外戚窦宪。窦宪在政争中失败自杀，班固受到牵连，被捕入狱。和帝永元四年（92年），死在狱中。当时《汉书》还有八表和《天文志》没有写成，和帝叫班固的妹妹班昭补作，马续协助班昭撰写了《天文志》。至此，《汉书》始成完书。

《汉书》袭用了司马迁开创的纪传体，体例与《史记》大体相同，但也略有调整。《汉书》把《史记》的"本纪"省称"纪"，"列传"省称"传"，又改"书"为"志"，取消"世家"，汉代勋臣世家一律编入传。

《汉书》共一百篇，后人把篇幅长的划分为上下卷，或上中下卷，共成一百二十卷。一百篇包括纪十二篇，表八篇，志十篇，传七十篇。

《史记》是一部通史，《汉书》则首创纪传体断代为史的先例，记事始于汉高祖刘邦元年（前206年），止于王莽地皇四年（23年），共历时二百三十年，包举西汉一代和短促的王莽政权。就研究西汉史来说，我们可以拿汉武帝中期为界限，把《汉书》划分为前后两部分。前一部分基本抄自《史记》，不足以充分表现《汉书》的史料特色。但也应看到，班固移《史记》入《汉书》，也经过了一番加工整理，增加了一些新的内容。《史记》没有"惠帝纪"，惠帝事迹略见于《吕太后本纪》。《汉书》则在《高后纪》之前增立了《惠帝纪》，记载了一些重要的历史内容。如惠帝元年，"民有罪，得买爵三十级以免死罪。赐民爵，户一级"。三年，"以宗室女为公主，嫁匈奴单于"。"夏五月，立闽越君摇为东海王"。七月，"南越王赵佗称臣奉贡"。四年三月，"省法令妨吏民者，除挟书律"。六年，"令民得卖爵。女子年十五以上至三十不嫁，五算"。诸如此类涉及一代制度和政策的大事，《史记·吕太后本纪》均无记载。《史记·孝武本纪》割裂《封禅书》敷衍成篇，班固另写了《武帝纪》，提供了新的史料。把《汉书》与《史记》相同的高祖、吕后、文帝、景帝几篇帝纪加以对读，就会发现《汉书》可补《史记》的地方不是个别的。《汉书·文帝纪》记载："五年春二月，地震。夏四月，除盗铸钱令。更造四铢钱。"而《史记·孝文本纪》文帝五年无记事。又文帝七年记载："冬十月，令列侯太夫人、夫人、诸侯王子及吏二千石无得擅征捕。"十二年记载："三月，除关无用传。"都不见于《史记·孝文本纪》。

《汉书》武帝中期以前的人物专传与帝纪的情况相仿佛，一方面《汉书》内容基本上来源于《史记》，另一方面，班固又在《汉书》中熔铸了一些新的材料。如《贾谊传》增加了"治安策"，《晁错传》补入了"教太子疏""言兵事疏""募民徙塞下疏""贤良策"一道，《路温舒传》增收了"尚德缓刑疏"，《贾山传》增补了"至言"，《邹阳传》收入了"讽谏吴王濞邪谋书"，《公孙弘传》增入了"贤良策"，《韩安国传》记载了韩安国与王恢论伐匈奴事。这些内容，或关系经国大计，或涉及用人之道，或牵连边疆政策，或表现一人政治思想，都是有用的第一手材料。在《韩信传》《楚元王传》《萧何传》《王陵传》《淮南王传》《李广传》《卫青传》中，也增加了部分史事。另外，《汉书》还增立了几篇人物传记，如《吴芮传》《赵隐王刘如意传》《赵共王刘恢传》《燕灵王刘建传》《景十三王传》《苏武传》等。张骞在《史记》中附载《卫青列传》后，李陵附载《李广列传》后，《汉书》则为二人专门立传。

《汉书》的后一部分，就史料的原始性、系统性、完备性来说，在今天存世的西汉史史料中，没有哪一种可与它相比拟，它在西汉史研究中的重要性是独一无二的。

帝纪除了《武帝纪》前的几篇外，还有昭、宣、元、成、哀、平诸纪。各纪记事，提纲挈领，包罗万象。对帝王诏令，记载尤其详细。以《元帝纪》为例，元帝于黄龙元年（前 49 年）继位，竟宁元年（前 33 年）卒，在位的十七年中，《元帝纪》记载了十九道诏令，字数超过了全篇的二分之一。剔除诏令中的虚饰之辞，可以看到元帝时已险象丛生，公卿大夫骄奢淫逸，"缘奸作邪，侵削细民"，再加上天灾频仍，赋敛繁重，农民纷纷"破产失业"，"困于饥馑"，"流散道路"，最高统治者也不得不认为农民已无所归命。应该承认，这些诏令基本反映了社会矛盾激化，西汉政权即将崩溃的形势。

《汉书》武帝中期以后的每一篇人物传记，就是有关传主的基本史料。由于这些人多是统治阶级中的上层人物，他们的言论和行迹，往往能透露出当时社会某一方面的重要内容。在不少人物传记中，比较完整地保留了部分奏疏。有人批评《汉书》说："孟坚所掇拾以成一代之书者，不过历朝之诏令，诸名臣之奏疏尔。"[1] 这种指责主要是从做文章角

---

[1]　凌稚隆：《汉书评林·汉书总评》引虞舜治语。

度提出的。如果着眼于史料价值，原原本本地摘引大臣的奏疏，则有助于人们了解当时的政治状况。如《李寻传》主要由李寻游说王根之辞和上给哀帝的一篇奏疏组成。奏疏长达两千多字，以陈说灾异为名，从天道和历史上反复表明了他反对外戚干政，巩固皇权的主张，劝说哀帝"抑外亲，选练左右，举有德行道术通明之士充备天官……以辅圣德，保帝位，承大宗"。哀帝初立，有意抑制外戚势力。李寻的奏疏正是针对哀帝的想法而发的，它对于了解哀帝继位之后皇权与外戚的斗争，是一篇十分具体生动的材料。

《汉书》模仿《史记》设立了类传，共有《儒林传》《循吏传》《酷吏传》《货殖传》《游侠传》《佞幸传》《外戚传》等七篇。《儒林传》记载西汉儒家经学的概况，内容比《史记·儒林列传》丰富。《循吏》《酷吏》《游侠》《佞幸》四传可以视作《史记》同类列传的续篇，补进了汉武帝中期以后的一些人物。《货殖传》基本上全部抄自《史记》，没有提供新的史料。《外戚传》是新创立的类传，专载皇后外戚事迹。此传后有《元后传》，记载孝元皇后和外戚情况尤为详细，反映了外戚势力的消长。

西汉王朝后期，王莽曾篡夺帝位，改国号为新，称帝十余年。根据司马迁设立"本纪"这一体例的用意，应该为他立帝纪，系于《平帝纪》之后。但班固极力维护刘汉王朝，把王莽建立的新朝斥为僭伪政权，否认它的正统地位。因此，《汉书》没有王莽帝纪，他的政迹载在《王莽传》，并置于传的最后一篇。这篇传是有关王莽政权最为完备的史料。

《汉书》专载我国少数民族历史和与我国邻近国家历史的有《匈奴传》《西南夷两粤朝鲜传》《西域传》。前两传吸取《史记》的材料，拾遗补阙，增其未备。《匈奴传》分为上下两卷，史料比较详尽。它按时间顺序记述了更始以前匈奴社会的发展状况，以及与汉王朝错综复杂的关系。人们对于早期匈奴史的认识，主要依靠《史记》《汉书》中两篇有关匈奴的专传。《西域传》是班固创立的。《史记》有《大宛列传》，主要记载大宛，附带言及乌孙、康居、奄蔡、大月氏、安息、条支等。受客观条件的限制，司马迁所记西域国别不全，区域不广，内容过于疏略。《西域传》在一定程度上弥补了《史记》的不足，共载西域五十一国，记事时间与西汉王朝相终始。每国之下，具体叙述都城所在，距离西汉都城长安的里程，户口数字，军队数量，当地物产，民情风俗，与汉王朝的关系。今天，西域史的研究已经发展成为一种专门的学问。《西域传》作为一种史料，在西域史研究中占有极为重要的地位。

《汉书》最后一篇是《叙传》，作者叙述了自己的家世和生平事迹，逐一说明各篇的主旨，可作为研究《汉书》的基本史料。

《汉书》有八篇表：《异姓诸侯王表》《诸侯王表》《王子侯表》《高惠高后文功臣表》《景武昭宣元成功臣表》《外戚恩泽侯表》《百官公卿表》《古今人表》。前六篇表史料有限，用处不广，但也偶有可采择的地方。《古今人表》基本上都是"古"人，秦代人物只有十余人，汉代人物一律未收。八表中，《百官公卿表》特别值得一提。它是关于秦汉职官制度的专篇，分为上下两卷，上卷讲秦汉分官设职的情况，包括各种官职的设立、沿革、权限、属官、秩次等。下卷用分为十四级、三十四官格的表，记载汉代公卿大臣的升降迁免。全表篇幅不多，却把西汉二百余年的官僚制度和卿相的变迁条理井然地展现出来。

《汉书》的十篇志，向来为人们所推重。其中《刑法志》《地理志》《艺文志》《五行志》这四种类目，第一次出现在纪传体的史书中。《刑法志》系统叙述了法律制度的沿革和一些汉代律令规定，是一篇有关法律史的史料。《地理志》按郡国记录了行政区划、历史沿革、郡国户口数字、所辖县道、山川河流和神祠亭台，并综述了各地区的物产、经济特点、社会风貌和一地的习俗。这篇志，一向被人们看作研究西汉历史地理必不可少的史料。《艺文志》著录了当时存世的书籍，为我国现存最早的图书目录。成帝时，命刘向、任宏、尹咸、李柱国等分校中央政府的藏书，每校完一书，刘向"条其篇目，撮其指意，录而奏之"[①]。他死后，哀帝复命其子刘歆总其事，修成《七略》。班固弃其《辑略》，取《六艺略》《诸子略》《诗赋略》《兵书略》《术数略》《方技略》，整理成《艺文志》。据《艺文志》说："六略三十八种，五百九十六家，万三千二百六十九卷。"由于它考证了各种学术派别的源流，著录了存世的图书，所以成为研究西汉时期目录学和学术思想的一篇难得的史料。《五行志》在《汉书》中篇幅最长，共分五卷，它汇集了董仲舒、刘向、刘歆治《春秋》，推衍阴阳学说，论说祸福的各种说法，也囊括了其他阴阳家

---

① 《汉书》卷三十《艺文志》序。

的看法，是一篇西汉思想史史料。志中确切记载的日蚀、月蚀、星体变异和各种自然灾害，对研究自然科学史有一定的用处。

另外六篇志是《律历志》《礼乐志》《食货志》《郊祀志》《天文志》《沟洫志》。《律历志》是由《史记》的《律书》《历书》合并成的，《礼乐志》是由《史记》的《礼书》《乐书》合并成的，《食货志》即《史记》中的《平准书》，《郊祀志》即《史记》中的《封禅书》，《天文志》即《史记》中的《天官书》，《沟洫志》即《史记》中的《河渠书》。这几篇志，内容多取材《史记》，但有所扩充，记事下限伸延到西汉末年。《食货志》是这六篇志中比较重要的，它分为上下两卷，上卷谈"食"，即农业经济状况，下卷言"货"，即商业和货币的情况。有关西汉的经济史料，集中保存在这篇志中。

《汉书》喜用古字古训，开始传布时，就有人感到阅读艰难。为适应人们阅读的需要，从东汉末期至唐以前，前后出现过二三十家《汉书》注。唐初颜师古作注，广揽兼收，纠谬补阙，完成了《汉书》新注，卓然为一大家。清末王先谦作《汉书补注》，征引专著和参订之书多至六十七家，兼采各家之长，可谓集前人注释之大成。人们读《汉书》，一般都借助颜、王两家的注。另外，清人沈钦韩的《汉书疏证》、周寿昌的《汉书注校补》也都富有启发性。今人施丁撰有《汉书新注》（三秦出版社出版），注释严谨，简明易读。

对《汉书》的校订考证，清代成果卓著，钱大昭的《汉书辨疑》、王念孙《读书杂志》中的《汉书》部分都是代表作。近人杨树达的《汉书窥管》，订讹纠谬，发悟很多。今人陈直的《汉书新证》，着重用汉简、铜器、漆器、陶器、封泥、汉印、货币、石刻等各种文物材料考订和印证《汉书》，足资参考。

中华书局出版的点校本《汉书》，以王先谦《汉书补注》本为底本，参校了其他较好的版本，吸取了前人考订成果，改正了不少文字错误，是最便于阅读的一种新本。

（三）《后汉书》一百二十卷　该书有纪十卷，列传八十卷，志三十卷。

纪、传的作者范晔，字蔚宗，南朝宋顺阳（今河南淅川）人，生于晋安帝隆安二年（398年）。他曾在宋武帝的儿子彭城王刘义康那里做官，

中国古代史史料学

92

参议军事。因为一度得罪刘义康，被贬为宣城太守，郁郁不得志，寄情著述，撰成《后汉书》。刘义康和宋文帝刘义隆争权，范晔受牵连入狱，元嘉二十二年（445年）被杀，年仅四十八岁。本来范晔有撰写志的计划，他在狱中与诸甥侄书里说："欲遍作诸志，《前汉》所有者悉令备。虽事不必多，且使见文得尽。又欲因事就卷内发论，以正一代得失，意复未果。"大概因为死得过早，没有来得及实现他的计划①。今本《后汉书》中的志是晋司马彪撰写的，原为《续汉书》中的一部分，后人把它合于《后汉书》中。司马彪，字绍统，晋宗室高阳王司马睦的长子，死于晋惠帝末年。

刘秀篡夺农民起义的胜利果实，于建武元年（25年）即皇帝位，建立了东汉王朝，至献帝建安二十五年（220年），亡于曹魏。其间历时一百九十五年。《后汉书》即记载了这一历史时期的发展过程，为重要的东汉史史料。

《后汉书》纪十卷，前九卷是东汉诸帝纪。殇、冲、质三帝在位时间短促，事迹不多，所以没有列为专卷，殇帝附入《和帝纪》，冲、质二帝附入《顺帝纪》。另外，安帝死后，北乡侯懿继位，灵帝死后，少帝继位。二帝在位日浅，事迹分别在《安帝纪》和《灵帝纪》后略有提及。九卷帝纪，是东汉一代的编年史，有关东汉的政治、经济、军事、文化等，都可从中找到或多或少的史料。纪的最后一篇是《皇后纪》，集中保存了诸帝皇后和外戚的史料。从内容上看，相当于《汉书》的《外戚传》。

范晔撰写《后汉书》的传，对人物的选择有独特的见解。清人王鸣盛指出：范书"贵德义，抑势利，进处士，黜奸雄，论儒学则深美康成，褒党锢则推崇李、杜，宰相无多述，而特表逸民，公卿不见采，而惟尊独行"②。根据这样的立传标准，《后汉书》传在公卿将相之外，比较注意网罗统治阶级中各种类型的代表人物，展现了较为宽广的社会领域。拿类传来说，《后汉书》在纪传体史书中第一次出现了《党锢传》《宦者

第三章 秦汉史史料

---

① 《后汉书》卷十下《皇后纪》李贤注引沈约《谢俨传》云："范晔所撰十志，一皆托俨。搜撰垂毕，遇晔败，悉蜡以覆车。宋文帝令丹阳尹徐湛之就俨寻求，已不复得，一代以为恨。其志今阙。"这一记载是否可靠，待考。
② 王鸣盛：《十七史商榷》卷六十一"范蔚宗以谋反诛"条。

传》《文苑传》《独行传》《方术传》《逸民传》《列女传》等。自和帝始，东汉王朝日趋衰落，宦官和外戚把持朝政，鱼肉百姓。特别是桓、灵两朝，宦官弄权，社会灾难日益深重，阶级矛盾越来越尖锐。当时地主阶级中的知识分子反对宦官势力，崇尚名节，互相标榜，结党评议朝政，遭到当权的宦官势力的迫害和禁锢。这场斗争是当时政治斗争的一个重要方面。《党锢传》《宦者传》即反映了这一社会内容。《文苑传》是擅长诗赋文章的人物专传，它不同于《后汉书》中的《儒林传》。《儒林传》是以经学儒术为内容的人物类传。《独行传》专门记述以"特立卓行"获得声誉的人物。《方术传》主要记载以阴阳占卜著称的人物，名医郭玉、华佗也见于此传。《逸民传》搜罗的是地主阶级中那些自命清高，隐居不仕的知识分子。范晔主张为妇女立传，并提出了具体的立传标准："搜次才行尤高秀者，不必专在一操而已。"他撰写《列女传》，体现了这一主张。如蔡文姬曾经改嫁，违背了从一而终的封建礼教。但由于她"博学有才辩"，范晔仍把她收入《列女传》。上面提到的这些类传，都是范晔根据东汉社会情况，在《史记》《汉书》之外创立的，从而扩大了东汉史史料范围，使人们对东汉史的认识有条件深入到各个不同的阶层。

《后汉书》的人物专传，往往连篇累牍地抄录奏疏和文章，这一点很类似《汉书》。如《崔寔传》载其政论，《桓谭传》载其陈时政疏和言图谶疏，《王符传》载其《潜夫论》中的五篇，《仲长统传》载其《昌言》中的《理乱》《损益》《法诫》三篇，《张衡传》载其《客问》、陈事疏、请禁图谶疏，《蔡邕传》载其《释诲》、陈施政所宜七事疏，《左雄传》载其陈政事疏，《荀爽传》载其对策，《荀悦传》载其《申鉴》大略，等等。这些奏疏和文章，皆有关时政，不但说明了作者的政治思想，也反映了当时的政治状况。

《后汉书》有《东夷传》《南蛮西南夷传》《西羌传》《西域传》《南匈奴传》《乌桓鲜卑传》，是了解东汉时期我国少数民族的社会状况和中外关系的主要史料。

司马彪撰写的志共八篇，分为三十卷。其中《律历志》上卷讲"律准"和"候气"，中卷记东汉历法专家对历法的论述，下卷谈历法，标志着东汉人的历法科学水平。灵帝光和年间，蔡邕、刘洪补续《汉书·律历志》，修成《律历意》，司马彪的《律历志》即以此意为基础撰修成篇。《礼仪志》记载重要节令、祭祀、丧事、君臣所应践行的仪式，从中可以了解东汉时代的封建礼仪制度和社会风俗。《祭祀志》以皇帝祀神活动为主要内容，是《汉书·郊祀志》的续篇。《天文志》和《五行志》是分别仿照《汉书》的《天文志》和《五行志》撰写的。前一篇志记述王莽至东汉末年的天体变异，后一篇志记载天体以外的自然界的异常现象和社会生活中的奇怪现象，并牵引人事，与各种变异现象穿凿附会。去掉其中的迷信色彩，有些材料对于研究历史上的自然灾害不无参考价值。《郡国志》相当于《汉书·地理志》。《百官志》和《舆服志》是前史所没有的。《百官志》有五卷，比较具体地叙述了东汉中央和地方的职官制度的大体情况，了解东汉官制，主要依靠这篇志。《舆服志》记载反映封建等级制度的车服沿革和式样，对于研究东汉车制和服制，是一篇有用的材料。司马彪八志中未立《食货志》，漏记一代经济制度，显然是一大缺点。后来《晋书·食货志》追述了前代经济状况，才多少弥补了这一不足。

范晔所处的时代上距东汉灭亡已二百年，不可能直接耳闻目接东汉史事，也没有条件利用东汉遗存的档案。这对他撰写《后汉书》是不利的。但在范晔之前，出现了许多家东汉史。据《隋书·经籍志》著录，有东汉刘珍等人的《东观汉记》一百四十三卷，吴谢承的《后汉书》一百三十卷，晋薛莹的《后汉记》一百卷，司马彪的《续汉书》八十三卷，华峤的《后汉书》九十七卷，谢沈的《后汉书》一百二十二卷，张莹的《后汉南记》五十五卷，袁山松的《后汉书》一百卷，袁宏的《后汉纪》三十卷，张璠的《后汉纪》三十卷等。这些东汉史卷帙庞大，材料丰富。范晔《后汉书》即取材各家，经过笔削，成为一家之作。拿《后汉书》与《东观汉记》辑本对照，就会发现两书前后相袭的痕迹比比皆是。看来范晔撰《后汉书》，主要参考了《东观汉记》，对华峤《后汉书》也多所摘取。

范晔非常看重自己的史作，他在狱中与诸甥侄书中认为《后汉书》与《汉书》相比，并不逊色，自古以来，没有像《后汉书》这样"体大而思精"的史作。范晔的自我评价，并非无根之谈，后世史学家也多有赞辞。梁刘昭《后汉书注补志序》说："范晔《后汉》，良诚跨众氏。"

第三章 秦汉史史料

唐代著名史学家刘知几在《史通》中说："范晔博采众书，裁成汉典，观其所取，颇有奇工。"又说："范晔之删《后汉》也，简而且周，疏而不漏，盖云备矣。"范书虽然晚出，但后来居上，所以除袁宏《后汉纪》外，其他诸家东汉史逐渐被淘汰。今天研究东汉史，不得不主要依靠《后汉书》。

《后汉书》没有志，梁刘昭给《后汉书》作注，把司马彪《续汉书》的志抽出来加以注释，补入《后汉书》。宋代以前，虽然出现过两书合抄本，但两书通常仍各自单行。宋真宗乾兴元年（1022年），判国子监孙奭奏请合刻两书。他的建议被采纳，于是，形成了今天我们所见到的《后汉书》合刻本。

唐高宗之子李贤和张大安、刘纳言等，在高宗上元、仪凤年间注释《后汉书》，这是比较通行的旧注之一。志为刘昭注，很受人重视，今缺《天文志》下卷和《五行志》第四卷注。李贤等人的注侧重诠释字句，刘昭注重在说明或补订史实，类似《三国志》裴松之注。清人惠栋有《后汉书补注》，王先谦又在惠栋的基础上，广泛吸取其他人的成果，撰成《后汉书集解》。惠、王两家的注，颇受人们重视。

司马彪没有撰《艺文志》，范晔没有修表。后人《艺文志》补作，主要有清钱大昭《补续汉书艺文志》、侯康《补后汉书艺文志》、姚振宗《后汉艺文志》、顾櫰三《补后汉书艺文志》、曾朴《补后汉书艺文志并考》。补表者也不乏其人。明末清初人万斯同撰《历代史表》，其中可以补《后汉书》的有《诸王世表》《外戚侯表》《云台功臣侯表》《宦者侯表》《将相大臣年表》《九卿年表》等。宋熊方撰有《补后汉书年表》，清诸以敦又成《熊氏后汉书年表校补》，钱大昭撰有《后汉书补表》，黄大华撰有《东汉中兴功臣侯世系表》《东汉皇子王世系表》，华湛恩撰有《后汉三公年表》，练恕撰有《后汉六卿年表》。补作的志、表，虽然材料都来源于今天存世的旧籍，但毕竟经过了作者的整理和考订，可作为有关东汉史的参考资料。

《后汉书》校补考订之作，比较重要的有清钱大昕《廿二史考异》中的《后汉书》部分、钱大昭《后汉书辨疑》、周寿昌《后汉书补正》、李慈铭《后汉书札记》等。

中华书局出版的点校本《后汉书》，是所有版本中最好的本子。

第三节　其他文献史料

在秦汉史基本史料《史记》《汉书》《后汉书》之外，还有不少其他秦汉史文献史料。这些史料大多成书于两汉时期，后世出现的秦汉史史料，一般也都凭借了汉代人的著作。同《史记》《汉书》《后汉书》相比，虽然这些史料带有这样或那样的局限性，但对治秦汉史的人来说，仍是不可偏废的。其中有的可补三史之缺，有的能够纠正三史的错误，有的可与三史互相印证。

根据这些史料的内容，大体可区分为六类，即综合性史料、农业和盐铁经济史料、职官制度史料、政治思想和哲学思想史料、道教史料、自然科学史料。每一种史料所包含的内容不限于一个方面，人们可以从多方面分析和使用这些史料。上面的分类，是就一种史料的主要内容来划分的。

下面我们按类加以叙列。

（一）综合性史料　所谓综合性史料，是指内容比较广泛，不局限于一端的史料。这一类史料，较为重要的有以下几种：

《汉纪》三十卷　东汉荀悦撰。汉献帝认为班固《汉书》文繁难读，建安三年（198年），命荀悦举要撮最，仿照《左传》编年记事的编纂体例编写《汉纪》，建安五年（200年）书成。全书十八万字左右，不到《汉书》的四分之一。因为此书主要是对《汉书》剪裁联络，删繁就简，所以内容基本上没有超出《汉书》范围。但也偶有增补史实的地方，如卷二十六汉成帝永始元年记载的谏议大夫王仁疏、卷二十九汉哀帝元寿元年侍中王闳谏，《汉书》都没有记载。此外，记事与《汉书》也间有出入。该书《四部丛刊》本较为常见。

《后汉纪》三十卷　晋袁宏撰，是继荀悦《汉纪》之后出现的一部编年体东汉史，记事起于淮阳王刘玄更始元年（23年），终于汉献帝建安二十五年（220年）。袁宏死在晋孝武帝太元初年，卒年四十九。他在世时，刘珍等人的《东观汉记》和谢承、司马彪、华峤、谢沈等家的东汉史已经流传。袁宏病其烦秽杂乱，记事阙略，互有出入，因此，他选择各家东汉史和《汉山阳公记》《汉灵献起居注》《汉名臣奏》，以及各郡耆旧先贤传等几百卷的材料，笔削成《后汉纪》。当他看到刚刚传布于世的张璠《后汉纪》内容较详，又吸取了其中的部分材料。由于该书取材广泛，又经过认真考订和抉择，所以它的史料价值远在荀悦《汉纪》之上。唐刘知几《史通·古今正史》认为："世言汉中兴史者，唯袁、范二家。"该书《四部丛刊》本流传较广。周天游撰有《后汉纪校注》（天津古籍出版社出版），是当今最好的校注本。

《东观汉记》　旧题东汉刘珍等撰。该书是以纪传体编写的东汉史，成于几代人之手。汉明帝命班固、陈宗、尹敏、孟异等共撰《世祖本纪》，班固又搜集功臣、平林、新市、公孙述事迹，作列传、载记二十八篇。安帝时，刘珍、李尤、刘骐骏等奉命续成纪、表、名臣、节士、儒林、外戚等传，起自光武帝建武年间，止于安帝永初时期。嗣后伏无忌、黄景等又奉命撰诸王、王子、功臣恩泽侯表和单于、西羌传，以及地理志。桓帝又命边韶、崔寔、朱穆、曹寿、延笃等续补表、传。至此共写完一百一十四篇，始具规模。灵帝时，马日磾、蔡邕、杨彪、卢植、韩说等又补写纪、志、传数十篇，记事下限伸延到灵帝。因遇董卓之乱，篇帙多散落不存。据《隋书·经籍志》记载，该书原有一百四十三卷。元朝以后，全部散佚。清人姚之骃辑集佚文八卷，乾隆时修《四库全书》，吸取姚之骃成果，又据《永乐大典》，参考其他书籍，补其阙失，增加十分之六的内容，形成了一个新的辑本。这一辑本共二十四卷，包括帝纪三卷、年表一卷、志一卷、列传十七卷、载记一卷和佚文一卷，刊入《武英殿聚珍丛书》。该书记事，出于当时人之手，是比较原始的东汉史史料。今天残存的文字，仍然值得参考。吴树平撰有《东观汉记校注》，中华书局出版。此书重新辑集佚文，并加校勘、注释。

八家后汉书　继《东观汉记》之后，魏晋南北朝时期相继出现了十二家后汉书，晋袁宏的《后汉纪》和刘宋范晔的《后汉书》今世尚存，散佚的有吴谢承《后汉书》、晋薛莹《后汉记》、司马彪《续汉书》、华峤《后汉书》、谢沈《后汉书》、张莹《后汉南记》、袁山松《后汉书》、刘义庆《后汉书》、张璠《后汉纪》、梁萧子显《后汉书》。张璠书为编年体，其他诸书均为纪传体。在这十家史著中，司马彪书中八志与范晔书合刻传世，刘义庆、萧子显二家之书尽亡于隋唐之际，其余诸书，北宋时已无完帙，仅见于他书征引。清代学者有多人辑集诸家后汉书佚文，其中汪文台的《七家后汉书》较佳，经周天游校理，由河北人民出版社出版。同时，周天游又成《八家后汉书辑注》，由上海古籍出版社出版，质量优于汪文台的《七家后汉书》。虽然从两家辑本中只能看到诸家后汉书碎片式的文字，但对于研治史学史和东汉史仍有参考价值。

《风俗通义》　原三十卷，今存十卷。作者应劭，东汉末年人。他博学多识，在该书中展现了宽广的社会内容，为研究两汉社会生活状况和文化思想面貌提供了丰富的史料。《愆礼篇》《过誉篇》记载东汉官僚和所谓"名士"对封建礼制的破坏，反映了统治阶级的腐朽和虚伪。《声音篇》记述各种乐器的作者和形制，是古代乐器史的重要文献。《山泽篇》对山林河薮的记述，可供历史地理研究者参考。《祀典篇》记载东汉时的祀神活动，反映了东汉的民间风习。《怪神篇》是有关神异鬼怪的一篇文字，对后世的志怪小说曾产生一定的影响，《搜神记》的一些片断，即从本篇移植。书中记述的历史人物和历史事件，对其他两汉史史料，偶有匡谬补阙之处。吴树平撰有《风俗通义校释》，王利器撰有《风俗通义校注》，书后均附有佚文。

另外，还有其他一些综合性文献史料，如晋陈寿的《三国志》，宋司马光的《资治通鉴》，清严可均辑的《全秦文》《全汉文》《全后汉文》，清汪文台辑的《七家后汉书》，隋虞世南的《北堂书钞》，唐欧阳询等人的《艺文类聚》、徐坚等人的《初学记》，宋李昉等人的《太平御览》，王钦若等人的《册府元龟》，都保存了多少不等的秦汉史史料。

（二）农业和盐铁经济史料　这一类史料主要有《氾胜之书》《四民月令》和《盐铁论》三种。

《氾胜之书》　作者氾胜之，西汉成帝时人，曾为议郎，在今陕西关中平原地区教民耕种，获得丰收。该书是他对西汉黄河流域农业生产经验和操作技术的总结，内容包括耕作的基本原则、选择播种日期、种子处理、农作物的栽培技术和收获、留种、贮藏，以及区种法等。书中对各种作物，如禾、黍、麦、稻、稗、大豆、小豆、枲、麻、瓜、瓠、芋、桑等的栽培技术均有具体的叙述。区田法是重点记述的内容。此外，书中还记载了溲种法、耕田法、种麦法、种瓜法、种瓠法、穗选法、调节稻田水温法、桑苗截干法等合理的生产技术。该书是我国古代农学史上划时代的农家著作，为人们了解西汉的农业生产工具、农作物的品种、农业生产技术的发达程度、各种作物的亩产量等，提供了不少具体材料。该书早佚，北魏贾思勰《齐民要术》多所称引。旧辑本以清洪颐煊所辑较优，今人石声汉有《氾胜之书今释》，万国鼎有《氾胜之书辑释》。

《四民月令》一卷　东汉崔寔撰，《隋书·经籍志》列入农家。它模仿《礼记·月令》的体制，从正月到十二月，依次记述了大地主庄园的例行活动。从全书记载来看，所反映的大地主庄园基本上是农业与手工业相结合的自给自足的自然经济单位。农业是庄园的主要经济部门，因此该书记载农事活动最多，不但提到了各种农作物和经济作物的种植时间，而且兼述了与种植相关的农事安排，如正月菑田粪畴，九月治场圃，涂囷仓，修窦窖，十月储藏五谷，十二月合耦田器，养耕牛。此外，该书还记述了与农业紧密结合的家庭手工业，如治丝析麻，纺织缝制，酿造修缮，采制药物等。对商业贸易、文化教育也有所反映。该书已佚，遗文主要见于《齐民要术》《玉烛宝典》《艺文类聚》《太平御览》等书。清人严可均辑本较为完善，收在《全上古三代秦汉三国六朝文》中《全后汉文》部分。今人石声汉有《四民月令校注》，缪启愉有《四民月令辑释》。

《盐铁论》十卷，六十篇　西汉桓宽撰。西汉初年，豪强和兼并之家操纵了有关国计民生的冶铁业和盐业。汉武帝采纳桑弘羊的主张，实行盐铁官营、酒类专卖和平准均输一系列经济制度的改革，使府库充实，国用饶给，为汉王朝奠定了雄厚的经济基础。但这些政策断绝了豪强兼并之家和富商大贾暴取钱财的途径，因而遭到他们的激烈反对。汉昭帝始元六年（前81年），中央政府召开了一次会议，以郡国所举贤良、文学为一方，御史大夫桑弘羊为另一方，围绕盐铁官营、酒类专卖和平准均输等问题展开了辩论。这就是历史上有名的盐铁会议。据《汉书·车千秋传》，盐铁会议是有记录的。桓宽写《盐铁论》，即取材于会议的记录，又加以"推衍"和"增广"。该书可分为三个部分，第一篇至第四十一篇记载盐铁会议的正式辩论，第四十二篇至第五十九篇记载会议后的余谈，最后一篇是全书的后序。因为盐铁会议的中心是辩论盐铁等方面的经济政策，所以见于《盐铁论》的经济史料特别丰富。汉武帝时期推行的盐铁等方面的政策、产生这些政策的社会原因、实施这些政策所取得的效果、制定这些政策的理论基础等一系列重大问题，从书中均可找到答案。围绕中心内容，书中广泛涉及了当时的农业经济政策和政治、军事、思想文化等领域的问题，记载了文学、贤良和桑弘羊的不同的治国学说，以及各自的施政主张。研究汉武帝时期的西汉史，《盐铁论》很多地方可供采摘。郭沫若有《盐铁论读本》，王利器有《盐铁论校注》，最便阅读。

（三）职官制度史料 有关职官制度史料，主要有六种：《汉官》，作者失考；《汉官解诂》，东汉王隆撰，胡广注；《汉旧仪》，又称《汉官旧仪》，东汉卫宏撰；《汉官仪》，东汉应劭撰；《汉官典职仪式选用》，或省称《汉官典仪》《汉官典职》《汉官典职仪》，东汉蔡质撰；《汉仪》，吴丁孚撰。六书均佚，清孙星衍有辑本，收在《平津馆丛书》《四部备要》等丛书中。其中《汉旧仪》上、下两卷是采用清武英殿聚珍版所刊《永乐大典》本，孙星衍加以校证，又别作《补遗》两卷，附在《永乐大典》本后。范晔《后汉书·卫宏传》说："宏作《汉旧仪》四篇，以载西京杂事。"所记与今天见到的《汉旧仪》内容相吻合。从记事时间上说，该书专载西汉一代；就内容来看，以职官制度为主，兼述其他杂事，如皇帝起居、皇后亲蚕、西汉祀典、皇帝诸侯丧葬制度等，都加以网罗。其他五种书则专记两汉的官制。虽然六书已非完篇，但仍可帮助我们了解两汉的各级官僚机构、分官设职的具体情况和每一官职的员数、职权、沿革、俸禄等。与《汉书·百官公卿表》《续汉书·百官志》互相参看，更能体会出六书记载的史料在探讨两汉官制方面的用处。

（四）政治思想和哲学思想史料 政治思想和哲学思想是两个不同的意识形态范畴，但有些秦汉史史料常常把两个问题纠缠在一起，一种史料，两方面的内容兼而有之。考虑到这一情况，把两种史料合为一类。下面按产生时代的先后加以叙述。

《新语》 今本十二篇，西汉陆贾撰。传世的《新语》是否为陆贾的作品，人们历来认识不一。有人肯定此书全部出于后人伪造①。其实，《新语》中既有陆贾的原作，也有后人的掺杂，不能笼统地指为赝品。全书主旨在于讨论治国之术，强调无为而治、政令统一、重用贤人、慎微

---

① 今人金德建在《司马迁所见书考》中持此说。另外近人张心澂在《伪书通考》中也有类似看法。

辨惑、崇尚仁德。从该书表现的政治主张和思想见解来看，作者既信奉儒家，又崇尚黄老。论其主流，则归本黄老一派。这正是汉初在政治上和思想上所具有的特点。因此，《新语》一书不但是研究陆贾其人的史料，也是认识西汉初期意识形态的重要史料。该书以清宋翔凤校本较好。王利器有《新语校注》（中华书局出版），可参阅。

《新书》　又称《贾子》，西汉贾谊撰，《汉书·艺文志》著录为五十八篇，今本有十卷五十八篇，《问孝》《礼容语上》两篇有录无书，实际上只有五十六篇。有的刻本篇数略有出入。南宋陈振孙、清姚鼐等人怀疑今本《新书》不是贾谊的原作。然而实际情况并非如此。它虽已不是本来面貌，但却有不少篇幅仍是原书的旧篇。《四库全书总目》在分析了《新书》的窜乱之后说："其书不全真，亦不全伪。"立论比较公允。全书各篇内容有所侧重，有的分析秦亡的原因，目的在于以秦为鉴，有的表达作者以民为本的思想，有的论述当权者必须爱民的道理。《宗首》等十五篇是作者的奏疏"治安策"。还有对诸侯王问题的议论，对地域区划和徭役负担问题的阐述，以及有关社会经济的论说等等。《新书》所论述的都是当时人们注意的重大社会问题，只要对各篇加以分析，去伪存真，就能充分发挥它的史料价值，给人们正确评价贾谊的政治思想提供可靠的依据。1976年上海人民出版社出版《贾谊集》，把贾谊的《新书》、疏、赋汇为一书。李尔钢有《新书全译》（贵州人民出版社出版），注译兼备，便于阅读。

《淮南子》　今本二十一篇。西汉文、景时期，淮南王刘安网罗了一批知识分子，知名者有苏飞、李尚、左吴、田由、雷被、毛被、伍被、晋昌八人，以及诸儒大山、小山之徒，共同著书立说。所成书始名《鸿烈》，经刘向校定后称《淮南》，《隋书·经籍志》著录为《淮南子》。该书原本内篇二十一，旨在论道，外篇三十三，均为杂说。今仅存《内篇》。该书最后一篇《要略》是全书的序，介绍了各篇的中心内容。《淮南子》的思想体系属于杂家，兼容各家思想，而以道家思想最为突出。刘安及其追随者以杂家为旗帜，是当时的政治斗争和思想斗争的反映。因此，该书作为一种史料，不仅能帮助我们认识刘安这一派势力的思想特点，而且有助于我们了解文、景时期以皇帝为代表的中央政权与分封各地的同姓王之间的矛盾和斗争。《淮南子》通行的旧注是东汉高诱注，近人刘家立有《淮南集证》，刘文典有《淮南鸿烈集解》，后来又成《三余札记》，用以补充《集解》。许匡一有《淮南子全译》（贵州人民出版社出版），有注有译，便于阅读。

《春秋繁露》 今本十七卷，八十二篇，西汉董仲舒撰。《汉书·董仲舒传》说："仲舒所著，皆明经术之意，及上疏条教，凡百二十三篇。而说《春秋》事得失，《闻举》《玉杯》《蕃露》《清明》《竹林》之属，复数十篇，十余万言，皆传于后世。"据此，《玉杯》《竹林》最初皆独立成书，现在都并入了《春秋繁露》。可以肯定，今本《春秋繁露》经过后人的整理，说不定个别地方还有后人的窜易。董仲舒是治《公羊春秋》的大师，《繁露》本是"说《春秋》事得失"的，但书中很多议论与《春秋》无关，所以《四库全书总目》说它是"《尚书大传》《诗外传》之类"。实际上，该书依傍《公羊春秋》，阐发了作者的思想体系。今天我们研究董仲舒的思想，或者西汉中期，乃至封建社会儒家正统思想的形成和发展，此书都是不可缺少的重要史料。《春秋繁露》最早的注是清凌曙撰写的，收在《皇清经解续编》内。苏舆又有《春秋繁露义证》，对凌曙注有所补正。今人钟肇鹏的《春秋繁露校释》（河北人民出版社出版）、曾振宇的《春秋繁露新注》（商务印书馆出版），都是较好的新注本。

《太玄经》《法言》 前书也省称《太玄》，今本十卷，《法言》十三卷，均为西汉扬雄的作品，是了解作者哲学思想和政治思想的基本史料。在形式上，《太玄》完全模仿《周易》，书中提出"玄"作为思想核心，相当于《老子》中的"道"、《易》中的"易"。晋范望有《太玄经注》，是现存最早的旧注，收在《四部丛刊》中。又有《集注太玄》，前六卷宋司马光集注，后四卷许翰集注，见于《四部备要》。清陈本礼有《太玄阐秘》，刊入《聚学轩丛书》。

扬雄撰《法言》的起因，据《汉书》本传记载，是他看到战国诸子诋毁孔子学说，司马迁作《史记》，是非标准与孔子不尽相同，时人也常常以此向扬雄请教，扬雄便把对一些问题的问答编辑成书，称作《法言》。其体裁仿效《论语》。该书的基本思想倾向是尊崇孔子，信奉儒家。晋李轨《扬子法言注》是现存最早的旧注，收入《诸子集成》。传世的还有《纂图互注扬子法言》，晋李轨，唐柳宗元，宋宋咸、吴秘、司马光注，人们习惯上称为"五臣注"。清汪荣宝撰有《法言疏证》，注释较详。1933年排印本改名《法言义疏》。今人李守奎、洪玉琴撰有《扬子法言译注》，黑龙江人民出版社出版。

谶纬书，也是值得注意的汉代思想史史料。西汉末年，兴起谶纬之学。所谓谶，就是预告未来吉凶祸福的隐语。所谓纬，是对经而言，它以神秘色彩补充和推衍儒家经典。它是由董仲舒天人感应学说恶性发展而来的，经过王莽的鼓吹，光武帝刘秀的提倡，风靡一时。光武帝刘秀于中元元年（56年），"宣布图谶于天下"①，谶纬成了官方统治思想。谶记纬书，《汉书·艺文志》没有著录，《隋书·经籍志》提到十三部。今天大多数谶记纬书都已散佚，明孙瑴曾加以辑集，载入《古微书》，是研究谶纬的主要史料。清马国翰、王仁俊、黄奭也有辑本，分别见于《玉函山房辑佚书·经编纬书类》《玉函山房辑佚书续编·经编纬书类》《黄氏逸书考·通纬》。

《新论》　东汉桓谭撰。《后汉书·桓谭传》记载："谭著书言当世行事二十九篇，号曰《新论》，上书献之，世祖善焉。"桓谭坚决反对谶纬，因此晚年受到提倡谶纬的光武帝的迫害。他的反谶纬思想在《新论》中有所表达。《新论》全书已佚，辑佚本以清严可均辑本较好，收在《全后汉文》中。另外，清孙冯翼也有辑本，收在《四部备要》内。梁僧祐编辑的《弘明集》卷五征引《新论形神》一篇，又略见于《太平御览》卷八百七十，是有关桓谭思想的重要史料，严辑本收在《祛蔽篇》内，孙辑本没有收录。

《论衡》　东汉王充撰。今本目录八十五篇，《招致篇》有目无文，实际只有八十四篇。该书原来有一百多篇，在南朝宋以前便只存八十五篇，全书最后一篇《自纪》是作者的自传。王充是东汉初年富有战斗精神的唯物主义无神论思想家，一生勤于撰述，留下来的只有《论衡》一书。王充以"疾虚妄"为旗帜，对当时思想界居于统治地位的唯心主义神学进行了有力地批判。他的著作在我国古代思想史料中占有比较重要的地位。近人黄晖有《论衡校释》，注释较详，资料丰富。今人刘盼遂有《论衡集解》，校勘和注释多有新见。北京大学历史系《论衡》注释小组

---

① 《后汉书》卷一下《光武帝纪》。

的《论衡注释》（中华书局出版），袁华忠、方家常的《论衡全译》（贵州人民出版社出版），简明易读。

《白虎通义》 又称《白虎通德论》，也省称《白虎通》，四卷，是研究东汉前期封建专制主义思想的基本史料。两汉时代，统治阶级内部对儒家经典理解不尽相同。为了统一思想，加强对人民的思想统治，西汉宣帝于甘露年间召开了石渠阁会议，讨论"五经"异同。东汉章帝建初四年（79年），学习石渠阁会议的样子，召集天下名儒，又有政府官僚参加，在白虎观讨论"五经"同异，章帝亲自裁决。《白虎通义》就是这次经学会议的结集，它确立了官方解说儒家经典的标准。"书中征引，六经传记而外，涉及纬谶"①。从此，儒家经典与谶纬迷信更加紧密地结合起来，表现出东汉官方思想的独特之点。清卢文弨有此书校本，收在《抱经堂丛书》内。陈立有《白虎通义疏证》，注释较详，收在《皇清经解续编》中。中华书局出版的《新编诸子集成》中亦收入此书。

《潜夫论》三十六篇 东汉王符撰。东汉末年，阶级矛盾日趋尖锐，经济停滞，朝政腐败。据《后汉书·王符传》记载，王符不迎合污浊的世俗，"志意蕴愤，乃隐居著书三十余篇，以讥当时失得，不欲章显其名，故号曰'潜夫论'。其指评时短，讨谪物情，足以观见当时风政"。最后一篇《叙录》是全书的序言，逐篇介绍了中心思想。该书是一部政论性著作，表达了王符的经济思想和政治思想。作者抱着对当时社会黑暗的愤懑，揭露了经济、政治、社会风俗等方面存在的弊端，同时提出了一套治理国家的主张。中华书局出版的《潜夫论笺》，清汪继培笺，今人彭铎校正，是较好的注本。今人张觉有《潜夫论校注》（岳麓书社出版），胡大浚等有《潜夫论译注》（甘肃人民出版社出版），可参阅。

（五）道教史料 东汉时期，巫术与黄老学说的某些部分相结合，酝酿出了道教。当时的道教书流传至今的仅有《太平经》，是最早出现的道教经典。了解道教思想和它的发展过程，该书是比较重要的参考资料。

《太平经》 原有一百七十卷，今散佚过半，仅存五十七卷。关于它的来龙去脉，《后汉书·襄楷传》有简略的记载："顺帝时，琅邪宫崇诣阙，上其师干吉（又作"于吉"）于曲阳泉水上所得神书百七十卷，皆

① 《四库全书总目提要》卷一百一十八《子部·杂家类·白虎通义》。

缥白素朱介青首朱目，号《太平清领书》。其言以阴阳五行为家，而多巫觋杂语。有司奏崇所上妖妄不经，乃收藏之。后张角颇有其书焉。"此处所说的《太平清领书》，就是《太平经》。唐王松年《仙苑编珠》又记载另一种说法："于吉从帛和受《素书》二卷，乃《太平经》也。"两种记载都是不可信据的宗教传说。但却给我们一点启示，即《太平经》草创时篇幅不大，一百七十多卷是道教信徒不断推衍补充，天长日久累积起来的。唐末闾丘方远节录《太平经》编成《太平经钞》一书，今载《道藏》中。通过这一节本，可以窥见《太平经》一百七十卷本的大体面貌。《道藏》中还收有《太平经圣君秘旨》，其内容有的见于今本《太平经》。未见于今本《太平经》的，可能是《太平经》的佚文。因为《太平经钞》和《太平经圣君秘旨》都出自《太平经》，所以可以互相校勘和参证。

《太平经》的基本思想倾向是消极的，宣传宗教唯心论，相信图谶迷信，推尊神仙方术，所阐发的政治思想多采取阴阳五行学说作为立论的理论基础。不过书中也体现了不少积极的思想因素。在哲学思想上，表现了某些朴素唯物主义观点和自然的辩证法思想因素。在政治思想上，有的地方表达了自食其力、散财赈穷的主张，表现了对劳动人民的同情，很容易融入劳动人民的思想意识。因此，黄巾起义的领导人张角曾拿《太平经》传教，作为动员和组织人民的思想武器。今人王明有《太平经合校》，中华书局出版。罗炽主编《文白对照太平经注译》，西南师范大学出版社出版。杨寄林有《太平经今注今译》，河北人民出版社出版。

（六）自然科学史料　秦汉时代，人们比较重视天体的研究。《周髀算经》提出了盖天说。汉代还有浑天说，代表人物是东汉著名的科学家张衡。他的《灵宪》一书是有关天体形成的专门著作。他还著有《浑天仪》一书，阐述浑天仪的有关问题。《灵宪》和《浑天仪》均佚，清严可均《全后汉文》中有辑本。

汉代数学成就卓著。与天文学相关联，《周髀算经》有相当多的数学运算，采用了繁复的分数算法和开平方法，总结出了勾股定理。最足以代表汉代数学成果的是《九章算术》。此书是在长期流传过程中由许多人不断增补成书的，大约在东汉初年，具备了今天所见到的规模。全书由九章组成，其中提出的分数计算方法、负数问题、二次方程和联立一次方程解法等，在世界科学史上都是非常杰出的成就。该书有《算经十书》《四部丛刊》等刻本，魏刘徽、唐李淳风等曾加以注释。今人白尚恕有《九章算术注释》（科学出版社出版），是一部较好的注本。

秦汉时代的医学也提高到了新的水平。反映这一时期医学成就的著作主要有《神农本草经》和《伤寒杂病论》。《神农本草经》是我国现存最早的药物学和植物分类学专著。该书已佚，清孙星衍、顾观光等人有辑本。《伤寒杂病论》，东汉末年张机撰，经晋王叔和分编为《伤寒论》和《金匮要略》两种。前书总结了汉以前的医学成就，专门讨论伤寒诸症病理和治疗方法，载方一百三十种。该书注家很多，最早出现的是金成无己的注。今人陈亦人等有《伤寒论译释》，上海科学技术出版社出版。后书记载内科杂病和外、妇科病患等，分析了各病的病因，并提出诊断、治疗和方药。该书有清徐彬注。今人李克光等有《金匮要略译释》，上海科学技术出版社出版。

第四节　考古资料

秦汉史考古资料，举其要者，有竹简、木牍、帛书、画像石、画像砖、石刻、封泥、印章、铜器、陶器、漆器、货币等。

竹简、木牍、帛书、画像石、画像砖和石刻中保存的文字材料虽然不像文献资料那样完整，但它却具有令人坚信不疑的可靠性。它的作用不止一端：一则可以纠正文献资料的错误；二则可以补充文献资料的缺漏，给研究秦汉史提供新的材料根据；三则可以同文献资料相互印证。

秦汉考古实物的价值，不但表现在它所保留的文字材料方面，就实物本身来说，也是当时物质文明的最好见证。文献材料采用文字记述的方式反映历史演变的过程，考古实物则以本身的形象再现当时的物质文明，它是我们研究秦汉史的一种特殊的历史材料。

在秦汉考古资料当中，秦简、汉简最引人注目。下面分别加以介绍。

秦简

云梦睡虎地秦简　1975年底至1976年初，在湖北省云梦县睡虎地发掘了十二座战国末年至秦代的墓葬。其中的十一号墓出土了一批秦代竹简，经整理拼复，共有一千一百五十五支，另有八十片残片。简文是用毛笔书写的秦隶。我国发现秦简，这还是第一次。

这些竹简藏在墓主人的棺内。墓主人名喜，生于秦昭王四十五年（前262年），秦始皇时做过安陆御史、安陆令史、鄢令史和鄢的狱吏等官职。

秦简包括《编年记》《语书》《秦律十八种》《效律》《秦律杂抄》《法律答问》《封诊式》《为吏之道》《日书》两种等十部分。其中《语书》《效律》《封诊式》《日书》乙种四题见于秦简，其他诸题为整理者根据内容所拟。

《编年记》是一篇按年代编写的大事记，起于秦昭王元年（前306年），终于秦始皇三十年（前217年）。秦庄王三年（前247年）以前《编年记》侧重记载秦对六国的战事。秦始皇元年（前246年）以后，主要记载喜和他的家族的情况。虽然全篇字数寥寥，但可订补《史记》的地方不少，有些记载使我们对秦史有了新的认识，如《编年记》说："今元年，喜傅。""今元年"，指秦始皇元年。《汉书·高帝纪》颜师古注："傅，著也。言著名籍，给公家徭役也。"秦始皇元年，根据国家规定，喜已成年，进行登记，开始向国家服事徭役。喜生于秦昭王四十五年（前262年），喜傅籍时为十七岁。从这里可以了解秦代傅籍的年龄规定。在秦简出现以前，人们都是根据汉代的规定，把傅籍年龄确定在二十岁或二十三岁，《编年记》以确凿的证据推翻了传统的看法。秦简的史料价值之高，于此可见一斑。

《语书》和《为吏之道》为训诫官吏的教令。具体地说，前者是秦始皇二十年（前227年）南郡守腾下达本郡所属县、道啬夫的一篇文告，反映了当时的政治和军事斗争情况。文告中反复申述以律令约束吏民，表现了以法为治的精神。律和令在文告中已有明显区别，说明秦律渐臻严密。后者论说做吏的道理，制定了应当恪守的信条。它是用来教育吏的，很像后世的官箴。

《日书》两种为卜筮书，剔除里面的迷信内容，便是很有用的历法史料。如它记载："□□□，□□寅，日出卯，食时辰，莫（暮）食巳，日中午，暴未，下市申，舂日酉，牛羊入戌，黄昏亥，人定□。"把一天分为十二时，这是现在见到的最早的记录。

秦简其他五部分都是有关法律的文书。《秦律十八种》内容广泛，包括有关农业生产、国家牛马饲养、粮食贮存、保管、发放、货币和财物、关市职务、官府手工业、官营手工业生产定额、调度手工业劳动者、徭役、司空职务、军功爵、任用官吏、核验官府物资财产、驿传供给饭食、递送文书、内史职务、廷尉职务、管理少数民族事务的机构属邦职务的法律。

《效律》的内容主要是对县和都官管理的各种物品实行核验的法律规定，还包括对度量衡器的检查。《秦律十八种》中的《效律》，只是摘抄了当时本部分的个别律条。

《秦律杂抄》内容杂泛，有《除吏律》《游士律》《除弟子律》《中劳律》《藏律》《公车司马猎律》《牛羊课》《傅律》《敦表律》《捕盗律》《戍律》等十一种。有些律文尚不知律名。这些法律涉及秦代官吏的任免、对游士的限制、对吏的弟子的选用、从军劳绩的规定、府库的收藏、公车司马射猎失职的惩罚、对畜养国家牛羊的考核、傅籍的规定、军士服役和战场纪律，以及行成的规定等。

《法律答问》主要是用问答形式对律文和与律文相牵连的问题所作的解释。其中还有对诉讼程序的说明，反映了秦代的诉讼制度。

《封诊式》共有二十五条，头两条《治狱》和《讯狱》记述治狱人审理案件时的具体守则。其他二十三条都是有关调查案件、验实案情、审讯定罪等程序的文书程式，里面记载了不同类型的案例。

这五种法律文书是秦简的主要部分。从对它的内容简介可以看出，它作为秦代的史料，不但内容丰富，而且带有一定的系统性。它在秦史研究中的重要性，已获得人们的普遍认知。

首先，秦简法律文书以它翔实可信的材料揭示了秦律的具体内容和一些法律制度，使人们对秦律的阶级实质、早期秦律商鞅律向秦始皇律的演变、秦律同汉律的沿革关系，以及秦律的繁苛程度，有了比以往任何时候都明确的认识。其次，秦简法律文书也反映了当时的农业、官营手工业的情况，如《田律》《均工律》《工人程》等律篇都有这方面的记载。再次，这些法律文书又可用来研究秦代的政治情况和职官制度。至于有关秦代阶级构成和阶级关系的材料，屡见于法律文书，从中可以看到，秦代直接生产者除农民外，奴隶是一个很重要的组成部分，其地位十分低下。他们一方面忍受国家、私家地主和奴隶主的剥削，同时，又不断以各种方式进行反抗。

这些秦简已由文物出版社出版，书名《睡虎地秦墓竹简》。1978年出版的平装本没有收入《日书》，有释文、注释、今译，书后附有索引，便于阅读和使用。另有线装图版本。1981年文物出版社出版《云梦睡虎地秦墓》，缩印了十一号墓出土的全部竹简，还有同时发掘的四号墓的木牍（内容是家信，为战国末年物）。

青川郝家坪秦简　1979年2月至1980年7月，在四川青川县郝家坪发掘了一批古墓，从战国墓中出土了两件战国晚期木牍，有一件木牍书有一百二十一字，正面录载秦王颁布的《更修田律》，是考察秦国土地制度的珍贵资料。

天水放马滩秦简　1986年在甘肃天水市北道区党川乡放马滩一号秦墓中出土秦简四百六十枚。这四百六十枚秦简，均无篇题。研究者根据简文内容与竹简形制，区分为三类。一类为《日书》甲种，竹简七十三枚；一类为《日书》乙种，竹简三百七十九枚；另一类为《墓主记》，竹简八枚。从前两类简文内容来看，这些秦简属于当时日者、占人所用的巫书。《墓主记》记述了一个名"丹"的人的生死过程和经历。

云梦龙岗秦简　1989年底，湖北云梦县龙岗发掘了九座秦墓，从六号墓中出土木牍一件、竹简一百五十多枚。墓主大约入葬于秦代末年。木牍置放在墓主腰部，正反面墨书秦隶三十八字。从内容看，墓主生前获罪为刑徒，死后判免其罪，定为庶人。这是现今见到的唯一秦律冥判词实例。竹简集中记载了秦统一后的部分法律条文，研究者把它归纳为"禁苑""驰道""马牛羊""田赢""其他"五类。简文中有关马牛羊的管理、田赢赋税、驰道的律文极为珍贵。1997年科学出版社出版了梁柱、刘信芳编著的《云梦龙岗秦简》一书，载有六号墓出土的全部竹简照片及释文，并对简文进行了全面探讨。2001年中华书局出版了中国文物研究所和湖北省文物考古研究所编著的《龙岗秦简》，对简文进行了深入的研究。

江陵扬家山秦简　1990年12月，湖北江陵扬家山一百三十五号秦墓出土了七十五枚竹简，大约为秦代末年葬品，内容为遣策，记载了随葬物品。

江陵王家台秦简　1993年3月，湖北江陵王家台十五号秦墓出土八百多枚竹简，其中有《效律》《日书》和《归藏简》。把《效律》《日书》与睡虎地秦简《效律》《日书》相比对，可以发现，两处《效律》内容一致，仅顺序不同；两处《日书》同异相间。《归藏简》全部以易卦开头，下面是卦名和解说之辞。除了上述竹简外，还有一部分竹简，专门记载异常的自然现象，以及相应的社会灾难。

沙市周家台秦简　1993年6月，湖北荆州市沙市区周家台从三十号秦墓中出土了三百八十九枚秦简，其中一组秦简内容为二十八宿占、五时段、五行占、秦始皇三十六年三十七年历谱；另一组为秦始皇三十四年历谱；还有一组内容为日书、病方、农事等。

里耶秦简　2002年4月，湖南湘西土家族苗族自治州龙山县里耶镇出土了大量秦代简牍和少量战国楚简，共有三万六千余枚，二十余万字。内容多为官署档案，几乎涉及了秦代社会的各个层面，极大地丰富了秦代的史料，它对秦史研究的深入和开拓，将带来不可估量的影响。《文物》2003年第1期发表的湖南省文物考古研究所等单位撰写的《湖南龙山里耶战国——秦代古城一号井发掘简报》，详细介绍了简牍的出土情况。2012年文物出版社出版了《里耶秦简（壹）》，由湖南省文物考古研究所编辑。根据编者计划，以后还将陆续整理出版四辑。第五辑还将收入2005年12月北护城壕十一号坑出土的秦代简牍。

岳麓书院藏秦简　2007年12月，湖南大学岳麓书院收藏了一千三百余枚秦简，简背上能够见到的标题有《质日》《为吏治官及黔首》《数》三种，对无标题的竹木简，整理者拟定了《占梦书》《奏谳书》《秦律杂抄》《秦令杂抄》四种标题。2010年12月上海辞书出版社出版了朱汉民、陈松长主编的《岳麓书院藏秦简（壹）》，收载《质日》《为吏治官及黔首》《占梦书》三种。次年12月又出版了《岳麓书院藏秦简（贰）》，收载《数》简二百三十六枚和十八枚残简。2013年6月上海辞书出版社又出版了《岳麓书院藏秦简（叁）》，收载秦代司法文书类竹木简二百五十二枚。从已公布的秦简来看，很多内容可与云梦秦简相互印证，相互补充。其中的《数》简，让我们第一次比较系统全面地看到了秦代数学，了解了当时实用数学演算法式。

汉简

最近几十年，不断发现汉代遗存的简牍，累积起来有四万枚左右，绝大部分出土于我国西北甘肃、新疆地区，相当于汉代河西四郡和西域一带。这一广阔地区发现的简牍，根据出土的具体地点，大体上可分为三类：

（一）敦煌汉简　英国人斯坦因于1906年至1908年第二次来到我国西北，在甘肃敦煌县附近汉代边塞遗址得到汉代木简七百零五枚，其中一百多枚可以确切考知具体年代。这批汉简简影见于法国沙畹《中国古文书》和王国维、罗振玉《流沙坠简》。1913年至1915年，斯坦因第三次来到我国西北，又在敦煌发现汉简八十四枚，在酒泉发现一百零五枚。简影见于法国马伯乐《中国古文书》、张凤《汉晋西陲木简汇编》第二编。1944年，夏鼐等赴甘肃考古，在敦煌获得汉简四十三枚，简影见《新获之敦煌汉简》，收在夏鼐《考古学论文集》中。以上三批汉简，人们习惯上称为敦煌汉简。斯坦因在酒泉发现的汉简，人们又常称作酒泉汉简。

（二）居延汉简　1930年至1931年，中国和瑞士组成的西北科学考察团在内蒙境内的额济纳河两岸和内蒙额济纳旗黑城东南的汉代遗址里，采获汉简一万枚左右，这就是闻名中外的居延汉简。简影见《居延汉简甲乙编》。劳榦有《居延汉简》，分为图版之部和考释之部。这批汉简出土地点在汉代张掖郡居延都尉辖区和肩水都尉辖区，所以人们又把居延汉简叫作张掖汉简。1973年至1974年，甘肃居延考古队在额济纳河流域破城子等三处汉代遗址掘获汉简二万余枚，这批汉简受到学术界的广泛关注，它有助于汉简研究领域的拓展和深入。

（三）罗布泊汉简　1930年和1934年，黄文弼在新疆罗布泊北岸的汉代防戍遗址里，发现汉简七十一枚，见黄文弼的《罗布淖尔考古记》。这批汉简出土地点在汉代属于西域都护辖地，靠近楼兰遗址。所以人们又把罗布泊汉简称为西域汉简或楼兰汉简。

上述三类汉简，都出自边塞，或见于官署，或见于亭燧，皆为屯戍遗物。

此外，在汉代墓葬中也多次发现汉简。这些墓葬汉简，与汉史研究关系密切的有以下几种：

武威《仪礼》简　1959年7月，甘肃武威市磨咀子六号汉墓出土竹木简六百多枚，绝大部分为《仪礼》简。《仪礼》简分为三种：甲本木简三百九十八枚，抄录《士相见》《服传》《特牲》《少牢》《有司》《燕礼》《泰射》七篇。乙本木简三十七枚，抄录《服传》一篇。丙本竹简三十四枚，抄录《丧服》一篇。这批竹木简，让我们既看到了《仪礼》的汉代写本，又目睹了汉代传世经书的式样，为研究当时的简册制度提供了具体的实物。《仪礼》简的抄写时间，当在西汉晚期，下限为汉成帝河平年间。1964 年，文物出版社出版了中国科学院考古研究所和甘肃省博物馆编辑的《武威汉简》一书，收录了《仪礼》简。

临沂银雀山汉简　1972 年 4 月，山东临沂银雀山一号西汉墓出土了四千九百四十二枚竹简和五件木牍。上面书写的内容主要为各类文献典籍，其中有《孙子》《尉缭子》《晏子》《六韬》《孙膑兵法》《守法守令等十三篇》《论政论兵》之类、《阴阳时令占候》之类，以及相狗、作酱等各类杂书。《孙膑兵法》以下诸书为佚书。在银雀山二号西汉墓中出土了元光元年历谱简三十二枚，是一份难得的古历。文物出版社出版的《银雀山汉墓竹简》和吴九龙所编《银雀山汉简释文》，是了解银雀山汉简的基本文献。

马王堆简牍　1972 年，湖南长沙马王堆一号汉墓出土汉轪侯妻辛追随葬物遣策，共有竹简三百一十二枚，记载了随葬的葬具、食物、谷物、酒、用器、燕乐器、内具、燕器和一些明器等。简影见文物出版社出版的《长沙马王堆一号汉墓》一书。另有木楬四十九枚，上面所书文字是对竹笥所盛物品的说明。

1973 年 12 月至次年年初，马王堆三号汉墓又出土了竹木简和木牍六百一十枚。简牍内容包括四种古代医书《十问》《天下至道谈》《合阴阳》《杂禁方》和遣策。

旱滩坡简牍　1972 年，甘肃武威旱滩坡汉墓出土了一批简牍，其中木简七十八枚，木牍十四枚。上面记录的内容全为医方类，编写体例大多是一病一方，共存医方三十多个，包括内科、外科、妇科、五官科、针灸科，涉及临床医学、药物学、针灸学等，从中可以了解汉代医学状况。

大通汉简　1978 年，青海大通县上孙家寨一百一十五号汉墓出土木简四百枚，简文主要内容为军法、军令，谈及斩首捕虏论功拜爵的文字较多，是研究西汉军事制度的重要史料。具体情况载于 1993 年文物出版社出版的《上孙家寨汉晋墓》一书，由青海省文物考古研究所编辑。

江陵张家山汉简　1983 年 12 月至 1984 年 1 月，湖北江陵县张家山三座汉墓出土竹简一千六百多支，简文内容有汉律、《奏谳书》《盖庐》

《脉书》《引书》《算数书》《日书》《历谱》《遣册》。其中的汉律、《奏谳书》最为引人注意。汉律竹简共有五百余枚，篇题有《二年律令》《律令二十□种》《津关令》等，律名与睡虎地秦律相同的有《金布律》《徭律》《置吏律》《效律》《传食律》《行书律》等，《杂律》《□市律》《均输律》《史律》《告律》《钱律》《赐律》《奴婢律》《变（蛮）夷律》等则为睡虎地秦律所无。《奏谳书》简约有二百枚，汇集了议罪案例。这些简文对于研究汉代法律的重要性是不言自明的。此外的汉简，《盖庐》是兵书，全篇为吴王阖庐与伍子胥的对答；《脉书》属于医书，与马王堆帛书《五十二病方》中讨论脉法的部分相同；《引书》是有关导引术的专篇；《算数书》与《九章算术》前七篇类似；《日书》原无标题，是整理者标示，内容与睡虎地秦简《日书》近似；《历谱》系历书；《遣册》记录随葬物品。由于张家山汉简内容丰富，一直为汉史研究者所重视。

连云港尹湾汉简　1993 年 2 月至 4 月间，江苏连云港东海县尹湾村西汉六号墓出土了木牍二十三枚、竹简一百三十三支，内容为东海郡官府簿籍、数术简册、历谱、衣物疏、记事日记及迄今所见最早的俗赋《神乌傅（赋）》。1997 年，中华书局出版了《尹湾汉墓简牍》，收录了尹湾简牍照片与释文。

汉简中，边塞汉简数量庞大，大多属于官方各种文书簿籍，也有一些吏卒私人的遗物。这一部分汉简是研究汉代历史十分珍贵的第一手材料，史学工作者根据它来探索汉代西北边塞的农业生产、屯田制的推行、水利状况、行政机构、军事组织、防御体系、烽燧制度，以及地理、交通、民族情况，获得了不少新的认识。

1980 年中华书局出版的陈梦家《汉简缀述》一书，是利用汉简研究汉代西北边塞历史状况的专著。他提出了十五个专题。仅从这部专著，就足可以使我们看出汉简对于认识汉代边塞的各个方面所具有的价值。

当然，边塞汉简的用处不限于研究汉代边塞状况。边塞的政治、经济、军事、法律、文化，虽然有某些独特之处，但与内地颇多相同。如中央制定的经济政策，规定的法律条文，下达的一些政令，颁行的历法等，边塞与内地是统一的。因此，边塞汉简也是研究整个汉代历史发展的重要史料。

边塞汉简不是同一时期的遗物，早的写在汉武帝时期，晚的写在东汉末年。出土地点也有多处。若要利用汉简保留的史料，就要求我们准确地掌握它所反映的具体时间和地域。因为时间不同，地域不同，具体的史事也往往不一样。

墓葬汉简由于受到数量的限制，总的来说，重要性次于边塞汉简。但个别简文的价值非常突出，如马王堆一号汉墓发现的遣策，对于研究西汉初期的文化生活有重要的价值。有一简记有"竽律"，使我们第一次知道汉初在配合金石之乐的钟律之外，还有与丝竹之乐相配合的竽律，为我国古代音乐史增添了新的内容。

在有关秦汉史的考古资料中，帛书具有不可忽视的史料价值。帛书之所以引起研究者的重视，与马王堆汉墓出土的帛书密不可分。这些帛书出自马王堆三号汉墓内一个漆盒中，字数多达十二万余字，包括二十多种古籍，佚书居多。其中有《老子》《周易》《春秋事语》《战国纵横家书》及《足臂十一脉灸经》等医书十一篇、《式法》等数术类著作、《刑德》甲乙丙三种。除了古籍，墓内还出土了七种帛图，包括导引图、街坊图、地图、驻军图、丧服图、太一将行图、天文气象杂占图。

秦简汉简以外的秦汉考古资料，很多不见于著录，分散保存在全国各地文物保管和研究单位，使用这些资料有一定的困难。但也有不少考古资料，如金石、瓦当、封泥、印玺等，有专书著录。这些专书较为重要的有以下若干种：今人容庚的《秦金文录》和《汉金文录》，近人刘体智的《小校经阁金文》，清王昶的《金石萃编》、阮元的《积古斋钟鼎彝器款识》，近人罗振玉的《古镜图录》和《秦汉瓦当文字》，清吴式芬、陈介祺的《封泥考略》，近人周明泰的《续封泥考略》和《再续封泥考略》，今人陈直的《汉封泥考略》、罗福颐的《汉印文字征》，清汪启淑的《汉铜印丛》、姚觐元的《汉印偶存》、陈介祺的《十钟山房印举》，今人商承祚等人的《古陶轩秦汉印存》，清李佐贤的《古泉汇》、李佐贤和鲍康的《续泉汇》等。容媛编有《金石书录目》，黄立猷编有《金石书目》，是翻检金石书目的工具书。

第四章　魏晋南北朝史史料

第一节　史料特点

魏晋南北朝时期的四百年间，在政治上是四分五裂和南北对立的时期，在史学发展上却是光辉灿烂、很有成就的历史时代。

我国古代长时期内经史不分。东汉以后，经学日趋衰微，南朝末年，"陈吏部尚书姚察曰：'观夫二汉求贤，率先经术，近世取人，多由文史'"（《梁书》卷十四）。魏晋以来，史书数量日增，据《隋书》卷三十二《经籍志》介绍，曹魏时，秘书监荀勖始著《新簿》，将各类书籍分成甲、乙、丙、丁四部，用以"总括群书"，历史书籍属于丙部。东晋元帝时，李充重新分四部书，把《史记》等书改归乙部。分经史子集四部之制，至是正式定型。此后，宋文帝时，谢灵运造《四部目录》，齐永明时，谢朓造《四部书目》，梁任昉编《四部目录》，都是区分为经史子集四部。这种分类办法，一直沿用到清朝末年。梁武帝时，"笃好坟史"的阮孝绪撰《七录》，最先在《记传录》中把史部详细分为十二部①。其后，《隋书》卷三十三《经籍志》再将史部书分为十三类。由此可见，以史部为书名始于魏、晋以后。宋文帝设立学校，有学生百余人，分置儒、玄、史、文四科"凡四学并建"②，史学科由何承天所立。史学的分立正是史学日趋发展的反映。

我国历朝政府都很留意史事。东汉末年，已设秘书，掌管秘记图书。魏明帝时，始设置著作，用以掌史。自此以后，秘书和著作便成为士族进身之阶。《晋书》卷二十四《职官志》说，"著作郎始到职，必撰名臣传一人"。刘宋王韶之"私撰《晋安帝阳秋》，既成，时人谓宜居史职，

---

① 释道宣：《广弘明集》卷三阮孝绪《七录序》。
② 《宋书》卷九十三《雷次宗传》。

即除著作佐郎，使续后事，迄义熙九年（413 年）。善叙事，辞论可观，为后代佳史"①。徐爰为著作郎，撰《宋书》六十五卷。许亨"领大著作，知梁史事……撰《梁史》"②。这批史臣撰史，由于亲身经历或见闻，常能记录大量原始资料。如《隋书》卷三十三《经籍志》所记起居注，除《汉献帝起居注》外自西晋《泰始起居注》以下，历代相沿不断，共有四十七部，一千二百二十二卷。所谓起居注，大都是记录帝皇生活起居、言、行以及大事经历，而不加裁断，为撰史提供了大量素材。

魏晋南北朝时期的历史资料有以下一些特点：

（一）正史在历史资料中占最重要的地位　《四库总目》卷四五说："正史之名，见于隋志。"后世所称"二十四史"中，记载魏晋南北朝史事的便达十二部。唐宋以前，印刷术没有发明，书籍靠手抄流传。因此，不少当代流行的书籍，因抄写者少而逐渐失传，保存到现代的这些正史便成为研究古代历史最基本的资料。20 世纪五六十年代，中华书局组织专家学者对二十四史逐一作了点校，统一出版，是当今最好刊本。中华书局又为诸史分别编印了人名索引，极便读者使用。另外，周一良氏《魏晋南北朝史札记》（中华书局，1985 年版），共收三百四十七条，题材广泛，旁征博引，是一部有助于阅读诸史的专著。

（二）私史众多　现存魏晋南北朝的正史，有的出于后代国家官修（如《晋书》《齐书》《周书》等），也有一些是私人修撰（如《三国志》《宋书》《魏书》等）。《梁书》《陈书》名义上是唐太宗时的官修史书，但姚察在隋已纂《梁书帝纪》七卷，又撰《陈书》二卷，唐太宗令其子姚思廉续修成书。同样，李德林在隋已撰《北齐书》二十四卷，唐太宗使其子李百药续成。这种史书有官修之名，实际是父子相续撰成的私人著作。可见有关魏晋南北朝时期的正史以私修者为多。唐代官修《晋书》时，旧晋史仍有很多种，或存或亡，它们都是私人著述。

（三）史注之风盛行　史注通常是指为史书作文字训诂，如解释字音、字义等等。自六朝以至唐初，为史作注之风气很盛。以注释《汉书》为例，颜师古《叙例》列举在他以前为《汉书》作注的有二十三人，其

① 《宋书》卷六十《王韶之传》。
② 《陈书》卷三十四《许亨传》。

中三分之二以上是魏晋南北朝的人士。刘知几《史通》特立《补注》篇，所列举的大都是六朝人士。到了唐初，颜师古注《汉书》，刘伯庄作《史记音义》，司马贞为《史记索隐》，张守节撰《史记正义》，大都属于这一类。另外一些人的史注是对原著加以大量补阙、拾遗，并根据所增补的资料对原作进行考辨，指明是非，纠正谬误。裴松之注《三国志》，刘孝标注《世说新语》，郦道元注《水经》，都是网罗群书，详为作注，不仅保存了大量现在已经失传的古籍，而且使所注的书比原作更增加了史料价值。

（四）传记和谱学的兴盛　　正史的列传而外，六朝时期还盛行家传、别传、州郡人物之类的传记，如《陈留耆旧传》《益部耆旧传》《襄阳耆旧记》《四海耆旧传》《会稽先贤传》《兖州先贤传》《锦里耆旧传》《海内名士传》《崔氏五门家传》《先贤集》等等。这类著作的主流是搜集地方人物史料，故能反映出大族门阀地主势力的盛行。唐人刘知几说，"谱牒之作，盛于中古"，"逮乎晚叶，谱学尤烦"①。粗略统计，《三国志》裴注引谱牒便有十几种。随着谱学的发展，出现了不少精于谱学之士，如贾氏、王氏以谱学传家，贾弼广集群族十八州一百十六郡族谱，总共七百十二卷②。"九品中正法行，于是权归右姓，州大中正、主簿、郡中正、功曹，皆取著姓士族为之，有司选举必稽谱牒，故官有世胄，谱有世官，于是贾氏、王氏谱学出焉。"③ 正是由于这样的时代条件，《魏书》《宋书》《南史》《北史》的叙事，都充分反映出家传和士族盛行的特色。

（五）地志学的发达　　魏晋南北朝时期地志学出现了新的发展。有《晋太康三年地记》《元康六年户口簿记》、王隐《晋书地道记》《宋元嘉六年地记》，南齐陆澄汇集一百六十家地志，编成地理书一百四十九卷，梁人任昉在其基础上新增八十四家，编成《地记》二百五十二卷。在华北，有《大魏诸州记》二十一卷，北周将地志地图合编为《周地图记》一百零九卷。《隋书·经籍志》记录这一时期的方志很多，有全国性的，如《十三州志》《山海经注》《水经注》等；有地区性的，如《三巴记》

---

① 《史通》卷三《书志》。参黄惠贤：《襄阳耆旧记校补》，中州古籍出版社，1987 年。

② 参看《南史》卷七十二《贾希镜传》，又卷五十九《王僧孺传》；《南齐书》卷五十二《贾渊传》。

③ 赵翼：《陔余丛考》卷十七《谱学》。

《荆州记》《吴郡记》等；还有各种各样具有特色的，如晋嵇含撰《南方草木状》二卷，是世界植物史的重要著作。梁宗懔撰《荆楚岁时记》记荆楚风物故事，自元日至除日凡二十余事。还有《北伐记》《西征记》《寻江源记》《庐山记》《湘中山水记》《临海水土物志》①《冀州风土记》《南州异物志》《冀州图经》《洛阳伽蓝记》等；更有记载国外的，如康泰《吴时外国传》，法显《佛国记》（或称《法显传》）等。地志学著作的大量涌现，是由于人们对各地风土人情的注意，以及海上和陆路对外交通的发展。可惜这类书籍现已大多散佚，无法充分利用它们进行科学研究了。清人王谟撰《汉唐地理书钞》（中华书局，1961年）可观其概要。刘纬毅《汉唐方志辑校》（北京图书馆出版社，1997年）辑书四百四十六种，四十余万字，所辑多为六朝人作品，惜乎选本没有考究，点校相当粗糙，错讹颇多。

（六）佛教、道教史料的涌现　魏晋南北朝时期，佛教和道教广泛流传，《隋书·经籍志》叙述了汉、魏以来佛、道在我国发展的简史。《魏书》卷七十二《阳尼传》记孝文帝时，拜秘书著作郎，"奏佛道，宜在史录"。《魏书》卷一百一十四《释老志》记载6世纪北中国有佛经四百一十五部，一千九百一十九卷。《隋书》卷三十五《经籍志》所记道经和佛经共有二千三百二十九部，七千四百一十四卷。众多经典是当时佛、道盛行的缩影。从历史资料角度说，佛教方面的《高僧传》《续高僧传》《弘明集》《广弘明集》《法苑珠林》《历代三宝记》等书，是关涉六朝时的重要典籍；葛洪的《抱朴子内篇》和《神仙传》，陶弘景的《真诰》等书是道教方面的著名作品。王明撰《抱朴子内篇校释》（中华书局，1988年），杨明照有《抱朴子外篇校笺》上下册（中华书局，1991年），都被列入《新编诸子集成》行列。另外，苏晋仁等编《敦煌道教遗经》（巴蜀书社，1995年）收道教经典六十四种，皆为敦煌文献，其中有些道经，唐以后没有传本，弥足珍贵。它的排印，上栏影印原件，下栏排印标点白文，颇便对照阅读。

（七）总集的出现　汉代以来，文人著作日增，作品多种多样。自魏

---

①　《临海水土物志》，孙吴时沈莹撰，或称《临海异物志》《临海志》，包括了民族与物产两部分。1981年，农业出版社出版张崇根《临海水土异物志辑校》，它对台湾地区高山族史地情况和东南沿海的水产物及竹木等均有记载，书首刊张政烺所撰序文，很有价值。

晋开始，有人在各家著作的基础上，选编具有代表作品的集子。《隋书》卷三十五《经籍志》说，"建安之后，辞赋转繁，众家之集，日以滋广。晋代挚虞，苦览者之劳倦，于是采摘孔翠，芟剪繁芜，自诗赋下，各为条贯，合而编之，谓为流别"。西晋挚虞所编《文章流别集》是我国最早的总集，但早已失传，留存到现在的最早的总集是梁昭明太子萧统编辑的《昭明文选》六十卷，它保存和提供了当时很富于代表性的各类作品，对六朝史的研究颇有裨益。

上述七项，当然不足以说明六朝史料的全貌，先作此概括介绍，下面再重点谈谈若干史书。

第二节　以正史为核心的基本史料

断代为史的纪传体正史是研究六朝政治、经济、文化史的基本资料。

（一）《三国志》六十五卷　西晋陈寿撰，刘宋裴松之注。陈寿，巴西郡安汉（今四川省阆中县）人，《晋书》卷八十二，《华阳国志》卷十一都有传。陈寿曾仕蜀汉，不依附宦官黄皓，"屡被谴谪"。蜀亡入晋，又因"居父丧，使婢丸药"，违犯了封建礼教而受到时人斥责，久不遂意。后以才学受到司空张华赏识，任著作郎。所著《三国志》，在我国古代史籍中享有盛名，和《史记》《汉书》《后汉书》并列为四史，长期受到人们的赞誉。

陈寿撰《三国志》之前，魏、吴二国已有人撰本朝史，如王沈撰《魏书》四十四卷，韦昭撰《吴书》五十五卷，鱼豢撰《魏略》八十九卷[①]。此外，"孙盛撰《魏氏春秋》，王隐撰《蜀记》，张勃撰《吴录》，异闻错出，其流最多"[②]。和陈寿同样仕蜀而又入晋的王崇，所著《蜀书》，"其书与陈寿颇不同"[③]。王沈为魏秘书监，记当代事比较原始，"多为时讳"，晋人王隐称赞其书"善序事"[④]，唐人刘知几认为"殊非实录"。鱼豢《魏略》在裴注和唐、宋人所编类书中累有引用，其中有关匈

---

① 《隋书》卷三十三《经籍志》，其中《魏略》，今有辑本，见《玉函山房辑佚书补编》。
② 刘知几：《史通》卷十二《古今正史》。
③ 常璩：《华阳国志》卷十一《后贤志》。
④ 《太平御览》卷二百三十三秘书监条引。

奴、乌桓、鲜卑、西戎等传，保存了大量有用的民族史资料。韦昭《吴书》在裴注、《文选注》《后汉书注》和唐宋的类书中也常有引用。由于上述有关三国史籍的相继散佚，陈寿的《三国志》便成为后人研究三国史事唯一完整的史籍了，备受时人称赞。南朝梁代刘勰《文心雕龙·史传篇》云："及魏代三雄，记传互出，《阳秋》《魏略》之属，《江表》《吴录》之类，或激抗难征，或疏阔寡要。唯陈寿《三志》，文质辨洽，荀（勖）、张（华）比之迁、固，非妄誉也。"

陈寿评论刘备，"机权干略，不逮魏武，是以基宇亦狭"。刘后主时，"国不置史，注记无官，是以行事多遗，灾异靡书"。《蜀书》仅十五卷，在三国中史文最少，显示蜀汉在三国史中的衰弱地位。

《晋书》卷八十二《陈寿传》说，"时人称其善叙事，有良史之才。夏侯湛时著《魏书》，见寿所作，便坏己书而罢"。同传记尚书郎范頵等上表云："故治书侍御史陈寿作《三国志》，辞多劝诫，明乎得失，有益风化。虽文艳不若相如，而质直过之，愿垂采录。于是，诏下河南尹、洛阳令，就家写其书。"北朝崔浩说："陈寿《三国志》有古良史之风，其所著述，文义典正，皆扬于王廷之言，微而显，婉而成章，班史以来，无及寿者。"[1]《三国志》取材严谨，对重大史事，一般能据事直书，如对曹魏和孙吴的赋役繁重、刑政苛虐等都有不少揭露，由于文字过于简略，不少重大事件也都言之不详，甚至如马钧、张仲景等很有成就的科技人物，也没有为他们立传，这是很大的缺憾。

《三国志》成书一百多年后，宋文帝"以《三国志》载事伤于简略，乃命中书郎裴松之兼采众书补注其阙"。松之"鸠集传记，增广异闻"。元嘉六年（429 年），上《三国志》注表说："臣奉旨寻详，务在周悉，上搜旧闻，傍摭遗逸……其寿所不载，事宜存录者，则罔不毕取，以补其阙。或同说一事，而辞有乖杂，或出事本异，疑不能判，并皆抄内，以备异闻。若乃纰缪显然，言不附理，则随违矫正以惩其妄。其时事当否，及寿之小失，颇以愚意，有所论辨。"可见裴注着重补充史事，文字训诂尚居其次。宋元嘉六年（429 年），裴注完成；而范晔撰《后汉书》创始于元嘉九年（432 年），说明裴注是早于《后汉书》，他以陈寿原书

---

① 《魏书》卷四十三《毛修之传》。

为纲，补充了很多资料。《三国志》共有四百六十八篇，除去六十一篇无注而外，其余各篇都有详尽注补，它补充了原书记载遗漏或简略之处，遇有疑难，乃参考诸家，罗列不同资料，或以广异闻，或考证原书之误，还顺便新增了若干音义训诂。它"博采群说，分入书中，其多过本书数倍"①。"考证之家，取材不竭，转相引据者反多于陈寿本书焉"②。裴注引书近一百六十种（赵翼），或说二百一十种（沈家本）。这些书很大部分是陈寿同时或以后人的著作，现已大多佚失，赖裴注得以保存片断，使我们得以掌握三国史事的更多资料。如《吴书》卷三《孙皓传》记皓降晋注引《晋阳秋》记吴亡国时的户口粮食状况非常具体详尽。宋文帝曾赞许裴松之注说："此为不朽矣。"清人钱大昕说："裴氏注罗缺佚，尤为陈氏功臣。"评价公允。例如曹操推行屯田，《三国志·武帝纪》和《任峻传》都记载简略，裴注援引王沈《魏书》和《魏武故事》，补充了有关屯田的许多内容。古代伟大的科学家马钧在《三国志》正文无一字涉及，裴注在《明帝纪》引《魏略》，在《杜夔传》注引傅玄所述马钧生平事迹甚详。类似事例，在裴注中累见不鲜。"补遗订误"是裴注的本质和优胜所在。

《三国志》最受人指责的是以曹魏为正统，魏国君主称《纪》，吴、蜀君主称《传》。《史通》卷二《列传》云："夫纪传之不同，犹诗赋之有别，而后来继作，亦多所未详。按范晔《后汉书》，纪后妃六宫，其实传也，而谓之纪。陈寿《三国志》，载孙、刘二帝，其实纪也，而呼之曰传。"东晋习凿齿作《汉晋春秋》五十四卷，自汉光武至晋愍帝，改以蜀汉为正统。宋人萧常作《续后汉书》四十二卷，改以蜀汉续东汉，为帝纪、年表各二卷、列传十八卷，另有《魏载记》九卷，《吴载记》十一卷。元人郝经撰《续后汉书》九十卷，以蜀汉为正统，魏、吴为列传；因陈寿书无志，乃作道术、历象、疆理、职官、礼乐、刑法、食货、兵八录，此书现存者乃清人从《永乐大典》辑出，《刑法录》已全佚。又有明人谢陛撰《季汉书》五十六卷，以蜀汉为本纪，诸臣为内传，魏、吴之君为世家，其臣为外传，将袁绍、董卓等人列为"载记"。上述几种改

① 晁公武：《郡斋读书志》卷五，参胡宝国：《三国志裴注》，载《汉唐间史学的发展》，商务印书馆，2003年。
② 《四库总目提要》卷四十五。

中国古代史史料学

作，从史学资料看，除郝经书八录可供参考外，其余都无甚价值。

历代研究《三国志》及裴注者很多，清人用力尤多。杭世骏、侯康、赵一清、梁章钜、周寿昌等人都补注《三国志》。杭氏《三国志补注》六卷，魏占其四，吴、蜀各居其一，在裴注外，采用稗官、神怪之说，在参校异同上可供参考。侯康氏《补注》一卷，是在裴注和杭书之外，利用钱大昕、王鸣盛等人的研究成果而补作。赵氏撰《三国志注补》六十五卷，作者长于沿革地理，多引《水经注》以证地名河流，可为读《三国志》之助。周寿昌《三国志注证遗》四卷，是辑录他人未曾留意之资料数百条以供旁证。梁氏所撰《三国志旁证》三十卷，吸收集中了学者们的研究和考证成果，属于集解性质。到了民国二十五年（1936年）前后，杨守敬弟子湖北沔阳人卢弼，汇集历代学者对《三国志》正文和裴注的研究成果，包括注释、版本校勘和考证，加以本人的注释和按语，统一编纂为《三国志集解》，1957年由古籍出版社印行，1982年，再由中华书局影印出版。集解所引原书，现今都存在，但经作者搜集在一处，可省一一翻检之劳。但编者多疏忽，甚至《南齐书》《魏书》中涉及三国史事者都未收入；唐人编《群书治要》所引《三国志》乃是唐初所看到的《三国志》古本，作者也没有采用，这都是欠妥的。晚近，出版赵幼文《三国志校笺》，精装上下册（巴蜀书社，2001年），它校正了《三国志》原书的一些疏误，且对《三国志集解》提出了千余条疏误，更正某些臆断空疏处，并对裴注作了不少疏证。其书以殿本《三国志》为底本，校以现存各本，对脱漏错讹歧异处，皆详为比勘，书为校记，广征博引，正其是非，明其得失，是近代整理《三国志》的重要新成果，当然亦难免有失误①。顺便指出，中华书局1959年出版《曹操集》，1974年出版《诸葛亮集》，还有赵幼文《曹植集校注》，1984年，人民文学出版社出版，也都是有关三国史事的重要著作。

1981年，农业出版社出版《临海水土异物志辑校》，孙吴丹阳太守沈莹撰，主要记载民众、物产二部分，是对台湾地区高山族史地情况的最早记载。书首刊张政烺撰序（1980年）记述了汉唐间台湾地区与内地的联系。

---

① 参见苏杰：《"三国志"校读志疑》，刊《文史》六十四辑，2003年第三辑。

（二）《晋书》一百三十卷　题唐太宗御撰。唐修《晋书》以前，"据晋、宋等书列传所载，诸家之为《晋书》者无虑数十种"①。虞预、谢沈、束晳、谢灵运、朱凤、王隐、沈约、臧荣绪、郑忠、萧子云等人所著都称为《晋书》。贞观二十年（646年）《修晋书诏》说："十有八家虽存记注，而才非良史，事亏实录，绪烦而寡要，思劳而少功。……宜令修国史所更撰《晋书》，铨次旧闻，裁成义类。"②"乃勅史官，更加纂录，采正典与杂说数十余部兼引伪史十六国书，为纪十、志二十、列传七十、载记三十，并叙例目录，合为百三十二卷，自是言晋史者皆弃其旧本，竞从新撰者焉"③。所谓"新撰"即唐修《晋书》。钱大昕《十驾斋养新录》卷六《新晋书》条云：当时，王隐、何法盛、臧荣绪诸家之书具在，故刘知几《史通》有《新晋书》之目。迨安史陷两京，故籍散亡，唯存贞观新撰书，后世遂不知有新晋之名矣。它称之为御撰，或称许敬宗撰，或称房玄龄撰④，参加修书的人数有八人、十二人、十八人、二十人和二十一人、二十二人诸说。《旧唐书》卷六十六《房玄龄传》称，"分功撰录，以臧荣绪《晋书》为主参考诸家，甚为详洽"。这是一部唐人集体编写的史书，具体分工今已不详，仅知李淳风"所修天文、律历、五行三志，最可观采"。唐"太宗自著宣、武二帝及陆机、王羲之四《论》，于是总题云御撰"⑤。据说"凡起例皆（敬）播独创"⑥，"其体制多取决"于令狐德棻⑦。《通志·艺文略》说："古者修书成于一家，至唐始用众手，晋、隋二书是也。《晋书》既出众人之手，而太宗复自撰四论，故卷首题御撰，不列史臣之名。"

新《晋书》记两晋一百五十多年（265—420年）史事，问世不久，便受到了刘知几的讥弹，批评它好采小说，论赞不实⑧。认真说来，刘氏批评并不十分妥帖。史料真实与否不在于是正史还是小说。两晋南朝时，

---

① 赵翼：《廿二史札记》卷七《晋书》。
② 宋敏求：《唐大诏令集》卷八十一；《册府元龟》卷五百五十六《采撰》。
③ 《史通》卷十二《古今正史》。
④ 《新唐书》卷五十八《艺文志》称御撰；《旧唐书》卷四十六《经籍志》称许敬宗撰；《宋史》卷二百零三《艺文志》称房玄龄撰。
⑤ 《旧唐书》卷六十六《房玄龄传》。
⑥ 《唐会要》卷六十三《修前代史》。
⑦ 《旧唐书》卷七十三《令狐德棻传》。
⑧ 《史通》卷五《采撰》，卷十六《杂说上》，卷十七《杂说中》。

社会习俗喜好诙谐故事与神怪，晋人习尚清谈和各种放荡行为，残存至今的旧晋史，有些内容与《世说》所记一致，故不能说是新《晋书》的独特缺点。实际上新《晋书》采录《世说》，仍有所选择。例如《世说·言语篇》记晋元帝对顾荣谈到寄人国土的故事，非常有名。但元帝即位时，顾荣早已身死，因与史实不符，《晋书》并未收录在内。总的说来，《晋书》在旧史中不算是编得好的史书，例如九品中正制乃是当时大事，《职官志》竟未提及。晋代是佛教初盛时期，《世说新语》有不少记载，北朝撰《释老志》，晋代仅在艺术传略有涉及。不过，把它和现存的旧晋史相比，它确实是有所改进。

第一，它排除了旧史志中的一些杂乱项目。如王隐《晋书》有《瑞异志》，何法盛《晋中兴书》有《鬼神录》，其后，沈约《宋书》有《符瑞志》，萧子显《齐书》有《祥瑞志》，魏收《魏书》有《灵征志》，都是记录帝皇的瑞应，很荒诞。它和《天文志》《五行志》记录若干天灾的情况不相同。新修《晋书》没有沿袭这种做法，此后，历代正史也再不立符瑞篇了，这自然是一大进步。《晋书》的天文、律历二志是由科学家李淳风所撰，自是比较精确。

第二，《晋书》有《食货志》，这是《魏书》以外整个魏晋南北朝诸正史中仅有的。它记载了晋代的重要经济情况，由于《后汉书》和《三国志》均无《食货志》，所以晋志往往上溯言东汉、三国史事，以资补充，文字几占全卷之半。例如曹魏邓艾的屯田和西晋的户调式、占田、课田等等都赖以记述保留至今，可惜言之不甚清楚明白。自《晋书》补写《食货志》后，历代正史，除《新五代史》外，都设立了此志，这是好的。

第三，《晋书·地理志》二卷，首为总叙，次列十九州，州分三篇：前篇记汉、魏立州郡之始；中篇大致以平吴后，至太康三年，废宁州之前为定，详列晋代郡县；后篇记惠帝以后增损之制，间有太康元年，更革州郡亦附之。永嘉后至东晋时，仅有数语，东晋的地理沿革无从得知，司、兖、豫、雍、秦、梁、益、青、徐、荆、扬等州，皆不提东晋事。后篇记侨州郡县，幽、冀、并等州失载。清人洪亮吉《东晋疆域志》四卷，大致以安帝义熙为断限，前三卷为实州郡县，第四卷为"实州侨郡""侨州实郡"，"遥立州郡"与"侨州郡县"。有关晋地志之失误，可参看毕沅撰《晋书地理志新补正》五卷，钱大昕《廿二史考异》卷十九，又《十驾斋养新录》卷六，言之颇详。

第四，门阀士族是我国中古时期地主阶级的上层贵族，晋代是它的黄金时代，《晋书》中有不少祖孙父子合传，正是其实力强大的表现。

第五，历代兴亡相继，无不以兵，北宋修《唐书》，写了《兵志》，南宋陈傅良撰写《历代兵志》，首尾初具轮廓。清人钱仪吉辑录相关资料编写《补晋兵志》，将晋代兵志进一步系统化了。

第六，《晋书》设《载记》三十卷，记录西晋灭亡前后，在华北和四川所立诸王国的历史，计前赵三卷，后赵、前燕、前秦、后秦各四卷，成汉、后燕、南燕各二卷，南凉、北凉、后凉、夏各一卷，西秦与北燕合为一卷。此外，汉人张轨的前凉、李暠的西凉，均编为列传，不在《载记》之列。《史通》说它"兼引伪史十六国书"即是就《载记》而言。《载记》这一体裁，早在东汉，班固撰新市、平林、公孙述事，即有此名，说明《载记》乃是承认各国独立地位的。《三国志》记乐资撰《山阳公载记》，山阳公是指虚有其名的汉献帝。《晋书》以前，不少旧《晋书》记北方诸王国史，文既简略，且多错误。《史通》卷四《题目》云："逮新晋始以十六国主持载记表名，可谓择善而行，巧于师古者焉。"《宋书·索虏传》和《南齐书·魏虏传》也都是语焉不详。《隋书·经籍志》记撰述十六国史书甚多。其中有北魏崔鸿撰《十六国春秋》一百卷。鸿"考核众家，辨其同异，除烦补阙，错综纲纪，易其国书曰《录》，主纪曰《传》，都谓之《十六国春秋》。始以景明之初，求诸国逸史，逮正始元年（504年）鸿集稽备，而犹阙蜀事，不果成书，推求十有五年，始于江东购获，乃增其篇目，勒为一百二卷。鸿殁后，永安中（528—530年），其子缮写奏上……由是伪史宣布，大行于时"[1]。"崔鸿鸠诸伪史，聚成春秋……观鸿书之纪纲，皆以晋为主，亦犹班书之载吴、项，必系汉年"[2]。这是说，《十六国春秋》乃在各国史书和起居注的基础上加工整理而成，各国都有纪传，但全书是以晋系年。这部比较完整和记事全面的十六国史在唐初仍然存在。《隋志》和《史通》曾逐一具体记载了有

---

[1] 《史通》卷十二《古今正史》；《魏书》卷六十七《崔鸿传》记载更详。
[2] 《史通》卷七《探赜》。

关各国的史书①。《晋书·载记》即是根据《十六国春秋》及唐初存世的梁萧方等撰《三十国春秋》等改编而成。现在，除《华阳国志》外，十六国诸书都已亡佚，唯有通过《晋书·载记》得以确知北方诸王国的一些情况。"载记"这一体例，承认晋是正统，又承认各国的独立，以有别于当时的藩属诸国，从历史眼光看是比较妥当的。

有关北方诸王国的历史，《晋书·载记》之外，现在传世的还有三种不同的《十六国春秋》，在此顺便作简单介绍。

《十六国春秋》一百卷　署名崔鸿撰。按《魏书》卷六十七《崔鸿传》，鸿撰《十六国春秋》勒成百卷，"别作序例一卷，年表一卷"，其子子元奏上《十六国春秋》时，还提到鸿"为之赞序，褒贬评论"。刘知几所看到的《十六国春秋》，也是"崔鸿著表，颇有甄明"②。崔书自北宋以后散佚。而此百卷本是出现于明代万历以后，又无年表、赞序，实为嘉兴人屠乔孙、项琳之所编。它是以《晋书·载记》和张轨、李暠传及《资治通鉴》乃至《艺文类聚》《太平御览》等涉及十六国史事者补缀而成。《四库提要》卷六十六说，"其文皆联缀古书，非由杜撰"，基本上说对了。

《十六国春秋》十六卷　载于何镗《汉魏丛书》，十六国各为一录，《四库提要》卷六十六疑为伪造，"好事者撼类书之语，以《晋书·载记》排比之，成此伪本邪"？但无确切证据。隋唐以至北宋，皆有《十六国春秋》节本存在③，但《崇文总目》《郡斋读书志》《直斋书录解题》《宋史·艺文志》《文献通考·经籍考》均不记崔鸿《十六国春秋》，因此，它是否为《十六国春秋》节抄本，颇有可疑之处。

《十六国春秋辑补》一百卷　清汤球辑。他以上述《十六国春秋》为底本，以《晋书·载记》和各种类书中所引之文补足。由于类书引文多有删节，汤氏为了化零为整，使之连缀成篇，往往将一些并无必然联系的文字渗入其中，治学不够严谨。是书所辑大多注明出处，个别有注错了的。总的说来，辑是书用力甚勤，是研究十六国史的重要参考书，今

①　书名很多，不一一抄录，详见《史通》卷十二《古今正史》《隋书·经籍志》。
②　《史通》卷三《表历》。
③　《太平御览》和司马光《资治通鉴考异》都多次提到《十六国春秋钞》，《崇文总目》记《十六国春秋略》二卷。

有商务印书馆《国学基本丛书》本。关于十六国的疆域，清人洪亮吉撰《十六国疆域志》十六卷，既有《丛书集成》本，廿五史补编亦收入了。

十六国史外，汤球尚有《三十国春秋辑本》（商务《丛书集成》本），收录梁萧方等《三十国春秋》和武敏之《三十国春秋》，内含常璩《蜀李书》、和苞《汉赵记》、田融《赵石记》、吴笃《赵书》、王度《二石传》、范亨《燕书》、车频《秦书》、王景晖《南燕录》、裴景仁《秦记》、姚和都《后秦记》、张谘《凉记》、喻归《西河记》、段龟龙《凉记》、刘昞《敦煌实录》、张诠《南燕书》、高闾《燕志》。汤球以武敏之书记刘宋事，误断他为南朝刘宋人。其实，武敏之《三十国春秋》一百卷，《新唐书》卷五十八已有记载，它是唐人所撰。

另外，敦煌人阚骃仕于北凉沮渠氏，所撰《十三州志》，《魏书》卷五十二说："（沮渠）蒙逊甚重之。"书已散佚，今有张澍辑本《十三州志》传世。

唐修新《晋书》完成后，不少"旧《晋书》"仍然与之并存于世，《史通》因称唐修《晋书》为"新《晋书》"。唐太宗下令新修《晋书》，提到"旧《晋书》"十八家。在此十八家之外，从《晋书》《宋书》《南齐书》《梁书》《北魏书》《北齐书》《北史》和《隋志》中所录修撰晋史者，尚有二十余家，这里不一一俱录。这许多晋史，或记一帝一朝，或记数代，或只记西晋或东晋，有的是未完稿，有的至唐初已经散佚。唐初修《晋书》时仍然存世而又贯通两晋的，只有臧荣绪《晋书》。"齐隐士臧荣绪又集东西二史，合成一书"①，有纪、录、志、传共一百一十卷。唐修《晋书》，"以臧荣绪《晋书》为本，捃摭诸家及晋代文集"而成②。那些有价值的旧晋史，如干宝《晋纪》、何法盛《晋中兴书》、孙盛《晋阳秋》，当是修《晋书》时的重要参考材料。

保存在一些类书和古书注释中的诸家"旧《晋书》"文字，大抵包含纪传体和编年体两大类，清代的一些学者曾加辑录。黄奭《汉学堂丛书》辑佚数量多，条例谨严，凡是已注明为某人所作的即单独辑出，那些没有人名的另立"众家晋书"收录。汤球辑有《九家旧晋书辑本》或

---

① 《史通》卷十二《古今正史》；参看王鸣盛《十七史商榷》卷四十三。《南史》卷七十六《臧荣绪传》。

② 《唐会要》卷六十三《修前代史》，《南齐书》卷五十四《臧荣绪传》。

称《晋书辑本》，有广雅书局刊本。他把某些零句剩字，也悉加收录了。

杨朝明校补汤球《九家旧晋书辑本》，1991 年，中州古籍出版社出版。九家是指臧荣绪、王隐、虞预、朱凤、谢灵运、萧子云、萧子显、沈约、何法盛。书首刊印长达二万余字前言，论述了诸家"旧《晋书》"的亡佚，畅谈辑本的特点与优点，申述了它的史料价值。还约略提及汤辑本存在的问题。行文对黄奭辑本多所指摘，指出他有漏辑自是正确的。但是，汤球常将若干简短佚文于其前后大胆补加文句，使前后文义畅通，这明显是汤辑书的重大缺点，杨却视为是恢复了故书真相，显然褒扬失当。校补本在书末补上了汤球漏辑《群书治要》所收臧荣绪《晋书》，是正确的。此书名为"校补"，基本上只有标点，偶尔有几条简单校勘记而已。

乔治忠校注《众家编年体晋史》，1989 年，天津古籍出版社出版，收录了编年体晋书十余家。包括了习凿齿《汉晋春秋》、孙盛《晋阳秋》、檀道鸾《续晋阳秋》、干宝《晋纪》等十五部史。全书以汤球所辑为主干，在每一种书末，补入了汤氏漏略而为黄奭辑存的条目。徐广《晋纪》、郭季产《晋录》、王韶之《晋安帝纪》、刘道荟《晋起居注》等六种书的遗文不多，更完全是出自黄奭所辑。校注本前言达八千字，概述了诸编年体史书具有五大特点，介绍了汤球、黄奭二位辑佚家的工作特色和不同风格，指出了二人的优缺点，持论比较公允，大量校注颇便初学者使用。

《晋书斠注》一百三十卷　吴士鉴、刘承幹同注。实为吴氏所注，1928 年，由刘氏出资刊行称嘉业堂本。序例列举十条原则，可概括为广列异说、补充遗漏和订正错误。引书达三百二十种。尽量收录了各种逸史及诸家晋书遗文，对后人的有关考证，如周家禄、劳格的校勘记，丁国钧的校文和钱大昕、赵翼、王鸣盛等人的考史成果也都一一收入，使读者可减少翻检他书之烦，是为实用之书。但其书校勘不精，存在不少考证错误和个别误印倒置的文字，每位阅读者必须留意。

另外，1955 年，上海出版了姚怀箴的《晋书纂注》十卷，采集正典别籍及旧说几十种，考订异同，为《晋书》"帝纪"作注，已完成的帝纪十卷，一般比《晋书斠注》较为详细。还有 1989 年，三秦出版社刊印张鹏一撰《晋令辑存》六卷，也可供参阅。

（三）《宋书》一百卷 梁沈约撰。沈约，《梁书》卷十三、《南史》卷五十七有传。历仕宋、齐、梁三朝，官至尚书令。他模仿班固《汉书》的做法，书末有自序，叙其家世及撰史经过。南齐永明五年（487年）春，奉敕编撰《宋书》，六年二月，书成。上表自称：“宋故著作郎何承天始撰《宋书》，草立纪、传，止于武帝功臣，篇牍未广。其所撰志，唯《天文》《律历》，自此外，悉委奉朝请山谦之。谦之，孝建初，又被诏撰述。寻值病亡，仍使南台侍御史苏宝生续造诸传，元嘉名臣，皆其所撰。宝生被诛，大明中（457—464年），又命著作郎徐爰踵成前作。爰因何、苏所述，勒为一史。起自义熙之初，迄于大明之末。至于臧质、鲁爽、王僧达诸传，又皆孝武所造。自永光以来，至于禅让，十余年内，阙而不续，一代典文，始末未举。且事属当时，多非实录。又立传之方，取舍乖衷，进由时旨，退傍世情，垂之方来，难以取信。臣今谨更创立，制成新史。始自义熙肇号，终于昇明三年（479年）……本纪、列传缮写已毕，合七帙七十卷，臣今谨奏呈，所撰诸志，须成续上。”可见，《宋书》纪、传先写完，是依据何承天、苏宝生、徐爰乃至宋孝武帝御撰诸传改写而成。其中孝武帝所造诸传，“序事多虚，难以取信”①。沈约有所修改，并补写宋末十几年史传而成。沈约上书没有谈及，但当时业已存在南齐孙严撰《宋书》六十五卷、《宋中兴伐逆事》二卷、《晋宋旧事》一百三十五卷，以及刘宋时的大批起居注，都应该是他改修史时参考过的。志序说，“今以班固、（司）马彪二志，晋、宋起居，凡诸记注，悉加推讨。随条辨析，使悉该详”。纪传部分，主要是抄袭徐爰旧本。清人赵翼列举沈约书中有关晋、宋之际的不少史事多为宋讳，显系徐爰旧书之证，“沈约急于成书，遂全抄旧文而不暇订正耳”②。

南朝宋、齐以来，士族门阀日趋僵化，“贵仕素资，皆由门庆，平流进取，坐至公卿”③。士族出身的沈约很注意为那些著名士族立传，传中并没有什么功绩可记，只是宣扬其“名家”“素资”。刘知几说：“宋氏年唯五纪，地止江淮，书满百篇，号为繁富。”④《宋书》篇幅大，此为重要原因

---

① 《史通》卷十二《古今正史》。
② 《廿二史札记》卷九《宋书书晋宋革易之际》；参看王鸣盛《十七史商榷》卷五十三。
③ 《南齐书》卷二十三《传论》。
④ 《史通》卷三《书志》。

之一，如《谢灵运传》载《山居赋》，将其自注也完全录入，文字冗长。

关于《宋书》诸志，沈约《志序》说："元嘉中，东海何承天受诏纂《宋书》，其志十五篇，以续马彪《汉志》，其征引该博者，即而因之……其有漏阙，及何氏后事，备加搜采，随就补缀焉。""《魏书》阙志……自魏至宋，宜入今书。"并说这一办法只是沿袭别人，"《天文》《五行》自马彪以后，无复记录。何书自黄初之始，徐志肇义熙之元，今以魏接汉，式遵何氏"①。可见，今本《宋书》志三十卷，多是沿袭何承天书而加以补充。这种追溯上代的做法，后人颇有不同意见。刘知几认为沈约"《宋史》则上括魏朝，《隋书》则仰苞梁代……永言其理，可为叹息"②。晁公武也说，《宋书》"本志兼载魏、晋，失于限断"③。《崇文总目》称：其书虽诸志失于限断，然有博洽多闻之益。顾炎武对此持赞许态度："陈寿《三国志》、习凿齿《汉晋春秋》无志，故沈约《宋书》诸志并前代所阙者补之"④。事实上，《宋书》志往往上溯秦汉魏晋，既是补阙，又用以溯源，文字分量不少，那是很好的。《宋书·百官志》二卷，记东汉、魏晋事详，宋沿晋制，记宋事反而不多。其后，《晋书·职官志》多沿《宋志》之旧，不足为怪。南宋人叶适说："（司马）迁、（班）固为书志，论述前代旧章，以经纬当世，而汉事自多缺略，蔡邕、胡广始有纂辑，陈寿、范晔，废不复著。至沈约比次汉、魏以来最为详悉，唐人取之以补晋纪，然后历代故实，可得而推。"⑤《州郡志》四卷，据太康地志及何承天、徐爰旧本加以修补，在地理沿革和户口统计之外，还记录了侨州郡县的分布情况，且多不记其置立年月，未免疏略，但总的情况比《晋书·地理志》为优胜。《宋书·礼志》五卷，将郊祀、祭祀、朝会、舆服，综合记述，大为节省。《乐志》，"自郊庙以下，凡诸乐章，非淫哇之辞，并皆详载"⑥。它记录了汉、魏以来的很多诗歌，成为

---

① 《宋书》卷十一《志序》。
② 《史通》卷四《断限》。
③ 《郡斋读书志》卷五《宋书》。
④ 《日知录》卷二十六《作史不立表志》。
⑤ 《文献通考》卷一百九十二《经籍考》。
⑥ 《宋书》卷十一《志序》。

研究文学史的良好资料①。《律历志》详细记载了杨伟《景初历》、何承天《元嘉历》、祖冲之《大明历》的全文，概括体现了当时自然科学的伟大成就。沈约说："刑法、食货，前说已该，随流派别，附之纪传。"因此，《宋书》没有《食货志》和《刑法志》。《孔灵符传》详细记载有关徙民之事，《何尚之传》详记关于钱帛的议论，《羊玄保传》记载了占山湖之科，《周朗传》记录了赀课的危害，《王弘传》详细登载有关符伍的诸人议论，《何承天传》备录同籍补兵的不少言论。在列传中附入许多杂议，致使传文臃肿，叙述既不成系统，而又翻检不便，实在比不上另立专志为佳②。《符瑞志》三卷，自称是"以补前史之阙"，它一一列举自羲皇、五帝、三代以来所传怪异不经之事，目的在于"欲使逐鹿弭谋，窥觊不作"。这种做法，前人早已指出，"所创符瑞一志，不经且无益，其赘甚矣"③，它是诸志中质量最差的。

今本《宋书》赵伦之、王懿、张邵、到彦之、朱修之、宗悫、王玄谟等传和少帝纪，已非沈约原本，中华书局点校本已有说明，不再在此赘述。另外，姚范《援鹑堂笔记》卷三十三说，《后汉书·皇后纪》李贤注引沈约作《谢俨传》，《班彪传赞》注亦引沈约《宋书》叙谢俨事，而今本《宋书》并无这些内容，可知《宋书》确曾有《谢俨传》，今已遗佚。《宋书》有《恩幸传》，反映寒人的政治地位已有提高，戴法兴、阮佃夫等虽不齿于高门大族，却受皇帝信任。

南齐武帝末年，沈约《宋书》已经问世，《南史》卷三十三《裴子野传》云：齐永明末，沈约撰《宋书》称"（裴）松之已后无闻焉"。裴子野看后很不满，删订为《宋略》二十卷，"其叙事、评论多善，而云戮淮南太守沈璞，以其不从义师故也。约惧，徒跣谢之，请两释焉。叹其述作曰：'吾弗逮也'"④。隋、唐《经籍志》《艺文志》对《宋略》均有记载，可知其书存世时间甚长。刘知几极为称赞《宋略》，"世之言宋史

---

① 《宋书》卷十九《乐志》所述俗乐和乐器，《史记》和《汉书》亦不记。卷二十一《乐志》记汉魏相和歌辞，实可补前史之缺。

② 清人郝懿行补《宋书》刑法志、食货志，二志共补一百五十三条，皆从《宋书》纪传辑出，别无新意。

③ 陈振孙：《直斋书录解题》卷四《宋书》。《史通》卷八《书事》。

④ 《南史》卷三十三《裴子野传》，按：沈璞乃沈约之父，宋元嘉末，在统治阶级内部争权时被杀，沈约作自序中讳言其事。

中国古代史史料学

者，以裴略为上，沈书次之"；"裴几原删宋史定为二十篇，芟烦撮要，实有其力"，还说"裴子野《宋略》……长于叙事，无愧古人"①。看来，《宋略》主要是删繁，但也有所补充，可惜今已失传，但唐人所撰《通典》和《建康实录》，以及宋人所编《文苑英华》和司马光《资治通鉴考异》仍屡加引用，可证它确是有见地之书。

（四）《南齐书》五十九卷　梁萧子显撰。萧子显，《梁书》卷三十五、《南史》卷四十二有传。子显为萧嶷子，齐高帝萧道成之孙。他撰《齐书》是为其家写史，这在我国历史上是罕有的。《梁书》和《隋志》、两唐志均称之为《齐书》，《梁书》本传和《史通》称《齐史》，宋人曾巩等始加南字，称《南齐书》，以区别于李百药所写《北齐书》。

萧子显在梁初撰写齐史之前，已有不少南齐旧史②，仅就《隋志》所记，即有刘陟《齐纪》十卷、沈约《齐纪》二十卷、江淹《齐史》十三卷、王逸《齐典》五卷，另外还有齐代诸帝的起居注和《齐职仪》五十卷。《齐职仪》是王珪之撰，见《南齐书》卷五十二。《唐六典》中，尚有不少记引，这些大概都是萧子显所本。南齐建国之初，建元二年（480年），即以檀超与江淹掌史职。超上表谈到修史体例，主张设立十志，"《律历》《礼乐》《天文》《五行》《郊祀》《刑法》《艺文》依班固，《朝会》《舆服》依蔡邕、司马彪，《州郡》依徐爰，《百官》依范晔，合《州郡》。……以建元为始。……诏内外详议。左仆射王俭议……宜立《食货》，省《朝会》。……诏：日月灾隶《天文》，余如俭议"③。这是齐初拟定撰修国史的体例。檀超修史未成而死，由江淹续撰。《史通》卷十二说："江淹始受诏著述，以为史之所难，无出于志，故先著十志以见其才。"④ 江淹十志今已不存，未知是否符合王俭所议和诏令所说修志的规定。现存萧子显齐史有八志，即《礼》《乐》《天文》《州郡》《百官》《舆服》《祥瑞》《五行》。将《州郡》与《百官》分列，没有《食货》《刑法》《艺文》《律历》诸志，新增了《祥瑞志》，和上述修国史条例不尽相符，即是萧子显所改异之处。《百官志》记事简明醒目，读它可知其

---

① 分别见《史通》卷十二《古今正史》，又卷十七《杂说》，又卷六《叙事》。
② 参看赵翼《廿二史札记》卷九《齐书旧本》。
③ 《南齐书》卷五十二《檀超传》。
④ 《梁书》卷十四、《南史》卷五十九《江淹传》都说"并齐史十志，并行于世"。

概略。《祥瑞志》最无用，但《宋书》既已有先例，齐明帝又好用图谶，史臣乃附会纬书以成之。《史通》卷四《序论》云："夫史之有例，犹国之有法……史无例，则是非莫准……若沈、宋之志序，萧齐之序录，虽皆以序为名，其实例也。"宋人晁公武说：《南齐书》"《天文》但纪灾祥，《州郡》不著户口，《祥瑞》多载图谶。表云：'天文事秘，户口不知，不敢私载'"①，由此推知，《南齐书》原先有表，今已佚亡。

南齐自建国至覆亡只有二十四年，萧子显是皇室至亲，又历仕齐、梁，闻见较广，在他以前已有了多种齐史，他所撰齐史卷帙虽大，八纪、十一志、四十列传，主传将及二百人，而以后妃、宗室诸王为多，书中保存原始资料不丰富。除对萧嶷、萧子良等少数人立传较详，且多加褒扬而外，大多数记事简略。例如整理黄籍导致广大民众的大骚动，乃是当时大事，也都记事不详。赵翼对比《齐书》和《南史》，指出近二十人列传所记史事比《南史》还少②，实际情况还不止这些。如《南史》记齐武帝免逋城钱、省州郡县送故输钱等事，《齐书》不记。齐高帝敕垣崇祖屯田事，《齐书》所记反不如《通典》详细。因此，自宋以来，已有人认为《南齐书》"喜自驰骋……而其文益下"（曾巩语）。《齐书》则设《文学传》，共记十一人，其中《祖冲之传》记造千里船，水碓磨，《贾渊传》记谱学，都是当世盛事。1984年，中华书局出版朱季海撰《南齐书校议》，凡十余万字，对点校本《南齐书》广为评议，颇多新见，可供参阅。

（五）《梁书》五十六卷　唐姚思廉等奉敕撰。姚思廉，《旧唐书》卷七十三、《新唐书》卷一百零二有传。是书凡六纪、五十列传，记梁代五十余年史事，唐代以前，已有大量旧梁史存在。

梁"武帝时，沈约与给事中周兴嗣、步兵校尉鲍行卿、秘书监谢昊相承撰录，已有百篇"③。何之元与刘璠又撰《梁典》三十卷。陈代许亨撰《梁书》五十三卷，阴僧云撰《梁撮要》三十卷，姚最撰《梁后略》十卷，萧韶撰《梁太清纪》十卷，萧世怡撰《淮海乱离志》四卷、《梁太清录》八卷，刘仲威撰《梁承圣中兴略》十卷，《梁末代纪》一卷，

① 《郡斋读书志》卷五。
② 《廿二史札记》卷十《南史增齐书处》。
③ 《史通》卷四《题目》。

萧大圜撰《梁旧事》三十卷，蔡法度撰《梁律》二十卷，《梁令》三十卷，徐勉撰《梁选簿》三卷，《梁尚书职仪注》四十一卷，《梁大同起居注》十卷，还有《梁武帝实录》《梁元帝实录》各三卷①。姚思廉之父姚察在陈为祠部郎中兼知国史，他有志撰写梁史，生前完成《梁书》帝纪七卷，刘知几评为"巨细毕载，芜累甚多"②。唐太宗贞观三年（629年），姚思廉"受诏与秘书监魏徵同撰梁、陈二史，思廉又采谢炅等诸家梁史，续成父书，并推究陈事，删益傅缚、顾野王所修旧史，撰成《梁书》五十卷、《陈书》三十卷。魏徵虽裁其总论，其编次笔削，皆思廉之功也"③。据说是"凭其旧稿，加以新录，弥历九载，方始毕功"④。实际上，姚思廉对存世梁代杂史，采掇并不多，南朝四史中，《梁书》记事缺略很突出，不少记事，反不若《通鉴》丰盈。今本《梁书》在卷末题"陈吏部尚书姚察曰"的二十五篇，题"史臣陈吏部尚书姚察曰"者一篇，这都是姚察的文字；其余称"史臣曰"的二十八篇，乃姚思廉所补作。修史总裁写了个别论赞，如《梁书》卷六《敬帝纪》末，有"史臣侍中郑国公魏徵曰"条，可作为佐证⑤。

梁代佛教极为盛行，《梁书》所记很不少，《范缜传》记神灭神不灭之争，乃是梁世思想领域重大事件。

萧詧是梁昭明太子之长子，《梁书》无传，《周书》卷四十八《萧詧传》记詧与梁元帝为仇，引西魏兵灭梁，攻陷江陵，于其地建立了后周的附庸国后梁，传三代三十余年，传末附录其臣二十六人。至隋开皇七年八月，隋征后梁帝入朝，九月，废之，后梁亡，这是梁史被扭曲实情。

姚察、姚思廉父子出身寒微，对于宠臣朱异等人，未敢如《宋书》与《南齐书》那样立恩幸、佞幸传，《朱异传》也不记他为寒人。在沈约和王僧孺传中，不记沈约上表请求检查户籍之事。《萧宏传》历叙其政事之美，而讳言出师被北朝大败以及其生活中的诸多丑事。类似记载不实

① 《隋书》卷三十三《经籍志》。参看朱希祖：《萧梁旧史考》，《国学季刊》一卷一、二期，1923 年 1 月、2 月。

② 《史通》卷四《题目》。

③ 《旧唐书》卷七十三《姚思廉传》。按，谢炅，《隋志》作谢昊，或作谢炅，未知孰是。

④ 《史通》卷十二《古今正史》。

⑤ 《旧唐书》卷七十一《魏徵传》："隋史序论皆徵所作，梁、陈、齐各为总论，时称良史。"

之处，有赖《南史》纠正者不少。当然，《梁书》也有可取之处，如《贺琛传》详细记载有关他对时务的长篇奏疏和梁武帝当面无理训斥之词，《武帝纪》所录大同七年（541年）十一月和十二月诏书，可以概见梁武帝后期政治腐败，民不聊生的苦况。从萧憺、裴邃、夏侯夔、陈庆之等人列传中，可看到梁朝在今湖北境内进行军事屯田，以对抗北朝所取得的一定成绩。《梁书》卷五四《海南诸国传》记录了海南"航海岁至，逾于前代"。比《宋书·夷蛮传》所记数量大增，这些史实很有对比研究的价值。

梁元帝儿子萧方等撰《三十国春秋》，见《梁书》卷四四本传，今有汤球辑本传世。

（六）《陈书》三十六卷　唐姚思廉奉敕撰。《隋书》卷三十三《经籍志》载陆琼《陈书》四十二卷、《史通》卷十二《古今正史》说："陈史，初有吴郡顾野王、北地傅绰，各为撰史学士，其武、文二帝纪，即顾、傅所修。太建初（569年），中书郎陆琼续撰诸篇，事伤烦杂。姚察就加删改，粗有条贯。及江东不守，持以入关。隋文帝尝索梁、陈事迹，察具以所成，每篇续奏，而依违荏苒，竟未绝笔。皇家贞观初，其子思廉为著作郎，奉诏撰成二史……弥历九载，方始毕功。"宋仁宗时，曾巩等校毕为序说："思廉父察，梁、陈之史官也。录二代之事，未就而陈亡。隋文帝见察甚重之……遣虞世基就察求其书。……唐兴，武德五年（622年）……思廉受诏为《陈书》，久之，犹不就。贞观三年（629年），遂诏论撰于秘书内省。十年正月壬子，始上之。观察等之为此书，历三世，传父子，更数十岁而后乃成，盖其难如此。"① 今本《陈书》只有《高祖纪》《世祖纪》末，有"陈吏部尚书姚察曰"，卷六《后主纪》有"史臣侍中郑国公魏徵曰"，卷七《皇后传》末，有"史臣侍中郑国公魏徵考览记书，参详故老"等一大段评论文字，足以概见，魏徵对修《陈书》是有若干具体指示的。其余诸卷都是"史臣曰"，可见由姚察所撰者少，大多是姚思廉补写。《四库总目提要》卷四十五说："（姚）察之修（陈）史，实兼采三家。"盖就陆琼、顾野王、傅绰三人所撰而言，所论大致正确。上述三书而外，《隋书》卷三十三《经籍志》所记陈代诸帝起居注百余卷、

---

① 上引刘知几说九年时间，修成梁、陈二史，不知是如何计算的，疑有误。

《陈王业历》一卷、《陈百官簿状》二卷、《陈新制》六十卷、《陈尚书杂仪注》五百五十卷等，在唐初也都存在，姚氏理应参考了。

《陈书》是二十四史中卷帙最少的一部。赵翼指摘说，它同样存在避讳处多、芜词太甚。但他把某些有关军国或财政大事的诏令也一律视为芜词，那是不对的①。另一方面，《陈书》存在某些重要史事叙述过简，如《陈书》卷二十八，在诸王国传末说"旧史残缺，不能别知其国户数"。《南史》有关陈代的纪传中，乃至中唐人撰《建康实录》卷十九至二十记陈代要事，都有为《陈书》所失记的。

南朝末年，特别是梁、陈之际，社会上出现了很多土豪，他们是"郡邑岩穴之长，村屯邬壁之豪，资剽掠以致强，恣陵侮而为大"。所谓"南州守宰，多乡里酋豪，不遵朝宪"②。福建土豪陈宝应，"一郡兵权，皆自己出"③。这类情况在《陈书》中记载甚多。又如六朝时长期存在的世兵制，不少列传中可看到一些残存，当然，更可从《陈书》中看到大量有关募兵的资料。这类情况正好反映社会历史是在不断发生变化和向前进步。

《梁书》《陈书》均无地理志，清人洪齮孙撰《梁疆域志》四卷，近人臧励龢撰《补陈疆域志》均见《丛书集成》本和《二十五史补编》。

（七）《南史》八十卷　唐李延寿撰。作者生平事迹，两唐书都附于《令狐德棻传》。《北史》卷一百《序传》，叙述了修南、北史的经过。延寿父大师，认为南北朝诸国史书既多重复，而又相互诋毁，他决心改写成一部通史，所撰未毕而死。延寿"既家有旧本，思欲追终先志，其齐、梁、陈、（周、隋）五代旧事所未见，因于编辑之暇，昼夜抄录之"。唐太宗时，他参与纂修《晋书》和《隋书》十志，"因此遍得披寻"，亲自抄写八书，本纪依《史记》体裁，以次连贯。并从八史之外，"更勘杂史于正史所无者一千余卷，皆以编入，其烦冗者即削去之。始末修撰凡十六载。始宋，凡八代，为《北史》《南史》二书，合一百八十卷。其《南史》先写讫，以呈监国史、国子祭酒令狐德棻，始末蒙读了，乖失者亦为改正，许令闻奏。次以《北史》谘知，亦为详正"。《南史》记事上

①　参看《陔余丛考》卷七《陈书编次失宜》《陈书亦多芜词》。
②　《陈书》卷二十《华皎传》。
③　《陈书》卷三十五《陈宝应传》。

始于宋，下至陈亡，记一百七十年史事，为八十卷，于显庆四年（659年）送呈①。

南、北史和一般断代史不同，它接近于通史。着力于纪、传编写，而不关涉南北朝时期的典章制度。《十七史商榷》卷五十四云："延寿唐初人，去六朝甚近，而下笔便误，反不如我辈之追考于千载以下，身为职官而竟如村野细民，全不认朝廷官爵体制，殊可怪也。"钱大昕也对南、北史所记职官事错讹极多，加以指责。其篇目次序，大体按皇朝先后，在宗室传之后，继之以诸臣传，在文苑、儒林等类传中，把南方四朝的人物综合为一篇。另外，就家系方面说，南北史确是通史，诸臣传一般都将其子孙附载于一传，以致从表面看来，诸臣传目大多是宋人，至陈为最少。赵翼批评这种以家系为主使史事眉目不清，父子兄弟连类而下，"竟似代人作家谱"②。其实，早在东晋时，何法盛《晋中兴书》以列传为录，如范阳《祖录》、陈郡《谢录》、琅琊《王录》等等，即以氏族名篇。在门阀地主统治时期，以家谱为轴心撰写历史，正是体现了时代的重要特点，不能盲目断为不对。

《南史》主要根据宋、齐、梁、陈四书，并参以他史，进行删补移易而成。它以家系为线索，不按朝代，形成祖孙合传。删，是除去诏、表、奏、疏和文章，或以数语将它作概括说明。其中，所删以《宋书》为最多，增补则以《南齐书》《梁书》为较多，《陈书》删、补都较少。《廿二史札记》卷十、卷十一有关《南史》诸条，通过一一对照，所举内容，甚为齐备，可以参读。总的说来，《南史》的增删有是有非，如梁武帝《郗后传》，记其死后变蛇等鬼话，增之无益。但《萧宏传》增加梁武帝阅宏武库事，以见梁武帝纵容贵戚，《侯景传》增加百姓流亡，"千里绝烟，人迹罕见"，"王师之酷，甚于侯景"等情况，可概见当时封建统治者对待人民之残酷。《南史》不仅增加了史事，还增加了列传，如《恩倖传》增陆验、徐驎、施文庆、沈客卿，《循吏传》增《郭祖深传》，所述内容，都对史事大有裨益。宋人称赞南北史"颇有条理，删落酿辞，过本书远甚"③。清人批评《南史》中"宋、齐、梁、陈四朝九锡之文，符

① 《唐会要》卷六十三《修前代史》。
② 《廿二史札记》卷十《南北史子孙附传之例》。
③ 《新唐书》卷一百零二《李延寿传》。

命之说，告天之词，皆沿袭虚言……是芟削未尽也"。"文学一传，乃因《宋书》不立此目，遂始于齐之丘灵鞠，岂宋无文学乎！"《四库提要》说：宋之谢灵运、颜延之、何承天、裴松之等人，正可移于《文学传》，延寿竟不思及①。这些称赞和批评各就一方面而言，说得比较中肯。

（八）《魏书》一百一十四卷　北齐魏收撰。魏收，《北齐书》卷三十七、《北史》卷五十六有传。东魏兴和时（539—542年），魏收已要求修魏史，北"齐天保二年（551年），敕秘书监魏收，博采旧闻，勒成一史，又命刁柔……等助其编次……于是大征百家谱状，斟酌以成《魏书》"②。五年三月，奏上纪、传，十一月，奏上十志，总共一百三十卷。

魏史在魏收以前曾多次进行修撰。北魏道武帝时，邓渊撰《国记》十卷。太武帝时，崔浩等撰《国书》三十卷，"叙述国事，无隐所恶，而刊石写之，以示行路。浩坐此夷三族，同作死者百二十八人，自是遂废史官"。邓、崔的著作都是编年体。文成帝时，恢复史官，以高允、刘模重修，"大较依续崔浩故事，准《春秋》之体而时有刊正"③。这仍是编年体，不过在史事上有所更改。孝文帝时，李彪、崔光等撰史，深感编年体遗落史事，"彪与秘书令高祐始奏从（司马）迁、（班）固体，创为纪、传、表、志之目焉"④。宣武帝时，邢峦撰《孝文起居注》，止于太和十四年（490年）。其后，崔鸿、王遵业补续，以迄于孝明帝，完成了世宗和肃宗起居注。温子升撰《孝庄帝纪》，元晖业撰《辩宗室录》，这些著作为魏收撰《魏书》提供了良好的素材。

《北史》卷五十六《魏收传》云：北齐天保二年（551年），魏收受诏修史，"帝敕收曰：好直笔，我终不作魏太武，诛史官"。收与房延祐、辛元植、刁柔、裴昂之、高孝幹博总斟酌，以成《魏书》。《魏书》收《上十志启》记修史诸臣，除辛元植、刁柔、高孝幹外，还有綦母怀文。可见，《魏书》成于众人之手，收总其成。"其史三十五例，二十五序，九十四论，前后二表、一启，皆独出于收"。天保五年（554年）秋冬，魏收《魏书》的纪、传和志，先后问世，遭到了很多人的反对，前后列

---

① 《四库总目提要》卷四十六《南史》。
② 《史通》卷十二《古今正史》。
③ 《北史》卷三十一《高允传》。
④ 《北史》卷四十《李彪传》。

诉的有百余人，由于朝廷大臣杨愔、高德正等人袒护，"诸讼史者皆获重罚，或有毙于狱中"。范阳卢斐、顿丘李庶、太原王松年，都以谤史，受鞭配甲坊，群愤并未由此平息。齐文宣帝下令暂勿颁行。孝昭帝令魏收重新研讨，加以修改，此后，才任人抄写。其时，仍有不少人指责魏史不实，武成帝敕令魏收更易刊正，替卢同立传，并对某些人的传记作了部分修改。可见，魏收书成之后，在二十年内，前后有过三次修改，直至齐后主时，仍下令史馆改撰《魏书》。其所以招致众多的反对，在于魏收借修史以发泄个人恩怨，他曾公开扬言："何物小子，敢共魏收作色，举之则使上天，按之当使入地。"① 因此，人们称之为"秽史"。清人赵翼列举不少例证，说明魏收趋附避讳，是非不公②。总的说来，魏史诌媚北齐，曲事权贵，诋毁东晋、南朝，这是事实。另一方面，《北齐书》卷三十七《魏收传》云："收硕学大才，然性褊，不能达命体道……然提奖后辈，以名行为先，浮华轻险之徒，虽有才能，弗重也。"唐人李延寿评论《魏书》"婉而有则，繁而不芜，持论序言，钩深致远。但意存实录，好抵阴私，至于亲故之家，一无所说，不平之议，见于斯矣"。所说颇为有理，因此，延寿修《北史》中的魏史部分，是以魏收书为据，在六朝诸史中，《魏书》所保存的社会史实是相当充实的。

　　《魏书》对十六国史，有不少记载，当与崔鸿《十六国春秋》有关。今崔书已佚，它可与《晋书·载记》参阅。《魏书》"外国传"记柔然、突厥等，有助对北方沿边诸族有较多了解。

　　由于魏收《魏书》存在不少问题，后世曾多次想把它彻底改修。隋文帝使魏澹与颜之推等更撰《后魏书》，以西魏为正统，自道武帝以至恭帝为本纪十二、列传七十八，把东魏列为伪，并将魏收书中隐晦道武帝、太武帝、献文帝身死的真相，据事直书，合纪、传、论例，总共九十二卷③。这次改编很不成功，唐人评论说："如彦渊之改魏收也，以非易非，弥见其失焉。"④ 隋炀帝也以澹书不好，要潘徽、欧阳询等人协助杨素重

　　① 《北史》卷五十六《魏收传》。
　　② 《廿二史札记》卷十三《魏书多曲笔》。
　　③ 《隋书》卷五十八《魏澹传》。
　　④ 《史通》卷十八《杂说下》，彦渊乃魏澹字。

中国古代史史料学

新改编，书未成而杨素死，写作中止①。《旧唐书》卷六十八记唐初，敦煌张太素撰《后魏书》一百卷。两唐志记裴安时《元魏书》三十卷，卢彦卿《后魏纪》三十三卷，元行冲《后魏国典》三十卷。所有这些，除张太素书有《天文志》二卷，后人取以补魏收书的《天象志》，魏澹书的《太宗纪》，用以补魏收书的缺佚而外，其余都已失传。流传于世的仍然只有魏收的《魏书》。清朝乾隆时，谢启昆撰《西魏书》二十四卷，据《魏书》与《周书》编成，以西魏为正统，虽有表有考，但历史资料并无新的补益。

魏收《魏书》缺点虽多，但确有不少可取之处。《史通》卷三《书志》，对《史记》《汉书》之《天官书》《天文志》记载天体星宫分野等事颇有微词，他赞扬沈约、萧子显、魏收修史"不遵旧制，凡所记录，多合事宜，才有所长，贤于班、马远矣"，称赞《天象志》只记日蚀等气象。即使是宣扬灾变祥瑞的《灵征志》和《天象志》，其中也存在若干有用资料，《灵征志》录各地地震史资料，《天象志》记有不少农民起义资料。《魏书·食货志》，乃六朝人所撰史书中仅有的一篇，由此使北魏时的均田制以及重大财政经济措施都得以可考。他还依照拓跋社会发展的实际特点，创设了《官氏志》，除记载官职和制度之外，又记叙了鲜卑氏族的名称及其所改的姓，姚薇元《北朝胡姓考》（科学出版社，1958年）对《官氏志》所载胡姓以及不见于该志之胡姓总共一百九十二姓，分别作了逐一考订，有助于开展姓氏学的研究，为研究拓跋部落的发展、扩大及其汉化，提供了完整而重要的资料。

两晋南北朝时期佛道盛行，《晋书》把有关宗教情况列入《艺术传》，《宋书》把它附于《夷蛮传》，处置都很不妥当。《魏书》创设《释老志》为前代所无，记载了佛、道二教之流传和道教之改革情况，将宗教史写入正史，魏收是史无前例的开创人，至魏末有三万佛寺，僧尼二百万。后人得以考见僧俗地主之间、佛教与政府之间的矛盾斗争以及寺观地主与人民之间的种种复杂关系，这都是弥足珍贵的。所上十志启云："《释老》当今之重，《官氏》魏代之急。"指明了创设二志之必要性。在纪、传中载入了很多重要诏令与奏议，虽因此增加了书的篇幅，但对保存资

---

① 《隋书》卷七十六《潘徽传》；参看《史通》卷十二《古今正史》。

料很有好处。至于赵翼指责《魏书》每为一人立传，则其子孙不论有官无官，有功无功，皆附缀于后，一传有至数十人者，一似代人作家谱①，如《陆俟传》《李顺传》等，便是典型事例。《北齐书》卷三十七《魏收传》记"修史诸人祖宗姻戚多被书录，饰以美言"，这是做得不对。但在门阀制度盛行时代，每个人的政治地位与特权都和谱牒有关，大臣依靠血统取得地位，按照家系写史，乃是如实反映当时社会情况；对此进行谴责，并不是很正确。周一良《魏收之史学》（收入《魏晋南北朝史论集》中华书局，1963 年）对是书评价，比较公允可取。

魏收仕于东魏、北齐，《魏书》修成于武定时，《地形志》以东魏占地为准则写作。对于西魏所据之地，他只好据北魏永熙时旧籍补全。因而，《魏书·地形志》不能完整反映北魏的疆域，清代张穆曾撰《延昌地形志》十二卷，作补正，今佚。近人劳幹撰《北魏州郡志略》，实可供参考。

魏收《魏书》到宋初已有不少残缺，刘恕等在序录中说："其书亡逸不完者，无虑三十卷。今各疏于逐篇之末。"中华书局的点校本逐一作了详细校勘记，统计全卷缺者二十六卷，不全缺的三卷。对于《礼志》和《刑罚志》的缺页，点校者据《册府元龟》和《通典》补足，《乐志》缺页，陈垣从《通典·乐典》辑补，点校本也加采纳，使之得以完璧。《魏书》缺佚文字，后人多据《北史》和《高氏小史》补之。《高氏小史》是唐代元和时人高峻所撰。南宋王应麟说："高氏小史，自天地未分至唐文宗，为一百二十卷，今虽存而传者鲜。"② 这部颇为有用之史书已在元、明时亡佚，甚为可惜。

清人陈毅撰《魏书官氏志疏证》一卷，又谷霁光《补魏书兵志》一卷，均存于《二十五史补编》，可以查阅。

（九）《北齐书》五十卷　唐李百药奉敕撰。李百药，《旧唐书》卷七十二、《新唐书》卷一百零二有传。其父德林，为齐、周、隋三朝元老，是位著名文士和官僚。百药本人也历仕隋、唐二代。唐太宗时，奉

---

　　① 赵翼：《陔余丛考》卷七《魏书芜冗处》。
　　② 王应麟：《困学纪闻》卷十三《考史》。另外，晁公武《郡斋读书志》卷六说，《高氏小史》，"以司马迁史至陈、隋书，附以唐实录，纂其要分十例为六十卷，后其子迥析而倍之"。《新唐书》卷五十八《艺文志》亦略记其事。

中国古代史史料学

令修撰《齐书》，贞观十年（636 年）正月完稿送呈①。初称《齐书》，为别于萧子显所撰的南朝《齐书》，宋代以来，便称是书为《北齐书》。

李德林在齐已预修国史，创纪传书二十七卷，至隋开皇初，奉诏续撰，增多齐史三十八篇，书毕送官，藏之秘府。李百药在其父撰述的基础上，于唐太宗贞观时，"杂采它书，演为五十卷"。"杂采它书"大概包括了《隋志》所录崔子发撰《齐纪》三十卷、王劭《齐志》，以及《后齐仪注》《北齐律》等书在内。王劭曾仕于北齐，多识故事，在隋时，"乃凭述起居注，广以异闻，造编年书，号曰《齐志》"。原为二十卷，至唐中宗时，尚存十六卷。刘知几很推崇其书，说"王劭之抗词不挠，可以方驾古人"。"王劭《齐志》，其叙述当时，亦务在审实"。"今之言齐史者，唯王、李二家云"。王（劭）、宋（孝王）著书"……务存直道，方言世语，由此毕彰"②。

《北齐书》编写体例，大致模仿《后汉书》，卷末各加论、赞。《史通》批评其书"志在文饰"，"于诸帝篇，或杂载臣下，或兼言他事，巨细毕书，洪纤备录，全为传体，有异纪文"③。可见原书记事详尽，但残缺甚多，今存已非原本。本纪八卷，今仅存齐《文宣纪》一卷为原书，记事远比《北史》为多。当《北史》流传以后，《北齐书》逐渐湮灭，宋人晁公武已说它残缺不完。清人赵翼、钱大昕等人对其残缺情况均有考察，钱氏考订尤为精详④。全书五十卷，今仅存十七篇为论、赞皆备，在所有正史中，以它亡佚最甚。中华书局出版的点校本在每卷校记中作了说明，此不俱录。

是书大多残缺，后人补缀各卷并非全抄《北史》，而是参用了《高氏小史》等书，因此，所补各卷内容往往比《北史》为多。东魏、北齐雄踞经济发展的关东地区，短期内却被原先贫困落后的北周所灭。在《北齐书》里，可以看到它的统治阶级上层内部各种错综复杂的尖锐矛盾和

---

① 《唐会要》卷六十三《修前代史》。

② 《史通》卷十二《古今正史》；另外，《史通》卷六《叙事》《言语》，卷七《鉴识》，又《直书》，又卷十七《杂说中》等篇，都很赞美《齐志》，其书今已失传。但《隋书》卷六十九《王劭传》，持论不同。它记王劭撰《隋书》八十卷，初撰《齐志》为编年体，"或文词鄙野，或不轨不物，骇人视听，大为有识所嗤鄙"。

③ 《史通》卷二《本纪》，又卷十七《杂说中》。

④ 参看赵翼《陔余丛考》卷七，钱大昕《廿二史考异》卷十二。

斗争，也可以看到被统治阶级不断掀起的反抗斗争，对统治阶级上层的各种残暴腐朽行为也有不少揭露，有关记载，大都比《北史》详细。

（十）《周书》五十卷　唐令狐德棻等奉敕撰。德棻，《旧唐书》卷七十三、《新唐书》卷一百零二有传。"武德四年（621 年）十一月，德棻从容言于高祖曰：近代已来，多无正史，梁、陈及齐，犹有文籍，至于周、隋，多有遗阙。当今耳目犹接，尚有可凭；如更十数年后，恐事迹湮没，无可纪录"①。武德五年十二月，下令修魏、齐、周、梁、陈、隋六史，"务加详核，博采旧闻，义在不刊，书法无隐"；周史由令狐德棻及唐俭负责②。经历数年，六史均未修成。"贞观三年（629 年），太宗复敕修撰，乃令德棻与秘书郎岑文本修周史……德棻又奏引殿中侍御史崔仁师佐修周史……十年，以修周史，赐绢四百匹"③。《周书》五十卷，"其史论多出于（岑）文本"④。

早在西魏大统时，秘书丞柳虬兼领著作，为编纂魏、周史已做了些工作。隋文帝时，秘书监牛弘撰《周纪》十八篇⑤。唐修《周书》主要依据牛书。《史通》对牛书指责极多⑥。唐初，与周史有关联的不少史籍仍完整存在，"而令狐德棻了不兼采，以广其书"，以致《周书》"文而不实，雅而不检，真迹甚寡，客气尤烦"。牛弘《周纪》"弥尚儒雅"，令狐撰写"不能别求他述，用广异闻。唯凭本书，重加润色，遂使周氏一代之史，多非实录者焉"。又说："案宇文氏事，多见于王劭《齐志》《隋书》及蔡允恭《后梁春秋》。其王褒、庾信等事，又多见于萧韶《太清纪》、萧大圜《淮海乱离志》、裴政《太清实录》、杜台卿《齐纪》，而令狐德棻了不兼采，以广其书，盖以其中有鄙言，故致遗略。"⑦ 宋人也说："苏绰秉周政，军国辞令，多准尚书。牛弘为史，尤务清言，德棻因之以成是书，故多非实录。"⑧《四库提要》卷四十五，竭力为德棻辩诬，

①　《册府元龟》卷五百五十六《采撰》。
②　《唐大诏令集》卷八十一《命萧瑀等修六代史诏》。
③　《旧唐书》卷七十三《令狐德棻传》。
④　《旧唐书》卷七十《岑文本传》。
⑤　《史通》卷十二《古今正史》。
⑥　参看《史通》卷十七《杂说》，又卷六《言语》《浮词》等篇。
⑦　《史通》卷十七《杂说中》。
⑧　晁公武：《郡斋读书志》卷五。

却缺乏必要说服力。赵翼推崇《周书》"繁简得宜，文笔亦极简劲"，还说《周书》本纪写得很得体①，那完全是就文字立论。从史料学角度来说，《周书》文辞虽优雅，资料实贫乏。《史通》卷六《言语》评为"华而失实，过莫大焉"，"文而不实，真迹甚寡"，是很中肯的。

当然，不能说《周书》一无是处，纪、传中记有魏、周的府兵制资料，不少列传中记载"乡兵"资料；苏绰、薛善等人列传中所记屯田供军的成绩；宇文盛、李迁哲等传中，出现了我国史书上最早有关"庄田"记载；于寔、杨绍、侯植等传和《武帝纪》中，可看到当时奴婢、部曲和杂户的社会地位。《苏绰传》记六条诏书，尽地利，均赋役，制定文案程式，朱出墨入，并制定户籍计账之法，居官者须通晓六条及计账。他作大诰，仿《尚书》文体，官制也本周官。《卢辩传》记改革官制具体办法，六条诏书及大诰，由此得以考见一代创制之原委。认真爬梳，《周书》内仍可收集一些重要史料。

北宋以来，《周书》也多残缺，钱大昕作过认真考察②。中华书局出版的点校本除了吸收前人考证成果，分别出注而外，又校勘出卷十八全缺，卷三十六可能全缺或半缺，卷二十一大半缺，卷六和卷三十九，也都有脱文。了解这些缺佚增补情况，对于史事引用，很有裨益。

《周书》有纪传而无志，中华书局先后出版王仲荦撰《北周六典》（1979年），《北周地理志》（1980年）各分十卷，都分上、下册，是重要补缺之作。《六典》谈周王朝的政府组织形式，包括了二十多年行周礼、建六官的改行官制，收纳了各种典章制度。由于《五代史志》的《地理志》是按隋制编写，其他四代的州郡县名，只在谈隋制中顺便提及。如果隋代已没有其州县，便无任何说明。王仲荦在其书中，按关中、陇右、剑南、山南、淮南、河南、河北分编，写出其州县名，又将西魏、北周世隶属治所无考州郡县目，乃至延昌地形志，北边州镇等三种考证，都附录于书末，这都表明，它是有用的参考书。

（十一）《北史》一百卷　唐李延寿撰。该书自序说："从贞观以来，屡叩史局，不揆愚固，私为修撰。起魏登国元年（386年），尽隋义宁二

———————————
① 《陔余丛考》卷七《周书》。
② 《廿二史考异》卷三十二《周书》。

年（618年），凡三代二百四十四年；兼自东魏天平元年（534年）尽齐隆化二年（577年），又四十四年行事，总编为本纪十二卷、列传八十八卷，谓之《北史》。"认真说，杨坚已统一南北，隋史不应列入《北史》，延寿如此处理乃是为了贬低隋，而强调唐朝统一的伟大意义。《北史》是将魏、齐、周、隋诸史改编而成，《陔余丛考》卷八、卷九有关《北史》诸条，对此有所说明，均可参阅。总的说来，《北史》删《魏书》最多，增补《北齐书》最多，对《隋书》则变动较少。

李延寿改编南北史时，是"更勘杂史"了的。所增加内容，除了掺入不少神鬼故事、谣言、谶语外，也增补不少有用资料。《北史》删节《魏书》最甚，同时也在不少列传中，增加了颇有价值的资料。至于新增西魏三帝纪、皇后以及梁览、雷绍、毛遐、乙弗朗、魏长贤、魏季景、房谟、唐永、孟信、郭遵、李顺兴等传，大约取自魏澹《魏书》。《北史》所增北齐史事，多是有意义的逸事，且多口语。如记录高乾、高昂之劫女杀婢，可以暴露大姓的丑恶。《崔悛传》《王昕传》所记不少俗语，别有风趣，可能是取材王劭《齐志》。《北史》在李弼等传的"论曰"条，详细记述了北周的军事制度。对于《隋书》，它也并不是完全照抄，纪、传文字常有些出入，《苏威传》记隋统一后，江南的反隋暴动记载很详尽，乃是《隋书》所没有的。

后人对《北史》《南史》称赞者多，司马光说，"李延寿之书，亦近世之佳史也。……叙事简径，比于南北正史无烦冗芜秽之辞，窃谓陈寿之后，惟延寿可以亚之也"。晁公武说它"删繁补阙，过本书远甚。至今学者，止观其书，沈约、魏收等所撰皆不行"。这便成为诸史在唐以后残缺不完的重要原因之一。《四库提要》卷四十六赞扬《北史》叙事用力独深，详密得当，"出郦道元于酷吏，附陆德和于艺术，杂合编次，亦深有别裁，视《南史》之多仍旧本者迥如两手"。

南北史家传式的写法，最受到后人批评。《四库提要》说它"以姓为类，分卷无法，《南史》以王、谢为支，《北史》亦以崔、卢系派，故家世族一例连书，览其姓名则同为父子，稽其朝代则各有君臣，参错混淆，殆难辨别。……观延寿叙例，凡累代相承者皆谓之家传，岂知家传之体

中国古代史史料学

不当施于国史哉"！王鸣盛也有类似的看法①。钱大昕却持有很不相同的意见，他说："延寿既合四代为一书，若更有区别，则破碎非体，又必补叙家世，词益繁费。且当时本重门第，类而次之，善恶自不相掩。愚以甚得《史记》合传之体，未可轻议其失。"②此乃钱氏对通史和当时社会组织有深刻了解而发表的真知灼见，所言很正确。

南北史所依据的几部断代史是由不同作者在不同时期内完成的，断限和取材等等，大多参差不齐。延寿一手撰写南北史，理应统一取舍，相互照应，但在南、北史中，却有不少人如薛安都、毛修之、朱修之、萧宝寅、萧综、萧大圜、萧祗、萧泰都是一人两传。刘昶自南奔北，他是刘宋宗室，《宋书》当然有传，降魏以后，事迹甚多，《魏书》亦当为之立传。统一改编为南北史后，便应删繁从简，不宜一人两传，如果是有意重复立传，也应在《南史》或《北史》中，分别点出，便于读者参阅。又如林邑、蠕蠕诸族国，也是南北重传，确实很不好。

《北史》事增文省，长期保存比较完整。但也有少量残缺或错简、脱文。《廿二史考异》卷三十八、三十九、四十中，都一一具体指出。点校本也写有校记，读者自宜留意观察。

另外，清人徐文范撰《东晋南北朝舆地表》十二卷，见《丛书集成》本，清人汪士铎《补南北史志》四十一卷，包括天文、地理、五行、礼仪、舆服、乐律、刑法、职官、食货、氏族、释老诸志，均见《二十五史补编》。

（十二）《五代史志》三十卷　即《隋书》十志的最初称呼。长孙无忌等奉敕撰。唐"太宗以梁、陈及齐、周、隋氏并未有书，乃命学士分修。……唯有十志，断为三十卷，寻拟续奏，未有其文。又诏左仆射于志宁、太史令李淳风、著作郎韦安仁、符玺郎李延寿同撰。其先撰史人，唯令狐德棻重预其事。太宗崩后，刊勒始成，其篇第虽编入《隋书》，其实别行，俗呼为《五代史志》"③。还有"著作佐郎敬播同修《五代史志》"④。长孙无忌实际并没有亲自参加编纂工作，高宗时，奉令监修，

① 《十七史商榷》卷六十八《并合各代，每一家聚为一传》。
② 《潜研堂答问》第九。
③ 《史通》卷十二《古今正史》。参《旧唐书》卷一百八十九上《敬播传》。
④ 《旧唐书》卷七十三《李延寿传》。

因以表进，遂题名为首。"显庆元年（656 年）五月四日，史官修梁、陈、齐、周、隋五代史（志）三十卷，太尉无忌进之"①。《十志》原本单行，今编入《隋书》，是因隋居五代之末。必须注意，《隋书》纪、传与志，分别所题撰人名字不同。赵翼《陔余丛考》卷九，主张《十志》应移于南北史之后，不应附于《隋书》中。后来，他在撰写《廿二史札记》卷十五《隋书》条时，乃将《隋书》与志分别论述。志本是单独发行，后来附入《隋书》，实在不宜直称为"隋志"。

十志三十卷的文字数量，比《隋书》纪、传五十五卷的文字还要多。编撰者之一李淳风"预撰《晋书》及《五代史》，其天文、律历、五行志皆淳风所作也"②。由于《晋书》诸志也是他撰，故《隋书》的《天文》《律历》二志，记事均上溯魏、晋而非断自齐、梁，与晋志颇有重复。在《律历志》中，记录了汉、魏以来度量衡的变迁和宋、齐时人祖冲之有关圆周率的研究成果。《天文》《律历》而外，其他诸志一般是叙述五代史事，其中《礼仪》《音乐》《百官》三志分别记述五代情况，《礼仪志》七卷，记事最为详细，乃因各朝礼仪文字居多。牛弘修撰《五礼》多达百卷，行于当世。《食货》《刑法》二志，所记隋以前情况很简略。《地理志》专记隋代地理，对隋以前情况，仅在相关条目附注中简单作了个别交代。《经籍志》四卷，是根据隋代观文殿藏书目录改编而成，对西汉以来六百年间的图书分类法有了新的发展，它按经、史、子、集各为一卷的四部分类法，从此长期成为我国目录学分类的榜样。它著录了大量古籍的保存和散佚情况，并在一定程度上概括叙述了各种学术源流。虽编写得很不理想，存在不少问题，备受后人指责。但由于它的存在，使汉、隋之间长时期内的古籍状况，得以考见。对于书籍真伪辨别亦是至关紧要，故在史料学上亦有其重要地位。章宗源着重考史，为史部补充了十三卷。姚振宗撰《隋书经籍志》五十二卷，用功极深，凡与佛教有关子部诸书，他都据大藏经予以解说，对五代史志的贡献很大。

（十三）《通典》二百卷　唐杜佑撰。有关写作情况，将于下章介绍。在此，只就它对六朝史事的重要关系略作说明。

《通典》记事，上起唐虞，下止唐代，收集资料广博，足以弥补史文之缺。很受刘知几赞美的宋孝王《关东风俗传》（现已亡佚），《通典》录有二条，它多用方言口语，记述非常形象，生动说明北齐时的若干重要情况。九品中正制是魏晋南北朝时期的重要政治制度，正史所记很少，《通典》职官州佐、中正条，历引干宝《晋纪》、晋令和晋起居注等资料，使其制度得以稍为明白。户口条，记沈约论检籍事，《梁书》失载，《南史》所记简略，《通典》却记载完整，足以说明刘宋以来户籍之弊和士庶混杂诸情况。南齐永明中的和买，《齐书·武帝纪》略有记载，《通典》卷十二《轻重》详细列举各州市买之物和支付钱数，显示其时和买之风很盛。不难看出，《通典》记南朝史事，比隋志和南朝诸史更精细详明。北魏孝明帝时，元悰表奏选举用人事，《北史》不载，《魏书》此卷已亡佚，赖《通典》卷十六记载得以保存。士族门阀俗重礼仪，《通典》二百卷，其中有六十五卷，备记历代礼仪，得以考见当时的社会风俗和议论，至为重要。

《通典》的记事可用以校正史文。如《魏书》记太和均田令，说"诸桑田不在还受之限"，又云"没则还田"，二者显然矛盾。《通典》记同一事，并无"没则还田"四字，因知它是衍文。《魏书》又记租调云："大率十匹为工调，二匹为调外费，三匹为内外百官俸。此外杂调"，文意也不明白。《通典》记之为"大率十匹中五匹为公调，二匹为调外费，三匹为内外百官俸"，以此说明每十匹调的用处，并非每户所纳的数目。诸如此类记事，很有益于史事。

（十四）《资治通鉴》二百九十四卷、《考异》三十卷　宋司马光撰。此书写作详情，将在下章叙述。编纂《通鉴》时的几个得力助手中，"三国历九朝而隋则刘道原"①，可知魏晋南北朝部分的初稿由刘恕负责。他"笃好史学，自太史公所记，下至周显德末，纪传之外，至私记杂说，无所不览。上下数千载间，钜微之事，如指诸掌"②。司马光每"遇史事纷错难治者，辄以诿恕。恕于魏晋以后事，考证差谬，最为精详"。高似孙《纬略》记司马光与宋敏求书曰："某自到洛以来，专以修《资治通鉴》

① 《文献通考》卷一百九十三《经籍考》引。
② 《宋史》卷四百四十四《刘恕传》。

为事，于今八年，仅了得晋、宋、齐、梁、陈、隋六代以来奏御。"① 司马光是熙宁四年（1071 年），以西京留台居洛，此后八年，则为元丰元年（1078 年）。可见此八年内，他主要是在编写魏晋南北朝和隋史。

《通鉴》是编年体政治史，他也很注意军事史，对作战双方讨论军事计划的论争，分析战事胜败，描述战争过程，都有详细叙述。有关赤壁、淝水、沙苑之战等战役，缀录旧史，写得非常出色。历代有关阶级斗争、民族斗争的史实，书中也疏理得比较详尽。虽然所述魏晋南北朝史事大多出于正史，但考校之功很深，并在正史之外，引述了当时所能搜集到的各种史料。如晋史部分，在正史外，还引用了孙盛《晋阳秋》、习凿齿《汉晋春秋》、萧方等《三十国春秋》、杜延业《晋春秋》、崔鸿《十六国春秋》、常璩《华阳国志》、范亨《燕书》、杜佑《通典》以及《十六国春秋钞》《前凉录钞》《刘琨集》等，南北朝史部分，除正史和《十六国春秋》外，还引用《高氏小史》《宋略》、元行冲《后魏国典》、沈约《齐纪》、杨松玠《谈薮》、杨衒之《洛阳伽蓝记》、丘悦《三国典略》、萧韶《梁太清纪》、裴矩《隋开皇平陈记》。对于这些书，凡是足以考证异同的，一字一句都加以比对。不仅用其史实，还引录其论断。可是，它并非一一都注明出处，如《通鉴》卷一百零五、卷一百零六记后燕建国和翟辽诸事，乃是《晋书·载记》所没有的，很可能是出于已佚的范亨《燕书》。这类情况颇多，难以一一赘述。

（十五）《全上古三代秦汉三国六朝文》七百四十六卷　清严可均辑。他在《总叙》中说，自嘉庆十三年（1808 年）秋开始，历时二十七年，"起上古迄隋"，共收有名字的作者三千四百九十七人。检查是书，魏晋南北朝部分达二千四百一十七人，作品五百六十五卷。可见全书主要部分和本段史事密切相关。

在严氏之前，明人梅鼎祚曾辑上古至隋文为《文纪》二百余卷，以断代为书。另外，辑历代名僧之文为《释文纪》四十五卷，其书粗疏，漏误甚多。明末张溥编《汉魏六朝一百三家集》一百一十八卷，在梅氏书外，并吸收冯惟讷编《古诗纪》一百五十六卷的文字，加以排比附益而成，但仍有不少遗漏和误编。严氏采用《文纪》的断代编辑方法，条

---

① 《文献通考》卷一百九十三《经籍考》引。

例严密，举凡类书、杂记、碑版、金石、释藏等等，片言只语，均加收录，搜集完富，远出梅、张等人之上，并为每一作者撰写小传，许多在正史上无传的人，也都广求故记，叙其生平经历，对读者很有帮助，可惜没有注明其材料来源。

是书为文集之总集，并收纳正史文字，由于现今已有点校本诸正史在，这部分的价值不大。但其书亦兼辑佚，如《全三国文》中辑有蒋济《万机论》、刘廙《政论》、任嘏《道论》、桓范《世要论》、杜恕《体论》；《全晋文》中辑有傅玄《傅子》、挚虞《文章流别论》、束皙《饼赋》、陆机《思归赋》、潘岳《九品议》和《上客舍议》等等。甚至如葛洪《抱朴子》现存内、外篇以外的佚文，严氏也广为搜罗辑录。这些内容，加以所收金石、"旁及释道鬼神"，对史事颇为有用。

1958 年，中华书局影印出版《全上古三代秦汉三国六朝文》时，书前已扼要指出了它存在的一些缺点。1979 年，中华书局出版钱锺书《管锥编》，其中第三、第四册，列举二百七十七条，以将近五十万字的篇幅，对该书的内容或有所阐述发扬，或指出编者漏收和编误，或指明编者忘记引文出处，这都有助于读者参阅。

第三节　其他史料

本节所介绍的文献资料，就其对于历史研究的重要性而言，和上节所述并无根本差别。不过，这些资料一般偏重于某个方面，故在此另行叙述。

（一）《华阳国志》十二卷　常璩撰。璩，四川崇州市人，曾仕于十六国中之成汉。其书叙事地域，专指巴蜀、汉中、南中，始自远古，以至成汉灭亡之时（347 年）。《史通·杂说》视之为地理书，《隋志》《宋志》列入霸史，两唐志称为伪史。实际上，它同时记述地理、历史、人物，这种体裁是以往所没有的。可说是后世地方志的创始，不过较多地注重历史罢了。

"华阳，梁州地也"①。晋代梁、益、宁三州即今四川、重庆市、云

———————
① 《郡斋读书志》卷七《华阳国志》。

南和陕西南部汉中地区，乃《禹贡》梁州所在。书中前四卷即《巴志》《汉中志》《蜀志》《南中志》是叙述这一地区的历史地理情况。《公孙述、刘二牧志》《刘先主、后主志》此三卷所记汉与三国史事，大体不出正史范围。《大同志》叙述蜀汉灭亡后以至巴氏李氏兴起前的史实，《李氏志》综述了成汉的兴亡史，这两卷是全书中最珍贵部分。另外两卷，分别记前代和当时的人物。诚如北宋人吕大防所说："自先汉至晋初，逾四百岁，士女可书者四百人，亦可谓众矣①。"在有关地理各志的每郡下面，都列举各地大姓，《南中志》记大姓所领部曲，并记述了少数族人（賨、叟、氐、蛮）的分布情况及其风俗习惯、历史传说等等，为研究西南少数民族历史提供了良好资料。是书自宋以来，迄无善本，通常使用商务印书馆排印的顾广圻校本，仍存在不少讹误。现在因新的著作面世，使它已大有改观，刘琳《华阳国志校注》（巴蜀书社，1984年），任乃强《华阳国志校补图注》（上海古籍出版社，1987年），二书各有其特色，总的说，后者质量尤佳。书末附有《牂牁考》《庄蹻考》二文值得一看。

（二）《世说新语》三卷　宋刘义庆撰，梁刘孝标注。《南史》卷十三《刘义庆传》记"所著《世说》十卷行于世"。至宋代，其书只分三卷，与今本相同。刘孝标名峻，以字行。刘知几说："宋临川王义庆著《世说新语》，上叙两汉、三国及晋中朝江左事。刘峻注释，摘其瑕疵，伪迹昭然。"② 是书共分三十六门，记汉、晋间不少人物的言行和故事，而以三国、两晋时名士们记载为多。大量清谈玄言如实地反映了当时的学风和社会风尚。描写士族们汰侈、俭啬等情况非常形象逼真。记录王导、谢安等人良好政治作为，大为赞赏。对石勒的识见，《识鉴篇》极为称扬。对王戎之卖李去核，《俭啬篇》讽刺深刻。刘注采用裴松之注《三国志》办法，进行补缺和纠谬工作。高似孙《纬略》说："刘孝标注此书，引援详确，有不言之妙。如引汉、魏、吴诸史及子、传、地理之书，皆不必言，只如晋代一朝史，及晋诸公别传、谱录、文章凡一百六十六家，皆出于正史之外，纪载特详，闻见未接，实为注书之法。"③ 正因为如此，很多已亡佚的晋代古籍赖刘注得以保存至今。刘知几称赞"孝标

---

① 《华阳国志》宋元丰成都刻本吕大防序。
② 《史通》卷十七《杂说》。
③ 《文献通考》卷二百一十五《经籍考》引。

善于攻谬，博而且精”，论其才可与司马迁、班固、华峤媲美①。1983年，中华书局先后出版了余嘉锡《世说新语笺疏》，徐震堮《世说新语校笺》。二者相比较，余著以考证史实为重点，徐著以训诂文字见长，各有其特点，均是上等论著。两书卷末，各附有人名索引，便于读者检索。余著还附有《世说新语常见人名异称表》和引书索引，可供备查。

是书《南史》记为十卷，今所传唐写残卷亦为十卷，宋代便有分为三卷、十卷两种版本。文学古籍社影印宋本，除了校勘记外，还有南宋新安人汪彦章所撰叙录，“首为考异，继列人物世谱、姓氏异同，末记所引书目”②。可惜今本叙录已缺其中的萧、满二族及僧十九人，书名一卷已全部缺佚了。

（三）《昭明文选》六十卷 梁萧统编，唐李善注。萧统是梁武帝子，《梁书》卷八、《南史》卷五十三有传。《文选》原为三十卷，唐高宗时，李善作注征引古籍几百种，遂改分为六十卷③，成为一部大型诗文总集。

是书所选，上起春秋战国之际，下迄于梁代，共收一百三十余人作品，分为三十八类。选录标准是“事出于沉思，义归乎翰藻”，“略其芜秽，集其清英”，由是其中有用的史料不多。但如干宝《晋纪》早已失传，仍存于此书所选的《晋纪总论》中，可借以窥见东晋人对西晋兴亡的看法。陆机《辨亡论》，体现了南方士族认为孙吴灭亡在于疏远士族的观点。左思《三都赋》可看到魏、蜀、吴三国都城的兴盛、工商业的繁荣以及蜀锦业之发展。《晋书·左思传》称，“豪贵之家，竞相传写，洛阳为之纸贵”，足见当时此书流传之盛。沈约弹王源文，反映了南朝时士庶婚姻之混淆；任昉弹刘整文，尚可窥见梁代还存在以奴婢从事生产的现象。

李善所注，引用诸经传训诂和诸子之类一百余种，诸史、别传、谱牒等达四百种，引诏、表、笺、启、杂文等八百余篇。所引诸书现已大多散佚，故有很高价值。例如潘岳《关中诗》（卷二十）原文不长，注引经、史甚多，史书中，除《史记》《汉书》《后汉书》而外，还有《东观汉记》，谢承《后汉书》，臧荣绪、王隐和朱凤等人的《晋书》以及傅畅

① 《史通》卷五《补注》。
② 陈振孙：《直斋书录解题》卷十一；《宋史》卷四百四十五《汪藻传》不记此事。
③ 《旧唐书》卷一百八十九上《李善传》。

《晋诸公赞》，干宝《晋纪》《楚汉春秋》《周处别传》《孙资别传》、孙盛《晋阳秋》、何法盛《晋中兴书》等等，可以从中看到不少有用的资料。

北朝后期以来，秀才应试要考文章。《旧唐书》卷一百八十九上《曹宪传》记，唐初人说："文选烂，秀才半。"可知其时攻读《文选》的人很多，乃至出现了"选学"专门研究家。江都曹宪便是著名代表，不少人例如李善便从他学习。李善所注《文选》，只引经史以广异闻，而不作句解。唐玄宗时，工部侍郎吕延祚"以李善注惟引事不说意义"，召集五人共为作注①，开元六年（718 年），表进于朝，获得了唐玄宗的赞许，世称为"五臣注"，"训释旨意，多不原用事所出"（尤袤语）。宋人苏轼等"谓五臣乃俚儒之荒陋者，反不及善"②。然而，五臣注浅显易懂，符合了不做深入研究者的需要，由是得以流传。南宋以来，五臣注与李善注合而为一，世称"六臣注"。现存《文选》以《四部丛刊》本的六臣注本较为完整。1986 年，上海古籍出版社出版了以李善注本为主的《昭明文选》点校本，书末附篇目及著者索引，颇便使用。

（四）《水经注》四十卷　北魏郦道元撰。郦道元，《魏书》卷八十九、《北史》卷二十七有传。所撰《水经注序》云："余少无寻山之趣……空倾岁月，辄述《水经》，布广前文……访渎搜渠，缉而缀之，经有谬误者考以附正。"《水经》文字简短，作者或云东汉桑钦，或称晋人郭璞，其说不一。《唐六典》卷七《水部》引桑钦《水经》，引大川、中川百三十七，小川支流共一千二百五十二条。是书特点乃以水道为纲，因水记山，因地记事，有关水道变迁、陵谷移易，乃至地名、名胜古迹和故址，也都一一详为记载。沿着水流各地的州郡建置、关津、祠庙、冢墓、名人住宅乃至发生于这些地区的重要战争等，都一一加以叙述。记载北魏都城代京和洛阳，尤为详细。有人统计，注中引书达三百七十五种，或云四百三十七种，其中地理著作即有九十六种，所录碑石达三百零二块③。所引大多数史籍、地理、碑刻、诗文，现已散佚。书中收集

---

① 五人是吕延济、刘良、张铣、吕向、李周翰。
② 陈振孙：《直斋书录解题》卷十五《总集》；参看晁公武《郡斋读书志》卷二十。
③ 曹尔琴：《郦道元和〈水经注〉》，《西北大学学报》1978 年第 3 期。王育民：《中国历史地理概论》，上册，人民教育出版社，1987 年。

了不少古老传说以及本人实地考察成果。因此，它是以《水经》为纲的综合性重要地理著作，书中关于石油、石炭以及火井温泉的记述，非常具体珍贵，又是有价值的史书。它生动描绘了祖国的锦绣河山，不少注文，还是良好的文学作品。

郦道元生长于华北，先后为北魏颍川、鲁阳太守。书中记事以黄河流域为详尽，对黄淮平原诸水，脉络也还清晰。江淮以南，水道交错纵横，加以当时南北政治隔阂，作者无法亲临考察；那时南方经济比较落后，书缺有间，《水经注》所记南方诸水错误很不少，长江自武昌以下，便不再谈到，甚至把浙江、姚江合而为一，显然谬误。

《水经注》传写舛伪，自宋以来，即少善本，经注混淆不清，辨识困难，明清时，研究《水经注》的人很多，清乾隆时，全祖望、戴震、赵一清三家的郦学最有名。全祖望作《校水经注》，赵一清作《水经注释》，戴震撰《戴校水经注》。编修《四库全书》时，戴震负责核对《水经》，自称以《永乐大典》校勘，改正七千二百余字，是为官本（即武英殿本）。《四库提要》卷六九说："《唐六典》注称桑钦所引天下之水百三十七，江河在焉。今本所列仅一百一十六水，考《崇文总目》载《水经注》三十五卷，盖宋代已佚其五卷，今本乃后人离析篇帙以合原数，此二十一水盖即在所佚之中。"赵一清吸收了全祖望研究《水经》成果，研究本注，并杂采他书，一一考其所佚二十一水之名，"其考据订补，亦极精核"。所撰《水经注释》四十卷，乾隆十九年（1754年）成书，并附注笺刊误十卷，世以其书为善。清末，杨守敬集以往地理学研究之大成，征引故实，详考水道迁流，州郡建置，城池沿革之兴废，撰《水经注疏》，弟子熊会贞续加补修，纠正全、赵、戴诸家之误，1955年，由科学出版社刊印，颇便参览。

王先谦以戴校本为底本，汇集赵一清等人注，编《合校水经注》，光绪十八年（1892年）刊行。1984年，上海人民出版社出版王国维撰《水经注校》，为当今较为完备之校本。1999年，杭州大学出版陈桥驿《水经注校释》，为最新刊本。

（五）《洛阳伽蓝记》五卷　东魏杨衒之撰。杨或作阳或作羊，北平人，是书序称，洛阳在西晋永嘉时，有佛寺四十二所。北魏迁洛以后，"笃信弥繁，法教逾盛"，京城内外，共有一千余寺，后经尔朱荣之乱，迁都于邺。武定五年（547年），杨氏再来洛阳①，看到情况是"城郭崩毁，宫室倾覆，寺观灰烬，庙塔丘墟，墙被蒿艾，巷罗荆棘……农夫耕稼，艺黍于双阙……京城表里，凡有一千余寺，今日寮廓，钟声罕闻。恐后世无传，故撰斯记"。唐人释道宣却说："衒之见寺塔壮丽，损费金碧，王公相竞，侵渔百姓，乃撰《洛阳伽蓝记》，言不恤众庶也。"② 从《伽蓝记》所述，实是具有上述两个目的。书中叙事，城内一卷，城外东、西、南、北各一卷，以寺为主，内外共计五十五寺，而兼及所在里巷和方位乃至名胜古迹。它描述了寺院的规模，谈到了施主和许多遗闻逸事。可以说，自孝文帝迁洛以至尔朱荣之乱，有关洛阳的风俗、人物、苑囿、建筑、外夷风俗和台省坊市的分布，以及外商来洛阳居住和各国的风土人情、道里远近，乃至南北方饮食嗜好的差异等情况，在《魏书》中均难见到，却可从此书中考见。自《隋书·经籍志》以来，历代都把它列入地理类。然而，卷四城西，写帝族、王侯、外戚、公主之豪富，元琛、元融之富奢，"经河阴之役，诸元歼尽，王侯第宅，多题为寺"等等情况，对社会写实，非常逼真。该书内容广泛，有不少可以补充正史上关于北魏迁洛以后的史实，例如王公们的淫奢和尔朱荣之变乱详情，很可以概见北魏政事的严重败坏。书中卷五，收录宋云《家纪》、惠生《行纪》，所述他们向西域的求经行程，乃是研讨中西交通史和佛教史的头等重要原始资料③。

《史通·补注》篇介绍，该书原分正文与子注④，后世相混，无从辨别。古籍出版社刊印张宗祥合校本，仍保有其特色。1958年，上海古籍出版社出版范祥雍《洛阳伽蓝记校注》，同年，科学出版社出版周祖谟《洛阳伽蓝记校释》，1963年，2012年，中华书局一再加以重印，我认为二书各有所长，前者注文较多，颇便初学。

（六）《齐民要术》十卷　北魏贾思勰撰。作者曾为高阳太守。书成于北魏末或东魏初，是我国现存最早而又完整的农书，主要记载6世纪

---

① 费长房《历代三宝记》卷九引《洛阳伽蓝记序》作武定元年（543年），未知孰是。
② 《广弘明集》卷六《辨惑》。
③ 参看丁谦《宋云求经记地理考证》；冯承钧《西域南海史地考证译丛》六编所载法人沙畹《宋云行纪笺注》；张星烺《中西交通史料汇编》第六册。
④ 参看陈寅恪《读洛阳伽蓝记书后》，载《金明馆丛稿二编》。

末及其以前黄、淮地区的农业生产状况。

作者自序称"起自耕农，终于醯醢，资生之业，靡不毕书"。"记民俗岁时治生种莳之事，凡九十二篇"①。除农业生产外，诸如烹调、制革、制墨、染纸、保护书籍乃至修理房屋等也都涉及，内容十分广泛。作者说："今采掇经传，爰及歌谣，询之老成，验之行事。"书内援引古籍近二百种，引文几占全书之半。还将引文与自己著作凝成有机的统一。其中记"谚曰""歌曰"几十处，无疑是作者在吸收历史经验的基础上，总结了当时劳动人民从事生产实践宝贵经验的成果。所引《氾胜之书》《四民月令》《广志》等书乃是汉、晋以来很有价值的农学著作，原书早已失传，后人主要是从该书加以辑录成书。

《齐民要术》援引古书，并不拘泥古训。书中记粟种九十七个、稻种三十七个，说明北朝时的粮食选种已有很大发展。此外，它很注意保墒，在轮作、施肥和精耕细作方面，在介绍三四十种蔬菜栽培以及果树种植上，在总结畜牧业生产和乳酪加工等等方面，都有前所未见的文字记载。它对研究魏晋北朝时期的经济发展和生产情况都是很值得参考的。

该书在历代传抄中出现了不少错漏，迄无善本可循。1982年，农业出版社出版缪启愉撰《齐民要术校释》校释精详，是当前最佳点校本。

（七）《颜氏家训》二卷　隋颜之推撰。颜之推，《北齐书》卷四十五、《北史》卷八十三有传。颜氏历仕萧梁、北齐、北周，撰《观我生赋》，自称"三为亡国之人"。他死于隋开皇时。余嘉锡考订是书作于开皇九年（589年）平陈以后，这是正确的。《郡斋读书志》卷十、《四库总目提要》卷一百一十七，都说撰于北齐时②，那是弄错了。

该书名曰"家训"，乃是陈述立身治家之法，辨正时俗之谬，用以告诫子孙。作者崇尚佛教，所说内容涉及面广，谈齐、梁之事甚多，为避时忌而讳言周、隋政事。它对南北士族风尚的异同，治学为文之方法，乃至语言杂艺，都进行比较，求其得失。谈到梁代贵游子弟身体之脆弱，邺下读书人教子之方法，近世盛行之买卖婚，以及江南侨姓之未有力田等等，都是有关南北朝的史事。

① 《郡斋读书志》卷十二《农家》。
② 《四库提要辨证》卷十四《颜氏家训》二卷，中华书局1980年。

《隋志》未著录此事，唐、宋时均作七卷，明本始分作二卷，卷数有异，但同样都是二十篇。清人卢文弨为它所作补注甚佳。1980年，上海古籍出版社刊王利器撰《颜氏家训集解》，校刊较精，是当前最好刊本，它比1960年台湾地区出版周法高《颜氏家训汇注》的质量高。

（八）《建康实录》二十卷　唐许嵩撰。作者生平事迹均不明，书内几次提到唐至德元年（756年），可知他是唐肃宗时人。是书记事始于汉献帝兴平元年（194年），终于陈之灭亡（589年）。它以"六朝都建康者编年，附传大略用实录体"①。

书序自称"今质正传，旁采遗文……著东夏之事，勒成二十卷，名曰《建康实录》，具六朝君臣行事，事有详简，文有机要，不必备举。若土地、山川、城池、宫苑，当时制置，或互兴毁，各明处所，用存古迹，其有异事别闻，辞不相属，则皆注记，以益见知，使周览而不烦，约而无失"②。可见它是以历史为主，旁及山川、宫室，具有地志的特色。《四库总目提要》卷五十，批评是书前后体例不一，晋以前诸臣行事都在某人身死条下，加以附载。刘宋以后，却用编年体，大臣各自立传。书中对名号称谓漫无标准，随意标目。凡此种种，确是该书的严重缺点。

是书内容大体皆依正史，包括孙吴在内，所记史事却与正史有不少出入。中华书局主持点校六朝诸史时，竟无一位学者加以利用。以孙吴部分而言，《实录》不少记事的年月，与《三国志·吴书》不合。也有若干史事并不见于《吴书》；晋史部分，除今本《晋书》外，从其小注所记，还有曹宪《扬州记》《图经》《地志》《中兴书》《三十国春秋》以及《晋书高士郭文举传》。而今本《晋书》有《隐士传》没有《高士传》，所引《郭文举传》内容，也与唐修《晋书》有异，可知作者引用了不少旧晋史。宋、齐、梁、陈部分，除现存正史外，它还引有别史。宋代部分，大量引用裴子野《宋略》。《实录》记陈霸先"初仕乡为里正，后逃于义兴，吴兴太守萧映过从之建业，映遂用为夹砦吏，寻转为油库长。既而映镇广州，奏高祖为中直兵参军"③。此事并不见于《陈

---

① 《直斋书录解题》卷五。
② 《全唐文》卷三百九十五许嵩《建康实录序》；参看《郡斋读书志》卷六。
③ 《建康实录》卷十九《高祖武皇帝》。

书》，《南史》亦记之极略。又如记马枢死年八十九，《南史》不记年龄，《陈书》作卒年六十。事例表明，《建康实录》确有可供参考的价值。

《建康实录》有意存录古迹，对山川、宫室、城池、寺庙多引地记、杂说，引书大多已佚。因此，它对南京历史地理的研究很重要，对研讨江南的六朝史，也有重要参考作用。1986年，中华书局出版张忱石点校本《建康实录》，校勘甚细，但标点多误。书末有索引，便于检索。

《六朝事迹编类》十四卷，南宋张敦颐撰，它分十四门，历叙六朝时建康的兴衰故实。六朝建康古迹之兴废，记录了南朝大量道观、佛寺资料，收录六朝至宋的地志、诗文等共计八十余种。对研究南朝宗教史大有用处，书中录有不少六朝至唐代的碑志，有裨于六朝和唐史研究。1995年，上海古籍出版社刊印张忱石的点校本，可供治六朝史者参考。

（九）《乐府诗集》一百卷　宋郭茂倩编。他是南宋初婺源人，正史无传。"乐府之名，起子汉、魏……至汉武帝，乃立乐府采诗夜诵"[①]。该书总括历代乐府，上自远古，下至五代。"凡古今号称乐府者皆在焉，其为门十有二"。所引郊庙、铙吹、杂歌谣等出自正史《乐志》和《五行志》，并无新意，郊庙燕射歌辞，大多也是官样说教文章。是书最可贵的是吴声、西曲和鼓角横吹，那是南北朝时期的民歌选。吴声产生于以建业为中心的吴地，"西曲歌出于荆、郢、樊、邓之间"（卷四十七）。除唐人拟作者外，六朝人所作约有四百七十首，大多为情歌，有的描绘商旅男女关系，很可以反映当时南方商业经济的发展情势。那些出自少数族人的虏歌鼓角横吹曲，体现了边疆各族人民的生活习俗与性格，实是非常逼真和宝贵。编者给作品解题，引用不少今已亡佚的书籍，如《古今乐录》等，援据详审。《四库提要》卷一百八十七称赞它"宋以来，考乐府者无能出其范围"，可帮助读者了解乐府各题的由来及其历史背景。该书总汇了南北民歌，对了解南北社会的风俗也很有裨益。中华书局1979年出版四册平装本，点校好，乃现行最佳刊本。

（十）《先秦汉魏晋南北朝诗》一百三十五卷　逯钦立纂辑。清末，丁福保编《全汉三国晋南北朝诗》五十四卷，除《汉诗》五卷外，均为六朝诗作。所录诸诗，均未注出处，很不便读者使用。从1940年至1964

---

① 《乐府诗集》卷九十《新乐府辞序》。

年，逯钦立对它重加编审增订，辨伪订讹。每首诗皆注出处，便于读者查对使用。全书包括先秦诗七卷，汉诗十二卷，魏晋南北朝诗一百十六卷。其编撰体例，每一朝代作品，帝皇与宗室不作优先安排，统一按作者的卒年先后排列。取材远比丁福保为宽。如此处理，极有便于增进与同时期作家间的联系，并了解其相互影响。该书取材广博，引书近三百种，异文齐备，缮录诸书名及不同版本之异文，对前人的校勘成果，也大多收入，便于读者查核。对有疑难的作品，多有辨伪和订讹。通读全书，对五言诗、七言诗的渊源，齐、梁体的纤巧、艳丽，律句的兴起，均可得以考见。六朝诗作，不若唐诗率真地直接反映社会生活具体。但也确有一些作品，颇与社会史事攸关。1983 年，中华书局出版此书，辑补考订，均比丁福保编辑 1959 年所印《全汉三国晋南北朝诗》为佳。

（十一）《高僧传》十四卷①　梁释慧皎撰。慧皎，今浙江上虞人，《续高僧传》卷六有传。书《序》称"自汉之梁，纪历弥远，众家记录，叙载各异。搜检杂录数十余家，及晋、宋、齐、梁春秋书史，秦、赵、燕、凉，荒朝伪历，地理杂篇，孤文片记，并博谘古老，广访先达，校其有无，取其同异。始于汉明帝永平十年（67 年），终于梁天监十八年（519 年）。凡四百五十三载，二百五十七人，又傍出附见者二百余人。开其德业，大为十例"。他将僧人分为译经、义解、神异、习禅、明律等十类。"自前代所撰，多曰名僧，然名者，本实之宾也，若实行潜光，则高而不名，寡德适时，则名而不高。名而不高，本非所记，高而不名，则备今录，故省名音，代以高字"。说明作者选录僧人立传的标准是些高隐之士。书中所收，多南方吴越僧侣，少记华北高僧，这是和当时南北分裂的社会现实攸关，它是现存佛教传记书中最早的一部。

汉至三国时，南北各地逐渐传布佛法，该书卷一《魏洛阳昙柯迦罗传》和《吴建业建初寺康僧会传及支谦传》所记，便可为证。佛法传入初期，斋祀风气盛行。自晋以后，佛徒逐渐转向翻译和抄写、读诵佛经为重心了。因此，《高僧传》以"译经"者置于书首。晋代开始，出家者众，《世说新语》记晋朝僧二十余人，在《高僧传》中大多有传，《晋书·艺术传》仅记佛图澄，大为缺漏不完，法显、慧远、支遁、道安等

---

① 《高僧传》或称为《梁高僧传》，或称为《高僧传第一集》。

均不提及，尤为不当。有人"率其一宗百余口，诣（竺法）护请受其戒具"。永嘉乱起，"百姓流移，（法）护与门徒避地东下"，"度江以来，则王导、周颛、庾亮、王濛、谢尚、郗超、王坦、王恭、王谧、郭文、谢敷、戴逵、许询……王元琳昆季、范汪、孙绰、张玄、殷颛，或宰辅之冠盖，或人伦之羽仪……并禀志皈依，厝心崇信"。在华北，后赵石虎下令，"佛是戎神，正所应奉……其夷赵百蛮，有舍其淫祀，乐事佛者，悉听为道"。"民多奉佛，皆营造寺庙，相竞出家。"后秦姚兴在关中，"建会设斋，烟盖重叠，慕道舍俗者十家其半"。但是僧界亦如世俗社会，不是众生平等。一般僧人，"驱役田舍，执勤就劳"，或"与同学数十人，于田中刈稻"，"常使牧羊"。上层僧侣却与王公贵族乃至皇帝往来，有的"月给钱三万，冬夏四赐，并车舆吏力"，或"给二县租税"，"俸给一同王公，物出所在"①。释道安说："不依国主，则法事难立。"释道恒指出："今观诸沙门……或垦殖田圃，与农夫齐流，或商旅博易，与众人竞利……或诡道假权，要射时意，或聚蓄委积，颐养有余，或指掌空谈，坐食百姓。"② 人们是"竭财以赴僧，破产以趋佛"。宋文帝公开说："若使率土之滨，皆敦此化，则朕坐致太平，夫复何事！"③ 因此即使不研究佛教史的读者认真读读《高僧传》一类典籍，亦有助于研讨社会历史。《慧皎传》云："传成，通国传之，实为龟镜，文义明约，即世崇重。"该书卷四《洛阳朱士行传》，记他"以魏甘露五年（260 年），发迹雍州，西渡流沙，既至于阗，果得梵书正本凡九十章，遣弟子……送经梵本，还归洛阳"。他是内地僧人最早西行求法者，后终老于阗，年八十岁。同书卷三《释法显传》，"以晋隆安三年（399 年），与同学慧景……等发自长安，西渡流沙，上无飞鸟，下无走兽，四顾茫茫，莫测所知，唯识日以准东西，望人骨以标行路，耳屡有热风恶鬼，遇之必死，显任缘委命，直过险难，有顷，至葱岭，岭冬夏积雪……次度小雪山……复自力孤行，遂过山险，凡所经历三十余国"。不少僧人如此艰险往来，亦可佐证中西交通是在逐步发展。

---

① 以上引文，参见《高僧传》卷一、卷四、卷五、卷六、卷七、卷八、卷九……传名不一一列举。

② 僧祐：《弘明集》卷六《释驳论》。

③ 《高僧传》卷七《释惠严传》；《弘明集》卷十一何尚之《答宋文皇帝赞佛教事》。

1992 年，中华书局出版《高僧传》汤用彤校注本，书末附人名、僧名和书名索引。是当今最好刊本。顺便指出 1984 年，中华书局出版普济撰《五灯会元》二十卷，凡三大册，那是佛教禅宗史重要典籍。

（十二）《历代三宝纪》十五卷　隋费长房撰。"成都费长房，本预缁衣，周朝从废因俗……开皇之译，即预搜扬，敕召入京，从例修缉，以列代经录散落难收，佛法肇兴，年载芜没，乃撰《三宝录》一十五卷。始于周庄之初，上编甲子，下舒年号，并诸代所翻经部卷目，轴别陈叙，亟多条例……录成陈奏，下敕行之，所在流传，最为该富"①。是书撰于隋文帝开皇十七年（597 年），故又称《开皇三宝录》，分卷记录东汉以至隋的译经。另有两卷，专记隋代的藏经数目。他经历十余年"询访旧老"，以慧皎等人之书为本，"其外傍采隐居历年国志典坟，僧祐《集记》，诸史传等仅数十家"，总共一百九十七人，译经律戒论传六千二百三十五卷②。该书主要是佛经目录，也记有一些别的内容，如卷六，记魏甘露五年（260 年），朱士行自雍州出发，"遂游西域，讫于阗国得前梵本九十章，减六十万言"，派弟子送归洛阳等事，此乃我国历史上西行求佛法的第一人。卷七，记法显西行求法事，可与《高僧传》卷三《释法显传》，以及法显自记游天竺的《法显传》（或称《佛国记》）对照。法显自长安出发去天竺，经鄯善于国西行，度葱岭，"冬夏有雪"，终达印度，经历十余年，凡所游历三十国，从师子国泛海而还。还应提到《三宝记》卷九，录期城郡太守杨衒之撰《洛阳伽蓝记序》与现在流传《伽蓝记》书序的文字颇有异同。卷十一，记周武帝灭佛事，同卷还录存梁僧祐撰《出三藏集记序》，又记梁武帝崇佛情况等事，均有裨于史事。既可补史传之缺，且保存了不少中西交通资料。

由于篇幅限制，尚有若干部重要佛教史籍在此只能简单介绍。唐释道宣撰《续高僧传》，又称《唐高僧传》，或《高僧传第二集》。记事上始于梁，下止于唐高宗时。2014 年，点校本在中华书局出版。道宣生当大唐统一盛世，《续高僧传》中，增补了不少北方高僧的事迹。书中所记社会史事，比梁、宋僧传多，内容也更为丰富。其中所记不少南北朝社

①　释道宣：《续高僧传》卷二《费长房传》。
②　此据《开皇三宝录总目序》；若按卷十五所列历代数字合计，则为一百九十八人，译经二千二百六十八部，五千九百七十一卷。

中国古代史史料学

会史事，多不见于正史，因而十分新颖可贵。宋赞宁撰《宋高僧传》三十卷，于 1987 年由中华书局点校出版，书中记社会史事远不如《续高僧传》丰富，书名"宋高僧传"实际除少数几名宋人而外，绝大多数为唐五代人。梁僧祐撰《弘明集》十四卷，叙东汉至梁代阐明佛法之文。序称"弘道明教，故谓之《弘明集》"，它兼容论敌文章，彰显了《弘明集》的史料价值。唐释道宣撰《广弘明集》三十卷，"以中原自周、魏以来，重老轻佛，因采辑自古文章，下逮齐、隋发明其道者，以广僧祐之书"①。所记南北朝至唐初宣扬佛法之文，兼及儒、道之事，它收存一百三十多人作品，其中一百多人为唐以前人，作品绝大多数属唐以前，可证有关南北朝史事的比重很大。1991 年，上海古籍出版社刊印《弘明集》和《广弘明集》合订本，颇便阅读。唐释道世撰《法苑珠林》一百卷，记载了大量佛经故实，《四库提要》卷一百四十五说，它"推明罪福之由，用生敬佛之念"，故事多与世事相关，有裨治史参考。唐释智升撰《开元释教录》二十卷，分总录（列举译人姓名、译经名称、卷数、书之存佚情况和译者略传等）和别录（计分七类，以分别藏经）二部分，"最为精要"②，其中六朝部分所占比重很大，于史事颇有参校考订之益。赞宁《宋高僧传》主要谈唐僧，但亦记有相当数量谈北魏与陈、隋僧侣事。上述诸书，陈垣撰《中国佛教史籍概论》均从佛书角度有扼要介绍，可以参阅。近人汤用彤《汉魏两晋南北朝佛教史》很有名，齐鲁书社先后出版郭朋《汉魏两晋南北朝佛教》《隋唐佛教》二书，亦可参读。

（十三）魏晋南北朝的不少正史缺乏表志，清代以来，不少学者纷纷为之补撰。今就所知简介如下。

1. 补三国表志　史书中的表志，可弥补纪传不足，使纷繁复杂的许多史事被简要地勾勒出来，颇便使用时检查。有了表志，才可使各种重要典章制度和地理沿革得以稽考。《三国志》没有表志，宋、元人所撰《续汉书》表志，前面介绍《三国志》部分，已有所记述。后人补撰者不少，收入《二十五史补编》的有二十种，可以查看该书。洪饴孙撰《三国职官表》三卷，既可考见职官，又附有居官的人，颇便于检查。周民

①　晁公武：《郡斋读书志》卷十六《广弘明集》。
②　释赞宁：《宋高僧传》卷五《释智升传》。

泰撰《三国志世系表》一卷，列举诸族，有助于研究门阀时期历史。洪亮吉精于沿革地理，所撰《补三国疆域志》十五卷，搜集资料，上自汉代，下及晋、宋地志，"旁及《水经注》《通典》《元和志》《寰宇记》"，可惜他对《三国志》纪传中有关地理资料，反而漏收。另外，陶元珍《补三国食货志》，收集资料并不完备，对屯田、官府手工业等方面也都是如此。

2. 补《晋书》表志　后人所补晋表志已收入《二十五史补编》的便有四十五种，可参看该书。《晋书》补表中，以万斯同所作诸表为最早，秦锡圭所补五表，只在万表基础上略有增补而已。二者都是编年体，随年列镇，使用不甚便当。随后，吴廷燮撰《晋方镇年表》和《东晋方镇年表》，表以镇为主，随镇系年，翻检使用比较方便。沈维贤撰《晋五胡表》，包括十六国以外边疆各族在内，搜集资料较充实。诸家《十六国表》中，以万斯同所补为多。除前凉是汉人所建，且未称帝，不需补表而外，其余所缺诸表，练恕补《西秦百官表》，缪荃孙补撰六种：后凉、南凉、西凉、北凉、夏、北燕《百官表》。补艺文志者多达五种，内容大多重复，《隋志》已载晋之书目甚多，易于搜补，易于毕功，故从事者多。钱仪吉所补《晋兵志》，有关世袭兵、营户、屯田兵等竟无一字涉及，收集资料不完备。四种《地理志》中，毕沅、方恺都是校注晋志，方恺所作较详，并有吴翊寅为之补注。今本《晋书·地理志》主要是根据晋太康三年地记改写，并作了若干重要变动，如户口依元康户籍。晋惠帝以后，特别是东晋时事，志中只是偶尔提到，于是，晋地理志中自身矛盾之处很多。洪亮吉所撰《东晋疆域志》和《十六国疆域志》都很有用。他在《十六国疆域志》中指明了赫连氏废郡县以州统城，实为洪氏的一个重要发现。

3. 补宋、齐、梁、陈表志　《二十五史补编》共收十九种，以补宋代的最多。郝懿行作《补宋书刑法志》《补宋书食货志》，仅从纪传中录出相关资料，未加修改，保存原样，用处不大。洪饴孙所作《补梁疆域志》，对梁代淮南地方的时得时失，州县变更频繁，颇能辨其异同，用力甚勤。

4. 补魏、齐、周书表志　见于《二十五史补编》者共十八种，所补以北魏为多。温日鉴校录《地形志》三卷，将历代有关地理诸书和清代不少学者的地理考订，以校正《地形志》的误文和缺漏，用力甚勤，惜未能以魏、齐、周书纪传有关地名进行疏证。陈毅《魏书官氏志疏证》

一卷，对《官氏志》逐条进行疏证，征引广博，考证精详。

5. 补南北史表志　见于《二十五史补编》者七种。宋人司马光重视南北史，但憾其缺志，曾写信给其主要助手刘恕，要他"将沈约、萧子显、魏收之志，依隋书篇目，删次补葺，别为一书"①。可惜刘恕早死而未成。汪士铎作《南北史补志》，计有天文、地理、五行、礼仪、舆服、乐律、刑法、职官、食货、氏族、道释、艺文等志，乃是依据各书之纪、传、志和《通典》而作，取材有限，且未注明出处，翻检原文不便。诸志中以刑法、食货、职官志较为有用。周嘉猷作《补南北史年表》一卷、《补南北史帝王世系表》一卷，《补南北史世系表》五卷。以《补南北史世系表》较好，但仅以南北史列传及《唐书·宰相世系表》编成，碑铭也未参考，颇多缺漏。

（十四）类书：它是将古籍资料，按一定分类排比集中，所收书目很杂，无有定准，具有资料汇编性质。胡道静《中国古代的类书》（中华书局，1982 年），在讨论类书性质、起源和作用外，还分章论述了曹魏至北宋的重要类书。六朝时的《皇览》《华林遍略》《修文殿御览》；隋代的《北堂书钞》；唐代的《艺文类聚》《文思博要》《初学记》《白氏六帖事类集》；北宋的《太平御览》等，是其重要代表。王应麟《玉海》卷五十四《承诏撰书·类书》云："类事之书，始于《皇览》。"《三国志》卷二《魏文帝纪》云："初，帝好文学……使诸儒撰集经传，随类相从，凡千余篇，号曰《皇览》。"卷二十一《刘劭传》云："黄初中，为尚书郎……受诏集五经群书，以类相从，作《皇览》。"《太平御览》卷六百零一《著书》引《三国典略》曰："齐主如晋阳，尚书右仆射祖珽等上言：昔魏文帝命韦诞诸人撰著《皇览》，包括群言，区分义别。"《皇览》至宋已佚。北齐时，范阳祖孝征所撰《修文殿御览》，至南宋中叶，仍存三百六十卷，陈振孙《直斋书录解题》卷十四称"此书当为古今类书之首"。

胡道静分段介绍了曹魏以至北宋的多部类书。我们从史料学角度着眼，只准备介绍其中的四部。《北堂书钞》完成于隋，其余三部都是唐、宋人作品，所记唐史资料众多。今将诸书放在六朝时期作介绍，是因为

---

① 司马光：《温国文正司马公文集》卷六十二《与刘道原书》。

六朝现存史料很有限，在几部大类书中，还保存了不少有价值的六朝史资料，故提前予以解说。

1.《北堂书钞》一百六十卷　隋虞世南撰。世南仕隋为秘书郎时，在后堂分类抄撮先秦、汉、魏、六朝经史而成。清人严可均说："所钞之书，皆三代、汉、魏，迄于宋、齐，其最晚者沈约《宋书》，萧方等《三十国春秋》，崔鸿《十六国春秋》，魏收《后魏书》。其诗、赋、颂则颜、谢、鲍为最晚，陈、隋只字不抄。"又说："钞者今世亡其本，十盖八九，其存者，亦流俗写变，残缺误讹，不为典要。"《旧唐书》卷七十二《虞世南传》称："（隋）大业初，累授秘书郎……躬履勤俭，不失素业。"《书钞》完成于隋大业时，全书分十九部，八百五十一篇，约二万余条。严可均说："类书大种自《修文殿御览》新佚后，以《书钞》为最古。"经过历代辗转抄录、排刻，"以至前明，偶存写本，删割羼越，脱伪颠倒，篇甚少完章，章甚少完句，世间难校之书，此为第一"。明万历时，陈禹谟始为刻印，既不作校雠，又不能缺疑，却勇于增删改动。至以贞观后事及五代十国之书杂入其中。严可均说："世咸谓明中叶后，刻书无善本，是固然矣，然未有肆行窜乱若陈刻《书钞》之甚者也。"《四库提要》卷一百三十五批评陈禹谟"刊刻之功，不赎其窜乱之过"。《书钞》明刊本经严可均、孙星衍等人努力校勘，广东南海孔广陶在孙、严诸家校勘基础上，再经复校。《书钞》二万一千余条，校定一万八千余条。尚有二千余条，无可校者。1988年，天津古籍出版社据孔氏三十三万卷堂本影印，虽无点校，仍是目前国内佳本。《书钞》每条引据古典，无长篇大论，因其资料原始，所引书又多佚亡，虽吉光片羽，弥见珍贵。即以正史《三国志》而言，《书钞》所引文字，颇有一些与今本区别。黄惠贤撰《隋抄本三国志·蜀志·吴志、魏志蠡测》三文（刊武汉大学《魏晋南北隋唐史资料》第十八、十九辑，2001—2002年），有着细致的比勘，实是别有新意。

2.《艺文类聚》一百卷　唐高祖下令十余人参加撰修。由欧阳询主领其事，前后三年，武德七年九月，完成上奏。全书分四十六部，列子目七百二十七。欧阳询《序》称："《（文章）流别》《文选》，专取其文，《皇览》《（华林）遍略》，有书其事。"以致"文义既殊，寻检难一"。他改变文与事分列之弊，为此保存了大量自汉至隋的词章名篇。宋人晁公武《郡斋读书志》卷十四云："分门类事，兼采前代诗赋铭颂文章附于逐目之后。"宋人陈振孙《直斋书录解题》卷十四云："其所载诗文赋颂之属，多今世所无之文集。"它所引古籍一千四百三十一种，现存者不足十分之一。至今基本完整地保存下来，辑佚学者治理先秦两汉迄南北朝之古籍，广泛使用这部类书。清人严可均辑《全上古三代秦汉三国六朝文》，从《艺文类聚》中采纳最多。汪绍楹《校艺文类聚序》指出，现今所见《艺文类聚》并非完善无缺。其中出现唐人李峤、沈佺期、宋之问、崔液等人诗，都不符合该书编撰时间。经他查核，这些唐人诗都是从《初学记》卷四移来，由于该书有缺佚，可能是宋代刻书人为掩饰残缺而填补的。总之，该书的存世，对历史研究工作者仍大有用处。1985年，上海古籍出版社的新刊本，比1965年刊本有所改进，书末且附有索引，便于学者检索使用。

3.《初学记》三十卷　张说、韦述、徐坚等奉唐玄宗敕编撰。《大唐新语》卷九《著述》记玄宗谓张说曰："儿子等欲学缀文，须检事及看文体。……卿与诸学士撰集要事并要文，以类相从，务取省便，令儿子等易见成就也。说与徐坚等编此进上，诏以《初学记》为名。"《唐会要》卷三十六称，是书"纂经史文章之要，以类相从"。该书体例，"叙事"在前，"事对"继之，"诗文"居末，前后连贯。全书分二十三部、三百十三个子目，条理细密。它保存了不少古籍佚文，为治文史学者所重视。例如卷二十七《绢》引"晋故事，凡民丁课田，夫五十亩收租四斛，绢三疋，绵三斤……"如此重要经济资料，不见于正史。他如郭义恭《广志》《吴氏本草》，张华《博物志》，沈怀远《南越志》，王子年《拾遗记》《邺中记》《凉州异物志》等等都是唐以前著作。又如卷八《总叙州郡》引《括地志》记"唐贞观十三年大簿，凡州府三百五十八……"并逐一列举诸州郡名称，这种唐太宗时的政区划分和州县数字，也是两唐书所缺载的。如此等等，事例众多。就数量言，唐以前似乎更多一些。1962年，中华书局出版了《初学记》点校本。1980年，又编印了单行本索引，颇便查阅。

4.《太平御览》一千卷　李焘《续资治通鉴长编》卷十八，太平兴国二年（977年）三月"戊寅，命翰林学士李昉等编类书为一千卷，小说为五百卷"。原注云："《宋朝要录》：诏李昉、扈蒙等以《御览》《艺文类聚》《文思博要》及前代类书，分门编为一千卷。野史、传记、故事、小说编为五百卷。"参加编撰《御览》的有十四人，至太平兴国八年（983 年）完成。小说五百卷为《太平广记》，在此不论。上引《御览》乃指北齐《修文殿御览》。《文思博要》一千二百卷，是唐人著作。《唐会要》卷三十六，记贞观十五年（641 年），由高士廉等撰，今仅存敦煌唐写本第一百七十二卷。陈振孙《直斋书录解题》卷十四称："《太平御览》以前代《修文殿御览》《艺文类聚》《文思博要》诸书，参详条次修撰，本号《太平总类》。太平兴国二年受诏，八年书成，改名《御览》。或言国初古书多未亡，以《御览》所引用书名故也。其实不然，特因前诸家类书之旧尔。以《三朝国史》考之，馆阁及禁中书总三万六千余卷，而《御览》所引书，多不著录，盖可见矣。"由此可见，《太平御览》所引现已散佚的古籍，包括《修文殿御览》《文思博要》等等，它对研究六朝史很有用处。例如书中引《十六国春秋》四百八十多条，很有助于研究十六国史。卷首刊列引书达一千六百九十种，古律诗、古赋铭箴杂书等类，不及俱录。1959 年，聂崇岐《重印太平御览前言》云："《太平御览》所引用的古书，十之七八今已失传，后来从事学术研究的人看不到原书，还可以从它那里寻找断篇残简……作辑佚工作的更把它当作宝山。"他还说，《御览》引书存在一些缺点，有些书名前后不一致，有的将书名与篇目相混，还有的所标书名往往有误。所言确是实情。《御览》全书分五十五部，五千四百二十六类，是现存类书中（我不把《册府元龟》列入）最大的一部。查看书首所引书目，是以魏晋南北朝时期居多，我是从头到尾逐条翻看完《太平御览》的读者，产生丰富资料库的感受。2003 年，中国社会科学出版社出版了一本新书《侯景之乱与北朝政局》，二十多万字，颇有新意。很可惜，作者没有利用（可能没有看过）《太平御览》。梁萧韶《梁太清纪》，唐丘悦《三国典略》等书，所记侯景之乱与北朝关系，该书竟一字没有涉及，以致有的立论难免空泛。清人岑建功辑《旧唐书逸文》十二卷，将《御览》所引《旧唐书》《唐书》文字不加辨别，全部收入，那是不好的。《御览》所引《唐书》，吴玉贵先生逐条作了论证，认定是刘昫《旧唐书》的早期面目。2008 年，中华书局以《唐书辑校》为书名，分上下两册正式出版。顺便指出，1960 年，中华书局影印的宋本《御览》，比清嘉庆时的鲍刻本好。

另外，《唐会要》卷三十六记"显庆三年（658 年）十月二日，许敬宗修《文馆词林》一千卷，上之"。该书早佚，今《适园丛书》内，《文馆词林汇刊》共收入二十三卷，比《丛书集成》本所据《古逸丛书》本多收五卷（一百六十，一百五十二，一百四十六，四百一十四，六百六十九），诸残卷中所录诗、诏、碑铭等，几乎全部是六朝时史事，很可供核查研究使用。

此外，魏晋南北朝时期还存在一些别史、杂史，可供读史和研究参考。《隋书·经籍志》称，"杂史"，"体制不经"。子部有杂书，"杂者，盖出史官之职也。……是以杂错漫羡，而无所指归"。今就所知，开列若干如下。

徐幹《中论》二卷，傅玄《傅子》一卷（《百子全书》本，浙江人民出版社，1984年）。崔豹《古今注》三卷（商务印书馆，1958年）。汪绍楹校注干宝《搜神记》二十卷和陶潜《搜神后记》十卷（中华书局，1981年）。范宁《张华博物志校证》（中华书局，1980年）。王嘉《拾遗记》十卷（中华书局，1981年）。刘劭《人物志》三卷（《四库》本）。郭义恭《广志》二卷，陆翙《邺中记》（《丛书集成》本）。刘敬叔《异苑》十卷（中华书局，1983年）。杨松玠《谈薮》（中华书局，1986年）。顾野王《玉篇》（中国书店，1983年）。嵇含《南方草木状》三卷（上海古籍出版社，1993年）。任昉《述异记》二卷，梁元帝《金楼子》六卷（《百子全书》本，浙江人民出版社，1984年）。余嘉锡《殷芸"小说"辑证》十卷（中华书局，1977年）。刘昼《列子》三卷（《四库》本）。宗懔《荆楚岁时记》（上海古籍出版社，1993年）。葛洪《神仙传》十卷（《四库》本）。陶弘景《冥通记》四卷，又《周氏冥通记》一卷（《津逮秘书》本）。吴均《续齐谐记》一卷，颜之推《还冤志》三卷（《四库》本）。张执一《晋令辑存》（三秦出版社，1989年）。程树德《九朝律考》（商务印书馆，1955年。九朝律者，汉、魏、晋、梁、陈，北魏、北齐、北周、隋律也。南朝宋、齐时，皆沿用晋律）。钱宝琮点校《算经》十种中之《孙子算经》三卷，张丘建《算经》三卷，《五曹算经》五卷（中华书局，1963年），都有六朝史某方面的重要资料。

另外，鲁迅《古小说钩沉》辑有不少六朝时期的作品，如张华《列异传》、裴启《语林》、邯郸淳《笑林》、郭璞《玄中记》、王浮《神异记》、祖台之《志怪》、孔约《志怪》、陆氏《晋林》、殖氏《志怪记》、戴祚《甄异传》、荀氏《灵鬼志》、刘义庆《宣验记》、东阳无疑《齐谐记》、虞通之《妒记》、袁王寿《古异传》、郭季产《集异记》、祖冲之《述异记》、王琰《冥祥记》、刘之骥《神录》、谢氏《鬼神列传》、侯白《旌异记》、颜之推《集灵记》，如此等等，对六朝社会史研究，均有裨益。

史书的"会要"体裁，始创于唐，至宋发展至顶峰。唐、宋时所撰诸会要，保存了大量原始资料，极为珍贵。清末以来，学人纷纷编撰魏晋南北朝诸会要，计有《三国会要》《晋会要》《南朝宋会要》《南朝齐会要》《南朝梁会要》《南朝陈会要》《北朝会要》。朱铭盘一人即编写了《晋会要》和南朝诸会要。1984年，上海古籍出版社分别排印了南朝诸会要。诸书都没有提供任何新资料，分类又不甚科学，引文虽注出处，仍存在一些差误。从整体来看，它大致模仿南宋徐天麟所撰《西汉会要》《东汉会要》的格式，但编者并无徐氏的史才，未能写出如徐氏那样的一些有价值的评议。朱氏所撰《晋会要》，原稿尚存，我曾通读全文，了无新意。其价值尚不及南朝诸会要。吴则虞撰《晋会要》，只有复写稿本，今存中国科学院图书馆，作者为了适应晋代社会现实，抄录礼仪资料最详，其余诸门所录资料，远非详备。另有汪兆镛撰《晋会要》稿本，1990年，书目文献出版社影印出版，它比两汉会要新增经籍、金石、大事三门，总共十七门，所引资料大都出注，偶尔注有异文，或注明存疑之处。设置金石门，反映作者注意到了金石学在史学上的重要地位。总的说来，六朝诸会要中，杨晨《三国会要》（中华书局，1956年）质量较佳，全书二十二卷，共分十五门，引自正史文字作正文，裴注等书之文低格排列，收集资料较多。但分类不够科学，查找资料不易。如兵、刑两门都涉及兵役，兵和食货两门，都涉及屯田，必须相互检查，需要耗费不少时间。所以，我以为六朝诸会要，实际用处很小。

（十五）文物考古资料，对于历史研究大有裨益，可以印证史事，更能巧妙填补文献空白。河西、西域大地，位居中西交通要冲，雨量稀少，气候干燥，大量古籍和文物，得以长期保存。中华人民共和国建国以前，魏晋南北朝时期的出土考古文书不多。1914年，王国维与罗振玉合撰《流沙坠简》。王国维在《流沙坠简序》及《流沙坠简·屯戍残簿类》的考释中，对流沙中的魏、晋残存木简作了考释，认为其地在前凉之世，实为海头。西晋时，在现今天山南麓某些地区设有军事屯田，耕种大、小麦和禾、床，当地是西域长史的治所。20世纪四五十年代，黄文弼多次去新疆考察，撰写《吐鲁番考古记》，1954年刊印。它记录作者考察经过，观察古城址以外，并将所得河西文物作了考订，书中刊有选物图版。并撰写了《罗布淖尔考古记》《塔里木盆地考古记》，编纂了《高昌塼集》。罗振玉撰有《贞松堂西陲秘籍丛残》，金祖同撰写《流沙遗珍》，都为西陲考古作出了贡献。

清末以来，敦煌藏经洞被发现，那里存有四万余件手写本及少数刻本文献，包括了汉、藏、回鹘、于阗、粟特文等。发现不久，英、法、俄、日等国探险队先后到来，将所藏文书珍宝大量劫走。中国人只收集了万余件残存，安放在今国家图书馆。主要由罗振玉努力，分别印行了《敦煌石室遗书》《鸣沙石室佚书》《鸣沙石室古籍丛残》《敦煌零拾》《敦煌石室碎金》。刘复从巴黎敦煌残卷中，录出《敦煌掇琐》，该书一度在学界走红。外国人对我国珍贵文物的劫掠，严重影响了国内学者的利用。由是出现了敦煌在中国，敦煌学盛行于国外的不正常景况。1961年，中国科学院历史研究所资料室，通过显微胶卷搜集整理出《敦煌资料第一辑》，由中华书局出版，其中有两件非常重要的经济文书，都是来自斯坦因所劫走藏在英国的。其一是西凉建初十二年（416年）敦煌郡敦煌县西宕乡高昌里户籍残卷；其二是西魏大统十三年（547年）瓜州效谷郡计帐，这两件都是魏晋南北朝时很重要的经济史资料，而为正史所缺记的。

20世纪六七十年代，在新疆阿斯塔那、哈拉和卓地区发掘并清理了一批古墓葬。所出土的汉文文书，唐代部分的数量远远超越了前凉所置高昌郡以及麴氏高昌国时期。经过专家们的认真清理，从二百零三座墓葬中，清理出从前凉升平十一年（367年）至唐大历四年（769年）共一千八百件文书。在唐长孺主持下，决定原则上以墓葬为主进行清理，统一按墓葬先后排列。凡是同墓所出文物，以衣物疏为首，逐项清查。最后将全部有关录文，编印成十册出版。其中前三册便是北朝至高昌国时期文书，1981年，由文物出版社出版。

我国的六朝文物考古，以往成果很少。1996年7月至12月，考古工作者在湖南省长沙市走马楼街古井窖中先后发现了多达十余万枚有三国孙吴纪年的竹木简牍，实为空前盛事。1997年，国家文物局组织专家整理组开始进行整理。简牍沾泥，清洗要十分慎重，因而进度较慢。已清理出两批简牍，由文物出版社出版。其一，《长沙走马楼三国吴简》第一卷上下册（1999年9月印）。其二，《长沙走马楼三国吴简》［壹］分上中下三册（2003年10月发行）。前者是《嘉禾吏民田家莂》，嘉禾是三国孙权在229年称帝，建元黄龙之后的第二个年号（232—238年）。其时吴国都在建业，长沙郡只是孙吴荆州所属十六郡之一，领十县（临湘、攸、下隽、醴陵、浏阳、建宁、吴昌、罗、蒲圻、巴陵）。《嘉禾吏民田家莂》收木简二千一百四十一枚，是嘉禾四、五年（235—236年）同类性质简牍的总汇。内容丰富，它记嘉禾四、五年，临湘一带乡里（丘）吏民佃租田地顷亩数，以及向仓库官吏受纳米、钱、布等租税，由田户曹史校核后制作的总券书。这是研究孙吴时期土地制度和赋役制的良好资料。黄籍主要记住址、户主姓名、爵位、年龄以及家口状况，新发现户籍数以千计。赋税主要征收钱、米（租米、税米、盐米）、布（调布、税布、赐布）、豆（大豆）、钱（税钱、口算钱、僦钱、寿钱、酒租钱、市租钱、杂钱等）。正因为它涉及吏民、户主、佃田数额、丘名、主吏、检校等等，为研究孙吴经济特别是湖南地区赋税制提供了不少重要新资料。近年来，不少中国和日本学者对已发表简文涉及的土地制度、屯田、"常限田""余力田""租田""火种田"等，撰写了约一百几十篇相关论文。2004年，崇文书局出版了北京吴简研究班所编《吴简研究》第一辑。由于发表的吴简资料有限，且缺乏史书记事佐证，众多论文存在不少揣测，诠说互异，不足为奇。论文对孙吴户籍、"户品"、复民、还民、金民、师佐籍、监池司马、盐米、入仓、邸阁等等，作了开创性研究。两千多枚吏民田家莂和一万余枚竹简的新内容，展示了三国吴书前所未有的大量新气象。不难理解，一俟十余万枚简牍全部整理就绪，将会提供更多的新史料，足以重新改写孙吴历史。论文作者既有20世纪研究简牍的学者，更多是年轻的新秀，经验与视野的不同，从多角度探索研究，相互切磋。伴随新资料的陆续公布，研究将会随之深入，定能开创出吴史研究的新局面。目前看来，孙吴立国之初，其赋役制度不少是沿用汉制，甚至民爵"公乘"之类，也是一如汉制。以往由于文献不足征，我们对孙吴赋税制的内涵还不很清楚，从已发表吴简所提示的许多名称，表明它并没有采用北方曹魏的户调制，而是新创了独立的赋税制。

为死亡人撰写碑铭，汉代已是逐渐增加，魏晋南北朝时期，碑铭撰写有了新发展。所记内容，不少也是重要的史料。1956年，科学出版社刊赵万里撰《汉魏南北朝墓志集释》收录汉、隋间墓志六百多种，并汇集了前人所撰题跋与考释，学术水平较高，对史学研究大有用处。1992年，天津古籍出版社出版赵超撰《汉魏南北朝墓志汇编》，吸收了前人已有成果，补收了1949—1986年全国各地出土的魏晋南北朝墓志五百一十八个，逐一录文。惜未收题跋，对碑铭也无考释，九十二个校对不甚仔细，录文有不少错别字，但该书提到了伪志，注意此事，并列举了例证，确是很有必要。

2000年，北京图书馆出版社出版了该馆金石组所编《历代石刻史料汇编》总共五编：第一编为先秦秦汉魏晋南北朝，分为两册；第二编为唐五代时期，共分四册；第三编为两宋时期，亦分四册；第四编为辽金元时期，共分三册；第五编为明代，分订三册。编辑原则是将该馆所藏金石书刊，从上古至民国时期所修府志、通志、县志、金石志之类，其中有关某一时期的石刻文字，分别收编，这么做，省却了翻检众书之劳。其中第一编的两大册，所收石刻文字，绝大部分为魏晋南北朝时期，有便读者使用。

2005年，中华书局出版了罗新、叶炜所编《新出魏晋南北朝墓志疏证》，共收墓志二百三十一方，其中魏晋十六国南朝二十一方，北魏四十三方，东魏、北齐二十三方，西魏、北周二十八方，隋代一百一十六方。它既有录文，还有疏证。释文尽可能与原石或原拓作了检校，以避免错讹。疏证提供了每一墓志的出土状况，图版线索，并对墓志中的人物、氏族、地望、朔闰、仕履、爵谥、族属等，作了简要说明，它对进行历史研究大有用处。

一个值得注意的事实是，六朝时期，江南地区出土的墓志远比北方少。文物出版社1980年出版南京博物馆所编《南京出土六朝墓志》，数量虽不多，仍是有用的作品。南方为什么碑刻少呢？原因何在？《南史》卷三十三《裴松之传》记他在东晋时上书云："世立私碑，有乖事实。……诸欲立碑者宜悉令言上，为朝议所许，然后听之。庶可以防遏无征，显彰茂实。由是普断。"（《宋书》卷六十四所记文字较详，亦云"由是并断"）此其故也欤！

另外，中华书局1985年出版马长寿《碑铭所见前秦至隋初的关中部族》，是作者收录自己在关中诸地所见碑铭的研究成果，颇富有开创性，值得史学工作者留意。

有关墓碑志铭的兴衰，《宋书》卷十五《礼志》有简明叙述，"汉以后，天下送死奢靡，多作石室、石兽、碑铭等物。建安十年（205年），魏武帝以天下雕弊，下令不得厚葬、又禁立碑。……此后复弛替。晋武帝咸宁四年（278年），又诏曰：此石兽碑表，既私褒美，兴长虚伪，伤财害人，莫大于此。一禁断之。其犯者虽会赦令，皆当毁坏。……自是后，禁又渐颓。大臣长吏，人皆私立。义熙中，尚书祠部郎中裴松之又议禁断，于是至今。"史书未见北朝有禁撰墓志碑铭之事，因而至今所出六朝墓志，以北朝为盛。

1985年，中华书局出版了《全上古三代秦汉三国六朝文篇名目录》和《全上古三代秦汉三国六朝文作者索引》二书，核查其内容，九成以上是三国六朝人和事。

第五章　隋唐五代史史料

第一节　概况

隋唐五代在我国历史上占有重要地位。经过长期分裂，重新出现了全国统一，社会经济有重大发展，思想文化光辉灿烂。五代分裂割据，为时短暂，江南经济、文化继续有进步。

（一）官修史书占重要地位　唐朝设置史馆，由宰相监修。先后撰修《晋书》等前朝史，所修《隋书》，是记述隋朝史事。史馆修撰了本朝的日历、起居注与实录。日历由修撰官各人所记，到了月末，在馆内评定是非，封存于馆中，以备修史使用。起居注早在汉代已存在，唐人说："起居注者，录纪人君言行动止之事。"① 实录至迟始于南朝，"杂取编年纪传之法而成之，以备史官采择"②。唐代每位皇帝皆有实录，是以日历等为基础修成，大多撰于皇帝死后。还有时政记，由宰相编撰，记录皇帝与大臣所论国事，"每月封送史馆"③。在实录、起居注、时政记、日历的基础上，再编修国史。太宗贞观初，姚思廉撰成纪传体国史三十卷。高宗显庆时，长孙无忌等撰国史五十卷。以后吴兢、韦述等续加修撰。所有日历、起居注、实录和国史等为后代修撰唐史提供了原始素材，今已大都佚失，目前传世的只有温大雅撰《大唐创业起居注》和韩愈撰《顺宗实录》。五代时，各朝也都有实录，今亦无存。

五代后晋时官修《唐书》（《旧唐书》），宋代官修《唐书》（《新唐书》）、《五代史》（《旧五代史》），都是在前代官修实录、国史基础上，综合其他资料修成。官修史书，存在很多缺点，刘知几列举官修史书五

---

① 《隋书》卷三十三《经籍志》。
② 《玉海》卷四十八《艺文》。
③ 《唐会要》卷六十四《史馆》。

大弊病①，但在日历、实录等原始资料业已大量散佚情况下，官修史书便成为第一手的资料。

（二）政书的崛兴　政书名称是借用《四库总目提要》分类的旧名，用以概述有关典章制度的书籍。《史记》八"书"，是正史记载典章制度最早的著作，《汉书》以后，大多称之为"志"，它是一部史书中的有机组成部分。唐代修史时，沿袭这一优良传统，正式出现了不少有关典章制度的专著。《唐律疏议》是保存至今我国最早的法典，《大唐开元礼》是朝廷举行典礼的准绳，《大唐六典》是模仿《周礼》编定的有关职官制度的专著。如果说，上述诸书尚属某一个别部门的作品，那么，《通典》和《会要》便属于开创性综合各部类而写成的典章制度专著。两者的主要区别，《通典》综述历代，备列上古以至唐中叶的有关典章制度。《会要》的分类比《通典》更细，是断代为书。《唐会要》《五代会要》和《通典》都保存了很多重要的历史资料，后面将作具体说明。

（三）别集显著增多　宋人统计，自东汉至唐末，有别集七百余家，有总集七十五家②。但唐以前的别集留传至今的为数极少。唐代就不同了，《旧唐书·经籍志》所录开元盛世书目，文集不过百余部，《新唐书·艺文志》记唐人集多达五百余部，大致按原集模样流传至今的仍有几十部，若与辑佚所得合计，唐人集尚有二百部以上。以唐人记当时事，有不少可弥补史事遗缺。

（四）地图、地志学的大发展　适应隋唐大一统政治局面和商旅往来的需要，地图地志学有了很大发展。"隋大业中，普诏天下诸郡，条其风俗、物产、地图，上于尚书。故隋代有《诸郡物产土俗记》一百五十一卷，《区宇图志》一百二十九卷，《诸州图经集》一百卷，其余记注甚众。"③《区宇图志》是我国第一部一统志，惜已失传。其余两种是由各州郡图经和风俗异物等杂地记综合编成，是大部头地志著作。隋代裴矩，在张掖参与与西域互市工作，撰《西域图记》三卷，颇有盛名。唐代，各地要定期（三年或五年）向朝廷造送地图，称为"图经"。《鸣沙石室

---

① 见《史通》卷二十《忤时》等篇中有关叙述。
② 《新唐书》卷六十《艺文志》记别集七百三十六家，始于战国荀况和宋玉，另有西汉人集二十余家。
③ 《隋书》卷三十三《经籍志》。

佚书》所载唐人写本《西州图经》和《沙州图经》是我国现在所能看到的最早方志。《新唐书·艺文志》记载唐朝先后有长安四年（704 年）、开元三年（715 年）和元和时的三种十道图。自唐以至五代，这种地图都要随政治形势的变化而加以修改①。唐代，鸿胪负责接待外宾，因得以熟悉国外情况，绘编外夷图、职贡图②。曾经担任鸿胪的贾耽，"凡四夷之使及使四夷还者，必与之从容讯其山川土地之终始；是以九州之夷险，百蛮之土俗，区分指画，备究原流"③，撰成《陇右山南图》和《海内华夷图》。当时绘图注意到了境内和域外，故称之为"华夷"。同时，图上还注意标明古今地理之别，"其古郡国题以墨，今州县题以朱。今古殊文，执习简易"。比晋朝裴秀所绘地图有了重大进步。地志方面，唐贞观中，魏王泰等撰《括地志》五百五十卷，以"贞观十三年（639 年）大簿，凡州三百五十八"为准绳④，叙述了唐朝政权的建置沿革乃至山河形势、风俗物产、古迹等等，可惜全书久佚，今仅有辑本传世⑤。中唐时，贾耽撰《古今郡国道县四夷述》四十卷，也是全国的总地志，详记古、今地理沿革。他本人还亲自把它删繁撮要为《贞元十道录》四卷，人们誉为"提其要会，切于今日……制万方之枢键，出千古之耳目"⑥。其书久佚，敦煌发现了残页，收录于《鸣沙石室佚书》。李吉甫撰《元和郡县图志》四十卷，将另行介绍。在全国性地理著作之外，还有更多的其他地理著作，韦述《两京新记》记述长安、洛阳之事。宋人宋敏求《长安志》、元人李好文《长安志图》皆是专叙长安之事。唐人樊绰撰《蛮书》十卷，是研究唐代南诏所在云南地区历史与地理的重要著作。刘恂撰《岭表录异》三卷，段公路撰《北户录》三卷，是对唐代岭南地理的描述。莫休符《桂林风土记》三卷，记录其亲身见闻，但今已佚二卷。玄奘《大唐西域记》十二卷，叙述今我国新疆地区及中亚和印、巴、斯里

---

① 参看王溥《五代会要》卷二十《选事》；《旧五代史》卷四十三《唐明宗纪》。

② 参看《唐六典》卷五《兵部》；《新唐书》卷四十八《百官志》。

③ 《旧唐书》卷一百三十八《贾耽传》。

④ 徐坚：《初学记》卷八《州郡部》引；参看《旧唐书》卷七十六《濮王泰传》。

⑤ 参看《新唐书》卷五十八《艺文志》；《玉海》卷十五《唐括地志》。按是书佚于两宋之际，清人孙星衍辑遗文为八卷，由贺次君稍加整理和点校，1980 年由中华书局出版。

⑥ 《全唐文》卷四百九十三权德舆《魏国公贞元十道录序》。

兰卡等一百三十八个国家和地区史地的重要著作①。周连宽撰《大唐西域记史地研究丛稿》（1984年，中华书局）收存论文二十九篇，对玄奘行程逐一作了具体考察，附录三篇，考察了《西域记》之译与撰，花剌子模古国考和玄奘西游年表，并绘有地图二十幅，颇有新意。另外义净撰《大唐西域求法高僧传》（1988年，中华书局）记义净在唐高宗时，从广州取海路至印度求法，在印度十年，武周证圣元年（695年）回归至洛阳，从事译经活动。书中记求法僧五十六人以及义净生平等事，十分繁富。还有释道宣撰《释迦方志》二卷，记汉、唐间由内陆通往西域道路的重大变化②，也很有意义。

（五）杂史、故事、笔记和类书的增多　唐代以来，文化教育有了很大发展，文化用品生产比过去显著增多，私人著作大量问世。杂史、故事、笔记内容广泛，诸如典故、职官、时令、法令、传记、释道、卜筮、音乐、杂艺、异闻、琐谈等等，无所不包。这类作品为数不少。《唐代丛书》中所收一百六十四种，多为原著的节录。宋初编辑《太平广记》时，广泛收集了大量野史、传记、故事、小说等等。元、明时人陶宗仪编《说郛》、明人顾元庆辑《文房小说》，都有不少唐、五代时的书篇。鲁迅《唐宋传奇集》，在卷末"稗边小缀"中，撰写了有关校正考释的文字，很有便于读者。从这类作品中认真爬梳，博采旁搜，颇有裨于史事。

近似现代百科全书式的类书，兼收四部，分类抄撮"杂错漫羡，而无所指归"③，《新唐书·艺文志》初创"类书"一目。一些散佚的古籍，往往在类书中得以保存其部分文字，因此，类书对于研究历史仍很有用。

（六）碑志众多　北朝以至隋唐五代，墓碑石志数量众多。宋太宗时，编辑《文苑英华》，收碑志文一百二十六卷，其中绝大部分是唐人所撰。宋人欧阳修撰《集古录》，赵明诚撰《金石录》，都收录不少唐代石志铭文。清人王昶编集《金石萃编》一百六十卷，半数是唐、五代时的碑志。其后，陆耀遹辑《金石续编》二十一卷，陆增祥《八琼室金石补正》一百三十卷，罗振玉收《昭陵碑录》和广陵、邺下、襄阳等地的冢墓遗文，以及胡聘之《山右石刻丛编》、张仲炘《湖北金石志》等等，都

---

① 季羡林等：《大唐西域记校注》，中华书局，1985年。
② 范祥雍校注：《释迦方志》，中华书局，1983年。
③ 《隋书》卷三十四《经籍志》。

录入了不少唐人碑志。洛阳出土的《千唐志斋藏石》拓片达一千余帧，国家图书馆善本金石组编《历代石刻史料汇编》，其中第二编唐五代部分即有四大册①。建国以来，全国各地发现了大批隋唐五代时期的墓志。已发表与尚未公开发表的大量碑志是研究这一时期社会历史的重要资料。

（七）佛道经典众多 隋唐五代时期，我国佛、道二教传布极盛。佛经翻译比前代大增。自隋代开始，佛教内部开始创立宗派，唐代更为盛行，标志着外来佛教日趋中国化。《新唐书》卷五十九《艺文志》著录了大量佛、道方面的典籍。从历史资料角度看，佛教史典籍，有唐释智升撰《开元释教录》二十卷。智升，《宋高僧传》卷五有传。它记汉明帝至唐开元时传、译经的目录。释道宣撰《续高僧传》记梁至唐高宗时事，已在上章有所介绍。宋释赞宁撰《宋高僧传》三十卷，宋端拱元年（988年）成书，除个别宋僧外，绝大部分是唐五代时僧人传记。正传五百三十二人，附传一百二十五人，其中《义净传》记高宗时，自广州上船，经二十五年，历三十余国，武则天时回归洛阳，得梵本经律论近四百部②。释道宣撰《广弘明集》三十卷，比梁僧祐《弘明集》所申释氏之法更明，书中收存历代帝王关于三教废立的诏敕与事迹③。该书卷一《归正篇序》云："若夫天无二日，国无二王，惟佛称为大圣。光有万亿天下，故令门学日盛，无国不仰其风。教义聿修，有识皆参其席。彼孔、老者，名位同俗，不异常人，祖述先王，自无教训，何得比佛以相抗乎？……是知天上天下，惟佛为尊。"反映了处于全盛时代唐代佛教，比之儒、道毫不逊色。唐释道世撰《法苑珠林》一百卷，记六朝、隋和初唐的佛家故实，是一部佛教的类书，引书四五百种，三分之二为内典佛经，还有一百四十种为外典史传之类。全书百篇，篇以下分部，总共六百六十八部。每篇前均有"述意部"，阐明要旨，广引经律论三藏。末有"感应缘"，列举实证，皆注出处。内容广泛丰富，是研究学习佛教的百科全书④。宋释志磐撰《佛祖统记》五十四卷，自称"依仿史法，用成一家之书"。把释迦等人列为本纪，将"诸祖旁出为世家"，其他为列传，

---

① 北京图书馆出版社 2000 年。
② 释赞宁：《宋高僧传》（上、下），中华书局，1987 年。
③ 释道宣：《广弘明集》上海古籍出版社，1991 年。
④ 释道世撰，周叔迦、苏晋仁校注：《法苑珠林校注》中华书局，2003 年。

另外还有表、志等等，书中涉及了不少佛道交争。宋人普济撰《五灯会元》二十卷，他将佛教禅宗慧能以后所分各派的代表作，如《景德传灯录》等，皆撮其要以成书，记释氏之源流本末简明扼要，其中颇有若干有价值的社会史资料①。上述诸典籍的史事情况，可参看陈垣撰《中国佛教史籍概论》（中华书局，1962 年）一书。就隋唐佛教来说，陈垣书中没有提到的重要典籍，应补充隋释灌顶《国清百录》四卷②，它记录了天台宗智颛等人与陈、隋王朝往来文书一百余件，其中杨广（隋炀帝）与之往来书、敕占六十余件，内容都较为重要。唐释彦悰撰《法琳别传》三卷③，记隋唐之际法琳宣扬佛法和与道教徒斗争的故事甚详。唐慧立、彦悰撰《大慈恩寺三藏法师传》十卷，前五卷记玄奘旅游印度经过，后五卷记他从事译著经过④，此书与前述《大唐西域记》堪称双璧。唐释义净撰《南海寄归内法传》四卷，又《大唐西域求法高僧传》二卷⑤。义净乃玄奘之后出国求法著名高僧，所撰书不仅记佛事，还有不少关于社会状况的资料。前述《释迦方志》，备记晋、宋至隋历代君主佞佛、兴建寺塔，广度僧尼等情况，均为正史所未见。此外，日本高僧圆仁撰《入唐求法巡礼行记》四卷（上海古籍出版社，1979 年），释元开《唐大和上东征传》（中华书局，1979 年），都是研讨隋唐佛教史和社会历史的重要参考读物。

佛教有藏经，道教也有经典，《隋书·经籍志》记道书共三百七十七部，一千二百一十六卷。宋张君房《云笈七签序》谈到了道藏的正式出现⑥。其与史事有关的，如杜光庭撰《道教灵验记》十五卷、又《神仙感遇传》五卷、《录异记》八卷，南唐沈玢撰《续仙传》三卷，北宋张君房撰《云笈七签》一百二十二卷，隐夫玉简撰《疑仙传》三卷，《太平广记》中也录有不少道教方面的内容，均可供参考。蒙文通《道书辑校十种》（巴蜀书社，2001 年）八十五万字，蒙辑录重玄大师成玄英

① 释普济撰，苏渊雷点校本：《五灯会元》上下册，中华书局，1984 年。
② 释道宣撰：《续高僧传》卷十九《释灌顶传》。
③ 释道宣撰：《续高僧传》卷二十四《释法琳传》。
④ 慧立、彦悰撰，孙毓棠、谢家注释：《大慈恩寺三藏法师传》中华书局，1983 年。
⑤ 王邦维校注：《大唐西域求法高僧传》，中华书局，1988 年。
⑥ 张君房：《云笈七签》，齐鲁书社，1988 年。序文谈到"苏州旧道藏经本千余卷，越州、台州旧道藏经本亦各千余卷"。

《道德经义疏》，《道德经注》以后，陆续辑校《道书》十余种，"在利用敦煌方面，树立了崇高的典范"。

（八）史评的出现　唐宋以来，史学评论之风日盛。唐中宗时，刘知几撰《史通》内、外二十篇，是我国古代著名的史学评论著作，在史学史上占居重要地位。作者久居史官，博览古籍，为了便于评论古今史籍，他往往将汉魏六朝、隋和初唐时的不少史书一再加以引述。现在，诸书亡佚，就其所引，得以了解众多旧史的若干片断。因此，《史通》在史料学方面也具有一定价值。宋人范祖禹撰《唐鉴》十二卷，议论唐代"治乱兴废之由"。《宋史》卷三百三十七本传称："《唐鉴》深明唐三百年治乱，学者尊之，目为唐鉴公云。"遍查书中所述史事，无出《资治通鉴》之外，表明它在史料学上并无多少价值。

第二节　多种体裁的基本史料书

隋唐五代时期的史料，主要是历代官修史籍（包括纪传体正史、编年体《通鉴》、称为政书的《唐律疏议》和《唐六典》，以及若干总集），某些私人著作也占居很重要的地位（如《通典》《新五代史》《元和郡县图志》等）。本节先将最主要的史籍略予介绍。

（一）《隋书》八十五卷　唐魏徵等撰。刘知几说："隋史，当开皇仁寿时，王劭为《书》八十卷，以类相从，定其篇目，至于编年纪传，并阙其体。炀帝世，唯有王胄等所修《大业起居注》，及江都之祸，仍多散逸。皇家贞观初，敕中书侍郎颜师古、给事中孔颖达共撰成《隋书》五十五卷，与新撰《周书》，并行于时。"[1] 可知《隋书》纪、传是单独成书。《隋书》的"十志"，即《五代史志》，其编纂经过，在上一章已有说明。传世至今的《隋书》，"纪传"题魏徵撰，"志"题长孙无忌奉敕撰。正由于纪、传与志，分别由不同的人在不同年代所撰，体例不一，很难相互照应。郑译、牛弘、裴政等传都提到论乐事在《音律志》，今本《隋书》却是《音乐志》《律历志》分开，而没有《音律志》。《何稠传》记大业初，营造舆服、羽仪，事见《威仪志》；《阎毗传》记议车舆事，

---

① 刘知几：《史通》卷十二《古今正史》。参《旧唐书》卷七十一《魏徵传》。

语在《舆服志》。今本《隋书》并无威仪、舆服二志，而只有《礼仪志》）。赵翼赞誉"《隋书》最为简练，盖当时作史者皆唐初名臣，且书成进御，故文笔严净如此"[1]。然而，隋《纪》历叙九锡文、禅位诏，都是赘累无用之文。刘知几指责"《隋书》王劭、袁充两传，唯录其诡辞妄说，遂盈一篇"，说它比王劭所撰齐、隋二史，"叙事烦……为失益多"[2]，文字简练，往往要遗漏重大史事。杜宝撰《大业杂记》十卷，"序言贞观修史，未尽实录，故为此书，以弥缝阙漏"[3]。刘仁轨撰《行在河洛记》十卷，也是为了弥补隋史记隋末事迹遗缺而作，可证唐初人对《隋书》并不满意。《隋书》卷二十六《百官志序》云：炀帝"南征不复，朝廷播迁，图籍注记多从散逸，今之存录者，不能详备焉"。说明早在唐初，隋代的史料已很缺乏。《隋书》有几篇列传中出现"史失其事"之语，《孝义传》十四人，多数人无甚事迹。《陔余丛考》卷七云："房彦谦在隋世本无事迹可纪，而特载其与张衡书数千百言，叙为佳传，未免以其子玄龄时方为相，且总知诸史，故稍存瞻徇耳。"

《隋书》和两唐书所记隋史以外，还有唐人张大素《隋书》三十卷，敬播著《隋略》二十卷等[4]，以后皆亡佚，只有魏徵主编官修《隋书》流传，成为后人研讨隋史的基本资料来源。《隋书·流求传》及《陈稜传》所记隋代我国台湾地区居民之社会组织、经济生活及其与内地联系等情况，很值得今人特别注意。

隋代享国三十余年，杨素、王谊等传记载隋文帝优待臣僚，赏赐田地，不愿减功臣之地以给百姓。隋朝国库竟积存了可支用达数十年的大批粮、绢。那时力役、兵役频繁，赋税苛重，刑法严酷，劳动人民被迫不断进行反抗斗争。《隋书》纪、传记载了不少这类重要资料。

《隋书》的诸志，最初是和纪、传分别流传。但是，修志之初，已很明确是以隋为主体。永徽元年（650年），颜师古撰《隋书地理志》三卷[5]，以炀帝大业五年（609年）的地理状况为准，记载了全国郡县、户

① 赵翼：《陔余丛考》卷七《隋书》。
② 《史通》卷十七《杂说》。
③ 陈振孙：《直斋书录解题》卷五《大业杂记》。
④ 《旧唐书》卷六十八《张大素传》，又卷一百八十九上《敬播传》。
⑤ 《册府元龟》卷五百六十《国史部·地理》。

口、山川形势、建置沿革，以及各地区的风俗物产，并提供了当时国内外交通状况的重要资料。对隋以前地理情况，只是顺便涉及，略有附注而已。《食货志》和《刑法志》的内容，也大致和《地理志》相近，记隋事为详。其他各志记梁、陈、齐、周事略多，但仍以隋代为详。例如《乐志》三卷，隋事居半，介绍了郑译从龟兹人苏祇婆所得七调，成为唐代燕乐调的本源。又介绍了隋大业中所定九部乐的源流、歌曲、乐器等等，乃是中外合流的重要音乐史料。《经籍志》详记其时书籍的存亡，清人姚振宗撰《隋书经籍志考证》五十二卷，是继《汉书·艺文志》之后极为重要的目录学著作。总之，《隋书》十志记隋史部分较详，是研究隋史的重要资料来源。1958 年，商务印书馆刊印岑仲勉著《隋书求是》，详细校勘考订每卷记事，可供参考。

（二）《旧唐书》二百卷　后晋刘昫、张昭远等撰。《旧五代史》卷八十四《晋少帝纪》，记开运二年（945 年）六月，修成奏上，时称《唐书》。张昭远，《宋史》卷二百六十三本传，记晋天福八年（943 年），"迁吏部，兼史馆修撰。开运二年秋，《唐书》成二百卷"。唐亡以后，典籍散佚，经过三四十年，至后晋天福六年（941 年）二月，"诏户部侍郎张昭远、起居郎贾纬、秘书少监赵熙、吏部郎中郑受益、左司员外郎李为光等同修唐史，仍以宰臣赵莹监修"①。参加编修的还有吕琦、尹拙二人②。当赵莹"监修国史日，以唐代故事残缺，署能者居职，纂补实录及修正史二百卷行于时，莹首有力焉"③。天福六年四月，他上奏说："自李朝丧乱迨五十年，四海沸腾，两都沦覆，今之书府，百无二三……今据史馆所缺唐书实录请下勅命购求。"奏章详细列举了应收购的唐朝实录和各种公私记载，作为计划中编写纪、传和十志的依据④。说明《唐书》编写工作伊始，赵莹很注意选拔人才、组成编写班子，还提出了完整而庞大的搜集整理资料和编写工作的计划，并得到了朝廷的批准。计划付诸实践时，自然会出现若干新变化。《旧唐书》诸志，在职官、天文、五

①　《旧五代史》卷七十九《晋高祖纪》。
②　《册府元龟》卷五百五十四《国史部·选任》。
③　《旧五代史》卷八十九《赵莹传》。
④　王溥：《五代会要》卷十八《前代史》；《册府元龟》卷五百五十七《国史部·采撰》文较详。

行、刑法、经籍、音乐诸志而外，新增了未列入计划的《食货志》与《舆服志》，并改《郡国志》为《地理志》，《礼志》为《礼仪志》，《律历志》为《历志》。总的说来，计划付诸写作实践中改变不大。当修撰成书之日，赵莹已罢相，便不得署名。开运元年（944年）七月，刘昫时以宰相监修国史，领衔上奏，故得署名，昫实无撰述之事①。故新、旧五代史《刘昫传》均不载他修《唐书》。

唐帝国存在前后垂三百年，自高祖以至武宗，历代修有实录。在实录基础上撰写国史，唐初令狐德棻、姚思廉等人便已开始。中宗时，武三思监修国史，史官吴兢不遂意，乃私撰《唐书》《唐春秋》，书稿未成，出为荆州司马，乃以史稿自随。萧嵩监修国史时，派人索取，得书六十五卷，"兢卒后，其子进兢所撰唐史八十余卷，事多纰缪，不逮于壮年"②。韦述接续撰写，"始定类例，补遗续阙，勒成国史一百一十三卷，并史例一卷"③。安史之乱发生，"《国史》一百六卷，《开元实录》四十七卷，《起居注》并余书三千六百八十二卷，并在兴庆宫史馆，京城陷贼后，皆被焚烧"④。事后，官府出钱大力收购，"数月之内，唯得一两卷"。当两京陷没，玄宗逃亡入川时，"韦述抱国史藏于南山"，其后，"以其家藏国史一百十三卷送于官"。《旧唐书》卷一百四十九《令狐峘传》云："禄山之乱，隐居南山。……累迁起居舍人，皆兼史职，修《玄宗实录》一百卷，《代宗实录》四十卷，著述虽勤。属大乱之后，起居注亡失，峘撰开元、天宝事，虽得诸家文集，编其诏策，名臣传记十无三四，后人以漏落处多，不称良史。"同卷《柳登传》云："父芳，肃宗朝史官，与同职韦述受诏添修吴兢所撰国史，杀青未竟而述亡。芳绪述凡例，勒成国史一百三十卷。上自高祖，下止乾元，而叙天宝后事，绝无伦类，取舍非工，不为史氏所称。然芳勤于记注，含毫罔倦，属安史乱离，国史散落……上元中，坐事徙黔中……芳以所疑禁中事，咨于（高）力士。力士说开元、天宝中时政事，芳随口志之，又以国史已成，经于奏御，不可复改，乃别撰《唐历》四十卷，以力士所传，载于年历之

---

① 钱大昕：《十驾斋养新录》卷六《刘昫传不言修唐史》。
② 《旧唐书》卷一百零二《吴兢传》。
③ 《旧唐书》卷一百零二《韦述传》。
④ 《旧唐书》卷一百四十九《于休烈传》。

下。”到了唐末大乱，“宫庙寺署，焚荡殆尽，曩时遗籍，尺简无存”①。因此，五代梁、唐二朝为了编纂唐史，大力搜集资料。梁悬赏购买，但收获不多。后唐从成都搜访所得九朝实录乃是韦述所编。贾纬“以唐代诸帝实录自武宗已下，阙而不纪，乃采掇近代传闻之事及诸家小说，第其年月，编为《唐年补录》凡六十五卷”②，“论次多所阙误，而丧乱之际，事迹粗存，亦有补于史氏”③。《旧唐书》正是在唐末资料奇缺情况下，在过去国史的基础上缀补编成的。

长期来，人们认为《旧唐书》芜杂、多阙略，文笔不好，对它评价不高。清人赵翼列举了许多具体事例，说“五代修《唐书》，虽史籍已散失，然代宗以前，尚有纪、传，而庾传美得自蜀中者，亦尚有九朝实录。今细阅旧书文义，知此数朝纪传，多钞实录、国史原文也。凡史修于易代之后，考覆既确，未有不据事直书，若实录、国史修于本朝，必多回护，旧书回护之多，可见其全用实录国史，而不暇订正也”。“至（武宗）会昌以后，无复底本，杂取朝报、吏牍，补缀成之。故本纪书吴湘狱案，至千余字。咸通八年（867年），并将延资库计帐贯匹之数，琐屑开入，绝似民间记簿，其除官必先具旧衔，再入新衔，如以某官某人为某官，下至刺史，亦书于本纪，是以动辄累幅，虽邸抄、除目，无此繁芜也。”④钱大昕也说：“按旧史本纪，前后繁简不均，睿宗以前，文简而有法，明皇、肃、代以后，其文渐繁，懿、僖、昭、哀四朝，冗杂滋甚。……盖唐初五朝国史经吴兢、韦述诸人之手，笔削谨严，中叶以后，柳芳、令狐峘辈虽非史才，而叙事尚为完备，宣、懿而后，既无实录可稽，史官采访，意在求多，故卷帙滋繁，而事迹之矛盾益甚也。”⑤从史料学角度评论，优良并非在于文简，详杂不一定算坏。顾炎武说：“《旧唐书》虽颇涉繁芜，然事迹明白，首尾详赡，亦自可观。”⑥赵翼也承认：“此书如庞勋之乱、黄巢之乱，李茂贞、王行瑜等之劫迁，朱温之篡弑，即于本纪详之，不待翻阅各传，已一览瞭如，（司马）迁、（班）固本有此体，

① 《旧唐书》卷四十六《经籍志序》；又卷一百四十九《于休烈传》。
② 《旧五代史》卷一百三十一《贾纬传》。
③ 《新五代史》卷五十七《贾纬传》；参看《册府元龟》卷五百五十七《国史部·采撰》。
④ 赵翼：《廿二史札记》卷十六《旧唐书前半全用实录国史旧本》。
⑤ 钱大昕：《廿二史考异》卷五十七《旧唐书》。
⑥ 顾炎武：《日知录》卷二十六《旧唐书》。

非必纪内只摘事目也。"王鸣盛把它说得更透彻:"宣、懿、僖、昭、哀五朝皆无实录,既无实录,其事迹易致遗失,而晌时相去近,比宋敏求传闻更确,纂修者偶尔访求而得其详,唯恐泯灭,故遂不惮多载之与!……新书于旧纪奋然涂抹,仅存无几。若《哀纪》旧约一万三千字,而新约只千字……使新书存而旧书竟亡,读史者能无遗憾乎?!"① 所言很有理。

毋庸讳言,《旧唐书》编撰时,加工较差,以致出现不少重复。如黄巢退出长安后,杨复光《收复京师露布》,文字冗长,既载之于《僖宗纪》,又录之于《黄巢传》。蒋乂谏张茂宗尚公主疏,既载于《张茂宗传》,又记于《蒋乂传》②。有些人如杨朝晟、王求礼、萧颖士等都是一人两传。书首传目中有韦况,传中并无其人。传文说韦叔夏另有传,实际却没有。纪、传中多次出现"本朝""国初""今上""上即位""至今赖之"一类文字,乃是沿袭旧史的明证。《顺宗纪》论题史臣韩愈、《宪宗纪》论题史臣蒋系,《刘仁轨传》《郝处俊传》的史臣曰,直接、间接引用韦述之言等等,也是《旧唐书》大量抄录国史之证据。在纪、传中大量完整地收录不少皇帝诏敕和臣僚们的奏疏、表章、对策和论文、诗赋,文字风格差别很大,确是显得冗杂。但正是因此,它便是资料的库藏,是《新唐书》所无法比拟的。司马光编写《通鉴·唐纪》时,包括唐懿宗以后的纪事,亦多取《旧唐书》,自是很有道理。

《旧唐书》有十一志,共三十卷。《礼仪志》七卷,篇幅最大,主要是根据一百五十卷《开元礼》改编而成,由于唐朝社会重视封建礼仪,并曾以礼开科取士,故编列于诸志之首。《音乐志》四卷,首叙郊庙乐与军乐,次述宴乐,三叙郊祭乐章,四述宗庙乐章,文字多本之于《通典》,其中对南朝时的吴声、西曲之起源及其歌辞,叙述较详,当然很好,而对唐代的宴乐歌辞,说是"词多不经,不复载之",就不好了。《五行志》列举各地的自然灾害(水、旱、虫、蝗、火灾、地震等),其中有不少民生困苦以及工商业、内外交通史的资料。《地理志》记录了全国边防、镇戍的分布和兵马人数,并以天宝十一年(752 年)疆域为准,

———————

① 王鸣盛:《十七史商榷》卷七十六《昭哀二纪独详》。按,宋敏求编撰武宗以后六朝实录,是在北宋时,详见后述。

② 分别见《旧唐书》卷一百四十一、卷一百四十九。

分道叙述了各地州县设置和户口等情况。《职官志》主要记载了永泰二年（766年）官品、有关职官制度的沿革，其中有不少是一字不易地照抄《唐六典》。《食货志》比较集中地谈到唐代田制、赋税、钱币、盐法、漕运、仓库乃至杂税、榷酤等有关经济史料。《经籍志》以开元盛世为准，记录了经、史、子、集四部存书的情况，志序还扼要谈到了安史乱后直至后梁迁洛期间，国家书籍的残损状况。《历志》记事，仅及唐高宗时。总的说来，《旧唐书》诸志，多存在错讹和重大遗漏，但它集中了不少有用的资料，成绩应该肯定。

《旧唐书》编撰完成后，当时只称为《唐书》。《四库提要》卷四十六说："自宋嘉祐后，欧阳修、宋祁等重撰新书，此书遂废，然其本流传不绝。"说《唐书》在《新唐书》修成后"遂废"是不正确的。宋代官私书目都列有《唐书》，只不过是在吹捧《新唐书》的颂扬声中，使它受到了冷遇，自南宋初年刻印之后，久无刻本。明代中叶，有人在吴中张、王二家分别获得宋版《唐书》的列传和纪、志。嘉靖十七年（1538年），余姚闻人铨等予以重刻，但传布不广。明清之际，顾炎武建议兼刻《旧唐书》，直至清乾隆四年（1739年），《旧唐书》始得复刻。由于它长期没有印本，书中已有不少残缺以及相互歧异之处。清代学者罗士琳、刘文淇等撰有《旧唐书校勘记》六十六卷，以乾隆武英殿刻本，参校影宋本，多有不同，乃以宋人所引旧书为主，参考武英殿本以及《唐六典》《唐会要》《通典》《通鉴》《寰宇记》《册府》等书，分别校勘，态度比较严谨。岑建功撰《旧唐书逸文》十二卷，主要从《御览》辑出，它对其所引《旧唐书》《唐书》等同看待，不加区分，使用它时要特别注意。雍正时，沈炳震用功十年，撰《新旧唐书合钞》二百六十卷，取二书之所长者为正文，以次要者为注。大多数纪、传都以《旧唐书》为正文，将《新唐书》记载有出入者入注，事同文略者不录。新书新增列传，则以新传为正文。旧书诸志如地理、仪卫、五行、天文等志或缺，或过于疏略，便以新书诸志为正。职官、刑法、舆服等志仍以旧志为正。编者对两唐书中记载互异者，常加按语，发表自己意见。通观《合钞》全书，大致是以《旧唐书》为主，而以《新唐书》所载分别注入。如此分割二书，进行改编，有时还改动了原书的文字，体例不纯，当然不好。他对《新唐书·方镇表》和《宰相表》均重加订正，也并不稳妥。但有此一书，可以大致备悉两唐书之所长，故亦为有用之作。有人不认真核读，认为《合钞》是以《新唐书》为主，那是并不符合实际的。

1989年，三秦出版社出版潘镛撰《旧唐书食货志笺证》，重在文字异同校勘，可供参考。

（三）《新唐书》二百二十五卷　宋人宋祁、欧阳修撰。宋祁，《宋史》卷二百八十四有传。欧阳修，《宋史》卷三百一十九有传。宋仁宗对《唐书》的文笔不满，下令设立书局，先后调集一批文人重撰唐史。经历十七年，嘉祐五年（1060年）编完，由提举官曾公亮领衔表进，表中批评五代所修《唐书》"纪次无法，详略失中，文采不明，事实零落"[1]。这次修书的实际负责人是宋祁与欧阳修。王鸣盛曾指出二人修撰唐书有先后，并非同时奉命，所言颇为有理[2]。宋人还记载说："旧例修书止著高官一人名衔，欧公曰：'宋公于我为前辈，且于此书用力久且深，何可没也！'遂于纪、传各著之。宋公感其退逊。"[3]《新唐书》列传中，新设《诸夷蕃将》《宗室宰相》《藩镇》《奸臣》《叛臣》《逆臣》《卓行》《方技》诸类传，颇有特色。

编写《新唐书》的分工情况，宋人赵彦卫说："本朝修《唐书》，曾鲁公提举，欧阳公分修帝纪，宋祁公修列传，而志、表则范镇、王畴、宋敏求、吕夏卿、刘羲叟分修。今观《百官志》乃《唐六典》，《地理志》乃《十道志》，《礼乐志》乃《开元礼》云。"[4] 刘羲叟所编长历很好，司马光编修《通鉴》时屡用它，"及修唐史，令专修律历、天文、五行志"[5]。宋敏求在辑录《唐大诏令集》之外，又"补唐武宗以下六世实录百四十八卷"[6]。所有参加编修人员各自发挥所长，大大有利于全书的顺利完成。欧阳修说自己"到局日不多，用功最少"，确实不是谦逊之语。

---

[1]　此表由曾公亮进呈，实际是欧阳修执笔，见《欧阳文忠全集》卷九十一《进新修唐书表》。

[2]　王鸣盛：《十七史商榷》卷六十九《宋欧修书不同时》。

[3]　陈振孙：《直斋书录解题》卷四；高似孙《纬略》卷十二，文义同，记事更详尽。按，宋祁比欧阳修年长九岁。

[4]　赵彦卫：《云麓漫钞》卷五。

[5]　《宋史》卷四百三十二《刘羲叟传》。

[6]　《宋史》卷二百九十一《宋敏求传》。

《进新修唐书表》说:"其事则增于前,其文则省于旧,至于名篇著目,有革有因,立传纪实,或增或省。"晁公武说:"旧书约一百九十万,新书约一百七十四万,而其中增表。"① 据统计,《旧纪》有三十万字,《新纪》仅九万字。陈振孙说,《新唐书》"凡废传六十一,增传三百三十一,志三,表四"②。总的说来,新书志、表文字比旧志增加,但它也力求文字简略,如《新唐书》卷三十七《地理志》同州条注:"凡州郡县无所更置者,皆承隋旧。"从此以下便削去旧志所叙地理沿革,省文很不少。

《新唐书》本纪大删繁文的同时,还增加了一些资料,所增多是比较重要和有意义的,可参看赵翼《陔余丛考》卷十《新旧唐书本纪繁简互有得失》条。但新书大删旧传所录诏令、奏疏、诗文等,或将它改成很难读的散文,所为并不高明。在多数列传中,新传也增加了一些内容。说新书对唐后期增加了不少史事,这是确实的;如果认为对唐前期史事并无补充,那是不对的。列传首篇《李密传》,李密在《隋书》《北史》《旧唐书》都有传,四传所记,互有出入,《新唐书·李密传》编撰在最后,仍增加了若干重要内容。又如新书《李勣传》,记勣在立武后之争时的态度,《房玄龄传》记他关于创业与守成难易之对话,《魏徵传》记所上十渐疏文,《韦弘机传》记修建李弘陵墓时役夫们的反抗,诸如此类唐前期诸臣各传所增材料也不少。至如新书增立诸传,除个别如《宋务光传》,基本上是将《旧唐书·五行志》所收疏文改写而外,绝大多数列传是编者收集资料而补作的。将两唐书的纪、传比勘对读,可以发现一些问题,清人已有不少论说,颇便参览③。

岑仲勉《唐史余瀋》四卷,共计二百四十三条,细密考证唐史中的诸多问题,题材广泛,其中谈到《新唐书》不少列传是采用碑志小说文集和佚史而成,确是事实④。唐代西南方有强盛的吐蕃和南诏。《新唐书》为它们立传,内容远比《旧唐书》所写丰富。王忠曾为《新唐书·

———————————

① 晁公武:《郡斋读书志》卷五。
② 陈振孙:《直斋书录解题》卷四。
③ 参看顾炎武《日知录》卷二十六《旧唐书》《新唐书》;赵翼《陔余丛考》卷十、卷十一、卷十二;又《廿二史札记》卷十六、卷十七、卷十八,王鸣盛《十七史商榷》卷八十五、卷九十一,有关诸条。
④ 岑仲勉:《唐史余瀋》,上海中华书局,1960 年。

吐蕃传》和《南诏传》作《笺证》，特别是《新唐书吐蕃传笺证》，作者充分利用了古藏文、碑刻石及古藏文写本，译成汉文。用以补充或纠正汉文史实之误或勘证其异同，实是有力之作①。《南诏传笺证》亦广引四十多种汉文献为之作注，也是费力不少。

《新唐书》诸志，大多比旧书为详。《食货志》由两卷增至五卷，有关屯田、和籴、矿产、职田、俸料等方面的内容，都是旧书所没有的。钱币部分虽然文字不如旧书详尽，但也增入了不少内容。《地理志》由四卷增至八卷，内容有不少革新。它大量记载全国各地河渠陂堰的开凿与灌溉，可帮助了解唐代农田水利。记录各地土贡，使人得以了解诸道州县的土特产情形。逐一开列各地所设军府、军镇守捉防戍，可以由此窥见唐代军事部署情况。将羁縻州集中在一卷内叙述，可帮助了解唐代各少数民族的住居分布及其开发情况。扼要记录贾耽"入四夷之路与关戍走集"，使今人对于当时由内地至边陲，由广州至东南亚和西亚地区的交通路线得以有具体的了解。《百官志》比《旧职官志》新增了宰相制度和翰林学士制度，对研究唐代政治制度史十分重要。

《新唐书》在正史中第一次写出了《兵志》和《仪卫志》，为《宋史》以后诸正史所沿袭。《兵志》兼及马政，记载了唐代军事制度及其变化的简史，赞美府兵制，但对于它的内容却言之不详，对府兵制败坏后，彍骑、长征健儿、衙军的种种情况，也是语多疏略。同时参加编撰的吕夏卿显然并不满意，"别著《兵志》三卷，自秘之，戒其子弟勿妄传"②。清人钱大昕、王鸣盛等人对新书《兵志》多所匡正③。近人唐长孺撰《唐书兵志笺正》四卷，根据现存资料，校出了其中的不少错误，指出节度使的武装来源于健儿长住边军，如此等等④。《选举志》名称，至《旧五代史》第一次设立。《新唐书·选举志》主要是依据《通典》所记有关选举的内容以及《唐会要》之"选部""贡举"改写而成，记述了唐代官吏的来源、学校科举和官吏铨选、考核等方面的资料是可取的。可是，连

---

① 王忠：《新唐书吐蕃传笺证》，科学出版社，1958 年。王忠《新唐书南诏传笺证》，中华书局，1963 年。

② 晁公武：《郡斋读书志》卷六《杂史类·兵志三》。

③ 钱大昕：《廿二史考异》卷四十五《新唐书兵志》；王鸣盛《十七史商榷》卷八十二有关诸条。

④ 唐长孺：《唐书兵志笺正》，科学出版社，1957 年。

《册府元龟·铨选部》和《贡举部》所记的许多内容，也都没有收录，由此亦可见其粗略。《仪卫志》主要研究了仪仗服饰。此外，《五行志》专记自然灾害，不再附会人事。《艺文志》比《旧经籍志》新增书千余种，文集五百余家。《食货志》新增专卷，记官员禄米、职分田、公廨田、俸料等等，还新增屯田、边镇、和籴诸目。《地理志》记军府设置，屯防军镇物产分布、水利兴衰和中外水陆交通道里等。以开元十五道为准，州郡建制以唐末天祐为主，附有羁縻州府八百，有利于增进了解边防地区行政。

《史记》《汉书》之后，历代诸史均不设《表》。《新唐书》设有宰相、方镇、宗室世系和宰相世系四表，共十五卷，编成实非易事。周密说："欧公著族谱，号为精密。"① 初置史局时，已参加了工作的吕夏卿，"学长于史，贯穿唐事。……又通谱学，创为世系诸表，于《新唐书》最有功云"②。四表对唐代宰相的任免进退，记诸方镇建置沿革，表明地方藩镇势力的消长离合，惜未列出节度使姓名，近人吴廷燮《唐方镇年表》，始补其缺。《宗室世系表》很少记事，仅显示其兴衰与升降，以及担任宰相的族系升降等情况，提供了必要的资料。其中《宰相世系表》记三百六十九人，世系九十八族，尤为有名，但存在问题也不少。宋人说："新唐宰相世系表皆承用逐家谱牒，故多有谬误。"③ 号称内相的翰林学士，比虚有其名的三师三公重要，清代学者对它的指责更多，列举内容也更具体。近人岑仲勉考证《宰相表》和《宗室世系表》乃是以《元和姓纂》为骨干编成④。开元以来，宦官执掌了内朝权力，与外大臣宰相，并称内外大臣，《新唐书》并没有为枢密使、内侍监、左右神策军中尉立表，用以说明其真实情况。

从史料学角度来评价新、旧唐书，二者是各有所长。王鸣盛说："今平心观之，二书不分优劣，瑕瑜不掩，互有短长"；"新书最佳者志、表，列传次之，本纪最下；旧书则纪、志、传美恶悉相等"⑤。这个总评价，大致公允。《旧唐书》卷一百九十一《方伎传》为僧玄奘、神秀、慧能、普寂、义福、一行等设传，以言唐代佛教梗概，《新唐书》一律删除，一行事迹编入《天文志》，似乎唐代并无佛教，这么处置是很不正确的。

《新唐书》问世三十年后，吴缜撰《新唐书纠谬》二十卷，自序指出欧、宋分别主修，"故纪有失而传不知，传有失而纪不见"。他就该书所记相互参证。列举新书之失有八大类，分为二十门，计有四百六十余事。如卷九，列举了纪、表、志、传不相合者五十四条；卷十，指出一事两见而异同不完者二十二条，大多言之中肯。但吴氏也有说错了的。

清嘉庆时，赵绍祖撰《新旧唐书互证》二十卷，以新书为主，胪列《旧书》《会要》《新书纠谬》、金石录、《通鉴》和《考异》以及清人卢文弨、钱大昕等人的著述，共计一千一百三十二事，作为考辨，说明两唐书有关史事的是非。但它并非逐条考证，仅将自己认为可疑者考辨之，可供参考。

清末唐景崇作《唐书注》，它是为《新唐书》作注。体裁类似集解，将《旧唐书》记载足以与《新唐书》参证异同的，以及唐、宋以来人们有关同一事的记载，都分别引以入注，借以纠谬、补阙和疏解。书稿没有完成。1935 年，北平印本《唐书注》十卷，仅限于本纪，我曾通读，颇有价值。

王先谦撰《新旧唐书合钞补注》二百六十卷，以新书为主，将《旧唐书》比附《新唐书》而并存。这部书虽在王氏生前完成，20 世纪 50 年代，由瞿蜕园标点完毕，并作了人名、地名通检，1958 年送交出版社，未能公开出版。据了解，除百官志及各表不幸散佚，由商务委托傅运森补撰外，其余王氏原稿仍完整存在，原稿以《新唐书》为主，以《旧唐书》比附《新唐书》而并存，比较切合实用。我从清末已经单独刊行的《魏徵传》和《安禄山传》来看，王氏对历代学者自吴缜《新唐书纠谬》以至钱大昕、赵翼、王鸣盛、赵绍祖等人的有关考证成果都逐条收入，而又不变更原文，治学比较谨严。有此一篇，可省翻检之劳，实为有用之作。我曾先后三次通读《汉书补注》和《后汉书集解》。我的印象，《汉书补注》质量最高，《后汉书集解》次之，《新旧唐书合钞补注》相对又次之，但应当肯定，它仍是有用之书。原稿现存中国科学院图书馆，我曾在院图书馆认真通读过。

（四）《旧五代史》一百五十卷　宋薛居正等撰。薛居正，《宋史》

卷二百六十四有传。开宝六年（973 年）四月"戊申，诏参知政事薛居正监修后梁、后唐、晋、汉、周五代史"。七年闰十月"甲子，监修国史薛居正等上新修《五代史》百五十卷"①。"卢多逊、扈蒙、张澹、李昉、刘兼、李穆、李九龄同修"②。它成书迅速，在于五代各朝均有实录，并且在历朝实录的基础上改编成实录简编。王应麟说："《建隆五代通录》六十五卷。建隆中，昭文馆大学士范质撰。以五代实录共三百六十卷为繁，遂总为一部，命曰通录。肇自梁开平，迄于周显德，凡五十三年。"③修史诸臣主要根据范质撰实录简编，并参考各朝实录以成五代史。赵翼指出："今案其记载，不惟可见其采取实录之迹，而各朝实录之书法，亦并可概见焉。"④ 因而只用一年半时间，便全部撰成。

宋朝略仿《三国志》例编修《五代史》，五代各自成书，有纪有传，对十国史事，另行处理。那时，南唐、吴越、北汉等国尚未灭亡，"其时秉笔之臣，尚多逮事五代，见闻较近，纪、传皆首尾完具，可以征信"⑤因而薛史受到宋人的重视，司马光修《通鉴》，胡三省撰《通鉴注》，都从中取材；沈括、洪迈、王应麟等人的著作也多加援引。可是，金章宗泰和七年（1207 年）十一月，"诏新定学令内，削去薛居正《五代史》，止用欧阳修所撰"⑥。此后，薛史逐渐稀少，"元明以来，罕有援引其书者"。明代编撰《永乐大典》时，按韵将该书分别纳入。清乾隆时，四库开馆，已找不到薛史原本，馆臣邵晋涵等人自大典各韵一一誊录，又复将宋人著作中引有薛史文字者凡百余种，加以抄辑以补其缺。薛史原书的编例不明，仅从列传行文，获悉其为断代成书，乃将辑录所得重编为《梁书》二十四卷、《唐书》五十卷、《晋书》二十四卷、《汉书》十一卷、《周书》二十二卷、《世袭传》二卷、《僭伪传》三卷、《外国传》二卷、《志》十二卷，总共为一百五十卷。乾隆四十九年（1784 年）十月，纪昀奏请正式刊印，列入正史。

薛史据实录编成，许多讳饰虚美，未及删削，如《张全义传》大力

---

① 李焘：《续资治通鉴长编》卷十四，又卷十五。
② 晁公武：《郡斋读书志》卷五。
③ 王应麟：《玉海》卷四十八。
④ 赵翼：《廿二史札记》卷二十一《薛史全录各朝实录》。
⑤ 《四库总目提要》卷四十六。
⑥ 《金史》卷十二《章宗纪》。

赞美他治洛等功勋，而讳言其大量丑恶秽行。薛史中的《世袭传》，大体相当于《史记》中之《世家》，把没有称帝而自传子孙、实际是独立政权的陕西李茂贞和高季兴父子、灵州的韩逊、夏州的李仁福、荆南高氏、楚之马氏、吴越钱氏都列为世家。另有《僭伪传》，则类似《晋书》的《载记》，是指已称帝的吴、南唐、闽、南汉、北汉、前蜀、后蜀、大燕（刘守光）。薛史对这些政权的史事记载都极为简略，此当与其主要据实录编成有关。契丹、吐蕃、回鹘、高丽等列入《外国传》，记事更为简略。

薛史直接抄录国史，少有刊削，在纪、传中，保存了不少有用的资料。现存十志十二篇①，多残佚不全。四库馆臣编定薛史凡例说："薛史诸志，《永乐大典》内偶有残缺，今俱采《太平御览》所引薛史增补，仍节录《五代会要》诸书分注于下，用备参考。"礼、食货、刑法、郡县诸志都没有序言，《食货志序》是据《容斋三笔》所录文字补入②。选举、职官、五行诸志，保存比较完整。《选举志》名称列入正史，《旧五代史》实居其首，此后修《新唐书》等史，沿用不辍。《职官志序》说："今之所撰，不敢相沿……或厘革升降，则谨而志之。"即不记沿袭唐制之官，只记有所变异的职官，其他诸志可能也是如此办理。这个处置是可取的。可惜，诸志所记史事过于简略，如《食货志》中，有关国计民生的重大经济措施，完全没有记载，与广大人民生活密切相关的赋役、钱币等事，史文也很少记载，即使是记录较为详细的盐法部分，也有不少重大遗漏。在《五代会要》《册府元龟》乃至《宋史·食货志》中都有不少史事，可供采用，可惜四库馆臣并未录以补充。

辑本薛史经四库馆臣努力复原，并参考引证百余种书目以资考证，采辑之功甚勤。乾隆四十年（1775 年），缮写进呈时，逐条注明了原文出处，并将有关考证列于正文之下。这种做法很可取。但在乾隆四十九年（1784 年）刊印时，却删去了辑文出处，并改动了不少正文和注。章钰曾据乾隆时孔荭谷的校抄本与殿本对勘，知"已失邵二云稿本面目"③。陈垣曾拟以《册府元龟》等书重新整理薛史，1936 年，撰写了《以册府校

---

① 十志是天文、历、五行、礼、乐、食货、刑法、选举、职官、郡县。
② 洪迈：《容斋三笔》卷十《朱梁轻赋》。
③ 邵晋涵字二云。

中国古代史史料学

薛史计划》，1937年，刊印了《旧五代史辑本引书卷数多误例》和《旧五代史辑本发覆》三卷，共一百九十四条①。总结辑本删改，大致包括了忌胡戎之类的十忌。可惜，中华书局出版点校本《旧五代史》时，点校者竟未能认真吸收其成果加以改进。今本《旧五代史》缺憾甚多，很需要重新辑补，加以充实改编。

（五）《新五代史》七十四卷　宋欧阳修撰。《宋史》卷三百一十九本传说，欧阳修"奉诏修《唐书》纪、志、表，自撰《五代史记》，法严词约，多取《春秋》遗旨"。《五代史记》即《新五代史》本名，《郡斋读书志》和《玉海》均称为《五代史记》，《直斋书录解题》和《宋史·艺文志》始称《新五代史》。唐代设馆修史之后，它是历代正史中唯一的私人著作。晁公武说："欧阳永叔以薛居正史繁猥失实，重加修定，藏于家。永叔没后，朝廷闻之，取以付国子监刊行，国史称其可以继班固、刘向，人不以为过"②。

《新五代史》出于私撰，由《欧阳文忠公外集》卷十七、卷十八、卷十九《与尹师鲁书》《答李淑内翰书》等篇，可知欧阳修撰是书，经历了长期探索，并与友人反复商量过。他断断续续私修五代史，费时甚多。

欧阳修以为孔子作《春秋》，因乱世而立法，他撰《五代史记》"以治法而正乱君，发论必以呜呼，曰：此乱世之书也"。《一行传序》称："五代之乱极矣，传所谓'天地闭，贤人隐'之时欤！"③ 他将五代诸臣只事一朝者称某臣传，历仕诸朝者列入《杂传》。而且，别出心裁，特立了许多奇异名称的类传，如《义儿传》《一行传》《伶官传》《家人传》《死节传》《死事传》《唐六臣传》《杂传》《宦者传》等。为伶官（演员）立传，实为诸史之首，《杂传》乃是历仕多朝，无可归从之人，通过这些名目繁多的传名区分，以及史文中的用字考究，以贯彻他的褒贬议论原则。另外，他尽量简化薛史文字，注意事增文损。薛史帝纪六十一卷，新史删并为十二卷，仍注意适当增进内容，如在本纪中，新增边疆各族与五代的贡使关系。薛史录周世宗毁佛诏文八百余字，新史简化成

①　《陈垣学术论文集》第二集，中华书局，1982年。参看董恩林《旧五代史考证》刊《文史》五十八辑，2002年。
②　晁公武：《郡斋读书志》卷五。
③　陈振孙：《直斋书录解题》卷四。《新五代史》卷三十四《一行传》。

十余字。至于列传中如赵在礼、孙谦、史建瑭、王晏球、安重诲、苏逢吉等，记事均比薛史为多。薛史记十国事只有二卷，新史增为十一卷，其中一卷是十国年谱，即相当于十国年表。又有《四夷附录》三卷，记奚、契丹、吐浑等情况，契丹占二卷，实据胡峤《陷虏记》切入，真实反映华北诸王朝面临的严峻社会现实。十卷为世家，钱大昕《潜研堂文集》称："世家之例，非欧公所创，梁武《通史》叙三国事，别立吴、蜀世家，实开其先矣。然李茂贞、韩建与杨行密、王建鼎峙，拓跋李氏世有夏、绥、银、宥、静五州之地，亦南平之亚也，皆当列世家之数，不宜散入杂传，此又义例之未善者也。"新史内容增加的主要来源是杂采笔记、小说。赵翼认为"欧史博采群言，旁参互证……故所书事实，所纪月日，多有与旧史不合者，卷帙虽不及薛史之半，而订正之功倍之"①。王鸣盛说："僭伪诸国，皆欧详薛略。盖薛据实录，实录所无，不复搜采增补，欧则旁采小说以益之。南汉世家……其事甚备，而薛史皆不及。""北汉刘氏事，则欧史为详，薛史反略，不但因薛史成时，刘氏未亡之故也；即其叙刘崇，不过六七百字，欧史则一千五百余字，至崇子承钧及承钧养子继恩、继元相继袭位，而薛史承钧只一句，继恩、继元并其名不见，欧史则叙至一千八九百字。薛史成于开宝七年（974 年），继元在位已七年，薛居正但就史官已录者抄撮成书，其余概不添补"②，所说都很真实。

《四库提要》卷四十六云："修作是书，仅司天、职方二考，寥寥数页，余概从删。虽曰世衰祚短，文献无征。然王溥《五代会要》蒐辑遗编，尚衰然得三十余卷，何以经修漏录，乃至全付阙然。……此书之失，此为最大。"欧史不立志，仅有司天、职方二考。欧阳修不撰食货、选举、兵、刑等志，无疑是重大缺点。他主观认为五代典章制度不足为后世法，仅撰二考以备稽查。《司天考》说："刘羲叟为予求得其本经，然后王朴之历大备。"清人钱大昕认为"刊修唐史时，（欧公）与羲叟同局，天文、历志皆出羲叟一手，此书《司天考》，亦必出于羲叟也"③。《司天考》即《天文志》，记王朴所撰《钦天历》，刘羲叟历法，未记自然灾

① 赵翼：《廿二史札记》卷二十一《欧史不专据薛史旧本》。
② 王鸣盛：《十七史商榷》卷九十七《南汉事欧详薛略》《北汉刘氏欧详薛略》。
③ 钱大昕：《廿二史考异》卷六十五《五代史·司天考》。

害。鉴于五代时疆宇交错，很难以文字表达明白，为了准确反映现实情况，欧阳修将表志改革为《职方考》，实为《地理志》，备受王鸣盛的推崇，说"欧公改志作考，而《职方考》每行分六格，横列之，即表也"。又说"此考虽简略，然提纲挈领，洗眉刷目"①。通看此考所列，便知五代土地，以梁为最小，后汉差大，周又大，后唐为最大。十国世家及其年谱，乃是记录十国的史实。

欧史问世时，已有徐无党注。邵晋涵《南江书录》说："徐无党注发明义例，疑亲得于修所口授者，然但有解诂，而不详故实与音义，是亦史注之别体也。"俞正燮《癸巳存稿》说："欧史本有注，署其甥徐无党名……疑欧自注而署徐名。"姑不论二说之是非，实际上，徐注旨寓褒贬，并无多少史料价值。

宋人吴缜撰《五代史纂误》五卷，所记"凡二百余事，皆欧阳永叔《新五代史》牴牾舛讹也"②。该书甚受时人重视，章如愚等也备引之。但其书久佚。清乾隆时，从《永乐大典》辑出一百十二事，按《宋史·艺文志》所记，整理分析为三卷，略具梗概。清康熙五十九年（1720年），杨陆荣未见吴氏《纂误》，亦就欧史疏谬，撰成《五代史志疑》四卷；乾隆四十三年（1778年），吴兰庭通过校订五代史，撰《五代史记纂误补》四卷，揭示了欧史的若干错误，可供参阅。嘉庆时，彭元瑞、刘凤诰二人撰成《五代史记补注》七十四卷。道光八年（1828年）彭氏刻本以欧史为正文，以薛史、《通鉴》《册府元龟》《五代会要》《五代史补》《五代史阙文》《五代史纂误》《北梦琐言》等书二百七十多种分注于欧史正文之下。由于欧史原有徐无党注，故称其书为《补注》。此书收集资料丰富，是一部五代史的史料汇编，对查检五代史事，颇为有用。

（六）十国史籍　唐亡以后，与北方五个王朝相抗衡的有江南九国，加上在华北建国的北汉，合称十国。有关十国史事，薛、欧二史记载都很简略。研讨十国史，除《资治通鉴》外，辑本《九国志》和《南唐书》《吴越备史》等便是重要资料来源。吴任臣撰《十国春秋》成书于清初，用处不是很大，但它汇集了大量有关资料，颇便查阅。

① 王鸣盛：《十七史商榷》卷九十六《职方考中有表》条，又《五代土地梁最小唐最大》条。

② 晁公武：《郡斋读书志》卷七。

《九国志》十二卷　宋路振撰。《宋史》卷四百四十一本传说："又尝采五代末九国君臣行事作世家、列传，书未成而卒。"英宗治平元年（1064 年）六月，"驾部郎中路纶献其父振所撰《九国志》五十卷。诏以付史馆。振在真宗时知制诰，所谓九国者，吴杨行密、南唐李昪、闽王潮、汉刘崇、南汉刘隐、楚马殷、西楚高季兴、吴越钱镠、蜀王建、孟知祥也"①。其书久无刊本，清乾隆时，邵晋涵从《永乐大典》辑录散编，首尾完善，周梦棠为之按国分编，列传一百三十六篇，析为十二卷，计吴臣三卷，南唐、吴越、前蜀、后蜀、东汉（北汉）、南汉、闽、楚、北楚（荆南）各一卷，实为十国。是书列传所记，多可补十国史事之缺。1937 年，《万有文库》排印本，颇便查阅。南唐在十国中为最大，《九国志》仅存南唐《周本传》，至今传世的马令和陆游分别所撰的《南唐书》，足以弥补其所阙。

《南唐书》三十卷　北宋马令撰。《南唐书》十五卷，南宋陆游撰②。马令，《宋史》无传。陆游，《宋史》卷三百九十五本传，不记撰《南唐书》事。陈振孙说："阳羡马令撰（《南唐书》），序言其祖太傅元康，世家金陵，多知南唐故事，未及撰次，今纂先志而成之，实崇宁乙酉（四年，即 1105 年）。其书略备纪传体。……"陆游所撰，"采获诸书，颇有史法"③。将二书比较，马书纪事较多，并有南唐所灭闽、楚二国列传，可补闽、楚史事之缺，另有《建国谱》，实即《南唐书》的地理志，可惜仅记军州，而不记县名和户口数，未免失之简略。陆书文字简洁，但纪、传记事，不少为马氏书所无，而且还增设了一些列传，故二书可以并存。清末嘉业堂刊印《南唐书补注》十八卷，是以陆氏书为主，将马氏书分别入注，成为《南唐书》的资料汇编，可供参查。

《十国春秋》一百一十四卷　清康熙初吴任臣撰。吴氏广泛搜集正史、文集、杂史、野史、笔记、地志、僧传、类书、小说等综合编成，为帝纪二十、世家二十二、列传一千二百八十二人，另有五表（纪元、世系、地理、藩镇、百官）。全书包括吴十四卷，南唐二十卷，前蜀、吴

①　李焘：《续资治通鉴长编》卷二百零二。治平元年六月。
②　《马氏南唐书》上海影印明刊本，《四部丛刊》续编本。陆游《南唐书》，《丛书集成》初编本。
③　陈振孙：《直斋书录解题》卷五《伪史类》。

越各十三卷，后蜀、闽、楚各十卷，南汉九卷，荆南四卷，北汉五卷。编者对别史之可存者，多加注明，对旧说虚诬之处，多所辨正，所立诸表，尤为可贵。该书乃汇集众说，并无原始资料，在十国史事散乱的情况下，有此一编，查阅甚便。王鸣盛批评吴氏搜集未广，不少人应该立传而无传①，然未可以此抹煞其搜集之勤。点校本《十国春秋》卷一百一十五《拾遗》，卷一百一十六《备考》，分别搜检诸国有关史事，可备参考。此外，记录十国史事的杂史、别说，为数很不少，绝大多数已吸收入《十国春秋》，不再一一具录。1983 年，中华书局出版了该书点校本。

（七）《资治通鉴》二百九十四卷、《资治通鉴考异》三十卷　宋司马光撰。司马光，《宋史》卷三百三十六有传。是书乃司马光之力作。其编写始末，陈振孙有简要介绍："初，（司马）光尝约战国至秦二世如左氏体，为志八卷以进，英宗悦之。遂命论次历代君臣事迹，起周威烈，迄于五代，就秘阁置局，神宗御制序，赐名《资治通鉴》。及补外，听以书局自随。元丰七年（1084 年）书成，上曰：贤于荀悦《汉纪》远矣。"②为编写《资治通鉴》，朝廷为他配备了几名高级助手协助撰述。他们在书局里，协助司马光作好"丛目"和"长编"，宋人李焘说："窃闻司马光之作《资治通鉴》也，先使其寮采撷异闻，以年月日为'丛目'，丛目既成，乃修'长编'。唐三百年，范祖禹掌之。光谓祖禹：长编宁失于繁，毋失于略。今唐纪取祖禹之六百卷删为八十卷是也。"③三个助手分段作出"丛目"和"长编"后，由司马光统一删定成书。三位助手中，刘攽长于汉史，在书局工作时间最短；刘恕学识渊博，最受司马光赏识。《司马文正公集》卷六十五《刘道原十国纪年序》云："凡数年史事之纷错难治者，则以诿之，光蒙成而已。"《宋史》卷四百四十四《刘恕传》云："恕于魏晋以后事，考证差谬，最为精详。"不幸去世太早[元丰元年（1078 年）死，四十七岁]；范祖禹入书局最晚，工作时间最长，"从司马光编修《资治通鉴》，在洛十五年，不事进取；书成，光荐

　　①　王鸣盛：《十七史商榷》卷九十八《十国春秋》。
　　②　陈振孙：《直斋书录解题》卷四；《宋史》卷三百三十六《司马光传》所记略同。
　　③　《文献通考》卷一百九十三《经籍考》引李焘在乾道四年（1168 年）上言。

为秘书省正字"①。司马光自称"日力不足,继之以夜,遍阅旧史,旁采小说,简牍盈积,浩如烟海,抉摘幽隐,校计毫厘……臣之精力,尽于此书"②。他删削长编以至定稿,一一考核史实,并进行文字加工,一千三百余年编年史,有如一气呵成,实为不朽之作。

《通鉴》是编年体政治史著作,经济制度和措施的内容较少,文学艺术和宗教等方面更少。全书原则上不记符瑞、图谶、占卜、神怪诸事。顾炎武说:"《通鉴》承左氏而作,其中所载兵法甚详,凡亡国之臣,资贼之佐,苟有一策,亦具录之。"③ 书中记载历代大小战争比较详细,单就隋唐五代时的农民战争来说,隋末农民战争和唐代袁晁、裘甫、庞勋、黄巢乃至五代十国时不少起义资料,其中不少是纪传体正史中所没有,或虽见于正史,却是记载混乱,经过司马光加工清整,一般都作了较合适的处理。我认为,《通鉴》中的秦汉纪部分颇难看到有正史以外的新资料,魏晋南北朝部分资料,约有十分之二左右不见于现存其他史书;而唐五代部分的史料,便有半数左右仅见于《通鉴》,因而极为宝贵。钱大昕说:"《通鉴》之取材,多有出于正史之外者,又能考诸史之异而裁正之,昔人所言,事增于前,文省于旧,唯《通鉴》可以当之。"④ 由于《通鉴》行文,通例不记出处,只在记事互有出入时,才备列众说,择其可信者从之。司马光自称"参考群书,评其同异,俾归一涂,为《考异》三十卷"。编写《通鉴》所用书目,人们是从《考异》所引书目计算的,具体数字,人言而殊,可以肯定,除现存正史之外,尚有三百多种⑤。《通鉴考异》总共三十卷,其中隋唐五代部分占二十三卷,由此可见,隋唐五代史事纷繁复杂与删削的不易了。洪迈《容斋四笔》卷十一《册府元龟》条云:《册府》"遗弃既多,故亦不能暴白。如《资治通鉴》则不然,以唐朝一代言之:叙王世充、李密事,用《河洛记》。魏郑公谏争,用《谏录》。李绛议奏,用《李司空论事》。睢阳事,用《张中丞传》。淮西事,用《凉公平蔡录》。李泌事,用《邺侯家传》。李德裕太原、泽

① 《宋史》卷三百三十七《范祖禹传》。
② 《司马文正公传家集》卷十七《进通鉴表》。
③ 顾炎武:《日知录》卷二十六《通鉴》。
④ 钱大昕:《潜研堂文集》卷二十八《跋宋史新编》。
⑤ 张须:《通鉴学》统计为三百零一种;易民《读通鉴考异札记》统计为三百二十九种。我曾粗略统计为二百七十五种。

潞、回鹘事，用《两朝献替记》。大中吐蕃尚婢婢等事，用林恩《后史补》。韩偓凤翔谋划，用《金銮密记》。平庞勋，用《彭门纪乱》。讨裘甫，用《平剡录》，记毕师铎、吕用之事，用《广陵妖乱志》。皆本末粲然。然则杂史、琐说、家传，岂可尽废也"。所言很正确。

司马光编纂《通鉴》时，"专取关国家盛衰、系生民休戚，善可为法、恶可为戒者为编年一书"，因而全书贯彻了"资治"的统治阶级政治观点，在一百八十六篇"臣光曰"中，表达了编者的爱憎。其中卷二百六十三，所论唐代宦官一篇，文字最长。

《通鉴》出书以后，世之研究者众多。司马康、史炤、蜀费氏之释文，胡应麟之《通鉴地理通释》，特别是浙东胡三省的《通鉴注》，尤为有名。胡注涉及范围很广，举凡各种典章制度、天文、历法乃至少数族和外国情况都有注，并在注文中逐一指明《通鉴》的前后照应。即就校勘而言，它也多次校正了《通鉴》原书存在的一些错误，并指出《通鉴》行文某些不妥之处。在注文中，还引用了若干今已佚失之书（如宋白撰《续通典》等），提供了一些有用资料。胡氏还通过注文，在很多场合抒发自己的爱国热忱。陈垣在抗日战争晚期撰《通鉴胡注表微》二十篇，对胡注的史学成就和爱国思想作了充分地阐述。胡三省以后，对《通鉴》用力最勤的是明末嘉定人严衍，费时三十年，精研《通鉴》，撰成《资治通鉴补》，列举了《通鉴》中存在的不少问题，多是言之有理。1956年，新出版的《资治通鉴》点校本，吸收了前人的考证成果，校勘也认真，为当前最好版本。但也并非至善至美，岑仲勉《通鉴隋唐纪比事质疑》（中华书局，1964年），从中提出六百七十条以供商榷的意见。吴玉贵《资治通鉴疑年录》（中国社科出版社，1994年），揭示全书记事，有九百条系年有误。

（八）《唐六典》三十卷　题唐玄宗御撰，李林甫等奉敕注。它是记载唐代官制的专著，正文记职官的编制与任务，注文录职官沿革或细则，说明《六典》编写大致是模仿《周礼·六官》，体例由韦述制定①。张说、萧嵩、张九龄、李林甫四人先后负责总管修撰事宜，具体执笔的有徐坚、韦述等十余人。成书时间是开元二十六年②，或说是开元二十七年二

---

① 《新唐书》卷一百三十二《韦述传》。
② 《新唐书》卷五十八《艺文志》；陈振孙：《直斋书录解题》卷六。

月①。但至迟在代宗、德宗以后，《六典》已流传于世，直至北宋时，仍在沿用。特别是神宗于"熙宁末，始命馆阁校《唐六典》。元丰三年（1080年），以摹本赐群臣。……八月，下诏肇新官制，省、台、寺、监领空名者一切罢去，而易之以阶"②。很显然，《唐六典》对北宋元丰改制也曾起过作用。

范祖禹说，《六典》"既有太尉、司徒、司空，而又有尚书省，是政出于二也。既有尚书省而又有九寺，是政出于三也"③。《六典》叙官实在重叠，唐代内外官制已与周代乃至汉制都不相同，强行比附，很不妥当。书中注文分别追溯了诸官职的历代沿革，由此可知历代官制变革的概略。所述职官成为两唐书官志的依据，《旧唐书·职官志》有不少地方是一字不易照录《六典》原文。晁公武说：《六典》"以三公、三师、三省、九寺、五监、十二卫等列其职司官佐，叙其秩品以拟《周礼》，虽不能悉行于世，而诸司遵用殆将过半，观《唐会要》，请事者往往援据以为实，韦述以为书虽成而竟不行，过矣"④。

《六典》，收入了若干唐代诏令，还记载了不少重要社会资料，因此，它不只是关于职官制度的著作。如"户部"卷，记有全国各地物产和土贡以及唐代的赋役制度。"兵部"卷，备列唐代旷骑、健儿、团结兵、募兵、烽、驿等情况。"太府寺"条，记有全国各地绢布生产及其按质量分等情况。末卷"县令"条，有关于户等制和差科簿等记载。这都是研究唐代政治、经济史的重要资料。卷五兵部郎中条，谓天下节度有八，其八曰岭南节度使。此与旧志、《通典》均不相同，颇疑它并未真正执行。

《六典》目前通行的是清光绪时广雅书局刻本。国家图书馆藏有南宋残本十五卷，日本学者拍照以与明刊本合校，在1973年刊印新本《大唐六典》，内容比国内明、清时刻本较多，例如卷七"工部·屯田郎中"条，所记唐代屯田分布以及唐代官僚职田和公廨田情况，明、清刊本均缺；《玉海》卷一百七十七引《六典》所记屯田数字，删节过多，宋残本

---

① 《唐会要》卷三十六《修撰》；《册府元龟》卷六百零七《撰集》。

② 《宋史》卷一百六十一《职官志》，记不少官职有"仿《六典》置""诏依《唐六典》增置"等字样。

③ 转引陈振孙：《直斋书录解题》卷六。《宋史》卷三百三十七《范祖禹传》不记其言。

④ 晁公武：《郡斋读书志》卷七。韦述之言，见《集贤注记》（《玉海》卷五十一《六典》注引）。

却备列各道屯官所管屯田数字，弥足珍贵。1992 年，中华书局出版陈仲夫点校本，它吸收了上述诸优点，且有详细版本校勘，是当今最佳刊本。

（九）《通典》二百卷　唐杜佑撰。杜佑，《旧唐书》卷一百四十七、《新唐书》卷一百六十六有传。李翰《序》云：杜佑"以大历之始，实纂斯典，累纪而成"。《旧唐书》本传说："开元末，刘秩采经史百家之言，取《周礼·六官》所职，撰分门书三十五卷，号曰《政典》，大为时贤称赏……佑得其书，寻味厥旨，以为条目未尽，因而广之，加以《开元礼、乐》，书成二百卷，号曰《通典》。贞元十七年（801 年），自淮南使人诣阙献之。"《通典》卷三十三《职官》记"贞元十二年二月，御撰《广利方》五卷，颁天下"，即是实例。这部在《政典》基础上充实内容而成的《通典》，是我国现存有关典章制度最早、而又有很大价值的综合性文献。

杜佑自唐玄宗至宪宗六个朝代，长期做官，出将入相。代宗大历初，他担任淮南节度从事，开始撰写此书。佑《进通典表》称："自顷纂修，年涉三纪……竭愚尽虑，凡二百卷。"

《通典》的篇目安排次序和以往正史诸志不同。自汉代以来，史家通常以礼乐、天文之类置于志首，《通典》却先述食货。杜佑在书序中说："理道之先，在乎行教化；教化之本，在乎足衣食。"可能由于杜佑屡绾国家财赋，体验到社会经济对政治、文化的重大作用；在社会经济中，又注意到了农业生产在整个国民经济中的主导地位。因此"食货典"中，先述田制，次谈社会组织、赋役制度、户口盛衰、货币流通和各种杂税，"食货典"十二卷，涉及了生产和流通的整个过程，说是"征诸人事，将施有政"，显示作者颇有见地。其次，该书精选举、审官才、兴礼乐、用兵刑、列州郡、置边防，记周边诸少数族和外国事，条理井然。

另一方面，出身于关中大族的杜佑，受到六朝、隋唐时重礼的社会风气熏陶，《通典》一书中，"礼典"居其半。"礼典"百卷，前六十五卷，阐述了历代有关吉、嘉、宾、军、凶五礼的情况；后三十五卷，乃是摘抄《大唐开元礼》而成。《大唐开元礼》原有一百五十卷，由萧嵩监修，开元二十年完成。《四库提要》卷八云："由是唐之五礼始备，即此者也。""贞元中，诏以其书设科取士……则唐时已列之学官矣。"唐代以礼设科取士，可以概见礼为当时之所重。通读"礼典"，书中有关衣服、卤簿、仪制、丧葬、假宁诸令，对了解六朝、隋唐时的风俗与社会风尚，很有帮助。

《通典》共分九门，叙述历代典章制度，以所记唐事最详尽、十分可贵。唐以前，虽较简略，但颇有资料价值。它所记隋代仓库之富，唐代仓储、天宝计帐，以及唐代不少格、式和臣僚们的奏疏，都是有关唐史的重要资料。作者意识到"古今既异，形势亦殊"，他不"非今是古"，对隋唐科举制、唐代两税法，都作了适当肯定。"选举典"的记事，成为《新唐书·选举志》的主要资料来源。"兵典"十五卷，注意到兵法、计谋和战例，极少论述汉、唐间的军事组织、训练和指挥等等有关兵制的基本内容，却选录了李筌《神机制敌太白阴经》的不少论述，记录并保存了唐初李靖的兵法，以及包括不少农民战争在内的许多战例，乃是非常宝贵的。

《通典》记事，始自上古，下限止于唐天宝末。自序称："其有要须议论者，亦便及以后之事。"书中确实存在肃、代、德宗时事，如卷六赋税，谈到建中初两税法；卷九钱币，记肃宗乾元元年事；卷十一鬻爵，记至德二年，郑叔清奏；榷酤记广德、大历、建中事；杂税记贞元九年制，如此等等，证明序说属实。其书在贞元中已奏上，今本《通典》中偶有记宪宗元和事数处，当为后人所加①。北宋真宗咸平三年（1000年）十月，诏令宋白等续修《通典》，以续杜佑之书。次年九月，"宋白等上新修《续通典》二百卷，诏付秘阁。……其书重复猥杂，大为时论所非，卒不传布。上寻欲改作，亦弗果也"②。由于《续通典》质量不高，早已失传，但在《通鉴考异》和胡注《通鉴》中尚可见若干片段，颇有一些资料价值。因袭《通典》而加以扩大，很有资料价值的是马端临撰《文献通考》三百四十八卷，它对唐后期典章制度的变化甚为重视，所谈两税法、飞钱、和籴、户役、募兵等等，都很值得研讨唐史者认真留意。

《通典》收集资料广泛，叙述谨严。《四库提要》卷八十一说，《通典》"博取五经群史及汉魏六朝人文集奏疏之有裨得失者，每事以类相

---

① 《通典》卷一百七十八《州郡》，"镇州……天宝十五载，改为平山郡，元和十五年，改为镇州"。按，《旧唐书》卷十五《宪宗纪》记杜佑死于元和七年十一月，本传所记亦同，他不可能记元和十五年事。

② 李焘：《续资治通鉴长编》卷四十九。

从，凡历代沿革，悉为记载，详而不繁，简而有要，元元本本，皆为有用之实学，非徒资记注者可比"。这个评价，基本上是中肯的。《通典》卷一百七十四《州郡》议曰条，批评《水经》和《水经注》，"殊为诡诞，全无凭据"。"佑以《水经》僻书，代人多不之睹"。这条意见很不对，《四库提要》指摘《通典》批评，未免过当，这是公允的，杜佑非难《水经注》之言，不足为据。

1988 年，中华书局出版了王文锦等人点校的《通典》，它是当今最佳刊本。

（十）《唐会要》一百卷　宋王溥撰。王溥，并州祁人，《宋史》卷二百四十九有传。宋太祖建隆二年（961 年）正月，"监修国史王溥等上《唐会要》一百卷。唐德宗时，苏冕始撰《会要》四十卷，武宗时，崔铉又续四十卷。溥等于是采宣宗以降故事，共勒成百卷"[①]。

《会要》和《通典》《通考》都是属于研究典章制度的专书。主要区别是，《会要》所叙，往往局限于一个朝代，而且分目很细。唐以前，历代并无《会要》这种史书，现存《春秋会要》《秦会要订补》《西汉会要》《东汉会要》《三国会要》《晋会要》均为后人所补撰。诸书都没有正史以外的新资料，唐人正式创设会要体裁，至宋人大为发扬。《唐会要》所记内容固然有不少与《通典》相同，但仍有很多是《会要》所特有的。如卷三十六"氏族"条，记唐初世族盛衰升降情况。卷三十，记唐代兴建诸宫，役使民工情形。卷四十八记修寺院费财役民情景。卷七十二，述京城诸军、府兵及唐代养马等情况。卷八十九，记疏凿利人与碾硙所记水利事宜，都是唐前期史事，为《通典》所无。天宝以后至大中时，诸多史事，以《会要》记录为最早，唐宣宗以后，《会要》所记内容不多，这是编者无所因循所致。它从侧面证实，现存《唐会要》绝大部分内容乃是沿用唐人苏冕、崔铉之旧文。《四库提要》卷八十一说："书凡分目五百十四，于唐代沿革损益之制，极其详核……其细琐典故不能概以定目者，则别为杂录，附于各条之后，又间载苏冕驳议，义例该备，有裨考证。"评论甚为合适。

中华书局排印本《唐会要》卷七、八、九、十所记封禅、郊议等四

---

① 李焘：《续资治通鉴长编》卷二。

卷有残缺，由四库馆臣据《旧唐书》《通典》《开元礼》《大唐新语》《文苑英华》《册府元龟》《新唐书》《文献通考》诸书补缀而成，如需使用此四卷材料，必须注意检索原作。

（十一）《五代会要》三十卷　宋王溥撰。《宋史》卷二百四十九本传说："又采朱梁至周为三十卷，曰《五代会要》。"此书前无师承，编者是从五代历朝实录中挑选编排。全书二百七十九目，记事精详。《四库提要》卷八十一说；"五代干戈俶攘，百度陵夷，故府遗规，多未暇修举，然五十年间，法制典章，尚略具于累朝实录。溥固检寻旧典，条分件系，类辑成编，于建隆二年（961年）与《唐会要》并进，诏藏史馆。"① 《五代会要》的编撰比新、旧《五代史》成书都早，所保存的资料极为可贵。如《五代会要》卷八《经籍》，记后唐长兴三年（932年），"刻九经印板……广颁天下"，书中有不少资料不见于五代史，或者虽有记载，却被删削改编得面目全非。如《会要》卷二十五《租税》记，周显德五年（958年）七月诏，世宗读元稹《长庆集》，见稹在同州时所上均田表很详尽，"因令制素成图"，颁赐诸道"元稹所奏均田图一面"，以便适时检括，均定天下民租。薛史卷一百一十八记此事虽简，仍略具眉目，欧史卷十二《周世宗纪》，仅云"颁均田图"，文简意不明，很不利于弄清史事的真相。

（十二）《唐律疏议》三十卷　唐长孙无忌等奉敕撰。《旧唐书》卷六十五、《新唐书》卷一百零五，无忌本传，不记撰《律疏》事。唐代，在高祖、太宗、高宗、玄宗时曾四次较大规模地制定法律，而以高宗时的修撰最关重要。"永徽二年（651年）闰九月十四日，上新删定律令格式，太尉长孙无忌……等同修，勒成律十二卷，令三十卷，式四十卷，颁于天下。遂分格为两部……散颁格下州县，留司格本司行用。至三年五月诏，律学未有定疏，每年所举明法，遂无凭准，宜广召解律人修义疏奏闻，仍使中书门下监定参撰，律疏成三十卷，太尉长孙无忌、司空李勣……等同撰，四年十月九日上之，诏颁于天下。"② 这便是我国现存最古而又完整的封建法典——《唐律疏议》。它在高宗以后至玄宗时续有

---

① 《文献通考》卷二百零一《经籍考》引"晁公武曰：溥采梁至周典故纂次，建隆初上之。"按，今衢本《郡斋读书志》失记。

② 《唐会要》卷三十九《定格令》；参看《全唐文》卷一百三十六长孙无忌《进律疏表》。《册府元龟》卷六百一十二《定律令》；《旧唐书》卷五十《刑法志》。

少量增订，有学者说律疏撰于唐玄宗时，那是不正确的。我很同意杨廷福所发表永徽律疏的意见。它明确规定了社会不同等级的人具有不同的法律地位，是一部对罪犯的惩罚原则与量刑标准的法律条文汇编。到唐后期，以刑律分类为大中刑统律①。五代有《同光刑律统类》十三卷，《大周刑统律》二十一卷，宋初，窦仪更编纂《宋刑统》三十卷，都基本上沿用唐律。当然，"律疏与刑统不同。疏依律生文，刑统参用后敕，虽引疏义，颇有增损"②。中华书局 1984 年出版点校本《宋刑统》对了解唐律与宋律的关系提供了极大的方便。1937 年，商务印书馆《万有文库》曾出版薛允升撰《唐明律合编》三十卷，指出明代无部曲官户等色，是以律内不载，唐律之部曲"明律大半改为雇工人"，如此等等，很富有时代特色。

唐律分为十二卷，共五百零二条，基本上是一部刑法典，但也包含着民法和诉讼方面的内容。它积极维护封建经济制度和封建等级制的秩序。《户婚律》是户籍、土地、纳税、财产和家庭等方面的法律，并对实施均田制作出了一些规定，（如里正依令收授田、征收赋税、农民不许卖口分田、不许占田过限，违者要受罚），严禁脱户，逃避赋役。在婚姻上，规定"人各有偶，色类须同，良贱既殊，何宜配合"。《捕亡律》对逃亡士兵、徭役农民和奴婢规定了严厉的惩罚办法。《斗讼律》允许地主殴辱部曲及其家属，而部曲、奴婢即使过失杀主，也要处以绞刑。《名例律》是唐律的总则，除了十恶大罪外，自笞以至于死刑，都允许以钱赎罪，为地主阶级免于法律制裁大开了方便之门。另有所谓"八议"，最早见于曹魏律中，到了唐代，已是非常具体化了，皇亲、贵族们除了十恶大罪外，都有减免刑罚的规定。一般官吏虽不能享受八议的优待，却可以官品抵罪，减免刑罚处分。1983 年，中华书局出版了刘俊文《唐律疏议》的点校本，为现今善本。

唐代，"律令格式，为政之本，内外官人，各宜寻览"③。但律、令、格、式存在着原则区别，律是对罪犯的惩罚原则与量刑标准的法律条文。"令者，尊卑贵贱之等数，国家之制度也；格者，百官有司之所常行之事

---

① 《新唐书》卷五十八《艺文志》：张戣《大中刑律统类》十二卷。
② 王应麟：《困学纪闻》卷十五《考史》。
③ 《唐会要》卷三十九《定格令》。

也；式者，其所常守之法也。凡邦国之政，必从事于此三者。"① 《新唐志》记录唐朝的令、式、格很多，直至南宋末，陈振孙仍著录开元中宋璟等所删定唐令三十卷、式二十卷。现在，唐令已大多亡佚，日本学者仁井田陞将中国史书以及日本国的有关著作中所引唐令，一一录出，汇成《唐令拾遗》一书，1933年在日本出版以来，长期为中、日学者广泛使用。

（十三）《唐大诏令集》一百三十卷，今本缺二十三卷。北宋宋敏求编。《宋史》卷二百九十一本传不记编此书。书首有熙宁三年（1070年）敏求自序，称其父宋绶，在宋仁宗时，"机务之隙，因哀唐之德音号令非常所出者汇之，未次甲乙，未为标识"。绶卒后，敏求"乃绪正旧稿，厘十三类，总一百三十卷、录三卷"，"方缮写成编"，说明内容由宋绶选录，后由宋敏求编辑成书。

宋敏求生活在北宋前期，他熟悉唐事，曾补撰唐武宗以下六朝实录，又参加了《新唐书》的编纂。当时，唐朝历代实录俱在，故其父子得以从中搜集资料，编撰成书，成为比较可信的重要史料来源。大致说来，书中所录诸赦书，是有较高价值的史料，卷二至卷五《即位赦》和《改元赦》，卷九至十《册尊号赦》，卷六十八至七十二《南郊赦》，卷七十九《巡幸》，卷八十二《刑法》，卷八十三至八十六《恩宥》，卷一百零七以至卷一百三十《政事》和《蕃夷》等卷，所保存的社会资料较多，最为可贵。可惜的是，该书所录诏令不少篇章多有删节。如卷十所收元和十四年（819年）、长庆元年（821年）、宝历元年（825年）、会昌二年（842年）和五年（845年）、大中二年（848年）的《册尊号赦文》，《文苑英华》所录比该书所收，分别多出九百余字乃至二千五六百字，并且都是一些事关紧要的重要史料。卷七十二，大中元年（847年）《南郊赦》，比《文苑英华》卷四百三十所收，少四千三百余字，被删去的是有重要内容的段落。卷一百二十三《平王世充赦》《平辅公祐赦》，《册府元龟》和《全唐文》的记载与它相同，但唐初编辑的《文馆词林》卷六百六十九所收赦诏，所记内容却比它多。卷十《太和三年疾愈德音》，据《文苑英华》卷四百四十一，《册府元龟》卷九十一，应是太和八年（834年）之误，诏文内容也比该书更为详细。当然，也有一些诏令是它

---

① 《新唐书》卷五十六《刑法志》。

书所不载或虽有记载文字互有出入者，则可供互校使用。

该书经历宋、元、明、清，长期都是抄本，清末光绪时，收入《适园丛书》，才予刊印。1959 年，商务印书馆排印本虽有若干校订，但文字错讹仍多，有待今后很好校正。而且卷十四至二十四，卷八十七至九十八，都是全缺，似已无从补充。

2003 年，上海古籍出版社出版李希泌等编《唐大诏令集补编》，内收《旧唐书》《册府》《英华》《会要》以及墓志铭等所辑四千余篇诏令，可供参考。1981 年，日本东洋文库出版《唐代诏敕目录》，颇便查阅。

（十四）《册府元龟》一千卷　宋王钦若、杨亿等奉敕撰。它是北宋所编四部大书之一，九百多万字，远比其他三部（《太平御览》《文苑英华》《太平广记》）为多。它的编纂经过，晁公武简要介绍说："景德二年（1005 年），诏王钦若、杨亿修君臣事迹，惟取六经子史，不录小说、杂书。至祥符六年（1013 年）书成，上之。凡三十一部，有总序，千一百四门，有小序。同修者十五人……初撰篇序，诸儒皆作，帝以体制不一，遂择李维、钱惟演、陈彭年、刘筠、夏竦等，付杨亿窜定，赐今名，为序冠其首。其音释，又命孙奭为之。"① 宋真宗撰书序说："朕道遵先志，肇振斯文，载命群儒，共司缀辑，粤自正统，至于闰位，君臣善迹，邦家美政，礼乐沿革，法令宽猛，官师议论，多士名行，靡不具载，用存典刑。"所谓"闰位"是相对于正统而言。是书把嬴秦、吴、蜀、宋、齐、梁、陈、东魏、北齐、朱梁列入闰位，共三十六卷，另把十六国和唐末十国编设为僭伪部，不入正统之数。全书所载内容，以唐五代史实最为丰富。

在编撰过程中，诸如凡例、内容增删、选用资料等有关原则性问题都由皇帝最后裁决，真宗还数次亲临编修所，检查分类是否合适。洪迈《容斋四笔》卷十一《册府元龟》条记录宋真宗与编修官具体商谈，规定某些史书不能入收，以致如洪迈所言，"其所遗弃既多"。由于所编选资料都出自常见的经、子、史书，"异端小说，咸所不取"，每条资料，又不具明出处，因而往往不为人所重视。其实，此书仍有重要价值。该书纪事，上自远古，下至五代之末。在三十一部中，《列国君部》和《陪臣

---

① 晁公武：《郡斋读书志》卷十四。

部》乃是集中记录春秋、战国时事，并无新意。其他各部所记先秦、秦汉史事，亦难见有何新资料。两晋南北朝部分略有一些不见于现存正史。但宋人依据为古本，多可用来校史。陈垣曾以《册府》引文以补《魏书·乐志》之残阙，唐长孺点校《魏书·刑罚志》时，发现有脱页，据《册府元龟》卷六百一十五所记补齐，由是不难看到，中华书局出版的点校本正史，常根据《册府》校正了不少错误。唐五代部分是《册府》一书的精华所在，它除了引用《旧唐书》和《旧五代史》而外，当时唐五代的实录仍有大批存在，可资采用。因此，《册府》中，学者们发现有不少资料是旧书、旧史所没有的。例如大和九年十一月，甘露之变，此书所记比《通鉴》两唐书详细。即使是正史已有部分，也可据《册府》以资校正。清末，岑建功《旧唐书校勘记》即大量用《册府》之文。精于校勘学的陈垣，曾拟以《册府》重新辑校《旧五代史》。由此可见，《册府》一书对唐五代史的重要性。

我的体会《册府元龟》中，包含有用资料最多的是《帝王部》《邦计部》和《外臣部》。其次，《谏诤部》《刑法部》《铨选部》《贡举部》也有较多的有用资料。由于它分类不科学，现存明代刊本，文字错讹又多，使用它时，仍须比勘其他史事，以免舛误。1960年中华书局影印明刊本，且将明本所缺而宋版尚存诸条补录于每目之后。书前有陈垣撰序，颇便参读。

（十五）《文苑英华》一千卷　宋李昉、宋白奉敕编。《宋史》卷二百六十五《李昉传》不记其事，《宋史》卷四百三十九《宋白传》称："雍熙中，召白与李昉集诸文士纂《文苑英华》一千卷。"

宋初着手编撰几部大书，有明显政治目的。"太平中，诸降王旧臣或宣怨言，太宗尽收用之，寘之馆阁，使修群书，如《册府元龟》《文苑英华》《太平广记》之类，广其卷帙，厚其廪禄赡给，以役其心，多卒老于文学之间。"[1] 关于《文苑英华》的编撰，"太平兴国七年（982年），命学士李昉、扈蒙、徐铉、宋白等阅前代文学，撮其精要，以类分之。续又命苏易简、王祐等，至雍熙三年（986年）书成"[2]。李焘说得更明白，

①　王明清：《挥麈后录》卷一。按，《册府元龟》是真宗时编修，非太宗时事，此应为《太平御览》之讹。

②　陈振孙：《直斋书录解题》卷十五。

太宗"以诸家文集，其数实繁，虽各擅所长，亦榛芜相间，乃命翰林学士宋白等精加铨择，以类编次，为《文苑英华》一千卷。［雍熙三年（986年）十二月］壬寅，上之。诏书褒答"①。因此，《四库提要》卷一百八十六，说它编成于雍熙四年是不对的。

《文苑英华》收录了两千多位作家将近两万篇的作品，其中百分之九十左右是唐人的诗文，不少唐人集完整地编入其中。它为研究唐代文学和历史提供了很多重要的原始素材。但如李白《早发白帝城》《黄鹤楼送孟浩然之广陵》，杜甫之"三吏""三别"，均未收入，表明所收诗文存在很大局限性。清代李慈铭说《英华》所收赋，十之七八，"陈陈相因，最无足观"，所言颇有理。

宋太宗命令文士"以类编次"。《英华》按文体分类，其编排次序是赋、诗、歌行、杂文在前，继之以制诰、策问、判、表、笺、状、檄、书、启、序、论、赞、铭、传记，最后是碑铭、行状、祭文，共分三十八类。由于它是集体编撰，互相关照不够，书中出现不少重复，还存在其他一些舛误。南宋时，周必大、彭叔夏等人详加校正，彭氏为此撰写《文苑英华辨证》十卷，考订商榷，分类列举，共计二十一类。他态度严肃，谈到"书不可以意轻改"，只是列举异文，以供读者参考。清人劳格又补充指出了二十余条，作《文苑英华辨证拾遗》。1966年，中华书局影印《文苑英华》，已将它们收编于全书之末，极便读者。

（十六）《全唐文》一千卷　清嘉庆时，由一百余人集体修撰。嘉庆十九年（1814年）御制序称："乃命儒臣……从《四库全书》及《永乐大典》《古文苑》《文苑英华》《唐文粹》诸书内搜罗采取，普行甄录。"全书收作者三千四十二人，共计一万八千四百八十四篇文章。虽亦为千卷，篇幅实际比《文苑英华》大得多。

1983年，中华书局影印了嘉庆扬州刻本，其质量比光绪时广州刻本佳。1985年，中华书局出版了马绪传编《全唐文篇名目录及作者索引》。2001年，中华书局出版苏秉文主编《全唐文篇目分类索引》颇便查阅使用。

《全唐文》改变《昭明文选》《文苑英华》按文体编辑的方法，改为

---

① 李焘：《续资治通鉴长编》卷二十七。雍熙三年十二月。

以文从人，对于每个人的作品分类和次序安排，仍依照《英华》办理。名为《全唐文》，实际把五代十国之文悉行收入，十国时人的文章，统一排在五代之后，有些生活在五代十国和北宋时的人，不录其入宋以后的作品。书中为每位作者编写了小传，略记其生平事迹，系于每个人作品的最前面。

《全唐文》把《四库全书》中所收唐人别集除有诗而无文者外，都全文录入。《全唐文》从《四库全书》及《古文苑》（编者佚名）、《唐文粹》（宋姚铉编）①、《文苑英华》所录诸文，价值不大，因为原书俱在，可以复按。不过，其中有不少篇目的文字与《英华》或《文粹》所收，往往略有出入，从文义来看，则以《全唐文》文字为长，不知是编者另据善本，还是率尔以意改之。至于《全唐文》从《永乐大典》所录文章，由于《大典》或毁于兵火，或为外国人所掠去，现在只有少量残存，因此，这些文章乃是全书中最为宝贵的部分。可惜，全书无一文注明引自何书，其中有些文章，原本有写作年月，在收录时也被一并抹去，遂给使用者带来极大不便。

《全唐文》把当时所能见到的金石碑刻据拓本尽量收入，这是可贵的。删去释道的章咒偈颂是可取的，但说部诸书以及被视为有伤风化之文，一律摒除不录，便不妥当。

该书收文存在不少错误，有些作品被张冠李戴，甚至误收南北朝和两宋人作品为唐文，而真正是唐文，有为《英华》所收者反而漏去，作者小传也有些错误。至于唐文的次序安排不当，不少文章前后重收，这些在清人劳格撰《读全唐文札记》中谈得很多②。近人岑仲勉撰写了《读全唐文札记》，更多地列举了它存在的各种问题③。读《全唐文》时，最好同时参看这两篇札记。另外，参加编撰《全唐文》的陈鸿墀，"汇萃

① 《容斋五笔》卷七《国初文籍》："国初承五季乱离之后，所在书籍印板至少，宜其焚炀荡析，了无孑遗，然太平兴国中编次'御览'，引用一千六百九十种……以今考之，无传者十之七八矣。……姚铉以大中祥符四年（1011 年），集《唐文粹》，'其序有云，况今历代坟籍，略无亡逸'，'观铉所类文集，盖亦多不存，诚为可叹'。"《直斋书录解题》卷十五："《唐文粹》一百卷，铉太平兴国八年进士第三人。两浙转运使合肥姚铉宝臣撰，其自为序称吴兴姚铉者，盖本郡望也。"

② 劳格：《读书杂识》卷八。

③ 岑仲勉：《唐人行第录》。

之余，加以考证"①，从正史、野史、笔记、小说、金石碑版乃至书籍题跋，总共八百五十一种文献中，辑录有关唐代文章，编为一百二十二卷，称为《全唐文纪事》，作为唐文的研究资料，颇为有用。可惜作者采用《世说新语》的分门办法，全书八十门，一人的纪事，被分隶诸门，读者很不便稽查。1959年，中华书局已有排印本传世。

《全唐文》实际不可能把唐人文章收录齐全。清末陆心源辑《唐文拾遗》七十二卷，又辑《唐文续拾》十六卷，主要从《唐会要》等书中辑出，并补充了某些碑刻资料。实际上，民国时，洛阳出土有拓片的《千唐志斋藏石》一千余帧，特别是中华人民共和国建国后，全国各地出土的大量隋唐五代墓志铭，如能补辑入《全唐文》，数量一定会大增。上海古籍出版社在1992年出版了周绍良、赵超主编《唐代墓志汇编》上、下二册，共收墓志三千六百多端，其中包含了少量建国后出土的墓志。2001年，该社又出版了同人主编《唐代墓志汇编续集》，收辑志文一千五百七十六通。前后两编所收志文，均以编年为序，书后均附录索引，可按年号或人名进行检索，如此众多墓志都是唐文，也是研究唐代文化和唐史的重要文献资料。2005年9月，中华书局出版陈尚君辑校《全唐文补编》共三册，它是剔除上述周绍良主编二书所收相同篇目以后的新编，内容不重复，显得十分清新可贵。

此外，清人严可均辑《全隋文》三十六卷，六百八十三篇，收录在《全上古三代秦汉三国六朝文》内，严氏除正史外，从《通典》《英华》《文馆词林》《类聚》《初学记》《御览》、释藏、《广弘明集》《续高僧传》《历代三宝记》《国清百录》《古刻丛钞》《吴郡志》《海山记》《迷楼记》《壶关录》《大唐内典录》《法书要录》《开元释教录》《历代佛祖通载》等书中辑录隋文而成，分篇注明出处，并且钩稽资料，撰成作者小传。是书对了解隋代有关文史状况颇有裨益。2004年，三秦出版社出版了韩理洲《全隋文补遗》，补收七百五十文，内收1959年潼关出土《杨素墓志》等等，很可补史文缺略。

（十七）《全唐诗》九百卷　清康熙时敕修。唐人作诗，多富有现实性，杜诗被称为诗史，白居易、张籍、王建、聂夷中等人的诗作，都保

---

① 陈澧：《全唐文纪事序》。

存了丰富贵重的历史资料。陈寅恪撰《元白诗笺证稿》，以诗证史，获益很大。为此实有必要介绍《全唐诗》。

早在唐代，元结、殷璠、令狐楚、姚合等人已分别选编唐诗，宋初编撰《文苑英华》时，在三百多卷诗赋中，大部分是唐诗。南宋郭茂倩编《乐府诗集》，所收唐人诗作亦多。明人胡震亨编《唐音统签》除了最后三十三卷是记录唐人诗话的《唐音癸签》外，其余一千三百卷，均系唐诗。清初，季振宜据钱谦益旧稿，补订编撰唐诗七百一十七卷。康熙敕令彭定求等编辑《全唐诗》，即以上述二书为主，"益以内府所藏全唐诗集，又旁采残碑断碣、稗史、杂书之所载，补苴所遗，凡得诗四万八千九百余首，作者二千二百余人"①。是书编排，按正史次序，先帝后，次宗室、诸王、公主、妃、嫔等，十国诸帝王诗附于诸王后，妃诗附宫嫔之后，其他作者，"一依时代分置次第，其人有通籍登朝岁月可考者，以岁月先后为断。无可考者，则援据诗中所咏之事，与所同时之人系焉"②。书末十八卷，包括词十二卷，补遗诗六卷。1979 年中华书局刊本，并附有日本学者上毛河世宁辑《全唐诗逸》三卷。另外，近人王重民从敦煌资料唐人手写诗百余首中，编出唐诗一卷。在作者五十人中，有十九人的作品不见于现存《全唐诗》③，亦为可贵。

《全唐诗》存在错收、漏收、重复以及作者小传谬误等问题，中华书局刊印本已在书前有所说明。岑仲勉撰《读全唐诗札记》指摘舛误甚多，可供参查。另外，南宋计有功编《唐诗纪事》八十一卷，录唐诗人一千一百五十家，自序云：唐"三百年间文集、杂说、传记、遗史、碑志、石刻……悉搜采缮录"。有不少现在已遗佚的文献，藉此得以保存，于史事很有参考价值，1984 年，上海古籍出版社印本，每卷末有校记，书末有人名索引，比 1965 年，中华书局排印本更优胜。

（十八）《元和郡县图志》四十卷　唐李吉甫撰。李吉甫，《旧唐书》卷一百四十八、《新唐书》卷一百四十六有传。《旧唐书》卷十五《宪宗纪》，元和八年（813 年）二月，"宰相李吉甫进所撰《元和郡国图》三

———————————

① 《四库总目提要》卷一百九十，参看周勋初《叙〈全唐诗〉成书经过》，《文史》第八辑，1980 年 3 月。

② 康熙御制序。

③ 王重民：《补全唐诗》，《中华文史论丛》第三辑，1962 年。

十卷"。该书是我国现存最早而又比较完整的全国性地理著作。《元和志》记政区沿革，上溯周秦汉，有关东晋南北朝的政区沿革，很有利于东晋南北朝的政区研究，唐以前之重要聚、邑、关、津等等，也因此得以考知其地望。史称李吉甫为唐宰相，积极劝导宪宗削平藩镇。他撰此书，"辨州域之疆理"，"丘埌山川，功守利害"，显然是为了配合当时政治的需要，因而很注意叙述攻守要害之地。他还认为淮西内地，不同河朔，宜因时攻取，为淮西地图，未及进呈而死。不过，关于《元和志》的书名卷数，唐史的记载，每与此书自序不同，宋代的书目才与现在流传的相一致。本来，《唐六典》和两唐书《地理志》记唐代十道，都以岭南道居于末，《元和志》改以陇右道置于最后，此当与中唐后，该地为吐蕃攻没有关。《四库提要》卷六十八说："舆记图经，隋唐志所著录者，率散佚无存，其传于今者，惟此书为最古，其体例亦最善，后来虽递相损益，无能出其范围。"所言确是事实。

自班固《汉书·地理志》以来，历代史书地志通例每朝只记一个户口数字，《旧唐志》记"旧领户"与"天宝领户"已是别致。《元和志》所记十道，道下分府、州、县三级，略记其沿革，分别在诸郡记开元和元和时两个户口数，参照互读，对了解唐代前后户口的变动和社会状况很有用处。书中除记载物产外，设有贡赋一项，由此得以考见全国各地物产的分布情况。它所记载的州、郡、县建置沿革、户口数、山川位置、重要关、亭、寨、障和祠庙等，比两唐志详细得多。并且，它是首次创设每州州境的"四至"及"八到"，还记有至长安的里程，对了解各地的面积和当地交通状况，都有重要意义。

宋代以来，《元和志》已有残缺，今本缺十九、二十、二十三、二十四、三十五、三十六共六卷。另外，卷十八缺后半，卷二十五也有缺页，残缺情况和《四库提要》所说不尽相同①。1983 年，中华书局的点校本出版，吸收了前人校勘成果。是当前最好刊本。另外，清人严观撰《元和郡县补志》九卷，又《元和郡县志拾遗》二卷，均可供参看。

（十九）《太平寰宇记》二百卷 宋乐史撰。《宋史》卷三百零六有

---

① 《四库总目提要》卷六十八说，《元和志》缺十九、二十、二十三、二十四、二十六、三十六，共六卷，十八卷缺其半，二十五卷缺二页。

传，是书撰于北宋建国二十年后。其时，闽越已平，北汉亡灭，但幽云十六州，仍为辽有。作者志在恢复，他想补唐人所撰图志、地志之缺漏。晁公武说："太平兴国中（976—984年），尽平诸国，天下一统，史悉取自古山经地志，考正谬误，纂成此书，上之于朝。"① 在宋太宗至道三年（997年），分全国为十五路以前，北宋建国后的近四十年内，一直沿用唐朝所分十道的名称。《寰宇记》按道记事，对研讨唐史者，使用亦很方便。当然，书中记有很多关于宋代的行政地理和户口（如主客户等）情况，这是和唐史无关的。进书表称："虽则贾耽有《十道述》，元和有《郡国志》，不独编修太简，抑且朝代不同，加以从梁至周，郡县割据，更名易地，暮四朝三，臣今沿波讨源，穷本知末，撰成《太平寰宇记》二百卷……至若贾耽之漏落，吉甫之阙遗，此尽收焉。"书中户口一项，以宋太平较唐开元，且新增风俗、人物两项，为以往所无。书内广泛引用历代史书、地志、文集、专著、碑刻乃至诗赋、杂说，共约二百种，意在补缺，以说明各地山川古迹。钱大昕说："是书体例，虽因（李）吉甫，而援引更为详审，间采稗官小说，亦唯信而有征者取之。有宋一代志舆地者，当以乐氏为巨擘。"② 尤为可贵的是，乐史所引诸书现已大多散佚，这些资料对研究宋以前的历史，特别是唐五代史，有很重要价值。

《寰宇记》逐一记录州县的兴废，由是可以看出，自唐代中叶以至五代十国之末，江南地区新增县极多，反映出这一地区的社会经济有了很大发展。《元和志》和两唐书《地理志》均不记唐代少数族聚居地区的户口，该书却逐一记录，有的还区分汉人和蕃人，可以概见这些边远地区经济发展的概貌。它和《通典》《元和志》一样，记录了各地的贡品，另外还记载了不少非贡品，有的还引用民谣或诗歌以相佐证，表明他对户口和风俗的注意，反映了各地区的经济面貌，又充分显示了唐、宋间生产发展的若干重要特征。

清人洪亮吉校刊《太平寰宇记序》，批评是书，"至若地理外，又编入姓氏、人物、风俗数门，因人物又详及官爵及诗词杂事，遂致祝穆等撰《方舆胜览》，宁略建置沿革，而人物琐事，必登载不遗，实皆滥觞于

① 晁公武：《郡斋读书志》卷八。参看《宋史》卷三百零六《乐史传》。
② 钱大昕《十驾斋养新录》卷十四《太平寰宇记》。

此，此其所短也"。洪氏所议该书之短，治史者颇难苟同。这些内容，可帮助人们明了当时的社会面貌与风尚，非常有用。《四库提要》卷六十八说："后来方志必列人物、艺文者，其体皆始于（乐）史。盖地理之书，记载至是书而始详，体例亦自始而大变，然史书虽卷帙浩博，而考据特为精核，要不得以末流冗杂，追究滥觞之源矣。"这一评论颇为公允。

清修《四库全书》时，该书已缺七卷，无别本可补。清末，杨守敬在日本看到有宋刻是书残本，乃将日本所藏而为我国所缺佚的卷一百一十三至一百一十八共六卷收入《古逸丛书》。《寰宇记》现在所缺者，只有一百一十九卷全缺，和一百一十四卷缺佚潭州所领七县了。2007 年，中华书局刊出的点校本，乃是当今最佳刊本。

第三节　丰富多彩的其他资料

隋唐五代共计三百七八十年的时期内，比之同样在没有印刷条件下，也是三百七十年左右的魏晋南北朝时期，所留下的文字著述，不论在品种和文字数量方面，都超出了很多倍。大量的著作，分别对某一时期内或者某一方面的问题有重要的记载，即使是杂记、小说之类，也往往蕴藏着若干重要历史资料，由于篇幅限制，无法一一分述。本节仅就唐人集和有关杂记、笔记、小说，举例说明其史料价值。清人和民国以来某些人所作补表和考古资料，亦稍提及，以备读者查检。

（一）唐人别集　1980 年，中华书局出版万曼撰《唐集叙录》，收录传世唐人诗文集共一百零八家，对各家的版本源流及其演变，考述甚多。可惜作者竟漏收某些很重要的别集，如陆贽《翰苑集》（或称《陆宣公集》《陆贽传》）、魏徵《魏郑公文集》、李绛《李相国论事集》等都未入收。实际上，现存唐人集超过二百种，包括唐、宋人的编订，也包括直至近代人们的收编。兹将卷帙较多、内容较为重要的八十种开列如下：

《陈子昂集》十卷　陈子昂，中华书局版。

《元次山集》十卷　元结，中华书局版。

《柳宗元集》四十五卷　柳宗元，中华书局版。

《刘禹锡集》三十卷　刘禹锡，上海人民出版社版。

《白居易集》七十一卷　白居易，中华书局版。

《元稹集》六十卷　元稹，中华书局版。

《韦庄集》　韦庄，人民文学出版社版。

《皮子文薮》十卷　皮日休，中华书局版。

《樊川文集》二十卷　杜牧，上海古籍出版社版。

《李太白集》三十卷　李白，《四部丛刊》本。

《杜工部集》二十五卷　杜甫，《四部丛刊》本。

《颜鲁公集》十五卷　颜真卿，《四部丛刊》本。

《毗陵集》三十卷　独孤及，《四部丛刊》本。

《韩昌黎集》五十卷　韩愈，《四部丛刊》本。

《陆贽集》二十二卷　陆贽，中华书局版。

《吕和叔文集》十卷　吕温，《四部丛刊》本。

《皇甫持正集》六卷　皇甫湜，《四部丛刊》本。

《李文公集》十八卷　李翱，《四部丛刊》本。

《沈下贤集》十二卷　沈亚之，《四部丛刊》本。

《会昌一品集》三十四卷　李德裕，《四部丛刊》本。

《权载之文集》五十卷　权德舆，《四部丛刊》本。

《司空表圣文集》十五卷　司空图，《四部丛刊》本。

《桂苑笔耕集》二十卷　崔致远，《四部丛刊》本。

《李相国论事集》六卷　李绛，《畿辅丛书》本。

《甫里先生文集》二十卷　陆龟蒙，《四部丛刊》本。

《东皋子集》三卷　王绩，《四部丛刊》本。

《魏郑公文集》三卷　魏徵，《畿辅丛书》本。

《宋之问集》二卷　宋之问，《四部丛刊》本。

《王子安集》十六卷　王勃，《四部丛刊》本。

《杨盈川集》十卷　杨炯，《四部丛刊》本。

《幽忧子集》七卷　卢照邻，《四部丛刊》本。

《骆宾王集》十卷　骆宾王，《四部丛刊》本。

《张说之集》二十五卷　张说，《四部丛刊》本。

《曲江文集》二十卷　张九龄，《四部丛刊》本。

《李北海集》十六卷　李邕，《四部丛刊》本。

《沈佺期集》四卷　沈佺期，《唐人集》本。

《王右丞集》六卷　王维，《四部丛刊》本。

《高常侍集》八卷　高适，《四部丛刊》本。

《孟浩然集》四卷　孟浩然，《四部丛刊》本。

《岑嘉州集》七卷　岑参，《四部丛刊》本。

《刘随州集》十卷　刘长卿，《四部丛刊》本。

《韦苏州集》十卷　韦应物，《四部丛刊》本。

《华阳集》三卷　顾况，清刻本。

《钱考功集》十卷　钱起，《四部丛刊》本。

《张司业集》八卷　张籍，《四部丛刊》本。

《欧阳行周集》十卷　欧阳詹，《四部丛刊》本。

《李元宾文编》六卷　李观，《畿辅丛书》本。

《孟东野集》十卷　孟郊，《四部丛刊》本。

《贾长江集》十卷　贾岛，《四部丛刊》本。

《宗玄集》三卷　吴筠，《道藏·太玄部》本。

《李遐叔文集》四卷　李华，《四库珍本》。

《韩君平集》三卷　韩翃，《唐人集》本。

《皎然集》十卷　皎然，《四部丛刊》本。

《戴叔伦集》二卷　戴叔伦，《唐人集》本。

《卢纶集》六卷　卢纶，《唐人集》本。

《李端集》四卷　李端，《唐人集》本。

《玉川子集》三卷　卢仝，《四部丛刊》本。

《王司马集》八卷　王建，《四库珍本》。

《李长吉歌诗·外集》五卷　李贺，《四部丛刊》本。

《追昔游集》十三卷　李绅，《四库珍本》。

《姚少监诗集》十卷　姚合，《四部丛刊》本。

《鲍溶集》七卷　鲍溶，《四库珍本》。

《李义山诗文集》十一卷　李商隐，《四部丛刊》本。

《温飞卿集》八卷　温庭筠，《四部丛刊》本。

《丁卯集》五卷　许浑，《四部丛刊》本。

《刘蜕集》六卷　刘蜕，《四部丛刊》本。

《孙可之集》十卷　孙樵，《四部丛刊》本。

《唐英歌诗》三卷　吴融，《四库珍本》。

《唐风集》三卷　杜荀鹤，《四库珍本》。

《元英集》八卷　方干，《四库珍本》。

《李群玉诗集》八卷　李群玉，《四部丛刊》本。

《碧云集》三卷　李中，《四部丛刊》本。

《披沙集》六卷　李咸用，《四部丛刊》本。

《黄御史集》十一卷　黄滔，《四部丛刊》本。

《甲乙集》十卷　罗隐，《四部丛刊》本。

《白莲集》十卷　齐己，《四部丛刊》本。

《禅月集》二十五卷　贯休，《四部丛刊》本。

《钓矶文集》十卷　徐寅，《四部丛刊》本。

《云台编》三卷　郑谷，《四部丛刊》本。

《广成集》十二卷　杜光庭，《四库珍本》。

众多的别集，就其史料价值来说，存在很大差别，一一介绍，徒累篇幅，兹举五例说明其梗概。

《陆贽集》二十二卷　作者陆贽的生平，详见《旧唐书》卷一百三十九、《新唐书》卷一百五十七本传。宋人晁公武谓"陆贽奏议十二卷，翰苑集十卷"①，与今本合。十卷是制诰，十二卷乃奏草。唐德宗初，贽为翰林学士，从奉天还，为中书舍人平章事，起草制诰，比较公允切直，"所下书诏，虽武夫悍卒，无不挥涕感激"②。例如《奉天改元大赦制》《平朱泚后，车驾还京大赦制》《贞元改元大赦制》《冬至大礼大赦制》《议减盐价诏》等等，都记有不少事关军国的重要史实。他所写奏议，如《均节赋税恤百姓》六条，对唐代由租庸调到两税的变革、对地主残酷剥削造成贫富不均，都有具体揭示。《论缘边守备事宜状》阐述了中原士兵防秋，不习边事、诸军统制不一、缓急无以应敌，因而力主移民以实边。《请减京东水运收脚价于缘边州镇储蓄军粮事宜状》，使人洞悉当时边防军军粮的艰困处境，他主张分别不同情况使用和籴或漕运以充实军储。《论岭南请于安南置市舶中使状》谈到了"广州地当要会，俗号殷繁，交

---

① 晁公武：《郡斋读书志》卷十七。
② 《旧唐书》卷一百三十九《陆贽传》。

易之徒，素所奔凑"的市场繁华状况。《论宣令除裴延龄度支使状》《论裴延龄奸蠹书》详细列举了德宗宠臣裴延龄的种种聚敛和诡妄恶行。这些都是研讨中唐历史的重要资料。

《韩昌黎集》四十卷、《外集》十卷　由其门人李汉编成。韩愈生平，详见《旧唐书》卷一百六十、《新唐书》卷一百七十六本传。集中前十卷是诗，后三十卷是文。韩愈以文为诗，往往为人所讥。其实，诗文保存有不少好材料。某些诗篇，记述了贞元年间水旱灾荒以及劳动人民的悲惨遭遇。作为著名古文家，他为达官贵人撰写了不少碑志（在文集中占十二卷），阿谀逢迎，获讥于世，但并非所撰墓志都无是处，如《石君墓志铭》是《新唐书》增立《石洪传》的唯一资料来源。《江西观察使韦公墓志铭》，是《新唐书》增设《韦丹传》的主要根据。所写表状，如《应所在典贴良人男女等状》记他在袁州刺史任内，检出被迫典贴为奴婢的良人七百三十一人；《论变盐法事宜状》逐条批驳户部侍郎张平叔建议变更盐法、官自卖盐的十八条主张，比《食货志》所载片段内容远为详尽。《送郑尚书序》可以看到"岭南节度为大府"，"外国之货日至，珠香象犀玳瑁奇物，溢于中国"，"蛮胡贾人，舶交海中"，岭南海外贸易非常盛行，并反映了作者对发展商贸的赞许态度；《送水陆运使韩侍御归所治序》，记韩重华在东起振武，西至中受降城的六百余里内，大开屯田的许多事实。《新唐书·食货志》即取材于此。改写时，存在若干错误，应依此文校正。外集中《顺宗实录》五卷，乃是韩愈在韦处厚所撰三卷《顺宗实录》的基础上改写而成，他"削去常事，著其系于政者，比之旧录，十益六七，忠良奸佞，莫不备书，苟关于时，无所不录"[1]。从中可看出他对宫市之斥责，对盐铁使进奉的批判，对京兆尹李实罪行的揭露等等，说明表状所言，符合实情。《实录》送呈以后，受到不少人激烈反对，原因是"韩愈撰《顺宗实录》，说禁中事颇切直，内官恶之，于上前屡言不实"[2]。由是"累朝有诏改修"。文宗令路隋等重新改写，几经曲折，终于遵照旨意，将"实录中所书德宗、顺宗朝禁中事"，"详正刊去"，"其他不要改修"[3]。陈振孙说："议者哄然不息，卒窜定无完篇，

①　《韩昌黎集》卷二十八《进顺宗皇帝实录表状》。
②　王溥：《唐会要》卷六十四《史馆》。
③　《旧唐书》卷一百五十九《路隋传》，参看《旧唐书》卷一百六十《韩愈传》。

以阉官恶其书禁中事切直故也。"① 现在看来，这部经过后人改窜的唐代仅存的《顺宗实录》，记事还是比较切直。韩愈对顺宗朝的重大政治改革事件，对二王的不同看法，并不因私怨而曲笔。为史切直，即在封建专制时代，也仍是为数不多的。

《白居易集》七十一卷　白居易生平，详见《旧唐书》卷一百六十六、《新唐书》卷一百一十九本传。他历官中外，身经七朝，集中有诗赋三十九卷，文二十二卷。在他提出"惟歌生民病"的思想指导下，诗作题材广泛，从各个方面反映了社会的现状，具有重要史料价值。陈寅恪《元白诗笺证稿》论述元、白二人诗与唐史密切关系，值得认真学习。白居易的文章也包含不少重要历史资料，《论和籴状》以其亲身经历，具体揭示了唐代盛行和籴的害民实况。在他应试之前，"揣摩当代之事，构成策目七十五门"的"策林"中，可察知贞元、元和之际，存在各种错综复杂的社会问题，诸如赋敛之重、高利贷之酷、厚葬风俗之盛行等等。他曾经负责起草制诰，《除裴堪江西观察使制》说到江西"土沃人庶"，"国用所系"；《卢元辅为杭州刺史制》提及"江南列郡，余杭为大，征赋尤重"，诸如此类，都可帮助人们增进对中唐后江南地区社会面貌状况的了解。

《会昌一品集》三十四卷　作者李德裕生平事迹，见《旧唐书》卷一百七十四、《新唐书》卷一百八十本传。他历仕宪宗以后六朝，在文宗和武宗时，先后担任宰相，是唐后期颇有作为的历史人物。集中有不少文章，反映了唐代后期与吐蕃、回纥的关系，不少事件是李德裕亲自处理的，对研究回纥、吐蕃的历史有重要价值。藩镇叛乱是唐后期的大事，唐武宗时，昭义节度使刘稹作乱，李德裕亲自领导平定叛乱，在文集中对此有反映。其他如会昌灭佛事件，也有文字叙述。

《桂苑笔耕集》二十卷　朝鲜人崔致远撰。《新唐书》卷六十《艺文志》说，致远"高丽人，宾贡及第，高骈淮南从事"。书序自称，十二岁来华，十八岁举进士第，曾任宣州溧水县尉。朝鲜古代史书《三国史记》记载，"黄巢叛，高骈为诸道行营兵马都统以讨之，辟致远为从事，以恣

① 陈振孙：《直斋书录解题》卷四。

书记之任，其表、状、书、启，传之至今"①。是书乃致远在唐僖宗中和四年（884 年）十月回国之后，亲自编定他在淮南幕府公私应酬之作。《宋史》卷二百零八《艺文志》亦记有此书。但在宋代其他公私书目，以至清代的《全唐诗》《全唐文》都没有收入。直至近代，《四部丛刊》始据朝鲜刻本刊出。是集所述，足以弥补我国旧史中有关黄巢起义以及福建等地农民起义反抗官府事迹之缺遗②；还可从中具体看到唐末封建统治集团的豪奢腐朽以及彼此之间各种错综复杂的内部矛盾，充分表明该书对研究唐末社会历史有重要参考价值。

（二）别史、杂记、小说 它的范围广泛，究竟有多少种，不易进行具体统计。唐人所撰，如颜师古《匡谬正俗》、李涪《刊误》、苏鹗《苏氏演义》、李匡义《资暇集》、邱光庭《兼明书》等，多是考证文字，涉及当时现实生活的事很少；而宋人陶岳《五代史补》、王禹偁《五代史阙文》、钱易《南部新书》、王谠《语林》，甚至元人辛文房《唐才子传》等书，都是全部或大部记录唐事。宋人这类作品粗略计算即有二百余种，其中少量条目涉及唐事的如张舜民《画墁录》、王铚《默记》、黄休复《茅亭客话》、洪迈《容斋随笔》、王明清《挥麈录》等等，所占数量极大，举不胜举。下面只扼要简介少数几种如次。

《太平广记》五百卷 宋李昉、吴淑等十一人奉敕编撰。《宋史》卷二百六十五《李昉传》不记其事；卷四百四十一《吴淑传》记他"预修《太平御览》《太平广记》《文苑英华》"。李焘记宋太宗太平兴国二年（977 年）三月"戊寅，命翰林学士李昉等编小说为五百卷"。原注云："野史、传记、故事、小说编为五百卷。"③ 三年八月编撰完毕。全书有目录十卷，区分为九十二类，网罗各方面书籍，除正史外，并收野史、地理、文集、笔记、佛道典籍、传记、小说。《四库提要》卷一百四十二云："其书虽多谈神怪，而采摭繁富，名物典故，错出其间，词章家恒所采用，考证家亦多所取资。又唐以前书，世所不传者，断简残编，尚间存其什一，尤足贵也。"鲁迅说："《广记》采摭宏富……自汉晋至五代之

---

① 金富轼：《三国史记》卷四十五《崔致远传》。

② 参看拙编《唐五代农民战争史料汇编》下册，中华书局，1979 年，第 501—516 页。《集》中记黄巢事，《汇编》还有十余条漏收，请读者检查原书。

③ 李焘：《续资治通鉴长编》卷十八；陈振孙：《直斋书录解题》卷十一《小说家类》。

小说家言，本书今已散亡者，往往赖以考见，且分类纂辑，得五十五部，视每部卷帙之多寡，亦可知晋、唐小说所叙，何者为多，盖不特稗说之渊海，且为文心之统计矣。"①《广记》记事确是非常广泛，引用书目将近五百种，自上古以至唐末五代，但绝大部分是唐五代事。在这部卷帙繁多的书中，除若干神怪荒诞者外，很多都具有重要史料价值。至于"编纂失察，以至一事重出，分类乖当，标题鲁莽而未顾事义，官书粗草，见惯寻常，固勿须苛责矣"②。1981 年，中华书局出版了《太平广记》标点本，随后又编制了引书和篇目索引出版。

《类说》六十卷　南宋曾慥编，他取自汉以来百家小说，采掇事实编成。《四库提要》卷一百二十三云："南宋之初，古籍多存，慥又精于裁鉴，故所甄录，大都遗文僻典，可以裨助多用，又每书虽经节录，其存于今者以原本相校，未尝改窜一词。"据统计，《类说》辑有二百五十二种笔记小说，检查书名，大多数为晋、唐时人著作。1993 年，上海古籍出版社出版《类说》，可资检索利用。

《说郛》一百卷　元陶宗仪编。《明史》卷二百八十五本传称："著有《辍耕录》三十卷，又葺《说郛》……并传于世。"一百卷，指商务印本。另有清顺治初，《宛委别藏》本，为明陶珽补辑，亦为一百卷（或作一百二十卷）。两本书大部分内容都是录宋、元时的杂记小说，而且多为摘录，颇类似宋人曾慥所编《类说》。两部《说郛》的差别，在于后者补辑了不少明人作品，明以前部分，二书所录也有一些出入。对研治唐五代史的读者来说，以商务印陶宗仪本为佳。它的录文虽多不全，但古书之不传于今者，可借此而知其略。如记隋事之《平陈记》《迷楼记》《海山记》《炀帝开河记》《大业杂记》《隋遗录》。记唐事之《投荒杂录》《北户录》《寺塔记》《大中遗事》《唐科名记》《唐年补录》《会昌解颐录》《义山杂记》《开成录》《邺侯外传》《李林甫外传》等；记五代十国的《江南野录》《江南录》《南唐近事》《家王故事》《三楚新录》《南楚新闻》《陷虏记》等等。所以手边有《说郛》一部，可省却不少翻

---

① 鲁迅：《中国小说史略》第十一篇。按，鲁迅说《广记》五十五部，乃沿袭旧说，实数应为九十二部。

② 钱锺书：《管锥编》第二册，中华书局，1979 年版，内记读《太平广记》二百一十七则，列举该书不少内容重出或记事参差。

检他书之劳。1988 年，上海古籍出版社影印《说郛》三种（商务百卷本，宛委山堂一百二十卷本，及其所附《说郛续》四十六卷），颇便使用。

《大唐创业起居注》三卷　唐温大雅撰。《旧唐书》卷六十一、《新唐书》卷九十一有传。《隋书·经籍志》记帝皇有起居注，肇始于汉，魏晋以来大增，"录记人君言行、动止之事"。唐代的起居注则始于大雅所撰。刘知几说："惟大唐之受命也，义宁、武德间，工部尚书温大雅首撰《创业起居注》三篇。"[1] 是书"所载自起义至受禅凡三百五十七日，其述神尧不受九锡，反复之语甚详"[2]。第一卷自"起义旗至发引凡四十八日"，第二卷"起自太原至京城，凡一百二十六日"，第三卷"起摄政至即真日，凡一百八十三日"。与陈振孙所说三百五十七日事相同。大雅在李渊起兵后，"专掌文翰"，所撰当得自所记所闻，比较翔实。今以是书所记内容与新、旧唐书和《资治通鉴》的有关记载相互参读，可发现略有异同。如该书谓起兵反隋是李渊的主意，新、旧唐书本纪和《通鉴》则归其功于李世民。该书历叙李渊长子李建成之战功，为两唐书所没有。当李渊进军长安途中，"于时秋霖未止，道路泥深"，并受隋军拦阻，"时有流言者，云突厥欲与（刘）武周南入乘虚掩袭太原"。李渊为此，"集大郎（李建成）二郎（李世民）等"商讨对策，建成兄弟共谋反对回师太原，坚定地表示，"若不杀（隋将宋）老生而取霍邑，儿等敢以死谢"。这一建议，得到了李渊的赞赏。可是，两唐书将此事完全归功于李世民一人，《通鉴》把它写成是李世民主谋，李建成也表示同意了。我们宁肯认为《起居注》有关唐初的创业史比较真实可靠。1983 年，上海古籍出版社出版了点校本。

《安禄山事迹》三卷　唐姚汝能撰。该书每卷都题"华阴县尉姚汝能纂"。作者是何时人，生平事迹若何，均不可考。全书凡三卷，自安禄山出生到至德二年（757 年）被杀，兼及安庆绪和史思明父子事。安史之乱是标志着唐代盛衰的转折点。《新唐书·安禄山传》比旧传增加了不少内容，通过查对，可知有不少是取材于姚汝能书。该书三卷，上卷记长安

①　刘知几：《史通》卷十二。参看《旧唐书》卷六十一《温大雅传》。
②　陈振孙：《直斋书录解题》卷四。

三年（703年），禄山出生，至天宝十二年（753年），禄山受宠，中卷记天宝十三年，禄山率兵叛乱事，下卷叙禄山称帝、被杀及安庆绪史朝义事，止于宝应元年（762年）。另有一些新增的史实，当采自现已佚失的其他有关史籍。但就《安禄山事迹》一书来说，其中尚有不少内容为正史所不载。如玄宗数次所赏给安禄山的各类物资名目，包括"金银平脱"等等，以及安禄山恃宠纵恶在河北潜谋作乱等等具体情节，都值得重视。是书所记无疑是研究安史乱事以及唐玄宗时期东北边防状况的重要资料。1983年，上海古籍出版社刊本，并附录了二十一种相关史籍，颇便参读。

《东观奏记》三卷　唐裴庭裕撰。庭裕，两唐书无传，据《新唐书》卷七十一上《宰相世系表》介绍，庭裕字膺馀，属唐代有名大族东眷裴氏。中和二年（882年）进士及第，唐昭宗时，庭裕为翰林学士、左散骑常侍①。大顺二年（891年）二月，作者受命参与撰写唐末三朝实录，在此期间，他根据自己的见闻编成此书，作为修国史的准备工作。按其经历观之，《东观奏记》当上于景福元年（892年）。全书记事八十五条，司马光编撰《通鉴》宣宗朝事，曾多次援引，遇有不同意见时，在《通鉴考异》卷二十二，逐条作了说明。王鸣盛曾经指出，"李珏传，《新唐书》多取《东观奏记》"②，说明宋祁撰唐宣宗时的人物列传，也多参据是书。我们从《旧唐书》和《唐会要》有关宣宗朝的某些记事（如郑光庄宅事），亦可推测取材于《奏记》。该书篇幅不大，由于现存晚唐史籍贫乏，它便成为不可多得的重要资料。1994年，中华书局出版了点校本。

别史、杂记、小说，还有不少，限于篇幅，只能有选择地稍作简单提示：

《贞观政要》十卷，唐吴兢撰，记唐太宗与大臣们议政之事。2003年，中华书局出版谢保成《贞观政要集校》精装本，点校皆是上乘。比1979年上海古籍出版社点校本精审。

《魏郑公谏录》五卷，唐王方庆撰，成书于《贞观政要》前，记魏徵与唐太宗议政事，以清人王先恭校本为佳，《丛书集成》本。

《唐语林》八卷，北宋王谠撰。将唐五代杂记小说分成五十二门，内

---

① 《新唐书》卷五十八《艺文志》。
② 王鸣盛：《十七史商榷》卷九十一《李珏传新书多取东观奏记》。

容广博，每条均未记其资料来源。1987 年，中华书局出版周勋初《唐语林校证》，逐条查明其出处，是当今最好刊本。比 1957 年古典文学出版社所印《唐语林》远为优胜。

《两京新记》五卷，唐韦述撰，记述唐代东西两京事，今仅残存第三卷，刊 1924 年商务影印佚存丛书。

《长安志》二十卷，宋宋敏求撰，《宋史》卷二百九十一有传，它详细考证唐代长安古迹。《四库提要》赞誉为"精博宏瞻"。《游城南记》宋张礼撰，是对长安城南的实地调查记录。《丛书集成》本。元李好文《长安志图》三卷，记汉唐宫阙陵寝及泾渠沿革甚详，可供参考。

《河南志》，元佚名撰，记唐代洛阳事，徐松从《永乐大典》辑出，1994 年，中华书局出版了高敏点校本。

《两京城坊考》清徐松撰，1985 年，中华书局出版了点校本。

《四时纂要》唐末韩鄂撰，分四季按月列举农家（主要指北方）应做的事，1991 年，农业出版社出版了缪启瑜的《四时纂要校释》。

《茶经》三卷，唐陆羽撰，是我国有关茶业最早的专著。1987 年，农业出版社出版了吴觉农《茶经述评》。

《膳夫经手录》一卷，唐杨晔撰，记茶品、茶产地，大中十年成书，《四库》本。

《耒耜经》一卷，唐陆龟蒙撰，记江南地区所使铁犁、耙等农业工具。

《开元天宝遗事十种》，包括李德裕《次柳氏旧闻》、郑处海《明皇杂录》、郑綮《开天传信记》、王仁裕《开元天宝遗事》、吴兢《开元昇平源》、郭湜《高力士外传》、陈鸿《长恨歌传》、乐史《杨太真外传》、佚名《李林甫外传》、佚名《梅妃传》，此皆专记唐玄宗时的政治、经济、社会面貌之作品，1985 年由上海古籍出版社合成一册点校出版。其中《明皇杂录》一书，1984 年，中华书局已单独点校出版。

刘𫗧《隋唐嘉话》三卷，张鷟《朝野佥载》六卷，皆记朝野故实，1979 年，中华书局出版了赵守俨等人点校本。

刘肃《大唐新语》十二卷，记武德至大历间事，中华书局 1984 年点校本。

封演《封氏闻见记》十卷，记掌故、杂论以及当时士大夫逸事，

1958 年，中华书局出版赵贞信校注本。

李肇《唐国史补》三卷，记开元、长庆间事。赵璘《因话录》六卷，记唐人故事，足与史传相参。1957 年，上海古典文学出版社出版二书合刊本。

段成式《酉阳杂俎》二十卷，又《续集》十卷，《旧唐书》卷一百六十七有传，书中虽录异志怪，对唐代物产分布、社会风俗等皆有记录，1981 年，中华书局出版了方南生校刊本。

五代王定保撰《唐摭言》十五卷，专记唐进士科名事，1957 年，上海中华书局印本。

南宋洪遵编《翰院群书》，包括了唐李肇《翰林志》，元稹《承旨学士院记》、韦处厚《翰林学士记》、韦执谊《翰林院故事》、丁居晦《重修承旨学士壁记》。另外，《全唐文》内，有杜元颖《翰林院使壁记》、韦表微《翰林学士院新楼记》，都是作者亲历见闻之作。开元初，始置翰林院，中唐后，翰林学士盛极一时，在唐代政权中有着重要作用。

蒋偕编《李相国论事集》六卷，是研究李绛在宪宗朝政治、经济、生活中重要作用的文献，有《丛书集成》本。

韦绚《刘宾客嘉话录》一卷，记录刘禹锡谈话逸事，《丛书集成》本。

五代孙光宪《北梦琐言》二十卷，记亲身见闻唐五代诸国士大夫遗闻逸事，1960 年，上海中华书局点校本，末附《北梦琐言》逸文四卷，为今本所无，乃是《太平广记》所引之文字。

宋陶谷《清异录》二卷，《宋史》卷二百六十九本传云："强记嗜学，博通经史，诸子佛老，咸所总览。"采唐五代典故行事写此书，共分三十七门，六百四十八条，包括天文、地理、花木、饮食、器物等，有《说郛》本。1985 年，中国商业出版社选录其中饮食共八门，二百三十八事，以《清异录》为名，出版了注释本。

后唐冯贽《云仙散录》或称《云仙杂记》，记录唐五代遗闻逸事，中华书局，1998 年点校本。

牛僧孺《玄怪录》四卷，李复言《续玄怪录》四卷，1982 年，中华书局合刊点校本。

李冗《独异志》三卷，张读《宣室志》十卷，1983 年，中华书局合刊点校本。

李绰《尚书故实》一卷,记朝野逸闻、杂记近事,兼考旧闻,《四库提要》卷一百二十,对它比较肯定,在唐人小说中,亦《因话录》之亚也。书中谈画处甚多。《丛书集成》本。

张彦远《法书要录》十卷,宣、懿时人,多谈书画,《丛书集成》本。

张彦远《历代名画记》十卷,谈历代名画,前三卷记文,后六卷叙历代名画家,各有小传,1964 年,上海人民美术出版社出版了俞剑华《历代名画记校注》本。

孟棨《本事诗》一卷,有光启二年(886 年)自序,所记四十余事,多可信从,1957 年,古典文学出版社出版。

赵元一《奉天录》四卷,专记德宗朝泾原兵变事,《丛书集成》本。

皇甫枚《三水小牍》二卷,目睹社会现状,记晚唐政治传闻与人物逸事。1958 年,中华书局刊本。

佚名《玉泉子》多记中晚唐故事。南唐刘崇远《金华子杂编》二卷,多记唐末五代杂事。1958 年,上海中华书局合刊本。

佚名《大唐传载》记唐初至元和中事。张固《幽闲鼓吹》三卷,记宪、武、宣宗朝事。南唐尉迟偓《中朝故事》二卷,多记宣、懿、昭、哀四朝故事,兼及神异怪幻之事。1958 年,上海中华书局合刊本。

康骈《剧谈录》,记天宝以后琐事,1958 年,上海中华书局刊印。

李濬《松窗杂录》一卷,多记逸闻秘事,以玄宗朝为多,1958 年,上海中华书局刊本。

苏鹗《杜阳杂编》三卷,记代宗至懿宗朝事,1958 年,上海中华书局刊本。

冯翊《桂苑丛谈》一卷,多记晚唐琐细怪异之事,1958 年,上海中华书局刊本。

崔令钦《教坊记》一卷,研究盛唐时教坊制度及曲调名称、乐舞资料。1962 年,中华书局刊印任半塘《教坊记笺证》,增补校正了不少内容。

孙棨《北里志》,记长安妓女生活和长安社会风习,1958 年,中华书局刊本。

钱易《南部新书》十卷，多记唐五代国政逸闻，1958 年，中华书局刊本。2013 年，上海中西书局出版梁太济撰《南部新书溯源笺证》共引书三百二十三种，逐条作了笺证，只有少数条目没有作出笺证。

范摅《云溪友议》三卷，咸通时人，记中唐以后杂事，诗话居十之七八，1957 年，古典文学出版社刊本。

段安节《乐府杂录》一卷，对唐代礼乐制度、音乐、舞蹈、百戏研究很有用。1957 年，古典文学出版社刊本。

高彦休《唐阙史》二卷，记大历至乾符间事，《丛书集成》本。

何光远《鉴诫录》十卷，记唐五代事，以蜀事居多，《丛书集成》本。

南卓《羯鼓录》一卷，研究唐代音乐艺术和社会风尚的好资料，1957 年，古典文学出版社刊本。

贺次君《括地志辑校》，贞观中，魏王李泰撰《括地志》五百五十卷。后佚，此乃辑佚本，中华书局 1980 年点校本。

刘恂《岭表录异》三卷，是了解唐代岭南社会风俗物产的重要作品。1983 年，广东人民出版社出版鲁迅校勘点校本。

段公路《北户录》三卷，专记岭南异事异物，《丛书集成》本。

樊绰《蛮书》十卷，或称《云南志》，是有关云南古代民族和地理的重要著作。1962 年，中华书局出版向达《蛮书校注》本。

胡蔚《南诏野史》上、下卷，清光绪时，云南书局本。

莫休符《桂林风土记》一卷，专记桂林地区名胜古迹、山林和任职桂林的官员，《丛书集成》本。

陆广微（？）《吴地记》，对研究唐五代东南地区社会史很有用，《古今逸史》本。

李筌《太白阴经》八卷，记出师用兵之事，《守山阁丛书》本。

张锡厚辑校《王梵志诗校释》，中华书局 1983 年点校本。

韩鄂《岁华纪丽》四卷，按四时节候分门纪事，《四库》本。

余知古《渚宫旧事》五卷，纪六朝至唐江陵事，《四库》本，又《丛书集成》本。

计有功《唐诗纪事》八十一卷，收唐代诗人一千一百五十家，多采用前人著述，罕有评论，1987 年，上海古籍出版社点校本。

白居易《白氏六帖事类集》三十卷，一千八百七十门，是白氏私人所撰类书。1987年，文物出版社影印南宋绍兴刊本。

林宝《元和姓纂》十卷，记唐人世系比较真实，但所记其先祖世系，多难信从。《国史补》卷下，称林宝是代宗大历以后姓氏学专家。1994年，中华书局出版了该书点校本，附岑仲勉撰四校记，且附索引一大册，便于读者检索。

马缟《中华古今注》三卷，此乃推广崔豹《古今注》之作，涉及汉晋唐史事，1958年，商务印书馆刊本。

刘轲《牛羊日历》一卷，记牛李党争事，攻击牛僧孺甚烈，《藕香零拾》本。

袁郊《甘泽谣》一卷，《直斋书录解题》云："咸通戊子（九年）自序，以其春雨泽应，故有甘泽成谣之语，以名其书"，载谲异之事九章，原书今佚，散见《说郛》《太平广记》中。

唐张文成《游仙窟》一卷，用唐人口语记其时男女恋情事，见汪辟疆《唐人小说》，上海古籍出版社，1978年版。此文国内久佚，唐代传至日本，今从日本刊本印出。

宋张齐贤《洛阳搢绅旧闻记》，宋人追记张全义治洛阳等事。

唐李（陈?）翱《卓异记》一卷，记唐代君臣卓绝之事二十余起，《丛书集成》本。

唐锺辂《前定录》一卷，《续录》一卷，辂大和时人，录前定之事二十余条，《学津讨源》本。

唐韦绚《戎幕闲谈》一卷，记大和中，李文饶所谈事务，《说郛》本。

唐韩愈《昌黎杂说》一卷，《丛书集成》本。

吕夏卿《唐书直笔》四卷，《丛书集成》本。

蔡世钹《读旧唐书随笔》一卷，《丛书集成》本。

吴如嵩等《（唐太宗）李卫公问对校注》三卷，此是问答体裁之兵书，中华书局1983年出版。

唐温庭筠《乾䐷子》一卷，《丛书集成》本。

隐夫玉简《疑仙传》三卷，记开元以后二十余事，《琳琅秘室丛书》本。

沈汾《续仙传》三卷，记唐五代三十六人仙道事，《四库》本。

宋吴淑《江淮异人录》二卷，所记二十五人，为唐与南唐道流侠客之事，《知不足斋丛书》本。

句延庆《锦里耆旧传》，原书八卷，前四卷已佚，记唐僖、昭时事，《丛书集成》本。

宋徐铉《稽神录》六卷，多记唐五代神怪之事，1996年，中华书局点校本。

宋张洎《贾氏谈录》一卷，《宋史》卷二百六十七有传，《四库提要》称"所述皆唐代轶闻"。《守山阁丛书》本，又《四库》本。

宋李上交《近事会元》五卷，嘉祐元年（1056年）成书，记唐武德至周显德间有关典制乃至杂事细务，《守山阁丛书》本。

元辛文房《唐才子传》十卷，记唐代诗人传记，注意进士及第之年，1965年，中华书局刊本。

隋《大业杂记》十卷（今存一卷），《海山记》《迷楼记》《开河记》等等，均见《说郛》。

五代陶岳《五代史补》五卷，作者嫌薛史缺略过多，记百余事，以补缺遗，《四库》本。

宋王禹偁《五代史阙文》一卷，所记十七篇，有助补史，《四库》本。

佚名《新编五代史评话》八卷，1954年，古典文学出版社刊本。

十国杂史众多，如《吴越备史》《蜀梼杌》《五国故事》《钓矶立志》《江南野录》《南唐近事》《江南余载》《江表志》《三楚新录》《南楚旧闻》《蜀鉴》《鉴诫录》乃至《南汉书》《南汉纪》等等，不再一一介绍。

《中国印度见闻录》二卷，阿拉伯佚名著，穆根来等汉译。该书写于9世纪中叶至10世纪初，汇录商人与水手们的见闻。1937年，刘半农父女合译，书名《苏莱曼东游记》，史学界曾享誉一时。20世纪80年代，国内一些知名的阿拉伯学者对原作全文重译，卷一杂记中国人的衣食住行习俗，卷二记录唐代黄巢起义和一位阿拉伯人会见唐代皇帝的故事，由此可了解唐代广州的盛况。这是一本重要的唐代对外交通的著作，译者对原书加了一些重要译注，有助读者学习使用。书末附有9至10世纪阿拉伯人东来路线图，中华书局，1983年出版。

法显和玄奘、义净是从中国去印度求法的三位著名僧人。东晋法显由陆路去印度，自海路还归至山东，撰《佛国记》，备言其历程。玄奘和义净是唐代去印度的僧侣；玄奘是唐太宗时西行去印度。归国后，撰《大唐西域记》十二卷，记其旅印所见所闻。唐僧慧立、彦悰所著《大慈恩寺三藏法师传》十卷，前五卷记玄奘早年生活和旅游印度事，后五卷，记其回国后的译著等事。周连宽撰《大唐西域记史地研究丛稿》（1984年，中华书局）收纳二十九文，细致研讨了玄奘的往返具体行程，并附地图二十幅。义净是唐高宗时，从广州取海路去印度求法，在那烂院学法近十年，唐武则天执政时，仍由海路回归，至洛阳，撰《大唐西域求法高僧传》二卷，书中记述了唐代去印度求法的中国五六十位僧人的事迹，正是通过他们，创造了富有中国特色的中国式佛教。此外，日本僧人元开撰《唐大和上东征传》（中华书局，1979年汪向荣校注本），详记唐僧鉴真冒险多次渡海失败，已是耄龄盲目的鉴真，第六次渡海，踏上日本国土传教，最终死于日本。另有日僧圆仁撰《入唐求法巡礼行记》四卷（上海古籍出版社，1986年），备记作者在中国十年的众多见闻，是研究唐代政治、经济、宗教和文化的重要资料，对研究中日关系史也很有用。

（三）后人所补表志　清季以来，人们所撰隋唐五代史的补表志十四种，大多已收入《二十五史补编》，可以参看，此不备录。其中万斯同所撰七种为最多，是他所撰《历代史表》五十三卷的组成部分。《诸王世表》《将相大臣年表》等乃模仿《汉书》体裁而作，《宦者封爵表》等，是他新创。资料大抵源于正史、《六典》《通典》《册府》《通鉴》和其他杂史，按类区分，虽所收资料不全，且有错误，但借以考查某些条目，颇为有助。唐代有关方镇的几种史表，以吴廷燮所撰《唐方镇年表》八卷最便于翻检①，质量较好，其他几种行文粗疏，实际可以废去。沈炳震《唐书宰相表订伪》十二卷，可供备查。

（四）考古文献资料　清代王昶《金石萃编》一百六十卷，其中卷四十一至一百一十八共七十八卷均为唐代事，清末，陆增祥撰《八琼室金石补正》一百三十卷，也录有不少唐代石刻。敦煌石窟和吐鲁番文书的

---

① 吴廷燮：《唐方镇年表》八卷，末附岑仲勉《唐方镇年表正补》，中华书局，1980年。

发现，对于隋唐史的研究有重大意义。历史所资料室曾编《敦煌资料》第一辑。黄文弼撰《吐鲁番考古记》都在前面作了介绍。20 世纪 50—70 年代发现的吐鲁番出土文书，经过唐长孺为首一批学者的整理和研究，包括核对缀合、释文、标点、定名，以及必要的注释与说明，1981 年开始，由文物出版社分卷出版。上章已指出，前面三册是十六国和高昌国时期文书。自第四册开始为唐代西州文书（其中第四、第五册为西州与高昌国交义文书），六至十册完全是唐西州文书，诸书统称《吐鲁番出土文书》，1991 年出齐。十册文书都只有录文而无图版。经过文书编者们努力，将十卷录文本文书改编成图录本四册，原来的一至三册改成第一册，四册、五册改编成第二册，六、七册改编成第三册，八至十册改编成第四册。图录本每页上方为图版，下为释文，原先简装本未收入的若干图版残片，图录本将它们一律收入，在 1992—1996 年完成出版。

吐鲁番文书出版后，李方、王素编辑出版了《吐鲁番出土文书人名地名索引》（文物出版社，1996 年），有利读者检索使用。陈国灿编《吐鲁番出土唐代文献编年》（台北市新文丰出版公司，2002 年），将下限延伸至德宗贞元八年（792 年）吐蕃攻陷西州，它有助于读者加深对出土文书的了解。

另外，日本人大谷光瑞在 1902—1914 年间，三次到西域（库车、和田、吐鲁番、塔里木盆地）擅自劫走了大批经文，还曾至敦煌掠取了一批文书，都收藏在京都龙谷大学，统称"大谷文书"。1958—1963 年，日本人相继编撰为《西域文化研究》六卷，包括佛教、社会经济、中亚古代语文献等，由日本法藏馆出版。20 世纪末，日本小田义久编辑成《大谷文书集成》两册。随后，出版了《大谷文书研究》，这些被日本掠走的考古资料，均有重要的历史资料价值。

上章提到被英、法、俄、日等国私自运走的敦煌文书，以英国斯坦因取走时间最早，数量也多。法国的伯希和到敦煌的时间较晚（1908 年），但他通晓汉文，以及多种中亚古文字，熟悉中国古代文献学，所以，他能挑选很多重要资料运去巴黎。俄国奥登堡在其后，也来到敦煌，拣选了不少文书，运回圣彼得堡。20 世纪 50—70 年代，英、法先后将所藏敦煌文书，摄制成缩微胶卷，公之于世。80 年代，我国台湾地区学者黄永武据此编印成《敦煌宝藏》，由台湾新文丰出版公司影印出版。

20 世纪八九十年代，我国通过多方努力，已将流出海外的大批汉文遗书通过拍照选印，分批在国内正式出版，最主要的有：

中国社会科学院成员负责编撰，由四川人民出版社印《英藏敦煌文献》十五册（1990—1995 年）。

上海古籍出版社组织出版《俄藏敦煌文献》十七册（1992—2001 年）。

上海古籍出版社组织出版《法藏敦煌西域文献》三十四册（1995—2005 年）。

20 世纪五六十年代，日本法藏馆出版了《西域文化研究》。

汉文文书之外，敦煌还有不少古藏文文献，西北民族大学与上海古籍出版社协作，陆续编撰《英藏敦煌藏文文献》《法藏敦煌藏文文献》以及《法藏敦煌胡语文献》，陆续付印。它对我国多民族历史以及古代中外文化交流的研究，大有裨益。

同时，国家图书馆以及北大、上海、大连、天津等地所藏敦煌文献，已先后出版了。所有这些，都为今后开展敦煌学研究提供了极大的方便。敦煌文书中最多的是佛教典籍和其他宗教典籍，还有大量经史子集和官私档案、医药文献、天文历书、诗词、俗讲等等。佛教典籍以经律论及目录为主，其中颇有一些至今已不传于世，在文书的经史子集中，保存有极为罕见的古写本，乃至有佚失千年以上的古写本。官文书包括诏敕、律令格式、告身、表笺、牒状、判词、户籍、田簿、税役簿、兵役簿、财会、帐历、水利、驿传、民族诉状、符、榜文、过所、公验、度牒、计帐、契约、手实等等；私文书有书启、契约、遗书、分产书、什物帐、帐历、放良书、放妻书、悼文、碑志。社邑文书有土地、宅舍、牲畜等买卖契约，土地、人口等典质契约，劳动力、牲畜、雇佣契约，粮食、布帛等借贷契约。众多公私文书是研究我国中古时期政治史、经济史、社会生活、风俗民情、寺院经济等等的第一手资料。晚唐归义军张氏、曹氏政权时代的各种遗书及方志、谱书等，对了解敦煌史与中西文化交流史意义重大。

已出版数量繁多的敦煌文书包含的丰富资料，年轻学者一时难以着手，国内学有专长的行家已分别作出了若干很有价值的相关资料辑录。如书目文献出版社出版了唐耕耦、陆宏基编撰的《敦煌社会经济文献真迹释录》四册，广为学界同仁爱好使用。沙知编辑《敦煌契约文书辑校》，多达六百多页（江苏古籍出版社，1998年）。他将敦煌契约分为买卖、便贷、雇佣、租佃、分书等类，为研究9—11世纪敦煌地区政治、经济、文化提供了第一手资料。宁可、郝春文编辑《敦煌社邑文书辑校》（江苏古籍出版社，1997年）将所收三百四十五篇文书，区分为社条、社司转帖、社历、社文和社状牒五大类。周绍良等编撰《敦煌变文辑校》（江苏古籍出版社，1998年）将清末敦煌石室发现的说唱体变文，加以校勘整理而成。赵和平编撰《敦煌表状笺启书仪辑校》，共收二十二类书仪，可以了解千余年前的人际交往及官方、官民交往的习惯与礼节（江苏古籍出版社，1997年）。方广锠《敦煌佛教经录辑校》上、下册（江苏古籍出版社，1997年），经录即佛经目录，该书共收敦煌经录三百八十五号，编者将它分为十大类，不仅研究经录有重大创获，且对开展佛教研究，提供了有价值的资料。马继兴等编辑《敦煌医药文献辑校》（江苏古籍出版社，1998年），系统地将敦煌所藏医药残卷，分类结集，充分体现了敦煌医药文献的总体水平及其权威性，保存了一些失传已久的重要方技，还有一些原本不为人知，水平很高的重要医籍得以保存，该书出版，有利于促进传统医学的发扬光大。

英藏敦煌官私文书中，寺院文书占千种以上，数量甚多的寺院财务收支帐历，提供了寺院经济的具体状况。法国人谢和耐所撰《中国五至十世纪的寺院经济》由耿昇翻译，甘肃人民出版社1987年出版，2004年，由上海古籍出版社增补再版。该书从敦煌文书和西域文书、汉文典籍和中外佛典中，分析了从南北朝至唐五代期间的中国寺院经济。谢和耐的老师戴密微撰《吐蕃僧诤记》，是根据法藏敦煌文书写成，亦由耿昇汉译，1984年，由甘肃人民出版社出版，是当代西藏佛学和敦煌学的代表作。日本学者池田温研究中国从上古以至唐代的户口统计，侧重研讨北朝以至中唐时的籍帐，他以英、法、日、德所藏敦煌文书以及日本和中国所藏吐鲁番文书为主体，包括汉代竹、木简在内各种地下发掘文物，也都充分关注。对中国古代户籍籍帐之制定及其与差科的关系，研究很深入，所撰《中国古代籍帐研究》，1979年，在日本东京正式出版，1984年，由龚泽铣汉译该书文字概论部分，由中华书局出版，已接近三十万字（原书所附大量图版、竹木简和插图，因印刷技术关系，一律未收入）。

敦煌、吐鲁番有关社会经济方面的文书，提供了多方面珍贵的历史资料。例如户籍残卷，详细登记了某乡某里每户居民的户主和全家成员的姓名、年龄、性别、田地数目乃至每块田土的四至，还分别对每户居民注明课户、不课户与现输、现不输等不同的字样，这是有关均田和赋役制度研究的重要资料。武则天圣历三年（700 年）帐，敦煌县效谷乡户籍残卷现存六户，从邯郸寿、常习才、张玄钧三户可知应受田数符合均田令的规定，但实际授与的土地很少。然而，开元九年（721 年）敦煌悬泉乡籍，曹仁备所受田数比一般人多得多，这是由于他家另有勋田的缘故。在悬泉乡宜禾里大历四年（769 年）手实的二十三户中，减去已除户和全家都已死亡者外，实际存在的十七户内，已有九户全部逃亡或大多逃亡，说明均田制到代宗时已是名存实亡。其中索思礼一户，本人是老男、武散官和勋官，儿子索游鸾为通化府折冲都尉，是五品以上职事官，他同时又是勋官（上柱国）。家有三奴一婢，有"勋田"和"买田"，当然不是一般农民。此户同样受田，说明均田制是把地主同样包括在受田对象之列。

吐鲁番出土资料中时间最早的唐代文书是贞观十四年（640 年）九月西州高昌县安苦知延、李石柱等所具的手实，当时唐灭高昌未久，此份手实，提供了唐代编制手实的具体资料。大谷文书中有关土地制度方面的约有三百件，日本学者西嶋定生将它区分为五类，即给田文书、退田文书、欠田文书、户主别田籍文书和佃人文书，另外，还有少数屯田文书。西嶋氏以给田文书和退田文书为中心，研究了吐鲁番均田制的施行状况。总之，敦煌、吐鲁番出土的土地关系文书说明了唐前期确实推行了均田制；当然，文书内容也足以说明当地受田的严重不足。西州有关租佃关系的文书由于情况复杂，中日学者已有不少人发表了意见很不一致的初步研究成果。今后，随着文书研究的深化，当会使其研究结论有可能逐步趋向一致。

吐鲁番发现了不少庸调麻布和绢，一部分庸调布绢上还有墨书，记明某年月日，纳布人姓名和数量乃至布帛性质，上盖州、县印信。仅仅1972 年至 1973 年，在阿斯塔那出土的庸调布，便有十七件有墨书题记，另有三件庸调绫绢，也有墨书题记，从而确知这些庸调布绢分别来自河南、陕西和长江流域的四川、两湖与江浙一带。西安的何家村，1970年，出土了来自岭南的庸调银。敦煌、吐鲁番的户籍文书又都记载田租，是研究唐前期租庸调制度的良好资料。

2008年4月，中华书局出版《新获吐鲁番出土文献》，收纳2004年以来新出土的文书，明确记年最早是前秦建元二十年（384年）户籍资料，更多是十六国至唐代西州的资料，采用上图下文方式发排，有助于充分利用进行历史研究。

唐代的户籍编制划分户等，敦煌、吐鲁番出土文书记载了很多有关户等的重要资料。但如上述，大历时手实所记地主官僚索思礼户乃下中户（八等户），联系到已发现的户籍制文书中不见上等户存在，可以考见当时户等划分是存在大量弊端的。

还应指出，西州出土文书，很好地证实或补充了文献记载的不足。例如《唐六典》所记唐代户税有大税、小税和别税的区分，现存史籍尚未见征收具体记载。吐鲁番出土的几件文书，却明白地记有大税征收。在交纳时，还具体区分为第一限税钱和后限（第二限）税钱，它既可以证史，且可补充史籍的不足。又如唐代征收租庸调，文献记载和敦煌出土文书，都说是丁租二石，吐鲁番出土的多件文书，虽然每户田土多少不同，交租一律是六斗。史书说庸调交纳绢布，西州从唐太宗以至玄宗时，都是交纳叠布（棉布），唐灭高昌后所置的西州，和内地沙州等州县地位相同，但赋役征收在数量和品种上另有其特色。在唐朝内地，不服现役的按规定交纳庸绢或资课，在西州却盛行纳皮代役。出土的大量唐代手实和差科簿文书和烽丁、驿丁的差遣，以及其他各种地方性差遣的害民情况，在已出版的吐鲁番资料中都有很丰富的内容。

另外，在敦煌、吐鲁番出土文物中，还有不少关于差科徭役、兵役的文书以及关于高利贷和雇佣的契约，孙继民《唐代瀚海军文书研究》（甘肃文化出版社，2002年）从整理瀚海军文书入手，进而研讨瀚海军的种种状况，足以补史文之缺漏。

20世纪末，王素撰写了二十余万字的《敦煌吐鲁番文献》（文物出版社，2002年），将中外不同国家的学者所作的研究成果，加以较全面的评述。百年来，敦煌和吐鲁番文书从发现、盗掠、分散、收藏发展为不同国籍的学者对文书开展研究，客观介绍学者们的研究成果，并适时对某些研究成果作了评判。区分敦煌和吐鲁番，对两地的古籍整理加以具体介绍，除对两地区的经济文献区分籍帐、土地、赋役、契约、寺院经济和社会生活，加以介绍各自研究状况，还对敦煌有关的吐蕃史、归义军史、于阗史、回鹘史以及粟特、仲云、南山、龙家、退浑等族史，分别作了考释。对比吐鲁番有关的高昌、西州、回鹘史以及柔然、突厥、粟特、车师、铁勒等族相关历史，作了探讨。与此相呼应，黑龙江教育出版社出版李方著《唐西州行政体制考论》（2002 年），对人们关注甚少的西州行政体制作了细致的具体剖析，王素以出土文书为主轴，结合历史文献还出版了《高昌史稿》的"统治编"（文物出版社，1998 年）和"交通编"（2002 年），是新世纪初，学者对地方史研究的良好成果。

第六章　宋史史料

第一节　概况

在宋代，政府十分重视当代史的编修工作，与前代比较起来，史馆组织比较严密，修史制度比较健全。在士大夫中，编写当代史或记述当代史实也蔚为风气。再加上印刷术的普遍推广，许多大部头的著作也能雕版印刷。因此，保存下来的宋代史料，远远超过了唐代。

有关宋代的史料，以官修的为主。宋代私人修史虽然盛行，但主要取材于官方史料。

宋政府主持编修的当代史，主要有以下六种：

（一）起居注　起居注的名称可以追溯到汉代。但是，宋代的起居注已经超出了汉代起居注仅是皇帝私生活记录的范围，也超出了汉以后起居注仅仅记录皇帝言动的范围，而成为当时最基本的史料之一。《宋会要辑稿》（职官二之十）记载了宋徽宗政和年间的《修起居注式》，即起居注的标准格式，从中可以看到宋代起居注的丰富内容：

> 某日，皇帝御某殿，朝参官起居。三省、枢密院奏事，某司或某官以某事进对。退御某殿，某官新授某官职或差遣，告谢。尚书吏部引见某官改合入官，某官改次等合入官。军头引见某指挥人员若干人自某路屯戍回，赐钱有差；次引某处拣到某指挥兵级若干人试艺应格，填某阙；次引诸班直及行门长行骑御马直教骏指挥使以下若干人谢春冬衣或时服；次引某指挥将校兵级并提举巡教指挥使等若干人数教阅。次某官进粮或衣样。以上有某事即书，随其事有圣语则书。凡除授文武臣僚，随事大小，不限品秩，取其足以劝善惩恶者书其制辞。凡臣僚建议并特旨更改而系政体则书其事。凡御札、诏命、赦降与冬祀、夏祭、宗祀太庙、景灵宫祭祀缋献、元会

中国古代史史料学

视朝、上寿燕飨游幸、廷试贡士、转补军班、见诸蕃国、观御书礼物谷麦之事皆书。其太史占验日月星辰风云气候之兆系于日终。郡县祥瑞、闾阎孝悌之行系于月终。户口增减之数于岁终而书之。①

大约从宋太宗淳化五年（994年）开始，一直到南宋末年，近三百年间，起居注基本上延续了下来。修起居注的官员因为能接近皇帝、接触机密，所以被视为荣耀的职务以及晋升的阶梯。欧阳修、司马光、周必大等人都担任过这个职务。

（二）时政记　皇帝同宰相商讨军国大事，属于当时的最高机密，修起居注的起居郎、起居舍人也不能旁听。唐武后长寿二年（693年），宰相姚璹建请由宰相一人专门记录皇帝与宰相"所言军国政要"，"每月封送史馆"，称为时政记②。但在唐代，这项制度只是断断续续地在短期内实行过，没有坚持下来。在宋代，从太宗太平兴国八年（983年）开始，历代皇帝的时政记基本没有中断。不但如此，由于宋代实行高度中央集权，掌握行政的宰相、参知政事，同掌握军政的枢密使分班奏事，所以时政记也分中书时政记和枢密院时政记两种。

（三）日历　日历是编年体。编修日历除依据起居注和时政记外，还包括内外官司收到的圣旨指挥，记载文武大臣去世时还附有他们的传记。日历包含的内容丰富，篇幅很大。宋高宗在位三十六年，日历就有一千卷之多。

（四）实录　实录是根据日历编成的，体裁也同日历相似。两者之间的差别是：（1）日历以及起居注、时政记带有原始资料、档案性质，属于所谓"记注"；实录则带有史籍性质，属于所谓"修撰"。（2）日历以及起居注、时政记属于机密档案，在一定时期内，除编修官以外，其他人不能阅看；实录在宋代允许臣僚阅看甚至抄录。（3）日历比较详细，实录则较简练，如宋高宗实录为五百卷，比日历少一半。宋代从太祖到宁宗都有实录。

（五）国史　国史为纪传体，有本纪、列传、志，除了没有表外，体

---

① 并可参考《文献通考》卷五十，《职官考》四，起居。
② 《旧唐书》卷八十九《姚璹传》。

裁与现在通行的廿四史大致相同。宋代正式修成的国史有四部：（1）《三朝国史》一百五十卷，包括太祖、太宗、真宗三朝，仁宗天圣八年（1030年）修成。（2）《两朝国史》一百二十卷，包括仁宗、英宗两朝，神宗元丰五年（1082年）修成。（3）《四朝国史》三百五十卷，包括神宗、哲宗、徽宗、钦宗四朝，孝宗淳熙十三年（1186年）修成。（4）《中兴四朝国史》，卷数不明，包括高宗、孝宗、光宗、宁宗四朝，理宗宝祐五年（1257年）修成。

（六）会要　会要同以上五类不大相同，虽由史官修纂，在当时属于政书，而不是史书。宋代晁公武《郡斋读书志》把它列入类书类，陈振孙《直斋书录解题》和王应麟《玉海》都把它列入典故类，《文献通考》"经籍考"列入故事类。王应麟在谈到会要的作用时说："国有大典，朝有大疑，于是稽以为决，操以为验，使损益废置之序，离合因革之原，不待广询博考，一开卷而尽见。此会要之书所以不可废也。"① 可见它的编纂主要是为了当时处理政事的需要。但对于后人来说，它把当时政治、经济、文化各方面的资料，分门别类，原原本本，委曲变化，加以编次，实在是研究宋代历史十分重要的史料。宋政府曾十四次编修会要，主要有以下七部：（1）《庆历国朝会要》一百五十卷，包括太祖、太宗、真宗三朝及仁宗朝庆历三年以前事，庆历四年（1044年）修成。（2）《元丰增修五朝会要》三百卷，包括太祖至英宗五朝及神宗朝熙宁十年以前事，神宗元丰四年（1081年）修成；分帝系、后妃、礼（又分为五类）、乐、舆服、仪制、崇儒、运历、瑞异、职官、选举、道释、食货、刑法、兵、方域、蕃夷二十一类。（3）《乾道续四朝会要》三百卷②，包括神、哲、徽、钦四朝，孝宗乾道六年（1170年）修成。（4）《乾道中兴会要》二百卷，包括高宗一朝，乾道九年（1173年）修成。（5）《嘉泰孝宗会要》二百卷，包括孝宗一朝，宁宗嘉泰元年（1201年）修成。（6）《庆元光宗会要》一百卷，包括光宗一朝，宁宗庆元六年（1200年）修成。（7）《嘉泰宁宗会要》一百五十卷，包括宁宗一朝，理宗淳祐二年（1242年）最后完成。此外，宁宗嘉泰、开禧年间，在秘书省任职的张从祖个人修

---

① 《玉海》卷五十一，典故。
② 《玉海》卷五十一作二百卷，此据《文献通考》卷二百零一。

成《嘉定国朝会要》五百八十八卷，内容包括太祖至孝宗十一朝，主要是根据官修会要删节而成。理宗端平元年（1234 年）至三年，李心传又在成都修成太祖至宁宗《十三朝会要》，卷数也是五百八十八卷。

总计以上六类，当有万卷以上，可见宋代官修当代史籍的丰富。但是，这些史籍，除了会要有辑本，《宋太宗实录》残留二十卷之外，其余全部被毁：一毁于宋金之际，二毁于宋元之际，三毁于元明之际及明初。我们今天虽然看不到这些史籍，但是，现存的几部有关宋代的基本史籍，包括元末修成的《宋史》，主要取材于以上六类官修当代史，我们还可以从现存的这些著作中了解这六类史籍的梗概；另一方面，掌握了这六类史籍的来源、特点，又使我们能更好地了解和利用现存的这些史料。

宋代官修当代史籍的第一个特点是，它们都是以地主阶级特别是皇帝的活动为中心内容，农民阶级的生产、斗争、生活只占了很小的比重，而且被歪曲了。这是地主阶级在政治、经济上的统治地位及封建专制主义在史学上的反映，是封建史学的共同点。在宋代，由于中央集权比过去大大加强了，这个特点也更加突出。

第二个特点是，这些官修的当代史籍完全体现了统治阶级特别是皇帝的意向，反映了统治阶级的派别斗争。在唐代，史官褚遂良、魏谟还曾经拒绝唐太宗、文宗要调阅起居注的命令，表现了史学的一点点独立性。到了宋代，起居注、时政记以至国史等等，修成后必须首先"进御"，即经皇帝审查批准，未批准前，只能算作草稿，如国史本纪的草稿称作"纪草"。这样，史官修史时自然有许多忌讳，不敢写出对皇帝及权臣不利的事情。随着政治形势的变化，统治阶级各派力量的消长，实录、国史也经常修改。最显著的例子是《神宗实录》的几次改修：第一次修于哲宗元祐年间，当时旧党得势，他们主持修纂的《神宗实录》极力贬低新法，并把责任诿之于王安石等人；绍圣年间哲宗亲政以后，新党复起，旧党失势，重修《神宗实录》，根据王安石的《日录》对旧录作了不少修改、补充；到了南宋高宗时，把北宋的灭亡归罪于王安石变法，又对《神宗实录》作了一次修改。与此相适应，神宗朝的国史也修了两次，其中的列传部分甚至改修四次。

第三个特点是，北宋详而南宋略，特别是理宗以后的五十六年，记载最为疏略。宋代修实录、国史，一般是在前一皇帝死后，由继位皇帝下诏编修。到度宗时，南宋濒临灭亡，修史制度也没有坚持下来。所以国史和会要都只修到宁宗朝为止，理宗朝实录不全，度宗朝连实录都还没有来得及修，更不用说以后的恭宗、端宗及帝昺了。

下面介绍一下私人修史的简况。

宋朝对士大夫比较宽容，士大夫的著述较富。对于私人修当代史，虽曾一度下过禁令，但并没有成为制度。一般来说，只要符合统治阶级的根本利益，私人修当代史也是允许甚至得到政府支持的。现在留存下来的几部大的宋代史如《续资治通鉴长编》《东都事略》《建炎以来系年要录》等等，都是私人修成的。司马光除了修《资治通鉴》这部通史（当时的古代史）以外，还准备再写一部当代史，搜集过不少材料，作了一些准备工作，现在还留存的《涑水记闻》就是其中之一。

除了编写当代史以外，记录当代史实也成为风气。这些材料大量保存在文集、笔记当中，虽然没有专门史籍这样集中，但也是研究宋代历史必须依据的史料。

后代也编纂了不少关于宋代历史的著作，但一般没有新的史料。只有元初修成的《文献通考》和元末修成的《宋史》，引用了许多宋代的国史、会要等，有很高的史料价值。

第二节　基本史料

（一）《宋会要辑稿》　在现存的宋代史料中，《宋会要辑稿》是最原始、最全面、最丰富、最翔实的一种。上节已经介绍宋代历次编修会要的情况，这些会要大部分在明初仍然保存。明初修《永乐大典》时，将会要各部分内容按照《大典》的编纂原则分别编入各字韵中。《宋会要》原本大致毁于明中叶，它的大部内容因《永乐大典》而得以保存。清嘉庆十四年（1809 年），徐松奉命修《全唐文》，他利用在《全唐文》馆可以调用《永乐大典》以及官府备有抄写人员的机会，以搜集《全唐文》资料的名义，命书手将《大典》中所收各本《宋会要》的内容全部录出，得五百册。以后这部辑本为缪荃孙所得，又经缪之手归两广总督张之洞创设的广雅书局。张之洞聘缪荃孙和屠寄整理辑本，但仅完成职官部分即因张之洞离任而中断，辑本为书局提调王秉恩匿为己有。民国

中国古代史史料学

四年（1915 年），著名藏书家吴兴刘承幹用重金购得辑本，收入嘉业堂，并聘刘富曾等重加整理、改编。1931 年，北平图书馆（即今国家图书馆前身）从刘承幹处购得徐松辑本，成立了以陈垣为首的编印委员会，于 1935 年将此辑本影印，名为《宋会要辑稿》，线装二百册。解放后，中华书局又于 1957 年将《宋会要辑稿》缩印为平装本八大册，以后又曾几次重印，这就是现在的通行本。

《宋会要辑稿》共分十七类：帝系、后妃、乐、礼、舆服、仪制、瑞异、运历、崇儒、职官、选举、食货、刑法、兵、方域、蕃夷、道释，约八百万字。在每一类之下，又分若干子目。同一问题的材料，按时间顺序排列。内容包括皇帝的诏命，政府的规定，臣僚的章奏，地方的报告等等。

在《宋会要辑稿》的十七类中，被引用较多的有以下六类：一、食货：这是有关宋代经济的最集中的史料，在全书中约占百分之二十的比重（但亦有部分内容重复）。它的篇幅远远超过了《文献通考》有关部分，也远远超过《宋史》的《食货志》。二、职官：它的分量比食货还大，约占全书的四分之一。职官部分不但是研究宋代政权机构、政治制度的重要史料，也是研究宋代经济、文化等方面的重要史料。例如，它的"市舶司"一门，是研究宋代对外贸易情况最重要的史料。如果要研究宋代官修国史的情况，必须参考它的"秘书省"一门。三、刑法：它不但记录了宋代的法制史，在"禁约"一门中，还保存了不少关于宋代阶级斗争、秘密宗教的史料。四、兵：它不但是有关宋代军事制度的重要史料，在"讨叛""捕贼"两门中，还有不少阶级斗争、民族斗争等方面的重要材料。五、方域：包括有关地理、交通、治河等方面的史料。六、蕃夷：包括有关民族关系及对外关系的重要材料。除此六类以外，其他门类也有许多重要史料，如"瑞异"类中就有不少关于地震、日蚀等自然科学史的材料。

《宋会要辑稿》的影印出版，从深度和广度两方面大大推动了宋史的研究。但它还远远没有得到正确而充分的利用，原因就在于它是一部经几次不得其法的整理后，已被搅乱，并准备丢弃的稿本。它不但与《宋会要》原本相去甚远，也不是徐松原辑本的原貌，甚至也不是整理（即使是不得其法的整理）的结果。例如，《辑稿》现在十七类的次序，就与原本不符，礼类应在乐类之前，崇儒类与瑞异类位置应互换等等。至于各类内容归属之不当，标目名称的混乱，编次的失序，文字的错误，甚至同一门被肢解为两类，不同门捏合为一等等，不胜枚举。之所以会出现这些问题，是因为历次整理者都另写新本（其结果就是"广雅稿本"和"嘉业堂清本"），他们只是把徐松原辑本当作工作时的底本，按照己意加以剪裁、删并，并且丢弃了他们认为是复本的内容，而他们又都没有掌握从《宋会要》原本到《永乐大典》的变化规律，治丝益棼。

《宋会要辑稿》价值很高而问题很多，篇幅又近一千万字，使用起来会有不少困难。为了更好地利用这部《辑稿》，需注意以下各点：1. 因为它基本上属于原始资料汇编的性质，在使用前，最好先对宋代政治、经济、文化等方面的制度有个概略的了解，检阅时才能心中有数，得心应手。2. 尽量利用已有的整理和研究成果，包括王云海的《宋会要辑稿考校》，王德毅的《宋会要辑稿人名索引》，日本东洋文库的《宋会要辑稿·食货索引》，京都大学人文科学研究所的《宋会要辑稿编年索引》等。陈智超的《解开宋会要之谜》和《宋会要辑稿补编》两书，收集、整理了被丢弃的《辑稿》遗文，系统清理了《辑稿》的问题，提出了准确详细的《辑稿》目录和复原宋会要的方案，对了解和利用《辑稿》很有帮助。3. 引用《辑稿》的材料，特别是重要材料，应尽可能参考其他史籍的相关记载。这是由于辗转传抄，《辑稿》文字错误不少，有所比较，才能减少误解。4. 四川大学古籍整理研究所校点《宋会要辑稿》（十六册），由上海古籍出版社在 2014 年出版。

（二）《文献通考》（以下简称《通考》）三百四十八卷　作者马端临，饶州乐平（今江西乐平）人，生于宋末，著书于元初。他的父亲马廷鸾，在宋理宗时曾任史馆校勘、国史院编修官、实录院检讨官等史官，度宗时历任签书枢密院事、同知枢密院事直至右丞相兼枢密使，死于元初。这样一个家庭环境，为马端临著《通考》提供了许多有利条件，所以他在《通考》自序中说："自念业绍箕裘，家藏坟索，插架之收储，趋庭之问答，其于文献盖庶几焉。"

马端临认为历史有继承也有发展变化，所以著史应有"会通、因仍之道"，应寻求其"变通张弛之故"。因此他推崇《史记》《资治通鉴》这样的通史，而轻视《汉书》这样的断代史。他又认为《通鉴》也有缺点，"详于理乱兴衰而略于典章经制"，杜佑的《通典》虽然详于"典章经制"，但记载只到唐天宝年间为止，即使天宝以前，"节目之间，未为明备；而去取之际，颇欠精审"。

马端临的《通考》就是贯彻他自己的历史观点，继杜佑的《通典》而作的一部历史巨著。

《通考》共分二十四门，其中田赋、钱币、户口、职役、征榷、市籴、土贡、国用、选举、学校、职官、郊社、宗庙、王礼、乐、兵、刑、舆地、四裔十九门是继承《通典》的：天宝以前部分，补《通典》之未备；天宝以后至宋宁宗嘉定末年部分，是《通考》新增的。至于经籍、帝系、封建、象纬、物异五门，则是《通典》无而《通考》新创的。这二十四门，包括了封建社会从经济基础到上层建筑的许多领域。《通考》虽说从上古论述至宋末，但有关宋代的内容，约占全书一半以上，是全书的主干。

《通考》的体例是这样的：二十四门每门都有小序，合载于卷首。每门之下又分为若干子目（类），每一目的内容也是按时间先后排列。但《通考》不同于《宋会要》，它不限于排比材料，而是有叙述、有考证也有论断。《通考》的每一条目，凡是顶格排行的，就是马端临称之为"叙事"的部分，"本之经史，而参之以历代会要以及百家传记之书"，这也就是《文献通考》中的所谓"文"。《通考》中关于宋代部分的"叙事"，有相当部分取材于宋代的四部国史以及历朝会要，但不一定是全文转录，而是有所去取删节。《通考》中凡是低一格排行的，就是马端临称之为"论事"的部分，"先取当时臣僚之奏疏，次及近代诸儒之评论，以至名流之燕谈、稗官之纪录"，这也就是《文献通考》中的所谓"献"。《通考》中引用宋人的评论，较多的有沙随程氏（程迥）、石林叶氏（叶梦得）、致堂胡氏（胡寅）、山斋易氏（易袚）、止斋陈氏（陈傅良）、水心叶氏（叶适）、东莱吕氏（吕祖谦）、巽岩李氏（李焘）、"先公"（马廷鸾）等，从中也可以看出作者的思想倾向。他还引用了不少宋人的笔记，如吴曾的《能改斋漫录》、洪迈的《容斋随笔》、沈括的《梦溪笔谈》、王明清的《挥麈录》等。《通考》中凡是低两格排行的，是马端临自己的议论，"其载之史传之记录而可疑，稽诸先儒之论辩而未当者，研精覃思，悠然有得，则窃著己意附其后焉"。他虽未明言，但这一部分应当就是《文献通考》中的所谓"考"。

对研究宋代历史来说，《通考》的"叙事"部分当然有很高的史料价值，因为它主要根据的是现已失传的宋代国史和现已残缺的会要。它的"论事"部分，引用的宋人议论及著作，有些现在已经不传了；即使现存的，也可作为校勘资料。马端临自己的"考"，有许多精辟的见解，包含有不少重要史料，同样不能忽视。

《通考》最初刻于元泰定元年（1324 年），有西湖书院刊本，现已不存。现存的有元至元五年（1339 年）余谦补修本，明正德十六年（1521年）慎独斋刘洪刊本，嘉靖四年（1525 年）冯天驭刊本，清乾隆十三年（1748 年）武英殿刊"三通"合刻本，光绪二十二年（1896 年）浙江书局刊本；比较易见的是商务印书馆 1936 年的《万有文库》"十通"本，1986 年，中华书局又将此本重新影印出版。各本中以浙江书局本错误较少，但仍存在不少问题。引用《通考》时，也应当用其他史籍核对。2011 年，由上海师范大学古籍研究所、华东师范大学古籍研究所点校的《文献通考》，由中华书局出版。

（三）《玉海》二百零四卷　宋末王应麟撰。王应麟，庆元（今浙江宁波）人，理宗淳祐元年（1241 年）中进士。但他并不满足于进士出身，而以"通儒"自任，发愤读书，终于在宝祐四年（1256 年）考中了极难考中的博学宏辞科（只取了一人），在他的影响、帮助下，三年之后他的弟弟应凤也中了此科。

《玉海》就是他为准备报考博学宏辞科的人编的，显然也包括了自己的经验。《玉海》最后四卷名为《辞学指南》，就是指导准备报考此科的人如何编题、作文、诵书，要注意哪些语意等等。博学宏辞科一直延续到清代，历来是进身翰林甚至宰相的重要途径。所以，《玉海》这部类书在封建社会长期为人们所重视，虽然篇幅很大，在元代就有庆元路儒学刊本，明代更有南京国子监刊本，《四库全书总目提要》说它"贯串奥博，唐宋诸大类书未有能过之者"。我们今天重视这部书，主要是因为它保存、提供了许多比较可靠的宋代史料。

在南宋，考博学宏辞科的人要学会做各种体裁的文章，包括制、诰、诏、书、表、露布、檄、箴、铭、记、赞、颂、序，每次考试，出六道题，包括其中的六种体裁（制和表一般每次都有），内容则一半为古代，一半为当代，所谓"质之古以觇记览之博，参之今以观翰墨之华"①。因此，考博学宏辞科的人需要博古通今，既熟悉历史典故，又懂得本朝故事，而且事实必须准确。针对这种需要，《玉海》共分二十一门：天文、律历、地理、帝学、圣文、艺文、诏令、礼仪、车服、器用、郊祀、音乐、学校、选举、官制、兵制、朝贡、宫室、食货、兵捷、祥瑞。每门又分若干类，共二百四十一类。每类又按年代先后分若干细目。每一细目则精心编选经史子集稗官小说有关记载，间亦加以自己的按语。在全书中，占比重较多的有艺文（二十九卷）、宫室（二十一卷）、官制（十七卷）、兵制（十六卷）、地理（十二卷）、郊祀（十一卷）、食货（十一卷）等门。

有关宋代内容，在《玉海》全书中约占四分之一稍多。因为王应麟多次任史官，能"尽阅馆阁之所藏"②，所以宋代部分多取材于现已失传的日历、实录、国史，有不少是现存其他史籍没有引用的，十分珍贵，而且即使同为其他史籍所引用的材料，也有详略之不同，文字之互异，可以参互考校。

作为研究宋代历史的重要史料，《玉海》远没有得到应有的重视，这可能同它篇幅较大有关。其实《玉海》的条目分得很细，如卷一百八十五食货门会计类，有关宋代的就有景德、祥符、庆历、皇祐、治平、元祐、宣和、绍兴、乾道、绍熙、庆元、端平会计录等共二十一个细目，如果自己先编制一部细目，使用起来就会方便许多。

《玉海》在清代康熙、乾隆、嘉庆年间三次刊刻过。现在通行的是嘉庆十一年（1806年）江宁布政使康基田以至元浙东初刻本为底本的校刻本和浙江书局本（江苏古籍出版社和上海书店1987年将此本影印）。另有广陵书社2003年影印本（五册本）。

（四）《续资治通鉴长编》（以下简称《长编》）　是记载北宋一百六十八年历史的编年体史书，是研究北宋历史最基本的史料之一。

《长编》作者李焘，眉州丹棱县（今四川丹棱县）人。父亲李中，曾知仙井监，是一个中级地方官吏，但家富藏书，熟悉本朝典故。李焘生

---

① 《玉海·辞学指南》序。
② 《玉海》李桓序。

于徽宗政和五年（1115年），绍兴八年（1138年）二十四岁时中进士。他曾有意于应考贤良方正能直言极谏科，但没有找到荐举人，于是在四川各地做了二十几年地方官，主要精力则集中在史学特别是当代史学上。他一生著述甚丰，主要著作就是《长编》。淳熙十年（1183年），他六十九岁，《长编》才最后完成。他在进书状中说："臣网罗收拾，垂四十年"，"精力几尽此书"。第二年他就去世了。

关于编著《长编》的目的，他在隆兴元年（1163年）《长编》第一次进书状中说得很清楚："臣尝尽力史学，于本朝故事尤切欣慕。每恨学士大夫，各信所传，不考诸实录、正史，纷错难信。……臣辄发愤讨论，使众说咸会于一。"他是要写成一部信史，传之后世。

根据李焘的自述，他在三十岁左右，即在华阳县主簿任上，就已经立志编著《长编》，并着手搜集材料。大约在绍兴二十九年（1159年），他在司马光《百官公卿表》的基础上，大大扩充篇幅，增补内容，完成《皇朝公卿百官表》[①] 一百一十二卷，凡百官沿革，公卿除拜，自建隆至宣和，列为年表。这是编写《长编》的重要准备。孝宗隆兴元年，李焘知荣州，第一次奏进《长编》十七卷，包括太祖一朝建隆至开宝十七年事迹。乾道三年（1167年），他被召赴临安，除兵部员外郎兼国史院编修官，修神、哲、徽、钦四朝国史及徽宗实录。在国史院工作，使他能掌握许多在外间看不到的国家档案和秘籍，使《长编》的取材更加丰富。同时，修国史的工作又与修《长编》的工作互相促进。到临安的第二年，他又上太祖至英宗五朝《长编》一百零八卷，其中太祖朝事迹是在原有基础上增补的，后四朝是新修的。淳熙元年（1174年），他在知泸州任上，第三次进《长编》，据进书状，为神宗至钦宗四朝，据周必大撰李焘神道碑及彭龟年《止堂集》，止为神、哲两朝。淳熙十年，这部巨著最后完成，当时分九百八十卷，另有"总目"五卷，"举要"（即摘要）六十八卷，"修换事目"十卷。

李焘非常推崇司马光和他所著的《资治通鉴》，他的这部《长编》实际是追踵《通鉴》而作的。从内容上说，《通鉴》截止于五代末，《长

---

① 此据《宋会要辑稿》崇儒五之三十六，《建炎系年要录》卷一百八十三作《续皇朝百官公卿表》。

编》开始于宋初，互相衔接。从书名看，《长编》原名《续资治通鉴》，后来定名《续资治通鉴长编》，一则是李焘自谦，不敢自比《通鉴》，也因司马光修《通鉴》时，命助手刘恕等人先修丛目，再修长编，最后由他删削加工而成，李焘认为自己这部著作也是长编体的，所以命名为《续资治通鉴长编》。他希望孝宗"择耆儒正直若（司马）光者，属以删削之任，遂勒成我宋大典，垂亿万年"。至于修书的义例和方法，也正如他自己所说的："悉同光所创立，错综铨次，皆有依凭。"① 李焘的政治思想也同司马光一样，倾向保守，反对变革。这种倾向在《长编》中也有反映。

李焘的《长编》有两个最显著的特点，在今天看来也是最显著的优点。第一，他始终遵循司马光主持编修《通鉴》的长编时定的原则："宁失于繁，无失于略。"《长编》虽然主要取材于宋代的实录、国史，但绝不限于这些材料，而是旁征博引，经史子集，笔记小说，家乘志状，只要有关史实，都加以采录。周密在《癸辛杂识》中记述李焘修《长编》的情况说："焘为《长编》，以木厨十枚，每厨抽替匣二十枚。每替以甲子志之，凡本年之事，有所闻，必归此匣，分日月先后次第之，井然有条。"这种方法有点像我们今天先抄录卡片，然后分类整理。据不完全统计，今本《长编》所引的书籍，有名可考的约有四百种，其中大部分已经失传。由于李焘宁繁勿略，《长编》为后人保存了许多珍贵的宋代史料。第二，继承并发展了《通鉴考异》的优良传统。司马光著《通鉴》，同一事件遇有不同记载，在《考异》中胪列异同，并说明自己采择的依据和理由。这种做法使后来的研究者得益不少。他们不但可以看到作者如何取材、决断，即使不同意作者的论断，也能够知道相反方面的记载。李焘十分推崇司马光的这种做法。淳熙十年七月，他曾就修四朝国史事向孝宗报告自己的做法：在此之前，神宗、哲宗、徽宗朝诸臣列传已经分别改修过两次到四次，他的计划是："若旧本有误处，及有合添处，即当明著其误削去，合添处仍具述所据何书，考按无违，乃听修换，仍录出为考异；不然则从旧，更勿增改。"② 可见他的修史态度是十分严肃认

---

① 《长编》乾道进书表。
② 《历代名臣奏议》卷二百七十七，国史类，高斯得进修史故事。

真的。今本《长编》的注文约有一万二千余条，七十余万字，就带有考异的性质。《长编》注文是全书一个不可分割的重要组成部分，不能忽视。李焘对王安石变法是持否定态度的，《宋史》本传说他"耻读王氏书"，虽然如此，他在《长编》中仍然大量收录了王安石的《熙宁奏对日录》和其他变法派人物的记载。我们今天研究王安石变法，最主要的材料只能从《长编》中寻找。从这一个例子也可见《长编》的史料价值。

《长编》正文原来有九百八十卷，因为篇幅过大，当时恐怕就只刻印了一部分，而没有全刻本，另由秘书省按照《通鉴》的规格抄写一部藏于秘阁。清康熙初年，徐乾学得到一部宋刻的撮要本《长编》，但仅有一百七十五卷，包括太祖至英宗五朝内容，篇幅只是全本的五分之一。乾隆时修《四库全书》，从《永乐大典》"宋"字韵中录出《长编》收入《全书》，这就是通称的"阁本"。阁本《长编》也不是全本，缺徽宗、钦宗两朝事迹以及治平四年四月至熙宁三年三月，元祐八年七月至绍圣四年三月共七年记事，四库馆臣按篇幅大小把它分为五百二十卷。嘉庆二十四年（1819 年）张金吾以阁本的传抄本为依据，用活字排印，是为爱日精庐本。这个本子的错误很多。光绪七年（1881 年），浙江巡抚谭钟麟命黄以周等人以杭州文澜阁《四库全书》所收的《长编》校爱日精庐本，并参考了一百七十五卷的宋刻本和其他宋人著作，刻版印刷，是为浙江书局本。这个本子胜过爱日精庐本。对于阁本原缺之徽、钦两朝及治平至绍圣中七年事迹，黄以周等人将南宋人杨仲良所编的《续资治通鉴长编纪事本末》中收录的《长编》原文，仍按年月编排，再以南宋人托名李焘作的《续宋编年资治通鉴》作为附注，编为《续资治通鉴长编拾补》六十卷。《拾补》内容与《长编》原本相比，虽然相差很多，但总算恢复了一个轮廓。20 世纪 70 年代末以来，上海师范大学和华东师范大学的古籍整理研究室共同整理《长编》，他们以浙江书局本为工作底本，用现存的两个宋刻本《长编》残本和其他有关史籍校勘，写出校记。整理本加了标点符号，分段提行，眉目清晰，给读者带来很多方便。缺点是没有把李焘自注与后人加的注文分开，也没有纠正四库馆臣对《长编》的窜改，校勘和标点也存在一些问题。但仍然是到目前为止最好的版本。整理本由中华书局分册陆续出版，至 1995 年出齐。上海古籍出版社则于 1986 年影印出版了包括《拾补》的浙江书局本。中华全国图书馆

中国古代史史料学

文献缩微复制中心于 1995 年影印出版了辽宁图书馆所藏宋版撮要本《长编》，它保留了未经四库馆臣窜改的原貌。有黄以周等辑注，顾吉辰点校的《续资治通鉴长编拾补》，中华书局，2004 年出版。有中华书局 2004年版二十册《续资治通鉴长编》竖排版。

（五）《建炎以来系年要录》（以下简称《要录》）二百卷、《建炎以来朝野杂记》（以下简称《杂记》）甲集二十卷、乙集二十卷　李心传撰。李心传，隆州井研（今四川井研县）人。父亲舜臣，《宋史》卷四百零四本传说他"通古今，推迹兴废，洞见根本"。他曾任宗正寺主簿，参加过重修《神宗玉牒》的工作。李心传生于孝宗乾道三年（1167 年），三十岁以后曾几次应考，都没有被录取，从此专心著述。宁宗嘉泰二年（1202 年），他写成《建炎以来朝野杂记》甲集二十卷。嘉定元年（1208年），正准备续撰《杂记》，有旨给札抄上《建炎以来系年要录》，续撰《杂记》事暂时中止，可见《要录》成书于该年或稍前。嘉定九年（1216 年），他又写成《杂记》乙集二十卷。嘉定十六年（1223 年），国史院牒四川转运使，取索李心传所著《孝宗系年要录》，以为修国史的参考。由于李心传在学术上特别是史学上的成就，在崔与之等二十二人先后推荐下，理宗宝庆二年（1226 年）他奉诏至临安，入史馆，时年六十。这以后，他曾参与编修中兴四朝（高、孝、光、宁）国史、实录和《十三朝会要》。另据张端义《贵耳集》记载，李心传曾告诉他，《杂记》丁、戊集将写成。可见《杂记》至少有五集。淳祐四年（1244 年）李心传卒于湖州，终年七十八岁。

李心传上述史学著作，除《要录》与《杂记》甲、乙集以外，现在都失传了。这两部不同体裁的史籍的编纂工作，是他同时交错进行的，而且完成于五十岁以前。《要录》是编年体史书，记载宋高宗一朝从建炎元年至绍兴三十二年共三十六年的历史。《杂记》是会要体史书，分门别类记载高宗至宁宗四朝事实。《杂记》甲集分十三门：上德、郊庙、典礼、制作、朝事、时事、杂事、故事、官制、取士、财赋、兵马、边防。每门下又分若干子目。乙集少郊庙一门。这两部书内容有交叉的地方，可以互为补充。

关于这两部书的材料来源及编修目的，李心传在《杂记》甲集序中曾说："心传年十四五时，侍先君子官行都，颇得窃窥玉牒所藏金匮石室之副；退而过庭，则获剽闻名卿才大夫之议论。每念渡江以来，纪载未备，使明君、良臣、名儒、猛将之行事，犹郁而未彰。至于七十年间，兵戎财赋之源流，礼乐制度之因革，有司之传，往往失坠，甚可惜也。乃辑建炎至今朝野所闻之事，凡不涉一时之利害与诸人之得失者，分门著录，起丁未（建炎元年，1127 年）迄壬戌（嘉泰二年，1202 年），以类相从，凡六百有五事，勒为二十卷。"他的友人许奕在缴上《要录》的奏状中也说："李心传博通群书，尤熟本朝故事。尝谓中兴以来，明君良臣，丰功盛烈，虽已见之《实录》等书，而南渡之初，一时私家记录，往往传闻失实，私意乱真，垂之方来，何所考信？于是纂辑科条，编年纪载，专以《日历》《会要》为本，然后网罗天下放失旧闻，可信者取之，可削者辨之，可疑者阙之，集众说之长，酌繁简之中，久而成编。"①可见他编著这两部书，利用了他父亲舜臣任宗正寺主簿的条件，阅读了玉牒所保存的各种官修史籍和档案的副本，接触了一些官僚、学者，听到了他们关于政事的议论，再加上几十年的辛勤搜集，专心著述，终于写成《要录》《杂记》这样一些关于南宋前期历史的史籍。

　　《要录》的编著继承了《通鉴》和《长编》的传统。全书以官修的日历、实录、会要为基础，广泛搜集各种记载，经过精细的考订，作出自己的论述。书中也有详细的注文，说明材料的来源、去取的依据等。《四库全书总目提要》评价《要录》说："其书虽取法李焘，而精审较胜。"《要录》只记载高宗三十六年间事，篇幅却达二百卷之多，尤其是建炎元年至绍兴九年这十三年，几乎每年十卷，这也是年代较近、材料保存较多的缘故。至于该书的书名，据《杂记》卷首所载当年宣取《要录》的指挥，多作《高宗系年要录》，《宋史》本传也作《高宗系年录》，但自《四库全书》定为《建炎以来系年要录》以后，后人一直沿用这个名称。其实，该书只记高宗一朝史实，应以《高宗系年要录》为正。至于《建炎以来系年要录》这个名称，从《建炎以来朝野杂记》的取名和内容就可以知道，是作者一部内容更为广泛的编年体史书的名字，《高宗系年要录》只是其中的一部分，还应包括孝宗、光宗、宁宗的系年要录。但现在孝宗要录已不传，光宗、宁宗要录究竟已否成书也不可知了。

---

① 《建炎以来朝野杂记》卷首。

《杂记》虽是会要体史书，但与会要不尽相同，不仅是排比有关原始材料，而且加上作者自己的分析、论断。例如甲集卷十七《本朝视汉唐户多丁少之弊》条，李心传指出宋朝元丰至绍兴户口统计，每户只有2.1口，与西汉的4.8口、东汉的5.2口、唐代的5.8口相比，相差很多，显然有虚假。进而分析"诡名子户、漏口者众"的原因是有丁赋，并举同在本朝，没有丁赋的四川每户3口，而有丁赋的两浙每户只有1.5口为证。尽管作者的分析、论断不一定全面、正确，但对后人研究这一段历史还是有很多启发。《通考》作者马端临认为《杂记》是"南渡以来野史之最详者"，给予高度的评价。

《要录》有光绪五年（1879年）仁寿萧氏和光绪八年广雅书局两种刻本，还有1936年商务印书馆排印本（1956年、1988年中华书局曾用原纸型重印）。这三个本子都来源于《四库全书》本，而《四库全书》本《要录》又是从《永乐大典》中录出。修《大典》时曾在注文中加进了一些后人的著作，修《四库全书》时又有窜改，再经过多次传抄、翻刻，这几个版本都有不少问题。商务排印本阅读起来较方便，但断句错误百出。总之，到现在《要录》还没有一个较理想的版本。2013年，中华书局出版了胡坤点校本。

《杂记》先有《函海》本及《武英殿聚珍版丛书》木活字本，光绪二十一年（1895年）会稽孙星华据殿本翻刻，并参照归安陆心源藏影宋本作了校改。1937年商务印书馆又据孙刻本排印。有1981年江苏广陵古籍刻印社影印本，2000年中华书局出版了点校本。

（六）《三朝北盟会编》二百五十卷 徐梦莘编。所谓"三朝"，指宋徽宗、钦宗、高宗三朝。"北盟"，指与北方金朝的交涉、和战。"会编"（原名"集编"），指明该书是一部材料汇编。《三朝北盟会编》（以下简称《会编》）就是北宋末年至南宋初年四十六年间，宋金关系的材料汇编。它起自宋徽宗政和七年（1117年），宋朝派人自登州（山东蓬莱县）渡海与金朝商议夹攻辽朝，终于高宗绍兴三十二年（1162年），金海陵帝完颜亮大举侵宋失败。全书分三帙：上帙二十五卷，记徽宗政和、宣和年间事；中帙七十五卷，记钦宗靖康年间事；下帙一百五十卷，记高宗建炎、绍兴年间事。

《会编》是编年体，按时间顺序排列有关材料。顶格排行的是"纲"，是编者徐梦莘用自己的话概述事件经过，一般都很简单。低一格排行的则是有关这一事件的材料，有时一事引用好几段材料。例如卷二第一条，"纲"是"（政和八年）五月二十七日戊申，广安军草泽安尧臣上书乞寝燕云等事"。这是编者的概述。下面照录安尧臣上书全文约四千字。只有中帙的最后五卷，因材料无法系年月，编为"诸录杂记"。

徐梦莘，字商老，临江（今江西清江）人。生于靖康元年（1126年），这一年金军攻陷宋都开封，次年虏徽宗、钦宗北去，北宋灭亡。再过两年，金军一度南下江西，徐梦莘的母亲背负他南逃，才幸免于难。国恨家仇，对徐梦莘是极大的刺激，也是促使他编纂《会编》的原因。所以他在《会编》序中一开头便说："呜呼，靖康之祸古未有也！"又说："缙绅草茅，伤时感事，忠愤所激，据所闻见，笔而为记录者无虑数百家。然各说有同异，事有疑信，深惧日月浸久，是非混淆，臣子大节，邪正莫辨，一介忠耿，湮没不传"，于是编纂《会编》。《会编》始修于何时，不得而知；成于光宗绍熙五年（1194年），当时徐梦莘已经六十九岁，可见他编修此书，曾经过长时间的搜集材料过程。《会编》修成以后，他又把后来搜集到的补充材料编为《北盟集补》五十卷，但没有流传下来。

关于《会编》的取材，徐梦莘在序中也有说明："取诸家所说及诏敕、制诰、书疏、奏议、记传、行实、碑志、文集、杂著，事涉北盟者，悉取铨次。"在《会编》篇首，他还列举了书中征引的书目一百九十六种。但检阅原书，实际引用的、有书名或篇名可考的，大大超过了这个数目。书中还有三分之一左右的材料没有注明书名或篇名，其中有一部分可以肯定是引自《四朝国史》《长编》和李焘的另一部著作《四系录》；估计这些没有注明出处的材料，来源于官修的正史，或者是经过政府认可的私人著作。

《会编》有很高的史料价值，这不但是因为它引用的材料十分丰富，并且其中相当一部分的原本今天已经失传了，还因为它保存了这些材料的原来面目，没有改动。徐梦莘在《会编》序中阐明了他引用材料的原则："其辞则因原本之旧，其事则集诸家之说。不敢私为去取，不敢妄立褒贬。参考折衷，其实自见。使忠臣义士、乱臣贼子善恶之迹，万世之下不得而掩没也。"这当然不是说他自己没有倾向，这种倾向当然也影响他对材料的去取，他对材料的引用也有删节，但是，他对材料确实没有改动。这就使得后人在研究这一段历史时，能够得到许多保存了本来面目的材料，可以从中引出自己的结论。

还要说明的是，《会编》虽然只包括与宋金关系有关的内容，但在当时，即北宋末南宋初，宋金关系在政治生活中占有突出的地位，影响到社会的各个方面。所以，《会编》对于研究当时社会的各个方面都很有价值，不仅限于宋金关系。由于《长编》徽宗、钦宗部分全部散失，而《会编》北宋末的部分共有一百卷之多，就使它更显得珍贵了。

《会编》通行的刊本有光绪四年（1878 年）袁祖安的活字排印本及光绪三十四年（1908 年）许涵度校刻本，上海古籍出版社 1987 年影印出版了许刻本。这两个本子的祖本都有不少问题，袁、许在校刊中又不甚谨慎，所以都有许多错误。

（七）《宋史》四百九十六卷　包括本纪四十七卷，志一百六十二卷，表三十二卷，列传二百五十五卷，约五百万字。在二十四史中是篇幅最大的一部。

《宋史》与前面所述七部书不同。前面七部书除《通考》外，都是本朝人修的。《通考》虽然成于元初，但始修于宋末。这七部书除《宋会要》外，都是私人修的。而《宋史》则是元代官修的正史。

元顺帝至正三年（1343 年）三月，下诏修辽、金、宋三史，五年十月最后修成《宋史》，历时仅两年半。进《宋史》表署名的是阿鲁图，其实他与《宋史》的修纂毫无关系，他在给顺帝的奏中就说："臣素不读汉人文书，未解其义。"① 只是这时他任右丞相，例兼总裁。在《宋史》修纂中起了主要作用的有：一、揭傒斯，他是总裁官之一，《元史》卷一百八十一本传说他"毅然以笔削自任"，《辽史》修成以后，有旨及早修成金、宋二史，"傒斯留宿史馆，朝夕不敢休，因得寒疾，七日卒"。二、张起岩，也是总裁官之一。《元史》卷一百八十二本传说他"宋儒道学源委，尤多究心"，史官每有"立言未当"，他都"据理审定"。三、欧阳玄，也是总裁官之一。《元史》卷一百八十二本传说辽、金、宋三史，都是由他"发凡举例"，论、赞、表、奏，也都是由他执笔。作为都总裁官的脱脱，在宋、辽、金三朝谁为正统的争论迟迟没有定论时，作出裁断：

① 《元史》卷一三九《阿鲁图传》。

三国"各与正统，各系其年号"，使宋、辽、金三史的修撰得以顺利完成。参与修纂《宋史》的史官则有斡玉伦徒、泰不华、干文传、贡师道、余阙、贾鲁、危素等二十三人。

《宋史》篇幅大，成书时间短促，问题很多。修成以后，对它的批评甚多。例如赵翼在《廿二史札记》卷二十三、二十四中就用大量事实指出《宋史》内容的"繁芜"，论述的"是非失当"，史实的"错谬"等等。因为《宋史》问题多，从明代以来就有许多人着手重修宋史，成书的就有明代王洙的《宋史质》一百卷，柯维骐《宋史新编》二百卷，王维俭《宋史记》二百五十卷，钱士升《南宋书》六十卷，清代陈黄中《宋史稿》二百十九卷（未刊，稿本已佚），甚至朝鲜李朝正宗李祘也编了一部一百四十八卷的《宋史筌》。计划重修而没有实现的有顾炎武、朱彝尊、全祖望、杭世骏、邵晋涵、章学诚等人。

尽管《宋史》有种种问题，但直到现在，后修的许多宋史没有一部能取代它的地位，顾、朱这些大家想重修而终于未修。这都不是偶然的。《宋史》自有它存在的价值，其中很重要的一点，是它保存了大量当时的史料。

根据《元史》记载，元灭南宋后，主持临安留守事的董文炳认为"国可灭，史不可没"，于是将宋史馆保存的宋历朝所修的"宋史及诸注记五千余册"送到大都国史院①。这就是后来编修《宋史》的主要材料。苏天爵在《三史质疑》中提到，当时保留下来的官修宋史，具体有"太祖至宁宗实录凡三千卷，国史凡六百卷，编年又千余卷"，还有理宗日历二三百册，实录数十册，度宗日历若干册②。《宋史》所以能在短期内修成，是同这批史籍的保存分不开的。

赵翼在《廿二史札记》卷二十三《宋史各传回护处》条中说："元修《宋史》，度宗以前多本之宋朝国史。"这句话一般说来是对的。元朝的史官虽然掌握了宋代的国史、实录和日历，但后两者都是编年体，只有国史是纪传体，同正史的体裁一致；而且实录篇幅比国史大，日历又比实录篇幅大，只有国史的篇幅大致同后来的《宋史》相当。元朝史官利用经过编纂的宋朝国史，只要稍加些贯通和整理工作，就可符合正史

---

① 《元史》卷一百五十六《董文炳传》。
② 《滋溪文稿》卷二十五。

的要求。实际上，他们也正是采取了这样一种省事的办法。

但如作进一步分析，赵翼这个论断还有问题。第一，宋代国史只修到宁宗朝，理宗朝国史没有修成，所以赵翼说"度宗以前，多本之国史"是不够准确的。第二，《宋史》的纪、志、表、传，情况各有不同，不能一概而论。

关于《宋史》本纪部分。从《长编》注文可知宋代国史与实录的记载不尽相同。查《宋史·太祖本纪》，已知国史与实录有矛盾的地方，本纪大都与实录相同，可见《宋史》本纪并不是沿袭国史，也参考了实录。再用《太宗实录》残本与《宋史》本纪相当部分对比，发现本纪不但有不少地方与实录不同，而且还包含了一些实录没有的内容，可见《宋史》本纪又不是全部抄袭实录，还有其他来源。

关于《宋史》各志。正史的志，一般认为比本纪、列传难修，因为需要作更多的分析、综合。《宋史》各志共有一百六十二卷，篇幅甚大。元修《宋史》所以能在短期内完成各志，是因为有现成的底本，即宋《三朝国史》《两朝国史》《四朝国史》和《中兴四朝国史》的志，只要稍加综合，再补上理宗以后部分即成。《宋史》十五个志都有序，除《地理志》《河渠志》《刑法志》外，其他十二个志的序言都或明或暗地说明取材于"旧史""前史"，即指宋的国史。有的更直截说取材于"国史"。如卷一百四十九《舆服志》序说："今取旧史所载，著于篇，作《舆服志》。"卷一百五十五《选举志》序说："今辑旧史所录，胪为六门。"卷一百七十三《食货志》序说："宋旧史志食货之法……仍之则徒重篇帙，约之则不见其始末。姑去其泰甚，而存其可为鉴者焉。"现存宋人著作中也有征引国史各志的片断，与《宋史》对照，大都符合。所以说，《宋史》各志主要取材于国史各志，这个论断大致是不差的。只是元人修《宋史》，实在过于粗率，有时连一些最基本的剪裁、贯通工作都没有做。钱大昕在《廿二史考异》卷六十八就指出《宋史》的《律历志》，"惟总序一篇乃元史臣之笔。自一卷至三卷，本之《三朝史》；四卷至九卷，本之《两朝史》；十卷至十三卷，本之《四朝史》；十四卷以后，本之《中兴史》。四史体裁，本未画一，史臣汇为一志，初未镕范，故首尾绝不相应"。此外，宋国史中本有老释、符瑞两志①，元修《宋史》时删去了。

① 见《宋史》卷四百六十一《方伎传》序。

关于《宋史》的表。《宋史》有《宰辅表》五卷，《宗室世系表》二十七卷，卷数虽只占全书的约百分之六，但篇幅竟占全书的百分之二十。宋国史无表。《宋史》的《宰辅表》主要取材于实录。《宗室世系表》虽没有说明来源，但宋宗正寺定期编修玉牒、属籍、宗藩庆系录、仙源积庆图、仙源类谱。其中的仙源积庆图，"考定世次枝分派别而系以本宗"①，大约就是《宋史》的《宗室世系表》的主要来源。

关于《宋史》列传。《宋史》列传与国史列传的关系可以从几个方面来考察：（1）宋人文集中附录的国史本传与《宋史》列传比较，如包拯、欧阳修、范纯仁等。（2）《长编》等书所引国史列传片断与《宋史》比较。（3）《宋史》列传本身反映出的问题。这些方面，前人已作了一些工作②。大致说来，《宋史》宁宗朝以前列传，大部分来源于国史列传，但也有删改补充，传论改动得较多。至于理宗朝以后列传，因为无国史作依据，可能来源于实录、日历的附传，有些材料则是元初收集的。

总之，《宋史》虽然修于元末，但它的主要材料是宋代的国史、实录、日历等书。这些史籍现在几乎全部失传了，别的史籍虽然也有征引，但同《宋史》取舍、详略各有不同。即使相同的部分，也可以参互考校。这就是《宋史》的史料价值，也是它能存在下去的主要原因之一。同时，《宋史》也是迄今为止唯一一部比较系统、比较全面地记录宋代三百二十年历史的史籍，是学习、研究这一段历史的入门书和基本参考书。

自元代以来，《宋史》曾多次刊刻。过去最好的版本是商务印书馆用元至正本和明成化本配补影印的"百衲本"。1976年中华书局出版了标点本《宋史》，它以百衲本为底本，作了校勘、整理工作，并加了标点符号，是目前为止最好的版本。但这本书的整理工作还存在一些问题，还不能完全取代以前的版本，这是使用时应注意的。《宋史》各志比较难读，龚延明的《宋史职官志补正》浙江古籍出版社1991年本及中华书局2009年增订本；何忠礼的《宋史选举志补正》浙江古籍出版社1992年本及中华书局2013年修订本；梁太济、包伟民的《宋史食货志补正》，杭州大学出版社1994年本及中华书局2008年修订本；郭黎安的《宋史地理

① 《宋史》卷一百六十四《职官志》四，宗正寺。
② 参看周藤吉之《宋朝国史の编纂と国史列传》，收入《宋代史研究》一书。

志汇释》，安徽教育出版社 2003 年本；汤勤福、王志跃的《宋史礼志辨证》（全二册），上海三联书店 2012 年本；周世茂的《宋史职官志考证拾遗》，济南出版社 2014 年本可作参考。

第三节　一般史料

这里所说的一般史料，是就总体上说的，是与前面介绍的基本史料相对而言的。如果研究某一个具体问题，可能这些史料又成为最基本的史料了。所以，不能因为是一般史料就不予重视。

宋人著作可作为研究宋代历史的史料而又流传到现在的，有一千余种之多。再加上后人辑录、编集的，为数更多。这里只能分为若干类别，加以概略的介绍。这些著作，《四库全书总目提要》（以下简称《四库提要》）大部分都有著录，它的提要和分类，都可供我们参考。但是《四库提要》的分类不够科学，我们又不能完全采用。

（一）各类史书　《四库提要》除把"钦定"的二十四史列为"正史"外，在史部中又分了"别史""杂史""载记"等类，这是以封建正统观念作为评定史籍的标准，我们不能沿袭。下面按各类史书的体裁和内容，分为三门。

1. 编年　自从司马光著《资治通鉴》以后，编年体史书在宋代大为盛行，除《长编》和《系年要录》外，尚有多种。如果把它们连贯起来，从北宋初到南宋末三百二十年，都有编年记载。

《皇朝编年纲目备要》（一作《宋九朝编年备要》）三十卷　陈均撰，约成书于宋理宗绍定年间（1228—1233 年）。内容包括整个北宋。它虽是主要根据《长编》删节而成，但也参考了日历、实录和其他史籍，而且《长编》徽宗、钦宗部分又已失传，所以仍有参考价值。该书有日本静嘉堂文库影印本。有中华书局 2006 年的许沛藻点校本。

《皇宋十朝纲要》二十五卷　李埴撰。包括北宋九朝及南宋高宗朝事迹。作者为李焘的儿子。该书可与《长编》及《系年要录》相参证。有《六经堪丛书》本，并收入上海古籍出版社 2002 年出版的《续修四库全书》中。《皇宋十朝纲要校正》有中华书局 2013 年出版的燕永成校正本。

《宋史全文》三十六卷　作者佚名，估计是元初宋遗民所作。现存部分包括宋初到理宗朝，度宗以后有目无文。有元刻本及《四库全书》本。有黑龙江人民出版社2005年出版的李之亮点校本（上中下三册）。

《太宗实录》残本二十卷　钱若水等撰。这是宋代实录唯一保存下来的部分，从中可以看到当时实录的格式。原书八十卷，现存二十六至三十五、四十一至四十五、七十六至八十卷。有《四部丛刊》本。中国书店1994年影印本。

《靖康要录》十六卷　作者佚名。按日记载钦宗为皇太子时及靖康年间事。有《十万卷楼丛书》本及《四库全书》本。有汪藻著，王智勇笺注《靖康要录笺注》，四川大学出版社2008年出版。

《中兴小历》（清人避乾隆讳改为《中兴小纪》）四十卷　熊克撰。约作于孝宗时。记高宗一朝事迹。有广雅书局刊本，福建人民出版社1985年点校本。

《中兴两朝圣政》（一作《皇宋中兴两朝圣政》）六十四卷　作者佚名。为南宋高宗、孝宗两朝编年史。原书第三十至四十五卷已佚。有《宛委别藏》本，江苏古籍出版社1988年影印本。

《续宋编年资治通鉴》（一作《续宋中兴编年资治通鉴》）十五卷　刘时举撰，约作于宋理宗时。该书记南宋高宗至宁宗四朝事迹。有东方学会印本。

《两朝纲目备要》十六卷　作者佚名。记南宋光宗、宁宗两朝事。有《四库全书》本，及中华书局1995年《续编两朝纲目备要》点校本。

《宋季三朝政要》六卷　作者佚名。前五卷记南宋末年理宗、度宗、瀛国公三朝事，附录一卷记帝昰、帝昺事。有《粤雅堂丛书》等本。

2. 纪传和传记　宋代有按照正史体裁编写的纪传体史书，也有为某一个人、同一地区的人、同类性质的人立的传记。为了叙述方便起见，这里放在一起介绍。

《东都事略》一百三十卷　王称撰。是记述北宋历史的纪传体史书，分本纪、世家（皇后及皇子的传记）、列传和附录（金、西夏等传）四部分。洪迈认为它"信而有证，可以据依"，在修神、哲、徽、钦《四朝国史》时曾经参考。有清眉山程氏刊本，齐鲁书社2000年点校本。

《隆平集》二十卷　托名曾巩撰。记述北宋太祖至英宗五朝史实。有七业堂刊本，《四库全书》本。有中华书局2012年王瑞来校证本。

《金佗稡编》二十八卷，续编三十卷　岳珂撰。这是作者为他祖父岳飞辨冤而作。包含了岳飞传记的丰富资料。有光绪九年浙江书局刊本，中华书局 1988 年点校本。《鄂国金佗稡编续编校注》有中华书局 1989 年王曾瑜的校注本。

《伊雒渊源录》十四卷　朱熹撰。记载了周敦颐、程颢、程颐及他们的友人、弟子的言行。是研究宋代理学的重要史料。有《正谊堂丛书》本，山东友谊出版社 1990 年影印本。

《五朝名臣言行录》十卷，《三朝名臣言行录》十四卷　朱熹编。收集了太祖至徽宗朝所谓"名臣"的言行。有《四部丛刊》本。上海书店 1989 年影印本。

《名臣碑传琬琰集》一百零七卷　杜大珪编。编集了宋孝宗以前诸"名臣"的神道碑、墓志铭、行状、别传及实录的本传等。后来燕京大学引得编纂处删去其中见于其他书籍的部分，编为《琬琰集删存》三卷，由哈佛燕京学社排印出版。

《京口耆旧传》九卷　编者佚名。是京口（今江苏镇江）地区宋初至理宗端平、嘉熙年间人物传记集。有《四库全书》本。

《昭忠录》一卷　作者佚名。为理宗绍定四年（1231 年）至宋亡期间南宋抗元死难者一百三十余人的传记集。有《守山阁丛书》本，上海书店出版社 1994 年影印本。

《敬乡录》十四卷　元吴师道编。收集了南朝梁至宋末金华地区人物的史料。每人有一小传，附录其所著诗文。有《适园丛书》本，江苏广陵古籍刻印社 1983 年重印本。

3. 政书

《宋大诏令集》二百四十卷，现存一百九十六卷　编者佚名。本集收录了北宋太祖建隆至徽宗宣和年间诏书三千八百余篇，分类排列。有中华书局 1962 年排印本，1997 年重印本。2009 年重印。

《宋朝事实》二十卷　李攸撰。分门记述北宋时事。有中华书局 1955年排印本。

（二）文集　宋人文集（包括诗集、奏议集）虽然已经散失了许多，但流传下来的仍有很大数量。仅《四库全书》"别集类"著录的就有三百八十八部（其中有四人有两部文集）、五千余万字，再加上《四库全书》

列入其他类的以及未著录的，大约有八百种之多。

文集中包含有非常丰富和重要的史料，但这些材料又很分散。如何从大量的文集中找到自己需要的材料，需要多方面的知识，特别是目录学知识。

一般说来，每部文集的内容总是或多或少地反映了作者的经历。因此首先要了解作者所处的时代和生平，例如是北宋初期、中期还是末期，是在朝廷任职还是做地方官，担任过什么职务等等。需要找某一问题的材料，就可以到与这问题有关的人的文集中去找。

还需要注意，由于文集编纂、流传的情况不同，会影响诗文的取舍。有些文集是作者自己编定的，也有些是他的后人编定的，有些甚至是散佚后辑补的。在编定文集时，由于政治形势的变化，可能会删掉某些重要内容而突出另一方面的内容等等。例如，王安石的文集现在流传的有两种版本，篇幅也不小，但是关于变法的材料在文集中就很少反映。

下面大致按作者生年的先后，开列较重要的宋人文集。有些作者生卒年有不同记载，因为我们只是要使读者了解作者所处的时代，所以不作考证，择一说而从。许多文集有多种版本，选择较易见的，特别是点校本。宋人、元人的区分，按《四库提要》的标准，以入元以后是否入仕而断。所以，一些元初人的文集也有宋代史料。

《骑省集》（一名《徐公文集》）三十卷　徐铉（917—992 年），《四部丛刊》本。

《咸平集》三十卷　田锡（940—1004 年），《宋人集》丁编，《四库全书》本。有巴蜀书社 2008 年罗国威校点本。

《乖崖集》十二卷　张咏（946—1015 年），《续古逸丛书》本，中华书局有 2000 年整理本《张乖崖集》，张其凡整理。

《河东集》十五卷　柳开（947—1000 年），《四部丛刊》本。

《小畜集》三十卷、外集七卷　王禹偁（954—1001 年），《四部丛刊》本。

《武夷新集》二十卷　杨亿（974—1020 年），《浦城遗书》本，《四库全书》本。有福建人民出版社 2007 年点校本。

《文庄集》三十六卷　夏竦（985—1051 年），《四库全书》本。

《范文正公集》二十卷、别集四卷、补编五卷　范仲淹（989—1052

年），《四部丛刊》本，四川大学出版社 2002 年出版点校本《范仲淹全集》。

《宋元宪集》四十卷　宋庠（996—1066 年），《四库全书》本。

《文恭集》四十卷　胡宿（996—1067 年），《武英殿聚珍版丛书》本（以下简称聚珍本）。

《景文集》六十二卷　宋祁（998—1061 年），《湖北先正遗书》本。

《包拯集》（原名《包孝肃奏议》）十卷　包拯（999—1062 年），中华书局 1963 年排印本，黄山书社 1999 年校注本。

《武溪集》二十卷、补佚一卷、奏议二卷　余靖（1000—1064 年），《广东丛书》本，书目文献出版社 1998 年影印本。

《河南集》二十七卷　尹洙（1001—1046 年），《四部丛刊》本，上海书店出版社 1994 年影印本。

《宛陵集》六十卷　梅尧臣（1002—1060 年），《四部丛刊》本，上海古籍出版社 1980 年校注本（作《梅尧臣集》）。

《徂徕集》二十卷　石介（1005—1045 年），中华书局 1984 年点校本。

《潞公集》四十卷　文彦博（1006—1097 年），《四库全书》本。

《欧阳文忠公文集》一百五十三卷　欧阳修（1007—1072 年），《四部丛刊》本。中华书局有 2001 年点校本（作《欧阳修全集》）。

《乐全集》四十卷　张方平（1007—1091 年），《四库全书》本，中州古籍出版社 1992 年点校本（作《张方平集》）。

《苏舜钦集》（原名《苏学士集》）十六卷　苏舜钦（1008—1048 年），中华书局 1961 年排印本，上海古籍出版社 1981 年点校本。

《安阳集》五十卷　韩琦（1008—1075 年），巴蜀书社 2000 年笺注本。另有《韩魏公集》二十卷，《丛书集成》本。

《清献集》十卷　赵抃（1008—1084 年），《四库全书》本，书目文献出版社 1998 年影印本。

《直讲李先生文集》（一作《盱江集》）三十七卷、年谱一卷、外集三卷　李觏（1009—1059 年），《四部丛刊》本，中华书局 1981 年点校本。

《嘉祐集》十六卷　苏洵（1009—1066 年），《四部丛刊》本，上海古籍出版社 1993 年笺注本。

《伊川击壤集》二十卷 邵雍（1011—1077 年），《四部丛刊》本，上海书店 1989 年影印本。中华书局 2013 年整理本。

《蔡忠惠集》（一作《端明集》）三十六卷 蔡襄（1012—1067 年），上海古籍出版社 1996 年点校本。

《濂溪集》十二卷 周敦颐（1017—1073 年），中华书局 1991 年点校本（作《周敦颐集》）。岳麓书社 2006 年整理本（作《元公周先生濂溪集》）。

《古灵集》二十五卷 陈襄（1017—1080 年），《四库全书》本。

《南阳集》三十卷 韩维（1017—1098 年），《四库全书》本。

《丹渊集》四十卷 文同（1018—1079 年），《四部丛刊》本。

《公是集》五十四卷 刘敞（1019—1068 年），聚珍本。

《都官集》十四卷 陈舜俞（？—1076 年），《宋人集》甲编，《四库全书》本。

《元丰类稿》五十卷 曾巩（1019—1083 年），《四部丛刊》本，中华书局 1984 年点校本（作《曾巩集》）。

《华阳集》四十卷 王珪（1019—1085 年），聚珍本。

《温国文正司马公文集》八十卷 司马光（1019—1086 年），《四部丛刊》本。另有《传家集》八十卷，乾隆培养堂藏重校刊本。日本汲古书院 1993 年《增广司马温公全集》本。

《张子全书》十四卷 张载（1020—1077 年），《四部备要》本。中华书局 1978 年点校本（作《张载集》）。

《苏魏公集》七十二卷 苏颂（1020—1101 年），中华书局 1988 年点校本（《苏魏公文集》）。

《临川集》一百卷 王安石（1021—1086 年），《四部丛刊》本。上海古籍出版社 1999 年标点本。

《郧溪集》二十八卷 郑獬（1022—1072 年），《湖北先正遗书》本。

《祠部集》三十五卷 强至（1022—1076 年），聚珍本，《四库全书》本。

《彭城集》四十卷 刘攽（1023—1089 年），聚珍本。

《范忠宣公集》二十卷、奏议二卷 范纯仁（1027—1101 年），康熙

《二范集》本,《四库全书》本。

《净德集》三十八卷　吕陶（1027—1103 年），聚珍本，《丛书集成》本。

《忠肃集》二十卷　刘挚（1030—1097 年），中华书局 2002 年点校本。

《长兴集》十九卷　沈括（1031—1095 年），《四部丛刊》本，上海书店 1986 年影印本。

《二程集》十三卷　程颢（1032—1085 年）、程颐（1033—1107 年），中华书局 1981 年点校本。

《钱塘集》十四卷　韦骧（1033—1105 年），《武林往哲遗书》本，《四库全书》本。

《青山集》三十卷、续集七卷　郭祥正（1035—? 年），书目文献出版社 1990 年影印本。

《东坡七集》一百零九卷　苏轼（1037—1101 年），《四部备要》本，岳麓书社 2000 年点校本。

《栾城集》五十卷、后集二十四卷、三集十卷、应诏集十二卷　苏辙（1039—1112 年），《四部丛刊》本，上海古籍出版社 1987 年点校本。

《范太史集》五十五卷　范祖禹（1041—1098 年），《四库全书》本。

《陶山集》十六卷　陆佃（1042—1102 年），聚珍本，《四库全书》本。

《谠论集》五卷　陈次升（1044—1119 年），《四库全书》本。

《演山集》六十卷　黄裳（1044—1130 年），《四库全书》本。

《豫章黄先生文集》三十卷　黄庭坚（1045—1105 年），《四部丛刊》本，四川大学出版社 2001 年点校本（作《山谷集》）。

《灌园集》二十卷　吕南公（1047—1086 年），《四库全书》本。

《西台集》二十卷　毕仲游（1047—1121 年），聚珍本，《丛书集成》本。中州古籍出版社 2005 年校点本。

《尽言集》十三卷　刘安世（1048—1125 年），《四部丛刊》续编本，中华书局 1985 年影印本。

《姑溪居士集》七十卷　李之仪（1048—1127 年），《粤雅堂丛书》本。

《潏水集》十六卷　李复，《关陇丛书》本。

《乐静集》三十卷　李昭玘，《四库全书》本。

《襄陵集》十二卷　许翰（？—1133 年），《四库全书》本。

《淮海集》四十卷、后集六卷　秦观（1049—1100 年），《四部丛刊》本，上海古籍出版社 1994 年笺注本。

《后山集》二十四卷　陈师道（1053—1102 年），上海古籍出版社 1982 年影印本。

《鸡肋集》七十卷　晁补之（1053—1110 年），《四部丛刊》本。

《龟山集》四十二卷　杨时（1053—1135 年），光绪九年重刊本，《四库全书》本。

《张右史文集》七十六卷　张耒（1054—1114 年），《四部丛刊》本，中华书局 1990 年点校本（作《张耒集》）。

《四明尊尧集》十一卷　陈瓘（1057—1122 年），《四库全书存目丛书》本。

《宗忠简集》八卷　宗泽（1059—1128 年），浙江古籍出版社 1984 年标点本，华艺出版社 1996 年点校本（作《宗泽集》）。

《嵩山文集》（一名《景迂生集》）二十卷　晁说之（1059—1129 年），《四部丛刊》续编本。上海书店 1985 年影印本。

《道乡集》四十卷　邹浩（1060—1111 年），商务印书馆 1915 年铅印本，《四库全书》本。

《高峰文集》十二卷　廖刚（1070—1143 年），《四库全书》本。

《眉山唐先生文集》三十卷　唐庚（1071—1121 年），《四部丛刊》三编本。

《跨鳌集》三十卷　李新，《四库全书》本。

《忠穆集》八卷　吕颐浩（1071—1139 年），《四库全书》本。

《斜川集》六卷　苏过（1072—1123 年），《知不足斋丛书》本，巴蜀书社 1996 年校注本。

《横塘集》二十卷　许景衡（1072—1128 年），《丛书集成》本，《四库全书》本。

《丹阳集》二十四卷　葛胜仲（1072—1144 年），《四库全书》本。

《忠惠集》十卷　翟汝文（1076—1141 年），《四库全书》本。

《石林奏议》十五卷　叶梦得（1077—1148年），光绪归安陆氏影宋刊本。

《北山小集》四十卷　程俱（1078—1144年），《四部丛刊》续编本。

《庄简集》十八卷　李光（1078—1159年），《四库全书》本。

《苕溪集》五十五卷　刘一止（1078—1160年），《四库全书》本。

《浮溪集》三十二卷　汪藻（1079—1154年），《四部丛刊》本。

《梁溪集》一百八十卷　李纲（1083—1140年），道光刻本，《四库全书》本。

《华阳集》四十卷　张纲（1083—1166年），《四部丛刊》三编本。

《毗陵集》十六卷　张守（1084—1145年），《常州先哲遗书》本。

《忠正德文集》十卷　赵鼎（1085—1147年），道光刊本，《四库全书》本。

《北山集》三十卷　郑刚中（1088—1154年），江苏广陵古籍刻印社1983年影印《金华丛书》本。

《简斋集》十六卷　陈与义（1090—1138年），聚珍本，中华书局1982年点校本（作《陈与义集》）。

《忠愍集》三卷　李若水（1093—1127年），《四库全书》本，《畿辅丛书》本。

《相山集》三十卷　王之道（1093—1169年），《四库全书》本。

《松隐文集》三十九卷　曹勋（1098—1156年），《嘉业堂丛书》本，文物出版社1982年影印本。

《斐然集》三十卷　胡寅（1098—1156年），中华书局1993年点校本。岳麓书社2009年点校本。

《香溪集》二十二卷　范浚（1102—1151年），江苏广陵古籍刻印社1983年影印《金华丛书》本。

《汉滨集》十六卷　王之望（1104—1171年），《湖北先正遗书》本，《四库全书》本。

《五峰集》五卷　胡宏（1106—1163年），中华书局1987年点校本。

《鄮峰真隐漫录》五十卷　史浩（1106—1194年），《四库全书》本。

《梅溪集》五十四卷　王十朋（1112—1171年），《四部丛刊》本，上海古籍出版社1998年整理本。2012年修订本（作《王十朋全集》）。

《盘洲集》八十卷　洪适（1117—1184 年），《四部丛刊》本。

《海陵集》二十三卷、外集一卷　周麟之（1118—1164 年），《四库全书》本。

《南涧甲乙稿》二十二卷　韩元吉（1118—1187 年），聚珍本，《丛书集成》本。

《文定集》二十四卷　汪应辰（1119—1176 年），聚珍本，《四库全书存目丛书》本。学林出版社 2009 年点校本。

《竹洲集》二十卷　吴儆（1125—1183 年），中国书店 1986 年影印本，《四库全书》本。

《陆游集》（原名《剑南诗稿》及《渭南文集》）一百三十五卷　陆游（1125—1210 年），中华书局 1976 年排印本，内蒙古大学出版社 2000 年排印本。

《范石湖集》（原名《石湖诗集》及《石湖词》）三十四卷　范成大（1126—1193 年），中华书局 1962 年点校本。上海古籍出版社 1981 年重校本。上海古籍出版社 2006 年整理本。另有《范成大佚著辑存》，中华书局 1983 年版。

《郑忠肃奏议遗集》二卷　郑兴裔（1126—1199 年），《四库全书》本。

《周益国文忠公集》二百卷　周必大（1126—1204 年），道光刊本，《四库全书》本。

《诚斋集》一百三十三卷　杨万里（1127—1206 年），《四部丛刊》本。

《晦庵集》一百卷、续集五卷、别集七卷　朱熹（1130—1200 年），《四部丛刊》本。

《于湖集》四十卷　张孝祥（1132—1170 年），《四部丛刊》本，上海古籍出版社 1980 年点校本。

《南轩集》四十四卷　张栻（1133—1180 年），道光刻本，《四库全书》本。

《江湖长翁文集》四十卷　陈造（1133—1203 年），《四库全书》本。

《浪语集》三十五卷　薛季宣（1134—1173 年），《永嘉丛书》本，上海社会科学院出版社 2003 年点校本。

《东莱吕太史文集》四十卷　吕祖谦（1137—1181 年），《续金华丛书》本。

《止斋文集》五十一卷　陈傅良（1137—1203 年），《四部丛刊》本，浙江大学出版社 1999 年点校本。

《攻媿集》一百一十二卷　楼钥（1137—1213 年），《四部丛刊》本。

《王双溪先生集》二十七卷　王炎（1137—1218 年），《四库全书》本。

《象山集》二十八卷、外集四卷、语录四卷　陆九渊（1139—1193 年），《四部丛刊》本。另有《陆九渊集》，中华书局 1980 年点校本。

《东塘集》二十卷　袁说友（1140—1204 年），《四库全书》本。

《定斋集》二十卷　蔡戡（1141—？年），《常州先哲遗书》本，《四库全书》本。

《慈湖遗书》十八卷、续集二卷　杨简（1141—1226 年），《四明丛书》本，《四库全书》本。广陵书社 2006 年影印本。

《九华集》二十五卷　员兴宗，《四库全书》本。

《止堂集》十八卷　彭龟年（1142—1206 年），聚珍本。

《龙川文集》三十卷　陈亮（1143—1194 年），《金华丛书》本。另有中华书局 1987 年点校增订本《陈亮集》三十九卷。

《絜斋集》二十四卷　袁燮（1144—1224 年），聚珍本。

《水心集》二十九卷、别集十六卷　叶适（1150—1223 年），《四部丛刊》本，中华书局 1961 年点校本（作《叶适集》）。

《勉斋集》四十卷　黄榦（1152—1221 年），康熙刊本，《四库全书》本。

《昌谷集》二十二卷　曹彦约（1157—1228 年），《四库全书》本。

《后乐集》二十卷　卫泾（1159—1226 年），《四库全书》本。

《漫塘文集》三十六卷　刘宰（1166—1239 年），文物出版社 1982 年影印本。

《性善堂稿》十五卷　度正（1166—？年），《四库全书》本。

《西山先生真文忠公文集》五十五卷　真德秀（1178—1235 年），《四部丛刊》本。

《鹤山先生大全文集》一百一十卷　魏了翁（1178—1237 年），《四部丛刊》本。

《鹤林集》四十卷　吴泳，《四库全书》本。

《蒙斋集》二十卷　袁甫，聚珍本。

《左史谏草》一卷　吕午（1179—1255年），《四库全书》本。

《清献集》二十卷　杜范（1182—1245年），《四库全书》本。

《敝帚略稿》八卷　包恢（1182—1268年），《四库全书》本。

《庸斋集》六卷　赵汝腾（？—1262年），《四库全书》本。

《后村先生大全集》一百九十六卷　刘克庄（1187—1269年），《四部丛刊》本。四川大学出版社2008年校点本。

《鲁斋集》二十卷　王柏（1197—1274年），《续金华丛书》本。

《可斋杂稿》三十四卷、续稿八卷、续稿后十二卷　李曾伯（1198—1268年），《四库全书》本。

《秋崖集》四十卷　方岳（1199—1262年），《四库全书》本。

《文溪存稿》二十卷　李昴英（1201—1257年），暨南大学出版社1994年点校本。

《耻堂存稿》八卷　高斯得（1201—？年），聚珍本。

《巽斋文集》二十七卷　欧阳守道（1209—？年），《四库全书》本。

《黄氏日钞》九十七卷　黄震（1213—1280年），耕余楼刊本，《四库全书》本。

《本堂集》九十四卷　陈著（1214—1297年），光绪四明陈氏刊本。

《雪坡舍人集》五十卷　姚勉（1216—1262年），《豫章丛书》本。

《碧梧玩芳集》二十四卷　马廷鸾（1222—1289年），《豫章丛书》本，《四库全书》本。

《四明文献集》五卷　王应麟（1223—1296年），《四明丛书》本。中华书局2010年点校本。

《叠山集》十六卷　谢枋得（1226—1289年），《四部丛刊》本，《丛书集成》本。

《陵阳集》二十四卷　牟巘（1227—1311年），《吴兴丛书》本。

《文山集》二十一卷　文天祥（1236—1283年），《四部丛刊》本，江西人民出版社1987年点校本。

《存雅堂遗稿》五卷　方凤（1240—1321年），浙江古籍出版社1994

年辑校本（作《方凤集》）。

《心史》二卷　郑思肖（1241—1318年），有《郑思肖集》，上海古籍出版社1991年点校本。

《湖山类稿》五卷、《水云集》一卷　汪元量（1242—？年），《武林往哲遗书》本，中华书局1984年增订辑校本。

《霁山先生集》五卷　林景熙（1241—1310年），《知不足斋丛书》本，中华书局上海编辑所1960年校注本。

《晞发集》十卷、遗集二卷　谢翱（1249—1295年），《知不足斋丛书》本。

除了个人的文集以外，还有几部总集也有不少史料。

《宋文鉴》一百五十卷　吕祖谦编，《四部丛刊》本。

《五百家播芳大全文粹》一百一十卷　魏齐贤、叶棻编，《四库全书》本。台湾学生书局1985年影印本。

《宋朝诸臣奏议》（原名《国朝诸臣奏议》）一百五十卷　赵汝愚编，上海古籍出版社1999年校点本。

《历代名臣奏议》三百五十卷　明朝黄淮、杨士奇编，其中不少宋人奏议，特别是南宋后期诸臣奏议是现存文集中没有的，上海古籍出版社1989年影印永乐刊本。

《全宋文》　四川大学古籍整理研究所编，收宋代单篇散文、骈文和诗词以外的韵文，1988年起由巴蜀书社陆续分册出版。

（三）笔记　宋人笔记流传下来的为数也不少，仅《四库提要》子部杂家类和小说类著录的就有一百五十一部。笔记的材料虽然比文集更为分散零碎，而且是"随意录载"，许多得自传闻，有失实之处。但笔记中保存有大量十分珍贵的史料，值得我们认真地探取和鉴别。下面列举一些史料价值较高的宋人笔记：

《丁晋公谈录》一卷　传为丁谓口述，点校本收入《全宋笔记》第一编，大象出版社2003年出版。

《王文正公笔录》一卷　王曾，《全宋笔记》第一编。

《宋景文公笔记》三卷　宋祁，《百川学海》本，《学津讨原》本。

《嘉祐杂志》二卷　江休复，《全宋笔记》第一编（作《江邻几杂志》）。

《儒林公议》二卷　田况，《全宋笔记》第一编。

《东斋记事》六卷　范镇，《全宋笔记》第一编。

《湘山野录》四卷　释文莹，《全宋笔记》第一编。

《玉壶清话》十卷　释文莹，《全宋笔记》第一编。

《春明退朝录》三卷　宋敏求，《全宋笔记》第一编。

《涑水记闻》十六卷　司马光，《全宋笔记》第一编。

《墨客挥犀》十卷　题彭乘撰，中华书局 2002 年点校本。《全宋笔记》第三编，大象出版社 2008 年版。

《渑水燕谈录》十卷　王辟之，中华书局 1981 年点校本。《全宋笔记》第二编，大象出版社 2006 年版。

《梦溪笔谈》三十卷　沈括，中华书局 1962 年校注本，上海书店出版社 2003 年标点本。《全宋笔记》第二编。

《曾公遗录》残三卷　曾布，《全宋笔记》第一编。

《麈史》三卷　王得臣，《全宋笔记》第一编。

《青箱杂记》十卷　吴处厚，《全宋笔记》第一编。

《东坡志林》五卷　苏轼，《全宋笔记》第一编。

《仇池笔记》二卷　苏轼，《全宋笔记》第一编。

《龙川略志》十卷、《龙川别志》二卷　苏辙，《全宋笔记》第一编。

《甲申杂记》《闻见近录》《随手杂录》各一卷　王巩，《知不足斋丛书》本。《全宋笔记》第二编。

《后山谈丛》六卷　陈师道，上海古籍出版社 1989 年点校本。《全宋笔记》第二编。

《东轩笔录》十五卷　魏泰，中华书局 1983 年点校本。《全宋笔记》第二编。

《侯鲭录》八卷　赵令畤，中华书局 2002 年点校本。《全宋笔记》第二编。

《文昌杂录》七卷　庞元英，中华书局上海编辑所 1958 年排印本。《全宋笔记》第二编。

《春渚纪闻》十卷　何薳，中华书局 1983 年点校本。《全宋笔记》第三编。

《冷斋夜话》十卷　释惠洪，中华书局 1988 年点校本。《全宋笔记》

第二编。

《邵氏闻见录》二十卷　邵伯温，中华书局 1983 年点校本。《全宋笔记》第二编。

《泊宅编》十卷本、三卷本　方勺，中华书局 1983 年点校本。《全宋笔记》第二编。

《鸡肋编》三卷　庄绰，中华书局 1983 年点校本。《全宋笔记》第四编，大象出版社 2008 年版。

《曲洧旧闻》十卷　朱弁，中华书局 2002 年点校本。《全宋笔记》第三编。

《枫窗小牍》二卷　袁褧，《宝颜堂秘笈》本。《全宋笔记》第四编。

《萍洲可谈》三卷　朱彧，上海古籍出版社 1989 年校点本。

《默记》三卷　王铚，中华书局 1981 年点校本。《全宋笔记》第四编。

《铁围山丛谈》六卷　蔡絛，中华书局 1983 年点校本。《全宋笔记》第三编。

《嫩真子》五卷　马永卿，上海古籍出版社 2001 年《宋元笔记小说大观》本。

《石林燕语》十卷　叶梦得，中华书局 1984 年点校本。《全宋笔记》第二编。

《却扫编》三卷　徐度，上海古籍出版社 2001 年《宋元笔记小说大观》本。《全宋笔记》第三编。

《独醒杂志》十卷　曾敏行，上海古籍出版社 1986 年点校本。《全宋笔记》第四编。

《挥麈录》二十卷　王明清，中华书局 1962 年排印本，上海书店出版社 2001 年标点本。《全宋笔记》第六编，大象出版社 2013 年版。

《玉照新志》六卷　王明清，上海古籍出版社 1991 年点校本。

《墨庄漫录》十卷　张邦基，中华书局 2002 年点校本。《全宋笔记》第三编。

《邵氏闻见后录》三十卷　邵博，中华书局 1983 年点校本。《全宋笔记》第四编。

《容斋随笔》五集共七十四卷　洪迈，上海古籍出版社 1978 年点校本，岳麓书社 1994 年点校本。《全宋笔记》第五编，大象出版社 2012年版。

《涧泉日记》三卷　韩淲，上海古籍出版社 1993 年点校本。《全宋笔记》第六编。

《老学庵笔记》十卷　陆游，中华书局 1979 年点校本。《全宋笔记》第五编。

《清波杂志》十二卷、别集三卷　周辉，中华书局 1994 年点校本。《全宋笔记》第五编。

《云麓漫钞》十五卷　赵彦卫，中华书局 1996 年点校本。《全宋笔记》第六编。

《旧闻证误》四卷、补遗一卷　李心传，中华书局 1981 年点校本。《全宋笔记》第六编。

《宾退录》十卷　赵与时，上海古籍出版社 1983 年点校本。《全宋笔记》第六编。

《桯史》十五卷　岳珂，中华书局 1981 年点校本。

《愧郯录》十五卷　岳珂，《知不足斋丛书》本，江苏广陵古籍刻印社 1995 年影印本。

《燕翼诒谋录》五卷　王栐，中华书局 1981 年点校本。

《游宦纪闻》十卷　张世南，中华书局 1981 年点校本。

《梁溪漫志》十卷　费衮，山西人民出版社 1986 年点校本。《全宋笔记》第五编。

《四朝闻见录》五卷　叶绍翁，中华书局 1989 年点校本。《全宋笔记》第六编。

《朝野类要》五卷　赵昇，《知不足斋丛书》本。中华书局 2007 年点校本。

《贵耳集》三卷　张端义，《津逮秘书》本，《学津讨原》本。《全宋笔记》第六编。

《鹤林玉露》十八卷　罗大经，中华书局 1983 年点校本。2008 年重印。

《齐东野语》二十卷　周密，中华书局 1983 年点校本。齐鲁书社 2007 年点校本。

《癸辛杂识》六卷　周密，中华书局 1988 年点校本。

（四）地方志　地方志的修纂，在宋代有很大发展，不仅数量远远超过前代，而且在内容上也有重大变化。《四库提要》史部地理类的序言说："古之地志，载方域、山川、风俗、物产而已。……《元和郡县志》颇涉古迹，盖用《山海经》例。《太平寰宇记》增以人物，又偶及艺文，于是为州县志书之滥觞。"关于乐史《太平寰宇记》一书的提要又说："后来方志必列人物、艺文者，其体皆始于（乐）史。盖地理之书，记载至是书而始详，体例亦自是而大变。"唐以前的地方志，内容主要是自然地理方面，而从宋开始，人文地理方面的内容越来越丰富。对于后人来说，它提供了很重要的史料。

宋代地方志虽多，流传下来的不过三十几部。但在元代、明代甚至清代的部分地方志中，还保存了一些宋代地方志的内容，可以参考。

下面先列举宋代修纂的五部总地志，再列地方志：

《太平寰宇记》二百卷　乐史，乾隆南昌万氏重刊本，《丛书集成》本。中华书局 2007 年王文楚等点校本（《中国古代地理总志丛刊》）。

《元丰九域志》十卷　王存，聚珍本，中华书局 1984 年点校本。2005 年重印。

《舆地广记》三十八卷　欧阳忞，《国学基本丛书》本。四川大学出版社 2003 年点校本。

《舆地纪胜》二百卷　王象之，道光岑氏刊本，四川大学出版社 2005 年点校本。

《方舆胜览》七十卷　祝穆，中华书局 2003 年点校本。

《长安志》二十卷　宋敏求，光绪思贤讲舍重刻灵岩山馆本。

《雍录》十卷　程大昌，《古今逸史》本。中华书局 2002 年点校本。

《景定建康志》五十卷　周应合等，嘉庆金陵孙忠愍祠刻本。南京出版社，2009 年。

《吴郡图经续记》三卷　朱长文，《学津讨原》本。江苏古籍出版社 1999 年校点本。

《吴郡志》五十卷　范成大，民国南浔张氏影宋刻本。江苏古籍出版社 1986 年、1999 年校点本。

《重修琴川志》十五卷　孙应时等，汲古阁刊本。江苏古籍出版社

1988 年影印本。

《咸淳毗陵志》三十卷　史能之，嘉庆重刊本。广陵书社 2005 年点校本。

《嘉定镇江志》二十二卷　卢宪，道光丹徒包氏刊本。江苏古籍出版社 1988 年影印本。

《玉峰志》三卷　凌万顷，《太仓旧志五种》本。江苏古籍出版社 1988 年影印本。

《玉峰续志》一卷　边实，《太仓旧志五种》本。四川大学出版社 2009 年点校本。

《云间志》三卷　杨潜，嘉庆华亭沈氏古倪园刊本。四川大学出版社 2009 年点校本。

《新安志》十卷　罗愿，光绪黟县李氏翻刻本。

《乾道临安志》三卷（原本十五卷）　周淙，《武林掌故丛编》本。

《淳祐临安志》六卷（残本）　施谔，《武林掌故丛编》本。江苏古籍出版社，1988 年。

《咸淳临安志》一百卷　潜说友，道光钱塘汪氏刊本。浙江古籍出版社，2012 年。

《澉水志》二卷　常棠，《澉水志汇编》本。四川大学出版社 2009 年点校本。

《嘉泰吴兴志》二十卷　李景和，《吴兴丛书》本。

《乾道四明图经》十二卷　张津，《宋元四明六志》本。

《宝庆四明志》二十一卷　罗濬，《宋元四明六志》本。

《开庆四明续志》　梅应发，《宋元四明六志》本。

《嘉泰会稽志》二十卷　施宿，民国影印嘉庆采鞠轩刊本。

《宝庆会稽续志》八卷　张淏等，民国影印嘉庆采鞠轩刊本。

《剡录》十卷　高似孙，道光刊本。

《嘉定赤城志》四十卷　陈耆卿，《台州丛书》本。中国文史出版社，2008 年。

《严州图经》存三卷　刘文富，光绪渐西村舍丛刻，《丛书集成》本。四川大学出版社 2009 年点校本。

《景定严州续志》十卷　郑瑶等，《诵芬室丛书》本，《丛书集成》本。

《淳熙三山志》四十二卷　梁克家，崇祯刊本。

《仙溪志》四卷　赵与泌等，铁琴铜剑楼抄本。福建人民出版社1989年点校本。

《临汀志》　赵与沐等，中华书局影印《永乐大典》卷七八八九至七八九五，福建人民出版社1990年整理本。

《寿昌乘》不分卷　佚名，《续修四库全书》本。

上举诸志中，从《长安志》至《寿昌乘》，除《临汀志》外，均收入中华书局1990年《宋元方志丛刊》中。第六、七部属今陕西，八至十六部属今江苏及上海，第十七部属今安徽，十八至三十一部属今浙江，三十二至三十四部属今福建，第三十五部属今湖北。

（五）其他

类书　宋朝类书中史料价值较高的有江少虞《皇朝事实类苑》，彭百川《太平治迹统类》，章如愚《山堂先生群书考索》，谢维新《古今合璧事类备要》，佚名《翰苑新书》等。

目录书　有王尧臣等的《崇文总目》等。特别是晁公武《郡斋读书志》和陈振孙《直斋书录解题》，每书都有或详或略的题解，有很重要的文化史料。

法律书　有《宋刑统》等。特别是《庆元条法事类》和《名公书判清明集》，有重要的政治、经济、法律史料。

有关城市及商业诸书　有孟元老《东京梦华录》、灌圃耐得翁《都城纪胜》、西湖老人《西湖老人繁胜录》、吴自牧《梦粱录》、周密《武林旧事》等。

有关民族关系资料　关于宋辽、宋金、宋元关系情况，宋人记载虽多，也很重要，但究竟是一面之词，还应参考《辽史》《金史》《元史》等。关于广西少数民族情况，可参考范成大《桂海虞衡志》和周去非《岭外代答》。

有关中外关系诸书　有徐兢《宣和奉使高丽图经》、赵汝适《诸蕃志》和上述《岭外代答》等。此外，朝鲜郑麟趾的《高丽史》，越南佚名的《越史略》、吴士连等人的《大越史记全书》也很可参考。

有关自然科学史诸书　农学有陈旉《农书》、楼璹《耕织图诗》，建筑学有李诫《营造法式》，法医学有宋慈《洗冤集录》，数学有秦九韶《数学九章》，天文学及机械学有苏颂《新仪象法要》等。

石刻资料　《金石萃编》《江苏金石志》《两浙金石志》《粤西金石略》《山右石刻丛编》等金石书中，著录了不少宋代石刻，其中有许多是在文献资料中没有记载的，或可与文献资料相印证，也很可参考。

佛教史籍　宋释志磐的《佛祖统纪》有关于佛、道矛盾及摩尼、火祆诸教史料；元释念常的《佛祖历代通载》时有宋末逸闻，如瀛国公之死等，可补《宋史》《元史》之阙。

其他如《武经总要》《朱子语类》、吕祖谦的《历代制度详说》等等，都有关于宋代的重要史料。

第七章 辽金西夏史史料

辽（916—1125 年）、金（1115—1234 年）、西夏（1038—1227 年）是 10 至 13 世纪间在我国北方和西北部出现的三个少数民族建立的王朝，它们在我国历史的发展过程中占有重要的地位。这三个王朝都曾效法前代中原封建王朝，设置修史机构，或指定专人修史。可惜的是，这些史书都已散失了。现在可以看到的有关这三个王朝的历史资料，主要是后代修撰的专史和宋朝方面的记载。它们自身的记载，只有一些金石碑刻、诗文集等。这三个王朝都分别创制了本民族文字，即契丹文（包括大字与小字）、女真文（也包括大字与小字）和西夏文，在境内与汉字通行。这些文字的文献流传下来的为数不多（西夏文较多，契丹文、女真文都很少），目前尚不能完全解读，从内容来说主要是佛经、哀册、墓志铭、字书等。下面分别作一些介绍。

第一节 辽史史料

（一）《辽史》一百一十六卷　元脱脱等奉敕撰。其中本纪三十卷，志三十二卷，表八卷，传四十五卷，国语解一卷。它是研究辽代历史的最基本也是最重要的史料。

辽代沿袭唐、五代的制度，设有国史馆，修纂起居注、日历、实录和国史。金灭辽后，曾经筹划修辽史，但未能最后成书。元朝建立后，不断有人向政府建议修辽、宋、金史，但因正统问题争论不决，迟迟未能进行。直到元朝最后一个皇帝——元顺帝的至正三年（1343 年），才正式开局纂修。中书右丞相脱脱为都总裁，总裁官有欧阳玄、张起岩、吕思诚、揭傒斯等。至正四年（1344 年）三月，《辽史》完成，是三史中最先成书的一部，先后费时不到一年，由廉惠山海牙、王沂、徐昺、陈绎曾四人分撰。

元代修《辽史》之所以成书迅速，主要是利用了辽代耶律俨编纂的国史和金代陈大任纂修但未最后完成的《辽史》。元修《辽史》中有不少地方提到了耶律俨的著作。耶律俨本姓李，汉人，其父被赐姓耶律。《辽史》卷九十八本传说他在道宗末年"修皇朝实录七十卷"。卷二十七《天祚纪》则记天祚帝乾统三年（1103年）十一月，"召监修国史耶律俨纂太祖诸帝实录"。后人根据这两段记载，便把《辽史》所引用的耶律俨书定名为耶律俨《实录》。但《实录》应为编年体，而从《辽史》所引耶律俨书的情况来看，它有本纪，又有部族、礼、仪卫诸志，还有后妃传之类的类传，应是一部纪传体的史书。而且元修《辽史》中还多次提到"耶律俨辽史"。据此推断，元修《辽史》所依据的很可能是耶律俨修的辽朝国史，而不是实录。金熙宗时修《辽史》，成于萧永琪之手，但未流传下来。金章宗时，又组织人力修辽史，后又命翰林直学士陈大任专任此事。但因德运、正统之争，未能最后完成。元修《辽史》中多处提到的"旧史"、"旧志"即指陈大任《辽史》而言。过去已有人指出，元代纂修《辽史》"悉本俨、大任二书也"①。

除了以上两书外，元修《辽史》还大量采用了《契丹国志》（详见下文）。耶律俨死于辽天祚帝天庆年间，他所修的国史下限最多到道宗朝。金陈大任的《辽史》，应是以耶律俨国史为基础编修的。两书都没有天祚帝一朝的记载，这大概就是《辽史·天祚纪》及有关列传部分大量采用《契丹国志》的原因。元修《辽史》利用过的其他资料，有辽代修的《辽朝杂礼》（据《辽史》说，它所记以"汉仪为多"）；有宋人王曾的《上契丹事》，刁约的《使辽诗》等（可能是从《契丹国志》转引的）；还有高丽的著作《大辽事迹》《大辽古今录》等。

欧阳玄起草的《进〈辽史〉表》说："耶律俨语多避忌，陈大任辞乏精详"，对两书表示不满。但元修《辽史》同样不能令人满意，数百年来一直受到研究者的指责，清代著名学者顾炎武、钱大昕、赵翼等都对它进行过批评。总的说来，元修《辽史》的主要缺点是：

一、过于简略，以至漏载了许多修史所必不可少的重要内容。例如，辽自建国以后，曾几次改变国号，先称契丹，后称大辽，后又称大契丹，后又复称大辽。像这样重大的史实，"《辽史》皆没而不书"，这实在是说

① 赵翼：《廿二史札记》卷二十七《辽史》。

不过去的①。辽朝从 916 年阿保机建国到 1125 年为金所灭，历时二百一十年，如果再加上西辽（1124—1211 年），还有八十多年，时间不可谓不长。元修《辽史》共一百一十六卷，从卷数看为《宋史》的五分之一强，但每卷分量都很少，全书只有四十七万字，只相当于《宋史》的十分之一。就是在这有限的篇幅中，内容重复的地方也很多，如《高丽传》《西夏传》的记事，大部分是将本纪中有关部分摘录而成；《百官》《刑法》《食货》诸志的内容，大半来自本纪和列传（《百官志》各官条下，就注明见某某纪、传）。篇幅小，内容又多重复，叙事的脱漏也就不可避免了。清人赵翼说："《辽史》太简略，盖契丹之俗，记载本少②。"契丹"记载本少"固是事实，但修史理应博采各种资料，认真加以整理，而元代修史者并未下这番功夫，例如《新五代史》中的《契丹附录》，是常见而又有一定价值的，便被当时修史者忽略了③。

二、书内各部分内容互相矛盾。这方面的情况很突出，如耶律余睹谋立晋王事，《天祚纪》及《萧奉先传》《耶律余睹传》以为是萧奉先诬陷，《晋王传》及《皇子表》则以为是事实。《兵卫志》载永昌宫正丁一万四千，而《营卫志》则载永昌宫正户八千，钱大昕已指出："当有一误④。"书中还有一人两传的情况。译名不一致，常常将一个人弄成两个人。如此等等。

三、错误甚多。元修《辽史》十分草率，错误之处比比皆是，有的是沿袭所据资料造成的，有的则是编纂者妄改的结果。例如《辽史》中道宗有"寿隆"年号，现存的辽代碑刻和钱币都作"寿昌"，"隆"字犯圣宗讳，可以确定《辽史》是错误的⑤。又如，《兵卫志》中有"御帐亲军"及"大首领部族军"两目，所据是宋人宋琪所上《平燕蓟十策》，原文是："契丹主头下兵谓之大帐，有皮室兵约三万。……国母述律氏头下谓之属珊，属珊有众二万。"《辽史》将前者妄改成三十万，后者改为二十万，增加了十倍⑥。

① 钱大昕：《廿二史考异》卷八十三《辽史·圣宗纪》。
② 赵翼：《廿二史札记》卷二十七《辽史》。
③ 罗继祖：《〈辽史〉概述》，《社会科学辑刊》1979 年第 1 期。
④ 钱大昕：《廿二史考异》卷八十三。
⑤ 钱大昕：《廿二史考异》卷八十三。
⑥ 邝又铭（邓广铭笔名）：《辽史兵卫志御帐亲军、大首领部族军两事目考源辨误》，《北京大学学报》1956 年第 2 期。

元修《辽史》缺点甚多，但辽、金两朝所修辽史均已失传，辽代其他文献保存下来的也很少，因此，它就成了现存最早也最完整的一部辽代史书，是我们研究辽代历史最基本的史料。《辽史》修成后，自元至清，曾经多次刊刻，但版本都有问题。解放前商务印书馆刊行的百衲本《辽史》，以元刊本为底本，但这个元刊本也是"刊板粗率，讹字亦多"①。1974 年中华书局出版的点校本，广泛吸收了前人校勘《辽史》的成果，是目前比较好的一个版本。

（二）《契丹国志》二十七卷　包括帝纪十二卷，列传七卷，晋降表、宋辽誓书议书一卷，南北朝及诸国馈、贡礼物数一卷，杂载地理及典章制度二卷，宋人行程录及诸杂记四卷。此书所附进书表题"淳熙七年三月秘书丞叶隆礼上"，如果属实，则应是南宋前期人所作。但历来对此书作者及成书年代颇多怀疑，余嘉锡认为应是宋、元间人抄撮各种记载和传说而成，托名宋理宗时人叶隆礼，但"纵属伪作，亦出自元人之手"②。

关于《契丹国志》一书的史料价值，历来评价不一。最早提到这本书的是元代史学家苏天爵，他认为："叶隆礼、宇文懋昭为辽、金国志，皆不及见国史，其说多得于传闻。"③ 后来的学者也曾指出其中种种疵病。但是，宋元时期通记辽朝一代史事的著作，除《辽史》外，只有《契丹国志》。尽管缺点很多，仍是较原始的资料。辽代史料为数甚少，元末修《辽史》，已有文献不足征之苦，就从《契丹国志》引用了不少材料。可以断定的是，《辽史》中有关天祚帝一朝的史实，因无实录可凭，主要取材于此书④。今天我们将《契丹国志》和《辽史》加以比较，尚有不少可以订正、补充后者的地方。所以，该书仍不失为研究辽代历史的基本史料，值得我们特别予以重视。

（三）辽人著作　《辽史》没有经籍志或艺文志，后人补作者为数颇多，商务印书馆 1958 年出版的《辽金元艺文志》一书，收录比较完备，可

---

① 百衲本《辽史》张元济跋语。
② 余嘉锡：《四库提要辨证》卷五《史部三·"契丹国志"》。
③ 《三史质疑》，《滋溪文稿》卷二十五。
④ 见冯家升《辽史源流考》。按：《辽史》所载天祚一代史事主要以《契丹国志》为据，而《契丹国志》有关天祚的记载，"实多袭辽末燕人史愿之《金人亡辽录》"。史愿曾投南宋，作此书，后归金。此书今已佚。见傅乐焕《辽代四时捺钵考五·论辽史天祚帝纪来源》（《历史语言研究所集刊》第十本），收入《辽史丛考》一书，中华书局 1984 年出版。

以参看。总的来说，见于记载的辽人著作，为数甚少，除去翻译作品不算，仅有四五十种，属于史部和集部的不过二三十种。就是这些著作，也大都已散失。现存的只有《焚椒录》《龙龛手镜》和《续一切经音义》三书。

《焚椒录》一卷 王鼎撰。王鼎，辽进士，官至观书殿学士，事迹见《辽史》卷一百零四本传。《焚椒录》记述耶律乙辛诬陷道宗宣懿后一案的始末，常见有《宝颜堂秘笈》本和《津逮秘书》本。此书记载与《契丹国志》所述颇有出入，所以有人怀疑它是伪作，但也有人以此来证明"隆礼（指《契丹国志》托名作者叶隆礼——引者）之疏"①。对此可以进一步研究。

《龙龛手镜（宋刊本避讳作鉴）》四卷 辽幽州（今北京地区）僧人行均编。这是一部通俗的汉字字书，"集佛书中字，为切韵训诂，凡十六万字"。当时颇为流行，传入北宋，著名学者沈括对它作了很高的评价②。此书还曾流入高丽和日本，有刻本和活字本。中华书局 1985 年影印本。

《续一切经音义》十卷 辽燕京（今北京）僧希麟撰。此书系为《开元释教录》以后的佛经加音注，先传至高丽，由高丽传入日本，至清末又由日本传回我国。

（四）宋人著作

（1）有关五代时期契丹状况的宋人著作 契丹建国于 916 年（后梁末帝贞明二年），与五代诸朝关系密切。宋人纂修的《旧五代史》卷一百三十七《契丹传》，《新五代史》卷七十二、七十三《四夷附录·契丹》，都有关于这一时期契丹历史的全面记述。此外，在两书的纪、传中也有不少关于契丹的记载。《资治通鉴》编年纪事，终于五代。其中有关契丹的记载，可以和新、旧五代史相参证。宋人编纂的类书《册府元龟》中也有不少契丹的资料（关于上述四种书第五章已作过介绍，此处不再重复）。

（2）宋人使辽语录 宋、辽澶渊之盟以后，彼此保持着和平友好的关系，一百余年间，双方不断互派使臣祝贺正旦及生辰、登极，或祭奠

---

① 《四库总目提要》卷五十二《史部·杂史类存目一"焚椒录"》。黄任恒《补辽史艺文志》，收在《辽金元艺文志》内。

② 《梦溪笔谈》卷十五。

对方皇帝逝世等，直至宋、金合盟夹攻辽朝，始告终止。宋朝派往辽朝的使臣归来后，照例须向朝廷上报自己撰写的"语录"，报告在辽朝应答的情形及在辽境的所见所闻①。宋使语录有的全部保存下来，有的只保存了一部分，还有一些则散失了。现将保存下来的介绍如下：

《乘轺录》　作者路振曾任国史编修官，在"大中祥符初，使契丹，撰《乘轺录》以献"②。《乘轺录》文字较多，对于辽幽州、上京记载较详，关于辽朝的赋役、兵制等方面也有所叙述。有《续谈助》本，《指海》本，并见《皇朝类苑》卷七十七《契丹》门。各本文字颇有出入，可互为补充。

《上契丹事》　作者王曾是宋朝名臣，其事迹见《宋史》卷三百一十本传。真宗大中祥符五年（1012年）出使契丹，回朝后上契丹事，见《长编》卷七十九，及《宋会要辑稿》蕃夷二之六至八。此文记载道路里程颇为详细，对于燕京和中京大定府以及沿途生产和民族情况也有所介绍。《辽史》卷三十九和《契丹国志》卷二十四都引用了其中片断。

《北庭记》　作者晁迥生平见《宋史》卷三百零五本传，大中祥符六年（1013年）为契丹国主生辰使，回朝后上《北庭记》，现存一段记契丹主猎鹅、鸭风俗。见《长编》卷八十一及《宋会要辑稿》蕃夷二之八。

《薛映记》　作者薛映生平见《宋史》卷三百零五本传。大中祥符九年（1016年），为契丹国主生辰使，回朝后上语录，现存不过二百余字，所记上京情况，有一定价值。见《长编》卷八十八，及《宋会要辑稿》蕃夷二之八至九。《辽史》卷三十七所引文字略有出入。《契丹国志》卷二十四误作富弼《富郑公行程录》。

《契丹风俗》　作者宋绶生平，见《宋史》卷二百九十一本传。真宗天禧四年（1020年），使契丹归，献《契丹风俗》，见《长编》卷九十七，《宋会要辑稿》蕃夷二之九至十一。全文约七百余字。这篇"语录"的可贵之处是记述了辽朝君主"四时捺钵"的一些情况，以及契丹人的服饰。

《神宗皇帝即位使辽语录》　作者陈襄生平，见《宋史》卷三百二十一本传，"神宗立，奉使契丹，以设席小异于常，不即坐。契丹移檄疆

——————————

①　关于宋人使辽语录可参考傅乐焕《宋人使辽语录行程考》，也收入《辽史丛考》。

②　《宋史》卷四百四十一《路振传》。

吏，坐出知明州"。其出使所上语录，载于本人文集《古灵集》后，此外有《辽海丛书》单行本。

《熙宁使虏图抄》《乙卯入国别录》　作者沈括是北宋著名政治家、学者，其生平见《宋史》卷三百三十一本传。熙宁八年（1075 年），沈括奉命出使辽朝，商议疆界事，"在道图其山川险易迂直，风俗之纯庞，人情之向背，为《使契丹图抄》上之"。《熙宁使虏图抄》久已散佚，幸好在残存的《永乐大典》中（卷一万零八百七十七，中华书局刊本第一百零七册）保留了下来，所记辽境的地理路程，在现存各篇语录中最为详尽，对于研究辽代历史地理有很高的价值。此外也有关于辽朝境内各族状况的记载。《乙卯入国别录》主要记与辽朝官员争论疆界的经过，见于《长编》卷二百六十五。

《使辽录》　作者张舜民生平，见《宋史》卷三百四十七本传。元祐九年（1094 年）使辽，其所上《使辽录》见《契丹国志》卷二十五。

（3）宋使杂作　宋朝派往辽朝的使节，如苏颂、刘敞、苏辙等，在使辽期间及归来后，或作诗文，或上奏议，记叙辽朝情况，对于考订史实，很有用处。特别是苏辙，在使辽途中作有《奉使契丹二十八首》，其中《出山》《木叶山》《虏帐》数首，都谈到了契丹的风俗（《栾城集》卷十六）；回朝后所上《论北边事札子五首》，其中有关于辽、宋之间经济文化交流和辽朝政治、宗教等方面情况的报道（《栾城集》卷四十一），这些资料都是很有价值的。苏颂有前、后使辽诗，见《苏魏公集》。刘敞有使北诗，见《公是集》。

还应该提及的是余靖的《契丹官仪》一文。他曾"三使契丹，亦习外国语，尝为蕃语诗"[1]。宋朝使节能通契丹语者，可以说是凤毛麟角。余靖既通契丹语言，又能注意调查，搜集资料，他自己说："予自癸未至乙酉，三使其庭，凡接送馆伴使副、客省、宣徽，至于门阶户庭趋走卒吏，尽得款曲言语，虏中不相猜疑，故询胡人风俗，颇得其详。"《契丹官仪》就是根据调查所得写成的，虽则篇幅不多（约一千二百字），但所述辽朝官制和兵制，颇有其他资料所未曾言及者。此文收在余靖的文集《武溪集》卷十七。

---

[1] 《宋史》卷三百二十《余靖传》。

（4）宋代其他著作　由于北宋与辽之间关系十分密切，宋朝的许多官私文献中都有关于辽朝的记载，难以一一列举。读者可以参看上一章宋代史料。应该特别提到的是，《宋会要辑稿》蕃夷一、二"契丹"门，详细记录了北宋时期的宋、辽关系。此书的其他部分，也有一些零散的资料。李焘的《续资治通鉴长编》，以编年的形式记述北宋历朝史事，大量采录了宋朝所修国史、实录、会要等书中有关辽朝的记载。两者都是研究辽朝历史必不可少的基本资料。徐梦莘的《三朝北盟会编》，记述宋、金联盟灭辽经过，极为详尽，其抄引资料多为他处所未见，对于研究辽朝末期的历史，很有价值。宋代许多文集和笔记，也有不少有关辽朝历史的资料，需要认真收集整理。例如王易的《燕北录》，有关于契丹柴册仪、风俗、牌符制度、刑法等记载，都是很可贵的资料，可惜的是此书早已散佚不全，目前能看到的只是一部分（商务印书馆《说郛》本）。沈括《梦溪笔谈》、范镇《东斋记事》中的一些有关记载，历来也是受到研究者重视的。

（五）《高丽史》一百三十九卷　朝鲜李朝郑麟趾撰。包括世家四十六卷，志三十九卷，表二卷，传五十卷，目录二卷，成书于李朝文宗元年（明景泰二年，1451年）。

《高丽史》记述朝鲜历史上高丽王氏王朝的事迹。高丽王氏王朝起自918年，亡于1392年，大体与我国宋辽金元时期相当。辽朝与高丽王氏王朝是境土相接的邻邦，彼此之间有密切的关系。《高丽史》中记载了不少有关辽朝的事迹，特别是辽与高丽交往的史实。有些可补我国文献之不足，有的可以互相印证。因此，在研究辽史时，《高丽史》也是必不可少的资料。此书有朝鲜平壤1957年刊本。

（六）遗事遗文辑录　后代学者鉴于《辽史》的简略和辽代史料的缺乏，多方搜求，作了不少辽代遗事遗文的辑录工作，对辽史研究很有帮助。这种工作可以分成两类，一类是关于辽代史实的辑补，一类是辽人著作的辑佚。

属于前一类的有清人厉鹗的《辽史拾遗》和杨复吉的《辽史拾遗补》。

《辽史拾遗》二十四卷　采集各种书籍三百余种，对《辽史》的纪、志、列传，分别加以补充；对其记载有错误的，并作分析考证。后来杨复吉又采集厉鹗未见诸书（如《旧五代史》）再加补充，作《辽史拾遗补》五卷。两书有苏州书局合刻本，对于研究辽史有重要参考价值。

　　属于后一类的著作，先有著名目录学家缪荃孙的《辽文存》六卷，王仁俊《辽文萃》七卷系补缪书而作。继之又有黄任恒《辽文补录》一卷，黄氏未见王书，二者往往互见。罗福颐又拾三家之遗，成《辽文续拾》二卷。后来，陈述在前人基础之上，辑成《辽文汇》十二卷。《辽文汇》最后出，所以能博采众家之长，收录最为完备，特别是据拓本著录了不少辽代碑刻文字，是珍贵的原始资料。该书先由中国科学院于1953年出版，经过修改补充又于1982年以《全辽文》的名称由中华书局出版。它的缺点是校勘不严，错字甚多。向南《辽代石刻文编》（河北教育出版社1995年出版）和盖之庸《内蒙古辽代石刻文研究》（内蒙古大学出版社2002年出版）也是辽代汉文墓志集大成的书。王晶辰主编的《辽宁碑志》（辽宁人民出版社2002年出版）著录了辽宁出土的全部辽代汉文墓志。梅宁华主编的《北京辽金史迹图志》（上、下）（北京燕山出版社2003年、2004年出版）著录了北京地区出土的辽、金两代汉文碑刻。

　　（七）考古资料　近代以来，对辽朝遗址进行了考古发掘工作。解放以前，日本人在东北对辽庆陵进行过发掘，发现了壁画、哀册及其他文物，田村实造等编有《庆陵》专题报告，日本京都大学文学部出版，两卷本，内容相当丰富。解放以后，考古工作者对辽中京遗址进行考察，对吉林库伦辽墓进行发掘，其他地区也陆续有辽代墓葬发现。通过这些工作，出土了许多汉文和契丹文的墓志，表现辽朝境内契丹人、汉人生活的壁画，以及富有契丹民族特色和作为各族文化交流见证的文物等等。这些考古资料，或可补充文献资料的不足，或可印证史籍记载之正误，都是很有价值的。介绍有关辽代的考古发掘情况比较分散，可以参考《新中国的考古收获》和《文物考古工作三十年》《新中国考古五十年》，以此作为索引，进一步查考有关的报告或论文。新发现的辽代墓志、墓碑，还有不少未正式刊印，只在某些文章中有所介绍，也要随时留意搜集。例如，辽宁北票出土的耶律仁先墓志，记载了武清李宜儿起义的情况；辽宁喀喇沁左翼蒙古族自治县发现的《□奉殷墓志》，虽已残缺不全，但仍保存了有关辽代人口掠夺和买卖的资料。

　　辽代先后行用过契丹大、小字。契丹大、小字的文物文献，近年陆续出土，其中以帝后哀册和墓志等较为重要。近半个世纪以来，中外学者为解读契丹文作出了很多努力，近年我国学术界在这方面的研究工作已经有较大进展，汇辑契丹小字的书有清格尔泰、刘凤翥等人的《契丹小字研究》（中国社会科学出版社1985年出版）。已发表的单篇契丹小字资料有《契丹仁先墓志》《耶律宗教墓志》《耶律智先墓志》《耶律奴墓志》《耶律迪烈墓志》《韩敌烈墓志铭》《皇太叔祖哀册》《耶律（韩）高十墓志》《宋魏国妃墓志》《耶律弘用墓志》《永清公主墓志》等。刘凤翥《契丹大字六十年之研究》（香港中文大学《中国文化研究所学报》1998年新第7期）著录了契丹大字《耶律延宁墓志》《北大王墓志》《萧孝忠墓志》《萧袍鲁墓志》《耶律习涅墓志》及金大定十年的《李爱郎君墓志》等。由于契丹大、小字解读水平的不断提高，使得这些契丹文字的哀册、墓志成了研究辽史的又一重要史料库。许多辽代历史人物的关系更加清晰，许多历史隐秘，如辽代"一国两号"的问题，辽代汉臣起契丹语名字的问题等也被揭示出来。

（八）《宋史》和《金史》　宋朝和辽朝长期并存，金朝取代辽朝而起，所以《宋史》和《金史》中都有大量关于辽朝各方面情况的记载，不少地方可以补《辽史》之不足。元末同时修辽、宋、金三史，但各史依据的资料各不相同，修成后又没有统一加工修改，所以《辽史》和《金史》《宋史》之间互相抵牾之处甚多，需要认真加以考辨。

第二节　金史史料

（一）《金史》一百三十五卷　元脱脱等奉敕撰。包括本纪十九卷，志三十九卷，表四卷，列传七十三卷。全书近一百万字。它是研究金代历史最基本、最重要的资料。

《金史》与《宋史》《辽史》于至正三年四月同时开修，至次年十一月修成，历时一年零八个月，费时比《辽史》长而比《宋史》短。三史总裁官相同，分撰《金史》的是沙剌班、王理、伯颜、费著、赵时敏、商企翁等六人。历来的评论，都认为三史之中，以《金史》的质量较好。如赵翼说："《金史》叙事最详核，文笔亦极老洁，迥出宋、元二史之上。"① 《四

---

① 赵翼：《廿二史札记》卷二十七《金史》。

中国古代史史料学

库全书总目提要》说《金史》"首尾完密，条例整齐，约而不疏，赡而不芜，在三史之中，独为最善。"①《金史》之所以修得较好，主要原因是在正式修史以前，已经有不少人先后作过大量的工作，提供了较好的基础。《四库总目提要》就说："元人之于此书，经营已久，与宋、辽二史取办仓卒者不同。"

金朝统治者重视文化②，金代的修史制度也远较辽代健全。有记注院，掌修起居注；秘书监所属有著作局，掌修日历；还有国史院，掌修实录和国史。金代官修的各类史书中，以实录的编修最为完备，从太祖阿骨打以下至宣宗诸帝，均有实录，只有卫绍王和哀宗未修成③。除此之外，还有记载金朝先世的《先朝实录》（一作《祖宗实录》）三卷。世宗生父睿宗、章宗生父显宗（生前未为帝，后追加尊号）也都有实录。实录之外，还修有国史，包括历代皇帝本纪和功臣列传等。

金宣宗南迁时，将实录等文献资料带到汴京。金朝亡国之时，由于张柔、王鹗等人的努力抢救，部分文献得以保存下来。张柔是依附于蒙古政权的地方军阀，参与蒙古军攻打汴京的战争。汴京陷落时，"柔于金帛一无所取，独入史馆，取金实录并秘府图书"。到忽必烈中统二年（1261 年），他"以金实录献诸朝"④。这批宝贵的资料一直保存在元朝的史馆内⑤。王鹗是金正大元年的状元，在蔡州陷落时被俘，得到张柔的解救，成为后者的座上客。他以金朝遗老自居，十分注意搜集有关史料。忽必烈即帝位前，大事招徕汉族士大夫，为自己出谋划策，王鹗也在其列；即帝位时，授王鹗为翰林学士承旨。王鹗向忽必烈建议："自古帝王得失兴废，班班可考者，以有史在。我国家以威武定四方，天戈所临，罔不臣属，皆太祖庙谟雄断所致。若不乘时纪录，窃恐岁久渐至遗忘。金实录尚存，善政颇多；辽史散逸，尤为未备。宁可亡人之国，不可亡人之史。若史馆不立，后世亦不知有今日。"忽必烈听从了他的意见，"命国史附修辽、金二史"⑥。元朝修史制度的建立，王鹗是起了作用的。

---

① 《四库总目提要》卷四十六《史部·正史类二》。

② 参看赵翼《廿二史札记》卷二十八《金代文物远胜辽元》。

③ 苏天爵：《三史质疑》，《滋溪文稿》卷二十五。

④ 《元史》卷一百四十七《张柔传》。

⑤ 苏天爵：《三史质疑》说："当时已阙太宗、熙宗实录。"

⑥ 《国朝名臣事略》卷十二《内翰王文康公》。

金卫绍王一朝没有实录，现在《金史》的《卫绍王本纪》的材料，全是王鹗在中统三年搜集的①。他还拟定了金史的体例，把修史事交托给王恽，并要王恽特别注意向金朝的遗臣采访史实②。张柔、王鹗二人对于保存金代文献作出了特殊的贡献，所以，在《进〈金史〉表》中特别提到他们二人的名字："张柔归金史于其先，王鹗辑金事于其后。"

此外，金、元之际还有两个人，也留心搜集有金一代文献。一是刘祁，先世累代在金朝做官，他从小随祖、父在任所，后来成了太学生，有机会听到和见到很多事情。汴京陷落时，他正在城内，亲身经历了这次战争。后来，一度隐居家乡，作《归潜志》，保存了许多金末史料（见下），《金史》不少地方即以此为本③。另一是元好问，金、元之际最著名的诗人、文学家。金末曾任行尚书省左司员外郎。金亡不仕，以为"国亡史作，已所当任"。他曾向张柔提出，准备以张保存的金朝实录为基础，编纂金史，但因为旁人阻挠，未能实行。于是，"构亭于家，著述其上，因名曰野史，凡金源君臣遗言往行，采摭所闻，有所得辄以寸纸细字为记录，至百余万言"，著有《遗山文集》《中州集》（均见下）及《壬辰杂编》（今已佚）④。他的著作对于金史的编纂也起了不少作用。《金史》的编者曾说："刘京叔《归潜志》与元裕之《壬辰杂编》二书，虽微有异同，而金末丧乱之事，犹有足征者焉。"⑤

元末修《金史》，既有实录和国史作依据⑥，又有王鹗等搜集的资料，还有刘祁、元好问等人的著作可供参证。此外，金代政书《大金集礼》等书也都存在。它所依据的资料远比《辽史》丰富，而且经过一定的加工整理，编纂者易于着手。所以《四库总目提要》说，金代"制度典章，彬彬为盛，征文考献，具有所资"，而"相承纂述，复不乏人"。

《金史》编成后多次刊行。元代初刻本今存八十卷，此外有元覆刻本，明南、北监本，清殿本等。解放前商务印书馆的百衲本《金史》，是

---

① 《金史》卷十三《卫绍王纪》赞。
② 王恽：《玉堂嘉话》卷一、卷八，收入《秋涧先生大全集》卷末。
③ 例如，卷一百一十一《完颜讹可传》就直接引用了刘祁的话。
④ 《金史》卷一百二十六《元好问传》。壬辰为金哀宗天兴元年（1232 年），这一年蒙古军攻汴京，哀宗出逃，两年后金亡。《杂编》所记，应即此时之事。
⑤ 《金史》卷一百一十五《完颜奴申传》赞。
⑥ 苏天爵：《三史质疑》。

以元刊本为主影印的。1975年中华书局出版的点校本《金史》，以百衲本为底本，吸收了前人校勘的成果，是目前最好的一个版本。

清代学者虽然对《金史》评价较高，但也指出其中存在不少缺点，如自相矛盾、内容重复、史实错误等，顾炎武、钱大昕、赵翼等人都有所论列。杭世骏等人还对《金史》作过考订。在这方面施国祁的成绩最为显著。他本是布店掌柜，用了二十多年的功夫，读《金史》十余遍，写成《金史详校》十卷。他用《金史》各种版本互校，也用其他书校《金史》，订正了不少版本和史实的错误，既有校，也有注。《金史详校》是读《金史》时必备的参考书。常见有光绪六年会稽章氏刻本。

（二）《大金国志》四十卷　　内纪二十六卷，开国功臣传一卷，文学翰苑传二卷，杂录三卷，杂载制度七卷，许亢宗奉使行程录一卷。这是《金史》之外唯一一部系统的金史。

《大金国志》题淮西归正人宇文懋昭撰，并载有宋理宗端平元年（1234年）进书表一通。据此，它应是一个从金朝统治地区投奔到南宋的人在金亡那一年写成的书。后人从此书对宋、金、元的不同称谓，所叙事实及所转录的书（如《中州集》）等方面，怀疑它是伪作①。所谓"伪"，如果就书的某些内容与作者身份及所载成书年代不相符合而言，是可以成立的。但是，这并不等于说它的内容都靠不住。元代苏天爵提到《大金国志》和《契丹国志》，可知至迟在元代中期已经成书。他认为两书都"不及见国史，其说多得于传闻"②。可见《大金国志》的记载和以国史为资料来源的《金史》有所不同，这正是它的可贵之处。清代李慈铭说《大金国志》一书"是宋元间人钞撮诸记载，间以野闻里说"，是比较近于事实的。李慈铭进一步还说此书"多荒谬无稽，复沓冗俗，而亦时有遗闻佚事，为史所未及"③，未免有些过分。此书所抄撮的宋元诸记载，有的尚可考出，有的早已散佚，幸赖此书得以保存，其价值是不言而喻的。其中记事固有错误之处，但大部分或可与他书相印证，或可补他书之不足，是不能称之为"荒谬无稽"的。总之，这部成书在《金史》之前的历史著作，对于研究金史来说，仍是必不可少的基本史料。

---

① 《四库总目提要》卷五十《史部·别史类·"大金国志"》。
② 《三史质疑》。
③ 见余嘉锡《四库提要辨证》卷五《史部三·"大金国志"》所引。

该书常见的有扫叶山房刊本及商务印书馆 1936 年排印本。中华书局在 1986 年出版了崔文印的《大金国志校证》，刘浦江在《再论〈大金国志〉的真伪——兼评〈大金国志校证〉》一文中，对此书的校证工作有所批评①。

（三）金人著作　金代文化号称兴盛，见于著录的金人著作为数相当可观，如各种文集即有七八十种之多②。但目前保存下来的为数寥寥。下面分别作简略的介绍。

《大金吊伐录》　金人编辑的一部金宋关系文书汇编，编者佚名。"其书纪金太祖、太宗用兵克宋之事，故以'吊伐'命名。盖荟萃故府之案籍编次成帙者也。"③ 共收录金、宋之间往来国书、誓诏，以及有关金宋关系的册表、文状、指挥、牒檄等文书共一百六十一篇，起自金太祖天辅七年（宋徽宗宣和五年，1123 年）宋金交割燕云，迄于金太宗天会五年（宋高宗建炎元年，1127 年）金立刘豫伪齐，宋高宗南渡。所有文书均按年月顺次编排。书末附金降封昏德公（宋徽宗）、重昏公（宋钦宗）、海滨王（辽天祚帝）诏书及他们所上的谢表。一百六十一篇文书中，见于《三朝北盟会编》的有四十九篇，详略互异，有些以《吊伐录》所载更为真实。例如秦桧在金天会五年（1127 年）二月向金人进乞立赵氏状，《吊伐录》卷三所载凡二百二十余字，与《三朝北盟会编》卷八十所载无一句相同（《宋史》卷四百七十三《秦桧传》与《会编》同）。显然，《吊伐录》所载系原文，《会编》所载是秦桧自金朝返宋后另行撰写的文字④。因此，在研究宋、金关系史时，此书是值得重视的。此书《四库全书》本自《永乐大典》抄出，分四卷。《守山阁丛书》所载即为《四库全书》本。《四部丛刊三编》影印钱曾述古堂钞本，分上下二卷。

《大金集礼》四十卷　金章宗明昌六年（1195 年）礼部尚书张暐等所进，包括尊号、册谥、祠祀、朝会、燕飨、仪仗、舆服等门，分类排纂。《金史》卷二十八《礼志》序说："故书之存，仅《集礼》若干卷，其藏史馆者，又残缺弗完，姑掇其郊社、宗庙、诸神祀、朝觐、会同等

①　《文献》1990 年第 3 期。
②　见《辽金元艺文志》中《金艺文志》部分。
③　《四库总目提要》卷五十一《史部·杂史类·"大金吊伐录"》。
④　《四库提要辨证》卷五《史部三·"大金吊伐录"》。

中国古代史史料学

仪而为书，若夫凶礼则略焉。"这里所说的"《集礼》"即该书，元修《金史》的《礼志》《仪卫志》《舆服志》等，均以该书为蓝本。但《金史》上述诸志引文颇有脱漏、讹误，故该书可补诸志之阙。《四库总目提要》说："数金源之掌故者，此为总汇矣。"① 此书有光绪二十一年广雅书局本。有商务印书馆 1936 年《丛书集成初编》本。

《拙轩集》六卷　王寂撰。王寂金进士，世宗、章宗时历县令、刺史等职，官至中都路转运使。著有《拙轩集》《北迁录》等书。《北迁录》已佚，《拙轩集》也已散佚，清代修《四库全书》从《永乐大典》中辑出。常见有《武英殿聚珍版丛书》本。中华书局 1985 年《丛书集成初编》本。王寂屡任地方官，所到之处甚多，其诗文颇可供研究金史参考之用，如卷五的《瑞葵堂记》，讲官兵扰民情况，可以看出金代政治之腐败。

《辽东行部志》一卷　王寂撰。王寂在明昌元年（1190 年）提点辽东路刑狱，出巡各地，写成此篇。以诗文为主，但所经之地，均记历史沿革，可资考证。此篇未收入《拙轩集》，常见为《藕香零拾》本。张博泉作《辽东行部志注释》（黑龙江人民出版社 1984 年版）。贾敬颜作《王寂〈辽东行部志〉疏证稿》，收在《五代宋金元人边疆行记十三种疏证稿》（中华书局 2004 年版）内。

《鸭江行部志》一卷　王寂撰。王寂在明昌二年（1191 年）"有鸭绿江之行"，此文记沿途见闻，可资考证。只有抄本传世，藏国家图书馆。罗继祖、张博泉作《鸭江行部志注释》（黑龙江人民出版社 1984 年版）。贾敬颜作《王寂〈鸭江行部志〉疏证稿》，收在《五代宋金元人边疆行记十三种疏证稿》内。

《闲闲老人滏水文集》二十卷　赵秉文撰。赵秉文是金代后期著名文学家，闲闲老人是他的号，历任礼部尚书、翰林学士等职，金末有不少重要文告都出自他的手笔。文集二十卷中诗九卷，文十一卷。文中有国书、诏书、表、谥议、哀册和碑文，可以参证金朝史事。他的诗篇也有不少反映当时政治、社会状况的作品，如卷三的《春水行》《扈从行》，记述了金朝皇帝的春水秋山制度，历来为研究者所珍视。常见有《四部

_____

① 《四库总目提要》卷八十二《史部·政书类·"大金集礼"》。

丛刊》本。上海商务印书馆 1937 年（《国学基本丛书》）附补遗。

《滹南遗老集》四十五卷　王若虚撰。作者在金末曾任刺史、直学士等官，金亡后回乡。王若虚对经学、史学、文学都有较深的研究，文集中占主要部分的是经学和史学、文学等方面的读书札记，碑文和其他文字只占五卷，其中也有一些可作史料，如关于太一道的记载，就是很有用的。常见有《四部丛刊》本。中华书局 1985 年《丛书集成初编》本。《滹南遗老集校注》胡传志、李定乾校注，辽海出版社 2005 年。

《黄华集》八卷　王庭筠撰。王庭筠是金代中期最有名望的文学家和书画家，其文集早已散佚。金毓黻从各书中辑得不少遗文，编成此集，前四卷为王庭筠自作，后四卷为其他资料。现存金人文集为数极少，此集编成是颇有用处的。有《辽海丛书》本。

《明秀集》六卷　现存三卷，蔡松年撰。蔡松年是金代后期政治家、文学家。此集全是词，可供考证人物、史事之用。有《石莲盦汇刻九金人集》本。

《二妙集》八卷　段克己、段成己兄弟二人的诗集。二人由金入元，“成己登正大进士第，主宜阳簿。及内附，朝廷特举平阳提举学校官，不起。而克己终隐于家。一时诸侯大夫士皆尊师之”①。《二妙集》全部是诗词，可供考订史事、人物时参考。有《石莲盦汇刻九金人集》本。

《中州集》十卷，附《中州乐府》一卷　元好问编纂。《中州集》是金代诗歌选集，共收诗一千九百八十余首，作者二百四十余人。《中州乐府》收词一百一十五首，作者三十六人。元好问编定此集在金哀宗天兴二年（1233 年），当时汴京已经陷落，元好问被蒙古政权北迁至聊城羁管。他在序中说：“念百余年以来，诗人为多。苦心之士，积日力之久，故其诗往往可传，兵火散亡，计所存者才什一耳。不总萃之，则将遂湮灭而无闻，为可惜也。乃记忆前辈及交游诸人之诗，随即录之。”他为每一作者写一小传，并有一传附见数人或附载其他文字的。可见，元好问编《中州集》的目的，在于以诗传史，保存金代的文献、史实，这和他立志撰修金史的意图是一致的。《中州集》中有不少诗歌，描写统治阶级剥削的残酷，劳动人民生活的困苦，都是关于当时社会状况的珍贵资料。

---

①　虞集：《河东段氏世德碑铭》。

无论对于研究金代历史或是金代文学来说，《中州集》都是一部必不可少的著作。有《四部丛刊》本，1959 年中华书局上海编辑所将此书标点出版。

（四）宋人著作

《三朝北盟会编》 上一章中已经介绍《会编》为宋金关系的资料汇编，当然也是研究金朝（主要是金代前期）历史的重要资料。其中有不少金朝文书和关于女真历史的记载，非常珍贵，如书中所收宋金往来国书（有些为《大金吊伐录》所未载）、金太祖实录、《神麓记》《金虏节要》《金虏图经》《正隆事迹》《金国文具录》《金国闻见录》《金国部曲族帐录》等。此书卷三还有一段五千余字未标明出处的关于女真状况的记事，材料多为他书所未载，很可能出自李焘的《四系录》。

《建炎以来系年要录》 关于此书情况在上一章中已有介绍。书中所引有关金朝的材料，虽不及《三朝北盟会编》丰富，但也可供参考。

《宣和乙巳奉使行程录》 原题许亢宗撰，应为钟邦直撰。宣和七年（1125 年），宋朝派遣许亢宗为使，贺金太宗登极，钟邦直为管押礼物官。这是辽朝灭亡后宋朝派往金朝的第一位使节。许亢宗一行经过燕京，到金的上京会宁府。《奉使行程录》记此行的里程和见闻，其中有关燕京和上京以及女真族习俗的记载，都是很有价值的。原载《三朝北盟会编》卷十七、卷二十，及《大金国志》卷四十，均有脱漏舛错，陈乐素曾作校补①。贾敬颜作有《〈许亢宗行程录〉疏证稿》，收在《五代宋金元人边疆行记十三种疏证稿》内。《全宋笔记》第四编，大象出版社，2008 年。

《松漠纪闻》一卷，续一卷 洪皓撰。洪皓于建炎三年（1129 年）使金，金人迫使仕伪齐，不从，被扣留十五年，先在上京附近之冷山，后在燕京。《松漠纪闻》记述金朝杂事。洪皓被金朝扣留时，随笔纂录；回宋时惧为金人搜获，全部烧毁；回宋后重新追记，写成此书。洪皓在金统治区生活了很长时间，所了解的情况当然要比南宋方面其他人来得多。但是，他在金朝是被拘留的，书中所记，主要是得之于传闻，其中有些资料很有价值，另一些则不免有失真之处。总的来说，对金朝前期

---

① 见陈乐素《三朝北盟会编考》，《历史语言研究所集刊》第六本第三、第四部分。

历史，是有参考价值的。《四库总目提要》说："盖以其身在金庭，故所纪虽真赝相参，究非凿空妄说比也。"① 这个评价大体是公允的。通行有同治泾县洪氏三瑞堂刊本。有翟立伟标注本，吉林文史出版社，1986年。《全宋笔记》第三编，大象出版社，2008年。

《北行日录》二卷 楼钥撰。楼钥于乾道五年（1169年）出使金朝，此书记出使经过，采用日记形式。他的文集《攻媿集》最后两卷，即《北行日录》。另见《知不足斋丛书》。《全宋笔记》第六编，大象出版社，2013年。

《揽辔录》一卷 范成大撰。范成大于孝宗乾道六年（1170年）出使金朝，此书即以日记形式记录此行经过。有《知不足斋丛书》本。此外，在范成大的诗集《石湖集》（有《四部丛刊》本）中，卷十二所收全都是这次出使的纪行诗，可与《揽辔录》对照。《全宋笔记》第五编，大象出版社，2012年。

《北辕录》一卷 周煇撰。孝宗淳熙四年（1177年），周煇随张子政（一作正）出使金朝，此书为随行日录，常见有《历代小史》本（收在《景印元明善本丛书》中）。周煇的笔记《清波杂志》（有《四部丛刊》和《全宋笔记》第五编本）也有关于金朝的记载，可以参看。《全宋笔记》第五编。

以上三种行录的内容，都是作者亲身的见闻。所述金朝的政治、经济以及社会生活各个方面的情况，都很有价值。例如，关于金中都燕山府建造和规模的记载，历来为北京史研究者所重视；有关金朝金银牌的记载，可与考古发现相印证。三种之中，以《北行日录》最为详尽，其他两种较简单。

除了上述著作之外，南宋人的文集、笔记、别史等作品中往往都有关于金朝历史状况的记载。宋、金南北对峙，对金关系问题是南宋政治生活中的大事，也影响到经济、文化等各个方面，所以很多著作中都有这方面的资料。可参看上一章有关部分，这里不再一一列举。

（五）由金入元诸家著作

《归潜志》十四卷 刘祁撰。刘祁简历，前面已有叙述。此书卷一至

① 《四库总目提要》卷五十一《史部·杂史类·"松漠纪闻"》。

卷六为当时官僚士大夫的小传；卷七至卷十记时人逸事和时政得失，特别是卷七、卷八记载了宣宗南迁后金朝的种种弊政；卷十一、卷十二记蒙古围汴京、崔立投降事，内《辨亡》一篇提出了他对金朝由盛转衰原因的分析；卷十三、卷十四为杂志、杂感等。此书所记很多是刘祁本人的见闻，是第一手的资料，历来受到人们重视，对于研究金朝特别是金朝后期历史有重要价值。《金史》不少地方即采用了此书的资料。常见有《知不足斋丛书》本。1983 年中华书局出版了崔文印的点校本。

《汝南遗事》四卷　王鹗撰。该书记作者随金哀宗在蔡州围城中事，为纲目体，共一百零七条，按时间排列，始于天兴二年（1233 年）六月金哀宗入蔡州，止于次年正月初五（四天之后，蔡州即为宋、蒙联军攻陷，金亡）。王鹗有意保存这一段史实，在蔡州围城时即已起草了该书的"目录"（提纲）；金亡后，又"承都元帅（应是张柔——引者）之命"，"惟大中书（应是耶律楚材——引者）之言"，以亲身见闻撰成此书，以备"他日为史官所采择"。它是金王朝灭亡情况的真实记录。有《指海》及《畿辅丛书》本。

《庄靖集》十卷　李俊民撰。李俊民曾中金进士第一名，授应奉翰林文字。不久弃官不仕，教授乡里，金亡后隐居。忽必烈即帝位前，曾"以安车召之，延访无虚日"①。此集分赋、诗、乐府七卷，文三卷。文中颇多可供考史之用，如《题登科记后》（卷八）、《泽州图记》（卷八）等。常见有《石莲盦汇刻九金人集》本。马甫平点校本，山西古籍出版社，2006 年。

《续夷坚志》四卷　元好问撰。此书"所记皆金泰和、贞祐间神怪之事"②，但透过神怪的迷雾，可以看出当时社会生活各个方面的状况，不少记载是很有价值的。有《石莲盦汇刻九金人集》本。1986 年，中华书局出版了此书的点校本。常振国点校。1999 年，山西古籍出版社出版了李正民的《续夷坚志评注》。

《遗山先生文集》四十卷　元好问撰。自金朝灭亡以后，"故老皆尽，好问蔚为一代宗工，四方碑板、铭、志，尽趋其门"③。四十卷中，碑铭

---

① 《元史》卷一百五十八《李俊民传》。
② 《四库总目提要》卷一百四十四《子部·"续夷坚志"》。
③ 《金史》卷一百二十六《元好问传》。

表志碣占了十六卷，保存了有金一代和金、元之际的大量历史资料。诗十五卷，有不少反映社会现实的篇章，如《癸巳五月三日北渡三首》，记金朝灭亡时人民的悲惨遭遇，历来为人们所传诵。其他十四卷为记、序、引、书等，也有不少有价值的史料，如《癸巳岁寄中书耶律公书》，反映了他自己以及汉族士大夫在金朝灭亡时的思想动向。在研究金史时，《遗山先生文集》是必须认真阅读的。常见有《四部丛刊》本。商务印书馆1937年《万有文库》本。1990年，山西人民出版社出版了姚奠中主编的《元好问全集》。2004年，山西古籍出版社出版了李正民增订、姚奠中主编的《元好问全集》。此外，施国祁曾为元好问诗作笺注，成《元遗山诗集笺注》十五卷，对于理解其诗歌背景、含义很有帮助。1958年人民文学出版社排印出版。

《湛然居士文集》十四卷　耶律楚材撰。耶律楚材祖、父均在金朝做官，他自己则在燕京陷落后归附蒙古，受到成吉思汗、窝阔台汗的信用，在当时政治生活中起着重要作用。《湛然居士文集》以诗为多，文只占很小部分，写作时间大都在金亡之后。其中涉及金朝史事者甚少，但如《怀古一百韵寄张敏之》（卷十二）所述辽、金以及西辽历史，若干碑铭、序、记，述及金代宗教情况，都可供参证。常见有《四部丛刊》本。1986年，中华书局出版了谢方的点校本。

除了上述几种作品之外，元人（主要是由金入元的北方作者）的文集中还有不少金代史料，比较分散，需要认真搜集。例如，王恽的《秋涧先生大全集》中，不少碑、记都涉及金代史实，特别是宗教和金末战乱的情况。文集最后一部分为《玉堂嘉话》，记录了若干金朝文献和史实，对于研究金史是很有用处的。此书有《四部丛刊》本。耶律铸《双溪醉隐集》八卷，有《辽海丛书》本。耶律铸是耶律楚材的儿子，"其家在金、元之间，累世贵显，谙习朝廷旧闻，集中如《琼林园》《龙和宫》诸赋，叙述海陵、章宗轶事及宫室制度，多《金史》所未及。"[1] 郝经《陵川文集》三十九卷，有明正德刊本（见《北京图书馆古籍珍本丛刊》）。郝经是元好问的学生，后为忽必烈的谋士，他所写的碑铭、记、序中有不少金朝的历史资料，诗篇如《三峰山行》《青城行》《汝南行》

---

[1]　《四库总目提要》卷一百六十六《集部·别集类·"双溪醉隐集"》。

和《金源十节士歌》等（均见卷十一）都可供考证金末史事之用。此外，如《紫山大全集》（胡祗遹著，《三怡堂丛书》本）、《静修文集》（刘因著，《四部丛刊》本）、《青崖集》（魏初著，《四库全书》本）、《滋溪文稿》（苏天爵著，中华书局点校本，陈高华、孟繁清点校，1997 年）等，对于研究金史也都是有用的。

（六）遗文辑录

《全金诗》七十四卷　清郭元钎康熙年间奉旨编。本集是在《中州集》基础上增补的，所收诗约六千首，作者近五百人。有康熙五十年刊本。近年出版的《全金诗》（薛瑞兆、郭明志编，南开大学出版社，1995 年版）、《全辽金诗》（阎凤梧、康金声主编、山西古籍出版社 1999 年版），都是在郭元钎《全金诗》基础上重编的。

《金文雅》十六卷　清庄仲方编。该书从文集、正史、《元文类》《玉堂嘉话》及几种地方志中辑出金人诗文，按赋、诗、诏令等文体分类编排。有光绪辛卯（十七年）江苏书局刊本。

《金文最》一百二十卷　清张金吾编。该书只收文不收诗。收罗范围远较《金文雅》为广，包括地方志、金石碑版、医书谱录、杂家小说、道藏佛藏、《高丽史》等，亦按文体编排。有粤雅堂本、广雅书局本，又有光绪乙未（二十一年）江苏书局六十卷本，删去了《金文雅》已著录诸篇。1990 年，中华书局出版的《金文最》，以粤雅堂本为底本，作了校勘、断句。是目前通行的版本。

（七）《高丽史》　《高丽史》中所录金人文书（如金朝诏书等）虽然已收入《金文最》中，但还有许多关于金丽关系及女真史事的重要材料，特别是关于女真早期情况的记载，是很宝贵的。

（八）考古发掘资料　解放以后，金代文物时有发现，可参考《新中国考古五十年》（文物出版社 1999 年版）。金朝的文献，总的来说是不很多的，考古发现有不少地方可补文献之不足。

女真初起时用契丹文和汉文，建立金朝后创制女真大、小字。现存女真字资料有碑刻、印章等，为数不多。由于女真语与满语之间有着血缘关系（满族即女真人后裔），人们对女真字的了解要比对契丹文多。通过对现存女真字资料的分析，有不少可以订正、补充《金史》，如猛安、谋克名和地名、人名、姓氏等。关于这方面的情况，可参看金光平、金启琮著《女真语言文字研究》（文物出版社 1980 年版）。

（九）《宋史》《辽史》和《元史》　元末同时修辽、宋、金三史，但互不照应，已如前述。研究金史，必须认真将《金史》与《辽史》《宋史》加以比较、参证，互相补充、校正。例如，《辽史》记阿骨打用铁州杨朴策，称帝建国，并求册封；《金史》则不载此事，列传亦无杨朴其人[1]。至于辽金战争和金宋关系，必须参阅各史，更是不言而喻的事。《元史》在明初修成，其中记事与《金史》不符或详略不同之处甚多[2]。研究金史，也有必要认真参考《元史》。

（十）工具书　陈述的《金史拾补五种》（科学出版社 1960 年版），包括《金史氏族表》《女真汉姓考》《金赐姓表》《金史同姓名表》《金史异名表》，是一本很有用的工具书。崔文印的《金史人名索引》（中华书局 1980 年版），为阅读、利用《金史》提供了方便。刘浦江编《二十世纪辽金史论著目录》（上海辞书出版社 2003 年版），搜罗范围包括八种文字的作品，最称完备。

第三节　西夏史史料

（一）宋、辽、金史的《夏国传》及有关的纪、志、列传　《宋史·夏国传》说，西夏设有翰林学士院，负责修实录。现存西夏文《天历年改定新律》第十章"司次行文门"，有史院一名[3]。史院与翰林学士院或即一事。元代虞集记载，斡道冲一家在西夏世代专掌国史[4]。凡此种种可以说明，西夏应与我国历史上其他封建王朝一样，设有纂修实录、国史的机构。可惜的是，西夏的实录和国史都没有流传下来。

现存的关于西夏历史比较系统、比较原始的记载，是宋、辽、金三史中的《夏国传》或《西夏传》。前面已经说过，三史虽然是同时纂修的，但是它们所依据的资料各不相同，三史的《夏国传》（《西夏传》）的情况也是一样。元朝修史诸人没有做什么统一工作。材料来源不一样，

---

① 《廿二史札记》卷二十七《辽、金二史各有疏漏处》。
② 《廿二史札记》卷二十九《金、元二史不符处》《金史当参观元史》。
③ 见黄振华《评苏联近三十年的西夏学研究》，《社会科学战线》1978 年第 2 期。
④ 《西夏相斡公画像赞》，《道园学古录》卷四。

角度不一样，叙事详略不一样，所以三者对于研究西夏历史都很有用处。三者之中，以《宋史·夏国传》最为详细（但详于北宋而略于南宋），这是因为宋国史有西夏传，而且元朝修史诸臣在考订西夏诸帝谥号、庙号、陵名时，还参照了《夏国枢要》（宋人作，今已佚）等书。《辽史》的《西夏传》最为简略，基本上是将本纪中的有关内容摘编而成。《金史·西夏传》主要依据是金历朝实录，卫绍王和哀宗朝无实录，所以这两朝的西夏史实也就失载。例如，《金史·西夏传》载，卫绍王大安三年（1211年）夏国王"安全薨，族子遵顼立"。接着又说："（遵顼）立在安全薨前一月，卫绍王无实录，不知其故。"遵顼在安全死前一月即自立为王，在《宋史·夏国传》中有明确记载。同书还载，金卫绍王在次年三月遣使册封遵顼为夏国主，而在《金史·西夏传》中反而失载了。《金史》又说，哀宗正大三年（1226年）七月夏国主"德旺死，嗣立者史失其名"。这里所说的"史"，应指金的实录或国史，其实《宋史》明白记载继德旺而立的是南平王睍。

宋、辽、金三史的《夏国传》（《西夏传》）的记事都是从本国的角度出发，记载西夏与各自国家的关系，概括起来，不外是和平时期的朝贡关系和冲突时期的战争情况。而对西夏国内的情况，特别是社会阶级结构、生产力水平等等方面，语焉不详，记载是很不完全的。

除《夏国传》（《西夏传》）之外，三史中的本纪、志、表、列传的有关部分，也有关于西夏的记载。以《宋史》的列传为例，太宗朝的曹光实、田仁朗、李继隆、石保兴、郑文宝、王德用诸传，都涉及西夏，因为这些人都曾处理过有关西夏的事务。其他各朝的列传，也可按这样的线索去寻找。《辽史》和《金史》的情况也一样。

（二）宋人著作

1. 宋代基本史料　上一章提出的八种宋代基本史料，除《宋史》已介绍外，其余七种都或多或少涉及西夏史事，需要认真阅读整理。特别是《长编》一书，所载西夏史料比较丰富，是研究西夏历史时必须重视的。

此外，《隆平集》卷二十有《夏国传》。《隆平集》成书较早，《夏国传》有关西夏习俗和制度的若干记载，不见于《宋史·夏国传》，而与《辽史·西夏传》相近，可供参证。王称《东都事略》卷一百二十七和一百二十八为《夏国传》，纪事终于靖康元年。叙事比较简略，但成书在《宋史》之前，也可供参考。

2. 宋人文集　北宋时期，与西夏的和战是当时政治生活中的一个重要内容，某些时候甚至可以说是牵动全局的中心问题。因此，这一时期的许多文集中都有关于西夏情况的记载，特别是一些直接或间接与处理西夏问题有关的官员们的文集，更是如此，如范仲淹的《范文正公集》、韩琦的《韩魏公集》（包括家传）、欧阳修的《欧阳文忠公集》、余靖的《武溪集》、司马光的《温国文正司马公文集》等。其他文集中也往往有西夏史料。

3. 宋人笔记　北宋人的笔记中有不少西夏史料，如沈括的《梦溪笔谈》、司马光的《涑水纪闻》、魏泰的《东轩笔录》、陈师道的《后山谈丛》等。宋人的文集、笔记数量很大，有关西夏的记载散见各处，有待汇集整理。

（三）金、元人著作　西夏与金朝并存达一百余年之久，与西夏的关系是金朝政治生活的一个重要方面。有关金朝的历史记载常有涉及西夏史事者，如《大金国志》《归潜志》等。其他金代的史料中间亦有西夏史料，如《闲闲老人滏水文集》就有金朝回答夏国的国书（卷十二）。

西夏为蒙古所灭，西夏后人在元代一般称为唐兀人或河西人，其中不少人在元朝做官。元代有的史籍和文集记载了西夏覆灭的过程，以及若干西夏后人在元朝的活动，如《元朝秘史》《国朝文类》《国朝名臣事略》和虞集《道园学古录》、程钜夫《雪楼集》、姚燧《牧庵集》等（关于这些著作的情况见下一章）。应该特别提到的还有《青阳文集》，作者余阙，本身是西夏后人，文集中有一篇《送归彦温赴河西廉访使序》（卷四），谈到他所了解的西夏人传统习俗以及后来的变化，是研究西夏社会的珍贵资料。

明初修成的《元史》，对于研究西夏后期的历史是很重要的资料。《太祖本纪》中有关蒙古攻灭西夏过程的记载，是值得特别重视的原始文献。列传部分有不少唐兀人的传记，其中如察罕、昔里钤部、高智耀、纳麟等传，对于研究西夏灭亡和唐兀人在元朝的活动，都是很有价值的。

（四）有关唐史、五代史诸书　西夏建国虽在元昊时，但早在唐末五代党项首领已成为西北地区一股封建割据势力。新、旧《唐书》和新、旧《五代史》都有《党项传》，记述了党项族在西北的活动。以上诸史的纪、志、表、传中也有不少有关党项的记载。此外，《通典》《册府元龟》《资治通鉴》等书中都有党项的资料，可和两《唐书》、两《五代史》的记载互相参证。

（五）西夏文文献 元昊建国后创制西夏文字，在境内通行。西夏亡国以后，有关文献资料几乎都被湮灭。20 世纪初，俄国科兹洛夫、英国斯坦因等在黑水城遗址（在今内蒙古额济纳旗境内）发现大批西夏文书及有关文物，以后在宁夏、甘肃等地陆续有所发现。现在已知的西夏文文献数量很大，按其不同性质大体可分为法律文书、社会文书、佛经、儒家经典（由汉文转译）、语言文字著作、诗歌谚语和碑刻等。其中佛经所占比重最大。

近年我国相继出版了《俄藏黑水城文献》（上海古籍出版社）、《英藏黑水城文献》（上海古籍出版社）、《中国国家图书馆藏西夏文献》（上海古籍出版社）、《中国藏西夏文献》（甘肃人民出版社、敦煌文艺出版社）《法藏敦煌西夏文文献》（上海古籍出版社）、《日本藏西夏文文献》（中华书局）等资料汇编。《俄藏黑水城文献》收录的是俄罗斯科学院圣彼得堡东方学研究所收藏的 20 世纪初科兹洛夫探险队从黑城猎取之物，以西夏文物居多。《英藏黑水城文献》收录的是英国国家图书馆收藏的斯坦因从黑城获取之物，亦以西夏文文献居多。《中国国家图书馆藏西夏文献》收录的西夏文献主要来源有二，一是宁夏灵武出土的西夏文献，一是原苏联政府捐赠给中国的科兹洛夫探险队所获部分西夏文献。《中国藏西夏文献》则收录了国内收藏的全部出土、发现、保存的西夏文文献。以上这些资料的刊布，为研究工作提供了极大的方便。

在各种西夏文文献中，法律文书对于研究西夏历史是最重要的资料。《天盛改旧新定律令》是一部仿唐、宋律令编纂的西夏法典，内容丰富，涉及社会生活的许多方面。前苏联学者克恰诺夫将它译成俄文，并和原文在 1988—1989 年同时刊布。我国学者史金波、聂鸿音、白滨将此译成汉文，以《西夏天盛律令》为名，列入《中国珍稀法律典籍集成》甲编第五册（科学出版社 1994 年版）。经过译者修订补充，以《天盛改旧新定律令》为名，又收入《中华传世法典丛书》（法律出版社 2000 年版）。社会文书包括户籍、账籍、契约、告牒、书信等，散见于以上所说各种文献汇编中。这些文书对于研究西夏社会有很重要的价值，这方面的研究尚有待加强。

（六）清人和近人著作 清代修西夏史的有十余家，但现存的只有张鉴的《西夏纪事本末》、吴广成的《西夏书事》、周春的《西夏书》等数种。《西夏纪事本末》三十六卷是一部纪事本末体史书，最早有道光十年（1830年）刊本，1998年甘肃文化出版社出版了龚世俊等的点校本。《西夏书事》四十二卷，是一部编年体史书，搜罗资料丰富，特别是关于西夏后期历史的记述，有不少不见于其他史籍，因此受到研究者的特别关注。但是此书编纂不够严谨，有些记载不注明出处，已发现其中有对宋、元史籍的误引，因而在使用时应慎重。此书初刻于道光五年（1825年），1935年北平文奎堂有影印本。1995年甘肃文化出版社出版了龚世俊等校证本。《西夏书》是一部纪传体史书，只有残抄本流传下来。2014年，中华书局出版了胡玉冰的《西夏书校补》（全四册），很有价值。

民国时期有戴锡章的《西夏纪》，作于1917年。此书为编年体，征引史料广泛，而且注明出处，便于核对。1988年宁夏人民出版社出版了罗矛昆点校本。中华人民共和国建立后，韩荫晟编成《党项与西夏资料汇编》一书，三卷九册，宁夏人民出版社2000年出版。此书征引文献三百五十余种，最称完备，而且做了大量文字校勘和史实考订等工作，便于使用。

（七）考古文物发现 20世纪初，外国探险家科兹洛夫、斯坦因等在黑水城遗址掠走大量西夏文献和文物，分别收藏在外国各博物馆中。中华人民共和国建立后，西夏文物考古工作有很多新的发现，取得了不少有价值的成果，其中影响较大的有西夏帝陵和黑水城遗址的发掘、甘肃武威地区两次西夏文献文物的发现等。已发表的西夏考古文物报告和研究著作主要有李范文《西夏陵墓出土残碑粹编》（文物出版社1984年版），陈炳应《西夏文物研究》（宁夏人民出版社1985年版），史金波、白滨、吴峰云《西夏文物》（文物出版社1988年版），韩小忙《西夏王陵》（甘肃文化出版社1995年版），马文宽、张连喜《宁夏灵武窑发掘报告》（中国大百科全书出版社1995年版），以及许成、杜玉冰《西夏陵——中国田野考古报告》（东方出版社1995年版）《西夏三号陵》（科学出版社2007年版）、《西夏六号陵》（科学出版社2013年版）等。传世的西夏文献比较贫乏，这些文物考古报告与研究著作的问世，对于西夏历史研究的深入，无疑是有重要作用的。

第八章　元史史料

第一节　概况

从 12 世纪末到 13 世纪初，蒙古族在北方草原兴起。1206 年，铁木真统一各部，建立大蒙古国，自号成吉思汗。此后不久，大蒙古国便积极对外发动战争，一面南下进攻金、夏，一面西出略取中亚西南亚等地。1227 年，灭西夏。1234 年，灭金，统一北方。紧接着又与南宋发生冲突，双方之间的战争断断续续进行了四五十年。1260 年，蒙古第五代大汗忽必烈即位，积极推行汉法，改国号为大元（1271 年）。1279 年，南宋灭亡，元朝统一了全国。元朝统治的时间不长，残酷的阶级压迫和民族压迫激起了各族人民的强烈反抗，统一以后不过七十年，便爆发了全国规模的农民战争。1368 年，元朝灭亡。蒙古统治者逃到北方草原上，仍然用元朝的名义发号施令，历史上称为北元。由于明朝的打击和蒙古贵族集团的内部矛盾，北元只延续了很短时间便灭亡了。

和其他封建王朝相比，元朝统治的时间不算长，就是从成吉思汗建立政权开始算起，也不过一百六十年的历史。但是，这一段历史的内容却是十分丰富多彩的。在这期间，我国出现了前所未有的大统一局面，各地区各民族之间的联系得到了空前的加强，也正是在这一时期，蒙古贵族发动西征，军锋遍及亚、欧许多地区，客观上促进了东西方的接触和中外的经济、文化交流，如此等等。这一时期的历史资料，也具有一些与前代不同的特点。

忽必烈及其以后的元朝诸帝，推行汉法，其中也包括采用中原封建王朝通常举行的修史制度，如编纂历朝实录和撰修后妃功臣列传以及各种政书等。这些都是用汉文撰写的，后来明初修《元史》，主要利用了这些资料。但是，早在大蒙古国时期，已经出现了用蒙文编写以记述统治者活动为主要内容的史书，称为"脱卜赤颜"（"历史"），这就是著名的《元朝秘史》①，它主要记录了成吉思汗和窝阔台汗两朝的事迹。后来的元朝历代皇帝继续纂修"脱卜赤颜"。元朝政府修实录和后妃功臣列传，通常由翰林国史院负责，主持者主要是汉族文臣，是公开进行的（编成后藏于内廷）。至于修"脱卜赤颜"，则由皇帝指定少数蒙古、色目大臣执笔，不是公开进行的②。这样以两种文字双重修史的制度，是元代特有的。从现有的一些材料来看，两者的内容并不是完全一致的。例如，《元史·太祖纪》的史源是《太祖实录》，它的记载和作为"脱卜赤颜"一部分的《元朝秘史》就有很多不同的地方。可惜的是，除了《元朝秘史》之外，其他诸朝的"脱卜赤颜"已不可复见。而历朝实录和后妃功臣列传原本也已散佚，只能从《元史》窥见其大概。

元代以蒙文大规模修史，这在我国史学发展上是一件大事。现在保存下来的《元朝秘史》③，其结构、叙事方式等等都和汉文史籍有很大不同。它提供了有关12、13世纪蒙古社会生活和统治集团内部矛盾斗争的珍贵原始资料，这些正是汉文史籍所缺乏的。可以想见，其他"脱卜赤颜"一定也有同样的情况。统一全国的封建王朝以兄弟民族文字修史，这在我国历史上是第一次，也是元代史料的一个特点。

和宋代相比，元代私家修史之风不盛，这是因为元朝实施民族歧视政策，国家重要事务通常都由蒙古、色目贵族决定，一般汉族文人对国家政治生活中发生的事件都不甚了了，根本无法得到有关的资料，当然也谈不上修史了。现存的几种别史，主要根据自己见闻写成，有一定史料价值。元代私家的诗文集为数颇多，约有三百余种，虽然比不上宋代，但还是相当可观的。诗文集中蕴藏着许多珍贵的资料，是元代史料的宝库，迄今尚未得到充分的利用。值得注意的是，诗文集作者从地域来说以南方人居多，从民族来说汉族占压倒的优势，从时间来说大部分生活

---

① 《元朝秘史》的蒙文名称是"忙豁仑·纽察·脱察安"，"忙豁仑"即"蒙古的"，"纽察"义为"秘密的"，"脱察安"是"脱卜赤颜"的异译。

② 元文宗时修《经世大典》，虞集"请以国书脱卜赤颜增修太祖以来事迹，承旨塔失海牙曰：'脱卜赤颜非可令外人传者。'遂皆已"。（《元史》卷一百八十一《虞集传》）"国书"指蒙文。同传还提到文宗贬黜其兄之子妥欢帖穆尔（即后来的元顺帝），曾"驿召翰林学士承旨阿邻帖木儿、奎章阁大学士忽都鲁笃弥实书其事于脱卜赤颜"。

③ 一般认为《元朝秘史》用蒙古畏兀儿文写成，但现在流传下来的只有汉字标音本，蒙文原本已佚，见本章第二节。

在元代中期以后，因此，诗文集中所反映的情况，也以元代中、后期江淮以南地区为主。关于北方的情况，记载并不很多。元代笔记的数量不多，作者的情况及其内容都和诗文集有相同之处。元代的方志现存的也很少，但一般体例比较谨严，内容丰富，具有较高的史料价值。元代有大量碑刻文字传世，迄今没有比较准确的统计，其中有的已收集成书，有的还只有拓片，总的来说，还没有得到认真的整理，当然更谈不到充分的利用。元代史料中富有特色的是行记，这与蒙古西征和元朝的统一是有密切关系的。行记中提供了有关边疆兄弟民族地区和其他国家的丰富资料，一直受到国内外研究者的重视。

元代，中外交往比起前代来有显著的发展，外国（不仅在邻近诸国，而且在遥远的西亚、非洲、欧洲等地）也出现了不少有关元朝情况的记载，有的为中国史料所无，有的可以互相参证。研究元史，必须重视其他各国的有关记载，这是元史史料不同于前代的又一特点。

第二节　基本史料

研究元代历史最重要的资料，要数《元史》《元朝秘史》《元典章》和《通制条格》等几部书。此外，官修的《经世大典》一书也具有较高价值，可惜的是原书已散佚，只保存下很少一部分。

（一）《元史》二百一十卷　宋濂等撰。明代初期官修的史书，二十四史的一种。元顺帝二十八年（1368 年），朱元璋称帝，建立明朝，年号洪武。同年，明军攻克大都，元朝灭亡。这一年的冬天，朱元璋就下令修《元史》，以文臣宋濂、王祎为总裁，从各地征起"山林遗逸之士"十六人为纂修。第二年二月，正式在南京天界寺置立史局，以元十三朝《实录》和《经世大典》等书为参考[1]。同年八月，完成了自元太祖到宁宗列朝史事的编纂工作，共一百五十九卷。顺帝一朝史事，因为缺少《实录》和其他资料，当时并未着手。宋濂等将已修成部分上进于朝，史

---

[1]　宋濂《吕氏采史目录序》（《宋文宪公全集》卷七）云，洪武元年十一月下诏，明年七月史成。同一作者在《目录后记》（《元史》卷末）中则云十二月下诏，明年二月开局，八月书成。《明太祖实录》卷三十九记，洪武二年二月"诏修《元史》"，但紧接着记载朱元璋对参与修史者的训谕。这些人来自四面八方，需要一段时间，故可知修史之议，必在此以前。

第八章　元史史料

309

局工作暂告一段落，同时便分遣使者十一人，遍行天下，"凡涉史事者悉上送官"。仅北平（明初改大都为北平，即后来的北京）一地所得的资料"以帙计者八十"，所拓碑文四百通；山东所得资料四十帙，所拓碑文一百通①。以各地征集的资料为依据，洪武三年（1370年）二月重开史局，宋濂、王祎仍为总裁，纂修人员除一人外，均系新从各处征调来的，共十五人。同年七月，将顺帝一朝史事纂成，共五十三卷。前后两次所纂共二百一十二卷。宋濂等"合前后二书，复厘分而附丽之，共成二百一十卷"②。实际上，《元史》中仍然保存了明显的两次纂修的痕迹。如"表"中"三公表""宰相年表"均分为两卷，后一卷专记顺帝一朝；"志"共十三门，其中五门（"五行""河渠""祭祀""百官""食货"）记录了顺帝一代制度，均另立卷；其余八门均无顺帝一代的记载。

　　《元史》成书仓促，纰漏甚多，历来受到学者们的讥议，"书始颁行，纷纷然已多窃议，迨后来递相考证，纰漏弥彰"③。著名学者顾炎武、钱大昕、朱彝尊、赵翼、魏源等都曾对它加以指摘。顾炎武指出《元史》中有一人两传的现象，"本纪有脱漏月者，列传有重书年者"，"诸志皆案牍之文，并无熔范"，等等④。朱彝尊说，《元史》一书"其文芜，其体散，其人重复"，"至于作佛事则本纪必书，游皇城入之《礼乐志》，皆乖谬之甚者"⑤。钱大昕是清代中期最渊博的学者，对元代历史下过很大功夫，他对《元史》深为不满，指出《元史》两次纂修综合起来不过三百三十一日，"古今史成之速，未有如《元史》者，而文之陋劣，亦无如《元史》者"。"开国功臣，首称四杰，而赤老温无传。尚主世胄，不过数家，而郓国亦无传。丞相见于表者五十有九人，而立传者不及其半。太祖诸弟止传其一，诸子亦传其一，太宗以后皇子无一人立传者。本纪或一事而再书，列传或一人而两传。宰相表或有姓无名，诸王表或有封号无人名。此义例之显然者。且纰漏若此，固无暇论其文之工拙矣"⑥。他

---

① 宋濂：《吕氏采史目录序》。
② 宋濂：《目录后记》。《明太祖实录》卷五十四。按，同一作者在《吕氏采史目录序》中云："修成续史四十八卷"，与其他各书所载不同，待考。
③ 《四库全书总目提要》卷四十六《史部·正史类二》。
④ 《日知录》卷二十六《元史》。
⑤ 《史馆上总裁第三书》，《曝书亭集》卷三十二。
⑥ 《潜研堂文集》卷十三《答问十》。

还指出《元史》"不谙地理"及其他种种疵病。魏源是近代中国的启蒙学者之一，晚年致力于元史研究。他说《元史》"疏舛四出，或开国元勋而无传，或一人而两传。顺帝一朝之事虽经采补，亦复不详。至其余诸志，刑法、食货、百官全同案牍。在诸史中，最为荒芜"①。此外，还有不少人也发表过类似的意见。总起来说，他们对《元史》的批评，一是认为不合修史的体例，没有对所依据的原始资料作认真的熔铸加工；二是史实有许多错误、脱漏。

为什么《元史》会有如此多的毛病呢？据那些学者分析，主要原因有三个。一是朱元璋急于成书，纂修者因时间仓促，根本来不及认真推敲，只好照抄各种资料，略加删节，辑集成书，应付了事。二是主持修史的宋、王二人是"词华之士"，"本非史才"，而临时征起的"山林遗逸之士"，"皆草泽腐儒，不谙掌故，一旦征入书局，涉猎前史，茫无头绪，随手捃扯，无不差谬"②。第三，元代文献的贫乏荒陋，也增加了修史者的困难，"人知《元史》成于明初诸臣潦草之手，不知其载籍掌故之荒陋疏舛，讳莫如深者，皆元人自取之"。元代官修的《经世大典》《大元一统志》等书，其中有不少问题已不甚了了，甚至"虚列篇名"，"又何怪文献无征之异代哉"！③

但是，《元史》尽管存在上述很多缺点，我们今天从史料学的角度来看，却没有任何理由加以轻视。《元史》的本纪部分，除顺帝一朝外，其他均是现已失传的元代列朝实录的摘抄。《元史》的志、表部分，除顺帝一朝外，绝大部分采自元文宗时官修现已散失的政书《经世大典》。列朝实录和《经世大典》，对于研究元史有着特殊重要的意义，它的许多内容只能在《元史》中才能看到。《元史》的列传，一部分采自元朝官修的后妃功臣列传，一部分采自私家的家传、神道碑、墓志铭等。后妃功臣列传原稿早已散失，作为《元史》依据的某些家传、碑铭也已不再存在，因此，列传部分也有不少值得重视的资料。前面已经指出，《元史》的纂修工作草率，对所依据的原始资料一般改动不多，往往是只作一些删节。这种做法对于一种历史著作来说，当然难逃"荒芜"之讥，但是作为史

① 魏源：《拟进呈〈元史新编〉表》，见《元史新编》卷首。
② 《十驾斋养新录》卷九《元史不谙地理》。《潜研堂文集》卷十三《答问十》。
③ 魏源：《拟进呈〈元史新编〉表》，见《元史新编》卷首。

料来说，能够较多地保持它所依据的原始资料的面貌，应该说比起那些经过较多加工润饰的正史来，是更有价值的。我们现在把《元史》看成研究元代历史的最基本的资料，不仅因为它是一部叙述有元一代全部历史的正史，而且也因为它确实有较高的史料价值。

《元史》成书后，当年便刻板付印，最早的版本通常称为洪武本。明代还有南监本和北监本。清代有殿本、乾隆四十六年本、道光四年本等。其中最坏的是乾隆四十六年（1781年）本，这次的刊本对元史译名进行了错误百出的妄改，而且就在殿本的木版上剜刻，"有时所改之名不能适如原用字数，于是取上下文而损益之，灭裂支离，全失本相"①。这种做法，造成了不少混乱。1935年，商务印书馆影印的百衲本《元史》，是以九十九卷残洪武本和南监本合配在一起影印的，在各本中最接近洪武本的原貌。1976年中华书局出版的点校本《元史》，以百衲本为底本，用其他各种版本进行校勘，此外还参考了前人对《元史》进行校勘的成果，并大量地利用了各种原始资料，从而使许多史文的讹误，得以校正。这是目前最好的一个本子。

《元史》成书草率，受到许多指摘，因而也就不断有人企图重修，先后成书的有明代胡粹中的《元史续编》；清代邵远平的《元史类编》，魏源的《元史新编》，洪钧的《元史译文证补》，曾廉的《元书》；民国有屠寄的《蒙兀儿史记》，柯劭忞的《新元史》等。

《元史续编》十六卷（有永乐元年刊本）　作者胡粹中，明成祖时曾任楚府长史。全书采用编年体，起自世祖至元十三年（1276年），终于顺帝至正二十八年（1368年），"编年系目，大书分注，有所论断，亦随事缀载，全仿《通鉴纲目》之例"②。从史料价值来说，此书没有什么可取的地方，事实上也并未广泛流传。

《元史类编》四十二卷（常见为扫叶山房本）　作者邵远平，清康熙时曾为詹事府少詹事兼翰林院侍讲学士。其祖邵经邦"曾续郑樵《通志》之余"，撰《宏简录》二百五十四卷，记唐宋辽金史事。邵远平志在继其祖父之业，撰《元史类编》以记元代史事，故此书又名《续宏简录》。成

---

① 张元济：《百衲本〈元史〉跋》。
② 《四库全书总目提要》卷四十九《史部·编年类》。

书后，曾于康熙三十八年（1699 年）进呈。此书体例与《通志》相近，只有纪（"世纪""天王"）、传，没有志、表，"凡天文、地理、历律制度，皆按年入纪，令人一览而尽，故于本纪独详"①。全书是以《元史》为基础加以改编的，但邵远平已注意到利用《元典章》和其他一些史料，补写了一些人物传记②，并对若干史实进行了考订（采取在正文下加注的办法），尽管做得还很粗疏，但这些工作还是有一定意义的。

《元史新编》九十五卷③　魏源撰。作者死后半个世纪始得于光绪三十一年（1905 年）刊行（邵阳魏氏刊本）。全书分纪、传、表、志，与一般正史略同。在史料方面，他"采四库书中元代各家著述百余种，并旁搜《元秘史》《元典章》《元文类》各书，参订旧史"④。用《秘史》来补《元史》，应该说魏源是比较早的一个，尽管他并没有很好加以利用。魏源是最早注意世界情况的先进知识分子，著有《海国图志》，综述当时世界形势。他以元代有关的各种记载，"更加《海国图志》中所载英夷印度之事"，来考订元代西北地理⑤，虽然极为粗疏，但在这方面仍有开山之功。

《元史译文证补》三十卷　洪钧撰。洪钧是清朝的状元，光绪十五年（1889 年）起，出使俄、奥、荷、德等国，接触到西方有关蒙古史的著作。他以《多桑蒙古史》和波斯文史籍《史集》（见本章第四节）的俄译本（贝勒津译）为主，参考其他资料，编成该书。洪钧死于光绪十九年（1893 年），此书在光绪二十三年（1897 年）始得出版，常见为《国学基本丛书》本⑥。由于洪钧的介绍，中国学术界才知道，研究元史，除了中国的载籍之外，还有丰富的波斯史料和其他史料。在这个意义上，洪钧对于元史研究的贡献是巨大的，《元史译文证补》一书的价值，也是《元史续编》《元史类编》和《元史新编》等书所无法比拟的。当然，随

---

① 《元史类编·凡例》。

② 例如，卷二十五的《赵天麟传》和《郑介夫传》，分别记载二人《太平金镜策》和《太平策》的主要内容，这是《元史》所没有的。

③ 其中"本纪自世祖而下袭用邵氏《类编》，《艺文志》《氏族表》全取之钱詹事（钱大昕——引者）"。（魏光焘《〈元史新编〉叙》）此外还有部分有目无传。

④ 魏源：《拟进呈〈元史新编〉表》，《元史新编》卷首。

⑤ 《元史新编》卷首《凡例》。

⑥ 通行本阙十卷。有光绪二十三年元和陆润庠刊本。

着《多桑蒙古史》中译本的出版，《史集》《世界征服者史》等波斯史料的各种文字新译本的相继出现，《元史译文证补》也逐渐失去了它的价值。河北人民出版社于1990年出版了田虎的《元史译文证补校注》。

《元书》一百零二卷（宣统三年刻本）　作者曾廉，与魏源同为湖南邵阳人，在戊戌变法时曾上书要光绪"斩康有为、梁启超，以塞邪慝之门"，是一个顽固的守旧派。《元书》是他丢官失意时所作，以《元史新编》为蓝本，主要研究所谓"春秋之义"①，在史料汇集和史实考订方面都未能在前人基础上有所进步，可以说没有什么可取的地方。

《蒙兀儿史记》一百六十卷，现存一百四十六卷（结一宦自刊本）②

作者屠寄，清末进士，生平致力于元史研究，曾亲身到东北、内蒙古考察。他除了广泛搜集汉文文献、证以实地调查之外，还让儿子学习外文，翻译有关资料。他以毕生精力写成《蒙兀儿史记》一书，采用正史体，分纪、传、志、表，"自为史文而自注之，其注纯属《通鉴考异》的性质而详博特甚。凡驳正一说，必博征群籍，说明所以弃彼取此之由"③。他的许多考订，从现在来看还是有参考价值的。但是，在利用西方资料方面有不少缺点，例如，他引以为据的乞米亚·可丁的蒙古史，本身就没有多少价值。

《新元史》二百五十七卷（有庚午重订本）④　作者柯劭忞，清末进士，历任要职，入民国后以遗老自居，从事著述。《新元史》出版后，当时北洋政府大总统徐世昌下令列于正史，这便是"二十五史"（二十四史加上《新元史》）的由来。日本东京帝国大学因此书授与柯劭忞以文学博士学位。柯劭忞的这一著作，搜罗资料相当丰富，有不少可供参证的地方，"然篇首无一字之序，无半行之凡例，令人不能得其著书宗旨及所以异于前人者在何处。篇中篇末又无一字之考异或案语，不知其改正旧

① 《元书》卷一百零二《自序》。
② 《蒙兀儿史记》初刻本仅八册，五十余卷，第二次刻本十四册。最后印本二十八册，一百六十卷（内十四卷有目无书，实为一百四十六卷）。屠寄死于1921年，最后印本是其子屠孝宦整理刻印的，出版于1934年。
③ 梁启超：《中国近三百年学术史》十五《清代学者整理旧学之总成绩（三）》。
④ 《新元史》初刻于民国十一年（1922年）。庚午（民国十九年，1930年）著者自订最后定本。

史者为某部分，何故改正，所根据者何书"。① 《元史类编》《元史新编》《元史译文证补》《蒙兀儿史记》都采取史文加注的办法，使读者便于查考，易于鉴定得失。《新元史》改变了这一传统，全书不注出处，不仅给读者带来很大不便，而且也必然降低了本身的价值②。

除了上面几种全面重修元史的著作外，还有不少人从事《元史》表、志的补订工作，最著名的是钱大昕的《元史氏族表》（三卷）和《元史艺文志》（四卷）。钱大昕在《廿二史考异》《十驾斋养新录》《潜研堂文集》《潜研堂金石文跋尾》等书中对元代历史都有不少精彩的考证。他有志重修元史，"尝欲别为编次，以成一代信史，稿已数易，而尚未卒业"，只完成《氏族表》和《艺文志》③。这一表一志搜罗之广，考订之精，都远在同类著作之上，遗憾的是除《氏族表》中少数条目之外，一般均无出处。钱大昕还有《宋辽金元四史朔闰表》。此外，黄大华有《元分藩诸王世表》《元西域三藩年表》，吴廷燮有《元行省丞相平章政事年表》，倪灿、卢文弨有《补辽金元艺文志》，金门诏有《补三史艺文志》等，也可备查考。以上表、志，在《二十五史补编》（开明书店版，解放后中华书局重印）第六册中均已收录。

（二）《元朝秘史》，原名《忙豁仑·纽察·脱察安》④ （《蒙古秘史》） 作者佚名。这是 13 世纪大蒙古国官修的史书。书后题"鼠儿年七月""写毕"。对"鼠儿年"中外学术界有各种不同的意见，计有戊子（1228 年）、庚子（1240 年）、壬子（1252 年）、甲子（1264 年）诸说，目前尚无定论。一般认为，此书原文是畏兀儿体蒙古文⑤，明朝初年，四夷馆用它作为教学资料，就用汉字音写蒙古语原文，逐词旁注汉译，并将全书划分为二百八十二节（段），每段后面有摘要的总译，定名为《元朝秘史》。后来，畏兀儿体蒙古文本散失了⑥，只有汉字标音本辗转传抄

---

① 梁启超：《中国近三百年学术史》十五《清代学者整理旧学之总成绩（三）》。
② 柯劭忞死后，北京大学研究院文史部刊行其遗著，中有《新元史考证》五十八卷。但相当简陋，远不及《蒙兀儿史记》精详。
③ 黄钟：《元史氏族表》后记。
④ 见《四部丛刊》本《元朝秘史》卷一标题下分注。
⑤ 蒙古原无文字，成吉思汗征乃蛮部时，俘获畏兀儿人塔塔统阿，就命他以畏兀儿文字书写蒙古语，是为畏兀儿体蒙古文。见《元史》卷一百二十四《塔塔统阿传》。
⑥ 在蒙文史书《黄金史》（罗布藏丹津作）中可以找到部分佚文，但已经改写，并非原貌。

流传了下来。汉字标音本又有两种，一种分十二卷，一种分十五卷，内容则无区别。明代的十五卷本或十二卷本都已不可见，通行的《连筠簃丛书》本（十五卷）、叶氏观古堂刊本（十二卷）和《四部丛刊》本（十二卷，即顾广圻本）都是清人传抄的，存在不少错讹。其中《四部丛刊》本的错讹相对来说少一些①。20 世纪以来，中外学术界有很多学者对此书作文献学的研究。1980 年，内蒙古人民出版社出版了额尔登泰、乌云达赉合作的《蒙古秘史》校勘本，有较高的价值。河北人民出版社在 2001 年出版了余大钧译注的《蒙古秘史》，便于阅读。2012 年，中华书局出版了乌兰的《元朝秘史（校勘本）》，是迄今为止最好的校勘本，完整可信，便于利用。

《元朝秘史》记载了成吉思汗祖先的谱系、蒙古各氏族部落的源流、成吉思汗的生平事迹，以及窝阔台汗统治前期的活动，是研究 12 到 13 世纪上半期蒙古族社会历史的最重要的资料②。但是，书中有不少年代和史实的记载是不确切的，有的甚至错乱颠倒。

清代学者中最早注意《秘史》的是孙承泽，他编的《元朝典故编年考》第九卷将《秘史》收入。钱大昕对《秘史》十分重视，他说："元太祖创业之主也，而史述其事迹最疏舛，唯《秘史》叙次颇得其实，而其文俚鄙，未经词人译润，故知之者鲜，良可惜也。""论次太祖、太宗两朝事迹者，其必于此书折其衷与！"③ 经过钱大昕一番鼓吹，特别是通过研究工作的实践，人们日益认识到此书的价值。魏源、屠寄、柯劭忞都利用过《秘史》的材料，李文田为之作注④，此外还有不少人对《秘史》进行过各个方面的研究。从 19 世纪下半期起，《秘史》先后被译成日、俄、德、英等多种文字。据不完全统计，截至 1975 年为止，世界各国有关《秘史》的专著和论文已达三百余种⑤。《秘史》是研究早期蒙古社会和元朝太祖、太宗两代历史的最重要的资料，但是，由于它在语言文字上具有不同于一般汉文史料的特点，我们在利用时，应对中外学者

① 1962 年，前苏联影印出版了一种十五卷本《元朝秘史》，这是俄国僧正帕剌的兀思在中国期间获得的，后藏于彼得堡大学。

② 《秘史》中个别纪事发生在窝阔台时代之后，可能是成书后增加的。

③ 钱大昕：《跋〈元秘史〉》，《潜研堂文集》卷二十八。

④ 李文田：《元朝秘史注》，十五卷，渐西村舍汇刻本。

⑤ 见日本原山煌编《元朝秘史关系文献目录》，日本蒙古学会印行。

的研究成果有所了解，才可避免发生错误。

（三）《通制条格》《至正条格》《元典章》　元朝建立后，很长时间没有修律，只是根据施政的需要，不时颁布各种条画和法令。元仁宗即位后，指定官员，汇集各种条画和法令，编成《大元通制》一书。此书分三部分："一曰诏制，二曰条格，三曰断例。……大概纂集世祖以来法制事例而已。"① 完成于延祐三年（1316 年），英宗至治三年（1323 年）正式颁行。原书久佚。20 世纪 30 年代北平图书馆将原内阁大库所藏明初墨格写本《大元通制》影印出版，但残缺不全，只有"条格"部分二十二卷，即卷二至卷九（户令三卷，学令、选举、军防、仪制、衣服各一卷），卷十三至卷二十二（禄令、仓库、厩牧、田令、赋役、关市、捕亡、赏令、医药、假宁各一卷），卷二十七至三十（杂令二卷，僧道、营缮各一卷）。故此影印本以《通制条格》之名问世。日本学者冈本敬二编《通制条格研究译注》三册（国学刊行会刊），将《通制条格》加以标点，译成日文，并有详细的注释。黄时鉴点校的《通制条格》，浙江古籍出版社 1986 年版。方龄贵的《通制条格校注》，中华书局 2001 年版。两书均有很高的学术价值。方著考证细致，征引广博，便于读者利用。

元顺帝时，将《大元通制》重新修订，编成《至正条格》一书，在至正六年（1346 年）正式颁行。此书结构与《大元通制》相同，由"制诏""条格""断例"三部分组成，以《条格》作为全书的名称，显然是不合适的，当时已有人提出意见，但未被主事者接受。② 《至正条格》和《大元通制》一样，早已散佚。2002 年，韩国的韩国学中央研究院在韩国庆州调查古文书时，发现了《至正条格》残本两册，应为元代刻本。一册为"条格"部分，存十二卷，分别是仓库、厩牧、田令（二卷）、赋役、关市、捕亡、赏令、医药、假宁、狱官（二卷）；另一册为"断例"部分，存目录和十三卷，分别是卫禁、职制（五卷）、户婚（二卷）、厩库（四卷）、擅兴（不全）。韩国学中央研究院在 2007 年出版了影印本和校注本。《通制条格》和《至正条格》是元代的法典，内容涉及当代政治、经济以及社会生活的诸多方面，对元史研究有很高的价值。

---

① 《元史》卷一百零二《刑法志一》。
② 《元史》卷一百三十九《朵尔直班传》。

和以上两种官修的法典不同，《元典章》是当时民间编纂的一部法律文书汇编。全书六十卷，收录自元世祖至元英宗即位为止朝廷颁布的诏旨、条画以及各种案例。"其纲凡十，曰诏令，曰圣政，曰朝纲，曰台纲，曰吏部，曰户部，曰礼部，曰兵部，曰刑部，曰工部。其目凡三百七十有三，每目之中又各分条格。"此书后面又有"新集"，体例略同，"皆续载英宗至治元、二年事，不分卷数，似犹未竟之本也"。此书在清代尚有流传。修《四库全书》时，馆臣认为"所载皆案牍之文，兼杂方言俗语，浮词妨要者十之七八，又体例瞀乱，漫无端绪"。讥为"吏胥钞记之条格，不足以资考证"。仅列于"存目"之中。① 其实它好就好在内容大多为"吏胥之文"，没有经过文人的润饰，是真正的第一手资料。《元典章》有元英宗时建阳坊刻本，1976 年台北"故宫博物院"影印出版。此本因成于吏胥和坊贾之手，工作粗糙，问题俯拾皆是。1908 年，清朝修订法律馆将董康从日本抄回的稿本（杭州丁氏八千卷楼藏书）刊行问世，由著名法学家沈家本作序，世称沈刻本。在元刻本出版前，沈刻本流传最广。但此本质量不佳，讹误丛生。陈垣先生用元刻本对沈刻本进行校勘，并参考其他几种抄本，成《沈刻〈元典章〉校补》十卷。日本学者对《元典章》的"刑部""兵部""礼部"分别作过点校或译注。2011 年，中华书局和天津古籍出版社出版了陈高华、张帆、刘晓、党宝海点校的《元典章》，在前人已有的局部整理成果的基础之上，作全面的系统的整理，方便研究者的使用。

黄时鉴辑点的《元代法律资料辑存》（浙江古籍出版社 1988 年版，《元代史料丛刊》之一种）将一些散见、稀见的法律资料辑录在一起，可与《元典章》《通制条格》互相参证。

（四）《经世大典》 元文宗时官修的一部政书，始于天历二年（1329年），成于至顺二年（1331 年）。它是按照《唐六典》和《宋会要》的体例，采辑元代的典故纂修而成的，大体上是就有关的案牍文字略加删削，没有做很多的加工润色，用编者的话来说，就是"质为本而文为辅"。全书共八百八十卷，另有目录十二卷，公牍一卷，纂修通议一卷②。这一部八

① 《四库全书总目提要》卷八十三《史部三十九政书类存目·元典章前集六十卷附新集》。
② 欧阳玄：《进〈经世大典〉表》，《国朝文类》卷十六。

318

百八十卷的著作，又分十篇，君事四（帝号、帝训、帝制、帝系），臣事六（治典、赋典、礼典、政典、宪典、工典）。臣事六典下又分若干子目。举凡职官、赋役、礼仪、宗教、军事、刑法、造作等各方面的制度，无不包括在内。明初修《元史》时，志的部分，主要利用了《经世大典》的资料。但是，这样一部篇幅浩繁内容丰富的著作，在明代中叶以后，即已散佚。清代前期修《四库全书》时，已不可得见，而"其散见《永乐大典》者，颠倒割裂，不可重编"①。所以重修元史的诸家，也未能很好利用。目前我们所能见到的《经世大典》遗文，主要有三处。一是《国朝文类》（关于此书见本章第三节）卷四十至四十二中所载的《经世大典·序录》，即将《经世大典》各类子目中的序录部分辑集而成。这些序录对各类子目的内容有提纲挈领的作用，对于了解各种制度很有用处。而"政典"部分的若干类子目除序录外，还收录了一部分子目中的内容，其中以"征伐""招捕"两类收录得较多，内容涉及元朝的统一、民族关系、对外关系和元代各族人民的反抗斗争等方面。二是在现存《永乐大典》残本中保存了一部分《经世大典》内容，主要是出自《政典·驿传》类的"站赤"，见《永乐大典》卷一万九千四百一十六至一万九千四百二十三②；出自《赋典·漕运》类的"海运"，见《永乐大典》卷一万五千九百四十九至一万五千九百五十③。此外还有一些零星内容。三是《广仓学宭丛书》中的《大元马政记》《大元仓库记》《大元毡罽工物记》《元代画塑记》《元高丽纪事》《大元官制杂记》等六篇，都是清朝末年徐松和文廷式由《永乐大典》中抄出的，前五篇分别出自《政典·马政》《宪典·仓库》《工典·毡罽》《工典·画塑》《政典·征伐·高丽》等类，只有最后一篇，原来散见《治典》有关各类，杂抄而成。除了载有《仓库》的一卷（卷七千五百一十一）尚存外④，其余有关各卷《永乐大典》现在也已散失。此外，还有一幅《经世大典》的"西北地"图，原来也收在《永乐大典》中，魏源曾在《海国图志》（初印本）中予以转载。现在刊载原图的《永乐大典》业已散失，我们只好以《海国图志》

① 《四库全书总目提要》卷八十三《史部·政书类存目一·元典章前集六十卷附新集》。
② 中华书局影印本《永乐大典》第十八函。
③ 同上书，第十七函。
④ 同上书，第八函，第八十册。

转载的图为满足了。

《经世大典》是元代官修的政书，而其内容又都来自有关机构的档案，所以史料价值极高。可惜的是，现在保存下来的只是极少的一部分。尽管如此，在研究有关问题时，我们必须予以特别的重视。

（五）《庙学典礼》 作者佚名。此书分六卷，按时间先后，辑录自窝阔台汗九年（1237 年）至成宗大德五年（1301 年）间有关官学事宜的各类文书八十件，是研究元代学校教育的重要文献。此书只有《四库全书》本（辑自《永乐大典》）。浙江古籍出版社在 1992 年出版了王颋的点校本（《元代史料丛刊》之一种）。

（六）《元统元年进士录》 有元一代，共举行科举考试（殿试）十六科，但只有顺帝元统元年（1333 年）的《进士录》保存了下来。此书分三卷，上卷为进士题名，中、下两卷为进士制策十三篇。常见为《宋元科举三录》（1923 年徐乃昌影元本）。文字脱落甚多。萧启庆作《元统元年进士录校注》（台北《食货》复刊第十三卷一、二期），考订精详。此文后收入作者的《元代进士辑考》（台北"中研院"史语所 2012 年版）。同书还收录了其他与科举有关的资料。另有王颋的点校本，收在上述《庙学典礼》点校本中。

（七）《类编历举三场文选》《大科三场文选》 元仁宗时，推行科举考试。考试分乡试、会试、廷试三级，先后举行乡试十七科，廷试十六科，取中进士约一千二百人。考试中选者的文章称为程文，常被坊间编集出版，供应试者揣摩之用。《类编历举三场文选》成书于至正元年（1341 年），分十集，编者刘贞、刘霁、刘霖，所收是前八科的程文，建安的务本堂、勤德堂两家书铺联合出版。日本静嘉堂文库藏有完本（有缺页）。国内仅国家图书馆藏有残本。《皇元大科三场文选》成书于至正四年（1344 年），周勇编，分十二卷，所收是至正元年乡试和至正二年会试的程文。元刻本，藏日本内阁文库。以上两种《三场文选》是研究元代科举制度的珍贵资料。

第三节 其他史料

除了上述几种基本史料之外，元史的其他史料为数相当多，下面分

中国古代史史料学

成几类略作介绍。

（一）杂史　记述大蒙古国时期历史的著作，有《圣武亲征录》《蒙鞑备录》《黑鞑事略》等数种。

《圣武亲征录》　作者佚名，记太祖成吉思汗、太宗窝阔台两朝史事，作于元世祖忽必烈统治时期。此书纪事与《史集·成吉思汗纪》很相近，有些纪事为《元史》和《秘史》所无，因而其价值也是值得重视的。最早注意这部书的是钱大昕。何秋涛作有《圣武亲征录校正》。洪钧、屠寄都很重视这部书，在自己的著作中多次提及。王国维综合各本，存其异同，疏其事实，成《圣武亲征录校注》一卷，见《蒙古史料校注四种》（收在《海宁王静安先生遗书》内）。这是比较可读的一个本子。

《蒙鞑备录》一卷　作者南宋人赵珙。南宋宁宗嘉定十四年（蒙古太祖十六年，1221 年），遣使节出使蒙古，赵珙是使节之一。《蒙鞑备录》记出使期间的见闻，对蒙古的种族、风俗、成吉思汗的经历、皇族功臣的情况、蒙古的军事组织等等，都有比较清楚的记载。

《黑鞑事略》　作者南宋人彭大雅、徐霆，两人曾前后作为南宋使节的随员，前往蒙古大汗居留的草原，他们将自己见到的蒙古草原的风土习俗，各自作了记录，后来互相补充，编成《黑鞑事略》一书。此书关于大蒙古国政治、经济、军事等各方面情况的认识，比起《蒙鞑备录》来都要深刻得多。这两种书都是研究 13 世纪前半期大蒙古国历史的重要资料。王国维为两书作了笺证，见《蒙古史料校注四种》。许全胜作《黑鞑事略校注》（兰州大学出版社，2014 年），详实细致，便于利用。

比较重要的元代杂史，还有如下几种：

《平宋录》一卷　专记元朝平定南宋经过，作者刘敏中，曾任翰林学士。常见有《守山阁丛书》本。

《庚申外史》两卷　载元顺帝一朝历史。作者权衡，江西吉安人，元末农民战争期间流落河南，后到山东，明初返回乡里。他根据自己的见闻，写下了《庚申外史》一书。元顺帝出生于庚申年，故称为庚申帝，《庚申外史》即庚申帝的外史。全书用编年体，起自元统元年（1333年），终于至正二十八年（1368 年），其中所记史实，很多为《元史》和其他著作所无，叙事生动、具体，对于研究元末农民战争以及当时统治集团内部各派势力之间的斗争，有很高的史料价值。此书通行有《宝颜堂秘笈》本①。任崇岳作《庚申外史笺证》，1991年中州古籍出版社出版。

《保越录》一卷　记至正十九年（1359年）张士诚与朱元璋两部争夺绍兴事。作者徐勉之。当时张士诚已降元，作者站在元朝的立场，为张氏歌功颂德，对朱军多所污蔑。但对战争经过，叙述颇为详尽，足资考证。常见有《学海类编》本②。

《北巡私记》一卷　作者刘佶。此书记至正二十八年（1368年）明军逼近大都，元顺帝仓皇北逃以及最后死去的经过。关于这一段史实，《北巡私记》是唯一的汉文记载。有《云窗丛刻》本。薄音湖等编辑点校的《明代蒙古汉籍史料汇编》第一辑收入此书，内蒙古大学出版社1994年出版。

（二）政书　有元一代官修的政书为数颇多，但流传下来的，除了《通制条格》《经世大典》之外，只有《宪台通纪》《宪台通纪续集》《南台备要》《秘书监志》等几种。前两种书是元代有关御史台（监察机构）的典章制度的汇编，《宪台通纪》编于顺帝后至元二年（1336年），《宪台通纪续编》编于至正十二年（1352年）③。《南台备要》是南御史台（元代除中央设御史台外，还分设江南御史台和陕西御史台，南台所在地屡变，最后驻在集庆，即今南京）的有关典章制度的汇编，成书在《宪台通纪续编》之后。这三种书的刊本早已散佚，现在只能在《永乐大典》中见到，《宪台通纪》在卷二千六百零八，《续集》在卷二千六百零九，《南台备要》在卷二千六百一十至二千六百一十一。这三种书对于研究元代官制很有用处，也有少量社会经济的资料，《南台备要》中还保存了一些元朝政府策划镇压农民起义的档案资料。王晓欣点校《宪台通纪（外三种）》（浙江古籍出版社2002年版）和洪金富点校《元代台宪文书汇编》（台北"中研院"史语所2003年版）都收录了以上三种资料。《秘书监志》十一卷，至正二年（1342年）王士点、商企翁编。秘书监是掌管图

---

① 此外尚有《海山仙馆丛书》本、《学海类编》本、《学津讨原》本、《豫章丛书》本等，各本文字略有出入。

② 此外有《十万卷楼丛书》本，文字多经明人改窜。

③ 所收文书，终于至正七年（1347年）。

书典籍的机构，《秘书监志》汇集了有关这个机构的资料，对于研究元代科学文化有很高的价值。例如，关于《大元一统志》的编纂经过，此书就有详细的记载。又如，书中登录了北司天台（属秘书监）"合用经书"的名称，这些"经书"都是译作，对于研究中外文化交流有重要意义。此书有《广仓学窘丛书》本。浙江古籍出版社在1992年出版了高荣盛的点校本。

（三）奏议　元代重要的奏议有两种，一是元世祖至元末年"东平布衣"赵天麟所上的《太平金镜策》，元刊本八卷，极罕见。但明永乐年间编的《历代名臣奏议》中已加收录，散见于有关各门。一是元成宗大德七年（1303年）郑介夫所上《太平策》，未见单刻本传世，也收在《历代名臣奏议》之内。这两种奏议涉及元代政治生活和经济生活的各个方面，内容广泛，如投下、驱口、匠户、钞法、盐法、军站、田制等等，都有所论述，对于了解元代各种制度，有很大的帮助。陈得芝、邱树森、何兆吉辑点《元代奏议集录》（浙江古籍出版社1998年版）已将这两种奏议收录。

（四）传记　元代传记中史料价值较高的是《国朝名臣事略》十五卷，苏天爵编。此书编成于元文宗天历二年（1329年）以前。全书收录元代前、中期著名政治家、军事家、学者共四十七人的有关资料，每卷一人或数人，在每人名下按时间前后将有关资料加以编排。这些资料选自一百二十余篇碑传和其他文字，其中不少篇今已失传，赖此书得以保存下来。苏天爵是元代著名史学家，材料剪裁得当，比较能够反映这些人物的主要经历和活动。明朝初年纂修《元史》，从此书取材颇多，例如人物传记排列次序先蒙古、色目，后汉人、南人，即依此书体例。又如，《元史·木华黎传》，差不多全部采自此书。过去通行的武英殿聚珍版刊本，错讹极多，而且人名、地名、官名都经改译，给使用者带来很大的不便。1962年中华书局将元顺帝元统乙亥（1335年）建安余氏勤有堂刊本加以影印，恢复了这本书的本来面目。姚景安点校此书，便以元统本为底本（《元朝名臣事略》，中华书局1996年版）。

（五）行记　元代行记颇多，对于研究这个时期历史很有用处。属于大蒙古国时期的行记有四种，即《长春真人西游记》《西游录》《西使记》和《纪行》。

《长春真人西游记》二卷　作者李志常。长春真人是金元之际全真道领袖丘处机的道号，李志常是他的弟子。成吉思汗西征中亚时，曾派遣使者到山东邀请丘处机前来自己营帐所在处讲道。丘处机于1220年启程，经蒙古草原、天山到大雪山（今兴都库什山），谒见成吉思汗，并于1224年回到燕京（今北京），1227年逝世。李志常跟随丘处机西游，并伴同回到燕京。丘处机死后，他写成《长春真人西游记》一书，记述了西游的经过和路途的见闻，以及在燕京的活动，对于研究13世纪初我国西北和北方以及中亚地区的政治经济情况，有很高的价值。最早注意这本书的也是钱大昕。他在苏州玄妙观阅读《道藏》，从中抄出此书，并为之作跋，指出它"于西域道里风俗多可资考证者"①。后来王国维为之作校注，是目前较好的本子，见《海宁王静安先生遗书》。党宝海译注的《长春真人西游记》（河北人民出版社2001年版）为一般读者阅读提供了方便。

《西游录》一卷　作者耶律楚材，是蒙古汗国时期的著名政治家。蒙古成吉思汗十三年（1218年），他追随西征，前往中亚。《西游录》记载了一路的见闻，所述较为简略，可以和《长春真人西游记》相互补充印证。最早收录《西游录》的是元代盛如梓的笔记《庶斋老学丛谈》。清代李文田曾为之作注，见《灵鹣阁丛书》第四集。后来在日本宫内省图书寮发现一钞本，比起《庶斋老学丛谈》所载后面多了一部分，这多出的部分内容是对全真道和丘处机的抨击，《六经堪丛书》曾予重刊。向达校注的《西游录》，收入中华书局的《中外交通史籍丛刊》，1980年出版。

《西使记》一卷　刘郁撰。宪宗蒙哥即位后，命皇弟旭烈兀西征，征服西亚大片土地。宪宗九年（1259年），常德奉命前往旭烈兀营帐所在地，往返凡十四个月。归国后口述经过见闻，由刘郁加以记录，即成此文。常德的旅行比起耶律楚材和丘处机来，要晚四十年左右，在此期间，中亚的面貌有了不小的变化。常德的有关叙述，为人们了解13世纪中期中亚的情况提供了宝贵的资料。更加可贵的是，《西使记》中记录了旭烈兀西征的活动以及西亚等地的风土人情，这正是其他汉文史籍所缺乏的。《西使记》原载《秋涧先生大全集》卷九十四《玉堂嘉话二》，后来收入多种丛书之中。王国维为《西使记》作过校录，见《古行记校录》（见

---

①　钱大昕：《跋〈长春真人西游记〉》，《潜研堂文集》卷二十九。

《海宁王静安先生遗书》）。陈得芝作《刘郁〈［常德］西使记〉校注》（《中华文史论丛》2015 年第 1 期），考订精详。以上三种行记都是研究中亚历史、西南亚历史以及中外关系史的珍贵文献，从 19 世纪起已先后译成多种外国文字。

《纪行》一卷　作者张德辉。张德辉是金朝的下级官员，金亡后为真定军阀史天泽幕僚。定宗贵由二年（1247 年），忽必烈在漠北，闻其名，请他北上询问当世事，《纪行》即他记录这次北上的经历，对于当时蒙古族居住的大漠南北风土人情叙述颇详。《纪行》原载《秋涧先生大全集》卷一百《玉堂嘉话八》，后来有不少丛书转载。姚从吾作《张德辉岭北纪行足本校注》，载台湾大学《文史哲学报》第 11 期（1962 年），后收入《姚从吾先生全集》第七集（台北正中书局 1982 年版）。贾敬颜作《张德辉〈岭北纪行〉疏证稿》，载《五代宋金元人边疆行记十三种疏证稿》（见前）。

元朝统一后，出现了几种很有价值的有关中外关系的行记，那便是《真腊风土记》和《岛夷志略》，还有《安南行记》。

《真腊风土记》一卷　作者周达观。元成宗元贞元年（1295 年），派遣使者到真腊（今柬埔寨），周达观是使者的随行人员之一。元贞二年（1296 年）正式启程，大德元年（1297 年）回国，在真腊共二年左右。回国后写成此书，书中对真腊的山川城池、人情风俗、语言文字、经济生活、宗教信仰，都有详细的记述。此书对于研究 13 世纪柬埔寨的历史，以及中柬关系，都是非常重要的。夏鼐的《真腊风土记校注》（收入中华书局《中外交通史籍丛刊》，1981 年版），广征博引，是比较好的本子。

《岛夷志略》二卷　汪大渊作。汪大渊"当冠年尝两附舶东西洋，所遇辄采录其山川风土物产之诡异，居室饮食衣服之好尚，与夫贸易费用之所宜，非其亲见不书，则信乎其可征也"①。很可能，他本人就是一个从事海外贸易的舶商。至正九年（1349 年），他根据自己的亲身见闻，写成《岛夷志略》一书，叙述了海外九十多个国家和地区的风土人情、贸易状况。对于研究元代的海外贸易、中外关系以及这一时期亚、非广大

---

① 张翥：《〈岛夷志略〉序》，见《知服斋丛书》本《岛夷志略》卷首。

地区的历史，这本书都是十分珍贵的资料。苏继顾有《岛夷志略校释》（收入中华书局《中外交通史籍丛刊》，1981年版）总结了前人的研究成果，新意颇多。

《安南行记》（一作《天南行记》）一卷　作者徐明善。元世祖至元二十五年（1288年），命李思衍出使安南，以徐明善为副使。《安南行记》即记此次出使事。有《说郛》本①。

元代还有几种国内的行记，也有一定的价值，即《开平纪行》《大理行记》《河朔访古纪》和《扈从诗前后序》。

《开平纪行》　作者王恽。中统二年（1261年），王恽由燕京前往开平（今内蒙正蓝旗境内，元上都），此文记途中见闻。原载《秋涧先生大全集》卷八十至八十二。贾敬颜作《王恽〈开平纪行〉疏证稿》，载《五代宋金元人边疆行记十三种疏证稿》。

《大理行记》一卷　作者郭松年，记述了游历云南大理地区的见闻，对山川风土记述颇详。有《奇晋斋丛书》本。

《河朔访古记》　作者哈剌鲁（葛逻禄）族名诗人迺贤，他在元顺帝至正五年（1345年）自家乡庆元（今浙江宁波）出游，"遡大河而济，历齐、鲁、陈、蔡、晋、魏、燕、赵之墟，吊古山川城郭、丘陵宫室、王霸人物、衣冠文献、陈迹故事，暨近代金宋战争疆场更变者，或得于图经地志，或闻诸故老旧家，流风遗俗，一皆考订。夜还旅邸，笔之于书，又以其感触兴怀，慷慨激烈，成诗歌者继之，总而名曰：河朔访古记。凡一十六卷"。此书内容不仅限于访古、考古，而且"于今京都国家之典礼，官署城池，庙廷祭享，朝班卤簿，圣德臣功，文武士庶，一代威仪制作，尤加详备"②，可见还有关于当代典章制度以及政治生活的记述。可惜的是，这部著作很早就散佚了。清代修《四库全书》时，从《永乐大典》中辑得一百三十四条，编成三卷，上卷真定路，中卷彰德路，下卷河南路，所记以文物考古为主，但也保存了一些当时风土人情的资料，例如上卷对真定城市生活的描写，虽然文字不多，仍是很有价值的。通行有《守山阁丛书》本、《四库全书》本。

---

① 《说郛》（商务印书馆本）题作《安南行记》，《说郛》（宛委山堂本）题作《天南行记》。

② 刘仁本：《〈河朔访古记〉序》，《羽庭集》（国家图书馆藏钞本）卷五。

《扈从诗前后序》 作者周伯琦。至正十二年（1352 年）周伯琦扈从元顺帝到上都，记两都道路甚详。有《四库全书》本。贾敬颜作《周伯琦〈扈从诗前后序〉疏证稿》，载《五代宋金元人边疆行纪十三种疏证稿》。

（六）地志 现存的元代地理志书为数不多，可以分三类。

第一类是全国的地理志书，有《大元一统志》和《大元混一方舆胜览》。

《大元一统志》 至元二十二年（1285 年），元世祖下令"大集万方图志而一之，以表皇元疆理无外之大"，由秘书监负责这一工作。到至元三十一年（1294 年）告成，"编类天下地理志书，备载天下路府州县古今建置沿革及山川土产风俗里至宦迹人物，赐名《大一统志》"，凡七百八十七卷。但这次编成的志书实际上是不完全的，还有一些边远地区的资料并未收齐。不久，"续有辽阳、云南远方报到沿革，及各处州县，多有分拨陆改不同去处"，因而又作了补充修改，由孛兰肸（禧）、岳铉主其事，成宗大德七年（1303 年）最后定稿。全书总计六百册，一千三百卷，除文字外，还有"彩画"地理图[①]。这部篇幅浩繁的地理著作有很多内容取材于前代的志书，也有一部分是当代所作的记录。它不仅有关于山川形势物产方面的记载，而且还有阶级斗争、城市生活、宗教等方面的丰富资料。此书在元末曾刊行，但早已散佚。金毓黻曾有辑本并加考证，收在《辽海丛书》内。后来赵万里又加辑录，分成十卷，以《元一统志》为名，1966 年由中华书局出版。

《大元混一方舆胜览》 刘应李编，詹友谅改编。主要依据前代地理著作，但亦有一些当代的资料。错讹较多。此书原为类书《新编事文类聚翰墨大全》的一部分，亦有单刻本。郭声波整理的《大元混一方舆胜览》，2003 年由四川大学出版社出版。

第二类是行省范围的志书，现存有《云南志略》。

《云南志略》一卷 李京著。李京在元成宗大德五年被任命为乌撒乌蒙宣慰副使，参与了镇压少数民族起义的活动，"巡行调发，馈给填抚，

---

① 《秘书监志》卷四《纂修》。关于《大元一统志》的情况，可参看《中国古方志考》（张国淦编著），第 114—121 页。

周履云南，悉其见闻，为《志略》四卷”①。“撮其古今兴废人物山川草木类为一编”②。现存的一卷只有“云南总叙”和“诸夷风俗”两部分，并非完本③。但就是这两部分，也是很有价值的，因为它是元代有关云南民族状况的唯一较为详尽的文献。

第三类是路府州县的方志。现存有《至顺镇江志》《至正金陵新志》《延祐四明志》《至正四明续志》《大德昌国州志》《至正昆山郡志》等。

《至顺镇江志》二十一卷　俞希鲁纂。这是元代编得最好的一部方志，记载详赡，材料丰富，对于研究元代地方政府组织、城市经济、赋役制度、宗教活动都很有用处。例如，此书关于也里可温教的记载，就是十分宝贵的。常见有丹徒鲍氏刻本。

《至正金陵新志》十五卷　张铉纂。此书详于历史沿革，其他部分比较简略，但其中关于元代官制、兵制的记载，也是有价值的。国家图书馆藏有元刻本。常见有《四库全书》本。

《延祐四明志》二十卷　袁桷、王厚孙纂。《至正四明续志》十二卷　王厚孙纂。这是先后修成的庆元路（路治今浙江宁波）的两部方志，材料比较丰富。由于庆元当时设有市舶司，是一个对外开放的港口，所以除了一般方志共有的职官、赋役、寺院等方面的记载外，还有关于市舶亦即海外贸易的资料，《续志》中关于“市舶物货”的记载，对研究海外贸易是很有用的。

《大德昌国州志》七卷　郭荐纂。昌国州即今定海，元代属庆元路。此书记事比较简略。以上三种方志有《宋元四明六志》本。

《至正昆山郡志》六卷　杨譓纂。昆山是元代新兴的一个港口，这种方志有不少关于海运和市舶的资料。有《太仓旧志五种》本。

《齐乘》六卷　于钦纂。此书着重于古今沿革，而对当代制度则很简略，有乾隆周氏刻本。

《至元嘉禾志》三十二卷　徐硕纂。此书“修于前至元甲申（至元二十一年，1284 年），至戊子岁（至元二十五年，1288 年）刊行，其时江

① 虞集：《云南志序》，《道园学古录》卷五。

② 《云南志略·云南总叙》。

③ 《说郛》（商务印书馆本）与《说郛》（宛委山堂本）都收有《云南志略》一卷，但后者内容较少，只有古今沿革部分。此外，在现存《永乐大典》中还保存了少量佚文。

南初入版图，惟沿革、城社、户口、赋税、学校、廨舍、邮置数门稍有增改，其余大率沿宋《志》之旧文耳"①。

《南海志》 成书于成宗大德甲辰（1304 年），陈大震纂，已散佚。现存的《永乐大典》残卷中保存了该志的部分内容，主要见于卷一万一千九百零五至一万一千九百零七"广·广州府"门，其中有关元代广州赋税、土产以及舶货等记载都是很有价值的，特别是舶货后附有"诸蕃国"名，是这一时期海外交通的珍贵资料。

以上几种方志，中华书局出版的《宋元方志丛刊》（2000 年）均已收入，便于查考。

此外，元朝末年熊梦祥编有《析津志》一书。辽朝在今北京地区设析津府，《析津志》即元代大都的方志。此书早已散佚，北京图书馆（今国家图书馆）善本组将散见于各处的佚文辑成《析津志辑佚》（北京古籍出版社 1983 年版）。虽然残缺，但仍有许多珍贵的资料，对研究元代大都乃至元朝政治、经济、社会风俗都有很高的价值。

除了元代方志外，明、清两代编纂的方志中，也常可发见有关元代的史料，需要我们认真去发掘。

（七）石刻 元代流传下来的石刻文字，大部分已分别编入各地区的金石志或方志的金石门，杨殿珣编的《石刻题跋索引》（商务印书馆 1957 年版）中已有收录。国家图书馆善本金石组编辑的《辽金元石刻文献全编》（北京图书馆出版社 2003 年版）从各种金石志书中辑得辽金元时期石刻二千余篇，其中大部分属于元代，为研究者提供了方便。在已收录的石刻资料中，比重最大的是墓碑、墓碣，其次是宗教碑刻和儒学碑刻。这些已经收录的石刻资料中，有一部分已收入作者的文集或总集，但有的文字颇有出入，可资考证。例如虞集的《高昌王世勋碑》，是关于元代畏兀儿人历史的极其重要的文献，而碑刻文字（见《乾隆武威县志》）与虞集的《道园学古录》卷二十四所收碑文有好几处是不一样的②。还有相当一部分已经收录的碑刻，没有收入各种文集或总集，有不少可以弥补典籍的空白，例如《山右石刻丛编》卷三十七《忽神伯里阎

① 钱大昕：《跋至元嘉禾志》，《潜研堂文集》卷二十九。
② 参见黄文弼《亦都护高昌王世勋碑复原并校记》，《文物》1964 年第 2 期。

不花碑》所述蒙古许兀慎氏族世系，可补《元史》之不足。除了已经收录在各金石志或石刻丛编中之外，还有不少碑刻文字，或只有拓片流传，或散见于各种书刊，其中也有十分珍贵的史料。例如，王万庆所撰《海云和尚道行碑》记述了临济宗长老海云的事迹，对于研究元初政治、经济、宗教都有很高的价值。这样一篇重要的文献，却从未为任何金石志或石刻丛编收录。近年来，还不断有新的元代石刻发现，如1978年陕西户县出土贺仁杰墓志铭和贺胜墓志铭，就是一例①。对于这些零散的石刻资料，我们也要注意搜集利用。

过去对于元代碑刻的研究，首先要推钱大昕。他收集了大量拓片，作了很多有价值的考证，见《潜研堂金石文跋尾》（《潜研堂全书》本）。他的名著《元史氏族表》，就广泛利用了石刻文字资料。解放前冯承钧辑有《元代白话碑》一书，专门搜集元代蒙古语硬译文体的碑文。后来蔡美彪又进一步搜集有关拓片，辑成《元代白话碑集录》一书（科学出版社1955年版），并作了标点、注释，对于研究元代历史和语言都很有用处。陈垣先生编纂《道家金石略》一书（陈智超、曾庆瑛校补，文物出版社1988年版），其中元代部分所占比重最大，不少即抄自拓片。此书是研究元代道教的必备文献。

（八）诗文集　元代各类史料中所占比重最大的是诗文集。据有人统计，辽、金、元三代诗文集有四百七十余种，其中元代的在四百种以上②。但是，有不少已散佚了。清代修《四库全书》时，著录的元人诗文集（包括"存目"在内）共二百零五种③。后来陆续有所发现，目前统计，元人诗文集现存约二百五十种左右。其中文集（文集中一般也有诗词）约一百五十种，诗集（没有文章，只有诗词）约一百种④。需要

①　咸阳地区文物管理委员会《陕西户县贺氏墓出土大量元代俑》，《文物》1979年第4期。按，贺胜墓铭已见《道园学古录》，贺仁杰墓志铭以前没有刊载过。

②　倪灿、卢文弨：《补辽金元艺文志》。钱大昕：《元史艺文志》。

③　见《四库全书总目提要》卷一百六十六至一百六十八；卷一百七十四。应该指出的是，《四库全书总目提要》所著录的元人诗文集不仅不完备，而且有错误。例如，赵偕是元末人，他的《宝峰集》竟然收到宋人部分去了（卷一百七十四）。

④　陆峻岭编《元人文集篇目分类索引》（中华书局1979年版）收录元人文集一百五十一种，总集三种，明初人文集十六种。诗集均未收。王德毅等编《元人传记资料索引》（台北新文丰出版公司，1979年版）收元人别集一百九十余种，另收宋、金人别集四十一种，明人别集六十八种（此外尚有清人别集、总集、正史、石刻、方志等）。

说明的是，所谓"元人"的界限不是很明确的，例如，金亡以后著名诗人元好问还在大蒙古国统治下活了二十余年，他的文集中很多诗文都是在此期间写的，但一般习惯都说他是"金人"。又如牟瓛的《陵阳文集》中，有不少文章是入元以后写的，有的甚至晚至成宗大德时，但一般也将他列为"宋人"。又如，有不少作家是由元入明的，朱元璋的文学侍从宋濂和王祎的文集中很多文章是在元末写的，对研究元代后期历史很有价值，但因他们是明朝的开国功臣，所以都算成"明人"。我们除了元人的诗文集外，对于一部分金人和宋人诗文集（特别是由金、宋入元者）以及明人诗文集也应认真地阅读利用。

清代编辑的《四库全书》，收录元人诗文集最多，但其中有的所据版本不好，有的清人作过窜改，使用时必须注意。台北先后影印出版了《元代文集善本丛刊》和《元人文集珍本丛刊》，北京图书馆（现国家图书馆）出版了《北京图书馆古籍珍本丛刊》，都收录了不少较好版本的元人诗文集，可供使用。

元人诗文集中蕴藏着非常丰富的史料，历来为研究者所重视。钱大昕、屠寄、柯劭忞等都曾大量加以利用。陈垣的名著《元西域人华化考》，主要便是利用诗文集的资料写成的。无论是元代政治、经济、思想文化、中外关系等任何一个方面的研究，都可以从诗文集中找到有价值的资料。但是，二百五十种左右诗文集的情况是很不一样的，有的史料价值很高，有的没有多大用处。这里不可能一一予以介绍，只能按照时间的先后，分成几个阶段，列举一些比较有价值的诗文集。

（1）前四汗时期，即忽必烈称帝以前（1206—1259年）。以反映这一时期史事为主的诗文集有：《遗山文集》四十卷，元好问撰，《四部丛刊》本；《庄靖先生文集》十卷，李俊民撰，《石莲盦汇刻九金人集》本；《湛然居士文集》十四卷，耶律楚材撰，谢方点校本，中华书局1986年版；《陵川文集》三十九卷，郝经撰，明正德刊本，收入《北京图书馆古籍珍本丛刊》内。

（2）元世祖、成宗时期（1260—1307年）。主要活动于这一时期的作家，按不同情况，可以分为两类。

一类作者是北方人，他们大都是元朝政府的中、下级官吏，诗文集中有许多关于当时社会状况、政治措施等方面的记载。比较重要的有：

《鲁斋遗书》十二卷　许衡，明万历刊本。收入《北京图书馆古籍珍本丛刊》。

《紫山大全集》二十六卷　胡祗遹，《三怡堂丛书》本。魏崇武、周思成校点《胡祗遹集》，吉林文史出版社2008年版。

《秋涧先生大全集》一百卷　王恽，《四部丛刊》本。

《静修先生文集》二十二卷　刘因，《四部丛刊》本。

《藏春集》六卷　刘秉忠，明刻本，收入《北京图书馆古籍珍本丛刊》。

《青崖集》五卷　魏初，《四库全书》本。

《双溪醉隐集》六卷　耶律铸，《知服斋丛书》本。

一类作者是南方人，他们中有些是出仕元朝的官僚，这些人的诗文集中有不少当时政治、经济方面的资料，如：

《雪楼集》三十卷　程钜夫，陶氏涉园刻本。《程钜夫集》，张文澍校点，吉林文史出版社2009年版。

《松雪斋文集》十卷　赵孟頫，《四部丛刊》本。任道斌校点本（浙江古籍出版社1986年版）。

《吴文正公全集》四十九卷　吴澄，明成化二十年刻本（收入《元人文集珍本丛刊》，台北新文丰出版公司1985年版）。

《桐江集》八卷　方回，《宛委别藏》本。

《桐江续集》三十六卷　方回，《四库全书》本。

《养蒙先生文集》十卷　张伯淳，国家图书馆藏抄本。

还有一些南宋遗老，他们的诗文集中以反映江南社会状况的资料居多，如：

《水云村泯稿》二十卷　刘壎，清道光十八年爱余堂刻本。

《陵阳文集》二十四卷　牟巘，《吴兴丛书》本。

《剡源先生文集》三十卷　戴表元，《四部丛刊》本。陆晓冬、黄天美点校《戴表元集》，浙江古籍出版社2014年版。

《青山集》八卷　赵文，《四库全书》本。

《申斋集》十五卷　刘岳申，国家图书馆藏抄本。

《墙东类稿》二十卷　陆文圭，《常州先哲遗书》本。（收入《元人文集珍本丛刊》）。

需要说明的是，上述两类作者的诗文集中，往往也有关于前一阶段（前四汗时期）的资料，特别是一些碑、铭文字。不少作者一直到下一阶段仍在活动，所以他们的诗文集中也有下一阶段史事的资料。

（3）武宗到宁宗时期（1308—1332 年）。以反映这一时期史事为主的诗文集较多，价值较高的是：

《道园学古录》五十卷　虞集，《四部丛刊》本①。《虞集全集》，王颋点校，天津古籍出版社 2007 年版。

《中庵集》二十五卷　刘敏中，国家图书馆藏清抄本，收入《北京图书馆古籍珍本丛刊》。《刘敏中集》，邓瑞全、谢辉校点，吉林文史出版社 2008 年版。

《牧庵集》三十六卷　姚燧，《四部丛刊》本。查洪德编辑点校《姚燧集》，人民文学出版社 2011 年版。

《巴西文集》一卷　邓文原，国家图书馆藏清抄本，收入《北京图书馆古籍珍本丛刊》。

《石田文集》十五卷　马祖常，元至元五年刊本，收入《北京图书馆古籍珍本丛刊》。

《燕石集》十五卷　宋褧，国家图书馆藏抄本。收入《北京图书馆古籍珍本丛刊》。

《金华先生文集》四十三卷　黄溍，《四部丛刊》本。《黄溍全集》，王颋点校，天津古籍出版社 2008 年版。

《归田类稿》二十卷　张养浩，乾隆五十五年周氏刊本。《张养浩集》，李鸣、马振奎校点，天津文史出版社 2008 年版。

《清容居士集》五十卷　袁桷，《四部丛刊》本。《袁桷集》，李军等校点，吉林文史出版社 2010 年版。

《柳待制文集》二十卷　柳贯，《四部丛刊》本。《柳贯集》，魏崇武、钟彦飞点校，浙江古籍出版社 2014 年版。

《揭文安公全集》十四卷　揭傒斯，《四部丛刊》本。李梦生标校本，上海古籍出版社 1985 年版。

----

① 虞集的作品，还有《道园类稿》五十卷，内容大部分见于《道园学古录》，但还有一部分是《道园学古录》所没有的。此书有明初覆刻元本，收入《元人文集珍本丛刊》。

《渊颖集》十二卷　吴莱，《四部丛刊》本。

《圭斋文集》十六卷　欧阳玄，《四部丛刊》本。《欧阳玄集》，魏崇武、刘建立校点，吉林文史出版社 2009 年版。

这些诗文集也或多或少包含有上二阶段或下一阶段史事的资料。

（4）元顺帝时期（1333—1368 年）。这一时期元代社会矛盾加剧，终于爆发了大规模的农民战争。许多诗文集反映了这一时期的历史变革。如：

《至正集》八十一卷　许有壬，清宣统三年河南教育总会石印本①，收入《元人文集珍本丛刊》。

《存复斋文集》十卷　朱德润，《四部丛刊续编》本。

《圭峰集》二卷　卢琦，明万历庄毓庆刊本。收入《北京图书馆古籍珍本丛刊》。

《侨吴集》十二卷　郑元祐，国家图书馆藏清抄本。收入《北京图书馆古籍珍本丛刊》。《郑元祐集》，邓瑞全等校点，吉林文史出版社 2010年版。

《滋溪文稿》三十卷　苏天爵，陈高华、孟繁清点校本，中华书局1997 年版。

《东山存稿》七卷　赵汸，清康熙辛酉赵吉士刊本。

《东维子文集》三十一卷　杨维桢，《四部丛刊》本。

《云阳集》十卷　李祁，国家图书馆藏清抄本②。收入《北京图书馆古籍珍本丛刊》。

《师山先生文集》八卷　郑玉，清补明嘉靖刊本。

《青阳集》九卷　余阙，《四部丛刊》本。

《玩斋集》十卷　贡师泰，清乾隆南湖书塾刊本。《贡氏三先生集》（贡奎、贡师泰、贡性之），邱居里、赵文友校点，吉林文史出版社 2010年版。

《夷白斋稿》三十五卷　陈基，《四部丛刊三编》本。《陈基集》，邱居里、李黎校点，吉林文史出版社 2009 年版。

---

① 许有壬另有《圭塘小稿》十三卷，《三怡堂丛书》本，部分内容与《至正集》重复。
② 常见有清嘉庆甲戌（十九年，1814 年）刊行的四卷本，不全。例如记述元末奴隶暴动的《刘纶刘琚传》，就被删掉了。

《羽庭集》六卷　刘仁本，国家图书馆藏清抄本①。

《经济文集》六卷　李士瞻，《湖北先正遗书》本。

《梧溪集》七卷　王逢，《知不足斋丛书》本。

《宋文宪公全集》五十三卷　宋濂，《四部备要》本。《宋濂全集》，黄灵庚编辑校点，人民文学出版社 2014 年版。

《危太朴文集》十卷、续集十卷　危素，《嘉业堂丛书》本，收入《元人文集珍本丛刊》。

苏天爵、许有壬的文集，有不少反映农民起义爆发前社会状况的资料。其他的诗文集，都有关于元末农民战争的记载，这些作者都是江淮以南人，他们所记录的史实，主要也是南方的情况。

以上列举的，是需要认真阅读的重要诗文集。对于其他诗文集，也应尽可能浏览。

（九）总集　所谓总集就是将不同作家的文章或诗篇辑录在一起的集子。

《国朝文类》七十卷　苏天爵编。是元代最重要的总集。苏天爵"蒐掇国初至今（元顺帝即位之初——引者）各人所作，若歌诗、赋颂、铭赞、序记、奏议、杂著、书说、议论、铭志、碑传，皆类而聚之，积二十年，凡得若干首，为七十卷。百年文物之英，尽在是矣"。苏天爵选编的原则是经世致用，"然所取者，必其有系于政治，有补于世教，或取其雅制之足以范俗，或取其论述之足以辅翼史氏，凡非此者，虽好弗取也"②。因此之故，不少元代的重要文献，赖此书得以保存。如《经世大典序录》，由此可以窥见《经世大典》的结构；又如，著名政治家耶律楚材的神道碑和伟大科学家郭守敬的行状，也仅见于此书。研究元代历史，《国朝文类》是必不可少的参考著作，常见有《四部丛刊》本。

《天下同文》前甲集五十卷　周南瑞编。缺七卷，实存四十三卷。有《雪堂丛刻》本。此书编成于元成宗大德年间，所收诗文限于元代前期，内容远不及《国朝文类》丰富，但其中有些诗文为他书所无，有一定价值。如黄文仲的《大都赋》有助于了解元代大都的情况，赵璧的《大藏

---

① 常见有《乾坤正气集》本，四卷，不全。

② 陈旅《国朝文类》序。

新增至元法宝记》有助于了解元代佛教的兴盛等。

北京师范大学古籍研究所编纂的《全元文》，经过十多年的努力，已由凤凰出版社于2005年出齐。全书共六十一册，三千万字，收录作家二千余人。这是一项很大的文化工程，它的完成为研究者提供了极大的方便。

还应该提到的是，后代编纂的几部元代杂剧、散曲和诗歌总集，也是很有用的。明代万历四十四年（1616年）臧晋叔编《元曲选》，收元代杂剧百种，有中华书局1958年印本。解放后中华书局又出版了隋树森编的《元曲选外编》，将传世的元代杂剧《元曲选》所未收者，辑在一起，共得六十二出。现存的元人杂剧，可以说尽见于这两书了。清代前期，顾嗣立广事搜罗，先后编成《元诗选》三编，每编各分十集，以天干即甲乙丙丁戊己庚辛壬癸为号先后排列，但实为九集（三编的癸集统一编为《元诗选癸集》），共收诗人三百三十七家。顾嗣立又编有《元诗选癸集》，收录散见于各种文献的元人诗篇，共计二千四百余家。《元诗选》三编在顾氏生前已出版，《元诗选癸集》只有稿本，后经席世臣校补，刻印成书。1987年，中华书局出版了《元诗选》三编。2001年，出版了吴申扬点校的《元诗选癸集》。这是规模最大的一部元诗总集（但仍是选编性质，与《全唐诗》不同）。不少诗集已经散佚，赖此书得以部分保存。其中有很多有价值的史料，涉及元代社会生活的各个方面。1964年，中华书局出版了隋树森编的《全元散曲》，将目前所能见到的元人散曲加以辑集。2013年，中华书局出版杨镰主编的《全元诗》，收录元代诗人的十三万两千首诗，是元诗的集大成之作。元代杂剧和元代诗歌中有很多当时的政治、经济、文化史料，散曲在这方面总的来说比不上杂剧和诗歌，但有些散曲突破了通常的题材局限，在反映社会生活方面作出了贡献。如刘时中的《〔正宫〕端正好·上高监司》，形象地描写元朝钞法的弊病和人民生活的困苦，就是很好的史料。文艺是社会生活的反映，杂剧、诗歌、散曲中的社会史料，还没有充分得到利用，有待进一步去发掘。

（十）笔记　元人笔记传世的有四十余种，比起宋代来要少得多。比较重要的有：周密的《齐东野语》和《癸辛杂识》，杨瑀的《山居新语》和陶宗仪的《南村辍耕录》。《齐东野语》二十卷，有商务印书馆刊涵芬楼藏元刻明补本；张茂鹏点校本，中华书局 1983 年版。周密祖籍济南，故用此名。《癸辛杂识》六卷，有《津逮丛书》本。吴企明点校本，中华书局 1988 年版。周密曾居住于杭州癸辛街，书名即由此而来。两书所记多为宋元之际史事，兼及逸闻琐事。周密祖先世代为官，本人在宋亡后以遗老自居，交游很广，俨然是江南文坛领袖，所以见闻甚博。两书的记述，很多可补史籍之不足。如《齐东野语》中"李全本末""端平入洛""二张援襄"，《癸辛杂识》的"襄阳始末"等条，都是很有价值的。其他一些记载，也有不少足资参证的资料，例如《癸辛杂识》中"佛莲家赀"一条，不过六十余字，但对于了解宋元之际海外贸易的情况，是极为珍贵的资料，常为研究者所引用。

《山居新语》四卷① 作者杨瑀在元顺帝时曾于中瑞司、太史院任职，《山居新语》是他致仕退隐杭州时所作，其中有不少关于典章制度和政治活动的记载，对于研究元末史事颇有用处。常见为《武林往哲遗著》本。李梦生校点本，上海古籍出版社 2012 年版。

《南村辍耕录》三十卷 这是一部享有盛名的笔记。作者陶宗仪，元末明初人，元末曾应科举未中，农民战争爆发期间隐居松江乡村，从事著述，作品甚多。《辍耕录》一书内容庞杂，漫无条理，上至帝王世系、宫阙制度，下至神仙鬼怪、民间琐事，无所不收。从资料来源说，《辍耕录》的大部分条目，都是从前人或同时代人的著作中抄录得来的。例如，上面提到的《国朝文类》《癸辛杂识》《山居新语》等书都有一些内容被摘录到《辍耕录》中。这些被抄录的著作有不少已经散佚了，它们的部分内容赖《辍耕录》得以保存。例如卷二十一"宫阙制度"条，应出自《经世大典》，原书已不可得见，仅见于此。又如卷一"大元宗室世系""氏族"等条，对于元史研究有很重要的价值，也应是抄自其他著作，但现在已无从查考了。还有相当一部分条目，其内容是陶宗仪亲身见闻，也是很有意义的。如卷二十七"扶箕诗"、卷二十九"纪隆平"等条，都是研究元末农民战争时一再引用的重要资料。此书有中华书局 1959 年出版的标点本。

除了上述四种笔记之外，还有：

---

① 一作《山居新话》。

《庶斋老学丛谈》　　盛如梓，《知不足斋丛书》本。

《至正直记》　　孔齐，《粤雅堂丛书》本。庄葳、郭群一校点本，上海古籍出版社 2012 年版。

《遂昌山樵杂录》　　郑元祐，《学海类编》本。

《农田余话》　　长谷真逸，《宝颜堂秘笈》本。

《乐郊私语》　　姚桐寿，《学海类编》本。李梦生校点，上海古籍出版社 2012 年版。

《草木子》　　叶子奇。吴东昆校点，上海古籍出版社 2012 年版。

（十一）类书　　分类搜集各种资料以备查考的书叫作类书。现存的元代比较重要的日用百科全书型的类书有以下几种：

《新编事文类要启札青钱》　　分前、后、续、别、外五集。顾名思义，此书登载的主要是当时通用的各种文体格式和典故出处，如来往书信、婚丧文状等。对于研究社会历史较有意义的是外集卷一、二《方舆胜纪》，可资地理考证；外集《公私必用》，有"事产""人口""头匹"的买卖雇佣典当契式，可供研究当时社会经济关系之用。此书有昭和三十八年（1963 年）日本古典研究会影印的泰定甲子堂重刊本。

《居家必用事类全集》　　分十集。此书最早刻于元代，后来屡次补修重刻，现在通常能见到的是明嘉靖刊本。内容庞杂，从为学、家法、仕宦到宅舍、农桑、饮食、卫生，无所不有。最有意义的是该书辛集所收《习吏幼学指南》（简称《吏学指南》），这是大德五年（1301 年）吴郡（今苏州）徐元瑞编的一部法学词典，对当时通行的法律词语作了详尽的解释，是研究元代政治、经济的重要资料。丙集中有关地方行政弊病的记载，对于了解元代政治的腐败，也是很有用的。此外，农桑、饮食方面的材料，也从不同侧面为中外经济文化交流和国内各民族之间交往提供了有价值的例证。《北京图书馆古籍珍本丛刊》收入了此书，用的是朝鲜刻本。

《事林广记》　　陈元靓编，最早成书于南宋末年，元代多次增广删改重印。它的内容极为广泛，上至天文、地理，下至文艺、饮食，无所不有。现存的元刊《事林广记》有至顺建安椿庄书院刻本、后至元六年建阳郑氏积诚堂刻本、日本元禄十二年翻刻元泰定二年刻本等三种。1963年，中华书局影印出版了元至顺本。1999 年，中华书局又影印出版了后至元本和日本元禄十二年翻刻本，合成一册，书名《事林广记》。三种刻本内容互有出入，以至顺本较为完整，资料比较丰富。至顺本《事林广记》分前、后、续、别四集。前集的郡邑类可资地理考订；续集的文艺类所收"蒙古字体"（八思巴字）、"蒙古译语"（蒙语汉字标音）对于研究元代蒙古语言文字和典章制度都有重要价值；别集官制类所载元朝内外官职，别集刑法类所载大元通制，别集公理类所载告状新式，对于研究政治、经济各方面问题，都是很有用的资料。但其余二种刻本亦有若干与他刻本不同的内容，应互相参看。

上面我们分门别类对元史的汉文史料作了简略介绍。此外，元代还有一些科技方面的著作，如专门叙述盐业生产的《熬波图》（陈椿，《雪堂丛刻》本），专门讲述农业生产状况的《王祯农书》（王毓瑚校，农业出版社 1981 年印本）、《农桑辑要》（元朝官修，缪启愉《元刻农桑辑要校释》，农业出版社 1988 年版）、《农桑衣食撮要》（鲁明善，《墨海金壶》本），专门记载饮食的《饮膳正要》（忽思慧，《四部丛刊》本）等，对于研究元代社会经济以及其他方面的问题，也是很有用的。

（十二）藏文史料　藏文史籍为数颇多。涉及元代历史的有《红史》《汉藏史集》《青史》《新红史》等。《红史》作者蔡巴·贡噶多吉，成书于 1363 年。这是一部综合性的通史著作，是研究元代西藏的重要文献。其中有一些不见于他处的珍贵资料，如南宋少帝在萨迦被害等。此书有我国藏族学者东嘎·洛桑赤列的藏文校注本，陈庆英、周润年译成汉文，西藏人民出版社 1988 年版。《汉藏史集》作者达仓宗巴·班觉桑布，成书于 1434 年。陈庆英将此书译成汉文，西藏人民出版社 1986 年版。《汉藏史集》详细记述了元朝在吐蕃地区的各种措施以及伯颜、桑哥的活动，都是很可贵的。《青史》，廓诺·迅鲁伯作，主要记述西藏佛教各宗派的历史，其中有元代历任帝师、本钦的记载。此书有郭和卿汉文译本，西藏人民出版社 1985 年版。此外如《新红史》《郎氏家族史》《萨迦世系史》等，对于研究元代西藏史，都有一定参考价值。以上三种都有汉文译本。

第四节　国外史料

研究元史，必须注意利用国外史料，这是不同于其他断代史的一个重要特点。与元史研究有关的外国史料为数颇多，下面对其中较重要者作简略的介绍。

（一）波斯史料　蒙古三次西征的结果，使波斯及西南亚其他地区成为大蒙古国的组成部分，在这里建立了伊利汗国。伊利汗国的史家们对当时的历史，写下了不少著作，其中最重要的有两部，一部是《世界征服者史》，一部是《史集》。

《世界征服者史》　作者志费尼（Juvaini），出身于波斯一个古老的显贵家族，其祖父是花剌子模国王的大臣，其父则为蒙古征服者效劳，得到信任。志费尼曾追随伊利汗国的创始者旭烈兀出征巴格达等地，并被委任为巴格达州的长官。他曾三次前往蒙古地区，第一次（1247年）因得知贵由汗去世而中途折回；第二次（1250年），到达斡兀立海迷失皇后的行宫所在地；第三次（1252年），到达大蒙古国首都哈剌和林，居住达一年零五个月之久。许多重要历史事件都是他亲身经历，耳闻目睹。《世界征服者史》是1252—1253年志费尼在哈剌和林时开始写作的，完成于13世纪60年代初（其中尚有相当一部分章节未完成）。此书长期只有抄本流传，19世纪二三十年代出版的多桑《蒙古史》，从中引用了大量材料，欧洲人对此书的内容有所了解，因而使它的价值受到了人们的重视。1912—1937年，此书的波斯文集校本分三册先后出版。1958年，英国曼彻斯特大学出版部出版了英国学者约翰·安德鲁·波义耳翻译的英译本。1981年，内蒙古人民出版社出版了何高济根据英译本翻译的中文本。

《世界征服者史》共分三卷，第一卷记述成吉思汗和窝阔台、贵由、术赤、拔都、察合台等的事迹，还有畏兀儿人的历史等。第二卷为花剌子模王朝史。第三卷为拖雷、蒙哥、旭烈兀等的事迹，以及亦思马因派王朝兴亡史。这部书被公认是13世纪上半期蒙古和中亚、西亚历史的最有权威性的著作。

《史集》　作者拉施德丁（Rashid-ad-Din），出身于波斯哈马丹地区的一个医生世家，他本人担任过伊利汗国的宫廷御医，后为合赞汗（伊利汗国的第七代统治者）赏识，被任命为宰相，备受宠遇。最后因统治集团内部倾轧，惨遭杀害。合赞汗在伊斯兰历700年（1300—1301年）下令拉施德丁编纂蒙古史，但未及看见此书完成便已死去（1304年）。蒙古史编成于 1307 年，拉施德丁进呈于嗣位的完者都汗（合赞汗之弟），受到赞赏。完者都汗又要他编纂世界各民族历史和世界地理志，并将三部分统称为《史集》。《史集》全书完成于伊斯兰历 710 年（1310—1311 年），但流传到后世的，只有第一部蒙古史和第二部世界史，没有第三部世界地理志。第一部蒙古史共分三卷，第一卷（上）突厥蒙古部族志，第一卷（下）成吉思汗先祖及成吉思汗纪；第二卷伊利汗国蒙古诸汗以外的成吉思汗后裔史（窝阔台、察合台、拖雷、贵由、蒙哥、忽必烈、铁穆耳等）；第三卷伊利汗国史。拉施德丁在编纂蒙古史时，不仅广泛参考了当时各种波斯文和阿拉伯文的历史著作，还利用了伊利汗国宫廷中秘藏的档案资料《金册》①，此外，他采访了蒙古、印度、畏兀儿等族的学者，收集各种口头传说资料。其中特别是来自元朝的蒙古朵儿边氏族的孛罗丞相，对他帮助极大。因此，《史集》的蒙古史部分，内容丰富，具有很高的价值。它的许多记载，可以和《秘史》《元史》互相参证；还有不少记载，可补后者之不足。例如，关于蒙古各部起源、分支和亲属关系的叙述，在各种史料中，要以《史集》最为清楚详细。又如，关于忽必烈对阿里不哥及西北诸王的斗争，《史集》也要比《元史》和其他有关记载详尽。总之，对于研究 12、13 世纪蒙古史、中亚史以及元史来说，《史集》都是必不可少的。《史集》的部分内容来自《世界征服者史》，但总的来说，《史集》的内容比《世界征服者史》更为广泛。

《史集》在写成后，长期只有抄本流传。多桑《蒙古史》就从它的抄本中征引了许多资料。1836 年，法国出版了卡特麦尔的《史集·旭烈兀传》波斯文校注本和法文译本。1858—1888 年，俄国出版了贝勒津的《史集》蒙古史部分第一卷（包括部族志、成吉思汗先祖及成吉思汗纪）波斯文校注和俄译本。洪钧《元史译文证补》第一卷上、下《太祖本纪译证》，就是根据这个本子转译的。20 世纪初，法国学者伯劳舍出版了《史集》蒙古史部分第二卷波斯文校定本（1911 年）。邵循正在解放前发表的《刺失德集史忽必烈汗纪译释（上）》（《清华学报》第 14 卷第 1 期）即是从此本转译的。前苏联科学院东方学研究所（后改称亚洲民族

---

① 《金册》与元朝官廷中的"脱卜赤颜"应是一事。

研究所）从 1946 年起分卷出版了《史集》蒙古史部分的波斯文校勘本和俄译本。英国学者波义耳在完成了《世界征服者史》的英译以后，又将《史集》蒙古史部分的第二卷译成英文，1971 年由美国哥伦比亚大学出版部出版，题为《成吉思汗的继位者们》。波义耳的翻译是以伯劳舍本为底本的，但也参考了俄译本。这个译本利用了前人的研究成果，在名词的译写和注释方面都有较高的水平，对于元史研究来说是很有用的。天津古籍出版社于 1992 年出版了此书的中文译本，译者周良霄。我国学者余大钧、周建奇将《史集》蒙古史部分俄译本译成中文，1983 年起由商务印书馆分成四册（第一卷第一分册、第二分册，第二卷，第三卷）先后出版。距离《元史译文证补》的问世，已近百年。

（二）欧洲文字史料　大蒙古国的两次西征震动了整个欧洲。13 世纪中叶，教皇和法国国王先后派出使节访问蒙古，以传教为名，实为刺探消息。教皇的使节柏兰诺·加宾尼（Plano Carpini）于 1245 年从里昂出发，参加了选举贵由为大汗的忽里勒台大会，在贵由的营帐附近住了近四个月，1247 年秋返回里昂，向教皇提交了这次旅行的报告，标题叫作《被我们称为鞑靼的蒙古人的历史》。全书共分九章，作者详细记录了他所看到的和听到的有关蒙古人的一切：土地、人民、风俗、习惯、国家的起源和发展、皇帝与诸王的权力、军队组织和装备、战争特点，还专门有一章阐述与蒙古人作战的方法，最后一章则记述了经过的地方和遇到的情况。

1253 年，法国国王遣教士鲁不鲁乞（Wiliam of Rubruck）出使蒙古。鲁不鲁乞在这一年年底到达哈剌和林以南的蒙哥汗营帐所在地，后来又到哈剌和林，逗留达五个月之久，回国后向法国国王呈递了这次旅行的报告，后来被人们称为《鲁不鲁乞东游记》。全书共分三十八章。鲁不鲁乞详细叙述这次旅行的见闻，他的旅行路线与柏兰诺·加宾尼有所不同，见闻也有区别。其中关于大汗宫廷、和林城面貌、蒙古境内各种宗教活动情况以及畏兀儿等民族状况的记载，是特别令人感兴趣的。

这两位教士都是经过严格挑选来承担出使任务的，他们观察细致，记载翔实，在当时是为了向教皇和国王提供可靠的情报，但在后代却成了具有特殊价值的第一手资料。当然，由于语言的隔阂和时间的短促，他们的见闻也难免有失误之处。这两种行记出现后一直使人们感到浓厚的兴趣，有过多种抄本和刊本传世，目前比较常见的英文本是道森（Dawson）编的《出使蒙古记》（1955 年伦敦版，1966 年纽约版）①。此书由吕浦译，周良霄注，中国社会科学出版社 1983 年版。中华书局在 1985 年出版了耿昇、何高济译的《柏朗嘉宾蒙古行纪》（韩伯诗译注的法文本）和《鲁布鲁克东行纪》（柔克义译注的英文本），两者合成一书。

在柏兰诺·加宾尼和鲁不鲁乞之后，不断有欧洲人到中国来，有的经营商业，有的传播基督教。他们中有些人写下了文字材料，其中最有名的是马可·波罗（Marco Polo）所写的旅行记。马可·波罗是意大利威尼斯人，年轻时随父亲和叔父来中国，受到忽必烈赏识，在元朝政府中任职十余年，足迹遍及中国各地。后来，他奉命护送元朝公主到伊利汗国，1291 年由泉州启航，1293 年到达伊利汗国，然后返回家乡。13 世纪末，威尼斯与热那亚交战，马可·波罗被俘，在狱中口述自己在东方的见闻，由他人笔录，这便是闻名世界的《马可·波罗行记》。《行记》共分四卷，第一卷记马可·波罗来中国途中的见闻，成吉思汗的兴起和建立汗国的经过；第二卷记忽必烈的活动，大都、上都以及中国其他地区的情况；第三卷记日本和东、西洋各国的情况；第四卷记诸汗国之间的战争。马可·波罗所到地方之广，远远超过了当时任何其他旅行家，他的观察细致而且敏锐，叙事又很准确，这便使得这本行记具有极其重要的价值。它为研究元史、亚洲史以及这一时期的许多历史问题，提供了宝贵的资料。例如，轰动一时的王著杀阿合马事件，在行记中便有详细的记载，可以和中国史籍的有关记载互相印证。又如，关于忽必烈新建的上都城和大都城，马可·波罗都作了详细而且生动的描写，可以补中国史料之不足。马可·波罗对中国的经济生活也很注意，行记中有关纺织业生产和用煤等方面的记载，也是很有价值的。行记对亚非各国的叙述，也有助于中外关系史的研究。行记写成后，风靡一时，人们争相传诵，有多种抄本传世，文字互有出入。后来整理刊行，也有各种不同的版本，而且已经译成各种文字。过去比较流行的是亨利·玉尔（H·Yule）译注本（第三版，1902 年）。法国著名东方学家伯希和（P·Pellot）为行记作注释，共三百八十六条。全书分三卷（第三卷为索引）在伯希和死后陆续出

---

① 此书还包括其他三篇行记，以及教皇给蒙古大汗的两封书信，贵由汗致教皇的信。

版。作者广征博引，新意颇多，对研究元史、蒙古史、中西交通史都有重要的参考价值。我国过去出版过繁简不同的五种版本，比较流行的是冯承钧翻译的沙海昂译注本，原书缺点较多。张星烺译过玉尔译注本的一部分。此外，基督教僧侣鄂多立克、孟德高维努、马黎诺里等先后来过中国，写有游记或书信。关于他们对中国情况的报导，张星烺的《中西交通史料汇编》中有所介绍，可以参看。1981 年中华书局出版了《鄂多立克东游录》（收在《中外关系史名著译丛》中）。

（三）非洲史料 14 世纪有一个著名的摩洛哥旅行家，名叫伊本·白图泰（lbn Battuta），曾经游历亚非各国，在 14 世纪 40 年代来过中国。他留下了一部旅行记，其中讲到游历中国的情形。他在行记中说，曾到过刺桐（泉州）、行在（杭州）、汗八里（大都）等地，对于中国的丰富物产和人情风俗，都作了一些叙述。他特别称赞中国的瓷器，据他说中国瓷器向印度诸国输出，直至他的家乡摩洛哥。但是白图泰在中国停留时间较短，所到地方有限，叙述也不免有夸大和信口开河之处。白图泰行记常见有 1929 年出版的吉比（H·Gibb）英文节译本。吉比后来又将全书译成英文，自 1958 年起陆续出版。张星烺在《中西交通史料汇编》第二册中曾将有关中国部分作了节译。宁夏人民出版社于 1985 年出版了马金鹏的译本，2002 年出版校订本。海洋出版社于 2008 年出版了李光斌的《异境奇观——伊本·白图泰游记》（全译本），是根据阿拉伯文权威版本翻译的，具有很高的价值。

（四）高丽史料 元代中国与高丽关系密切，因此在高丽的文献中有不少关于元朝历史的记载。高丽王氏王朝（918—1392 年）灭亡后，继起的朝鲜李朝编纂了《高丽史》。关于《高丽史》的一般情况，上一章已作过介绍，此书为高丽与元朝的关系提供了丰富的资料，而且对于了解元朝的政治、经济、农民战争、东北女真族的活动，以及元朝灭亡后北元政权的活动，都是很有价值的。

在 14 世纪上半期，高丽出现了两本汉语教科书，一本叫《老乞大》，一本叫《朴通事》。《朴通事》分成许多段落，以对话的形式，叙述元代大都各方面的社会生活。《老乞大》则以高丽商人来中国贸易为中心线索，以对话的形式，叙述商业活动和其他各方面的社会生活。这两本书作者的本意，在于使高丽读者熟悉中国的社会生活，掌握有关的汉语词汇，却正好为我们了解元代社会特别是大都的面貌提供了很有价值的史料。这两种书在李朝时代曾作过一些修改，继续作为当时的汉语教科书，但基本上仍保持了原来的面貌。现在一般见到的是 1677 年边暹、朴世华等编辑整理的《朴通事谚解》和《老乞大谚解》，两书在日本殖民统治时期曾由京城帝国大学法文学部列入《奎章阁丛书》予以刊行。刘坚、蒋绍愚主编的《近代汉语语法资料汇编·元代明代卷》（商务印书馆 1995年版）收录了以上两书正文。近年韩国发现了未经修改的《老乞大》原本。2000 年，韩国庆北大学出版了《元代汉语本〈老乞大〉》，中国外语教学与研究出版社出版了《［原刊]〈老乞大〉研究》，都刊布了原本的影印全文。日本学者金文京、玄幸子、佐藤晴彦译注的《老乞大》（平凡社，2002 年版），将原本（旧本）《老乞大》译成日文，并加注释和解说，便于读者使用。

高丽时代的文人习惯以汉字写作，有些人的诗文汇编成集，如李承休的《动安居士文集》、崔瀣的《拙稿千百》、李穀的《稼亭集》、李达衷的《霁亭集》、白文宝的《淡庵逸稿》、李穡的《牧隐稿》等。高丽与元朝关系密切，高丽文人的诗文集中有不少关于元朝历史的记载，是很有价值的。例如，《动安居士文集》中有一篇《宾王录》，记至元十年（1273 年）高丽使臣出使元朝的见闻，特别是有关元朝庆典的记述，为他书所未有。又如，《牧隐稿》中有一篇《海平君尹公墓志铭》，明确说燕铁木儿以毒酒害死明宗，中国文献中对此事只是隐约其词，《牧隐稿》的叙述可补中国文献不足。高丽时代的诗文集，都已收入韩国出版的《韩国文集丛刊》中。

（五）越南史料　《大越史记全书》，在本书第六章宋代部分已作过介绍。此书对于研究元代中国与交趾、占城的关系是很有用处的，也有一些元代政治状况的记载。此外，归附元朝的交趾人黎崱编有《安南志略》一书，其中也有关于两国关系的资料，还收录了一些往来的文书。此书有武尚清的点校本，中华书局 1995 年版。

第五节　文物考古资料

关于元代考古发掘的一般情况，可以参看《新中国考古五十年》（文物出版社 1999 年版）。近年不断有元代墓葬被发现，有关报道散见于《文物》《考古》等杂志。

内蒙古额济纳旗的黑城遗址，自 20 世纪即为外国探险家所注目，大批文物、文书被席卷而去。建国以后，我国考古工作者在当地做了大量的工作，有很多收获。黑城遗址出土的文物、文书，主要集中于西夏和元两个时代。李逸友编著的《黑城出土文书（汉文文书卷）》（科学出版社 1991 年版）集中发表了 1983、1984 年在黑城发掘所得各种文书，主要是元代和北元时期的世俗文书，还有少量西夏和元代的佛经。这批世俗文书的内容涉及社会生活的许多方面，具有很高的价值。本书上一章"西夏史史料"部分提到的《俄藏黑水城文献》《英藏黑水城文献》中，亦有一些元代的文书，可供参证。

福建泉州在元代是一个国际贸易港，这个地方保存了许多与中外经济、文化交流有关的文物，其中尤以宗教石刻居多。吴文良的《泉州宗教石刻》（文物出版社 1957 年版）和陈达生的《泉州伊斯兰教石刻》（宁夏人民出版社、福建人民出版社联合出版，1984 年版），汇集了大批泉州发现的宗教石刻，为元代中外关系和海外交通的研究，提供了极其可贵的资料。科学出版社在 2005 年出版了《泉州宗教石刻》（增订本），吴幼雄增订，所收资料更为丰富。

第九章　明史史料

第一节　概况

1368 年朱元璋改元洪武，建立明朝。此后，历十五帝，经十六朝，至 1644 年三月李自成农民军攻入明都北京止，计时二百七十七年。如果连同南明的福王、唐王、桂王、鲁王等政权在内，到 1664 年李来亨抗清失败止，前后有近三百年的历史。

明代的历史内容十分丰富，有许多重要的历史事件和值得研究的重要问题。社会经济上，农业、手工业和商业都有不同程度的发展，特别是在江南部分地区的一些手工业当中，已经孕育着资本主义的萌芽。政治上，随着内阁制度的形成，厂卫的建立，宦官的专权，以及后期党争的频繁迭起，专制主义中央集权进一步强化和发展，也表明封建统治的衰朽和没落；以农民为主体，包括社会各阶层的反封建斗争，有明一代始终没有间断，并有所发展。思想文化上，学派林立，讲学之风盛行。特别是王阳明的"心学"和"经世致用"之学的兴起，对当时和后代的思想文化都有巨大的影响。民族关系上，中原的汉族同东北的满族，北方的蒙古，西南的藏、苗、彝等族，以及东南的壮、瑶和西北的回族、维吾尔等，政治上和经济上的联系都有所加强，其中尤以同东北满族和北方蒙古族的关系，更为突出。在对外关系上，初期的郑和下西洋和后期的"倭寇"，以及西方殖民主义者的入侵和传教士东来，都是前所未有的重要事件。所有这些，既是这个时期的重要历史内容，也是进一步研究的重要课题。

史学在明代也有所发展，留存下来的史料很多。

一是私人著述多。绝大部分的史书是正德以后的私人著述，并涌现出一批知名的史学家，如郑晓、王世贞、焦竑、胡应麟、何乔远、陈仁锡、谈迁等。

其次是史书著作数量浩繁。官修的书籍，据李晋华的《明代敕撰书考》（燕京大学图书馆 1932 年铅印本）的统计，有二百多部，其中以明朝前期的为多。官修的"实录"，数量很大，累计有三千多卷，线装本达五百册之多。私人著述的数量还没有确切的统计。仅以文集来说，著录于《千顷堂书目》的，就有近五千人的别集。

第三是体裁相当完备，诸如纪传、编年，纪事本末、杂记、志书、舆图、类书、丛书，无所不有。

第四是内容丰富。在卷帙浩繁的各种著述当中，反映的内容十分广泛和丰富。其中有记一代者，有记一朝者，有记一事者，有记一地者，有记一官府机构及其职掌者，有记一人者，包含着社会经济、典章制度、政治事件、农民起义、民族关系、对外关系、思想文化、科学技术等各方面的史料。

研究历史，材料是基础。引用史料务求真实可靠。明代有那么多的史书著述，所记内容，除受作者的阶级立场局限外，或由于朝堂水火，互相倾轧，人各为说，以致多有缺漏或失实之处；或由于为科举考试应对时务之需，"书肆刊本盛行"，以致杂滥而不精；或囿于作者的经历和见闻，此因彼袭，辗转相因，以致不确切或重复者也为数不少。因此，广泛收集史料并加以鉴别和考订，以求得材料的翔实和准确，十分重要。

目前，对于明代史料还没有作过广泛而全面地收集和整理，这里只是做初步的粗略介绍。

第二节　基本史料

明代史料很多，下列几种书可为深入了解明史和从事研究提供一些基础资料。

（一）《明实录》　明代历朝官修的编年体史书。从明太祖朱元璋到熹宗朱由校十三朝，均经修纂，计《太祖实录》二百五十七卷，《太宗实录》二百七十四卷，《仁宗实录》十卷，《宣宗实录》一百一十五卷，《英宗实录》三百六十一卷，《宪宗实录》二百九十三卷，《孝宗实录》二百二十四卷，《武宗实录》一百九十七卷，《世宗实录》五百六十六卷，《穆宗实录》七十卷，《神宗实录》五百九十六卷，《光宗实录》八卷，

《熹宗实录》八十七卷（今存七十四卷），累计三千零四十五卷。其中《太祖实录》修过三次：第一次为建文时方孝孺主持修撰，第二次为永乐时，由李景隆等修，并由熟悉明初事迹的刘辰参加编撰，第三次亦系永乐时，由姚广孝、夏原吉等人主持重修。永乐时两次重修的结果，将"其有碍于燕（指永乐帝）者，悉裁革"①。因而多有失实之处，清人钱谦益有《太祖实录辨证》一文，可资查对。此外，建文一朝实录附于《太祖实录》中；景泰一朝的事实，全部附于《英宗实录》中。《熹宗实录》无完本，缺四年及七年者。

明代定制，凡新皇帝即位，即诏修前一代实录，由皇帝任命总裁、副总裁及纂修诸官，并由礼部命令中外官署采辑先朝史迹，还派进士或国学生到各布政司郡县搜访，把收集到的中央和地方诸司的章疏奏牍、抄存邸报、人物传记、先朝遗事等材料，汇编送交史馆，"分吏、户、礼、兵、刑、工为十馆，事繁者为二馆。分派诸人，以年月编次，杂合成之，副总裁删削之，内阁大臣总裁润色"②，编成一朝实录。

《明实录》中史料丰富而广泛，诸如一朝的诏敕令旨、政务活动、财政赋役、政治制度、典章制度的变化、官吏的升迁，以及重大的历史事件和民族关系等，都以编年体的形式，不间断地记载下来。如果分门别类，收录汇辑，可以构成比较完备而有系统的专题史料。20 世纪以来，陆续有一些这样的专题史料从《明实录》中辑录出版，如：

田村实造《明代蒙满史料·明实录抄》十七册，分为《明实录抄·蒙古篇》十册，索引一册，第十册附录有西藏史料；《明实录抄·满洲篇》六册，索引一册。京都大学文学部满蒙史料刊行会 1943—1959 年。

田村实造、佐藤长编纂《明代西藏史料·明实录抄》，京都大学文学部汉蒙史料刊行会 1959 年。

中国科学院历史研究所蒙古史研究室《明实录蒙古史料抄附瓦剌史料抄兀良哈史料抄》，中国科学院历史研究所 1957 年复写二函十六册。

云南省少数民族研究所等《明实录有关云南历史资料摘抄》，云南人民出版社 1959—1963 年。

---

① 《罪惟录·艺文志》
② 王鏊：《震泽长语》卷上，《官制》。

青海民族学院政治教育系民族史编写组《明实录清实录撒拉族史料摘抄》，青海人民出版社 1963 年。

赵令扬、陈学霖、陈璋、罗文《明实录中之东南亚史料》（上、下），香港学津出版社 1968 年、1976 年。

台湾银行经济研究室编印《明实录闽海关系史料》，《台湾文献丛刊》第二百九十六种，1971 年。

和田久德《明实录の冲绳史料》，《御茶のゆ女子大学人文科学纪要》第二十四卷第二号，1971 年 3 月。

东京京都大学文学部内陆亚细亚研究所《明代西域史料·明实录抄》，1974 年。

日本史料集成编纂会编《中国·朝鲜の史籍における日本史料集成·明实录之部》，东京国书刊行会 1975 年 6 月出版，1983 年 9 月重印。

罗香林《明清实录中之西藏史料》，香港大学亚洲研究中心 1981 年出版，其中第三至九十八页为《明实录》中有关乌思藏史料。

青海民族学院科研处编印《明实录青海民族史料摘抄》，1981 年。

《准噶尔史略》编写组《明实录瓦剌资料摘编》，新疆人民出版社 1982 年。

顾祖成等《明实录藏族史料》，西藏人民出版社 1982 年。

王其榘《明实录邻国朝鲜篇资料》（其中建文朝《实录》不记与朝鲜的交往，用《国榷》补充；万历《实录》所记简略处，用《万历邸钞》补充），中国社会科学院中国边疆史地中心 1983 年。

贵州民族研究所《明实录贵州资料辑录》，贵州人民出版社 1983 年。

孙文良、陆玉华《〈明实录〉中的女真史料选编》（第一、第二册），辽宁大学历史系《清初史料丛刊》第六种 1983 年。

谷口房男、小林隆夫《明代西南民族史料·明实录抄》，东京东洋大学亚非文化研究所 1983 年、1994 年。

徐铭《明实录彝族史料辑要》，西南民族学院科研处 1985 年内部资料。

何丙郁、赵令扬《明实录中之天文资料》（上、下），香港大学中文系 1985 年。

杨新忠、吴忠礼《明实录宁夏资料辑录》，宁夏人民出版社 1986 年。

郑樑生《明代倭寇史料》（五辑），第一、第二辑为《明实录》资料，台北文史哲出版社 1987 年。

刘耀荃编，练铭志校补《明实录广东少数民族资料摘编》，广东人民出版社 1987 年。

吉林省社科院历史所《明实录东北史资料辑》，辽沈书社 1989 年。

郭厚安《明实录经济史料选编》，中国社会科学出版社 1989 年。

广西民族研究所《明实录广西史料摘录》，广西人民出版社 1990 年。

赵其昌主编《明实录北京史料》四册，北京古籍出版社 1995 年。

陈历明编校《明清实录潮州事辑》，香港艺苑出版社 1998 年。

和田久德等《〈明实录〉の琉球史料》（一）（二）（三），冲绳县文化振兴会公文书管理部史料编集室 2001 年、2003 年、2006 年。

田卫疆《明实录新疆资料辑录》，新疆人民出版社 2002 年。

傅玉璋等《明实录安徽经济史料类编》，黄山书社 2003 年。

刘菁华、许清玉、胡显慧选编《明实录朝鲜资料辑录》，巴蜀书社 2005 年。

唐启翠辑录点校《明清〈实录〉中的海南》，海南出版社 2006 年。

朴兴镇总主编《中国廿六史及明清实录东亚三国关系史料全辑》，延边大学出版社 2007 年。

李峰、张焯主编《明实录大同史料汇编》，北京燕山出版社 2008 年。

张梅秀辑录《明实录山西史料汇编》，三晋出版社 2009 年。

黄克力编《明实录中的天津史料》，天津人民出版社 2011 年。

万新平、于铁丘主编《明实录天津史料汇编》，天津人民出版社 2012 年。

项文惠编《明清实录杭州史料辑录》，杭州出版社 2012 年。

张志军主编《明实录长城资料辑录》，宁夏人民出版社 2013 年。

赵桅等编《明实录清实录烟瘴史料辑编》，中央民族大学出版社 2014 年。

胡丹编《明代宦官史料长编》，以《明实录》中的宦官史料为骨架，广泛辑录明清政书、正史、文集、野史、笔记、及传世方志、碑刻中的相关史料编成，凤凰出版社 2014 年版。

此外，1987 年至 1995 年华中师范大学历史文献研究所对《明实录》

进行分类编纂和校订，按省区和内容分别进行编纂，共编成《明实录类纂·湖北史料卷》和《明实录类纂·人物传记卷》等二十一册，除《广西资料卷》由广西师范大学出版社出版外，其余均由武汉出版社出版。但在省区中尚有湖南、江西、甘肃、陕西、山西、江苏等省没有编纂，也有许多方面内容未加分类编纂，已经类纂的分册也存在遗漏、错误之处。利用这种分类资料时应加注意。

《明实录》对于深入了解和研究明代历史来说，是有重要史料价值的基本史籍。清初史学家万斯同读过明代诸家纪事之书，认为大都"牴牾疏漏，无一足满意者"，而实录"虽是非未可尽信，而一朝之行事，暨群工之章奏，实可信不诬"①，"盖实录者直载其事与言，而无所增饰者也"②。他对实录价值之评论，是可供我们参考的。

明代历朝实录修成后，誊录正副两本，其底稿则于进呈正副本前，由史官会同司礼监官于太液池旁椒园焚毁。实录正本放在皇史宬，副本放在内阁（文渊阁）。因此，明历朝实录"有成书，无刊本"。万历二十二年为修"国史"，才将实录提出来，供编史者参考。这样《明实录》的各种手抄本始在民间流传。据说共有十几种本子，且各地抄本卷帙也不相同，内容亦有详略。1940年汪伪时期，梁鸿志根据江苏国学图书馆本影印，是现在通用的本子，共五百册，错字、讹字极多。抗战期间，前中央研究院历史语言研究所曾组织王崇武等人对《明实录》进行校勘，后一度中断。1962年，台湾地区"中央研究院"历史语言研究所黄彰健等继续校勘，并已影印出版，计正文一百三十三册，校勘记二十九册，附录二十一册。

此外，谢贵安发表《明实录人名校勘》《明实录人名校勘补遗》（分载《历史文献研究》北京新二辑、新四辑，北京燕山出版社1991年、1993年）和《〈明实录〉地名校勘》（载《华中师范大学学报》1992年第一期），对《明实录》中尚未被历史语言研究所校出的人名、地名文字错误作了校勘。

有关《明实录》的研究，可参考吴晗《记明实录》（史语所集刊十八，1948年）、间野潜龙《明实录研究》、谢贵安《明实录研究》（台湾

---

① 《石园文集·寄范笔山书》。
② 钱大昕：《潜研堂文集》卷二十八。

文津出版社 1997 年，湖北人民出版社 2003 年，上海古籍出版社 2013 年）。

（二）《国榷》一百零八卷　谈迁撰。这是一部编年体的明史，按年、月、日记载明朝一代的重要史实。是书的特点之一是对实录中避而不谈的一些重要史实，敢于直书。如对朱元璋晚年杀戮功臣事，对建文朝一代史事，对满洲先世建州女真等事实，可补其他史书记载之不足。另一个特点是善于评论。作者对于明代重要事件的发生，经常将自己的以及诸家的议论并列于后，既便于读者的了解，也有一定的参考价值。还有一个特点是详于史实的考订。作者对一些史实，总要进行精审考订，从而使材料具有相当的可靠性。尤为突出的是作者非常注意万历以后七十多年的历史，书中所占篇幅很多。其中特别是收集了不少明代建州史料，以及根据邸报、方志和官吏、遗民之口述等材料，编补了崇祯十七年的史事。这些对于研究明代建州史和崇祯一朝的历史有着重要的史料价值。

《国榷》一书，有的叙事过于简单，也有时同一事件先后记叙重复或说法不一，使用时值得注意。是书有古籍出版社 1958 年铅印本、中华书局 1988 年重印本、上海古籍出版社《续修四库全书》本等。

（三）《明通鉴》九十卷　清夏燮著。是书为编年体，虽成书于清咸丰末年，在《明史》刊行一百多年后，但由于作者博览群书，旁征博引，还依据《资治通鉴》的体例，对《明史》中的问题，另撰《考异》，附在正文之下，对鉴别史料和考订史实都有参考价值。是书有中华书局点校本 1959 年出版，1980 年第二版；上海古籍出版社 1990 年影印本。

（四）《明史纪事本末》八十卷　清谷应泰著。谷应泰为直隶丰润人，清顺治四年（1647 年）进士，后任浙江学政。是书成于顺治十五年（1658 年），就明代历史中的八十个重要事件或问题，按时间前后编排叙述。它成书在《明史》之前，收集史料丰富，叙事简明扼要，首尾一贯，是一部有一定史料价值的史书。是书与《明史》一样，竭力回避明满关系。有的内容依据野史传闻，如对建文帝下落的记述等。该书有中华书局 1977 年出版点校本，后收入中华书局编辑部编《历代纪事本末》，1997 年出版。附录《补遗》六卷及彭孙贻《明朝纪事本末补编》五卷。彭孙贻《明朝纪事本末补编》亦作于《明史》刊行之前，可与《明史纪事本末》互为补充。该书另有上海古籍出版社 1994 年影印本，亦收录《补遗》六卷及彭孙贻《明朝纪事本末补编》五卷。

対《明史纪事本末》一书的评介文章，早年有王崇武《莫文骥与〈明史纪事本末〉》（《史语所集刊》1948 年二十本上）、李光璧《谷氏〈明史纪事本末〉探原》（《中和》1942 年 12 月三卷 12 期）；近些年有郑天挺关于《纪事本末》一书的评述（载《及时学人谈丛》第 67、368、492 等页），陈祖武《〈明史纪事本末〉评介》（《中国历史名著评介》，山东教育出版社 1990 年版）、《〈明史纪事本末〉杂识》（《文史》三十一辑 1989 年版）。近时，台湾地区"中国明代研究会"主办的"明代典籍研读会"，研读《明史纪事本末》并探索其史源，已完成若干成果，如徐泓《〈明史纪事本末·开国规模〉校读：兼论其史源运用与选材标准》（《台大历史学报》第 20 期，1996 年）、徐泓《〈明史纪事本末·严嵩用事〉校读：兼论其史源运用与选材标准》（《暨大学报》第 1 期，1997年）、林丽月《读〈明史纪事本末·江陵柄政〉——兼论明末清初几种张居正传中的史论》（《台湾师大历史学报》第 24 期，1996 年）、吴智和《〈明史纪事本末·王振用事〉校读》（《华冈文科学报》第 23 期，1999年版）、邱炫煜《〈明史纪事本末〉史论出自蒋棻代作说》（《第一届两岸明史学术研讨会会议论文》，1996 年）、邱炫煜《〈明史纪事本末·开设贵州〉校读：兼论作者的史识与全书的评价》（《明代研究通讯》第 2 期，1999 年）、邱炫煜《〈明史纪事本末·郑芝龙受抚〉校读》（《侨生大学先修班学报》第 9 期，2001 年）、邱炫煜《〈明史纪事本末·平徐鸿儒·附王好贤、于弘志〉校读》（《侨生大学先修班学报》第 11 期，2003 年）、陈怡行《〈明史纪事本末〉卷四十五〈平河北盗〉校读》（《明代研究通讯》第 6 期，2003 年）、徐泓《〈明史纪事本末〉的史源、作者及其编纂》（《史学史研究》2004 年第 1 期）、徐泓《〈明史纪事本末·南宫复辟〉校读：兼论其史源、编纂水平》（《明史研究论丛》第六辑，黄山书社 2004 年版），均可参考。

此外，纪事本末体的史书还有明人高岱《鸿猷录》十六卷，所录六十事，起明初，终于追杀仇鸾，"皆事之关于用兵者也"。内容丰富，所辑材料也不少。是书收录在《纪录汇编》中，另有上海古籍出版社点校本。记南明史事的有倪在田辑录的《续明纪事本末》十八卷。

（五）《明史》三百三十六卷　清张廷玉等奉敕撰。该书为纪传体的官修史书，清乾隆四年修成。《明史》是我国历史上纂修时间最长的一部官修史书。清顺治二年（1645年）五月，就开始设立明史馆，准备编修明史，但因时间仓促，条件不具备，并无进展。康熙十八年（1679年），开博学鸿词科时，又诏开史馆，任命学士徐元文、叶方蔼，庶子张玉书为总裁，纂修明史。此后又先后由王鸿绪、张廷玉为总裁，于雍正十三年（1735年）十二月定稿。乾隆四年（1739年）大学士张廷玉正式进呈，先后历时九十五年，始克完成。清修《明史》，主要取材于明朝《实录》、档案，以及文集、奏议、图经、志书、传记、邸报等有关著述和材料，经过一些著名的史家，如万斯同等整理和考订，因而具有较高水平。它不仅体例严谨，叙事清晰，文字简明，编排得当，而且引述的材料也为数不少。因此，具有较高的史料价值。

《明史》在体例上有许多地方不同于前史。在本纪方面，把建文、景泰两朝都列入本纪中，即《恭闵帝纪》和《景帝纪》。这与《明实录》中把建文及景泰的实录，分别附于《太祖实录》及《英宗实录》中是不同的。在志的方面，《历志》中加了一些表，使读者便于明瞭文字中的内容。《艺文志》则不同于以前"正史"中的《艺文志》，对明代以前的著述概不涉及。这无异于割断了历代以来整个学术发展史，应该说是个缺陷。在表的方面，共列表十三卷，比以前诸史增加了《七卿表》（六部尚书及都御史）。《七卿表》始自谈迁《国榷》，为《明史》所采纳。在传的方面，专门立有《阉党传》《流贼传》《土司传》。这些不仅反映了明代社会的突出问题，也为了解和研究宦官、明末农民战争和民族问题，提供了集中而系统的材料。

但从史料上说，《明史》还是失于简略，尤其是社会经济方面的材料，更有许多缺漏和不足之处。又由于清朝封建统治者的文网密布，对建州的先世及其与明朝的臣属关系，以及双方争执的症结，都语焉不详，且多失实之处。这在读《明史》时，需要注意。是书有中华书局1974年标点分段校勘铅印本。

郑天挺教授1963—1966年在主持点校《明史》过程中，在指导研究生学习中，对《明史》先后作过多次评介并写下了多达五十三段的札记，经过整理发表在《及时学人谈丛》之中（中华书局2002年版）。这些评述，诸如《明史》百年编纂历程、《明史》之两大特色：一是"容纳了较多的反映历史事实的材料"，另是"反映了明代某些历史问题的研究成果"；八大优点：得真，无所徇隐，排次得当，编纂得当，详简得宜，行文核实，多载原文，存疑互见；五类错误：文字、人名地名、年代、事实、编纂的错误以及史实记述中的矛盾等。此外还就底本与作者材料之来源、版本之异同、难解之名词术语、体例之增减等等，广泛而具体地作了评介。在研读《明史》的方法上，提出"以时为经，以事为纬，人物制度贯穿其间"的读法，做到"点、线、面、体的结合"。这些既有对《明史》全书的掌握与评介，又有对具体问题的纵深开掘与深入探微，有助于对《明史》的深入了解和利用，可供学习和参考。

《四库全书》本《明史》（《钦定明史》）

乾隆四十年（1775年），清高宗发现《明纪纲目》有记载不实之处，且青海、朵颜等人名、译名沿用鄙字，与《同文韵统》及已改正之《辽金元三史国语解》未为划一，下令进行改修，进而延及《明史》，谕令在相应层面改修《明史》，四十二年，高宗下令对《明史》本纪进行全面修改，同时对《明史》列传加以详细考订。到乾隆五十四年改修完成，抄入《四库全书》，称为《钦定明史》。改修本针对原本的讹误与不完善处，进行了大量的考证与订补工作，总体学术水平要优于原本。它是清朝官方纂修《明史》的最终成果，在学习和研究中应对该书给予应有的重视。

《明史稿》三百一十卷　署名王鸿绪撰，实出于万斯同（字季野）之手。

康熙十七年（1678年），万斯同被荐为博学鸿儒，他力辞不就。次年到了北京，参加修撰《明史》的工作，不署名，不受俸，以馆外人身份参加修史，先后十九年。他博通诸史，尤熟悉明代掌故，参与撰修《明史》，"尝语方望溪（苞）云：吾少馆于某氏，其家有列朝实录，默识暗诵，无一言之遗。长游四方，求遗书，问往事，网罗参伍，而以实录为指归。凡实录未详者，以他书证之；他书之诬且滥者，以实录裁之"[1]。《明史稿》是博学鸿词科五十余人共同讨论体例后，分头纂写的，最后由万斯同手订而成。是时王鸿绪为明史馆总裁之一。康熙四十一年（1702年）万斯同死后，王鸿绪又集人对此稿进行润色，先后于康熙五十三年（1714年）及雍正元年（1723年）进呈列传及纪、志、表部分，版心写

---

① 阮葵生：《茶余客话》卷十。

"横云山人明史稿"。计本纪十九卷，志七十七卷，表九卷，列传二百零五卷，共三百一十卷。《明史》就是在《明史稿》的基础上改编修订的。是书有台湾文海出版社 1962 年影印本。天津古籍出版社《二十四史外编》第一百二十五至一百五十二册影印有《横云山人明史稿》。

《明史》四百一十六卷 旧题万斯同撰，国家图书馆藏抄本，收入《续修四库全书》。该本凡本纪十七，志十四，表五，个传二百二十六，类传十五，总计四百一十六卷。关于该本的作者归属问题，学界说法不一。民国李晋华在《明史纂修考》（哈佛燕京学社，1933 年）中推断此稿系万斯同馆于徐元文家时所定，又说："确乎莫能定"；黄爱平在《〈明史〉稿本考略》（《文献》1983 年第 4 期）中根据该稿卷数与杨椿所言徐稿同，且该稿《杨廷和传》的内容与方苞所言万斯同稿一致，而王鸿绪《明史稿》所删内容正为此稿所有，认为该稿系万斯同馆于徐乾学、徐元文家时的修订稿。近年来，朱端强在《布衣史官万斯同传》（浙江人民出版社，2006 年）中提出该稿很可能是熊赐履删修本，因为此稿在卷数上与熊稿吻合，且其在史识上不同于前期徐、万之见，也不似王鸿绪《明史稿》。衣若兰在《旧题万斯同 416 卷本〈明史列女传〉研析》（《汉学研究》2010 年第 1 期）中作了进一步考证，她将此稿与上海图书馆藏熊赐履《明史本纪》比对，发现后者所标明修改处都在此稿中得到订正，由此认为上图本是此稿的底本，进而认定此稿是熊赐履进呈本。由于此稿对于研究《明史》及其成书过程意义重大，故列出诸种说法供读者参考。

天一阁藏《明史稿》共计十二册，六册系稿本，六册系钞本。各册均为列传，其上或多或少都有朱笔、墨笔以及白粉笔删改涂抹的痕迹。学界虽对该稿撰者仍有争议，但大都认为该稿经过万斯同修改订正，是万斯同手订本《明史稿》，且系比较初始的《明史》列传稿，具有较高的史料与文献价值。2008 年，该稿由宁波出版社影印出版，为进一步研究万斯同及《明史》修纂的诸多问题提供了新的资料。

继《明史》之后，还陆续有些补编之作，如刘廷銮《建文逊国之际月表》、黄大华《明宰辅考略》和《明七卿考略》、吴廷銮《明督辅年表》（中华书局 1982 年标点铅印本）、傅以礼《残明宰辅年表》和《残明大统历》等。这些都收在《二十五史补编》中，可补《明史》之不足。书目文献出版社 1996 年出版《二十四史订补》，第十五册为有关《明史》订补之作，2004 年北京图书馆出版社另以《明史订补文献汇编》之名出版，收录刘承幹《明史例案》、王颂蔚《明史考证捃逸》、潘柽章《国史考异》、刘若愚《明宫史》、尤侗《明史拟稿》、方象瑛《明史分稿残本》、朱彝尊《明史馆稿传》、尤侗《〈明史〉外国传》、毛乃康《季明封爵表》九种文献。

有关《明史》的编纂和考订以及有关《明史》的工具书，可以参看以下著述：

清朱彝尊《曝书亭集》，《国学基本丛书》本。

清全祖望《鲒埼亭集》，《国学基本丛书》本。

清赵翼《廿二史札记》，中华书局 1982 年版。

清王颂蔚《明史考证捃逸》，吴兴嘉业堂刊本。台湾学生书局 1968 年，文物出版社 1982 年，江苏广陵古籍刻印社 1990 年影印本。

刘承幹《明史例案》，吴兴嘉业堂刊本。

陈守实《明史抉微》，《国学论丛》一卷 4 期，1928 年 10 月。

黄云眉《明史编纂考略》，《金陵学报》一卷 2 期，1931 年 11 月；又见《史学杂稿订存》。

吴晗《明史小评》，《图书评论》一卷 9 期，1933 年 5 月。

李晋华《明史纂修考》，《燕京学报》专号之二，哈佛燕京学社 1933 年出版，上海书店 1992 年版。

梁嘉彬《明史佛郎机传考证》，《国立中山大学文史学研究所月刊》1934 年第二卷第 3、4 期合刊。

陈守实《明史考证抉微》，台湾学生书局 1968 年版。

蒋孝瑀《明史艺文志史部补》，台北台联国风出版社 1969 年。

哈佛燕京学社引得编纂处编印《食货志十五种综合引得》，内有《明史食货志》，中华书局重印。

黄彰健《明史纂误、〈续〉、〈再续〉》，《史语所集刊》三十一、三十六、三十七下，1960、1966、1967 年。

汤纲、王鸿江、傅贵九《〈明史〉校勘札记》，《中华文史论丛》第 2 辑，1980 年。

郑天挺《明史校读零拾》，载《探微集》，中华书局 1980 年版。

梁方仲《〈明史·食货志〉第一卷笺证》，《北京师范学院学报》1980 年第 3、4 期，1981 年第 1、2 期，《梁方仲经济史论文集集遗》广东人民出版社，1990 年。

郑天挺《读〈明史·食货志〉札记》，载《史学集刊》1981 年复刊号，郑天挺《及时学人谈丛》（中华书局 2002 年）。

郑天挺《〈明史〉零拾》，载郑天挺《及时学人谈丛》（中华书局 2002 年）。

丁谦《明史外国传地理考证》、《明史西域传地理考证》，载《浙江图书馆丛书》第一集。

张维华《明史佛郎机吕宋和兰意大利亚四国传注释》（《燕京学报》专号，1934 年），上海古籍出版社改题《明史欧洲四国传注释》1982 年出版。

和田清编《明史食货志译注》二册，东洋文库 1957 年。

黄云眉《明史考证》一至八册，中华书局 1979 年至 1986 年出版。

郑樑生《明史日本传正补》，台湾文史哲出版社 1981 年。

李洵《明史食货志校注》，中华书局 1982 年。

戴裔煊《明史佛郎机传笺证》，中国社会科学出版社 1984 年。

张德信《明史海瑞传校注》，陕西人民出版社 1984 年。

高其迈《明史刑法志注释》，法律出版社 1987 年。

汪向荣《明史日本传笺证》，巴蜀书社 1988 年。

龚荫《明史云南土司传笺注》，云南民族出版社 1988 年。

周魁一等《二十五史河渠志注释》，内有《明史河渠志注释》，中国书店 1990 年。

王雷鸣编注《历代食货志注释》第四册《明史食货志注释》，农业出版社 1991 年。

郭培贵《明史选举志笺正》，内蒙古大学出版社 1997 年。

野口铁郎《译注明史刑法志》，东京风向社 2001 年。

郭培贵《明史选举志考论》，中华书局 2006 年。

王伟凯《明史刑法志考注》，天津古籍出版社 2005 年。

京都大学历史研究室编《明史职官志索引稿》（1972 年油印本）。

野口铁郎编《明史刑法志索引稿》，日本《历史人类》五至七，

1977—1979 年；国书刊行会 1981 年。

李裕民编《明史人名索引》，中华书局 1985 年。

罗康智、王继红编著《明史·贵州地理志考释》，贵州人民出版社 2008 年。

翟玉前、孙俊编著《明史·贵州土司列传考证》，贵州人民出版社 2008 年。

庞乃明著《〈明史·地理志〉疑误考证》，社会科学文献出版社 2012 年。

朴元熇主编《〈明史·食货志〉校注》，天津古籍出版社 2014 年。

姜胜利主编《明史研究》，中国大百科全书出版社 2009 年。

虞浩旭、饶国庆主编《万斯同与〈明史〉》上下，宁波出版社 2009 年。

（六）典章制度史籍　关于明朝一代的典章制度，官修的《大明会典》是最重要的基本史料。《明会典》在明朝修过多次。弘治十年（1497年）三月，孝宗敕阁臣徐溥纂修会典，十五年书成，于正德四年（1509年）由李东阳重校刊行，凡一百八十卷，此本《明会典》通称正德《明会典》，国家图书馆现存有万历刻本。《四库全书》收有正德《明会典》，日本东京汲古书院 1989 年影印东京大学附属图书馆藏刊本《正德大明会典》。后来，明世宗复命阁臣霍韬等续修，"续自弘治壬戌（十五年），迄嘉靖己酉（二十八年）"，进呈后并未刊行。万历四年（1576年），神宗又命续修，"芟敏正讹，益以见行事例而折衷之"，于万历十五年（1587年）修成刊行，即目前所通用的申时行等重修的二百二十八卷本，《万有文库》第二集收有此书。中华书局 1989 年据此影印，上海古籍出版社《续修四库全书》也收有此书。《明会典》的材料是以洪武二十六年（1393年）刊布的《诸司职掌》（见《玄览堂丛书》影印本）一书为主，参以《明祖训》《大诰》《大明令》《大明集礼》《洪武礼制》《礼仪定式》《稽古定制》《孝慈录》《教民榜文》《大明律》《军法定律》《宪纲》等十二种书，并附以历年的有关事例。臣僚题本一经圣旨"是"了的，"准议"了的，"准拟"了的，都成了"题准"和"奏准"。这"题准"和"奏准"在当时都奉以为"例"，它完全具有律令的性质。纂修会典前，"先行行文各该衙门选委司属官，将节年题准见行事例，分类编集，呈送堂上官校勘明白，候开馆之日，送入史馆，以备采择"。《明会典》的体例大要以六部为纲，详述其职掌及历年事例，而以宗人府置六部之前，诸文、武职置六部之后。由于这部书是"辑累朝之法令，定一代之章程"，所以记有明一代的典章制度最为详细和完备，"凡史志之所未详，此皆具有始末，足以备后来之考证"①。

此外，还有一些官府刊布或私人汇编的事例，如《嘉靖事例》（国家图书馆藏抄本）汇集了嘉靖年间一批抄档，包括各衙门的题本和世宗皇帝的批答，以及《皇明成化条例》（明抄本）、《嘉靖新例》（《玄览堂丛书》三集本）、《嘉隆新例》（《玄览堂丛书》续集本）、《工部新刊事例》（《玄览堂丛书》初集本）等等。

除官修的《明会典》外，还有万历十四年（1586年）王圻编纂的《续文献通考》，也是记典章制度的。作者搜集史乘和名家文集以及当时存留的"往牒及奏疏"，据事节录，编次而成。是书续《文献通考》，起宋嘉定，止于明万历，较《通考》多节义、书院、氏族、六书、道统、方外等六门。其体例和内容虽杂乱不严谨，但可与《明会典》参用。王圻《续文献通考》有明万历刊本，现代出版社1986年影印本，上海古籍出版社《续修四库全书》本。私人编撰的还有：陈仁锡《皇明世法录》（明刻本，台湾《中国史学丛书》本）和朱健《古今治平略》（明刻本，《续修四库全书》本）记典章制度也相当详细，有不少可供利用的材料。

有关《明会典》的评介可参看日本山根幸夫教授撰写的《明代会典》（《明史研究论丛》第六辑）一文，文章系统地记述了从弘治会典到万历会典的编纂过程。还可参看商传的《〈明会典〉及其史料价值》（《史学史研究》1993年第2期）。

（七）明、清人的史学著作 明嘉靖以来，许多学者热衷于纂修本朝的历史，涌现出一批颇负盛名的史学家和很有影响的史学著述。如：

《弇州史料》前、后集 王世贞撰。王世贞字元美，自号凤洲，又号弇州山人，江苏太仓人，嘉靖二十六年（1547年）进士，历任刑部主事、山西按察使、广西布政使、右副都御史、南京刑部尚书等职。他勤奋读书，注意"网罗散佚，博采异闻"，藏书甚富，"二典之外，尚有三万余卷。其他即墓铭朝报，积之如山"①。晚年又追随大学士徐阶，得以阅读徐在任所时抄录的《明实录》及其他珍贵资料。王世贞勤于著述，因拥有大量藏书资料，故"其考核该博，固有自来"②。他的著述详明，"是非不谬，证据独精"。清修《明史》，因"《明实录》疏漏脱略，不得已采之稗史，而稗史惟王元美《史料》为胜"③。《史料》一书共一百卷，前集为三十卷，后集为七十卷。前集收表、志、考、世家、传记，后集收有关史料与考订。书中有关于明代君臣事迹、盛事逸闻、社会经济、典章制度、礼仪风俗、朝野掌故、人物事迹、民族关系、对外关系、史书考订等多方面的材料。如前集第三至十六卷考释中的《京营兵将考》《市马考》《藩禄考》《科举考》《中官考》等篇，第十七至十八卷志记中的《锦衣志》《北虏志》《三卫志》《哈密志》，以及《安南通志》《倭志》等篇，第十九至三十卷有包括六七十人之多的世家和传记。后集第三十七卷笔记中的《户口登耗之异》《舆地贡赋》《钞法》《宗费》《官俸》《边费》等，都是十分有用的经济资料。《史乘考误》部分，考订国史、野史、家乘之误，也相当精辟。该书有万历四十二年刊本、上海古籍出版社《续修四库全书》本。

王世贞《弇山堂别集》一百卷　此书虽题为"别集"，实是一部明代史籍，如该书陈文烛序所言，是有关"国朝典故，比一代实录云"。第一至十九卷为《皇明盛事述》《皇明异典述》《皇明奇事述》，内容庞杂，包括朝章典故、君臣事迹、社会经济、人物、民族关系、中外关系等等；第二十至三十卷为《史乘考误》，考订国史、野史、家乘之误；第三十一至三十六卷是关于明代帝系及宗藩的记载；第三十七至六十四卷为史表，包括诸王功臣、朝中大臣及总督守备；第六十五至一百卷为各种"考"，包括赏功、科考、诏令、兵制、市马、中官等十六目。该书不但保存了大量珍贵史料，有些不见于实录、会典等书，王世贞还对有关史料、史事做了精审考证，具有较高史料价值。该书有些内容后来收入《弇州史料》一书。该书有万历刻本、《四库全书》本、光绪年间广雅书局本、台湾学生书局《中国史学丛书》初编本、中华书局1985年点校本。

① 谢肇淛：《五杂俎》卷十三，事部一。
② 谢肇淛：《五杂俎》卷十三，事部一。
③ 《明史例案》卷七《杨农先再上明鉴纲目馆总裁书》。

明黄景昉《国史唯疑》　作者怀疑明代国史有不实和偏颇之处，对洪武至天启各朝史事加以补正。作者的目的是探索历代朝政治乱得失、朝士言行的是非功过，做出公正的判断，因而此书既不同于野史，也不同于考异，而兼有博闻与史评之长。有上海古籍出版社 2002 年点校本、《续修四库全书》本。

《国朝典汇》二百卷　作者徐学聚，浙江兰溪人，字敬舆，万历进士，官至副都御史，巡抚福建。是书记述起自太祖，终于穆宗，自"开国以至市舶二百条，分类萃荟而成"。其中卷一至卷三十三"朝端大政"，卷八十七至一百零二"户部"，卷一百三十七至一百七十三"兵部"，卷一百九十四至二百"工部"等部分，汇集了不少有关政治、经济、军政、军事等方面的资料。是书有明朝刻本，流传较少。有台湾学生书局《中国史学丛书》本，北京图书馆出版社 1996 年本，齐鲁书社 1996 年《四库存目丛书》本，《北京大学图书馆善本丛书·明清史料丛书》（北京大学出版社 1993 年）、书目文献出版社 1996 年影印本。

记南明史事比较全面的有：

《南疆逸史》五十六卷　《续修四库全书》本，中华书局 1959 年、2010 年铅印本。作者温睿临，字邻翼，浙江乌程（今吴兴）人。康熙时举于乡，是明末大学士温体仁的族孙。他博览群书，熟于史籍，与万斯同过从最密。是书为纪传体，记福王弘光、唐王隆武、桂王永历三朝事。全书包括本纪四卷和列传五十二卷。书中以南明年号纪年，保存了很多南明抗清斗争的史料。

《小腆纪年附考》二十卷　作者徐鼒，字彝舟，号亦才，安徽六合人。道光进士，任过福宁知府。是书起自甲申年（1644 年）正月，止于康熙二十二年（1683 年）清朝统一台湾，以编年体的形式辑成。作者参阅南明史籍六十余种，以及方志和诸家诗文集等书。每当遇到各书之异同，即根据诸书加以考订，写成附考，列于正文之下，很有参考价值。作者还另撰有《小腆纪传》六十五卷，为纪传体的南明史，与《小腆纪年》为姊妹篇。是书可根据立传人名查阅南明有关史实，有中华书局 1957、2006 年标点本。

《石匮书后集》　作者是明清之际的张岱，全书六十三卷，附录一卷，纪传体裁，记明崇祯朝及南明史事。除崇祯朝世家和相关人物外，或以干支纪年，或以类别，或以地域，分别记述南明各朝相关人物，资料比较丰富。有中华书局 1959 年断句铅印本、《续修四库》本。

《国寿录》 明清之际查继佐撰。全书正文四卷，便记一卷，记二十二件南明史事，附录为《逆闯始末》。人物传记体，记弘光、鲁监国、隆武、永历等南明诸朝人物，反映明末浙江各阶层代表人物抗清斗争的事迹，其中正附合传人物计崇祯朝七十二人、弘光朝六十人、鲁监国五十四人、隆武朝二十二人、永历朝二人，累计入传人物一百三十八人，内容丰富。是书有中华书局 1959 年本、台湾明文书局《明代传记丛刊》本。

陈智超编《旅日高僧东皋心越诗文集》，旅日高僧东皋心越生于明崇祯十二年，曾参加闽浙一带抗清斗争，后东渡日本，开创禅宗曹洞宗寿昌一派，对中日文化交流史作出重要贡献。该书对研究南明史、抗清斗争、佛教史、中日文化交流史有较高价值。中国社会科学出版社 1994 年出版。

陈智超、韦祖辉、何龄修编《旅日高僧隐元中土来往书信集》，旅日高僧隐元隆琦曾参加抗清斗争，后东渡日本，开创禅宗黄檗宗。该书是研究南明抗清史、清初福建军事政治史、佛教禅宗史、中日交流史的重要史料。中华全国图书馆文献缩微复制中心 1995 年出版。何龄修《隐元信件的史料价值》一文（载《五库斋清史丛稿》第 749 页）可以参看。

隐元往来信件反映了清初东南福建地区的各种情况，至于西南地区的情况可参看贡生李蕃手书的《明末清初雅安受害纪》（传抄本）。是书除记述雅安地区的户口、物产、地势、风俗、学术文化等之外，以主要篇幅编年纪事。时间是从崇祯庚午三年起，中经张献忠的大顺，南明的弘光，清朝的顺治，南明的隆武、永历，吴三桂的蜀周，以及昭武等年代，直记至清康熙四十年。记述的内容是作者结合家庭和个人的境遇与经历，反映所在地区政治动荡、军事争战、经济动态、社会概观、人民生计与抗争等诸多方面的情况，从中可以透过雅安一隅的联系，了解在不同政权交互控制和影响下云、贵、川等地区的历史状况，或可有助于对南明历史的了解，可资参考。

第三节　其他史料

上面提到的基本史料只能对了解和研究明代历史提供一个轮廓或一

些基础性的资料，但对深入具体地了解和从事研究明代某一具体问题，可能并不完备。特别是需要了解或研究的问题，人各不同，所需的史料，也不一样。因此，还要从与问题有关的其他方面，如事件发生的时间、所处的地区、有关的人物，以及制度或事件的始末源流等等，广泛收集材料，以便于综合整理，进行比较分析。下面分类作些介绍，为进一步查找和收集史料提供一个初步线索。

（一）纪传体史书

《吾学编》六十九卷　明隆庆刻本。作者明人郑晓，浙江海盐人。嘉靖进士，官至太子少保兵部尚书。卒谥端简，人称郑端简公。是书起自洪武，止于正德，"凡关系大政者，仿朱子纲目，以岁系月，各为一记。建文四年虽革除残缺，亦搜集遗文，析为逊国记。至于同姓诸王分封列藩，及开国、靖难、御胡、剿寇，并戚畹、佞倖，列爵三等者，各为表传"①。是书为明人私修国史的代表作之一，材料丰富。谈迁作《国榷》时，经常引用此书。书中《皇明四夷考》二卷，收国名、地名九十余个，对研究明中叶的边疆史地、中外交通和历史地理，都有重要参考价值。其人物传记，也多为其他史书所征引。此书有《续修四库全书》本、《中华再造善本》本（国家图书馆出版社 2013 年）、《北京图书馆珍本古籍丛刊》本。

《西园闻见录》一百零七卷　明张萱辑，1940 年燕京大学铅印本。作者是广东博罗人，字孟奇，别号西园。万历中举于乡，官至平越知府。他喜博览群书，随读随作札记，并以历朝实录同诸史家的读史札记相比照，"考之往往不合"。于是"苦心二十余年"，辑录而成此书。内容上起洪武，下迄万历，共分三编："内编以表德行，专重行谊，外编纪政事，依官为次，始内阁、翰林、六部、台谏以及外官，然后分众事以隶之，其方伎之属无所归者，则为杂编。"是书节录了不少明人奏议中的材料，有些现在已很难见到，或"原书已亡，幸赖此书而存者也，信为考明事者所必参稽"②。此书另有台湾明文书局《明代传记丛刊》本、中华全国图书馆文献缩微复制中心 1996 年重印（《中国公共图书馆古籍文献珍本

---

① 见该书隆庆元年工部尚书雷礼序。
② 《校印〈西园闻见录〉缘起》。

第九章　明史史料

汇刊》本）、《续修四库全书》本。

《名山藏》未分卷　明何乔远撰，明崇祯十三年刻本。作者为万历十四年（1586 年）进士，历任刑部主事、礼部郎中、光禄寺少卿、太仆寺少卿、南京工部右侍郎等官。从该书的目次看，实即明人纂修的一部明史，包括有纪、志、传等内容，仅缺表而已。如《典谟记》相当于本纪；《坤则记》相当于《后妃传》；《分藩记》即《诸王传》；《勋封记》即《勋臣列传》；《舆地记》即《地理志》；《河漕》《漕运》《钱法》《兵制》《马政》《茶马》等志，实即《食货志》及《兵志》；《宦者杂记》即《宦官传》。是书《王享记》除记述了外国及西域诸地情况外，还收有海西女真和建州女真的有关材料；《货殖记》中记述江南地区几个大地主的发家情况，以及明代工商业方面的资料，多为他书所少见。《名山藏》有《北京大学图书馆善本丛书·明清史料丛书》（北京大学出版社 1993 年）、福建省文史研究馆《福建丛书》第一辑（江苏广陵古籍刻印社）、福建人民出版社 2010 年点校本、《续修四库全书》本、全国图书馆文献缩微复制中心影印本。此外，何乔远还著有《闽书》一百五十四卷，崇祯二年刻本，传本很少。

《春明梦余录》七十卷　清初孙承泽著。是书主要记述明代宫廷设置、明政府内阁六部职掌，以及有关北京地区的历史和地理沿革等方面的内容。书中引用的大量资料，多出自实录和邸抄。由于作者是北京人，明末清初又一直在京做官，所以对北京地区的掌故和明代的朝章国故，都比较熟悉。故此书对研究明代典章制度的源流和变迁，以及北京地区的历史，都有史料价值。作者在晚年还作有《天府广记》一书，较《春明梦余录》微有详略之分，更多地侧重于北京地区的历史地理和明宫廷状况。《春明梦余录》和《天府广记》都有北京古籍出版社点校本。

《罪惟录》一百零二卷　作者查继佐，是明末清初的史家，浙江海盐人，字伊璜，号与斋，人称东山先生或朴园先生。曾在南明鲁王政权中任职兵部。查继佐自顺治元年（1644 年）开始从事明史著述，至康熙十一年（1672 年）止，历经二十九年。自称"手草易数十次，耳采经数千人"，始克完成。他坚持反清立场，以明朝遗民自居，后因遭受庄廷鑨"明史狱"牵连，以"获罪惟录书"而署书名，故称《罪惟录》。原书本纪二十二卷，志三十二卷（内有分上下者，实三十四卷），列传三十五卷

中国古代史史料学

（内有分上、中、下三卷者，实为四十六卷）。与清官修《明史》相比，多南明诸帝纪（卷十八至二十二）；志的部分也比较细，如有《土田志》《贡赋志》《屯田志》等，此外还有《九边志》，单独成篇，所立诸传也与传统的写法不同，依性质区分，以事立传，而不以人立传。如《翼运王国传》，即明初开国时封王者之传，有《经济诸臣传》，讲妇女的《闺懿列传》，其中《色目类》中有《三娘子》列传。在卷三十三中列有台湾专目，指出"台湾者，系和兰人入贡泊舟候命处"，是我国对外贸易的处所之一。这些不仅表明此书在体例上的别具一格，而且有些还可补《明史》之不足。特别是该书保存了不少明朝末年的材料，如李自成农民军"均田免粮""均田赦赈"等材料，多为他书所不见。是书仅有稿本，1936年商务印书馆影印出版，收在《四部丛刊三编》中。是书有浙江古籍出版社1986年标点校补铅印本、齐鲁书社2014年本。

《明书》一百七十一卷　《明史》刊行前的明代纪传体史书。著者傅维鳞，明末举人。幼时随祖父宦游，多历名山大川，又"久居京国，既闻掌故"。入清后，顺治三年（1646年）进士，四年入内翰林国史院。九年晋为左春坊左中允兼内翰林宏文院编修，得分修《明史》。他在任中搜求史籍，收藏印抄诸书、家乘、文集、碑志等，共三百多部，计九千余卷，并参考实录等书，考订同异，纂成一部《明书》。全书包括纪、志、表、传等四个部分。比之《明史》，表中多《圣贤世裔表》《学士祭酒表》《卿贰年表》《制科取士表》等，志中增《土田志》《赋役志》《戎马志》等。在材料上有些超过《明史》，但体例不够谨严，叙述凌乱，有些亦过于琐碎。《明书》有《畿辅丛书》本、商务印书馆1936年铅印本。

《国初群雄事略》十五卷　钱谦益著。记述元末明初农民起义领袖韩林儿、郭子兴等十五人事迹。中华书局1982年本。

（二）编年体史书　记明一代者有：

《宪章录》四十七卷　薛应旂撰。万历刻本。是书上起洪武，下迄正德，用编年体记述。其中有的材料，采自杂书传闻，颇失甄别，建文逊国事即是一例。《宪章录》有《续修四库全书》本。展龙、耿勇校注本，凤凰出版社，2014年。

《皇明大政记》三十六卷　朱国祯撰。明刊本。是书始自洪武，终于隆庆六年。材料大多依据实录，并参照《吾学编》、雷礼《明大政记》、邓元锡《皇明书》等书，"增之损之"而成。此书为作者编纂的《皇明史概》之一部分。此外还有《皇明大训记》十六卷、《皇明大事记》五十卷、《皇明开国臣传》十三卷、《皇明逊国臣传》五卷，累计一百二十卷，有明崇祯刻本传世。《皇明史概》有明崇祯刻本、江苏广陵古籍刻印社 1992 年影印本、《续修四库全书》本等。

《昭代典则》二十八卷 黄光昇撰。万历刻本。是书依事编年，每条皆提纲列目。上起太祖，终于隆庆六年，取材丰富，可资参阅。《昭代典则》有北京大学出版社、江苏广陵古籍刻印社、《四库全书存目丛书》、《续修四库全书》本等。上海古籍出版社 2008 年本。

《皇明通纪》 陈建撰。载洪武至正德事迹，"皆采掇野史及四方传闻，往往失实"①。孟森《书明史钞略》一文指出："明人节钞实录，即名为纪，盖自陈建之《皇明通纪》始。此书备科举士人场屋中对时务策之用。故陈建《通纪》以后，撰续通纪者甚多。"续撰《通纪》者有：卜大有《皇明续纪》三卷、卜世昌、屠衡《皇明通纪述遗》十二卷。1997 年 6 月全国图书馆文献缩微复制中心将《皇明通纪》《皇明续纪》《皇明通纪述遗》合为《皇明资治通纪》三种影印出版（《中国公共图书馆古籍文献珍本汇刊》）。中华书局点校本（钱茂伟点校，2008 年）。又如沈国元的《皇明从信录》，续至万历朝；《两朝从信录》又续泰昌、天启两朝。明人记明代史事，大多本于实录，但作为一种体裁的史书，还是可以参用。

明人通记明代史事之书，除上述一些而外，还有丘濬《大学衍义补》、尹守衡《皇明史窃》、涂山《明政统宗》、谭吉思《明大政纂要》等。

记一朝史事者如：

记洪武朝有吴朴《龙飞纪略》，宋濂《洪武圣政记》（《借月山房汇钞》本）。

记建文朝有屠叔方《建文朝野汇编》（万历刻本、南京出版社《金陵全书》本）、黄佐《革除遗事》（《借月山房汇钞》本、南京出版社《金

---

① 沈德符：《万历野获编》卷二十五《焚通纪》。

陵全书》本）、姜清《秘史》（《续修四库全书》本、《四库存目》本）和朱鹭《建文书法儗》（《续修四库全书》本）。

记永乐朝有《文庙圣政记》（杭州图书馆藏，北大图书馆藏明抄本）。

记洪熙朝有《仁庙圣政记》（国家图书馆藏抄本）。

记宣德朝有《宣庙圣政记》（国家图书馆藏抄本）。

记正德朝有清毛奇龄《明武宗外纪》（《中国历代逸史丛书》本）。上海书店《中国历史研究资料丛书》本。

记嘉靖、隆庆朝有徐学谟《世庙识余录》（明刻本、中国书店1991年影印本）、支大伦《皇明永陵编年信史》及沈越《皇明嘉隆两朝闻见记》（万历刻本、台湾学生书局《明代史籍汇刊》本，1985年）。

记万历朝有《万历起居注》，有天津图书馆藏明抄本和北京大学图书馆藏抄本，北京大学出版社1988年据北京大学图书馆藏抄本影印本，全国图书馆文献古籍复制中心2001年据天津图书馆藏明抄本影印题《明抄本万历起居注》。《辑校万历起居注》六册，天津古籍出版社2010年（南炳文、吴彦玲校）。

记泰昌、天启、崇祯朝有南炳文校正《校正泰昌天启起居注》（天津古籍出版社2012年版）、李逊之《三朝野记》（《中国历史研究资料丛书》本），叶绍袁《启祯记闻录》（《痛史》本），张岱《石匮书后集》（中华书局1960年铅印本），《崇祯长编》（台湾1962年影印《明实录》附录收有天启七年八月至崇祯五年十二月的共六十卷，《中国历代逸史丛书》收有崇祯十六年十月至十七年三月的共二卷），文秉《烈皇小识》（《明季稗史汇编》本），孙承泽《山书》（浙江古籍出版社《明末清初史料选刊》本）。

记南明福王弘光朝有顾炎武《圣安本纪》（《明季稗史汇编》本、《明清史料丛书八种》本），黄宗羲《弘光实录抄》（《痛史》本）。此两书还有江苏古籍出版社出版《南明史料八种》本。

记唐王隆武朝有《思文大纪》（《痛史》本、《台湾文献史料丛刊》本）。

记鲁监国有查继佐《鲁春秋》（《适园丛书》本、《台湾文献史料丛刊》本）。还有清李聿求《鲁之春秋》、翁洲老民《海东逸史》（浙江古籍出版社《明末清初史料选刊》本）。

记桂王永历朝有王夫之《永历实录》（《船山遗书》本、上海古籍出版社点校本）。

中华书局 2013 年编辑出版《明杂史十六种》十二册，所用版本多刊刻或抄写于明代，收录记载明初至明末的杂史十六种，包括《皇祖四大法》《姜氏秘史》《建文书法拟》《壬午功臣爵赏录》《壬午功赏别录》《靖难功臣录》《革书》《南征录》《皇明驭倭录》《北虏事迹》《西番事迹》《平粤录》《定陵注略》《郪事纪略》《万历野获编补遗》《玉镜新潭》《遗事琐谈》及《附记》《孤儿吁天录》，多为稀见文献。

（三）各种专题性史料

比较集中地记述主要历史事件的史书，如：记明太祖朱元璋伐元，削平张士诚、陈友谅等割据政权的，有收在《纪录汇编》中的《平胡录》《北平录》《平汉录》《平吴录》《平蜀记》《平夏记》。《皇朝本纪》一卷，不著撰人名氏，记明太祖事迹，起自濠州从军迄于洪武五年，分年编排，是研究明初史事的重要资料。该书内容大致与《太祖实录》相同，成书则在今本《实录》之前，史料价值远胜于今本《实录》。有王崇武《明本纪校注》，前中央研究院历史语言研究所专刊之二十七，1945 年。

记靖难之役者有《奉天靖难记注》（王崇武注，史语所专刊之二十八，1945 年出版）。

记永乐北征事迹者，有金幼孜《北征录》和《后北征录》（《纪录汇编》本）、杨荣《后北征记》。

记土木之变与景泰监国者有刘定之《否泰录》、李实《北使录》，尹直《北征事迹》《正统临戎录》《正统北狩事迹》（《纪录汇编》本）。

记嘉靖朝"大礼议"的有杨一清《明伦大典》（嘉靖刊本）。

记万历朝宁夏之役、播州之役、朝鲜之役三大征者，有茅瑞征《万历三大征考》、李化龙《平播全书》（《畿辅丛书》本）、宋应昌《经略复国要编》（台湾《明清史料汇集》第八集）。

记万历时矿监税使者，有文秉《定陵注略》（传抄本、北京大学出版社《北京大学图书馆善本丛书》本）。

记梃击、红丸、移宫三案者，有顾秉谦《三朝要典》（天启刊本）。

记东林、阉党等明末党争者，有文秉《先拨志始》（《中国历史研究资料丛书》本）、金日升《颂天胪笔》（明刻本）、刘若愚《酌中志》

（《海山仙馆丛书》本）、吴应箕《东林本末》、蒋平阶《东林始末》、吴伟业《复社纪事》、眉史氏《复社纪略》（《中国历史研究资料丛书》本）。

记"倭寇"与"海寇"者有胡宗宪《筹海图编》、王世贞《倭志》、谢杰《虔台倭纂》（《玄览堂丛书续集》本）、范表《海寇议前》和茅坤《海寇后编》（《玄览堂丛书续集》本）、《汪直传》（《借月山房汇钞》本）、《徐海本末》（《借月山房汇钞》本）等。郑樑生编《明代倭寇史料》五辑，辑录《明实录》《明史》和明清沿海各地方志中的倭寇资料，由台湾文史哲出版社1987年至1997年陆续出版，2005年又出版第六、第七辑。姜亚沙、经莉、陈湛绮编辑《御倭史料汇编》汇集了倭患及御倭方面的史料七种：《皇明驭倭录》《御倭军事条款》《倭情考略》《倭患考原、恤援朝鲜倭患考》《嘉靖东南平倭通录》《经略御倭奏议》《倭志》，后附隆庆二年广东平倭及徐学聚《国朝汇典》一百六十九卷"兵部三十三"所载洪武二年至嘉靖二十七年与日本国往来事宜（全国图书馆文献缩微复制中心2004年5月出版）。

明代农民起义次数多，规模也越来越大。特别是后期的兵变、民变、士变、佃变、奴变，以及白莲教起义等社会各阶层的反封建斗争，蓬勃兴起。所以记述农民起义的史料，十分丰富。除《明实录》《鸿猷录》《明史纪事本末》《明史》有关列传中有大量的史料外，系统记述明代农民起义的书，有毛奇龄《后鉴录》（《西河合集》本）。

记邓茂七起义者，有《皇明经济文录》中所收的张楷《监军历略》。

记荆襄流民起义者，有收在《明经世文编》中项忠等人的奏疏。

记正德年间刘六、刘七起义者，有谢蕡《后鉴录》（《国朝典故》本、明抄本、《明史资料丛刊》第一辑本）和祝允明《江海歼渠记》（《今献汇言》本）。

记四川地区农民起义的，有林俊《见素集》（明刻本）。《四库明人文集丛刊》上海古籍出版社本。

记江西等地区农民起义的，有王守仁《王阳明全集》（上海古籍出版社点校本）。

记万历朝农民起义、兵变、民变的，有瞿九思《万历武功录》（1962年中华书局影印本）、文秉《定陵注略》、《民抄董宦事实》（《中国历代逸史丛书》本）。

记天启年间徐鸿儒等白莲教起义者有王一中《平妖集》（1938 年《括苍丛书》第一集）、岳和声《餐微子集》（天启刻本、《明季史料集珍》本）、徐从治《徐忠烈公集》（崇祯刻本）、张凤翔《抚畿疏草》（天启刻本）、黄尊素《说略》（《涵芬楼秘笈》本）等书。

明末农民起义的史料，尤为丰富。系统而集中的材料有戴笠、吴芟《怀陵流寇始终录》（《玄览堂丛书》本、《续修四库》本）、吴伟业《绥寇纪略》、计六奇《明季北略》和《明季南略》、彭孙贻（管葛山人）《平寇志》（上海古籍出版社 1984 年点校铅印本）等书。

《明季北略》二十四卷，《明季南略》十六卷　明末清初计六奇撰。两书均以编年为纲，分年纪事，兼有纪传、纪事本末体，收集许多资料，加之作者亲历访问，是研究明末清初历史的重要资料。《北略》起于万历二十三年努尔哈赤初起，至崇祯十七年清兵入关，记北方史事大略，对明末统治阶级内部矛盾、统治者的横征暴敛，明末农民起义和镇压起义，明清两朝的兴废交替，有较详细的记载。《南略》起清兵入关之年南明弘光帝即位南京，迄清顺治十八年永历帝被执于缅甸，终以康熙四年洪承畴病死福建，记南明史事大略，内容包括南明军政大事、抗清斗争、南明朝廷内部斗争、农民起义等。两书旧通行商务印书馆《国学基本丛书》本，现有中华书局 1984 年据旧钞本点校，较通行本好。

专记农民军在河南一地活动者，有郑廉《豫变纪略》。记张献忠农民军及其在四川地区活动者，有费密《荒书》、彭遵泗《蜀碧》、欧阳直《欧阳氏遗书》、李馥荣《滟滪囊》、沈荀蔚《蜀难叙略》，以及《圣教入川记》（1934 年重庆曾家岩圣家书局印行本和 1981 年四川人民出版社印行本）和《纪事略》（中华书局 1959 年出版《甲申纪事》本）等。

记崇祯四年（1631 年）紫金梁王自用等起义军进攻山西沁水的经过，有张道浚《从戎始末》和《兵燹琐记》（《山右丛书》本）。

记崇祯八年（1635 年）起义军攻围安徽太和之事者，有《太和县御寇始末》（四川图书馆藏、浙江古籍出版社点校本）。《明末清初史料选刊》本（浙江人民出版社）。

记崇祯八年张献忠起义军攻克安徽庐州之始末，有余瑞紫《流贼张献忠陷庐州记》（中华书局 1960 年出版《野史无文》附录）。

记李自成农民军于崇祯十四、十五年（1641—1642年）三围开封之事者，有白愚《汴围湿襟录》（《中国历史研究资料丛书》本、中州书画社1982年校注本）、李光壂《守汴日志》（《昭代丛书壬集》本、中州古籍出版社1987年点校本）。

记崇祯十三、十四年张献忠等农民军在四川的战斗历程者，有王炜《嗒史》（《昭代丛书戊集》本）。

记崇祯十五年至十六年（1643年）李自成、张献忠农民军在湖北襄阳、荆州、汉口、武昌等地区的军事、政治活动者，有魏晋封《竹中记》（民国己巳石印《汉阳魏氏遗书二种》本）。

记崇祯十六年李自成农民军攻围郧阳、榆林等城的经过者，有高斗枢《守郧纪略》（《中国历史研究资料丛书》本）和戴名世《崇祯癸未榆林城守纪略》（中华书局《戴名世集》本）。

记崇祯十七年（1644年）李自成农民军攻占明都北京前后的活动者，有赵士锦《甲申纪事》（中华书局1959年铅印本）、钱𫖮《甲申传信录》（《中国历史研究资料丛书》本）、冯梦龙辑录的《甲申纪事》（《玄览堂丛书》本）、陈济生《再生纪略》（《玄览堂丛书》本）、杨士聪《甲申核真略》（《明季史料丛书》本）、张怡《谀闻续笔》（《笔记小说大观》本）、聋道人《燕都志变》（见《豫变纪略》卷八）、刘尚友《定思小纪》（《明季史料丛书》本）、边大绶《虎口余生纪》（《中国历史研究资料丛书》本）、程正揆《甲申沧州纪事》（《荆驼逸史》本）、《伪官入沛城纪事》（见《阎古古全集》）、王度《伪官据城记》（《荆驼逸史》本）、戴名世《甲申保定城守纪略》（中华书局《戴名世集》本）。

文集中，如方震孺《方孩未先生集》、吴甡《柴菴疏集》（崇祯刻本、浙江古籍出版社点校本）、孙传庭《孙忠靖公全集》、卢象升《卢忠肃公集》、李永茂《邢襄题稿》（中华书局印本）、杨嗣昌《杨文弱先生集》（中国科学院图书馆藏传抄本）、杨山松《孤儿吁天录》（康熙刻本），以及丁耀亢《出劫纪略》（顺治刻本、《明史资料丛刊》第二辑）等书，都有与明末农民战争有关的丰富材料。

记明末史事的还有以下几种史料：

栾星《甲申史籍三种校本》收录明张永琪《偶然遂记略》、清郑廉《豫变记略》、清李宏志《述往》。

清抱阳生《甲申朝事小纪》（任道斌点校，书目文献出版社 1987年）。

彭孙贻《平寇志》（上海古籍出版社 1984 年）。

江苏古籍出版社出版《南明史料八种》收录黄宗羲《弘光实录钞》、顾炎武《圣安皇帝本纪》、李清《南渡录》、文秉《甲乙事案》、冯梦龙《中兴实录》、顾苓《金陵野钞》《南都死难纪略》、佚名《使臣碧血录》（《江苏地方文献丛书》）。

明许重熙撰《晚明史料二种》，包括《明季甲乙汇编》和《明季甲申日记附录》。《汇编》系崇祯甲申（1644 年）正月至乙酉（1645 年）五月间逐日记载的大事记，《明季甲申日记附录》记事起崇祯十七年甲申四月福王朱由崧抵南京燕子矶始，至次年唐王朱聿键在福州即位止。两书记事时间几乎相同，但前者所载福王朝廷内部之事及死难、降清明臣事迹，则较详于后者，可互为补苴，对研究晚明及明清交替间的历史，颇具史料参考价值。全国图书馆文献缩微复制中心《中国公共图书馆古籍文献珍本汇刊》2001 年据清抄本影印。

此外，记明代佃农斗争者，大多散见于江西、安徽、江苏、福建等地区的方志。

记奴变者，多见于《研堂见闻杂记》、皇甫氏《胜国纪闻》《杨园先生全集》、苏瀜《惕斋闻见录》等书。

明代社会各阶层的反封建斗争，形式多样，内容丰富，材料很多。上述一些史料，虽远不完备，但大多是作者根据亲身见闻或经历写成，有的是直接参与镇压农民起义的官僚上报明朝政府的奏疏，因而有着不少可贵的原始材料。

除此之外，在农民起义所经历的地区的方志中，以及笔记小说里，都还有大量的材料。现在存留下来的明清档案里，也有一些明末农民战争的可贵资料，已经汇编出版的有《明清史料》甲至癸编、郑天挺主编《明末农民起义史料》（开明书店 1952 年印本、中华书局 1954 年重版本）、中国第一历史档案馆编辑的《清代档案资料丛编》等。

明代边疆民族地区和民族关系方面的史料，就记述的内容来说，可分为两类。一类是比较全面记述各兄弟民族内部状况和与明朝的关系。这类材料除见于前述记明一代史事的《明实录》《吾学编》《弇州史料》

《国榷》《明史·土司传》及有关的列传外，还有：

黄瑜《双槐岁抄》，《岭南遗书第一集》本。

郑晓《今言》，《纪录汇编》和中华书局点校本。

叶向高《四夷考》，《宝颜堂秘笈续集》本。

慎懋赏《四夷广记》，《玄览堂丛书》本。

魏焕《皇明九边考》，《北京图书馆善本丛书第一集》本。

瞿九思《万历武功录》，有中华书局 1962 年线装影印本、《续修四库全书》本。

王士性《广志绎》，《台州丛书甲集》本、中华书局《元明史料笔记丛刊》本、上海古籍出版社《王士性地理书三种》本。

方孔炤《全边略记》，北平图书馆 1930 年排印本。《明代蒙古汉籍史料汇编》本，内蒙古大学出版社，2006 年。

黄道周《博物典汇》（明崇祯刊本）。《故宫珍本丛刊》本。

还有两部大型边疆史料汇编，可供参用：

线装书局编《明代基本史料丛刊》（边疆卷），全一百册，分为辽东卷，九边、蒙古卷，陕、甘、宁、西域、西番卷，云南卷，粤、桂、闽、台卷，该书汇集散布于个人文集、丛书、方志等书中的资料，既有明代当事重臣或其幕府的专著，又有同僚往来书札，以及公府互咨公文，将大大方便研究者的利用。由于明代奏疏另行辑录成卷，有关边疆的奏疏不再辑入本卷，可以两相参考，线装书局 2005 年 6 月出版。

北京图书馆出版社古籍影印室辑《历代边事资料辑刊》，全五册，该书收集关于历代边疆资料文献七种，其中明人著述有《说郛边事丛集》十五种、明周文郁纂《边事小记》四卷、明方孔炤辑《全边略记》十二卷，内容涉及历代西北、东北、西南等边疆地区的地理、政治、军事，北京图书馆出版社 2005 年出版。

另一类是，单独记述某个民族或某一地区兄弟民族的状况及其与明朝的关系。这之中包括有：

（1）明清关系问题，大体有四方面的材料：

一、满文资料　主要是太祖、太宗时期的满文老档。这是研究入关前满族历史的最原始资料，日本学者已经翻译成日文，并由东洋文库出版；翻译成汉文者有金梁编的《满洲老档秘录》、1933—1935 年《故宫周刊》连续刊载的《汉译满洲老档拾零》。金毓黻《盛京崇谟阁满文老档译本》，李学智、广禄《清太祖朝老满文原档译注》等。辽宁大学历史系1978年编印《重译满文老档》一至三册，作为《清初史料丛刊》第一种。《满文老档》有中华书局本1990年版。2010年辽宁民族出版社出版《内阁藏满文老档》是迄今最完整的一个本子。

二、朝鲜资料　由于清朝统治者对于明清关系多有忌讳，所以在清官修的《明史》当中对此少有记述，或语焉不详。而在朝鲜《李朝实录》中却保存有大量的材料。朝鲜李朝太祖至仁祖十六朝（1392—1649年），相当于我国的明朝时期。《李朝实录》数量很大。中华书局出版吴晗辑录的《朝鲜李朝实录中的中国史料》一书，为史学工作者提供了查对和使用的方便。此书系吴晗20世纪30年代在清华大学时，从当时北平图书馆所收藏的朝鲜《李朝实录》中所记中朝两国的政治、经济、文化方面的友好往来的史实，加以收集成篇。全书分前、上、下三编，共七十八卷。其中上编所收明代建州史料，对于研究清之先世，以及建州与明朝之间的关系，有很高的史料价值。

《李朝实录》中的相关资料，另有池内宏编《明代满蒙史料·李朝实录抄》十四册，另索引一册，东京大学文学部1943—1959年出版，台湾文海出版社1975年重印。王钟翰也辑录有《朝鲜〈李朝实录〉中的女真史料选编》，辽宁大学历史系《清初史料丛刊》，1979年印行。

《建州纪程图记》，朝鲜申忠一撰。1939年伪满时期"建国大学"曾以《兴京二道河子旧老城》为名，影印出版。该书是作者1595年（明万历二十三年）出使建州，根据其行程经历，绘记而成。

此外，朝鲜李民宬的《栅中日录》和《建州闻见录》，是作者依据在萨尔浒之战为后金所俘时之见闻写成的；朝鲜李肯翊编纂的《燃藜室记述》，是作者根据四百余种史书删削而成，书为纪事本末体，每条下都注明出处。

以上四种朝鲜人的著述，均收入辽宁大学历史系《清初史料丛刊》、潘喆等编《清入关前史料选辑》第二、第三辑，都为研究入关前女真各部和后金时期的历史，提供了相当具体而可贵的史料。

三、汉文材料　主要指明代和清初的著述，其中既有官修的史书，也有私人的著述。明代的著述有：

日本京都大学文学部将明十三朝实录中有关满族的材料，抄录汇集成书，名为《明代满蒙史料·明实录抄》，《满洲篇》，分六册，已经出版，可供翻检。

《明经世文编》摘收的王崇之、李承勋、王维桢、张学颜、姚希孟、薛三才、宋懋澄、宋一韩、熊廷弼、徐光启等人的奏疏和文集，有不少相关而有用的资料。谢国桢辑录的《清初史料四种》（马文升《抚安东夷记》、茅瑞征《东夷考略》、张鼐《宝日堂初集》卷二十三《辽夷略》、海滨野史《建州私志》），《玄览堂丛书》所收的明冯瑗《开原图说》、颜继亨《九十九筹》、郭淳《东事书》，程开祜辑《筹辽硕画》（《北平图书馆善本丛书》第一集）、王在晋《三朝辽事实录》（全国图书馆文献缩微复制中心《中国公共图书馆古籍文献珍本汇刊》2002 年据湖北省图书馆藏抄本影印、吉林文史出版社 1990 年《先清史料》本），等等，都是研究建州史和明满关系有用的史料。

清代的著述有：《太祖武皇帝实录》（1932 年故宫博物院铅印本）、《太宗文皇帝实录》、蒋氏《东华录》《天聪朝臣工奏议》（《史料丛刊初编》本）、管葛山人《山中闻见录》（《玉简斋丛书》本，又见《先清史料》《清入关前史料选辑》第三辑）、昭梿《啸亭杂录》，以及《明史》中巫凯、曹义、李秉、赵辅、李成梁、麻贵、杨镐、张学颜、熊廷弼、袁应泰、袁崇焕、孙承宗、赵光忭、贺世贤、童仲揆、赵率教、何可纲、满桂、张鹤鸣等列传，对研究满族的历史和明满关系都有可利用的史料。

潘喆、孙方明、李鸿彬编《清入关前史料选辑》共三辑，收录明、清及朝鲜人所撰史籍二十七种，较为集中收录了后金及明满关系的资料，中国人民大学出版社 1984 年、1989 年、1991 年出版。

四、档案资料 中国第一历史档案馆，特别是辽宁省档案馆保存有明代辽东都司、山东备倭都司和兵部的档案资料一千多卷。这些可贵的原始材料，对研究明代辽东地区的历史和入关前满族及其先世女真各部同明朝的政治经济联系，有着重要的史料价值。在研究明清关系的某些著述当中，已有所征引和利用。

（2）关于蒙古族和明朝同蒙古的关系，材料相当多。前述记明初征伐蒙古和"土木之变"的史书里，有一些这方面的材料。《弇州史料》一书中，也有系统而全面的材料。

此外，材料集中而又具体，查找起来方便者，还有：火源洁、马沙亦黑《华夷译语》（《涵芬楼秘笈》本），李贤《古穰杂录》（《纪录汇编》本），高拱《挞虏纪事》和《伏戎纪事》（《纪录汇编》本），箬陂（陈洪谟）《治世余闻》（《纪录汇编》本），王世贞《凤洲杂编》（《纪录汇编》本），马文升《西征石头记》（《纪录汇编》本），王士琦《三云筹俎考》（《北平图书馆善本丛书》第一集），杨时宁《宣大山西三镇图说》（《玄览堂丛书》本），等等。

特别是，万历中曾以兵部右侍郎任宣大总督达五年之久的萧大亨的《夷俗记》（《宝颜堂秘笈续集》本、辽宁大学出版社 1987 年校注本）和嘉靖二十二年（1543 年）曾任分守宣府口北道的岷峨山人（尹耕）的《译语》（《纪录汇编》本），都是根据自身的经历和见闻，记蒙古的经济、政治、军事、法制、社会、习俗等方面的材料，十分具体。

文集中的有关材料也不少。利用方便者，收在《明经世文编》中的孙原贞、马文升、王宪、李承勋、韩邦奇、史道、毛宪、翁万达、赵时春、陈时明、曾铣、胡松、王崇古、张居正、方逢时、魏时亮、郑洛、吴时来、何东序、张四维、梅国桢等人的奏疏，分别反映了明代不同阶段蒙古族各部的形成、分布、迁徙和社会状况，以及同明朝的联系和往来，如"贡市"和"板升"的具体情况。

薄音湖、王雄编辑点校《明代蒙古汉籍史料汇编》第一至七辑，比较全面地汇录了相关资料，内蒙古大学出版社 1993 年、2000 年、2006 年、2007 年、2009 年、2011 年出版。

（3）记回族和维吾尔族等西北地区的材料，见于马文升《兴复哈密王国记》（《纪录汇编》本），陈诚、李暹《西域行程记》，许进《平番始末》，陆容《菽园杂记》，箬陂《治世余闻》等书和陈高华主编的《明代哈密、吐鲁番资料汇编》（新疆人民出版社 1984 年版），以及收录在《明经世文编》中的项忠、张海、桂萼、霍韬、夏言、严嵩、张珩、赵伸、胡世宁、王廷相、郑洛等人的奏议。大型资料汇编有《中国西北文献丛书》，该书编辑委员会编，兰州古籍书店 1990 年影印出版，全书 203 册，分为"西北稀见方志文献""西北稀见丛书文献""西北史地文献""西北民俗文献""西北少数民族文字文献""西北文学文献""西北考古文献"和"敦煌学文献"等八类，共纳录汉、蒙、藏、维吾尔等文字的各类历史文献共五百五十九种，涵盖了从先秦到民国年间的西北文献。1999 年甘肃文化出版社又出版《中国西北文献丛书续编》，分为"敦煌学文献""西北史地文献""西北考古文献""西北稀见方志"，共六十册，另有总目一册。

（4）有关云南、贵州、四川、西藏、湖南、广西等地区的藏、苗、瑶、彝、壮等族的史料，大多见于田汝成《行边纪闻》（《北平图书馆善本丛书》第一集）、邝露《赤雅》、朱孟震《西南夷风土记》、何宇度《益部谈资》（《学海类编》本）、包汝楫《南中纪闻》（砚云甲编，《申报馆丛书》本）、魏濬《峤南琐记》（砚云乙编，《申报馆丛书》本）、张志富《南园漫录》（《云南丛书》本）、王琼《双溪杂记》（《今献汇言》本），以及收在《纪录汇编》中的张纮《云南机务钞黄》、王轼《平蛮录》、杨慎《滇载记》、何乔新《勘处播州事情疏》、高拱《靖夷纪事》、何孟春《余冬序录》、陆钺《病逸漫记》、彭时《彭文宪公笔记》、王济《君子堂日询手镜》等。这些书里，都有比较具体的西南地区少数民族的史料，可供利用。有关西南的大型资料汇编有甘肃五凉古籍整理研究中心编《中国西南文献丛书》（第一编）二百册，分为八辑，包括西南稀见方志文献、丛书文献、史地文献、民俗文献、少数民族文献、文学文献、考古文献、石窟文献，收录先秦至 20 世纪中叶西南历史文献九百四十七种，兰州大学出版社 2004 年出版。云南地方史料有云南大学方国瑜主编《云南史料丛刊》共十三卷，云南大学出版社 1998—2001 年出版。有关明代西藏史料，有熊文彬选辑《明代西藏汉文史料选辑》，中国藏学研究中心历史所 2005 年印行；张羽新、张双志主编《唐宋元明清藏事史料汇编》共分十一辑，收录文献六百九十余种，除最后两辑为此前有关各辑补遗外，其余九辑基本以朝代为序，突出重点专题。第四辑为明代藏事史料，收录明代各类文献中的藏事史料，学苑出版社 2009 年版。有关西藏与中央政府关系的资料有《元以来西藏地方与中央政府关系档案史料汇编》，中国藏学出版社 1994 年出版，其第一册为元代和明代史料。

（5）记东南地区黎族的材料有：王临亨《粤剑篇》（《玄览堂丛书》本）、顾岕《海槎余录》（《纪录汇编》本）、屈大均《广东新语》等书。

对外关系方面的中国史料，重要的有：

《殊域周咨录》　严从简撰，1930 年故宫博物院铅印本、中华书局

《中外交通史籍丛刊》本。该书为作者任职行人司时，采集有关档案资料编成。书修于万历初年。全书按地域分为四部，除卷十二至二十四为记明代边疆地区兄弟民族者外，主要是讲当时四邻各国和地区的情况，以及同明朝的往来和关系。是书叙事详尽，材料也相当完备。

《东西洋考》十二卷　张燮撰。凡有关福建漳州地区对外贸易的情况，市舶司的建置，税制的建立和变化，都有记载。尤其是有关 16 世纪时，西方殖民主义者侵略东南亚地区的历史，和对当时海外贸易方面的干扰和破坏的记载，对研究明代对外关系和海外贸易，十分重要。1981年中华书局已经出版新标点本，书前序言对全书内容有较详尽的介绍。

《郑开阳杂著》　郑若曾撰。书中的卷四《日本图纂》、卷五《朝鲜图说》、卷六《安南图说》，对研究明代同日本、朝鲜、越南的关系，都有可用的史料。

《皇明象胥录》　茅瑞征撰。《北平图书馆善本丛书》第一集本。其中也有对外关系方面的有关材料。

此外，记同中亚地区关系者，有陈诚、李暹根据出使所历行程和见闻写的《西域行程》和《西域番国志》。作者陈诚四次出使中亚，记述了他的行程和所经各地的见闻，是 15 世纪初中国与伊朗关系的重要史料。书后附有关陈诚出使西域的诗文及资料。罗日褧《咸宾录》分北虏、东夷、西夷、南夷四部，共八卷，系统地记述了明代与周边各民族和亚洲各国的情况及其与明朝的来往关系。

记明与东南亚一些国家和地区的关系，有曾随郑和下西洋的马欢所写《瀛涯胜览》（中华书局曾出版冯承钧校注本，万明以国家图书馆所藏明钞本《三宝征夷集》为底本，与其他四种明钞本对勘，2005 年由海洋出版社出版《明钞本〈瀛涯胜览〉校注》）、费信所写《星槎胜览》（冯承钧校注，1954 年中华书局本）、巩珍写的《西洋番国志》（向达校注，1961 年中华书局本）、张燮《东西洋考》等书。巩珍《西洋番国志》是记载郑和下西洋最早文献之一，作者参加郑和船队，记述所经东南亚、南亚、西亚各地二十个国家的情况，是航海史、中外交通史的珍贵史料。《郑和航海图》为明末根据郑和下西洋时所用的海图针经编绘而成，共收航海所经地名五百多个，为我国最早的航海图。《两种海道针经》包括《顺风相送》《指南正法》两部分，原是明末清初舟师所用远洋航海的针

中国古代史史料学

簿，是研究航海史的珍贵史料。黄省曾《西洋朝贡典录》记录了明代与我国有朝贡贸易关系的海外二十三个国家的情况，其中有些资料不见于他书，对研究明代的中外关系和航海史很有用处。山东齐鲁书社近年出版了郑鹤声、郑一钧编的《郑和下西洋史料汇编》，比较集中地收集了关于郑和下西洋的有关材料，便于翻检和利用。在郑和下西洋六百周年之际，原编者之一郑一钧在原书的基础上补充了大量的相关历史资料，2005 年由海洋出版社出版了《郑和下西洋资料汇编》增编本。

中国古籍中有不少关于东南亚国家历史的记载，往往同时也是中国与这些国家关系的记载。有关研究者将这些记载摘录汇编，如北京大学南亚研究所编《中国载籍中南亚史料汇编》（上海古籍出版社 1994 年），中山大学东南亚历史研究所编《中国古籍中有关菲律宾资料汇编》（中华书局 1980 年），陆峻岭、周绍泉编《中国古籍中有关柬埔寨资料汇编》（中华书局 1986 年），余定邦、黄重言编《中国古籍中有关新加坡马来西亚资料汇编》（中华书局 2002 年），余定邦、黄重言编《中国古籍中有关缅甸资料汇编》（中华书局 2002 年），陈智超等《古代中越关系史资料选编》（中国社会科学出版社 1982 年），其中均有明朝与这些国家关系的记载，可以参看。

在明代，朝鲜是明朝的藩属，两国使臣往来不断，留下不少记载，成为研究明代中朝关系的重要史料。殷梦霞、于浩选编《中朝关系史料丛刊》，收录明代九种使朝鲜录，包括倪谦《奉使朝鲜唱和集》《朝鲜纪事》《辽海编》，张宁《（宝颜堂订正方洲先生）奉使录》，董越《朝鲜赋》《朝鲜杂志》，龚用卿《使朝鲜录》，朱之蕃《奉使朝鲜稿》，姜曰广《辋轩纪事》，北京图书馆出版社 2003 年出版。

李言恭、郝杰《日本考》系统地记述了日本的历史、地理、物产、器用、风俗、语言、文学、娱乐等各方面的情况，是明代有关日本比较全面和详尽的著述。北京图书馆出版社曾于 2000 年、2002 年、2006 年先后出版《国家图书馆藏琉球资料汇编》（黄润华、薛英编）及续编（北京图书馆出版社编）、三编（王菡选编），《汇编》又于 2003 年重版。其中《汇编》收录明代文献五种，《三编》收明代文献一种。方宝川、谢必震主编《琉球文献史料汇编·明代卷》，海洋出版社 2014 年版。收录《台湾文献丛刊》《国家图书馆藏琉球资料汇编》《国家图书馆藏琉球资料续编》以及《国家图书馆藏琉球资料三编》之外的文献史料，该书包括"明代诗文集琉球史料辑录""陈侃《使琉球录》""高歧《福建市舶提举司志》"等四个部分。这些文献均系研究明代中琉关系史及琉球历史的珍贵资料。

线装书局 2005 年出版《明代基本史料丛刊》（邻国卷）全八十册，分为朝鲜卷，日本、倭患、海防、琉球卷，缅甸卷，越南卷，汇辑明朝与这些国家交往史料，除了相关大臣的书札公移，而且还有明朝使臣的出使报告和记录，同时辑录安南、朝鲜两国的汉文史料，可供研究者勘比史料、深入研究。但相关奏疏已辑入《明代基本史料丛刊》（奏折卷），应与该书相互参考。

对外关系的史料，不限于汉文材料，还有大量的国外史料。张星烺编著、朱杰勤校订的《中西交通史料汇编》一书，从中外史籍中，摘录了 17 世纪中叶以前，中国与欧洲、非洲、西南亚、中亚、印度等国家和地区的往来和关系的大量史料，对其中的地名和史事还作了一些考释。其中有关明代部分，可资查对和利用。

中国与周边邻国如朝鲜、日本、越南等国有长期的密切交往，这些国家的史籍和其他文献中均有与中国关系的材料。16 世纪西方殖民者和传教士到达中国，中西方开始接触，这些西方殖民者和传教士留下的著述成为中西关系的最早西文文献。这些国外史料，不但是研究中外关系的重要资料，同时他们对中国的观察和记载，也成为研究明史的独特史料。

朝鲜《李朝实录》中有大量的明代史料和中朝关系史料，吴晗曾辑录有关史料编为《朝鲜李朝实录中的中国史料》一书，中华书局 1980 年出版。在明代，朝鲜使臣出使明朝称为"朝天"，所著使行录称为《朝天录》，也是明代中朝关系的重要史料。台湾珪庭出版社编辑部 1978 年选辑并出版了《朝天录——明代中韩关系史料选辑》共四册。赵季辑校《足本皇华集》（三册）（凤凰出版社，2013 年）乃收录明代使臣与朝鲜文臣唱和诗文集。朝鲜文集中也保存有大量明史与中朝关系史料。杜宏刚、邱瑞中、韩登庸编《韩国文集中的明代史料》一书，从《韩国文集丛刊》（韩国民族文化推进会编，景仁文化社出版）中将有关明代中国政治、经济、历史、宗教、学术文化等有关史料选辑汇总，为明史、中朝中韩关系史提供了独具价值的史料。全书六册，广西师范大学出版社2005年出版。成化二十三年朝鲜人崔溥遇风从朝鲜济州岛漂流至我国浙江沿海，经水路、陆路返国。后著《漂海录》一书，记载了明朝弘治初年的政治、军事、经济、文化、交通以及市井风情等情况，对研究明代海防、政制、运河、城市、民俗及中朝关系有一定价值。此书有社会科学文献出版社1992年葛振家点校本。

近年来，中韩学术界出版了一系列燕行录资料汇编。2001年，韩国东国大学林基中主编的《燕行录全集》出版，全书共一百册，收录约五百余种燕行录，2008年林基中又出版《燕行录续集》五十册作为补充。两书的出版，可谓集燕行录之大全，前者收录明代燕行录一百二十余种、后者也包含不少明代的情况。2011年，复旦大学文史研究院与韩国成均馆大学东亚学术院共同主编的《韩国汉文燕行文献选编》由复旦大学出版社出版，全书凡三十册，收录韩国燕行文献三十三种，其中明代部分十七种。此外，广西师范大学出版社弘华文主编《燕行录全编》已出版一至三辑，也收有不少明代的相关记录。

1539年、1547年日本天龙寺僧策彦两度入明，著有《入明记》，又称《策彦和尚入明记》，包括《初渡集》（1538—1540年）、《再渡集》（1547—1548年），记述了作者往返于宁波至北京间运河沿路的见闻，可作为当时大运河沿岸社会经济状况的史料，也是当时日明关系的重要史料。此书有《大日本佛教全书·游方传》本。对他和《入明记》的研究，有日本学者牧田谛亮《策彦入明记の研究》二册（法藏馆1955年）。

历史上越南官方使节北使中国，或民间人士来华旅行而撰述的相关汉文记录，也形成了越南汉文燕行文献，其主要形式为燕行记、北使诗文集和使程图。复旦大学文史研究院和越南汉喃研究院编辑《越南汉文燕行文献集成（越南所藏编）》，收入了越南陈朝、后黎朝、西山朝和阮朝出使中国的燕行使者的著述七十九种，时间自公元1314年迄1884年，包括若干明朝时燕行文献。这些文献不但是中越关系的第一手资料；越南使者记载的在中国境内的细致观察，也显示了当时中国的诸多面相，是研究当时中国的重要文献，并且可以利用这些文献从周边看中国，对中国的历史和文化产生新的理解。此书2010年由复旦大学出版社出版。

波斯人火者·盖耶速丁《沙哈鲁遣使中国记》。明朝永乐年间，波斯国王沙哈鲁派遣撰者于 1420 年 12 月出使中国，1422 年 8 月返国。后来火者·盖耶速丁将自己用日记体记录的旅途见闻整理成该书，涉及范围广泛，对研究中外交通史、中亚史、蒙元史、明史、历史地理等都有一定价值，与中国历史文献也可互相参照。中华书局 2002 年出版中译本。

中亚人阿里·阿克巴尔著于 1516 年的《中国纪行》记述了中国明代早期各方面的情况，如城市、军队、法律、经济、历史、地理、宫廷礼仪以及社会风俗、文化艺术等。该书原为波斯文，有张至善编译本，三联书店 1988 年版。

葡萄牙人是最早来中国的西方殖民者，他们留下了一些有关中葡关系的早期文献。这些文献不但是早期中葡关系的宝贵史料，也有一些对明代中国情况的记载。1517 年葡萄牙大船长费尔隆·伯列士·安德拉吉率领一支舰队护送葡使多默·皮列士从马六甲抵达广州。他们在广州等待三年后方得到明朝廷许可赴京，1521 年到达北京。适值流亡的马六甲王的使臣抵达中国，控告葡人用武力夺取马六甲，要求明廷援助复国。朝中大臣也交章指葡人不法事。葡萄牙人得不到接待，正德皇帝死后，葡使被遣还广州，投入监狱。其中克利斯多弗·维埃拉设法从监狱送出一封信，题为《广州葡囚书简》（1524 年?）记述葡人在狱中的遭遇，同时谈到使团在华的活动，大明帝国的概况，并为葡萄牙人攻占广州等地出谋划策（何高济译，载任继愈主编《国际汉学》第十辑第 41—83 页，大象出版社 2004 年出版）。澳门文化司署、东方葡萄牙学会、海南出版社、三环出版社 1998 年编译出版了《葡萄牙人在华见闻录》，收录了1548—1580 年间六位葡萄牙人著作中有关中国的见闻录，包括地理、物产、风俗、法律等多方面的内容。金国平《中葡关系史地考证》（澳门基金会 2000 年）和《西力东渐》（澳门基金会 2000 年）也翻译介绍了明代来华葡萄牙人的葡文文献数种。

中华书局出版有《中外关系史名著译丛》，其中有关明代的有：利玛窦、金尼阁著《利玛窦中国札记》（另有广西师范大学出版社 2001 年版）、［英］C. R. 博克舍编注《十六世纪中国南部行纪》、［荷］威·伊·邦特库著《东印度航海记》。波斯火者·盖耶速丁《沙哈鲁遣使中国记》。

［英］C. R. 博克舍编注《十六世纪中国南部行纪》，收录葡萄牙人伯

来拉《中国报道》、克路士《中国志》及西班牙人拉达《出使福建记及记大明之中国事情》，也是西方人在明代中国的见闻录。

有关明末天主教东传和耶稣会士以及西学在华传播的文献，除上述《史料汇编》收录者外，川东天主教司铎古洛东编的《圣教入川记》，记载了天主教在四川传教的过程。徐昌治辑的《圣朝破邪集》（日本安政乙卯翻刻本），记载了万历年间的几次"教案"经过，也是研究天主教在中国传教的材料。利玛窦是明末著名的来华传教士，他于1582年8月到达澳门，1610年5月死于北京，晚年将其在中国传教经历和所见所闻记录下来，由另一位来华的传教士金尼阁整理成《利玛窦中国札记》（何高济等译，中华书局版），该书第一卷具体细致描写了中国的名称、土地物产、政治制度、科学技术、风俗习惯等等，第二至第五卷记述来华传教士，主要是利玛窦本人在中国传教的经历。利玛窦以他灵敏的感受和一个外国人的局外旁观的态度，把他的见闻详尽地记录下来。同时利玛窦对他当时接触到的中国社会的弊端，也用一定的篇幅加以揭露和指责，并提出自己的看法。该书对于研究中西交通史、耶稣会入华传教史，以及明史都有很高的史料价值。利玛窦的著作近年来出版还有《利玛窦书信集》和《利玛窦全集》，由台北光启出版社、辅仁大学出版社1986年出版；朱维铮主编《利玛窦中文著译集》收录利玛窦中文著译十七种，另有《几何原本》《同文算指》两种因重印甚多，未收入该书，香港城市大学出版社、复旦大学出版社2001年出版。随着明末传教士东来，出现了一批介绍西方学问的文献，形成了明末清初的西学东渐史，在东西文化交流史上具有重要意义。利玛窦在明末以来的西学东传史上具有极其重要的地位，他与徐光启合译的《几何原本》在西学来华传播史上影响尤大。意大利传教士艾儒略的《职方外记》为明末介绍西方地理学的代表作，也是中国出现的世界地理的最早读物，对中国传统地理观念起了很大的冲击作用。

有关天主教来华和西学东传史料的较大规模的收集出版，较早的有吴相湘主编《中国史学丛书》，收录有明末李之藻《天学初函》《天主教东传文献》一册及《天主教东传文献续编》三册，1965—1966年台北学生书局出版。吴相湘主编的《中国史学丛书续编》又收录《天主教东传文献三编》六册，1972年由学生书局出版。钟鸣旦、杜鼎克、黄一农、祝平一收集了原藏于上海徐家汇藏书楼，20世纪40年代被耶稣会士带到菲律宾，后又辗转收藏于台湾的一批明清天主教文献，编成《徐家汇藏书楼明清天主教文献》五册，台北辅仁大学神学院1996年出版。钟鸣旦、杜鼎克、王仁芳主编《徐家汇藏书楼明清天主教文献续编》三十四册，则收录了现存于上海徐家汇藏书楼的尚未出版过、或不为外界所知的明清天主教文献，台北利氏学社2013年出版。钟鸣旦、杜鼎克另主编了《耶稣会罗马档案馆明清天主教文献》十二册（台北利氏学社2002年版），钟鸣旦、杜鼎克还与蒙曦一起主编了《法国国家图书馆明清天主教文献》二十六册（台北利氏学社2009年版）。欧洲最著名图书馆之一梵蒂冈图书馆藏有大量有关中西文化交流史的文献，除了许多传教士用欧洲语言所写的著作外，其中的主要部分是传教士在华印刷的书籍和所写的传教文献，还有不少传教士带到欧洲的中国古籍。据初步统计，梵蒂冈图书馆现藏汉籍一千三百余部，大致可以分为基督宗教、西方科学、中国古籍、辞典、艺术、舆图星图六类。［法］伯希和编，［日］高田时雄校订补编，郭可译《梵蒂冈图书馆所藏汉籍目录》包括《梵蒂冈图书馆所藏汉文写本和印本书籍简明目录》和《梵蒂冈图书馆所藏汉籍目录补编》两种，附有高田时雄《梵蒂冈图书馆有关中国的收藏》及索引，可供了解梵蒂冈图书馆所藏汉籍和基督教或天主教传教士的中西文著作的基本情况，是研究中欧关系史，特别是基督教入华史和明清时期中国文化西渐史的重要参考文献，对流失海外的中国古籍的访求和中外交流史研究有一定的参考价值。中华书局2006年出版。张西平、［意］马西尼、任大援、［意］裴佐宁主编《梵蒂冈藏明清中西文化交流史文献丛刊》由中国国家清史编撰委员会、北京外国语大学、罗马大学孔子学院以及梵蒂冈图书馆共同编辑，计划分四辑出版，总计三百册，第一辑于2014年由大象出版社出版，共计四十四册，辑录了一百七十种文献，其中包括多种孤本。这套丛刊的出版，是继敦煌文献后，中国出版的最大一批欧藏中文文献，具有多方面的学术意义，"对中国明清史研究，包括中国政治史、思想文化史、中国天主教史、中国翻译史、中国语言史，乃至对西方汉学史和全球化史研究，都将会产生深远的影响。"（张西平、任大援：《论明清之际"西学汉籍"的文化意义——写在〈梵蒂冈图书馆藏明清中西文化交流史文献丛刊〉出版之际》，《中华读书报》2015年5

月 6 日第 17 版）

上述丛书所收明清天主教文献均为影印本，还有学者对一些明清天主教文献做了点校整理工作。除上述利玛窦的著作已经整理点校外，艾儒略的中文著作《职方外记》早有谢方的校释本，由中华书局出版；艾儒略的全部汉文著述并由叶农系统收集整理，加以点校，编成《艾儒略汉文著述全集》，由澳门文化艺术会 2012 年出版。周驹方编校的《明末清初天主教史文献丛编》五册，收入明万历年间至清康熙朝有关天主教史文献七种：《辩学遗牍》《代疑篇》《三山论学纪》《天学传概》《破邪集》《辟邪集》《不得已》，北京图书馆出版社 2001 年版。周岩编校的《明末清初天主教史文献新编》三册，收录了明万历至清雍正年间天主教史重要文献四十种，国家图书馆出版社 2013 年版。韩国学者郑安德博士收集了法国国家图书馆和梵蒂冈教廷图书馆的资料，加以标点，编成《明末清初耶稣会思想文献汇编》五卷，北京大学宗教研究所 2003 年印行。黄兴涛、王国荣编《明清之际西学文本：50 种《重要文献汇编》四册，收集整理了五十四种明清之际西学文本，主要收集以传教士为主体或与传教士合作传播西学的文献，涉及宗教神学、教育学、伦理学、逻辑学、语言学、心理学、哲学、美术学、文艺学、地理学等众多学科，编者对每种文献撰写简介，包括作者、著译、出版时间、成书背景和内容提要，加以标点，中华书局 2013 年版。周振鹤主编《明清之际西方传教士汉籍丛刊》第一辑六册，收录了明清之际来华传教士所著所译之汉文文献三十种，时间上上起 16 世纪 80 年代罗明坚利玛窦进入中国内地，下迄 19 世纪初期新教进入中国之前，内容涵盖人文学科和自然科学领域，包括《天主实录》《天主圣教实录》《泰西人身说概》《泰西人身图说》《七克》《庞子遗诠》《齐家西学》《达道纪言》《三山论学记》《儒教实义》《天学略义》《天儒印》《正学镠石》《譬学》《不得已辩》《不得已辨》《主制群征》《崇一堂日记随笔》《述友篇》《盛世刍荛》《口铎日抄》《哀矜行诠》《古今敬天鉴》《几何原本》《同文算指》《天问略》《寰有诠》《天步真原》《浑盖通宪图说》《方星图解》，其中大量文献为首次整理，凤凰出版社 2013 年版。除此以外，还有一些零星的明代耶稣会士文献翻译介绍，如明代耶稣会士的通信，《国际汉学》第二辑刊载了《1583—1584 年在华耶稣会士的 8 封信》（大象出版社 1998 年版）。

徐宗泽编著的《明清间耶稣会士译著提要》、费赖之著《在华耶稣会士列传及书目》、荣振华《在华耶稣会士列传及书目补编》对了解来华耶稣会士的小传及著作情况，很有帮助。

（四）政书　可分社会经济与政治、法律制度两个方面。

关于社会经济的材料，比较集中的有：张学颜编的《万历会计录》，梁方仲在1935年《中国近代经济史研究集刊》第三卷第二期曾有介绍，有《北京图书馆古籍珍本丛刊》本（书目文献出版社版）、《续修四库全书》本。《山东经会录》，日本岩见宏的《〈山东经会录〉にこっいて》一文有比较详细的介绍，该文收在1962年日本出版的《明代史论丛》一书中。《钦依两浙均平录》（日本尊经阁文库藏）、《河南赋役总会文册》（嘉靖刻本）、《四川重刊赋役书册》（万历刻本）、《徽州府赋役全书》（万历刻本）、《江西赋役全书》（万历刻本）、《后湖志》（南京图书馆藏）、《赋役官解全书·休宁县》（天启刻本）以及存留下来的鱼鳞图册、清册供单、催征条鞭税粮的"长单"和各类契纸等等，都是研究土地、赋役和封建国家财政的重要史料。

有关官手工业方面的史料，有何士晋编纂的《工部厂库须知》（《玄览堂丛书》本）和李昭祥编的《龙江船厂志》（《玄览堂丛书》本，江苏古籍出版社《江苏地方文献丛书》本）。

有关海运和漕运方面的书有：席书辑、朱家相增修的《漕船志》（《玄览堂丛书》本）、吴仲编的《通惠河志》（《玄览堂丛书》本）、王在晋《通漕类编》（明刻本）、王宗沐《海运详考》（明刻本）、梁梦龙《海运新考》（《玄览堂丛书》本）、谢纯《漕运通志》（明刻本，《北京图书馆古籍珍本丛刊》本，《续修四库全书》本）、王琼《漕河图志》（有明刻本、水利电力出版社1990年点校本、《续修四库全书》本）等。

盐政方面的史料有：朱廷立《盐政志》十卷（传抄本、《续修四库全书》本）、周昌晋《鹾政全书》二卷（《续修四库全书》本）、查志隆的万历《山东盐法志》（万历刊本）、史起蛰《两淮盐法志》（嘉靖刻本）、江大鲲《福建运司志》（《玄览堂丛书》本）、周昌晋《福建鹾政全书》（天启刻本）、《万历两浙鹾志》（清康熙五十一年吕犹志重刊本）、叶永盛《浙鹾纪事》（《丛书集成》初编本）等。此外，收在《明经世文编》中的袁世振《两淮盐政疏理成编》，也是记明代盐法变革的重要史料。于浩辑《稀见明清经济史料丛刊》第一辑四十六册、《稀见明清经济史料丛刊》第二辑五十册，北京图书馆出版社先后于 2009 年、2012 年出版，收录明清时期各地盐政史料，第一辑收录三十余种，第二辑十余种，以清代史料为主，但两辑也收录了几部明代盐政史料。杨时乔的《皇朝马政记》（《玄览堂丛书》本）是有关马政方面的重要史料。

政治、法律制度方面的史书，例如：

《诸司职掌》十卷，洪武二十六年翟善等撰，记载吏部（选、司封、司勋、考功），户部（民、度支、金、仓），礼部（礼、祠、膳、主客），兵部（司马、职方、驾、库），刑部（宪、比、司门、都官），工部（营、虞、水、屯），以及都察院、通政司、大理寺、五军都督府的职掌，是研究明代职官制度的基本文献。有《皇明制书》本、《玄览堂丛书》本、《中国珍稀法律集成》本、《续修四库全书》本。

佚名《大明一统诸司衙门官制》十六卷，嘉靖刻本，有台湾学生书局 1970 年影印本。另有陶承庆校正，叶时用增补《大明一统文武诸司衙门官制》五卷，《续修四库全书》本。

《太常续考》，《四库全书》本。

俞汝楫等纂修《礼部志稿》，《四库全书》本。

黄佐《南雍志》，江苏省图书馆 1931 年影印本；《翰林记》，《丛书集成》初编本。

黄儒炳《续南雍志》，天启刻本。台湾明文书局《明代传记丛刊》本。

周应宾《旧京词林记》，《玄览堂丛书》本。

《熹宗七年都察院实录》，台湾影印《明实录》附录。

《土官底簿》，《四库全书》本。

刘若愚《酌中志》，《海山仙馆丛书》本，还有上海古籍出版社点校本、《续修四库全书》本。

《天一阁藏明代政书珍本丛刊》共二十二册，收入五十四种九十五册政书，主要为政府各部门的行政管理，包括吏、户、礼、兵、刑、工六部所公布的事例与条例。如属职官管理的有明抄本《吏部四司条例》，属经济行政管理的有《户部集议揭帖》《漕运议单》等。许多文献在今天已是海内孤本，历史价值与学术价值非常高。线装书局，2010 年出版。

上述诸书有明代职官及其职掌和礼部、太常寺、南京翰林院、翰林院、都察院、土司、内廷宦官衙门的建置、职官、职掌，以及有关人物和政务活动的有用史料。这方面的史书，远远不止这些。如见于一些文章征引者，还有《南京户部志》《南京都察院志》等书①。

有关明代科举文献，有学生书局编辑部编《明代登科录汇编》，收录在屈万里主编《明代史籍汇刊》，台北学生书局 1969 年版。宁波市天一阁博物馆整理《天一阁藏明代科举录选刊》，包括洪武四年至万历十一年进士登科录、万历十四年至崇祯十三年进士履历便览、明贡举录等，宁波出版社 2006 年版。林祖藻主编《明清科考墨卷集》四十册，收录明洪武初年至清光绪末年五千二百三十一篇（包括六百三十四篇手抄稿），一百一十九卷科考墨卷，系明代广西按察使兼兵备副使林廷陞及其后代所收集，原藏于莆田市观察里第旧宅。这套墨卷包括魁卷、朱卷、闱卷等，其中有县、府举行的院试科举试卷，也有状元卷、榜眼卷、进士卷；既有会试、乡试的试卷，还有道、府、县以及国子监、各级书院的季课、月课、馆课试卷，涵盖的地区包括今天的北京、上海、福建、浙江、江苏、安徽、江西、广东、广西、云南、贵州、四川、湖南、湖北、河南、河北、山东、山西、陕西、辽宁等共达十八个省、市，台湾兰台出版社 2014 年出版。

诏诰律令，是封建统治者为了维护其统治，调整内部关系，镇压人民群众而发布和制定的。它具有法律的性质，都可以据以定罪决遣。这些对研究当时社会各阶级的身份和法律地位，以及相互之间的关系，都有重要的史料价值。如：

《皇明祖训》　洪武六年（1373 年）成书，名为《祖训录》，二十八年改名为《皇明祖训》，现存有洪武刻本、万历刻本、隆武刻本，《玄览堂丛书》中熊鸣岐的《昭代王章》一书中也有收录。

《大诰》　洪武年间前后四次颁发《大诰》。第一次《大诰》成书于洪武十八年（1385 年）十月，计七十四条；第二次《大诰续编》成书于十九年（1386 年）三月，计八十七条；第三次《大诰三编》成书于十九

①　顾起元：《客座赘语》卷七《南京诸志》："其不系本地人所著者，则南部吏部志、户部志、礼部志、兵部志，刑部志、通政司志、太常寺志、南雍志、旧京词林志、光禄寺志、船政志、船政新书、江防考、后湖志、金陵玄观志、金陵梵刹志。"可知这类史书还有不少。

年十一月，计四十三条；第四次《大诰武臣》成书于二十年（1387 年）十二月，计三十二条。此四书国家图书馆藏有明抄本和明刻本，熊鸣岐的《昭代王章》一书中，收有《大诰》和《大诰续编》。《续修四库全书》收有此四书。杨一凡著《明大诰研究》附有《明大诰》点校本以及人名索引（江苏人民出版社 1988 年）。名古屋大学文学部东洋史学研究室根据杨一凡《明大诰研究》附录的《明大诰》点校本编印详细的《御制〈大诰〉索引稿》（1995 年印本）。

《大明律集解附例》三十卷　朱元璋即位后，颁布过两次法律。洪武七年（1374 年）颁布的《大明律》，以《唐律》为基础，计十二篇，六百零六条。洪武三十年（1397 年），又重新修订，成三十篇（卷），四百六十条。其体例，卷一为名例律，卷二至三十分为吏、户、礼、兵、刑、工六个门类。是书有单刻本。《玄览堂丛书》三集中亦收有此书，可与熊鸣岐辑录的《昭代王章》参看。

有关诏令，还有不著辑者。《皇明诏令》二十一卷（嘉靖十八年傅凤翔刻本），收录明太祖登基前的"谕中原檄"至嘉靖十八年三月的诏令。《孝陵诏敕》辑录了自洪武元年太祖登极诏至三十一年的太祖遗诏。《长陵诏敕》收录了永乐并洪熙朝的诏敕，有明抄本。《燕王令旨》收录了朱棣上建文皇帝奏本一道，和"为报父仇事，谕普天下藩屏诸王大小各衙门官吏军民人等布告"一件，为实录所不载。此四部诏令皆收录在国家图书馆编《原国立北平图书馆甲库善本丛书》中，《皇明诏令》另有《四库存目丛书》《续修四库全书》、文海出版社《元明史料丛编》本，《孝陵诏敕》另收录在《明朝开国文献》中（台湾学生书局《中国史学丛书》本）。

有关明代律例的汇编，还有张卤辑《皇明制书》二十卷，是《大明会典》前明朝代表性的法律文献汇编，收录《大明令》《御制大诰》《大诰续编》《大诰三编》《大诰武臣》《诸司职掌》《洪武礼制》《礼仪定式》《教民榜文》《资世通训》《学校格式》《孝慈录》《皇明祖训》《大明律》《宪纲书类》《稽古定制》《大明官制》《节行事例》《吏部条例》《军政条例》《问刑条例》等明代法律典籍二十一种。这些文献均系明代的基本法律，规定了明王朝的基本法律制度，曾长期通行，对明代法制产生了重大影响，是研究明史和明代法律制度的必读之书。其中有不少为该书所仅见（有万历七年刻本、《续修四库全书》本、黑龙江人民出版社 2003 年点校本）。另外，有黄彰健编《明代律例汇编》上、下册，台北"中央研究院"历史语言研究所 1979 年出版。近年出版的明代法律典籍汇编有刘海年、杨一凡主编《中国珍稀法律典籍集成》，其中乙编副名《洪武法律典籍》六册，收录《律解辩疑》所载明律（洪武十八、十九年行用的明律）、《大明律直解》所载律文（洪武二十二年律）、《律条直引》《军政条例》《宪纲事类》《吏部条例》、弘治《问刑条例》《嘉靖新例》、嘉靖《重修问刑条例》《宗藩条例》《嘉隆新例》《皇明诏令》《皇明条法事类纂》等稀见的明代法律典籍二十五种（科学出版社 1994 年）。杨一凡、田涛主编《中国珍稀法律典籍续编》十册，第三、第四册收录明代法律文献十二种，包括《洪武礼制》《诸司职掌》《孝慈录》《礼仪定式》《学校格式》《稽古定制》《节行事例》《皇明祖训》、洪武永乐榜文、《律解辩疑》《军政条例类考》《嘉靖事例》，第八册收录《唐明清三律合编》（薛允升稿本），黑龙江人民出版社 2002 年出版发行。另外杨一凡编《中国律学文献》第一辑，明代的有：张楷《律条疏议》三十卷，佚名《大明律解》三十卷，陈永祥《法家衷集》一卷，唐枢《法缀》，佚名《新纂四六合律判语》二卷（黑龙江人民出版社 2004 年）。其他比较重要的明代法律史料有明雷梦麟《读律琐言》（法律出版社《中国律学丛刊》本）。

除了律例外，法律史资料还有司法审判制度中的指导原则、办案要略等文献。杨一凡主编《历代珍稀司法文献》十五册，收入历代稀见司法文献七十二种，包括历代司法制度、司法原则、办案方略、折狱经典、法医检验文献、讼师秘笈、秋审条款等各类文献，其中明代文献十七种，包括汪天锡《慎狱》（等四篇）、孙旬辑《刑狱》、吕坤《凤宪录》《狱政》、佘自强《治谱》、蒋廷璧《璞山蒋公政训》、佚名《行移体式》、佚名《律书》、王世茂《法家要览》、佚名《刑部事宜》、王肯堂《慎刑说》、佚名《大明律例注释招拟折狱指南》、苏茂相辑《律例临民宝镜》、王士翘辑《慎刑录》、小桃觉非山人《珥笔肯綮》、湘间子补相子《新刻透胆寒》、闲闲子《洗冤便览萧曹遗笔》。社会科学文献出版社 2012 年版。

此外，有关官员在审判案件时留下的判牍，系司法实务的真实记录，也是了解明代法律的重要史料。杨一凡、徐立志主编《历代判例判牍》（全十二册标点本），收录古代先秦至明清代表性的判例判牍文献四十三种，与研究明代以前判例判牍相关的著名案例集十种。这些文献大多版本稀见，有三十种属于明代和明代以前的文献，中国社会科学出版社于2005年出版。杨一凡编《古代判牍案例新编》二十册，收入历代判牍、案例文献二十九种，其中有明代判牍案例六种，包括《王恭毅公驳稿》（王概撰，高铨辑）、《谳狱稿》（应槚撰）、《陕西汉中府有关捕解资料》（不著撰者）、《勿所刘先生居官水镜谳语》（刘时俊撰，孔贞时辑）、《湖湘谳略》（钱春撰）、《诏狱惨言》（燕客撰）；另外，《仁狱类编》《折狱龟鉴补》是明清人编纂的先秦至清代的折狱典型案例的汇集，载有案例一千七百余件，其中绝大多数是明代及明以前各代的案例，社会科学文献出版社2012年版。颜俊彦《盟水斋存牍》是作者于崇祯末年任广州府推官时所撰判语与公牍，涉及刑事、民事、诉讼诸法，既是了解明代法制建设与实施状况的珍贵资料，也是了解明代社会经济的珍贵文献，有中国政法大学出版社2002年点校本。

（五）家谱，又称族谱、宗谱、家乘、族乘、世谱、谱牒、统谱、宗亲谱等，通常称为家谱、族谱、宗谱。现在一般所说的家谱是指北宋欧阳修、苏洵分别创造的家谱。家谱是家族、宗族结合的象征，也记录了家族行为规范。其内容一般包括：一、姓氏源流，记述同一族得姓的来源与变迁。二、堂号，是一个姓氏的特殊标识，显示姓氏发源的地缘关系。在家谱中，堂号具有联系姓氏与宗族关系的意义，也是后代寻根问祖的重要线索之一，堂号名称一般取自于郡号名或为纪念家族始祖或名人而自创。三、世系表，说明一个家族成员之间的相互关系，写清楚祖先后代每一个家族成员名字的图表。四、家训。五、家传，记述家族中有名望、有功绩人的事迹。六、艺文。七、家谱图像。家谱同时也是一种家族史，记载家族和宗族起源、迁徙、分布、盛衰历程的史籍，记录着各个家族和宗族祖祖辈辈创业的经过。家谱凝结着华夏文明的形成、发展、传播及各民族、各地区之间经济、文化交流的各种内容，蕴藏着丰富的文化遗产。家谱的记载虽然有不实之处，如清代学者章学诚所说："谱系不掌于官，则家自为书，人自为说，子孙或过誉其祖父，是非或颇谬于国史"（《湖北通志检存稿·望族表叙》），但其史料价值仍不可忽视。家谱记载的内容往往反映了当时的一些重要事件及经历，可补充史料的不足，是研究历史学、方志学、社会学、人口学、人才学、民族学、遗传学等学科极为珍贵的资料宝库。家谱数量之巨大、内容之丰富，并不亚于正史和方志。近年来，一些地方兴起了重修家谱的热潮。学术界对宗族和家谱的研究也日益重视，成立了中华谱牒学会等学术团体和研究机构，利用家谱进行史学研究也逐渐增多。

目前对现存家谱还没有全面的统计著录。一些单位和学者进行过零星的著录，如福建省图书馆 1963 年编印了《福建省图书馆馆藏族谱目录》，著录该馆所藏族谱一百六十五种。盛清沂主编《国学文献馆现藏中国族谱资料目录（初稿）》，所收族谱资料来自摄取欧美和日本等地区和国家所存的缩微胶卷，共一千九百余种，台湾联经出版事业公司 1982 年出版。罗香林也编有《中美著名图书馆所藏中国明代属于善本类之族谱叙录》（载台湾《"国立中央图书馆"馆刊》1970 年新四卷，第 2 期）。美国犹他州家谱学会编《美国家谱学会中国族谱目录》，收录中国 1949 年以前的家谱胶卷一万七千零九十九种，台湾成文出版有限公司 1983 年出版。美国犹他州家谱学会与我国台湾地区中华学术院谱学系研究所、台湾各姓历史渊源研究学会合编《台湾区族谱目录》，收录台湾地区的家谱一万零六百一十三种，台湾区姓谱研究社 1987 年出版。山西社科院家谱资料中心编《中国家谱目录》收录该单位所藏 1949 年前家谱胶卷二千五百六十五种，山西人民出版社 1992 年出版。梁洪生著《江西公藏谱牒目录提要》，收录江西省各图书馆藏 1949 年以前的家谱七百二十七种，江西教育出版社 2002 年出版。规模较大的是国家档案局三处、南开大学历史系、中国社科院历史研究所编《中国家谱综合目录》，收录 1949 年前纂修的家谱目录一万四千七百一十九条，中华书局 1997 年出版。上海图书馆编《上海图书馆藏家谱提要》，收录 1949 年前家谱一万三千种，上海古籍出版社 2000 年出版。大量家谱还藏在各地图书馆、博物馆、档案馆等有关机构以及私人手中，究竟有多少家谱存世现在还是一个未知数，其数量以万计是毫无疑问的，但主要是清代和民国年间所修。各地所存明代家谱的数量更没有统计，仅据 1987 年的统计，北京图书馆（今国家图书馆）所藏经过整理的家谱共二千二百五十种，其中明代家谱二百四十种（据杨宝华《北京图书馆藏家谱简介》，《谱牒学研究》第一辑第 265 页，书目文献出版社 1989 年版）。上海图书馆编纂《中国家谱总目》，共收中国家谱五万二千四百零一种，计六百零八个姓氏，是迄今为止收录中国家谱最多的一部专题性联合目录。（上海古籍出版社，2008 年）

虽然现在出现了重修族谱的热潮，但对旧家谱的整理开发还很少，对明代家谱的重印更少。1995 年巴蜀书社出版，中华谱牒学研究会等编纂《中华族谱集成》首批一百册，第一、第二册收录了明代凌迪知的《万姓通谱》，其余收录李、王、张、刘、陈五姓族谱共九十三种，其中有若干种明代家谱，如明嘉靖《张氏统宗世谱》二十一卷（张宪、张阳辉主修，明嘉靖十四年刻本）、《新安琅琊王氏统宗世谱》十卷首一卷（明王应斗修，嘉靖三十九年刻本）等。北京图书馆出版社 2000 年、2003 年先后出版北京图书馆编《北京图书馆藏家谱丛刊·闽粤（侨乡）卷》五十册和《民族卷》一百册，均是清代至民国间的家谱。国家图书馆编，谢冬荣、鲍国强主编《中国国家图书馆藏早期稀见家谱丛刊》收家谱六十五种，三百六十四册，一百零八函，其中有明代家谱五种，包括汪奎等《重修汪氏家乘》（明正德间刻本）、汪仲华纂《汪氏乘言》（明刻本）、黄天衢《左田黄氏宗派图》（明末刻本）、《新安休宁山斗程氏本支续谱》（明末钞本）、《吴越钱氏宗谱全乘》（明抄本），北京图书馆出版社 2002 年出版。广西师范大学出版社 2003 年出版《美国哈佛大学哈佛燕京图书馆藏中文善本汇刊》，也收有三种明代家谱，包括明郑涛辑《浦江郑氏旌义编》二卷、明程典辑《休宁苏浯二溪程氏宗谱》四卷、明程敏政撰《程氏统宗谱辨》一卷（附《程氏旧谱存考》）。王强主编《中国珍稀家谱丛刊·明代家谱》全三十二册，收录从正德至崇祯年间的明代家谱二十三种，包括裴、陈、罗、汪、吴、廖、王、李、司马、刘、张、黄、洪、程、方、钱等姓，系《南开大学中国社会史研究中心资料丛刊》之一，凤凰出版社 2013 年出版。陈支平等主编《闽台族谱汇刊》收录福建和台湾地区共一百零八种民间族谱，分编五十册，广西师范大学出版社，2009 年。上海图书馆家谱整理研究团队还从海量的家谱中辑出各种有价值的资料，分门别类，汇成《中国家谱资料选编》，基本囊括了家谱中可资利用的各类信息，具有较大的参考价值。上海古籍出版社，2013 年。

（六）传记和年谱　以人物为中心，记一人生平事迹者，为传记；以时间为经，活动为纬，按年月顺序，谱写一人之经历和事功者，叫年谱。研究和了解任何社会历史问题，都离不开具体的人物，因而这方面的历史资料，是史料来源的重要组成部分。明人传记很多，价值较高的如：

《国朝献征录》　焦竑撰。《中国史学丛书》本，1965 年出版。广陵书社，2013 年。焦竑，字弱侯，号澹园，万历十七年（1589 年）状元，历任国子监司业等官。落职还家后，专心著述，是明代有名的史学家之一。他"留心坟索，毕世讨论，非徒为书簏者"①。万历二十二年（1594 年）曾参与纂修明史。虽全书未成，但他撰写的经籍志已经完成，并存留下来。《国朝献征录》一书，博采自洪武以迄嘉靖时期的名人事迹。全书按宗室、戚畹、勋爵、内阁、六卿以下各官，分类标目，依次编排；没有任过官职的，按孝子、义人、儒林、艺苑等目，分类汇编。大多数人物传记，都注明引述之书，内容丰富，查用方便。此外，王世贞《嘉靖以来内阁首辅传》（《明清史料汇编》初集本）、雷礼《国朝列卿记》（台湾成文出版社 1970 年影印明刊本）也是重要的传记资料。再如 1959 年中华书局出版的李贽《续藏书》也是一部明人传记资料。作者根据明人的传记和文集等文献，辑录了万历以前明代人物四百余人，分以"开国名臣""经济名臣""清正名臣""内阁辅臣""郡县名臣"等十四个类别，并加以点评，对了解或研究明代一些历史人物或李贽其人提供了可供参用的资料。美籍华人谢正光和南京大学范金民合作标点编辑的《明遗民录汇辑》汇集了七种遗民录，有三种未曾印行过。是书对研究晚明历史提供了比较集中的人物传记资料，还可从比较之中，有助于对史料的丰富、鉴别和利用。谢国桢《增订晚明史籍考》一书中，提供了有明一代特别是晚明以来的传记、年谱类别的书目，并加以评介，有近二百部之多，可以检索参用。《明史》的列传各卷，入传之人氏多达三千七百多人，涵括明代不同类别和阶层的历史人物，是广博而集中的基础性资料，更便于利用。

台湾地区周骏富编《明代传记丛刊》收明人传记一百四十七部（种），附录十五种，作者有明代人八十一人，清代人六十人，现代人七人。台湾明文书局 1991 年出版，共一百六十一册，附索引三册。

---

① 谢肇淛:《五杂俎》，卷十三，事部一。

明人年谱，据杨殿珣《中国历代年谱总录》一书粗略统计，卒于顺治八年前者为一百九十五人，生于明天启七年以前者，为三百四十八人，收录比较丰富，可检索查阅。近年台湾地区编印了《新编中国名人年谱集成》。其中第一辑至第五辑收录了明人年谱十四种，包括章懋、倪元璐、张煌言、颜元、徐宏祖，朱若及、王夫之、鹿善继等。1979 年台湾华世出版社印行出版的王德毅编《中国历代名人年谱总目》，书以谱主生年先后排列，著录达一千三百二十五人之多，可供检索之用。1992 年中华书局出版的谢巍《中国历代人物年谱考录》也是了解和利用年谱可供参考的资料。来新夏《近三百年人物年谱知见录》（增订本），叙录明末迄清末三百年间人物年谱，收录谱主一千二百五十一人，叙录年谱一千五百八十一篇。全书分为十卷，前八卷为书录，按年代编次，卷九为知而未见录，卷十谱主、谱名、编者、谱主别号索引。卷一为生于明卒于清人物。著录内容包括谱主小传、年谱著录情况、年谱内容特色、价值等，既可以指引门径，又有省却翻检之功。中华书局 2010 年版。2006 年辑《宋明理学家年谱续编》，收有十八人的二十余种年谱，明代有黄道周、唐顺之、耿定向等人年谱。北京图书馆出版社 1997 年编辑出版《明人年谱十种》七册，包括《阳明先生年谱》《王阳明年谱》《王文成公年纪》《王弇州年谱》《云塘先生年谱》《黄忠端公年谱》《太常公年谱》《唐一庵先生年谱》《吴疏山先生年谱》《周忠介公年谱》。又有于浩辑《明代名人年谱》（北京图书馆出版社，2006 年）有明代著名人物四十七人的年谱，《明代名人年谱续编》（国家图书馆出版社，2012 年），收录明代名人年谱一百零一种，谱主九十四人。

殷梦霞选编《浙东学人年谱》收年谱二十六种，其中有若干明人年谱（北京图书馆出版社 2003 年出版）。于浩辑《宋明理学家年谱》收有二十七人的近六十种年谱，其中明代的有薛瑄、吴与弼、邱濬、陈献章、王守仁、王艮、刘宗周等（北京图书馆出版社 2005 年）。《北京图书馆藏珍本年谱丛刊》收有从先秦到现代人物的一千二百二十七部年谱，其中明人年谱一百八十一部，北京图书馆出版社 1999 年出版。

（七）奏议和文集　奏议有选编一代或一朝者，如陈九德辑《皇明名臣经济录》（嘉靖刻本）、张瀚《皇明疏议辑略》（嘉靖刻本）、孙旬《皇明疏钞》（万历刻本）、万表《皇明经济文录》（明刻本、1934 年印本）、陈子壮《昭代经济言》（《丛书集成》初编本）、署名戴金的《皇明条法事类纂》（日本古典研究会据东京大学藏旧钞本影印本）、张卤《嘉隆疏钞》（万历刻本）、《万历邸钞》（台湾《"中央图书馆"秘笈丛刊》本，台湾正中书局及学生书局版；江苏广陵古籍刻印社 1991 年影印本）、贾三近《皇明两朝疏钞》（万历刻本）、董其昌《神庙留中奏疏汇要》（燕京大学图书馆铅印本，中华书局 2013 年据明抄本影印）、《崇祯存实疏钞》（商务印书馆影印本）、《崇祯奏疏汇辑》（祁彪佳辑，明刻本）、《祯朝诏疏》（朱东观辑，明刊本）等。《御制明臣奏议》（《四库全书》本）。

有辑录某个人为官时，全部或某个阶段的奏疏者，如王琼《户部奏议》（明刻本）、熊廷弼《按辽疏稿》（全国图书馆文献缩微复制中心 1996 年影印《中国公共图书馆古籍文献珍本汇刊》）、汪应蛟《汪青简公奏疏》（明刻本）、郭尚友《漕抚奏疏》（明刻本）、李永茂《邢襄题稿》、毕自严《度支奏议》（明刻本）等。

奏疏大都是全文收录，如《皇明条法事类纂》一书，收录了天顺八年（1464 年）至弘治九年（1496 年）三十二年中六部和都察院的一些题本。其中的大多数不见于成化、弘治两朝实录和《大明会典》，个别收进去的，也只是简单的撮要。所以像这类完备的题本，是研究当时社会历史有用的原始材料。王毓铨先生曾撰写过《〈皇明条法事类纂〉读后》一文，对此书有详尽的评析，发表在《明史研究论丛》1982 年第一辑中。

一般说来，奏议大量散见于个人文集、官书、地方志和各种奏疏、文集汇编。线装书局汇集明代传世奏疏，影印《明代基本史料丛刊》（奏折卷），全一百册，线装书局 2004 年出版。此外，全国图书馆文献缩微复制中心 2010 年编印《明代奏议十种》收录《汪东峰先生奏议》四卷、《安南奏议》二卷、《马端肃公奏议》十四卷、《少司空主一徐公奏议》九卷、《文敏冯先生奏疏》四卷、《司马奏疏》三卷、《周中愍奏疏》二卷、《王司空奏议》不分卷、《回话奏疏》一卷、《曹思诚奏议》不分卷。姜亚沙主编《明人奏议十七种》（全国图书馆文献缩微复制中心 2011 年版），收录乔应甲撰《再起奏草》一卷、叶盛撰《西垣奏草》九卷附录一卷、凌义渠撰《奏牍》八卷、郭正中撰《奏牍》不分卷、夏言撰《郊祀奏议》二卷、华允诚撰《华允诚奏稿》一卷、曹时聘撰《挽河奏疏》及《辟汹奏疏》各一卷、薛三才撰《薛恭敏公奏疏》十四卷、毕自严撰

《毕自严记述奏对》不分卷、严嵩撰《历官表奏》十二卷、余子俊撰《余肃敏公奏议》六卷附录一卷、范淑泰撰《故明工科给事中范公奏折》一卷、顾养谦撰《冲庵顾先生抚辽奏议》（仅存卷四至卷十七）、唐龙撰《江西奏议》（二卷存卷一）、王家桢撰《司马奏疏》三卷、沈灼撰《沈御史存奏》一卷、张辅之撰《奏议》四卷。中华书局 2013 年编辑出版《明抄本奏议十种》，收录明代奏议抄本共十种，均为稀见文献，其中大多数属首次公开出版，包括杨一清《密谕录》七卷、《阁谕录》四卷、《吏部考功司题稿》不分卷、《户部题稿》一卷、应檟等撰《审录疏略》不分卷、《鲁府招》一卷、《楚王案》一卷、熊廷弼撰《按辽疏稿》六卷、薛三才撰《薛恭敏公奏疏》不分卷及《薛恭敏公奏疏》十四卷。

《皇明经世文编》五百零四卷、补遗四卷　明人陈子龙、徐孚远、宋征璧选辑，成书于崇祯十一年（1638 年）十一月，选编了明人文集和奏疏中的部分材料，为使用和进一步查找，提供了方便。是书编者从松江以及全国各地搜集文集一千种以上，从四百二十多人的文集和奏议当中，"取其关于军国济于实用者，上自洪武，迄于皇帝改元，为经世一编。文从其人，人从其代"（方岳贡序），按"首先代言，其次奏疏，又其次尺牍，又其次杂文"的顺序编排。材料丰富，内容广泛，在有些文集和奏疏已不存世或不便查找的情况下，对研究明代社会历史是一部极为有用的史料。中华书局 1962 年影印精装本，还有《续修四库全书》本。

黄宗羲编《明文海》四百八十二卷，收作者近千人，选文约四千三百多篇，按文体分二十八大类，各体下又分若干子目。黄宗羲编该书的目的在保存明代史料，搜罗极富，明人文集即达两千余家，有大量不见于他书的明代文史材料，是研究明史的重要资料，中华书局 1987 年分五册影印出版。此外，程敏政编辑的《皇明文衡》（《四部丛刊》本）一书，也可参考和查用。

明人文集有多少，没有确切的统计。据有关人士估计有近万种之多，其中以各种形式出版者也不过百分之十几。著录于《千顷堂书目》者，有四千九百多人的别集，《明史·艺文志》著录九百多人的文集，计一千一百八十九部。存留至今的明人文集的数量，也没有完备全面的统计。台湾"中央图书馆"编印《明人传记资料索引》（有北京中华书局 1987 年影印本），引用了四百八十多种明人文集中的传记资料。日本东京女子大学东洋史研究室山根幸夫教授 1978 年编辑的《增订日本现存明人文集目录》，收有一千七百多人的文集和撰者不明的文集四十多种，在补遗与再补遗中又收有一百多人的文集目录。这本目录的内容包括著者、书名、卷数、册数、版本、所在地等项目，对查找明人文集不失为有用之作。从研究工作的需要来说，通过协作，编辑明人文集目录、现存明人文集目录，以及文集篇目索引等，十分必要。收在丛书当中的明人文集，粗略统计，如《四库全书》集部类收录明代各个重要时期的二百三十二位作家的近三百种诗文集，上海古籍出版社于 1991 年根据文渊阁本《四库全书》将所收明人文集汇编成《四库全书明人文集丛刊》分册出版。自从文渊阁《四库全书》影印出版以后，为学者利用《四库全书》提供了极大方便。但《四库全书》各本之间内容并不完全一致。杨讷、李晓明编《文渊阁四库全书补遗——集部·明代卷》（全十册）收录了包括《明文海》《明诗综》《文宪集》《东里全集》《忠肃集》《沧溟集》《白谷集》等明人诗文总集、别集一百五十余种，全部辑自文津阁本《四库全书》，为同书之文渊阁本所未收。其体例涉及明人奏疏、尺牍、游记、诗词、方志、墓志、题咏等各方面，内容不乏序跋、年谱、传记、边事、遗闻逸事，利用文渊阁《四库全书》时应参看此书，北京图书馆出版社 2005 年出版。《四库全书存目丛书》收有明人别集八百七十余种。《四库未收书辑刊》收有作者一百一十六人的一百一十六种文集。

在王钟翰教授主持下，历时十年，经过查寻、汇集、补配、选辑、影印出版的《四库禁毁书丛刊》，收有明人别集包括顾起元、汤宾尹、陈第、许国、冯琦、郭正域、沈一贯、王在晋、锺惺、宋懋澄、程嘉燧、茅元仪、张铨、丁宾、张凤翼、姚希孟、郑鄤、马世奇、王家彦、吴甘来、李邦华、张溥、袁继咸、吴应箕、陈龙正、邝露等作者在内的正编有作者二百零二人的别集二百二十四部之多，补编包括作者毛宪、何尔健、张燮、何乔远、郭子章、祁承㸁、熊开元、邵捷春、张家玉在内的作者六十五人的别集（含奏疏）约七十五种。这些古籍由于遭受禁毁，历经磨难，同一般古籍相比，更有其独具之特色，诚如《丛刊》副主编兼学术委员会主任何龄修撰文指出，有原始性、丰富性、珍稀性、作者的民族性等四大特点（《五库斋清史丛稿》第 765 页）。这从书籍之源流、内容、传承与作者等方面之剖析相当深刻，可资参考。又由于这些书籍遭受禁毁，腹壁深藏，尘封有年，如今得以影印出版，公之于世，更能为历史研究提供难得而可贵的新鲜史料，值得关注和充分利用。此外还可参看何龄修等撰写的《四库禁毁书研究》（北京出版社 1989 年版），有助于对禁毁书的深入了解与进一步利用。

谢国桢增订《晚明史籍考》收有文集题跋一百一十三部。

另外，一些明末清初人或清初文人的文集，也保存有不少明史，尤其是晚明和明末的史料，如《顾炎武全集》（二十二册，由华东师范大学古籍所整理，收录了顾炎武现存可证实的全部著述，包括经部九种、史部十七种、子部五种、集部三种等共三十四种，并进行编排、校勘、标点。其中第二十二册为附录，包括年谱、传记资料等，上海古籍出版社 2011 年版）、《黄宗羲全集》（浙江古籍出版社 2005 年）、王夫之《船山全书》十六册（《船山全书》编辑委员会编校，岳麓书社 1988 年至 1996 年出版，1998 年第 2 版）、钱谦益《牧斋初学集》和《牧斋有学集》（上海古籍出版社 1985 年、1996 年）、吴伟业《吴梅村全集》（上海古籍出版社 1999 年）、《戴名世集》（中华书局 1986 年）、邵廷采《思复堂文集》（浙江古籍出版社 1987 年）、《全祖望集汇校集注》（上海古籍出版社 2000 年）、王源《居业堂文集》（商务印书馆《丛书集成》初编本）等，在研究晚明及明末史事时，应该参考利用这些清初文集。

明人文集，如果是全集，大多包括有诗、文（如记赞、序跋、纪叙、碑志、墓表、人物传记、记事、杂著等）、书牍、奏对等内容，如：

《江陵张文忠公全集》四十七卷（明刻本），张居正撰。其中包括诗六卷、文十四卷、书牍十五卷、奏对十一卷、行实一卷。其中书牍部分，收有八百多件信札；奏对部分，有一百六十多件。这一大宗材料对研究张居正改革和明嘉靖以来的社会历史，有着很重要的史料价值。

再如周忱《双崖文集》、况锺《况太守集》、庞尚鹏《百可亭摘稿》、海瑞《海瑞集》等，都有关于江南地区土地关系、赋役制度、社会状况和农民生活等方面的可贵材料。明人文集数量大，内容丰富，有很多可用的史料，下面提供一个远不完备的书目，供参考利用。

《高皇帝御制文集》　朱元璋，万历刊本，《中国史学丛书》影印本。《明太祖集》，黄山书社 1991 年；《全明文》第一册，上海古籍出版社 1992 年。

《太师诚意伯刘文成公集》　刘基，《四部丛刊》本。《刘基集》，浙江古籍出版社 1999 年。

《宋学士文集》　宋濂，《四部丛刊》本。《宋濂全集》，浙江古籍出版社 1999 年。

《始丰藳》　徐一夔，《武林往哲遗著》本。

《逊志斋集》　方孝孺，《四部丛刊》本、《乾坤正气集》本、宁波出版社 1996 年本。

《逃虚类稿》　姚广孝，清刻本。

《解文毅公集》　解缙，乾隆刊本。

《金文靖公集》　金幼孜，明刊本、《四库珍本》二集。

《东里全集》　杨士奇，康熙刊本、《四库珍本》七集。《东里文集》，中华书局 1998 年。

《杨文敏公集》　杨荣，明刊本、《四库珍本》四集。《明人文集丛刊》影印本。

《夏忠靖公集》　夏原吉，明刻本、《四库珍本》四集。《北京图书馆古籍珍本丛刊》本。

《双崖文集》　周忱，清刻本、《四库未收书辑刊》本。

《况太守集》　况锺，乾隆刻本、江苏人民出版社 1983 年本。

《刘两谿文集》　刘球，《乾坤正气集》本。

《于肃愍公集》《少保于公奏议》　于谦，《武林往哲遗著》本、中国文史出版社 2000 年点校本。《于谦集》，浙江古籍出版社点校本，2013 年。

《古穰文集》　李贤，明刊本、《四库珍本》二集。

《彭文宪公文集》　彭时，清刊本、《四库全书存目丛书》本。

《商文毅公全集》　商辂，顺治刻本、《浙江文丛》本。

《西垣奏草》《两广奏草》《边奏存稿》《上谷奏草》　叶盛，崇祯刻本。

《韩襄毅家藏文集》　韩雍，《明人文集丛刊》影印本、《四库珍本》四集。

《枫山章先生集》　章懋，《丛书集成》初编本、《金华丛书》本。

《丘文庄公集》　丘浚，乾隆刻本。

《怀麓堂全集》　李东阳，嘉庆重刊本。《李东阳集》《李东阳续集》，岳麓书社 1984 年、1997 年。

《篁墩程先生文集》　程敏政，明刻本、《四库珍本》三集、《中华再造善本》本。

《空同子集》　李梦阳，明刻本、《四库珍本》八集。

《康对山先生全集》　康海，乾隆刊本。

《何大复先生集》　何景明，清刊本、《四库珍本》七集。《何大复集》，中州古籍出版社 1989 年。

《祝枝山全集》　祝允明，民国石印本。

《俨山集》　陆深，《四库珍本》五集。

《王文恪公集》　王鏊，嘉靖刊本。

《王端毅公文集》　王恕，《明人文集丛刊》影印本，又《太师王端毅公奏议》，明刻本。

《刘忠宣公遗集》　刘大夏，光绪刻本、《四库未收书辑刊》本。

《椒丘文集》　何乔新，《明人文集丛刊》影印本、《明代基本史料丛刊》本。

《匏翁家藏集》　吴宽，《四部丛刊》本、《明代基本史料丛刊》本。

《宝日堂初集》　张鼐，崇祯刊本、《四库禁毁丛刊》本（以下简称《禁毁书丛刊》）。

《东田文集》　马中锡，《丛书集成》初编本。

《太史升庵全集》　杨慎，乾隆刊本。《杨升庵丛书》，天地出版社 2002 年。

《李文定公贻安堂集》　李春芳，万历刻本。

《见素集》　林俊，万历刻本。

《王氏家藏集》　王廷相，明刻本。《王廷相集》，中华书局 2009 年。

《薛敬轩先生文集》　薛瑄，《丛书集成》初编。《薛瑄全集》，山西人民出版社 1990 年。

《白沙子》　陈献章，《四部丛刊》三编本。

《医闾先生集》　贺钦，《辽海丛书》本。辽宁人民出版社 2011 年校注本。

《湛甘泉先生文集》　湛若水，清刊本。

《王文成公全书》　王守仁，《四部丛刊》本。《王阳明全集》，上海古籍出版社 1992 年、1995 年。

《何心隐集》　何心隐，中华书局 1960 年铅印本。

《林次崖先生文集》　林希元，清刊本。《同安林次崖先生文集》，《四库全书存目丛书》本。

《崔氏洹词》　崔铣，明刊本、《四库珍本》六集。

《何柏斋文集》　何塘，明刊本、《四库珍本》六集。

《钤山堂集》　严嵩，清刊本、南京古旧书店 1986 年影印本。

《夏桂洲先生文集》　夏言，明刊本、《四库存目》本。

《霍文敏渭崖公文集》　霍韬，清刊本。

《关中奏议全集》　杨一清，《云南丛书》本。《杨一清集》，中华书局 2001 年。

《郑端简公全集》　郑晓，明刊本。

《渔石集》　唐龙，《丛书集成》初编本、《金华丛书》本。

《欧阳恭简公遗集》　欧阳铎，明刻本、《中国古籍珍本丛刊·天津图书馆卷》。

《快雪堂集》　冯梦桢，明刻本。

《徐氏海隅集》　徐学谟，明刻本。

《何翰林集》　何良俊，明刻本、《明代艺术家集汇集》续集影印本、《四库全书存目丛书》本。

《李开先集》　李开先，中华书局 1959 年铅印本。《李开先全集》3 册，文化艺术出版社 2004 年。

《重刊荆川先生文集》　唐顺之，《四部丛刊》本。

《茅鹿门先生文集》　茅坤，明刊本、《续修四库》本。《茅坤集》，浙江古籍出版社 1993 年。

《沧溟集》　李攀龙，《四库珍本》八集。《沧溟先生集》上海古籍出版社 2014 年本。《李攀龙集》齐鲁书社 1993 年本。

《弇州山人四部稿》　王世贞，明刊本。又《弇州山人续稿》，《明人文集丛刊》影印本。

《陈眉公先生全集》　陈继儒，明刊本。《白石樵真稿》，《禁毁书丛刊》本。

《太函集》　汪道昆，明刊本、《四库全书存目丛书》本、黄山书社2001年点校本。

《方山先生文录》　薛应旂，《常州先哲遗书》本。

《震川先生集》　归有光，《四部丛刊》本、上海古籍出版社1981年、2007年本。

《大泌山房集》　李维桢，明刊本、《四库全书存目丛书》本。

《青藤书屋文集》　徐渭，《丛书集成》初编本。《徐渭集》，中华书局1999年。

《澹园集》　焦竑，《金陵丛书》本、《禁毁书丛刊》本、中华书局1999年点校本。

《无梦园集》　陈仁锡，明刊本、《禁毁书丛刊》本。

《泌园集》　董份，《吴兴丛书》本。

《容台文集》　董其昌，明刻本、《禁毁书丛刊》本。《容台集》，《中国古代书画家诗文集丛书》本。

《袁中郎全集》　袁宏道，明刊本，又《袁宏道集笺校》，2008年上海古籍出版社铅印本。《潇碧堂集》，《禁毁书丛刊》本。

《天佣子集》　艾南英，清刊本、《禁毁书丛刊》本。

《七录斋集》　张溥，明刻本、《禁毁书丛刊》本。

《青霞集》　沈炼，《乾坤正气集》本。

《杨忠愍公全集》　杨继盛，清刊本。

《正气堂全集》　俞大猷，清刊本、《四库未收书辑刊》本。

《世经堂集》　徐阶，明刊本、《故宫珍本丛刊》本。

《高文襄公全集》　高拱，清刊本。高拱著，岳金西、岳天雷编校《高拱全集》，中州古籍出版社2005年版。

《江陵张文忠公全集》　张舜徽、吴量恺主编《张居正集》四册，湖北人民出版社1987—1994年出版。《张太岳集》，上海古籍出版社1984年本。

《葛端肃公集》　葛守礼，清刻本。

《敬和堂集》　许孚远，明刊本。

《复宿山房集》　王家屏，明刊本。

《谷城山馆文集》　于慎行，明刊本。

《李文节集》　李廷机，《明人文集丛刊》影印本。

《申文定公集》　申时行，明刊本。《纶扉简牍》，《禁毁书丛刊》本。

《王文肃公文集》　王锡爵，明刊本、《禁毁书丛刊》本。

《谭襄敏公遗集》《谭襄敏公奏议》　谭纶，《宜黄丛书》第一辑、《四库未收书辑刊》本。

《大隐楼集》　方逢时，清刊本、《四库未收书辑刊》本。辽宁人民出版社校注本，2009 年。

《张居来先生集》　张嘉胤，民国铅印本。

《督抚江西奏疏》《兵部奏疏刑部奏疏》　潘季驯，明刻本。

《敬所王先生文集》　王宗沐，明刊本。

《海瑞集》　海瑞，中华书局 1962 年、1981 年铅印本。

《去伪斋集》　吕坤，清刊本，又《实政录》，万历刊本、清刊本。

《百可亭摘稿》　庞尚鹏，清刊本。

《松石斋文集》《赵文毅公奏疏》　赵用贤，清刊本、《禁毁书丛刊》本。

《赐余堂集》　吴中行，《常州先哲遗书》本。

《汤显祖集》　汤显祖，中华书局 1962 年铅印本。《汤显祖全集》，北京古籍出版社 1999 年。

《顾端文公全集》　顾宪成，明刻本。

《苍霞草》　叶向高，明刊本、《禁毁书丛刊》本。《苍霞草全集》，江苏广陵古籍刻印社。

《赵忠毅公文集》　赵南星，《乾坤正气集》本，又《味檗斋文集》，《丛书集成》初编本、《畿辅丛书》本。

《高子遗书》　高攀龙，《乾坤正气集》本。

《杨忠烈公文集》　杨涟，《乾坤正气集》本、《禁毁书丛刊》本。

《左忠毅公集》　左光斗，《乾坤正气集》本、《禁毁书丛刊》本。

《藏密斋集》　魏大中，《乾坤正气集》本、《禁毁书丛刊》本。

《周忠愍公文集》　周起元，《乾坤正气集》本。

《从野堂存稿》　缪昌期，《常州先哲遗书》本、《禁毁书丛刊》本。

《周忠介公烬余集》　周顺昌，《丛书集成》初编本。

《周忠毅公奏议》 周宗建，《乾坤正气集》本。

《黄忠端公集》 黄尊素，《乾坤正气集》本。

《落落斋遗集》 李应升，《常州先哲遗书》本、《禁毁书丛刊》本。

《方孩未先生集》 方震孺，清刊本。

《餐微子集》 岳和声，明刻本。

《高阳集》 孙承宗，清刊本、《禁毁书丛刊》本。

《徐光启集》 徐光启，中华书局1963年铅印本。

《浮山文集前编》 方以智，清刻本、《续修四库》本。《方以智全书》，上海古籍出版社1988年本。

《王端节公遗集》 王征，《泾阳文献丛书》本。《王征遗著》，陕西人民出版社1987年点校本。

《刘子全书》 刘宗周，清刊本。戴琏璋、吴光主编《刘宗周全集》，台湾"中央研究院"中国文史哲研究所筹备处古籍整理丛刊，1997年出版。浙江古籍出版社2007年校注本。

《黄忠端公全集》 黄道周，清刊本。

《柴菴疏集》 吴甡，清刻本、浙江古籍出版社《明末清初史料丛刊》本。

《卢忠肃公集》 卢象升，清刻本。

《孙忠靖公集》 孙传庭，民国铅印本。

《杨文弱先生集》 杨嗣昌，传抄本、《禁毁书丛刊》本。梁颂成辑校《杨嗣昌集》，岳麓书社2005年、2008年版。

《明德先生文集》 吕维祺，清刊本。

《范文忠公文集》 范景文，《丛书集成》初编本。

《重刻倪文贞公集》 倪元璐，清刊本。《倪文正公遗稿》，《禁毁书丛刊》本。

《凌忠介公文集》 凌义渠，《乾坤正气集》本、《四库珍本》三集。

《刘文烈公全集》 刘理顺，清刊本、《禁毁书丛刊》本。

《申端愍公文集》 申佳胤，《丛书集成》初编本。

《认真草十五种》 鹿善继，清刻本、《丛书集成》初编本。

《石隐园藏稿》 毕自严，清刊本，又《度支奏议》，明刻本、上海古籍出版社2007年影印本。

《熊襄愍公集》　熊廷弼，《乾坤正气集》本，又《经辽疏牍》，《明清史料汇编》二集、《禁毁书丛刊》本。

《史忠正公集》　史可法，《丛书集成》初编本。《史可法集》，上海古籍出版社1984年。

《左忠贞公文集》　左懋第，《乾坤正气集》本、《四库未收书辑刊》本。

《祁彪佳集》　祁彪佳，中华书局1960年铅印本。

《祁忠敏公日记》　祁彪佳，《历代日记丛钞》本、《北京图书馆古籍珍本丛刊》本。

《张忠敏公遗集》　张国维，清刊本、《四库未收书辑刊》本。

《钱忠介公集》　钱肃乐，《四明丛书》第二集。

《金太史集》　金声，《乾坤正气集》本。《金正希先生文集辑略》，《四库未收书辑刊》本。

《楼山堂集》　吴应箕，《丛书集成》初编本、《续修四库》本。

《陈忠裕公全集》　陈子龙，《适园丛书》本。《陈子龙文集》，华东师范大学出版社1988年影印。《陈子龙全集》，人民出版社2011年。

《钓璜堂存稿》　徐孚远，民国十五年刊本。

《堵文忠公全集》　堵允锡，清刊本。

《瞿忠宣公集》　瞿式耜，清刊本。《瞿式耜集》，上海古籍出版社1981年。

《张苍水集》　张煌言，中华书局1959年铅印本。《张苍水全集》，宁波出版社2002年。

《天问阁集》　李长祥，《丛书集成》初编本、《禁毁书丛刊》本。

《阎古古全集》　阎尔梅，民国十一年排印本。

《琅嬛文集》　张岱，清刊本、岳麓书社1985年本。《嫏嬛文集》，故宫出版社2012年。张岱著，夏咸淳辑校《张岱诗文集》，上海古籍出版社2014年版。

《昆山顾氏全书》　顾炎武，清刊本，又《亭林文集》，《四部丛刊》本。

《黄梨洲文集》　黄宗羲，中华书局1959年铅印本。《黄宗羲全集》，浙江古籍出版社2005年本。

《王船山诗文集》 王夫之，中华书局 1962 年铅印本。《薑斋文集》，《禁毁书丛刊》本。《船山全书》，《船山全书》编辑委员会编校，岳麓书社 1988 至 1996 年出版，1998 年第 2 版。

《舜水文集》 朱之瑜，1913 年铅印本，又《朱舜水集》，中华书局 1981 年铅印本。

清代至民国年间的丛书中收录了一些明人文集，如清人姚莹等人汇编的《乾坤正气集》收有明人文集七十二种，但其中大部不是足本；《四部备要》收有四种；《四部丛刊》也有明人文集，其中初编十二种，续编一种，三编六种；《丛书集成》初编收明人文集近百种。此外，《辽海丛书》《吴兴丛书》《武林往哲丛书》《四明丛书》《豫章丛书》《海南丛书》《黔南丛书》《云南丛书》《金华丛书》等，也收辑了少量的明人文集或奏疏。近年来陆续有不少明人文集出版，除零散整理出版外，汇集为丛刊的有 1968 年台湾地区出版的《明代艺术家集汇刊》，收有七种明人文集，1971 年开始出版的续集，包括十种；1970 年出版的《明人文集丛刊》共有二十九种。王国良等编辑《台湾珍藏善本丛刊·古钞本明代诗文集》，新文丰出版股份有限公司 2013 年，以收录台湾地区所藏数百年来全球未曾出版之手抄文集为目标，首辑收录明代文人之诗文集十七种：许继《观乐生诗集》五卷、平显《松雨轩集》八卷、谢贞《鹤鸣集》十卷《后集》一卷、吴讷《思庵先生文粹》十一卷、张彻《退轩集》六卷、祝颢《侗轩集》四卷、王盘《王西楼先生诗集》一卷《乐府》一卷、赵统《赵骊山先生类稿》三十七卷、邝元乐《五岭山人文集》二卷、龚用卿《云冈公文集》十七卷、冯大受《冯咸甫诗集》九卷、罗万藻《小千园全集》五卷、浦羲升《赤霞公诗钞》不分卷、葛如麟《葛如麟文集》不分卷、包启祯《包饮和诗集》四卷、张于度《张逸民南游草》一卷、顾湄《违竿集》二卷，共计为十二册一百二十五卷。近年来妇女著述也引起学者注意，方秀洁、［美］伊维德主编《美国哈佛大学哈佛燕京图书馆藏明清妇女著述汇刊》，收录六十一种明清时期妇女著述影印出版，包括诗集、词集等，由整理者撰写长序对选取著作的内容、价值、意义作详细说明，对促进妇女史、古代文学史等相关领域的研究具有重要的意义，广西师范大学出版社 2009 年版。"中研院"史语所编辑出版了《傅斯年图书馆藏未刊稿钞本·集部》三十册，其中收录明代文集四种。卞甫主编《明代基本史料丛刊·文集卷》已出版三辑，第一辑主要收录明初明人文集五十人五十种；第二辑主要收录永乐、洪熙、宣德、正统、景泰、天顺、成化等朝三十五人三十六种文集，第三辑主要收录成化、弘治、正德、嘉靖朝三十二人三十五种；三辑各七十五册，均由线装书局2013年出版。中华书局亦将编辑出版《明人文集珍本丛刊》五十册，遴选四十种左右明人文集，以中国国家图书馆藏本为主，多为明刻本、明抄本，版本力求精良。还有一些明人文集收录在其他各种新编丛书中。上海古籍出版社《中国古典文学丛书》收有明代文集《高青丘集》（清金檀注，徐澄宇、沈北宗校点）、《震川先生集》（明归有光著，周本淳校点）、《沈璟集》（徐朔方辑校）、《隐秀轩集》（明钟惺著，李先耕、崔重庆标校）、《沧溟先生集》（明李攀龙著，包敬第点校）、《海浮山堂词稿》（明冯惟敏著）、《汤显祖诗文集》（徐朔方笺校）、《汤显祖戏曲集》（钱南扬校点）、《袁宏道集笺校》（钱伯城笺校）、《陈子龙诗集》（施蛰存、马祖熙标校）、《白苏斋类集》（明袁宗道著，钱伯城标点）、《珂雪斋集》（明袁中道著，钱伯城点校）、《谭元春集》（明谭元春著，陈杏珍标校）、《梁辰鱼集》（明梁辰鱼著，吴书荫编集校点）、《唐寅集》（明唐寅著，周道振、张月尊注），另外上海古籍出版社出版的明人诗文别集有《吴承恩诗文集笺校》《张岱诗文集》《夏完淳集笺校》《徐光启集》《史可法集》《李开先集》、张煌言《张苍水集》等。上海古籍出版社于1990年和1992年又分别出版《全明诗》和《全明文》。《全明诗》由《全明诗》编纂委员会编，前三册收明初自朱元璋起二十五人的全部诗歌。《全明文》由钱伯城、魏同贤、马樟根主编，已出版第一、第二册，收朱元璋等八人的全部文章。两书出版计划如果完成，将会给明史研究带来极大便利。《全明词》由饶宗颐、张璋编纂，已于2004年由中华书局出版。2008年，浙江大学出版社出版周明初、叶晔辑编的《全明词补编》。中华书局《中国古典文学基本丛书》明人文集有《徐渭集》。近年来，各地也出版了一些本地方明代文集。如福建省文史研究馆编《福建丛书》第一辑收录十种晚明时期福建作家的史籍和诗文集，除何乔远《名山藏》之外，均是明代福建籍文人文集，包括叶向高《苍霞草全集》、陈衍《大江集》《大江草堂二集》、杨道宾《杨文恪公文集》、李光缙《景璧集》、黄光缵《数子集》、周之夔《弃草集》、黄巩《黄忠裕公集》、韩锡《榕集》、罗明祖《罗纹山全集》。第二辑所收作者不受时代限制，其中有王忠孝《王忠孝公集》。该书题为清人，但王忠孝生于明万历二十一年，卒于永历二十年（康熙五年），曾在明末及福王、唐王、郑成功政权任职，可作为明人看待。另有《莆变纪事（外五种）》收集明末清初福建地方文献。第三辑有明人《曹学佺集》《谢肇淛集》。除第一辑为江苏广陵古籍刻印社出版外，第二、第三辑均是江苏古籍出版社出版。其他如黄山书社《安徽古籍丛书》明人文集收有朱元璋《明太祖集》、朱升《朱枫林集》。浙江古籍出版社《两浙作家文丛》收有《陈洪绶集》《高则诚集》《茅坤集》《杨维桢诗集》《王季重十种》《王冕集》《刘基集》、魏耕《雪翁诗集》等明人文集。《宋濂全集》也有浙江古籍出版社点校本，但没有冠以《两浙作家文丛》之名。上海社会科学院出版社《温州文献丛书》收有《张璁集》。中州古籍出版社《中州名家集》收有《侯方域集校笺》。《岭南丛书》收有《南园前五先生诗·南园后五先生诗》、邝露《峤雅》《张家玉集》、林光《南川水蘗全集》等，分别由中山大学出版社、广东高等教育出版社、中国文史出版社出版。《全州历史文化丛书》有蒋冕《湘皋集》，广西人民出版社 2001 年出版。

（八）笔记、小说和日用类书　传统分类法列在杂史和子部杂家类。一般说，笔记没有谨严的体例，多是杂记一代、一朝、一地的各类见闻。

明代笔记数量很多。王世贞说："野史亡虑数十百家。"全祖望说："明代野史，不下千家。"作者有的是在任的官僚，有的是居家的乡绅士大夫，有的是失意不得志的寒士贫儒。笔记较之官修史书，束缚较少，不那么"装腔作势"[1]，"太摆史官架子"，看起来"可更容易了然"[2]。

笔记的内容异常广泛，包括自然、社会、经济、政治、思想文化、民族关系、对外关系等各方面的内容，诸如地区经济、典章制度、人物传记、农民起义、风土民情、朝野掌故、生产技术、文学艺术、琐闻逸事、奇说异闻、方言俗语、花卉草木、鸟兽虫鱼、自然灾害、物产资源、山川河湖、庙宇寺刹、名胜古迹等等。材料大多具体实际，可与其他史

---

[1]　鲁迅：《华盖集·这个与那个》。
[2]　鲁迅：《华盖集·忽然想到》。

书互为印证和补充，很富有史料价值。如：黄瑜《双槐岁抄》记成化以前的史实；陆容《菽园杂记》关于正德前社会状况的记载；朱国桢（号虬庵）《涌幢小品》，"凡经《稗海》诸书所载，行于世者，都不重录。虬庵熟于明代之事，故所记多质实可信"①。沈德符《万历野获编》，全书分《列朝》《宫闱》《宗藩》《公主勋戚》《内监》《内阁》《词林》《吏部》《户部·河漕》《礼部》《礼部·科场》《兵部》《刑部》《工部》《畿辅》《土司》等卷，按类编排，材料集中。叶盛《水东日记》有关于典章制度和两广、宣府地区的材料；张瀚的《松窗梦语》有关于手工业和商业的记载；李乐的《见闻杂记》和焦竑的《玉堂丛语》有关于人物的撰述；胡应麟的《少室山房笔丛》中的考据经史、评辨诸书的关于思想文化方面的内容；田艺蘅的《留青日札》记浙江地区的材料；谢肇淛《五杂俎》记福建的材料；王临亨的《粤剑编》记广东地方情况，包括澳门和对外关系的材料；顾起元的《客座赘语》和周晖的《金陵琐事》记南京地区的材料；何良俊的《四友斋丛说》和范濂的《云间据目抄》记江南苏州、松江等地区的材料，都很有史料价值。特别是顾炎武的《日知录》，通记有明一代的各类资料，每条记载多有历史的叙述，或兼有考订，并且注明引据之书，内容翔实，考证谨严，值得细读。

明人笔记，正德以后的居多，有些已经收在明邓士龙辑《国朝典故》，收书六十四种一百一十卷，涉及元末明初至隆庆年间二百多年历史，体裁多样，包括实录、传记、文集、笔记、译语。许大龄等根据北京大学图书馆藏明刻本点校（北京大学出版社 1993 年）。《今献汇言》《纪录汇编》《盐邑志林》《续说郛》《借月山房汇钞》《涵芬楼秘笈》《宝颜堂秘笈》《申报馆丛书》《笔记小说大观》《丛书集成》等丛书也收入不少明人笔记。解放以后，中华书局曾以《元明史料笔记丛刊》和《明清笔记丛刊》两种形式，选择整理，陆续标点出版。鲁迅十分重视明代的野史和杂说。在他所写的一些杂文中，对明代的野史杂说和与官修正史的优劣比较，都有深刻的评论和可贵的见解。谢国桢几十年来致力于明清笔记资料的搜求和收藏。他的《明清笔记谈丛》（1981 年上海古籍出版社重版）一书，介绍了四十八种明清笔记资料。此外，他还从明清笔记资

---

① 《郑堂读书记》卷五十七。

料中，摘录了社会经济和阶级斗争的有关资料，分类编成《明代社会经济史料选编》和《明代农民起义史料选编》两书，自1980年起，由福建人民出版社陆续出版。前一书2004年还出版了牛建强等人的校勘本。瓜蒂庵为谢国桢的书斋名。上海古籍出版社1983—1986年影印《瓜蒂庵藏明清掌故丛刊》，已出版二十二种，明代的有黄宗会《缩斋文集》和归昌世《假庵杂著》、田艺蘅《留青日札》、李乐《见闻杂记》、张大复《梅花草堂笔谈》等。

上海古籍出版社《明清笔记丛书》已出版十七种，其中明代笔记有《郁离子》《陶庵梦忆》《西湖梦寻》《松窗梦语》《焦氏笔乘》《鸿猷录》《留青日札》。

上海古籍出版社还出版《永历实录》《所知录》（清王夫之、钱秉镫等撰，余行迈等点校）、《平寇志》（清彭孙贻辑，陈协琹等点校）、《绥寇纪略》（清吴伟业撰，李学颖校点）等。

《明季稗史初编》，商务印书馆1936年初版，上海书店1988年影印，收十六种。

姚安陶珽编《说郛续》四十六卷，收历代笔记五百三十多种，其中有较多明代笔记小说，有上海古籍出版社《说郛三种》本，1988年。《续修四库》本。

《笔记小说大观》收明代笔记小说二十一种，江苏广陵古籍刻印社，1983年。

上海书店近年出版《历代笔记丛刊》，明代笔记有郎瑛《七修类稿》等。此外一些出版社也出版过若干明人笔记，如北京图书馆出版社1996年据明崇祯刻本影印郑暄《昨非庵日纂》三集五十六卷。

《纪录汇编》，商务印书馆1938年出版，台湾商务印书馆1958年重印，全国图书馆文献缩微复制中心《中国文献珍本丛刊》1994年。

上海古籍出版社2005年编辑出版《明代笔记小说大观》，共收《草木子》《双槐岁钞》《寓圃杂记》《菽园杂记》《都公谈纂》《玉堂漫笔》《庚巳编》《今言类编》《四友斋丛说》《客座赘语》《五杂俎》《万历野获编》《酌中志》《涌幢小品》。

中国社会科学院历史研究所明史研究室编《明史资料丛刊》，共出版五辑，收录若干明人笔记和少量清人笔记。

为便于查用明代笔记资料，下面提供一个初步的书目，供参考。

《草木子》　叶子奇，中华书局《元明史料笔记丛刊》本。

《蹇斋琐缀录》　尹直，《历代小史》本。

《水东日记》　叶盛，中华书局《元明史料笔记丛刊》本、学苑出版社《历代日记丛钞》本。

《复斋日记》　许浩，《涵芬楼秘笈》本、《历代日记丛钞》本。

《双槐岁钞》　黄瑜，《明代笔记小说大观》本、中华书局《元明史料笔记丛刊》本。

《菽园杂记》　陆容，《丛书集成》初编本、中华书局《元明史料笔记丛刊》本。

《寓圃杂记》　王锜，《玄览堂丛书》本、中华书局《元明史料笔记丛刊》本。

《病逸漫记》　陆钺，《纪录汇编》本。

《震泽纪闻》　王鏊，《借月山房汇钞》本、《明清史料汇编》本。中华书局《元明史料笔记丛刊》之《震泽先生别集》本。

《震泽长语》　王鏊，《借月山房汇钞》本、《明清史料汇编》本。中华书局《元明史料笔记丛刊》之《震泽先生别集》本。

《双溪杂记》　王琼，《今献汇言》本。

《医闾漫记》　贺钦，《今献汇言》本。

《山樵暇语》　俞弁，《涵芬楼秘笈》本。

《俨山外集》　陆深，明刻本、《四库笔记小说丛书》本。

《野记》　祝允明，《丛书集成》初编本。

《见闻纪训》　陈良谟，《纪录汇编》本。

《国宝新编》　顾璘，《纪录汇编》本。

《见闻杂记》　李乐，明刻本、上海古籍出版社《瓜蒂庵藏明清掌故丛刊》本。

《升庵外集》　杨慎，明刻本。

《觚不觚录》　王世贞，《弇州史料》后集本、《涵芬楼秘笈》本。

《玉堂丛语》　焦竑，中华书局《元明史料笔记丛刊》本。

《皇明世说新语》　李绍文，万历刊本、日本明和八年（1771年）刻本。

《七修类稿》　郎瑛，中华书局《明清笔记丛刊》本、上海书店《历代笔记丛刊》本。

《松窗梦语》　张瀚，《武林往哲遗书》本、中华书局《元明史料笔记丛刊》本、上海古籍出版社《明清笔记丛书》本。

《少室山房笔丛》　胡应麟，中华书局《明清笔记丛刊》本、上海书店《历代笔记丛刊》本。

《涌幢小品》　朱国桢，中华书局《明清笔记丛刊》本、上海古籍出版社《历代笔记小说大观》本、《四库全书存目丛书》本。

《万历野获编》　沈德符，中华书局《元明史料笔记丛刊》本。

《敝帚轩剩语》　沈德符，《丛书集成》初编本。

《四友斋丛说》　何良俊，中华书局《元明史料笔记丛刊》本、上海古籍出版社《历代笔记小说大观》本。

《五杂俎》　谢肇淛，中华书局《中国文学参考资料丛书》本。

《留青日札》　田艺蘅，明刻本、《中国历代逸史丛书》据《胜朝遗事》节本、上海古籍出版社《瓜蒂庵藏明清掌故丛书》本、浙江古籍出版社《浙江文丛》本。

《戒庵老人漫笔》　李翊，《常州先哲遗书》本、《丛书集成》初编本、中华书局《元明史料笔记丛刊》本。

《典故纪闻》　余继登，《丛书集成》初编本、中华书局《元明史料笔记丛刊》本。

《谷山笔麈》　于慎行，清刻本、中华书局《元明史料笔记丛刊》本。

《西山日记》　丁元荐，《涵芬楼秘笈》本、《历代日记丛钞》本。

《孤树裒谈》　李默，《续说郛》本、《续修四库》本、《四库全书存目丛书》本（作者存疑）。

《林居漫录》　伍袁萃，明刻本、《四库全书存目丛刊》本。

《泾林续纪》　周玄暐，《丛书集成》初编本、《功顺堂丛书》本。

《疑耀》　张萱，《丛书集成》初编本。

《吴风录》　黄省曾，《学海类编》本、《吴中小志丛刊》本。

《金陵琐事》　周晖，《笔记小说大观》本、《南京稀见文献丛刊》本。

《续金陵琐事》　周晖，明刻本、《南京稀见文献丛刊》本。

《二续金陵琐事》　周晖，明刻本、《南京稀见文献丛刊》本。

《客座赘语》　顾起元，《金陵丛书》本、中华书局《元明史料笔记丛刊》本。

《碧里杂存》　董毅，《盐邑志林》本。

《崔鸣吾纪事》　崔嘉祥，《盐邑志林》本。

《贤博编》　叶权，传抄本、江苏人民出版社 1980 年《明史资料丛刊》本、中华书局《元明史料笔记丛刊》本。

《粤剑编》　王临亭，《玄览堂丛书》续集本、中华书局《元明史料笔记丛刊》本。

《广东新语》　屈大均，清刻本、中华书局《清代史料笔记丛刊》本。

《云间据目抄》　范濂，《申报馆丛书》本。

《研堂见闻杂记》　王家桢，《痛史》本、《明清史料汇编》第七集、《台湾文献史料丛刊》本。

《阅世编》　叶梦珠，《上海掌故丛书》本、1981 年上海古籍出版社铅印本、中华书局《清代史料笔记丛刊》本。

《玉堂荟记》　杨士聪，《借月山房汇钞》本、《金元明清北京史料笔记丛刊》本。

《陶庵梦忆》　张岱，《丛书集成》初编本。《西湖梦寻》，上海古籍出版社《明清笔记丛书》《明清小品丛刊》本。

《见只编》　姚士粦，《盐邑志林》本。

《识小录》　徐树丕，《涵芬楼秘笈》本。

《枣林杂俎》　谈迁，新文化书社《笔记小说丛书》本、中华书局《元明史料笔记丛刊》本。

《日知录》　顾炎武，商务印书馆 1934 年铅印本。《日知录集释》（外七种），上海古籍出版社 1985 年。《日知录集释》全校本，上海古籍出版社，2006 年。

　　明人或明末清初的笔记既多又杂，上面选录的也未必恰当。在查看过程中，须注意作者的身世、成书的时间、版本的优劣和是否全本，以便鉴别资料的价值。

中国古代史史料学

值得注意的是，笔记之外，小说中也包含许多史料。明清时期是小说的繁荣期，特别是明代中后期，小说创作日益繁多，尤其是世情小说"极摹人情世态之歧，备写悲欢离合之致"，广阔地描写社会诸多面相，对市民生活、商业活动、风俗习惯等都有丰富而细致的刻画，为我们了解当时社会生活提供了鲜活的资料，这些在"三言""二拍"、《金瓶梅》等小说中都有具体反映。随着学术研究，特别是社会史研究的深入与扩展，学界越来越重视这些以往被忽视的资料，也出现一些积极利用小说资料的成果。因此，在史学研究中，应重视小说的史料价值。除零散出版的明代小说外，有两种丛书较为集中收录了明代小说。一是中国社会科学院文学研究所《古本小说丛刊》编委会编《古本小说丛刊》，由中华书局陆续出版；另一种是侯忠义主编《明代小说辑刊》，搜辑明代小说一百余种，是关于我国明代小说的一部大型丛书，也是明代小说整理工作的一次大总结、总集成，巴蜀书社1993年版。程毅中《古体小说钞·明代卷》也可利用，中华书局2001年版。

明代是日用类书出版的繁荣期。所谓日用类书，是相对于官修类书及文士私撰类书而言的、主要由民间书坊编刊的一类书籍，以供下层民众日用之需，内容为日常生活所需的各种常识，包括农业、商业经营、医药、饮食、居室、穿戴、路程、车乘、历法、气象、刑律、赋税、算术、命相、劝善、救济、蒙养、尺牍等。因此，日用类书对于研究明代法制、教育、文学、商业、地理、医学、数学、天文、历法、术数、民俗、养生、人际交往及娱乐等都有重要资料价值。2009年日本汲古书院出版酒井忠夫监修，小川阳一、坂出祥伸编的《中国日用类书集成》，收明代日用类书六种。中国社会科学院历史研究所文化室编《明代通俗日用类书集刊》十六册，搜集了从明初至明末的通俗日用类书四十四种，西南师范大学出版社、东方出版社2011—2012年影印出版。

（九）地志　以地区为主，综记一个地区和专记江河湖海、祠庙寺观、名胜古迹、水利交通等的著述，都可列在地志的范围，传统的分类方法属于地理类。

历史活动离不开一定的空间，因而有关地志一类的著述，是史料的一个重要组成部分，也是研究某一地区和与其相关联历史的重要资料来源。

明代地志，除去舆图，如桂萼的《舆地指掌图》、李默的《天下舆地图》、罗洪先的《广舆图》、陈祖绶的《皇明职方地图》以及万历年间刊刻的利玛窦的《坤舆万国全图》等图表外，约有四类：

一类是全国性志书。官修的有：

《大明一统志》九十卷　李贤等编修，成于明天顺五年（1461年），其体例多沿袭《大元大一统志》。是书以南北两京、十三布政使司分区，每府、州分建置、郡名、形胜、风俗及古迹、人物诸目，有简略的文字说明。最后两卷为民族地区和四邻各国。是书修于明代中叶，其中个别材料系世宗嘉靖以后补充者，但为数不多。书中的文字资料，错讹不少，但结合其所配地图，对了解明代政区及其概况仍不失为一部重要的全国性的地志书籍，有三秦出版社1990年影印本。另外，《玄览堂丛书》续集中收有《寰宇通志》一书，一百二十九卷，为景泰时陈循等奉敕纂修，也是明代全国性的重要地理书籍，可与《大明一统志》参照使用。

私人编撰的有：

《广志绎》　王士性撰。作者自序于万历丁酉（1597年）。原书六卷，《台州丛书甲集》本存五卷：卷一方舆崖略，卷二两都，卷三江北四省（河南、陕西、山东、山西），卷四江南诸省（浙江、江西、湖广、广东），卷五西南诸省（四川、广西、云南、贵州），卷六原为"四彝辑"。是书内容大都是作者据亲身见闻所记。如卷一记"天下马头"事；卷二记"苏松赋重"事；卷三记河南藩封、军备的情况，南召、卢氏的"矿徒"，及万历二十二年（1594年）后汝宁地区的农民起义；卷四记浙江盐政、"倭寇"、台温沿海"篷厂"、兰溪地价、宁台温沿海渔船之组织，以及江西景德镇陶瓷业、江西商人活动范围等材料，都有一定的史料价值。有中华书局《元明史料笔记丛刊》本、上海古籍出版社《王士性地理书三种》本。

《天下郡国利病书》一百二十卷　作者顾炎武是明末清初的著名思想家，学识渊博，著述丰富。是书内容广泛，材料充实。作者根据二十一史、明历朝实录、各地府州县志及历朝奏疏、文集等资料，按照明朝的行政区划，对地理形势、土地赋役、屯田、水利、官制、边防、关隘等，凡涉及军事形势和经济地理等方面，都有详尽的论述，并多摘引原文，因而保留了不少原始资料。此外，还包括西域、交阯及海外诸国的记载，叙述也比较系统、集中和完备。顾炎武在编纂《天下郡国利病书》的同时，编纂了《肇域志》一书。一般而言，《利病书》偏重于经济，而《肇域志》则偏重于舆地，是一部明代地理总志，包含沿革、形势、城郭、山川、道路、驿递、街市、坊宅、兵防、风俗、寺观、水利、陵墓、郊庙等项内容。有的府州还附有长篇食货或职官的资料。《肇域志》不是单纯的自然地理著作，而是广泛记录了各地自然资源、民风习俗、农田水利、赋役漕运、商业贸易、兵防交通乃至黄河流变患害等，体现了顾炎武经世致用的学术思想，堪称是一部全方位研究其所处的近现代社会史的实录，更为今人的史学研究提供了有价值的史料。为了编纂《肇域志》，顾炎武"先取一统志，后取各省府州县志，后取二十一史，参互书之，凡阅志书一千余部"，并考察山川，访问风俗，进行实地调查，其"所考山川、都邑、城郭、宫室，皆出自实践"。《肇域志》征引史料广博完备，保存了大量珍贵资料，许多今天已经散佚的书籍皆赖该书的摘录才得以保存。《肇域志》在顾炎武生前并未定稿，三百多年来从未刊布，仅有少数抄本流传于世。原稿共十五部，现存十一部，流传至今主要有云南省图书馆藏本、四川省图书馆藏本以及上海图书馆藏汪士铎整理本三种版本。1982 年开始由历史地理学家谭其骧、王文楚主持点校，以云南省图书馆藏本作底本，历经二十二年的点校，全书共出校勘记一万三千多条，引用史书、子书、类书、字书、文集及明清民国总志达数百种，是对《肇域志》的一次全面整理，于 2004 年由上海古籍出版社出版。另外《续修四库全书》也收录了《肇域志》一书。《天下郡国利病书》和《肇域志》还有华东师大古籍所整理的《顾炎武全集》本（上海古籍出版社 2011 年版）。

《读史方舆纪要》一百三十卷 作者顾祖禹，明末清初人，自幼熟于经史，喜游历，当明朝政权覆灭之时，隐居著述。他参阅了二十一史和一百余种地方志书，历经三十多年，才完成了这部地理名著。是书以明末清初的政区分类，叙述各省府州县的疆域沿革、山川形势、关隘、古迹，着重于山川险要及战守得失，以及地理变迁等。所述内容关系明代者不少，故极有参考价值。

另外一类是地方性志书。有关京都（包括南北两京、中都凤阳、兴都承天）的志书，记明初都城南京的有《洪武京城图志》，礼部奉敕编修，成书于洪武二十八年（1395 年），民国十八年（1929 年）南京中社据弘治重刊本影印。记中都凤阳的有弘治《中都志》和万历时曾惟诚《帝乡纪略》。记承天的有嘉靖《兴都志》和官修的《承天大志》（明抄本）等书。记北京的，除《顺天府志》和孙承泽《天府广记》外，还有沈榜《宛署杂记》（北京出版社标点铅印本）、蒋一葵《长安客话》，和刘侗、于奕正《帝京景物略》，以及清人朱彝尊《日下旧闻考》等书。这些记京都的文献，都是了解和研究明代京都的重要史书。

关于省府州县的志书。记述一省者，一般称通志，如嘉靖《广西通志》；有的也叫总志，如成化《河南总志》、万历《四川总志》；也有称作大志者，如万历时王宗沐编撰的《江西省大志》。记述一府者称府志，如洪武《苏州府志》、永乐《顺天府志》、万历《杭州府志》。记述一州者称州志，如隆庆《景州志》、崇祯《泰州志》等。记一县者通称县志，如弘治《常熟县志》、正德《朝邑县志》和《武功县志》等，也有沿袭古称叫作图经者，如天启《海盐县图经》。此外还有记曲阜孔府的《阙里志》，记邹县孟府的《陋巷志》（明刊本）。

明方志的数量，著录于《千顷堂书目》地理类的，除九边、海防、江河水利、漕河、游记、土司、山川、名胜、祠庙、寺观外，包括全国性志书和舆图在内，约有一千六百多部。见于《明史·艺文志》地理类的志书有三百二十多部，但没有著录府志以下的州县志书。如果加上九边、江河等方面的志书在内，累计有四百七十多部。

存留至今的明方志数量，全国各大图书馆和藏书单位大多有收藏的方志目录，但目前还没有一个全国性的明代方志综合目录。中国科学院北京天文台编的《中国地方志联合目录》收录了八千二百六十四种方志，其中明代方志据马楚坚先生《略论明人之修志主张》一文提供的统计数字为 973 种，明代纂修各类志书的数量，文章依据巴兆祥《明代方志纂修述略》一文的统计为二千八百九十二部（《明清人物史事论析》，江西高校出版社 1996 年版）。日本山根幸夫和细野浩二合编的《新编日本现存明代地方志目录》（1995 年）收有七百一十五部。林平、张纪亮编纂《明代方志考》，共收录总志、省志、府州县志等各类志书两千余种，包括书名、卷数、作者、版本、存佚和重要的序跋等内容，并有编者案语，四川大学出版社 2001 年版。《天一阁藏明代方志选刊》，上海书店 1962

年出版，1981 年重印精装六十八册，收明代方志一百零七种；《续编》收明代方志一百零九种，精装七十二册，上海书店 1990 年出版。《日本藏中国罕见地方志丛刊》，书目文献出版社 1990 年以后陆续出版，收地方志近百种，其中明代方志四十四种。《日本藏中国罕见地方志丛刊续编》共二十册，收录明代方志十一种，清代方志五种，北京图书馆出版社 2003 年出版。中国科学院图书馆选编《稀见中国地方志汇刊》共五十册，收录二百种稀见方志，其中明代方志五十五种，中国书店出版社 1992 年出版。国家图书馆地方志和家谱文献中心编《明代孤本方志选》十二册，共收录明代方志二十三种，其中河北十二种，山东四种，山西三种，河南、陕西、安徽、浙江各一种，中华全国图书馆文献缩微复制中心 2000 年出版。《北京图书馆古籍珍本丛刊》收有 20 多部明代方志。《南京图书馆孤本善本丛刊》第一辑《明代孤本方志专辑》，收录明代孤本方志八种，分别是：万历《福州府志》、万历《常州府志》、正德《宣府镇志》、万历《江西省大志》、弘治《重修无锡县志》、嘉靖《登封新志》、万历《旌德县志》、万历《宝应县志》，线装书局 2003 年出版。国家图书馆地方志家谱文献中心编《国家图书馆藏孤本旧方志选编》共二十六册，共收明万历到民国年间方志三十三种，其中明代方志四种，明潘敦复纂修，刘松续纂修《乐亭县志》十二卷、明孙承宗纂修《高阳县志》十四卷、明吕鹏云修，吕封齐纂，清章弘增修《巨野县志》十卷、明张世臣修、陈宇俊纂《新修崇明县志》十卷，线装书局 2004 年出版。近年来，国家图书馆出版社牵头发起"著名图书馆馆藏稀见方志丛刊系列"。此系列已编印出版十余套，含 1949 年以前稀见方志近八百种。已出版者有首都图书馆、上海图书馆、浙江图书馆、南京图书馆、辽宁图书馆、陕西省图书馆、福建师大图书馆、复旦大学图书馆、中国人民大学图书馆、北大图书馆、华东师大图书馆等多馆馆藏稀见方志。其中也收录了不少明代方志，例如，《华东师范大学图书馆馆藏稀见方志丛刊》收录明代方志四种，分别是嘉靖《陕西通志》、嘉靖《新宁县志》、万历《开原图说》《横溪录》。《复旦大学图书馆藏稀见方志丛刊》收录明代方志二种，分别是万历《新城县志》、万历《新会县志》，国家图书馆出版社 2010 年出版，《南京图书馆藏稀见方志丛刊》收录明代方志二十九种，许多为《南京图书馆孤本善本丛刊》所未收，参考价值较大，国图出版社，2012 年。

邵国秀编《中国西北稀见方志》八册，收方志十九种，其中明代方志二种；《续集》十册，收方志三十七种，明代方志五种，中华全国图书馆文献缩微复制中心1994年、1997年出版。张羽新主编《中国西藏及甘青川滇藏区方志汇编》，全五十册，收录明代方志四种：明赵时春《平凉府志》、胡汝砺嘉靖《宁夏新志》、嘉靖《固原州志》、嘉靖《河州志》，学苑出版社2003年出版。《美国哈佛大学哈佛燕京图书馆藏中文善本丛刊》收有四种明代方志，包括明冯士仁修，徐遵汤、周高起纂《江阴县志》八卷；明冯惟贤修，王溥增修《潞城县志》八卷；明桑东阳、邢侗纂修《武定州志》十五卷；明杨殿元纂修《乾州志》二卷，另有明蒋镛辑，俞向葵增辑《九疑山志》九卷；明仇俊卿编《全修海塘录》十卷，明乔拱璧修《续修海塘录》二卷。其他如"四库系列"等几种新出大型古籍丛书，均有若干明代方志。一些新出版的地方或区域文献集成中也收有若干明代方志，如《福建地方志丛刊》收有明代黄仲昭修纂的弘治《八闽通志》，福建人民出版社1990年出版。台湾成文出版社有限公司印行的《中国方志丛书》、台湾学生书局的《新修方志丛刊》以及江苏古籍出版社、上海书店、巴蜀书社联合出版的《中国地方志集成》，所收以晚近时期编撰的方志为主，其中明代方志很少。

1965年台湾学生书局也曾影印出版了《明代方志选》，包括弘治十五年（1502年）刊刻的《徽州府志》、嘉靖四十五年（1566年）的《徽州府志》、万历元年（1573年）的《漳州府志》、万历七年（1579年）的《杭州府志》、万历二十七年（1599年）的《广西通志》等六种明代方志。

明代方志以正德后的居多。方志的编纂一般是根据朝廷或政府颁行的《修志凡例》或《修志事例概要》《纂修办法》等。由地方官主持，由地方的乡绅和名人学士参加。方志的取材，除官修私撰的史书外，本地区的图籍、纪乘、簿书等文献材料，也是资料的重要来源。其体例比较严谨，内容也还比较全面。以万历《杭州府志》为例，包括有沿革、山川沟洫、户口、田赋、征役、镇市、土产、职官、兵防、名宦、人物、学校、选举、风俗、国朝事纪、艺文、遗文、杂志等项。一般说来，方志无不包括有该地区的沿革、图表、经济、政治、人物、著述、风俗、大事记、灾异等内容，能比较全面地提供该地区的有关历史资料。

由于方志多是根据地方有关文献汇编而成，所以材料直接而具体，有相当的可靠性，可同官修正史和通记一代的别史相互印证或补其不足。如关于户口和税粮数字，万历《明会典》卷十九《户部六·户口一》户口总数中，记有洪武二十六年、弘治四年和万历六年的全国人户和人口数字，以及南北直隶各府州和十三个布政使司的户口数字。布政司以下府州县的户口数字就没有记载。同样，卷二十四"税粮"实征夏税秋粮总数中，也只记有洪武二十六年、弘治十五年和万历六年南北直隶所属府州和十三布政使司的数字，府州县的数字也没有记载。这些有关数字，在府州县志中，一般都可以查到会典所收的年份或其他年份的具体数字。为实行配户当差的制度，明王朝把全国的人户分为军、民、匠、灶等各类人户。各色人户的数量在《明实录》和《明会典》中有所记载，但并不完备。府以下的各地人户的编制和数量就更不具体。这样的材料在有些府州县志中，记载得就比较具体。土地与赋役是个极其复杂的问题，各个地区又多有不同，而在方志中则比较具体地记载着土地的类别、数量、亩产量，赋税的细目和税额，徭役的形式与内容等等。不见于传记的地方人物，如在当地任官职者，或是取得进士、举人等功名者，大都在有关方志的选举、名宦、人物等项下查到。方志中物产一项，有不少具体材料，广为收集起来，可看出各地区农作物和经济作物的品种及其发展变化，对研究社会生产非常有用。租佃和雇佣关系的史料，一般史书的记载不多，在方志中，特别是江南地区的方志里，多有反映。方志中有关市镇的记载，也是研究商业经济的重要资料来源之一。风俗的变迁反映着社会的发展和变化，方志中也有不少这方面的材料。与某一地区有关的政治事件，在其地区的方志里，也有记述。如农民起义在其经历地区的方志中，一般都有记载，与一般史书的记载相比，在时间与活动内容上，更为确切具体。此外，像自然灾害等在方志中也有比较丰富的材料。总之，方志中保存了既丰富又具体的有用史料，是研究社会历史不可缺少的重要史籍。

方志素有地方百科全书之称，其内容繁多，一些学者对方志进行专题汇编，极便利用。如丁世良、赵放主编《中国地方志民俗资料汇编》，从几千种地方志中将有关民俗记载的重要内容选录出来，分为七大类编排：礼仪民俗、岁时民俗、生活民俗、民间文艺、民间语言、信仰民俗、其他，大类目下又分若干小类目。全书分为华东、西南、中南、东北、华北、西北六卷，先后由书目文献出版社和北京图书馆出版社于 1989 年至 1997 年出版，又由国家图书馆出版社 2014 年重版。徐蜀、张志清主编《地方志人物传记资料丛刊》所收人物传记资料的时限远及上古，下迄民国，包括方志中各类人物传记，如名宦、仕籍、孝友、列女、耆旧、方技等，以及与人物有关的各类表志和艺文志、金石志中的墓志、碑记、传诔等，举凡与人物有关的内容，尽数囊括其中。全书分为西北、东北、华北、华东、中南、西南六卷，已出版东北卷十二册、西北卷二十册、华北卷六十六册、华东卷上编八十册及下编一百七十五册，2001 年以后由北京图书馆出版社及国家图书馆出版社陆续出版。为便于读者使用，每卷均编有总目，每一册编有细目，并延请专家为每卷编制《人物姓名笔划索引》，构成相对完整、极其方便的人物传记资料检索系统。贾贵荣、骈宇骞选编《地方志灾异资料丛刊》从中国历代地方志中辑出有关灾异的资料，第一编十二册为东北、华北地区地方志灾异资料，第二编三十五册汇集华东地区七省一市七百多种方志的灾异资料，可为中国历代灾害史、天文地理史以及赈济制度的研究提供系统的第一手原始文献，此两编由国家图书馆出版社 2010 年、2012 年出版。何建明主编《中国地方志佛道教文献汇纂》，包括"诗文碑刻""寺观""文物"三大部分，共一千零三十三册。全书直接收录 1949 年以前编纂的全国和各省市区县及乡镇的各种地方志文献（寺观志除外）六千七百七十二种。其中，汉唐和宋辽金元方志辑佚本三百三十七种，唐本四种，宋本三十八种，金本一种，元本九种，明本七百零四种，清本五千一百零八种（含旧志清刻本），民国本一千五百六十九种（含旧志新版本）。该书是迄今为止中国地方志文献最大规模的专题历史文献结集，也是继佛教《大藏经》、"佛寺志"和道教《道藏》、"道观志"等教内文献及正史文献之外最重要的佛教和道教的主流和主要文献，较已有的各类教内和正史佛教道教文献典籍更全面真实地反映了中国古代和近代社会中的佛教和道教文化的本来面目，充分展现了二千多年来中国佛教和道教文化传统的历史性、民族性、地域性、社会性和实践性等鲜明特色及其与当代佛教和道教之间不可分割的重要历史联系。国家图书馆出版社 2013 年版。专门对明代方志进行专题汇辑的有陈清慧、肖禹辑考《方志所见明代藩府资料辑考》，此书以明代方志为范围，搜集、整理其中的藩府资料，并参以《明史》《明实录》等文献，对这些资料进行考证，并在原始资料后附加必要的按语，国家图书馆出版社 2013 年版。一些地区也有对本地方志的专题资料汇编。

明代方志除重印的和收在丛书中的（如《辽海丛书》收有明毕恭等修纂的《辽东志》、李辅等修纂的《全辽志》，《武林掌故丛书》中收有万历《钱塘县志》和嘉靖《仁和县志》）还便于查看外，原有的明刻本都已成为善本。由于种种原因，查看起来并不那么方便了。清代方志数量更多，而且在纂修时多参考旧志，或以旧志为基础。涉及明代内容的或多有摘引，所以也可以参看和利用。但清乾隆以后的方志，由于官修《明史》的刊布，有些方志的内容，涉及明代史实时，往往照抄《明史》，有的还依据清王朝确认的史书加以删改，以致弄错。如明末李自成农民军中举人出身的牛金星，原籍河南宝丰县（顺治四年八月十九日《吏科给事中杭齐苏题本》，《明清史料》丙编第七本），而在道光《宝丰县志》卷十《选举志》举人项下记有"旧志内牛金星一名。考钦定《绥寇纪略》系卢氏县举人，故删"，就是一个例子。

还有一类是私人编撰的，以某个地区为主的著述。其体例不如地方志书那么严谨，体裁也比较灵活，或是杂记的形式，或是游记的体裁。如王士性《豫志》（《学海类编》本）、沈思孝《晋录》（《学海类编》本）和《秦录》、陶晋英《楚书》（《学海类编》本）、徐献忠《吴风录》（《学海类编》本）和《吴兴掌故集》（《吴兴丛书》本）、王稚登《客越志》（《戊寅丛书》本）、包汝楫《南中纪闻》（《申报馆丛书本》《丛书集成》初编本）、魏濬《峤南琐记》（《丛书集成》初编本）、何宇度《益部谈资》（《丛书集成》初编本）、王世懋《闽部疏》（《借月山房汇钞》本）、陈懋仁《泉南杂志》（《丛书集成》初编本）、王士性《黔志》（《学海类编》本）、杨慎《滇载记》（《丛书集成》初编本）、谢肇淛《滇略》（明刻本）、田汝成《西湖游览志》（1980 年上海古籍出版社铅印标点本、浙江人民出版社标点本）、《西湖游览志余》（浙江人民出版社1980 年）等等。这类著述大部分是作者或在当地为官，或是实地考察，根据亲身阅历所写，记有山川物产、社会生活、风土民情、掌故传说、逸闻遗事、名胜古迹等内容，都是可资利用的史料。特别是徐弘祖（号霞客）所作的《徐霞客游记》（1980年上海人民出版社铅印本）一书，新版的全书有六十余万字，是作者历经三十多年，通过对全国大部分地区的游历和考察，以日记的体裁写成的。书中不仅记下了西南地区的岩溶地貌，具有世界性的科学价值，而且对经历地区社会方面的记述，也是研究明代后期社会历史的可贵资料。

最后一类是商业交通用书。这是适应明中叶以后商业的发展和往来各地经商的需要而编刻的。如黄汴《一统路程图记》（隆庆刊本，《北京图书馆古籍珍本丛刊》本，杨正泰《明代驿站考》附录点校本，上海古籍出版社1994年出版）、陶承庆《商程一览》（万历刊本）、壮游子《水陆路程》（万历刊本）、程春宇《士商类要》（天启刊本，杨正泰《明代驿站考》附录点校本，上海古籍出版社1994年出版）、李晋德《客商一览醒迷天下水陆图程》（崇祯刊本）等书。杨正泰汇集校注三种明代商业交通用书，黄汴《天下水陆路程》（与《一统路程图记》同书异名）、憺漪子《天下路程图引》《客商一览醒迷》，由山西人民出版社1992年出版。这类书对了解当时商业的发展和水陆交通情况，不失为有用的参考资料。

此外，关于山川、名胜、祠庙、寺观、江河水利等方面，也各有专志或专书。如有关治河与水利的著述就有：潘季驯《河防一览》、归有光《三吴水利录》、伍余福《三吴水利论》、张国维《吴中水利书》、徐贞明《潞水客谈》、耿桔《常熟水利全书》等等，这里就不逐项一一列举了。如有需要可在《学海类编》《申报馆丛书》《丛书集成》等丛书中查找。

（十）档案资料　明档包括明王朝及其各级政权在行使统治职能过程中，形成的各种类别的文件。按其隶属关系的不同，有不同的文种。"凡上所下有十：一诏、二诰、三制、四敕、五册文、六谕、七书、八符、九令、十檄；凡下所上亦有十：一题、二奏启、三表笺、四讲章、五书状、六文册、七揭帖、八会议、九露布、十译。"① 这些档案册籍是编纂《明实录》和其他官修史书主要依据的原始资料，由于它的原始性和完整性而具有珍贵的文物价值和极高的史料价值。

因明末战乱的原因，大宗明档多毁于兵火。现在存留下来的一小部

---

① 《罪惟录》卷七《奏启书札》。

分是清初为编修《明史》征集而来，贮存在内阁大库之中。后又几经变乱和散失，除南京、台湾，以及一些单位和个人还有留存外，现在保存于中国第一历史档案馆的仅有三千六百余件（册）了。这宗明档经有关同志辛勤整理，大部已整理归宗，并为利用提供了方便。

现存的明档有洪武至崇祯各朝的，而以天启、崇祯朝的最多。文种包括诏、敕、诰命、铁券、题本、奏本、题行稿、揭帖、呈文、禀文、启本、手本、塘报、咨文、扎付，以及一些簿册和残稿。其中尤以题本、题行稿和奏本居多，有三千一百多件。这些材料加上清初顺治时期的题本、奏本、揭帖、史书、录疏等档案，反映着明代，特别是明后期的社会面貌、政治经济、阶级矛盾与斗争、民族关系等方面的情况，就中以明清关系和明末农民战争的资料为多。以明末农民战争为例，如顺治元年八月初六日大同总兵官姜瓖启本（顺治启本五十五号）和顺治二年十二月镶红旗下副总兵厉宁奏本（顺治史书·史六），有李自成农民军夺占地主土地的资料；顺治二年八月初六日刑部左侍郎党崇雅题本（顺治刑科史书）和元年七月十九日顺天巡抚宋权题本（顺治题本三百一十六号），有农民军"追银夹死"太监邢升和在涿州"将阖城绅衿任行夹拷"的材料；顺治六年陕西巡按卢传题本（顺治题本贪污类一百九十八号），有农民军在陕西郿县"发银买粮"的材料；崇祯十六年七月二十一日兵部题本（内阁明档六十七号），有崇祯十六年五月，李自成农民军"回至洛阳，凡府州县俱另安官"的记载。顺治元年六、七月，明庆藩奉国中尉朱帅锦（钦）启本和山东济王府兵部主事张吕韬奏本（顺治元年六至七月录疏），记有残明势力在河北、山东等四十多个州县对大顺农民地方政权疯狂反扑的详尽材料；顺治元年七月十八日国子监司业薛所蕴启本（顺治启本二十三号），有农民军在河南辉县"每地一亩派银五分"的材料；顺治十二年陕西监察御史的揭帖（顺治揭帖十三号），有清麟游地方官"只据逆闯旧册，原熟荒地粮丁册"上报的记载；内阁明档一百四十八号李乾德的奏本中，有"曹闯回八等贼伙合，号称百万"，"而于宗藩封国之所，尤虎视眈眈，遍肆惨毒"的材料；顺治元年六月二十八日兵部右侍郎金之俊启本（顺治元年六至七月录疏），有农民军退出北京后，"在太原日事招练，伪将经倚固关以蔽我，包祸心一刻不忘东向"的材料。此外，在顺治题本、揭帖中的"敷陈类"和"明藩类"里，有清初清查明藩地土的材料。所有这些材料多是其他史书所不载，或有记载，也很不完整和具体，所以其史料价值是显而易见的。

辽宁省档案馆还收藏有一宗明代档案，主要是明辽东都指挥使司及其所属各卫所的档案八百多卷，山东备倭署和明兵部档案二百多卷，共一千零八十一卷，形成九百多份文件，多数是嘉靖、万历时期的。现已分门别类进行了整理，保管完好，并提供利用。辽宁省档案馆、辽宁省社科院历史所曾编《明代辽东档案汇编》，选取五百八十五份文件，分为辽东都指挥使司档案，山东等处总督备倭署、山东都司等档案，兵部题稿和《明实录》稿本（洪武二十五年部分，此《明实录》稿本与现存《明实录》略有不同），由辽沈书社 1985 年出版。这批材料对研究清朝入关前明朝同东北女真各部的联系和往来，包括政治、经济、军事、马市贸易等方面，以及明辽东地区的社会状况，都是重要的原始资料。

从 20 世纪 30 年代以来，有些档案资料经陆续整理成编，铅印发表。已知者有：

《明清史料》 前"中央研究院"历史语言研究所编，现已出版了十编，甲至丁编是 1949 年前出版的，戊至癸编是 1959 年至 1975 年陆续编印，在台湾地区出版的。每编线装十册，每册一百页。其中包括明天启、崇祯和清顺治、康熙等朝的奏稿、敕谕、塘报、揭帖等，随录随编，不分门类。所收内容大多是关于辽东战争、明末农民战争、清初社会各阶层的抗清斗争以及有关郑成功的资料。其中尤以明末辽东部分的资料，多为清代史书所避讳不载。明末农民战争的有关材料，也为其他史书所不详，很有利用和参考的价值。

《明清内阁大库史料》第一辑上下两册 金毓黻编，1949 年东北图书馆出版，选入天启三年至崇祯十七年"内外各官署之题稿、奏本、折帖"等五百余件。

《明末农民起义史料》 郑天挺主编，1952 年开明书店出版，1954 年中华书局重印。是书选录了与明末农民战争有关的档案，按年代顺序编排，主题集中，有不少资料可资参用。

《明清档案存真选辑》 李光涛、李学智编著，自 1959 年在台湾地区出版初集，到 1975 年共出版了三集。其中包括"老满文史料""诏敕""沈阳旧档""流贼史料""弘光史料""台湾史料""洪承畴史料""郑成功史料""外国史料"等类，影印档案原件，并附有简略的文字说明。

《清代档案史料丛编》　中国第一历史档案馆主编，1978 年 5 月创刊，中华书局出版，已经出版了多辑。如第一辑的顺治朝继续加派辽饷、练饷的三件档案，第三辑的清茶门教史料四十三件、有关清初镇压明宗室反抗的史料十二件，第四辑的顺治十八年加派练饷的资料四十件、顺治年间清查起科明藩田产的资料六十件，第六辑的关于明末农民战争的档案资料等，对研究明末"三饷"加派、白莲教及其起义、明末农民战争和明末清初的政治斗争等问题，都是可供利用或参考的史料。1981 年创刊的《历史档案》杂志也不时刊布一些档案资料，如 1981 年第一期刊布了"明与后金大凌河城之战史料片断"，第二期发表了"明军守卫松山等城堡的六件战报"等档案资料，都是有用的材料。

此外，《清代档案史料丛编》第一辑陆续发表的单士魁《清代历史档案名词简释》，以及发表在第一期的李鹏年《故宫明清档案部（今中国第一历史档案馆）所存主要档案述略》和朱金甫《故宫明清档案部所藏档案的过去和现在》等文章，对于全面了解明清档案概况，和查阅档案过程中遇到的公文术语、承转关系等不解之处，提供了很好的帮助。

中国第一历史档案馆、辽宁省档案馆编《中国明朝档案总汇》，汇集了中国第一历史档案馆、辽宁省档案馆所藏明朝档案，基本上囊括了中国内地所有的明朝档案，已由广西师范大学出版社 2001 年出版。

张伟仁主编《"中央研究院"历史语言研究所现存清代内阁大库原藏明清档案》，简称《明清档案》，全套三百二十四册，台北联经出版公司 1985 年至 1997 年出版。此书将"中央研究院"历史语言研究所现存之全部清代内阁大库原藏明清档案缩影印行，由于现存大库档案数量庞大，约三十一万件，种类繁多，计本章、咨移、敕谕、榜文、簿籍、图册等十几类，各类文件之功能及规格（形状、大小）均不相同，而次序凌乱，霉蚀日甚，整理依编年次序排列。每册附一编年索引，全书之末所附索引系全部文件之编年索引。此外，还纂订下列七类索引：1. 制作官司；2. 制作官员；3. 案发地点；4. 涉案人员；5. 事件性质；6. 处理办法；7. 所据典章。

台湾史料集成编辑委员会编著《明清台湾档案汇编》（第一辑）全八

册，收录自明嘉靖二十六年（1547年）至清康熙二十二年（1683年）有关台湾本岛及邻近海域的公文史料，资料来源以已刊文献为主，搜集范围及于各种明清档案汇编、方志、碑刻以及文集等，由台湾远流出版公司2004年出版。

曲阜孔府保留有较为完整的档案，由中国社会科学院历史研究所等单位选编《曲阜孔府档案史料选编》，其第二编（全一册）为明代档案，由齐鲁书社于1980年出版，1988年又收入《孔子文化大全》。中国社会科学院近代史研究所中华民国史研究室、山东省曲阜市文物管理委员会编《孔府档案选编》（全二册），也有少量明代档案，中华书局1982年出版。

（十一）文书契约和碑刻等文物资料　文书契约可分官府文书和私人文书契约两种。官府文书大体包括封建政府为控制人民、征敛赋役、收取税课而颁布的文告和绘制与编发的图册、簿籍、表帖等等。这些具有文字内容的实物，既是重要的文物，也是实际可信的珍贵史料。这类原件，当时一定不少，而留存下来的却不多。可以补其不足的是，有些原件虽已不存，但在文集和有关方志里还有记载。如《海瑞集》中就收有他任应天巡抚等官时，颁行的《督抚条约》《续行条约册式》《考语册式》《钱粮册式》《应付册式》《均徭册式》《官举等册式》，以及《示府县严治刁讼》《禁革积弊告示》等。

现在存留下来的官府文书，有颁刻的户帖原件。关于户帖的推行，在文献记载中，如周忱《双崖文集》卷三《陈太守（灌）传》记有："丙午春拜宁国府知府"，"郡中豪右务兼并，版籍多欺诞。公设法综核，户给一帖。有赋役则持以为验，兼并遂无所容"。谈迁的《枣林杂俎》卷上引《宁国府志》："宁国知府庐陵陈灌，作户帖以定版籍，民甚德之。后以其法诏行天下。"（《逸典·户帖式》）万历《明会典》卷十九《户部六·户口一·户口总数》载："（洪武三年）又诏户部籍天下户口，及置户帖。各书户之乡贯、丁口、名岁，以字号编为勘合，用半印钤记。籍藏于部，帖给于民。令有司点闸比对，有不合者发充军，官吏隐瞒者处斩。"关于户帖的格式，谈迁书中根据河南《密县志》抄录了开封府钧州密县傅本一户户帖；崇祯《嘉兴县志》卷九《食货·户口》也收录了杭州府儒学训导林春华家先世洪武年间林荣一的户帖一件。这些记载和

中国古代史史料学

抄录的原件，关于户帖的推行时间、格式以及内容是相当清楚和详细的。现在保存下来的明洪武四年（1371年）徽州府祁门县谢允护和谢允宪两户的户帖原件，前有洪武三年（1370年）的圣旨："户部洪武三年十一月二十六日钦奉圣旨：'说与户部官知道，如今天下太平了也，止是户口不明白，俚教中书省置下天下户口的勘合文簿、户帖。你每户部家出榜，去教那有司官将他所管的应有百姓都教入官附名字，写着他家人口多少，写得真着。与那百姓一个户帖，上用半印勘合，都取勘来了。我这大军如今不出征了，都教去各州县里下着，绕地里去点户。比勘合。比着的便是好百姓，比不着的便拿来做军。比到其间，有司官吏隐瞒了的，将那有司官吏处斩。百姓每自躲避了的，依律要了罪过，拿来做军。钦此。'除钦遵外，今给半印勘合户帖，付本户收执者。"下面依姓名、乡贯、丁口、年龄、事产（包括田、地、草屋、牛只的数量）逐项填写。像这样的实物原件，不仅可与文献记载相互印证，而且更为形象具体，是了解户帖的第一手材料。清册供单的原件是研究赋役黄册的原始资料。万历《明会典》卷二十，《户部七·户口二·黄册》载，（洪武）二十四年奏准："攒造黄册格式，有司先将一户定式，誊刻印版，给与坊长、厢长、里长并各甲首，令人户自将本户人丁事产依式开写，付该管甲首。其甲首将本户并十户造列文册，送各该坊、厢、里长。坊、厢、里长各将甲首所造文册，攒造一处，送赴本县。"现存的直隶徽州府祁门县五都某图三甲洪公寿一户的崇祯十四年（1641年）《清册供单》手状底一件，前面有"直隶徽州府祁门县为清册供单事，炤得本县今当大造，例有亲供首状，开具管、收、除、在数目……今炤旧例，设立清册供单。每户先开旧管人丁若干，田地山塘若干，米麦若干，次开新收若干，开除若干。该图册书亲执供单，挨次令人户自行填注明白，送县以凭给付册书，汇造黄册……"下面分旧管、新收、开除、实在等项，逐项填写男妇丁口、田地山塘、夏税麦与秋粮米、民草房等具体数字。这样的材料，既能加深对《明会典》记载的理解，而且对编制赋役黄册的具体过程也更为具体和明白了。

明初在清查土地过程中，按不同土地所有者占有的土地，依其形状，绘制成图，并用文字标明土地数量、方圆四至等。因其状似鱼鳞，故名"鱼鳞图册"。现在有些图书馆和文物单位还收藏一些，对研究土地制度也是一项重要实物资料。"一条鞭法"推行后，官府为适应这项赋役改革，征收赋税，各地都陆续编制《赋役全书》。现在有一些省区的《赋役全书》保留下来，如《徽州府赋役全书》和《江西赋役全书》（明刻本，台湾出版《明代史籍汇刊》第二辑影印本）等。为催征条鞭税粮，官府还刻有《催征税粮条鞭》长单。现存的徽州休宁县七都三图八甲程晟一户的《催征税粮条鞭》长单，前有该县这一年的"税粮条鞭科则"，下有这一户田地山塘和人丁应纳夏税银、秋粮银和条鞭银的数字，最后是从二月起，分作三十限征收。这对研究当时的赋役制度，特别是一条鞭法，是很有用的材料。

民间买卖土地和房产，成交后写立文契，向官府纳税。崇祯八年改为统一契纸。现存的直隶徽州府休宁县刻印的统一契纸，其内容如下：

直隶徽州府休宁县

　字　号　契纸产价　税银

立　契人　乡　人　今将

　崇祯　年　月　日　立契人

　　　　中见人

下面还有崇祯八年十一月十二日户部题准一件，规定"严饬实行。如有势豪挠阻、郡邑侵欺等情，该抚按即指参重治"，并有"税银每两叁分之外，如有加耗重者，官吏以赃论"等具体规定。最后是"右契纸付业户收执"。

私人文书契约存留下来的不少，解放以后还不断有所发现。比较多的是安徽徽州地区的文书契约材料，大多是属于程、汪、胡、洪、苏、吴、王、谢等几个大户的有关资料。目前散存于安徽、北京、南京、天津等一些图书馆和科研、文教等单位。契约包括的类别很广泛，有买卖、租佃、雇佣、借贷、卖身、投屋、税粮过割等各类文契。从洪武至崇祯各朝的都有，有的是原件，有的是地主家抄存的契底。以土地买卖的契约为例，每份契约一般都写上买卖双方姓名、居住地点、土地数量（或税粮数字）、坐落地点、方圆四至、地价数目等。为节省篇幅，下面摘录几件契约。

休宁县程涌卖地文契：

八都六图立卖契人程涌，今因门户缺少使用，自情愿凭中将承祖八都土名中塘后山园地一片，系文字□号，计民地税贰厘。其地东至吴高应地，西至苏宅地，南至苏宅地，北至宅山地。今将前项四至内地尽行立契出卖与城居苏□名下为业。当日曦作时值价银五钱整。其银当成契日一并交收讫。其地听从买主随即收苗收税。……

　　　　万历元年正月廿五日　　　　　　　　　立卖契人程　涌
　　　　　　　　　　　　　　　　　　　　　　依口代笔人邵五個

卖地后，又写立过割粮差的推单：

　　立推单人程涌，今将卖过八都土名后山地贰厘推入西南二图苏□户内办纳粮差。其税程大户内起割。

　　　　万历元年正月廿五日　　　　　　　　　立推单人程涌
　　　　　　　　　　　　　　　　　　　　　　依口代笔人邵五個
　　　　　　　　　　　　　　　　　　　　　　中见　王槐

程涌卖地后，又向地主承佃原卖土地，立有佃约：

　　八都六图立佃人程涌，今佃到城居苏　名下园一片，坐落土名后山。每一年硬上租银叁分，秋收送还无误。外树二根听山主收苗管业。今恐人心难凭，立此佃约为照。

　　　　万历元年二月初六日　　　　　　　　　立佃人程涌
　　　　　　　　　　　　　　　　　　　　　　中见人汪和
　　　　　　　　　　　　　　　　　　　　　　依口代笔人邵世鹤

　　这类资料对研究土地买卖与集中、租佃关系、农民生活都是重要的材料。有关文书簿册，如收租簿、祠堂账、官册簿、置产合同簿、祠会文书租底、分家簿、分家合同等等，材料比较系统、集中、完整和具体，是其他史书中根本见不到的。对研究这一地区的经济、政治、社会关系、租佃制度、地租形态、地价、农民状况等都是十分珍贵的资料。

　　散存于各地的文书契约资料，陆续有一些整理和发表。1975年日本东洋文库明代史研究室汇辑出版的《中国土地契约文书集》（金一清），所收明契数量很少。张传玺主编《中国历代契约会编考释》，收录西周至民国的契约一千四百零二件，其中明代契约三百六十一件，分为买卖、钱粮收帖、换产契约、伙山合同、佃仆应役文约、借贷、雇赁、族产管理、分产、赠送、划界、赔偿、伙资、嫁妇婚书、排年合同、田禾禁约等，绝大多数是徽州地区的契约，北京大学出版社1995年出版。近年编者将此书修订重编，大量增补契约，改题为《中国历代契约粹编》，收录从原始无文字契约到中华人民共和国土地改革时期的民间契约二千五百多件，其中明代契约包括买卖契约、契尾、税票、推单、钱粮收贴、典当契约、租佃、佃仆、借贷、伙山经营合同、族产管理合同、换产分产契约、分产合同、招赘婚约、排年合同、田禾禁约及格式四百一十四份，其中买地券四十一份，北京大学出版社2014年版。田涛、［美］宋格文、郑秦主编《田藏契约文书粹编》，从田涛先生珍藏的大量传统民间契约文书中精选出近千件汇编而成，起自明代永乐六年（1408年）至1969年止，北起黑龙江、内蒙古；南至云南、四川；东起山东、浙江；西至甘肃、青海，覆盖一百五十多个县市。内容包括买卖、租赁、典当、借贷、合伙、阄分、析产、摇会、继承、遗嘱、婚姻等各种民事行为，以及茶引、盐引、税单、捐照、门牌、告示、执照、牙帖等各种文书票证，中华书局2001年出版。徽州地区和福建的契约文书出版较多。张海鹏等编《明清徽商资料选编》（黄山书社1985年版）收有少量文书，安徽省博物馆编《明清徽州社会经济资料丛编》第一辑收录契约文书九百五十件，其中明代契约三百九十二件，包括土地买卖、典当、租佃、庄仆等方面文书。中国社会科学院历史研究所徽州文契整理组《明清徽州社会经济资料丛编》第二辑，收录宋元土地买卖文契十二件，明代土地买卖文契六百八十五件。两书分别由中国社会科学出版社1988年和1990年出版。中国社会科学院历史研究所收藏徽州文书较多，1991年由花山文艺出版社影印《徽州千年契约文书》，分"宋元明编"和"清民国编"，每编各二十册，其中宋元明编共精选汇集了中国社会科学院历史研究所图书馆收藏的徽州各类文书散件一千八百多件、簿册四十三册、鱼鳞图册十三部。中国社会科学院历史研究所还将其收藏的徽州文书编目出版《徽州文书类目》（黄山书社 2000 年）。另外严桂夫主编《徽州历史档案总目提要》收录安徽省、黄山市、歙县、休宁县、黟县、祁门县、屯溪区、黄山区、绩溪县各档案馆和南京大学历史系所藏徽州文书，包括宋代到民国时期重要档案约九千六百条，大部分是民国档案，宋元明清档案分为政务、宗法、文化、土地、赋税、工商、邮政和方志八类，黄山书社 1996 年出版。刘伯山主编《徽州文书》由广西师范大学出版社 2005 年至 2015 年已出版五辑共五十册。第一辑影印安徽大学徽学研究中心"伯山书屋"所藏黟县文书十户和祁门县博物馆所藏祁门文书五户，共五千余份。第二辑共收录安徽大学徽学研究中心"伯山书屋"藏归户文书五千多份，包括黟县十八户、祁门六户、婺源四户。第三辑收入安徽大学徽学研究中心"伯山书屋"所藏归户文书八十多种，簿册文书四十多种，共计七千多份。归户文书共有五十二个目次、八十三户，其中徽商文书三户、祁门文书三户、黟县文书一户、绩溪文书二户、浙江淳安文书一户、浙江遂安文书一户。第四辑收入文书四十二户，共有二十七个目次四十二户，其中祁门文书九个目次十三户，歙县文书十八个目次二十九户，另有老地图三份，乡村都图字号一册，共六千一百份。第五辑收录刘伯山家藏的归户徽州文书，共有四十个目次七十四户，其中祁门文书五个目次七户、歙县文书二十四个目次四十九户、休宁文书十一目次十八户，含祁门、歙县和休宁的乡村都图字号各一册；共有文书六千多份。此套《徽州文书》内容丰富，种类繁多，有各种契约、遗嘱、诉讼案卷、票据、官文、告示、会书、信函、家乘宗谱、誊契簿、收借条、记事簿、日记、账单账册、收租簿、黄册归户册、门牌（含保甲牌、门号牌等）、货单、礼单、广告单、礼书、乡音字类、风水图册、命书、神符、地图、乡村都图字号册等。其最大的特点是突出文书的归户性，以户为单位，以文书本身产生和形成的自然顺序编排。周向华编《安徽师范大学馆藏徽州文书》，收录从元至正五年二月至民国元年七月徽州散件文书四百一十三件，其中明代文书二百一十四件（含南明文书五件），文书种类既有田地、山场、房屋等大小买卖文约、招承租约，也有宗族文书、立议合同书、各种日用类文书等。安徽人民出版社 2009 年版。李琳琦主编《安徽师范大学馆藏千年徽州契约文书集萃》（全十册）汇编整理了安徽师范大学图书馆藏明清徽州簿册文书十七种，内容丰富，涉及族产、商业、诉讼、实征册、鱼鳞图册、保甲册等诸多类型。安徽师范大学出版社2014年出版。美国哈佛大学哈佛燕京图书馆藏有七百多通明代信札，是现存最大的一种明人信札，大部分收信人是徽州歙县儒商方用彬。既是稀见文物，又是珍贵史料，是一宗新发现的珍贵明史史料和徽州文书，信札内容包括文人吟诗结社、书画鉴定，商业往来，宗族活动，人际交往，内涵丰富，涉及当时的社会、文化艺术、经济等方面，由明代后期一位徽州儒商广泛的社会关系，反映了明代后期社会变迁过程中社会生活多方面的内容。但这批信札长期没有得到利用，甚至没有得到正确认识。陈智超《明代徽州方氏亲友手札七百通考释》将这批资料发掘出来，公之于世，并利用大量资料，旁征博引，对信札涉及的时间、地域、人物、事件进行精审考释，为利用这批资料提供了极大方便。该书还展示了考释的全过程，书中提出的一些考据原则，具有方法论的意义。书后还影印了信札原件。该书由安徽大学出版社2001年出版。福建的契约文书出版有杨国桢编《闽南契约文书综录》（《中国社会经济史研究》1990年增刊），收录契约文书九百零六件，包括买卖、典当、胎借等类文书，时间从宋代至20世纪50年代，其中明代文书五十六件。福建师范大学历史系编《明清福建经济契约文书选辑》收录明代建文三年至清宣统三年的契约文书一千七百九十四件，分为土地、山林果园、房屋厝地典卖、借贷、家族财产分配、有关赋役缴纳文书等类，其中明代契约二十件，人民出版社1997年出版。谭棣华、冼剑民编《广东土地契约文书（含海南）》也收录少量明代契约，暨南大学出版社2000年出版。此外，由商务印书馆与三晋出版社联合出版的《晋商契约文书资料汇编》（暂定名）尚正出版之中，该书收录明万历年间至民国末年四百余年间的山西晋商原始契约文书，成书后约有五十册以上。

碑刻资料，除一些金石志书已经著录或为人们所熟知的，如记奴尔干都司的有名碑刻《永宁寺碑》和《重建永宁寺碑》，关于"郑和下西洋"的几块碑刻，张献忠《大西骁骑营都督府刘禁约碑》等外，历代金石志和地方志均有明代碑刻资料。台湾新文丰出版公司编辑部《石刻史料新编》汇辑各种金石志，第一辑三十册，第二辑二十册，第三辑四十册，1977年以后陆续出版。第一、第二辑分为一般类、地方类、考证目录类，第三辑增加研究参考类。三辑共收石刻史料书一千零一十七种。国家图书馆善本金石组编《明清石刻文献全编》三册，收录民国和民国以前金石志书包括地方志中的明清金石志文献共三千六百余篇，北京图书馆出版社 2003 年出版。北京图书馆（今国家图书馆）藏有大量石刻拓片，该馆善本金石组编《北京图书馆藏中国历代石刻拓片汇编》共一百册，其中第五十一至六十册为明代石刻拓片，共一千五百九十篇。江苏省博物馆编《江苏省明清以来碑刻资料选集》，收录碑刻三百七十件，按地区和行业分类，其中明代碑刻二十三件，三联书店 1959 年出版。苏州博物馆、江苏师范学院历史系、南京大学明清史研究室编《明清苏州工商业碑刻集》，收碑刻二百五十八件，按行业分类，其中明碑仅十二件，江苏人民出版社 1981 年出版。王国平、唐力行主编《明清以来苏州社会史碑刻集》，收录碑刻五百件，分为社会角色与社会群体、社会生活与社会合作、社会信仰与社会心态、社会问题与社会管理四大类，又分为三十二小类，其中明代碑文一百四十二件，苏州大学出版社 1998 年出版。李华编《明清以来北京工商会馆碑刻选编》共九十六通碑文，主要是有关会馆碑刻，明碑仅二件，是关于定役裁费和禁革杂差的，文物出版社 1980 年出版。上海博物馆图书资料室编《上海碑刻资料选辑》，收录碑刻二百四十五件，分为六大类，包括历史沿革、风景名胜、经济、会馆公所、社会治安、学校等，其中明代二十二件，上海人民出版社 1980 年出版。张正明、科大卫主编《明清山西碑刻资料选》收录碑文五百四十八件，分为农林、商贸、交通、水利、妇女、官绅、家庭、宗族、佛教、道教与民间信仰、戏曲、教育、灾害及其防治、行政管理、乡规民约、村堡城防、其他等类，其中明代二百二十六件，山西人民出版社 2005 年出版。2007 年山西古籍出版社、2009 年山西经济出版社分别出版《明清山西碑刻资料选》（续一）、（续二），续一收录碑刻四百八十七件，其中明代一百二十五件；续二收录碑刻三百二十九件（包括部分省外山西会馆碑刻资料），其中明代五十件。台湾银行经济研究室编《台湾中部碑文集成》《台湾南部碑文集成》，两书所收碑文始于明季，列入《台湾文献丛刊》第一百五十一种和第二百一十八种，分别于 1962 年和 1966 年出版。其他地方也出版了一些碑刻集，如广西民族研究所《广西少数民族地区石刻碑文集》（广西人民出版社 1982 年）、张思温编《积石录》（收集甘肃临夏地方的石刻碑文，甘肃民族出版社 1989 年）、郑振满、［美］丁荷生编纂《福建宗教碑铭汇编》（已出版兴化府分册和泉州府分册，福建人民出版社 1995 年、2003 年）、大理市文化丛书编辑委员会编《大理市古碑存文录》（云南民族出版社 1996 年）、南风化工集团股份有限公司《河东盐池碑汇》（山西古籍出版社 2000 年）、张晋平编《晋中碑刻选粹》（山西古籍出版社 2001 年）、谭棣华等编《广东碑刻集》（广东高等教育出版社 2001 年）、金柏东主编《温州历代碑刻集》、吴明哲编《温州历代碑刻二集》（上海社会科学院出版社 2002 年、2006 年）、王晶辰主编、王菊耳副主编《辽宁碑志》（辽宁人民出版社 2002 年）、龙显昭主编《巴蜀佛教碑文集成》（巴蜀书社 2004 年）、三秦出版社《陕西金石文献汇集》（已出版《汉中碑石》《咸阳碑刻》《华山碑石》《安康碑石》《大荔碑刻》《户县碑刻》等），这些碑刻集均有明代碑刻资料。一些专题资料集也收录若干明代碑刻，如广东省社科院历史所等单位编《明清佛山碑刻文献经济资料》收录碑文七十八件，明代八件，广东人民出版社 1987 年出版。其他如《景德镇瓷业历史调查资料选辑》（1963 年铅印本），浙江省社会科学院历史所、经济所、嘉兴市图书馆编《嘉兴府城镇经济史料类纂》（编者 1985 年印行），陈学文编《湖州府城镇经济史料类纂》（编者 1989 年印行）等，都有一些明代碑刻。日本学者仁井田陞 20 世纪 40 年代曾对北京工商会馆进行实地调查，收集碑刻、匾额，这些资料经佐伯有一等教授整理，编为《北京工商ギルド资料集》六集，除了收录碑文外，还有调查时的质疑应答记录以及调查日志，1975 年起由日本东京大学东洋文化研究所附属东洋文献センター刊行委员会发行。后来又出版了第七集，为上海地区的行会资料。近年来，不少省、市、县出版了综合性或专题性的碑刻资料，不下数十种，可检索各图书馆书目，其中大多包括明代碑刻。专收录明代碑刻的有河北省文物局长城资源调查队编《河北省明代长城碑刻辑录》，是历年河北省明代长城调查中获得的碑刻及其他金石文献资料的汇编，包括城工碑、阅视、鼎建碑、纪年记事刻石、门额、台铭刻石、边塞摩崖石刻、相关碑刻、墓碑等十个类别，科学出版社 2009 年版。张君弘编著《辽阳明代墓志》，收录墓志一百方，涉及墓主一百零三人，时间上起明朝占领辽阳，下限因个别人物卒于明朝灭亡以后，故顺延至顺治三年，收录原则仅限辽阳出土的或曾经在辽阳任职的明代人物墓志，辽宁大学出版社 2013 年版。此外，还有吴敏编《齐云山明代碑刻选》，安徽人民出版社 1984 年版。桑永夫主编《洛阳明清碑志·孟津卷》则包括明清两代，分为碑志图录和碑志释文两部分，中州古籍出版社 2014 年版。

解放以来，随着考古文物事业的蓬勃发展，不少地区都发掘和发现了一些明墓，出土和新发现了一批明代文物，为明史研究提供了新鲜而丰富的实物材料。粗略统计，有明墓的发掘和发现的地区有：辽宁辽阳、锦州、鞍山，河北唐山、阜城、邢台，天津，山西太原、晋城、榆次、文水，河南临汝、林县、郏县、杞县，山东曲阜，陕西华县，甘肃兰州，青海西宁，四川成都、宜宾、洪雅、新都、华阳、岳池，重庆，云南大理、呈贡，贵州遵义，广西柳州，安徽合肥、蚌埠、桐城，江西南昌、新建、南城、广丰、玉山、临川、永修，湖北广济，江苏苏州、吴县、无锡、扬州、铜山，浙江湖州等地。其中如北京的定陵（明神宗朱翊钧）、西郊董四墓村明墓，南京江宁县沐晟墓，河北阜城廖纪墓，山西晋裕王墓，山东朱檀墓，安徽汤和墓，江西新建朱权墓和南城明益庄王墓，江苏苏州王锡爵墓等的发掘和清理，对研究有关人物的历史和当时社会状况都提供了不同内容的实物资料。新出土和发现的文物，包括有瓷器、铜器、古钱、银锭、石刻、碑刻、印信、家具、纺织品、兵器、船只、信札、墨迹、书画、遗址、建筑等等，其中如朱元璋的"密信"、明初迁民碑、明政府镇压矿工起义的告示碑、上海松江的"平倭墓碑"、浡泥国王墓碑、辽阳出土的"宋国忠墓志"、收藏在山西运城的"河东盐池之图"石刻、四川洪雅出土的银锭、东沙西沙等南海诸岛的文物古钱等，关于农民战争的文物如李自成大顺政权的"工政府屯田清吏司契""临县学正之记"的铜印、山东兖州刻有"大顺国"字样的"永昌桥"碑石和张献忠大西政权的"离八寺长官司印""潼川府经历司印""南郑县印"、大顺二年（1645 年）"张献忠圣谕碑"等，还有属于明代扈伦四部的乌拉和辉发古城遗址的调查、徽州和江西景德镇的明代建筑和江西、福建等地的古窑址等，这些都是很有史料价值的重要文物资料。这类材料可在《文物参考资料》《文物》《考古》等杂志里查到。

近年来各地有一些出土墓志的汇集，其中均收录明代墓志，如山西运城地区有李百勤等《河东出土墓志录》，收录墓志一百一十九方，其中明志五十七方，山西人民出版社 1994 年出版。洛阳地区有齐栋、李献奇、史家珍等《洛阳新获墓志续编》，共计收录墓志三百二十八方，其中明志十方，科学出版社 2008 年出版。大规模墓志的汇集，有《新中国出土墓志》按省分卷，陆续由文物出版社出版。

（十二）有关思想文化和科学技术方面的著述。

思想文化方面的有：

《明儒学案》六十二卷　黄宗羲著。是书作者搜集了明代诸儒之文集语录，辨别其流派，对诸儒源流及其分合的背景，叙述相当详尽，是研究明代思想史不可缺少的参考资料。

关于科学技术方面的著述有：徐光启《农政全书》、宋应星《天工开物》、李时珍《本草纲目》、方以智《物理小识》，以及《沈氏农书》和张履祥《补农书》（《杨园先生全集》本，中华书局 1958 年出版的陈恒力编著的《补农书研究》一书中有校释）、茅元仪《武备志》（天启刻本）、王徵《远西奇器图说》和李之藻编《天学初函》等，都有关于明代或明末清初农业、手工业、科学技术、医药学等方面的丰富资料。

（十三）书目与丛书　要了解有哪些史籍史料，除了利用已有的研究成果和通过阅读史书，从相关联的线索中查找外，更为重要的是利用目录方面的工具书。例如，著录明人著述的有黄虞稷编的《千顷堂书目》（《适园丛书》本，上海古籍出版社 2000 年）、《明史艺文志·明史艺文志补编·明史艺文志附编》（商务印书馆 1959 年版）等。大型古籍丛书中，作为工具书的书目当首推《四库全书总目》，或称《四库全书总目提要》。收入《四库全书》和未收入之"存目"之书籍累计一万余种，其中有不少与明史研究相关和可用之史籍史料，以收入的明人别集为例，《全书》与《存目》累计共收明人别集一千一百多部，占所收别集总数之百分之四十五左右，相当丰富。《总目》的编排上分为经、史、子、集四大类，其下分若干小类，再下为细分的子目，排列有序，层次清楚，辖属分明，检索便利。类前有序言，目后有案语，述及这一类目收入书籍之源流和类目之分合。书籍之提要涵括书之作者、源流、内容、卷帙、体例、文字、版本、价值、长短等诸多方面，内涵广博，考订细密，征引有据，评述结合，简明扼要，对利用很有帮助。

《总目》之提要也时有疏漏错谬之处，可同余嘉锡所撰《四库提要辨证》（中华书局 1980 年本）配合利用。是书对《总目》所收的五百余种古籍加以辨证，纠正其谬误，填补其漏缺，充实其内容，考证其疑难，从而使原有之提要更加确切与丰富。另有胡玉缙撰、王欣夫补《四库全书总目提要补正》（上海书店，1998 年）可供参考。

王重民的《中国善本书提要》（上海古籍出版社 1983 年版）是一部检索善本古籍的书目。是书收录经作者过目收藏于海内外各大图书馆的古籍善本四千四百多种，与明史研究相关的史籍史料也不少，所收明人别集多达九百多部，几占全书总量之五分之一。提要着重记述版本方面的相关内容，间亦根据序跋或史志记述作者的事迹与书之内容。这些对了解书籍及其刊刻源流与版本之异同优劣多有帮助，可与《总目》和国图善本书目参考互用。1997 年，北京图书馆出版社出版《中国善本书提要补编》，其中也有不少明史史籍。另有黄仁生《日本现藏稀见元明文集考证与提要》（岳麓书社，2004 年），参考价值较大。台湾一些出版单位在影印明代史籍或汇辑有关丛书时，也有一些专家学者撰写过有关题跋或评介文章，如有需要，可在《中国近八十年明史论著目录》《百年明史论著目录》等书中检寻。

此外，谢国桢《增订晚明史籍考》一书，介绍了有明一代的史乘，特别对查考明代后期有关的史籍，是融书目与评介为一体的很有用的参考书。德人傅吾康编撰的《明代史籍汇考》一书，也很有参考价值。日本山根幸夫教授对明代史籍史料素有研究，他结集出版的《明清史籍の研究》（日本研文出版社 1989 年版）一书，收录了七篇关于对明代史籍史料的评介文章，分别对《皇明制书》《大明官制》《大明一统志》《大明实录》、胡宗宪的《三巡奏议》，以及天一阁收藏的明代方志和明方志输入日本的存藏情况等等，作了比较详细的解读或评介，文章做得细致，颇见功力，值得参考。除了这些综合性书目和史籍介绍外，还有一些专题性的书目和史籍的题跋与评介。如邓衍林《中国边疆图籍录》（商务印书馆 1958 年版）、朱希祖《明季史料题跋》（中华书局 1961 年版）、孟森《明清史论著集刊》（中华书局 1959 年版），以及朱彝尊《曝书亭集》（《国学基本丛书》本）、全祖望《鲒埼亭集》（《国学基本丛书》本）、赵翼《廿二史札记》（商务印书馆 1958 年重印本）等等。

一些史籍除有单行本外，有的还收在丛书之中。丛书的刊刻源远流长；丛书的整理、汇辑和出版，对保存古籍、传承文化、惠及社会、方便学人都有重要的意义、价值和作用。丛书的含量各不相同。明人编辑的丛书，如《今献汇言》（收明人著述三十九种）、《历代小史》（收一百零五种）、《百陵学山》（王文禄辑，收九十二种）、《纪录汇编》（收一百二十一种）、《盐邑志林》（收四十一种）、《金声玉振集》（收四十六种）、《宝颜堂秘笈》（收一百三十四种）、《国朝典故》（收三十三种）等。

此外，还有清人编辑的丛书，如《续说郛》《借月山房汇钞》《学海类编》《申报馆丛书》和民国以来编辑的《涵芬楼秘笈》《丛书集成》《笔记小说大观》等丛书，都收有比较多的明人著述。

近人编辑的有：郑振铎辑的《玄览堂丛书》初、二、三集，收六十一种明代著述，两种清人著述；谢国桢辑《国立北平图书馆善本丛书》第一集，收录明代史籍十种；罗振玉辑《玉简斋丛书》和《明末辽事丛刊》等。

汇辑明末南明有关史籍的合集有：《荆驼逸史》（收五十八种史籍）、《明季裨史汇编》（收十六种）、《痛史》（收二十种），以及郑振铎辑录的《明季史料丛书》，收有史籍二十种。

建国以来，特别是改革开放以来，大陆一些出版机构或收藏单位根据需要和各自特点陆续汇辑和出版了一些包括明代史籍史料的大型古籍丛书，类型多种多样，含量也各不相同。有综合型的，除上文已经叙述的外，还有北京大学出版社 1993 年出版《北京大学图书馆藏善本丛书·明清史料丛书》，其中明史史料有明何乔远《名山藏》、明徐学聚《国朝典汇》、明雷礼辑《皇朝大政记》、明姚思仁《大明律附例注解》等。国家图书馆分馆编，苏晓君、俞冰主编《稀见明史史籍辑存》共三十册，收集明人及清人、朝鲜人所著有关明史史籍四十八种，线装书局 2003 年出版。是书涵盖有明一代以至南明的史事，具有品种多样、内容广泛、体裁各异、版本珍稀、资料丰富、利用方便等特点，可根据需要检寻利用。对其评介还可参看何龄修为该丛书所写的序言，也收入《五库斋清史丛稿》中。于浩编《明清史料丛书八种》（全八册）收录了清末民初著名学者罗振玉、谢国桢等人所编关于明清时期（尤其是明末清初）史料丛书八种：清留云居士辑《明季裨史汇编》，商务印书馆辑《明季裨史续编》、罗振玉辑《史料丛刊初编》《明季辽事丛刊》、罗福颐校录《明

中国古代史史料学

季史料零拾》、谢国桢辑《清初史料四种》、乐天居士辑《痛史》、佚名辑《纪载汇编》，北京图书馆出版社 2005 年出版。国家图书馆出版社2009 年出版了于浩编《明清史料丛书续编》，收录《甲申野史汇钞》《明季野史汇钞续编》《明季野史杂钞》《顾亭林明季三朝野史》《海甸野史》《明清史料杂抄》《明末史料五种》等十余种稀见明清史料丛书，大部为清抄本，内容包括大量明清史实，尤其明末清初史，是明清研究的珍贵参考文献。收录明代史籍较多的还有《北京图书馆古籍珍本丛刊》一百二十册，书目文献出版社 1991 年出版。《北京师范大学图书馆藏明刻孤本秘笈丛刊》中也收有许多明史资料（广西师范大学出版社，2010 年）。

近年出版的大型古籍丛书规模最大的是"四库系列丛书"。从《景印文渊阁四库全书》20 世纪 80 年代首先由台湾商务印书馆和上海古籍出版社影印出版后，2004 年北京商务印书馆和浙江杭州出版社也分别出版了《影印文津阁四库全书》和《影印文澜阁四库全书》。《四库全书》共收书约为三千四百六十种，七万九千三百三十卷。① 此后，20 世纪末 21 世纪初又出版了几种"四库"系列大型古籍丛书，形成古籍影印的高潮。上海古籍出版社 1996 年至 2002 年出版《续修四库全书》一千八百册，收书五千三百八十八种，其中经部一千二百三十七种，史部一千一百一十三种，子部一千六百四十二种，集部一千三百九十六种。《四库全书存目丛书》1997 年由齐鲁书社和台湾庄严文化事业有限公司在内地和台湾地区同时出版，共一千二百册，收书四千五百一十六种，其中经部七百四十三种，史部一千零八十六种，子部一千二百五十三种，集部一千四百三十四种。2001 年又出版《四库全书存目丛书补编》一百册，收书二百一十五种，其中经部六种，史部二十三种，子部二十六种，集部一百六十种。北京出版社 1997 年出版《四库禁毁书丛刊》三百一十一册，收书六百三十四种，其中经部十六种，史部一百五十七种，子部五十九种，集部四百零二种；2005 年还出版《四库禁毁书丛刊补编》九十册。北京出版社 1997 年出版《四库未收书辑刊》三百零一册，收书一千三百二十八种，其中经部二百八十八种，史部二百七十八种，子部二百四十九种，

① 有关《四库全书》所收书种数问题，有多种不同的说法，大体上三千四百六十种比较合适，参见易雪梅、吴明亮《〈四库全书〉的种数问题》，《文献》2004 年第 1 期。

集部五百一十三种。以上各种"四库系列丛书",共计收录历代典籍一万五千种以上,共计七千余册,加上其他影印古籍,构成古典文献的基本书库,被誉为 20 世纪末中国古籍整理的重大成果,不仅是古籍出版史上前所未有的盛事,更是展示祖国悠久历史文化的深厚和辉煌灿烂,大量稀见古籍借此得以满足读者需求,嘉惠学林,读者称便。不仅为史学研究拓展了更为广阔的资料视野,也为明史研究提供了丰厚而远未充分利用的可贵资料。对这一资料宝库亟待深入进去,开掘探寻,充分利用。其中《四库未收书辑刊》主要收录乾隆时《四库全书》馆臣未见和乾隆以后至清末问世的书籍,明代史籍很少,其他几种"四库系列丛书"都有大量的明代史料。各种"四库系列丛书"均有各自的书本式目录可供检索,在网上也可搜索到这些"四库系列丛书"的目录。但由于"四库系列丛书"收书种数和册数巨大,各自的目录索引需要分别检索,读者不便。复旦大学图书馆古籍部编《四库系列丛书目录·索引》,分目录、索引两部分。目录部分著录了"四库系列丛书"十四种及子目计历代古籍一万八千多种。"四库系列丛书"包括《文渊阁四库全书》《摛藻堂四库全书荟要》《续修四库全书》《四库全书存目丛书》《四库禁毁书丛刊》《四库未收书辑刊》等十四种丛书。附书名及著者索引,分别按照四角号码检字法编为主索引,并附编"笔画检字""拼音检字",方便读者检索。上海古籍出版社 2007 年版。这将为读者检索"四库系列丛书"提供极大方便。

国家图书馆出版社于 2013 年 12 月出版《原国立北平图书馆甲库善本丛书》一千册,该丛书集中国国家图书馆前身原国立北平图书馆所藏甲库善本之精华,其中有宋刻本七十五种、金刻本四种、元刻本一百三十一种、明刻本二千多种,可见其中包含许多明史史料。例如,书中收录近两百种明代方志,约两百种明人别集,以及为数众多的明代政书资料与科举史料,搜罗极为宏富。由于原藏书存于台北"故宫博物院"。读者获取不便,故此次影印意义重大。全国图书馆文献缩微复制中心《中国公共图书馆古籍文献珍本汇刊》也印行了若干明史史料,除了前文已经提到的外,有关明史史籍还有明许重熙《宪章外史续编》十四卷、明郑文彬辑抄本《筹边纂议》八卷续一卷、柳如是撰谷辉之辑《柳如是诗文集》、崇祯《东莞志》、清黄宗羲编《明文海》文渊阁本抽毁余稿、清顾炎武著《日知录》文渊阁本抽毁余稿、清方象瑛撰《明史列传拟稿》、清梅启照辑校《明史约》《明代经济文录》三种（《皇明名臣经济录》《皇明经济文录》《皇明经济文辑》）、明朱常涝辑《古今宗藩懿行考》十卷，其他如天津图书馆编《天津图书馆孤本秘籍丛书》、辽宁省图书馆藏《罗氏雪堂藏书遗珍》《朝鲜史料汇编》《日本史料汇编》等古籍汇编中也有明史史料。不列入这一"汇刊"的明史史料还有明乐舜日辑著《魏忠贤轶事》、清刘青芝撰《拟明代人物志》十卷、国家图书馆编、董光和主编《孤本明代人物小传》（包括明曹溶撰《明人小传》和清佚名传《明季烈臣传》二书）等。

其他丛书中的明代史料如故宫博物院编《故宫珍本丛刊》共七百三十一册，收一千一百多种故宫珍藏图书，以及清代南府、升平署剧本和档案，图书按经史子集分类，其中有明代方志七种，明代山水志九种，明人文集二十九种，明代史籍较少，海南出版社 2000 年出版。线装书局出版《辽宁省图书馆孤本善本丛刊》第一辑，明代著述有祝允明的志怪小说集《祝子志怪录》五卷、姚广孝的诗文集《独庵外集续稿》五卷、叙明王朝宫廷皇权争斗史实的李逊之《泰山遗事》三卷，以及署不如子辑的《不如妇寺钞》，广收明以前以及明当代洪武至万历年间流传的妇忠、妇孝、妇节、妇义以及寺人的事录言行，讽喻某些官宦男子不如妇女和寺人。广西师范大学出版社 2003 年出版《美国哈佛大学哈佛燕京图书馆藏中文善本汇刊》三十七册，按经史子集四部分类收古籍六十七种，大部分为明人著作，均为《四库全书存目丛书》《续修四库全书》《四库禁毁书丛书》《四库未收书辑刊》等大型丛书所未收，其中史部收《朝野申救疏》六卷、《新锲华夷一统大明官制》四卷、《翰苑印林》四卷以及数种明代族谱、方志，集部十五种均系明人著作，包括诗文集和戏曲小说。综合性古籍丛书还有《丛书集成续编》，选明、清、民国时期丛书一百部，选收古籍三千二百多种，分为经史子集四部，上海书店出版社 1994 年出版。由西南师范大学出版社和人民出版社联合出版的《域外汉籍珍本文库》自 2008 年以来已出版五辑，所收书籍均影印自国外图书馆或研究机构、个人藏家而为国内不见或稀见的文献，分经史子集四部分类，预计出版八百册，囊括二千多种珍贵域外汉籍。

专题型的，有中华书局出版《中外交通史籍丛刊》，其中明代史籍有巩珍《西洋番国志》《郑和航海图》《两种海道针经》，黄省曾《西洋朝贡典录》，张燮《东西洋考》，陈诚《西域行程记》《西域番国志》，罗日褧《咸宾录》，意大利传教士艾儒略《职方外纪校释》，严从简《殊域周咨录》，李言恭、郝杰《日本考》。

门类型的，有中华书局出版《元明史料笔记丛刊》收明代笔记二十二种：《草木子》《菽园杂记》《万历野获编》《水东日记》《戒庵老人漫笔》《典故纪闻》《玉堂丛语》《寓圃杂记》《谷山笔麈》《四友斋丛说》《治世余闻》《继世纪闻》《松窗梦语》《广志绎》《今言》《三垣笔记》《庚巳编》《客座赘语》《贤博编》《粤剑编》《原李耳载》《玉镜新谭》《双槐岁钞》。

时限型的，如中华书局上海编辑所 1959 年出版《晚明史料丛书》八种，有明张岱《石匮书后集》、清查继佐《国寿录》、温睿临《南疆逸史》、郑达《野史无文》，以及明赵士锦《甲申纪事》、清阙名《纪事略》、史惇的《恸余杂记》、钱肃润《南忠记》（此四种合一册）。

浙江古籍出版社 20 世纪 80 年代出版《明末清初史料选刊》，有的是关于南明小朝廷的，有的是关于农民起义的，共三十种：

《柴庵疏集》《忆记》　明吴甡

《岭表纪年》（外二种《所知录》《天南逸史》）　鲁可藻、钱澄之、瞿共美

《卢象升疏牍》　明卢象升

《甲申核真略》（外二种《定思小纪》《李闯小史》）　明杨士聪等

《山书》　清孙承泽

《明遗民录》　孙静庵编著

《鲁之春秋》　清李聿求

《东江疏揭塘报节抄》（外二种《东江客问》《东江遗事》）　清毛承斗等

《孙传庭疏牍》　明孙传庭

《守绵纪事》（外三种《明末颠南纪略》《安龙逸史》《皇明末造录》）　明刘苞等

《太和县御寇始末》《荒书》　明吴世济、清费密

《爝火录》　清李天根

《明末忠烈纪实》　清徐秉义

《流寇志》　清彭孙贻

《豫变纪略》　清郑廉

《海东逸史》（外三种《浙东纪略》《敬修堂钓业》《临安旬制纪》
清翁洲老民等。

《南渡录》　明李清

地区型的，更是林林总总，纷呈异彩，不仅体现不同地区深厚的文化底蕴，也凸显着各自地区在史事与人物等诸多方面的特色。除前面记述的一些地方丛书出版的明人文集外，又如一些地方性丛书也收有当地明代史料。如北京古籍出版社《北京古籍丛书》现在已出版七十种，其中有九种明人著作，其他如清孙承泽《天府广记》《春明梦余录》，清顾炎武《昌平山水纪·京东考古录》，清于敏中等《日下旧闻考》等也颇多明代史料。《西湖文献集成》第三册为"明代史志西湖文献专辑"，收录有关文献十九种，杭州出版社出版。《温州文献丛书》中的明代史料有明《张璁集》、明姜淮《岐海琐谈》《东嘉先哲录》、明《何白集》、明《王叔杲杲集》、明《项乔集》《弘治温州府志》、金柏东主编《温州历代碑刻集》、陈光熙编《明清之际温州史料集》、俞光编《温州经济史料汇编》等（上海社会科学院出版社出版）。

近年来台湾地区也汇编和影印了一批明代史书，除文集前已述及外，还有《四库珍本》二至十集，《明代论著丛刊》《清代禁毁书丛刊》《中国文史哲资料丛刊》《明季史料集珍》《杂著秘笈丛刊》等，都收有数目不等的明代史籍。比较集中的是：《明清史料汇编》，计八集，收明清史籍八十三种。还有《台湾文献丛刊》，收明清史书三百八十七种。屈万里、刘兆祐主编《明清未刊稿汇编》，影印台湾"中央图书馆"藏明清人所著未刊秘籍四百多种，初辑为丛书专辑，续辑以下则分别收录四部之书，由台湾联经出版公司 1976 年起陆续出版。沈云龙编《元明史料丛编》收史籍十六种，其中明代史籍九种，台湾文海出版社 1988 年出版。《明代史籍汇刊》收有关明代史料二十五种，其中有若干种为清人著作，包括编年体、传记、律例、政书、赋役全书、登科录等，台湾学生书局1977 年出版。台湾学生书局《中国史学丛书》及《续编》《三编》，台湾广文书局《史料丛编》《笔记丛编》均有明代史料。

（十四）工具书　史籍史料内容广博，形式多样，体裁不一，体例各异，版本繁多，良莠混杂，常需借助于各类工具书帮助鉴别与利用。常用的各类工具书除前面已略作介绍的（如查人物、年谱、方志、书目等）之外，还有：

查年代，年表可用荣孟源《中国历史纪年》，还有《辞海》所附之《中国历史纪年表》、万国鼎等之《中国历史纪年表》。历表可用薛仲三等编之《两千年中西历对照表》、郑鹤声的《近世中西史日对照表》〔是书起自明武宗正德十一年（1516 年）至 1941 年〕，陈垣的《中西回史日历》或《二十史朔闰表》（包括干支纪日换成中历，中历换成公历，中历换成回历）。张培瑜《三千五百年历日天象》（大象出版社 1997 年）大事年表可用齐召南《历代帝王年表》（《万有文库》本）、沈起炜等之《中国历史大事年表》、翦伯赞等之《中外历史年表》。

查古地名，可用《中国历史地名大辞典》（中国社会科学出版社 2005 年版）。

记明人传记的文献材料，有些索引可供检索。如哈佛燕京学社《八十九种明代传记综合引得》约收一万五千多人（哈佛燕京学社引得编纂处民国二十三年、中华书局 1987 年版），姜亮夫先生编《历代人物年里碑传综表》收录明代人物约二千四百多人（中华书局 1959 年版、云南人民出版社 2003 年《姜亮夫全集》本）、台湾"国立中央图书馆"1965 年编印的《明人传记资料索引》约收明代人物一万人（中华书局 1987 年版）。香港新亚书院编有《古今图书集成中明人传记索引》（1963 年）。谢正光编有《明遗民传记索引》（台湾新文丰出版公司 1990 年版、上海古籍出版社 1992 年版）。《千顷堂书目》以著录明人著作为主，日本东洋文库明代史研究会 1996 年编辑刊行了《千顷堂书目著者名索引》，可供查找明人著作。此《索引》之订正表刊载于《明代史研究》2002 年第三十号。地方志中的人物可查华东师范大学图书馆古籍部编《天一阁藏明代方志选刊人物传记资料人名索引》，该书系辑录《天一阁藏明代方志选刊》一百零七种方志中自秦汉以迄明代的各类人物的姓名字号编成，共有十一万个条目，内中宋元以前的约三万余条，明代的人物约八万余条，是目前为止收录明代人物传记、人名最广的索引，上海书店出版社 1997 年出版。另外可查山根幸夫主编《日本现存明代地方志传记索引稿》（东洋文库 1964 年），为日本现存二百二十九种方志中之明人传记索引，原书为油印本，1986 年大化书局在台北排版重版，补充台湾地区现存明代方志中所收之传记，改名为《明代地方志传记索引：中日现藏三百种》（台北大化书局 1986 年）。地方性的方志人物索引可查方品光编《福建通志传记兼艺文志索引》（福建师范大学图书馆 1981 年内部印行）、池秀云《山西通志人物传索引》（山西省地方志编纂委员会 1984 年编印）、高秀芳等《北京天津地方志人物传记索引》（北京大学出版社 1987 年）、潘铭燊编《广东地方志传记索引》（香港中文大学 1989 年版）、东北各省图书馆编《东北方志人物传记资料索引》（有吉林、黑龙江、辽宁三卷，分别由吉林文史出版社 1989 年、黑龙江人民出版社 1989 年、辽宁人民出版社 1991 年出版）、广西通志馆旧志整理室等编著《广西方志传记人名索引》（广西人民出版社 1989 年版）、杨淮和张莉编《太原古方志索引两种》（太原市人民政府地方志办公室 1990 年编印）等。北京图书馆、国家图书馆先后出版的《地方志人物传记资料丛刊》已经出版东北、西北、华北、华东各卷，各卷人名索引也分别于先后出版，可供检索。查中华书局出版的《明史》点校本中之人名，可用李裕民编《明史人名索引》（中华书局 1984 年版）。

查人物的室名、别号可用陈乃乾的《室名别号索引》（增订本）。杨廷福，杨同甫著《明人室名别称字号索引》收录有明一朝的人物，凡政治、经济、军事、医药、文学、美术、音乐、戏剧、收藏各方面有著作或一技之长者二万三千余人，以别号、室名、笔名为主，世称、学者私谥也酌予收入，共五万余条。杨昶编著《明代人物别名索引》以字号、别名为条目，计约四万余个条目（崇文书局 2008 年版）。另有王德毅编《明人别名字号索引》也可利用（新文丰出版公司 2000 年版）。

查典章制度可用《十通索引》。

查职官，可用张德信著《明代职官年表》（黄山书社 2009 年版）、黄本骥编《历代职官表》（上海古籍出版社 1980 年版）、张政烺主编《中国古代职官大辞典》（河南人民出版社 1990 年版）、张政烺等主编《中国历代官制大辞典》（北京出版社 1995 年版）。

查方志，可利用中国科学院北京天文台《中国地方志联合目录》（中华书局 1985 年出版）及金恩辉主编《中国地方志总目提要》（台北、纽约汉美图书有限公司印行）。

查年谱，可利用杨殿珣编《中国历代年谱总目》（增订本）（书目文献出版社 1996 年）、王德毅编《中国历代名人年谱总目》（台湾世华出版社 1979 年）、谢巍编《中国历代人物年谱考录》（中华书局 1992 年）。

查丛书及其子目，可利用上海图书馆编《中国丛书综录》（上海古籍出版社 1986 年）。利用该书可参看阳海清编撰、蒋孝达校订《中国丛书综录补正》（江苏扬州广陵古籍刻印社 1984 年印行）。查近代丛书可利用上海图书馆编印《中国近现代丛书目录索引》（1980 年）。此外查阅丛书还可利用阳海清、陈彰璜编《中国丛书广录》、施廷镛编《中国丛书综录续编》。《广录》除收录历史上的丛书外，还包括近四十年来大陆、香港地区、台湾地区新出版的大型丛书，截稿于 1990 年，湖北人民出版社 1999 年出版。《续录》凡上海图书馆《中国丛书综录》、阳海清《中国丛书广录》已收录资料，原则上不再收录，北京图书馆出版社 2003 年出版。施廷镛另著《中国丛书知见录》六册，也可利用，北京图书馆出版社 2005 年出版。

查同名异书，可用《同名异书通检》（江苏人民出版社 1982 年版）。

查同书异名，可用《同书异名通检》（江苏人民出版社 1982 年版）。

明代经世文，可查山根幸夫、于志嘉编《明代经世文分类目录》（东洋文库明代史研究委员会 1986 年版），将陈子龙《皇明经世文编》、万表《皇明经济文录》、汪少泉《皇明奏疏类抄》、张翰《皇明疏议辑略》、孙荀《皇明疏抄》、汪嘉宾《皇明两朝疏抄》、黄训《皇明名臣经济录》、陈九德《皇明名臣经济录》、黄仁溥《皇明经世要略》、陈子庄《昭代经济言》、吴亮《万历疏抄》等十一种经世文分类编辑，共分为二十五类，并附作者姓名索引，给研究者提供了很大便利。台湾地区所藏的明人文集，可检索"明人文集联合目录及篇目索引数据库"，该资料库系台湾汉学中心整合台湾地区搜藏单位，包括台北"故宫博物院"图书馆、台湾大学图书馆、"中研院"傅斯年图书馆、"国家图书馆"及汉学研究中心所藏明人文集，数据库提供下列检索方式：（1）全文检索（2）文集书名、作者、版本及馆藏地等索引浏览，网址为 http：//nclcc. ncl. edu. tw/ttsweb/top_ 02. htm。

查明史论著，可用《中国近八十年明史论著目录》（江苏人民出版社 1981 年版）。《百年明史论著目录》（安徽教育出版社 2012 年版）。

查日本刊行的明史论著，可用山根幸夫主编，1993 年日本汲古书院刻印《明代史研究文献目录》（附韩国明代史文献目录）。是书收录至1992 年 10 月，其后至 2003 年的论著，可在 1994 年第二十二号至 2004 年第三十二号的《明代史研究》中检索。

查明史中的各类词语，可用《中国历史大辞典》的《明史》分卷本（上海辞书出版社 1995 年版）。是书包括以典章制度为重点的十六个类别的五千多个词目，依笔画数和起笔形排列，方便利用。此后 2003 年上海辞书出版社出版了《中国历史大辞典》汇编本（上下两册），在分卷本的基础上，对各个朝代共同或相近的条目加以综合和贯通，可从中进一步了解其历史全貌和发展变化的轨迹，内涵更加丰富。是书所附之图表，有中国历代世袭表，中国历史纪年表，中国历代户籍、人口、垦田总数表，中国历代度量衡演变表，以及《中国历史地图》等，都有参考利用的价值。《中国大百科全书·中国历史》卷（中国大百科全书出版社1992 年版）中的明史部分，除一篇介绍明史全貌的概观性文章之外也是以条目形式分别记述明史的基本知识，条分缕析，简明扼要，可供查用，所附中国历史大事年表也可参用。

有关工具书的出版物，先有朱天俊、陈宏天著《文史工具书手册》（中国青年出版社 1982 年版），近有白冰著《中文工具书使用》（上海辞书出版社 2005 年版），可供参阅。

鉴别和使用史籍史料的工具书涉及的知识门类很多，郑天挺教授在讲授史料学中曾作过介绍，包括有年代学、古地名学、避讳学、印章学、考据学、校勘学、版本学等十四个门类（《及时学人谈丛》第 414—435 页）。如有可能，了解或学点这方面的基本知识会对鉴别和利用史籍史料大有帮助。

史料务求原始与真实。明清史学家常把史籍依其编撰者的身份，划为三类，即官修的历史，称之为"国史"；私人的有关历史著述，如别史、杂史之类，称之为"野史"；个人的文集、传记、家谱之作，谓之"家史"。明代史学家王世贞对这三类史书的优劣，有所评论。他认为："国史人恣而喜蔽真，其叙典章、述文献，不可废也；野史人臆而善失真，其征是非、削讳忌，不可废也；家史人谀而善谥真，其赞宗阀、表官绩，不可废也。"① 清人钱谦益还认为："于斯三者（指国史、野史、家史），考核真伪，凿凿如金石然，然后可以据事迹，定褒贬。"② 这样的见解，对于分析和鉴别史料，以求得真实可信，是有借鉴和参考意义的。

总之，可以预期，适应明史研究的逐步深入，有关明代史籍史料的发掘、搜求、整理、考订和出版，一定会有相应的发展，必将为明史研究奠定更为坚实的基础，提供更多的有用史料。

---

① 《弇州史料》后集卷六十一《史乘考误》。
② 《有学集》卷一，《启祯野乘序》。

第十章　清史史料

第一节　概况

清朝是我国最后一个封建王朝。它的二百六十八年（1644—1911 年）历史，分为两个阶段：1840 年中英鸦片战争以前，为清代前期，处于封建社会末期；以后，中国因西方资本帝国主义的入侵，逐步地沦为半殖民地半封建社会，则属于近代史范围。我们要介绍的清代史料，是指清代前期的历史资料。但因这两个时期同属一个朝代，而史事的发展本有其内在或外在的连贯性，很难截然分开，反映在史料记载中也往往如此，但限于本书体例，在此只能以介绍清代前期为主，后期稍作兼顾。另外，1644 年以前，清朝在关外还有一段活动的历史，对于这一时期的史料，我们也在可能的条件下作些介绍。

现有的清代史籍，无论数量或所包括的内容，都远胜于以前各朝，不但《实录》和"国史馆传表"都完整无缺，就连撰修《实录》等书所依据的原始资料，也大多保存了下来。在中国第一历史档案馆里，有大批清代内阁、军机处，以及中央各部院署等衙门的档案。这些档案，很多就是当时修《实录》和"国史"凭借的资料。至于各省府县以至少数私家档案，散存在各处的也很多。他们所反映的，更多是当时地方及基层的情况，有的则是各地方机构向朝廷或部院等呈递题奏文书时的原始素材。

此外，像方志的重修，谱牒的流行，以及私家文集、笔记的风靡，也都大大超过前代。据初步估计，清代的方志、谱牒和文集等数量，有的占现存同类书籍总数的一半，有的则超过几倍、几十倍，甚至超过几百倍，其中包括许多抄本和稿本。

在清代史籍中，除了大批汉文资料外，还有很多满文、蒙文、藏文以及维吾尔文等书写的史籍档案。清代的很多"钦定"书，除了用汉文书写以外，往往同时还有满文，甚至蒙文本，每种本子，在当时都起同样的作用。比如《清实录》，以满、汉、蒙三种文本并存。这些少数民族文字的史籍档册，有的可以补充汉文记载的不足，有的则是汉文资料中所不见。这种情况也是前代所没有的。

由于清代前期已处于近代中国的门槛，中外关系也比过去复杂了。当时，中国和朝鲜、琉球、越南、日本、缅甸、泰国、尼泊尔等邻国，保持着传统的友好关系，双方的使臣往来和文化贸易等关系一直没有间断。在这些国家的史籍或有关著述中，留下了不少关于中国的记载。有些国家，像朝鲜、越南等，还直接用汉文书写。一些西方传教士，以及商人、冒险家，也不断紧叩中国的大门，有的国家还派出使臣，甚至不惜调遣军队，进行武装挑衅和武装侵略。他们在中国进行活动的书信、日记、回忆录，以及向本国政府提供的各种情报，涉及当时我国的政治、经济、风俗习惯、文化生活等各个方面。这些外文资料（包括有的国家用汉文书写的资料），也构成今天清史资料中的一个重要方面。

清史资料之所以特别丰富，除了因为时代较近外，也与清代前期经济繁荣和统一多民族国家的进一步巩固有一定关系。清朝是在明末农民大起义的基础上建立起来的。明末以来的几十年战乱，给清初社会经济造成了严重的破坏，但是人民起义也荡涤了明代的许多黑暗与污垢，使得清代自康熙以后的一个相当长时期里，农业、商业和手工业的生产，都较明代有更多的发展。当时，清朝政府还大力削平各种割据势力，抗击沙俄等西方殖民主义的武装侵略活动，巩固了边疆，加强了全国的统一。这些，都给清代前期的学术文化事业的发展创造了良好的条件。在史学领域，清朝统治者从康熙到乾隆，都有意把自己与历史上的"盛世""明主"，如汉祖、唐宗等作比较，大力标榜其"文治武功"，因此，开设史馆，委派史臣修撰国史，就成为点缀时代"升平"不可缺少的重要内容。在清代，由皇帝敕修的"钦定"史书之多，超过了以前任何一个朝代。

至于还有一些典籍，比如《会典》，各部院署的《事例》《则例》等，当时清朝政府重视编撰，主要是为了强化中央专制主义权力，使各级官员更有效地进行统治，今天都成为我们研究清代典章制度的重要资料。清朝政府还十分重视各种文书档册的整理和保管，特别是雍正以后，更制定了一套比较严格的归档、查档制度，以利于资料的收集和防止散失。此外，清朝政府又规定，各级地方官员要定期撰修方志。各地的地主乡绅则通过大修族谱，收族强宗，辨明亲疏，巩固族权统治。族谱记载的是一姓或一姓中的一支一派之事，但因为它门类众多，内容广泛，故在今天仍有很高的史料价值。

关于清代的史籍，过去学术界有这么一种看法：由于统治者实行文化专制主义，窒息进步的民主民族思想，不断兴起文字狱，禁毁违碍书籍，给史学发展造成了严重的恶果。很多知识分子噤口不敢谈时政，当然也就害怕去写当代的历史了。至于"钦定"史书，虽然数量庞大，但充满着对统治者的歌功颂德。比如像《实录》，屡经窜改，不足凭信。所以，对其整个评价都较偏低。如梁启超在《中国历史研究法》一书中说："前清为一切学术复兴之时代，独于史界之著作最为寂寥……舍官书及谀墓文外，殆无余物可以相饷。史料之涸乏，未有如清者也。"① 他在另外的一部书中又说："史学以记述现代为最重，故清人关于清史方面之著作，为吾侪所最乐闻。而不幸兹事乃大令吾侪失望：治明史者常厌野史之多，治清史者常感野史之少。除官修之《国史》《实录》《方略》外……欲求如明王世贞之《弇州乙部稿》……等稍带研究性质者且不可得，进而求如宋王偁之《东都事略》……等斐然述作者更无论矣。"②

的确，清代文网苛密，史案频兴，造成的后果十分严重。所以，尽管在康乾之际，学术界也出现过不少人才，著名的"乾嘉学派"，在整个封建文化发展史中，占有相当重要的地位，而他们在史学方面的成就，充其量只限于对古史的考订和辨证。但是，也不能由此确认，有清一代，有关本朝历史的研究无足称道，更不能说清代史料的涸乏。

处于社会大变动的明清之际，就是一个史学大发展的时期。当时，很多著名的学者，往往同时就是著名的史学家。他们紧密联系斗争实际，写下了不少有关明清之际的人物和事件。尤其是一些抗清派领袖的传记，更是感情充沛，有强烈的感染力。后来的浙东史学派，就继承了这种学风。明清之际在史学方面的成就，至今为大家所肯定。

---

① 《中国历史研究法》，商务印书馆，1933 年版，第 38 页。
② 《中国近三百年学术史》，上海民志书店，1929 年版，第 442 页。

有关方志学的研究，在清代也达到了前所未有的高峰，还出现了一些像章学诚那样的方志学大师。在这些名家的带领和推动下，不少方志体例严谨，资料丰富，内容翔实，而且十分注意"详近略古"的原则。清代各省府州县的方志，已经成为今天我们研究清史不可或缺的重要资料。

嘉、道以后，由于农民起义的怒潮和资本帝国主义大炮的不断轰击，使一些知识分子从埋头于古代文献、名物的考释中，回到残酷的现实世界中来。重视"经世之学"的空气又浓厚起来。史学也不例外，其中最足称道的，是边徼史的研究，如徐松的《西域水道记》，祁韵士的《皇朝藩部要略》，张穆的《蒙古游牧记》，何秋涛的《朔方备乘》等等。它们考订细密，叙事翔实，继承了"乾嘉学派"严肃认真的长处，同时又紧紧联系了清代当前的实际。这些成果，直到今天仍有较高的学术价值。

至于"钦定"史籍，虽然存在着不少问题，但还是有很多可取之处。比如《实录》，里面就保存了有关政治、军事、经济、文化等各方面的资料。

目前研究清史的主要矛盾，不是资料不足，而是很多资料还没有很好地发掘、利用，特别是当前大批资料缺乏整理的情况下，这种矛盾就更加显得突出了。

第二节　档案资料

研究清代的历史，最重要、最可靠的资料，当然要推档案资料了。明代的档案，因为战乱兵火，所存寥寥。至于明代以前，除了像简牍及敦煌、吐鲁番文书，还有所保存，多数已无由见得。只有清档，因为距离我们时间较近，同时，学术界的一些热心人士又不断呼吁、努力，中华人民共和国成立以后，政府不断拨出资金，成立专门机构，加大对资料的搜集和整理，才使得现存的清代档案，无论在数量或门类方面，都很可观。

人们通常喜欢拿清代档案和《清史稿》《清实录》等作比较，以说明其珍贵性。我们知道，《清史稿》的资料来源，除一部分直接采自档案，多数取之《清实录》和"国史馆表传"，而后者则又根据当时的档案资料，取舍删节而成。因此，如果我们从档案资料中得知一个事件或人物，就可以比从《清史稿》和《清实录》中了解得更加全面，更加真实。至于一些地方或私家档案，虽然反映面比较小，但却有助于我们对某一地区或某一时期的某些问题，作更深入的了解。

下面，按照各收藏单位，介绍清代的档案。

（一）中国第一历史档案馆保存的清代档案。

清代的档案，保存最多、最完整的，是在中国第一历史档案馆。它的前身为1925年成立的故宫博物院文献部或掌故部、文献馆。中华人民共和国成立以后，正式改名建馆，先后称为第一历史档案馆、中央档案馆明清档案部、故宫博物院明清档案部以及中国第一历史档案馆。据该馆粗略估计，在全部七十多个全宗，近千万件档案中，除少数几千件为明代档案，其余统属清档。包括的时间从天命前九年（1607年）直到宣统三年（1911年），共三百零五年。清亡以后，在一段时间里，由于废帝溥仪继续在宫中活动，他们也留下了一部分档案。这些亦都归入第一历史档案馆保存。

中国第一历史档案馆所保存的清代档案，按其原收藏部门，分为内阁、军机处、宫中、内务府、宗人府、吏部、户部、礼部、兵部、刑部、工部、理藩院、都察院、大理寺、翰林院、太仆寺、光禄寺、鸿胪寺、钦天监、国史馆、方略馆、国子监、八旗都统衙门、神机营、健锐营、火器营、侍卫处，以及近代新设或改名的各部门档案。另外，还有一些地方部门或私人的档案，如顺天府、山东巡抚衙门、长芦盐运司、黑龙江将军衙门、宁古塔副都统衙门，阿拉楚喀副都统衙门、珲春副都统衙门、醇亲王府、端方、赵尔巽和溥仪在天津张园的档案等等，也因陆续移入档案馆，立有专门全宗。

这些数量庞大的档案，依据文件的性质，约有几百种不同的名目。归纳而言：

一、属于皇帝发布命令的，有制、诏、诰、敕、谕、旨、廷寄等，前五类多由内阁拟办发出，后面的旨和廷寄等，则归军机处经办。

二、属于各级臣工向朝廷奏报的，有题、奏、表、笺、单、册等。

三、属于各衙门上下和互相行文的，有咨呈、咨文、札文、呈文、移会、申文、关文、交片、牌文、照会、详文等。

四、其他。如专门记载皇帝言行的有起居注，为皇帝和宗室修造的家谱有《玉牒》《星源集庆》，还有各种舆图，等等。

清档的内容，几乎包括了有清一代的政治、经济、军事、司法、民族、外交、教育，以及天文、地理等有关自然科学方面的许多珍贵资料。比如内阁全宗收录的各类题本，是该馆藏量最大的一部分文书。题本是官员向皇帝报告政务的文件，依其反映内容，分别有吏、户、礼、兵、刑、工六科。吏科题本主要是关于官员的铨选、升补、除授、处分等方面的文件。户科题本为户口、田赋、屯田、库藏、仓庾、漕运、钱法、盐法、关税、杂赋、官员俸饷、蠲恤等方面的文件。礼科题本则为大典、朝会、册封、巡幸、进书、铸印、各种"大礼"、冠服、贡举、学校、风教、朝贡，以及日蚀、月蚀等有关天象变化等方面的文件。兵科题本为武职、官制、奖惩恤赏、守卫、出征军令、绿旗营制、马政、驿站等方面的文件。刑科题本包括秋审、朝审、捕亡、缉捕，以及有关户役、田宅、婚姻、盗贼、人命、斗殴等方面的案件。在田宅类中，就有关于抗交钱粮的文件。在盗贼类中有所谓"谋反大逆""谋逆""造妖书""妖言"等人民群众反抗清朝统治者的文件。在工科题本中有关于城垣、宫殿、第宅、仓廒等各种工程的营造、修葺，钱币鼓铸、军器、军火工程、河工、海塘等水利修建等文件。

当时，各级官员随题本一道进呈的，往往还有各种清册、单、图，有的还附有乡试录、闱墨等。清册正本通称黄册，副本叫青册，内容主要是奏销地丁、钱粮、仓储、工程等费用，也有的属于官员京察大计的。乡试录、闱墨则是地方官向朝廷报告乡试情况的一种附件，它们也都各有其史料价值。

综观上述文件，不论单个专题，或整体内容，都远比我们在其他文献资料中见到的完整详实。

军机处全宗收录的朱批奏折和录副奏折，反映的内容也很广泛、重要。奏折最初属于保密性文件，由皇帝亲自拆阅，朱批后交军机处办理，而军机处又另录一件归档存证，叫作录副奏折。其原折发启奏人按朱批执行后，也缴回存档。由于奏折不像题本手续繁杂，又不容易泄露机密，有利于中央专制主义集权。所以，自雍正中期以后，它就逐渐排挤题本，成为各级官员向皇帝呈报各种事务的主要文件了。

在朱批奏折和录副奏折中，专门立有外交类。它记录了当时清朝政府与朝鲜、越南、琉球、老挝、泰国、缅甸、尼泊尔、阿富汗、日本、俄国、荷兰、英国、西班牙等国家的交往活动，反映了清代中外关系的历史。具体内容包括交聘、边界、商务、文化交流，以及其他交涉事件。这里既有中国政府与人民和外国政府与人民友好往来的记录，也留下了西方资本主义和帝国主义侵略中国，以及我国人民反抗外国侵略者的真实凭证。例如1840年以前，就保存了不少有关沙皇俄国侵略活动的记录。此外像西欧商人在澳门、广州的贸易，英使马戛尔尼、阿美士出使来华，以及英国武装商贩侵犯我国领土主权的活动，等等，都有详细的档案记录。

在"农民运动类"中，反映了有关秘密结社和其他反清斗争的情况。

利用秘密结社来反抗清朝统治，是清代农民起义中的一个很重要的特点，著名的像乾隆年间的王伦清水教起义，台湾林爽文的天地会起义，嘉庆年间的川、陕、楚等五省白莲教起义，李文成、林清领导的天理教起义，等等。由于这些秘密结社本身留下的文字记录不多，许多情况有待考证，而档案中就保存了不少珍贵的资料。

清代的秘密结社，分为秘密教门和秘密会党两个不同的系统。秘密教门具有浓厚的迷信色彩，其最大门派是白莲教，下面支派名目繁多，据粗略统计，约在一百五十种以上。秘密会党则以天地会影响最广。教门和会党不仅名目不同，在内部礼仪等方面，也往往各有差异。档案还表明，这些秘密结社，所以能吸引广大贫苦农民和手工业者参加，是因为教义的宗旨，大都具有互帮互助的性质，同时在反抗官府和地主乡绅的欺压中，也能起到联络组织的作用，但也存在着许多致命的弱点，像秘密教门中的邪教色彩和会党中的帮派和黑道的性质。因为清代秘密组织发展很快，地区很广，所以统治者对它的态度也十分严厉，采取的镇压手段超过以往各个朝代。这些，在档案中也反映得很充分。在这批档案中，还保存一些清军在镇压川、楚、陕等五省白莲教起义、李文成领导的豫北八卦教（天理教别称）起义和台湾天地会林爽文起义等过程中，劫获的布告、执照、军令等文物，还有起义领导人被俘后的供单。这些都是研究清代秘密结社的第一手资料。

在清代，下层民众为了反抗官府和地主豪绅的欺压掠夺，常常采取各种形式进行斗争，如抗租抗粮、闹署抢仓、殴差闹堂、抗官杀官、树旗起事等等。其中有的形式，在前代的记载中很少见到。在清代，这些斗争在"其他反清斗争类"的档案中都有载录。在此类档案中，还有一些反映清代中期纵横于东南沿海的，像蔡牵等海上武装力量的资料，这些也都十分珍贵。

在民族关系方面，朱批奏折和录副奏折中也有很多内容。在文件中，我们看到清代各民族之间，无论在政治方面，或经济、文化方面，相互的联系都大大加强了。当时，清朝政府为了加强统一，巩固边疆，曾先后向新疆、西藏、四川等地用兵，也有的是为了镇压各民族起义而派出军队的。诸如此类资料，都对研究清代民族关系和清朝政府的民族政策极有价值。

上述档案，有相当部分目前藏在台湾地区，其中包括宫中档、军机处档、清史馆档等约共十五万六千余件。不少内容还颇为珍贵，比如"满文老档"原档就是一种。还有的是现在第一历史档案馆所缺的部分，正是台湾藏有的部分，像军机处档案中的朱批奏折就是如此。

在清代，入库的档案资料都属于秘藏。但是，经统治者特许，有时也公布一些资料。雍正十年（1732年）开始编纂，乾隆三年（1738年）完成的《朱批谕旨》三百六十卷，就是一部大型的档案资料汇编。《朱批谕旨》统共收录了由雍正帝亲自朱笔批答的二百二十三名总督以下、道员以上，以及提督、总兵等地方大臣所上的奏折。全书原奏用黑字，朱批用朱红色。雍正时还编《上谕八旗》十三卷，《上谕旗务议覆》十三卷，《谕行旗务奏议》十三卷，各用满汉两种文字刊布，也都录自档册。又如雍正五年（1727年）编辑《八旗通志初集》二百五十卷，乾隆三十七年（1772年）再编《八旗通志续集》三百五十四卷，则取材于清初以来有关八旗方面的文书档案，其中人物列传，则照录八旗世袭谱档。

清朝被推翻以后，一向深藏宫中的清代档案，陆续移交档案部门。档案工作者为了使这批研究清史的最宝贵的资料更好地为大家服务，除了在搜集、整理档案方面做了大量的工作以外，还出版了不少档案资料。从20世纪20年代起，就陆续编印过《掌故丛编》十辑，《文献丛编》四十四辑，《史料旬刊》四十四辑，以及《清代档案史料丛编》《清内阁库贮档案辑刊》《文献专刊》。还有一些专题档案汇辑，如《清三藩史料》六辑，《清代文字狱档》九辑、《故宫俄文史料》《升平署月令承应戏》

《升平署剧本选》《多尔衮日记》《清乾隆内府舆图》。另外，北京大学和原中央研究院历史语言研究所等单位，也参加了档案的整理和出版工作，如《清九朝京省报销册目录》《顺治元年内外官署奏疏》《洪承畴章奏文册汇辑》，以及《明清史料》甲、乙、丙编共三十册。

中华人民共和国成立以后，除把原来已编辑了的《明清史料》丁编十册正式出版以外，还编印了《清代地震档案史料》《关于江宁织造曹家档案史料》《李煦奏折》等。从 1978 年起陆续出版《清代档案史料丛编》，其中有关 1840 年前的资料：第一辑有顺治朝继续加派辽饷练饷三件；第二辑关于高鹗的一些档案史料；第三辑白莲教支派之一清茶门教史料四十四件，有关清初镇压明宗室反抗的史料十二件；第三辑顺治十八年加派练饷史料四十件，顺治年间的圈地和投充史料五十七件，顺治年间清查起科明藩田产史料六十件。此外，在第五辑中有：徐乾学等被控鱼肉乡里荼毒人民状，乾隆朝旗民佃户抗租夺地和私典地亩的斗争，乾隆年间筹办京差车辆情况。第六辑是有关李自成、张献忠起义及其余部抗清斗争的史料专辑。第七辑有顺治年间的驿递，顺治年间制钱的鼓铸，顺治十七年尚衣监行文知会簿，定南将军文移稿，有关阿睦尔撒纳的档案史料，承德布达拉庙资料，乾隆四十八年销毁书目等。

其他一些专题性档案资料也陆续出版。如中国人民大学清史研究所与中国第一历史档案馆合作的《天地会资料》（还包括一些其他文献资料），中国社会科学院清史研究室与中国第一历史档案馆合作的乾隆朝刑科题本土地债务类中有关农业租佃、雇佣关系和资本主义萌芽等资料。在中国社会科学院历史研究所资料室和清史研究室编辑的《清中期五省白莲教起义资料》中，也选录了很多档案资料。更大部头的资料像《康熙起居注》（中华书局 1984 年出版）、《康熙朝汉文朱批奏折汇编》（档案出版社 1984—1985 年出版）、《雍正朝汉文朱批奏折汇编》（江苏古籍出版社 1991 年出版）、《雍正朝汉文谕旨汇编》（广西师大出版社 1999 年出版）、《乾隆朝上谕档》（档案出版社 1991 年出版）、《圆明园》（上海古籍出版社 1991 年出版）、《雍正朝起居注册》（中华书局 1993 年出版）、《清代皇帝御批真迹选》（西苑出版社 1995—1996 年出版）、《中国第一历史档案馆馆藏清代官员履历全编》（上海华东师范大学出版社 1997 年出版）、《清代琉球国王表奏文书选录》（黄山书社 1997 年出版）、《乾隆朝军机处随手登记档》（广西师范大学出版社 2000 年出版）、《嘉庆道光两朝上谕档》（广西师范大学出版社 2000 年出版）、《清代中琉关系档案选编》（中华书局 1993—2002 年出版）、《乾隆帝起居注》（广西师范大学出版社 2002 年出版）、《雍正朝内阁六科史书·吏科》（广西师范大学出版社 2000 年出版）、《清宫热河档案》（中国档案出版社 2003 年出版）、《清代中南海档案》（西苑出版社 2004 年出版），以及《郑成功档案史料选辑》《清代黑龙江历史档案选编》《清代前期苗民起义档案史料》《锡伯族档案史料》《清宫医案研究》《乾隆朝惩办贪污档案选编》《六世班禅朝觐档案选编》《清代中朝关系档案史料汇编》《清代江河洪涝档案史料丛书》《清奏折汇编·农业环境》《清代粤港澳商贸档案全集》《清宫十三行档案》及杜家骥主编《清嘉庆朝刑科题本社会史料辑刊》等书的出版，使得更多的学者能更方便地接触到档案资料。

台湾地区的档案出版工作也很活跃。从 20 世纪 50 年代起，先后编印了《明清史料》戊至癸编共六十册，1962 年，又出版《故宫文献》季刊。其中卷帙浩繁者，则以《故宫文献特刊》的形式出版，如《宫中档康熙朝奏折》《宫中档雍正朝奏折》《宫中档乾隆朝奏折》《宫中档光绪朝奏折》以及《年羹尧奏折》等。还有《明清档案存真选辑》，是以影印原件形式出版的。

（二）辽宁省档案馆所藏清代档案。

辽宁省档案馆共藏历史档案一百三十余万卷（册），其中绝大部分属于清档。除了盛京将军衙门、盛京五部及满文老档等档案以外，数量最大的是有关于皇室事务的册籍，里面包括：

1. 顺治十八年（1661 年）到光绪三十四年（1908 年）的《玉牒》一百四十二册。

2. 乾隆至宣统的盛京内务府三旗户口册三千六百二十五册，又残本二千余册。

3. 康熙元年（1662 年）到咸丰十一年（1861 年）盛京内务府与北京内务府、盛京五部等来往的满汉文书（即所谓"黑图档"——满语刻本的意思）约一千一百二十八册。其内容包括铨选、恩赏、抚恤、户口、徭役、果园、地亩、赋税、宫廷修缮、皇室及宫廷食物、用品的解运经费等。

4. 乾隆十五年（1750 年）至民国初年的有关东北地区的军务、实业、铨叙、旌表、司法、学务、财务、户籍、赈济、土地、差徭等满汉文档案四万五千二百八十三卷。

此外，还有旗务档，主要是吉林地区的宁古塔、三姓、阿勒楚喀、双城堡、富克锦等副都统、总管和协领各衙门的档案，时间由乾隆至宣统。内容包括军事、经费、八旗制度、民族、镇压人民反抗斗争和沙俄侵略等方面，有满汉两种文字，共一千八百一十五册。辽宁、热河各官署档案，时间从清末至民国二十年（1931 年）"九·一八"事变前夕，共一百八十万余卷册。涉及的方面也很广泛，有内政、军事和人民斗争等。

上述档案对于我们研究清代皇室、八旗制度，特别是关于东北地区的历史情况，都是十分宝贵的。可惜目前人们的关注度不够，使用研究也不够。

（三）四川巴县档案。

四川省档案局所藏的巴县档案，共十万三千一百二十三件，多数也是清代档案，其中属于乾隆、嘉庆时期的约一万余件。从档案的形式来看，大多为该县受理的民、刑诉讼状纸、签票、传票、堂讯记录中的口供、判词、结状等。此外，还有一些由省总督衙门、布政司、按察司、道、府的札令、告示、通饬、咨文，以及其他州县移往的详、牒等公文。与第一历史档案馆收藏的档案相比，巴县档案的地区局限性较大，一般只反映巴县或四川一带的情况。但是，正因为有这一特点，有的问题反而更加显得细致具体，不少是我们从内阁题本或军机处收录的奏折中所无法见到的。比如关于县令以下的县丞、巡检、典史、教谕各级低级官员的具体职责，关于乡约、里正、甲长、客长的委任和他们所负的责任，关于县衙内吏、仓、户、礼、盐、兵、刑、工、承发、书柬等十房的组织情况，关于驿站的组织及经费开支，等等，对我们研究清朝基层政权组织，都是极为宝贵的资料。

在巴县档案中，还保存一批有关商业和手工业的行帮条规、章程，多为各工商业者成立行帮时递交巴县县署立案备查的，也有因引起讼案而后来呈缴的。另外，还有一些关于矿业方面的资料。在大批民刑诉讼案卷中，更有很多有关经济方面的资料，时间大体在乾隆以后，内容包括：政府税收、土地买卖、租佃借押、工商业发展、物价涨落、币制变动以及其他有关人民生产、生活情况的记录。

上述档案，不但内容比较完整，而且时间的连贯性也很强，这就为我们研究清代的社会经济史，提供了很多难得的第一手资料。

巴县档案，过去虽然也有损耗，但基本上还是保存了下来。自20世纪五六十年代起，西南博物馆和四川大学历史系又先后进行了整理，并出版了若干资料选编，如1989、1996年出版的《清代乾嘉道巴县档案选编》上、下册（四川大学出版社出版）等，使我们知道它们的大致内容和价值，从而也为使用这批档案打下了良好的基础。

（四）曲阜孔府档案。

山东曲阜孔府档案，原是一批私家档案，现在保存在山东曲阜市文物管理委员会。

曲阜是孔子的故乡，也是孔子后裔聚居的地方。历代王朝为了巩固他们的统治，把儒家学说作为思想统治的工具，对孔子格外尊崇，对孔子的后裔也是"恩渥备加"，"代增隆重"。到了宋代以后，孔子的嫡系子孙便被封为世袭"衍圣公"，在曲阜城内建有规模宏伟的"衍圣公"府第。这个衍圣公府，通称孔府。孔府档案，也就是衍圣公这个贵族大地主家庭保留下来的一批档案。现存的曲阜孔府档案，主要是清代档案。在总共九千零二十个卷宗中，清代占八千零九十八卷，每卷之下，少则一件，多则五六十件，分袭封、宗族、属员、刑讼、租税、林庙管理、祀典、宫廷、朝廷政治、财务、文书、庶务等十二大类。

从孔府档案的袭封、属员、林庙管理、祀典、宫廷、朝廷政治等类中，不但可以知道衍圣公府的形成、发展以及孔府内部组织系统的详细情况，而且还能了解贵族地主和中央朝廷的相互依存关系。对于中央朝廷来说，它需要贵族地主作为进行统治的政治基础，包括像衍圣公那样一种思想统治的象征。而贵族地主则更需依仗朝廷的力量，以保证其存在。但是，在某种情况下，贵族地主对于封建专制主义政权来说，又是一种独立、分散的力量，特别当朝廷力量无暇顾及，或在政治上稍示宽大的情况下，更是如此。因此，双方也存在着矛盾，甚至发生斗争。这种互为依存又有所矛盾的情况，对于我们研究自宋明以降，特别是有清的中央专制主义国家和贵族地主甚至官僚缙绅地主之间的关系，具有重要的意义，而孔府档案中，就保留了很多这样的资料。

宗族类包括孔氏宗族发展、孔庭族长、举事、户头、户举的委任及其权力、族规、族训，修谱、立嗣、归宗、冒宗、优免差徭，以及有关孔氏家族事务方面的档案。在这一大类中，还收存了曲阜和山东等全国十几个省份中孔氏族人的族谱，还有像曾氏、孟氏等所谓"圣贤""儒家"的各类家谱。这样完整的有关宗族方面的资料，在其他的文献中是很难搜集到的。由于孔氏宗族在全国具有典型意义，因此，通过对它的研究，还可以加深对宗族、族权，以及明清时期宗法关系的了解。

租税类档案集中反映了孔府这样一个贵族大地主与其属下佃户，由于在人身和土地占有关系上的不平等所出现的剥削关系。

孔府共有朝廷钦拨祭田二千大顷（每大顷相当于三官顷），还有学田以及大量的自置庄田等，分布于曲阜附近的二十多个州县，此外在直隶、河南、江苏等省，也有它的土地。承种孔府土地的有朝廷钦拨佃户，也有通过招佃来的一般佃户。钦拨佃户明初规定为五百户二千丁，到清初已繁衍至数万丁。

为了有效地征收租银、租粮，孔府对其所属的钦拨田庄划分为六屯七厂十八官庄，分别设屯官、庄头、甲首进行管理，上面又设管勾衙门，直接对孔府负责。在征收形式上，屯、厂祭田多仿照朝廷大粮地亩，收取租银，并对钦拨庙、佃户丁征收丁银（乾隆二十年以后，佃户的丁银摊入租银内征收），官庄和自置田产的田庄多课取实物地租。实物租分分成租和定额租两种，以分成租为主。还有各种形式的工食地和粮饭地，这是孔府为其属官员役所提供的土地，归他们耕种或收取租粮，但所有权仍属孔府。此外，孔府在其所属屯、厂地区拥有一部分集市，在北京、济宁以及屯、厂、官庄上，还有不少房产。集市的行税和房产的房租，也是孔府的一项重要收入。

在租税类中保存的有关祭田清理查丈、垦荒完赋、田租征催、湖田船只管理、屯义集税收、修治河堤等方面的文书，以及各屯、厂、官庄地亩册籍和大量的租银、租粮账册，对孔府的土地情况以及剥削量、剥削方式等等，都有详细的记录。

租税类档案的数量最多，也是孔府档案中最重要的一部分。

另外，还有一些档案，内容也很重要。比如林庙管理类中有"洒扫户丁"一目。洒扫户一般通称庙户，专供孔林、孔庙洒扫守护等差役，明初原定一百一十五户，到了清代，子孙繁衍，已有数千丁了。孔府为了管理和役使这些庙户人丁，设守卫林庙百户官一员，负责遴派头役、查编保甲、编审户丁、辑查逃丁、征收丁银等事务。这说明朝廷赐给庙户，不单纯只是一种役使关系，而且也是对这部分人的统治权的再转让。此类情况，也同样存在于钦拨佃户（见档案袭封、刑讼、租税类等）。这就使得钦拨庙、佃户人的人身依附关系，远比一般地主和佃户的关系强烈得多，也是我们研究明清时期贵族地主生产关系中的一个十分重要的课题。

在孔府档案中，保存了很多禀文、呈文。这些文件，不少是贫苦庙、佃户人因遭遇天灾人祸，向孔府请求免减租赋、差役等痛苦的呼声。如果拿这些文件的内容，和财务类中收集的孔府历年收支账簿、修缮府第工程账册、各执事员役的俸银薪饷册的有关记载作对比，就会发现，孔府一天的开销，或一笔小小的应酬，往往顶上一户贫苦佃农整年或几年的收入。这些老爷、少爷、太太、小姐们花天酒地的生活，以及各级管事员役的层层中间盘剥，吞噬着佃户们剩余劳动，甚至必要劳动。孔府田庄上农业生产的长期停滞，以至向后倒退的情况，剥削方式的落后性和反动性，在孔府档案中反映得十分具体、真切。

1949 年以后，孔府档案收归国家所有，使得散置各处、任其尘封霉烂的珍贵资料，得到保护和整理。1956 年，原中国科学院（今中国社会科学院）历史研究所的同仁们看到了这批档案，于 1963 年夏秋，联合曲阜县文物管理委员会、曲阜师范学院等单位合作，选录了大批孔府档案（主要是明档和 1840 年以前的清档），并初步完成了分类、断句、逐件拟题等工作。1978 年，又在山东组成了曲阜孔府档案编辑委员会，对上述选抄的档案资料进行统一校点加工，起名《曲阜孔府档案史料选编》，分四编交山东齐鲁书社出版。有关清代部分的档案，安排在第三编，数量最多，自 1980 年至 1985 年已经陆续出版（共二十四册）。

（五）用满文、蒙文、藏文等民族文字书写的档案。

由于清朝的统治集团是以满族贵族为主，包括汉族地主阶级以及蒙古等其他民族上层分子组成，因此，在其奏报文书中，除了汉文以外，满文占有重要的位置。此外，蒙文和藏文等文书，也颇不少。

满文档案

有关清代的满文档案，收藏量最大的当推中国第一历史档案馆，分别归存于内阁、军机处、宫中、内务府、宗人府、理藩院、八旗都统衙门、盛京内务府等中央衙门，以及关外盛京、吉林、黑龙江三将军衙门，宁古塔，珲春、阿拉楚喀副都统衙门，呼伦贝尔、布特哈总管衙门，内蒙古归化城副都统等衙门。此外，辽宁省档案馆、大连市图书馆和内蒙古自治区的一些市旗档案馆，都有收藏，另如台北"故宫博物院"亦收存有数。

关于满文资料，首先要提出的是"满文老档"。"满文老档"是指满族入关前在东北建立后金国到清初，用无圈点老满文书写的官方文献。"满文老档"按年月日编年书载，原本已有残阙，原先共发现四十册，起自天命前九年（明万历三十五年，1607年），止于清崇德元年（1636年），记录了在努尔哈赤和皇太极时期，满族贵族为建立后金和清所进行的一系列政治、军事等活动。它是研究早期清朝史、早期满族史和东北各民族历史的原始珍贵资料。通过"满文老档"，还可以纠正《清实录》等官书中的许多谬误，为我们更好地了解这一段历史，提供可靠的依据。

"满文老档"最早藏于盛京（今辽宁沈阳）崇谟阁。入关后移入北京内阁大库。1949年，国民党政府将原档四十份统统运往台湾。今天第一历史档案馆收藏的，是乾隆四十年（1775年）的重抄本和转抄本。重抄本册面签注《无圈点档册》，装订一百八十册。转抄本是用改进了的加圈点新满文书写的，册面题名《加圈点档册》，亦为一百八十册。《加圈点档册》除将老满文和其中掺杂的蒙文，一一改用新满文以外，还对原档难解的旧满语，于书眉标贴黄签，以新满语详加注释。这对我们正确理解"满文老档"的原意，具有重要的参考价值。重抄本和转抄本还各有草本一部，所以实际上共有四部。另外，今辽宁省档案馆亦存有重抄和转抄"满文老档"各一部，这是乾隆四十年（1775年）抄写后藏于盛京崇谟阁的本子。

在其他的满文文件中，另一个重要部分是入关后，满洲将军大臣们向朝廷所上的各种奏报。在乾隆以前，一些边疆地区的衙门，上下来往公文，常常通用满文。在这些文件中，反映了清朝政府的边疆政策，以及有关民族关系、防止和抵御外国侵略势力的很多内容。譬如满文的

"西藏档"，按年月日抄载，里面有乾隆时清政府管理西藏地区的资料，像规定达赖坐床、掣签制度，订立后藏设站定界章程，改订西藏管理章程，以及驻藏大臣权限、新定达赖和噶布伦职权等等。满文"土尔扈特档"则载录乾隆三十六年（1771 年）至三十七年（1772 年），清朝政府接纳由阿巴锡率领的土尔扈特部的情况。土尔扈特部是厄鲁特蒙古的一支，明朝末年由新疆的塔尔巴哈台原游牧区，西迁进入伏尔加河流域。在此后百余年中，他们不断遭到沙皇俄国的侵扰、欺压，无法忍受，于乾隆三十五年（1770 年），决定重新返还祖国。"土尔扈特档"反映了我国民族关系中如此重要一页的许多极其珍贵的第一手资料。又如在满文"俄罗斯档"中，保存了很多有关中俄两国政治经济和文化交往，以及沙俄侵华的原始记录。

为了使人们通过满文档案得知更多的清朝历史，整理和翻译这些资料已显得十分迫切，而最先被选定的便是"满文老档"。"满文老档"自民国初年被人们重新发现以后，立即受到中外学者的重视。前清进士金梁曾以沈阳崇谟阁藏本为底本，翻译后起名《满洲老档秘录》，刊印过其中的一部分。但因该书译文过分草率，甚至与原档相左，故很难为清史研究工作者使用。长期以来，在世界各国广为流传的，均为日本学者所整理的几种日译本子（也是以沈阳藏本为底本）。1968 年，台湾地区方面利用他们收藏的"满文老档"原本，分编成十册，名《满洲旧档》，影印发行。同时也开始翻译成汉文，从 1970 年起，以《清太祖朝满文老档原档》的书名，出版了太祖朝的第一册。1978 年，原故宫博物院明清档案部（即今中国第一历史档案馆）和中国社会科学院历史研究所的同仁们一道，成立了《满文老档》译注工作组，以后又邀请了其他单位从事满文工作的学者，参加这项工作。几年来，他们除充分使用档案馆所藏的正、草四部《老档》文本以外，还参考了目前已经出版的各种本子。该书已于 1990 年由中华书局出版。2009 年由辽宁民族出版社出版的《内阁藏本满文老档》（吴元丰主编），除了对 1990 年的中华书局版的某些部分进行修订外，还附加了人地名满汉文音序索引、完善原内阁藏本中的签注满汉文时照表。

在其他满文档案的翻译出版中，分量较大的有《清初内国史院满文档案译编》（三册一百万字），光明日报出版社 1989 年出版；《康熙朝满文朱批奏折全译》（二百七十万字），中国社会科学出版社 1996 年出版；
《雍正朝满文朱批奏折全译》（四百六十九万字），1998 年黄山书社出版；
《清代西迁新疆察哈尔蒙古满文档案全译》（九十万字），2004 年新疆人
民出版社出版等。采用满文原档与汉文翻译合璧出版的如：《军机处满文
准噶尔使者档译编》（三册），2009 年中央民族大学出版社出版；《清宫
珍藏杀虎口右卫右玉县御批奏折汇编》（三册），2010 年中华书局出版；
《清代军机处满文敖茶档》（二册），2010 年上海古籍出版社出版；《乾隆
朝军机处满文寄信档译编》（二十四册），2011 年岳麓书社出版。单纯以
满文原件编印出版的有《清代雍和宫档案史料》（二十四册），2004 年中
国民族摄影艺术出版社出版；《清代中哈关系档案汇编》（二册），2006、
2007 年中国档案出版社出版；《珲春副都统衙门档》（二百三十八册），
2006 年广西师范大学出版社出版；《清前期理藩院满蒙文题本》（二十四
册），2010 年内蒙古人民出版社出版；《清代新疆满文档案汇编》（二百
八十三册）；2011 年广西师范大学出版社出版。

　　利用辽宁省档案馆收藏的满文翻译出版资料有：《三姓副统衙门满文
档案译编》，1984 年辽沈书社出版；《盛京内务府粮庄档案汇编》，1993
年辽沈书社出版。1991 年由天津古籍出版社出版的《清代内阁大库散佚
档案选编》，其原件则本自于大连市图书馆。

　　蒙文档案

　　清代的蒙文档案，除收藏于中国第一历史档案馆的内阁蒙古房、宫
中奏事处蒙古事宜档和理藩院蒙古房外，还散存于内蒙古自治区的一些
市旗档案馆。例如呼和浩特市土默特左旗档案馆收藏的一万六千余件清
代档案中，涉及蒙文的有七百九十六件，内容主要是家谱、寺庙香火册
和其他图册。阿拉善左旗档案馆的清代档案起于康熙二十四年（1685
年），下迄宣统三年（1911 年），计四万三千四百多件，其中蒙文全宗占
到百分之七十（包括蒙汉文合璧文件），反映了在此期间该地所发生的政
治、经济、军事、宗教、文化、习俗变迁等故事。再有在辽宁省喀喇沁
左旗蒙古族自治县档案馆发现的清代喀喇沁左旗王府档案亦弥足珍贵。
档案的形式包括圣旨、饬令、示谕、告示、呈文（奏折）、批示、诉状、
口供、传文、调解、契约合同、地方法规、清单（台帐）、谱书、地图、
请柬、公函便笺等，总共文书计五百九十六卷、五千三百七十七件，多

数用蒙文书写，也有蒙汉文合写和汉文表达的。

已出版的蒙文档案有：《清内秘书院蒙古文档案汇编》，内蒙古人民出版社 2004 年出版。内秘书院系清早期内阁组织形式的内三院之一（另两院叫内国史院和内弘文院），掌撰写敕谕、祭文及对外往来书札，并收录各衙门章疏。它设立于崇德元年（1636 年）五月，康熙九年（1670 年）终于由内阁所替代。该汇编集辑了在此期间有关内外蒙古、新疆、青海、西藏等地的军事、政治、民族、宗教、文化事务方面的文件二千多种。《清内阁蒙古堂档》（二十二册），由中国第一历史档案馆和内蒙古大学蒙古学院编，内蒙古人民出版社 2007 年出版。蒙古堂亦称蒙古房，是内阁下设机构，凡与蒙古、西藏、回部等地来往文书，皆由其翻译缮写，故存有大量的蒙文或满蒙藏文兼用册档，名类有"诏档""诰敕档""敕奏档""来文档""和图档""噶尔丹事务档""策旺阿拉坦事务档"等。档案的年代起自康熙十年（1671 年）到乾隆八年（1743 年）为止。《土默特左旗档案馆藏清代蒙古文档案选编》，内蒙古人民出版社 2013 年出版。这批档案原来属于清代归化城副都统衙门收存的文册，包含的时间是雍正九年（1731 年）至清末，选编收集的是其中的蒙文部分。

西藏自治区档案馆收藏的清代藏文档案

西藏档案馆收存的历史档案，最早可上溯到宋代，晚至 1959 年，其中清代的数量最多，达二百万卷件，占总数的三分之二。档案以藏文书写为主，也有用满文和汉文的，少数有英、俄、巴思八和尼泊尔文的文书。

清代的藏文档案按照原地方政府机构分类的，如噶厦档案：噶厦是总管全西藏地区政务和宗教等事的行政机构，故诸凡朝廷颁给达赖、班禅、固始汗、摄政等政教领袖的敕书、诏谕，各政教领袖赐给有关寺院的田地房产的铁券文书，有关噶厦运转、人事任免、俸饷方面的文件，与驻藏大臣之间来往文书，各寺庙、贵族领地内土地、房屋、劳役领有使用等册文执照。译仓档案：译仓是摄领西藏宗教事务的机构，所存的簿册、清单等卷宗，多数与教务有关。孜康档案：孜康职能是清查登记政府、庙寺、贵族的土地、牲畜及差役赋税的收纳、管理度量衡等，其卷宗包括各种户口清册、土地清册、租税簿、所有权执照等。第二种门类是各寺院，包括拉章（大活佛宫殿、办事机构）的档案。最后第三种来源是各大贵族所存文书册籍。后两种的数量也均可观。

为了使更多的人了解、使用这些极其珍贵的藏文资料，西藏档案馆于 2004 年申请立项进行清代藏文档案的筛选并翻译成汉文的工作，计划从噶厦、译仓、孜康三大全宗入手，选出有关政治、经济、军事、灾赈类档案四千多件。抄摘翻译后，用《清代西藏地方档案史料选编》的名称公开出版，借以填补藏文资料难以使用的缺门。

关于清代的历史档案，散存在各地的还有不少。譬如河北省档案馆存的清代获鹿县档案、四川省南充市档案馆存放的清代南部县档案（共一千八百零七卷、约十万余件），还有像山西省的档案部门，就保存了不少关于清代山西票号和河东池盐的档案，四川省则藏有大批自贡井盐的资料，甚至连内蒙古、新疆、西藏等边疆省区，也收藏颇富，据有关方面估计，凡散存于全国各地方档案馆、图书馆、博物馆的清代档案应不下于千万件。另散存于海外者亦不在少数。以上众多的地方档案和散落于海外的档案，都亟待大家去开发整理和利用。

近年来，有更多的人钟情于对碑刻资料的收集和整理。自 20 世纪 90 年代起，陕西三秦出版社就陆续推出了一批碑刻书：《高陵碑石》《安康碑石》《汉中碑石》《澄城碑石》《咸阳碑刻》《榆林碑石》等等。由王国平、唐力行主编的《明清以来苏州社会史碑刻集》（苏州大学出版社 1998 年出版），更把碑刻内容集中于社会史的范围。

此外，分散在各地的碑刻、地契、文书等资料，也是我们研究清史十分宝贵的资料。1959 年江苏人民出版社出版过一本江苏省博物馆编的《江苏省明清以来碑刻资料选集》，其中绝大部分是清代的碑刻，其内容有商业、手工业、会馆公所、赋役、漕政以及民间戏曲、弹词等，是一本很有价值的资料书。接着该社又于 1981 年出版《明清苏州工商业碑刻》。此外，还有一些单位和学者从事此项有意义的工作，如 1980 年文物出版社出版、李华编辑的《明清以来北京工商会馆碑刻选编》，1982 年广西人民出版社出版《广西少数民族地区石刻碑文集》，上海人民出版社出版、上海博物馆图书资料室编辑的《上海碑刻资料选辑》，1987 年广东人民出版社出版的《明清佛山碑刻文献经济资料》，以及许檀《清代河南、山东等省商人会馆碑刻资料选辑》（2013 年天津古籍出版社出版）

等。另如张正明、科大卫主编的《明清山西碑刻资料选》（一至续二共三册）（山西人民出版社 2005、2007、2009 年出版），也遵循了社会史的内容进行选录。地契、文书虽然也有成批的发现，如徽州地区的各种文契、福建民间的各项契约文书，贵州锦屏县的山林买卖、养护的文契碑文，北京首都博物馆和中国社会科学院近代史研究所图书馆收藏的明清北京地区土地房屋典当买卖的文契，数量都十分可观，也不断地有人用之于历史研究，不过总的说来，这些文书、契纸，除部分已公布出版，多数尚缺乏系统的加工整理。

第三节　基本史料

（一）《清实录》　清代的《实录》，保存完整。

早在清人入关以前，太宗皇太极就仿依明朝的制度，为其父太祖努尔哈赤撰修《实录》。据《清太宗实录》卷二十四，天聪九年八月乙酉条载："恭画太祖实录图成。"接着，崇德元年（1636 年）十一月，又完成了太祖武皇帝和孝慈武皇后《实录》。从此以后，每当新帝继位，下诏为前一代皇帝修造《实录》，就成为有清一代固定的制度。

目前我们通常见到的清代《实录》共十二部，计《满洲实录》八册（不分卷）；《太祖实录》十卷，另序、例、目录、进表二卷；《太宗实录》六十五卷，另序例、目录、进表三卷；《世祖实录》一百四十四卷，另序例、目录、进表三卷；《圣祖实录》三百卷，另序例、目录，进表三卷；《世宗实录》一百五十九卷，另序例、目录、进表三卷；《高宗实录》一千五百卷，另序例、目录、进表五卷；《仁宗实录》三百七十四卷，另序例、目录、进表四卷；《宣宗实录》四百七十六卷，另序例、目录、进表五卷；《文宗实录》三百五十六卷，另序例、目录、进表四卷；《穆宗实录》三百七十四卷，另序例、目录、进表四卷；《德宗实录》五百九十七卷，另序例、目录、进表四卷。总共四千三百六十三卷，另序例、目录、进表共四十卷，比《明实录》多出一千余卷。

按照清朝的规定，每修《实录》，均需抄录五份，每份又分抄满、蒙、汉三种文本各一套，用红绫或黄绫为面，有大小两种本子，收藏于乾清宫内廷、皇史宬、内阁和盛京崇谟阁。其中内阁实录库共藏两套，一套是专供皇帝调阅的。另外，盛京崇谟阁只贮满、汉两种文本，无蒙文本。这些《实录》抄本，现在分别收存于北京故宫博物院和中国第一历史档案馆、辽宁省档案馆。在第一历史档案馆，随同贮藏的还有《历朝实录》稿本，内容又较定本多出不少，有其独特的参考价值。

清朝修《实录》，专门设置《实录》馆，除总裁、副总裁等职均为当时有名望的大臣担任（一般都是大学士以上官员）外，具体编纂事务统由翰林院官员负责。《实录》所依据的史实，都是从内阁、各部院署等机构调入的各种上谕、题本、奏本等，然后根据要记录的那位皇帝生前经历的各项大事，按年月日排比加工。《实录》的优点是时序清晰，条目明确，这对于我们查阅史料、研究问题是很方便的。

根据清朝的规定，凡属下列情况，均收入《实录》：登极典礼、尊谥、祭祀、节庆、丧礼、册立、谒陵、临幸、祈谷、耕藉、视学、经筵、日讲、大阅，御制碑文、诏敕上谕、封赏、纂修《实录》《玉牒》《国史》《起居注》《会典》《圣训》《方略》《一统志》等，各部及地方提学道以上职官除授，武职总兵官以上除授，新疆、西藏等将军及领队大臣以上官职除授，奉使国外，差遣大臣至蒙古会盟，提镇以上官陛辞、陛见，按察使以上官朝觐，文武大臣老疾乞休、奖赉、慰留、起用、休致、降革、京察，内外大小官制添设、更改、裁并，衙署移驻，文武选法、品级、考课则例有大更定者，开拓疆土、设立边镇及府州县卫所改设、分置、裁并，每岁人丁、户口、田地税粮、茶盐、铸钱数、开垦、军屯、圈拨地土、编审人丁、折征漕粮、蠲除赋役、停罢岁办诸物，漕运、钱法、茶盐、榷关则例有更定者，王以下文武各官俸禄、军士月粮则例有更定者，定礼仪、正乐律、治历法、勘方舆一切经钦定者，天象云物、气候应征及日食、星变、地震等，颁历进春，王以下文武官员军民等称颂皇帝功德及谦让婉却，每岁祭历代帝王、孔子及敕封山川神号，厘定祀典，修葺前代陵寝、抚恤后裔，王以下文武大臣特恩、赐书、赐宴，优礼高年特恩，乡试，文武会试、殿试，传胪，殿试制题，特科，选庶吉士及教习授职，国子监及直隶、各省学政条例有更定者，与国外往来（进贡、封赐，侍子入学、请通市、定年贡则例等），文武三品以上亡故恤典，大小官员及军士有"殁于王事者恤典"，旌表孝子、顺孙、义夫、节妇、烈妇、烈女，建言有关国体政事者，弹劾大臣，命将出征、调兵筹饷一切方略、军中奏报、纳降献捷等，军功、军事失误问罪、投诚给特恩、给与世职等，镇压各地人民起义，平定边疆叛乱，土司酋长"归化投诚"，改土归流，海疆事宜，八旗分设佐领、增添甲兵、各省兵制，驿传等添裁、归并，更定督捕条例，文武大臣犯罪拘禁、迁谪及正法、特恩宽宥，犯"叛逆"大罪"正法"者，肆赦、停刑、恤刑、律例有更定者，修茸坛庙，御赐匾额，河堤水利，等等。

当然，以上都是根据统治者的标准规定下来的内容，其中有一些在今天看来并无多大价值。但是，由于它几乎包括了当时所有的政治、经济、文化，以至天象变异等自然科学方面的资料，所以内容还是相当丰富的。

由于《实录》实际上就是皇帝的子孙或兄弟为其父兄们写事迹，所以一般都存在隐恶扬善的毛病。明人李建泰在评论《明实录》时说："《实录》所记，止书美而不书刺，书利而不书弊，书朝而不书野，书显而不书微。"① 《清实录》则有过之而无不及。此外，在《清实录》中，常常抄载皇帝的上谕很多，而对臣工们的题奏则很少记录。《清实录》作为一部卷帙浩繁的大书，总的说来，体例和结构都还比较谨严，但是涉及干支、职官、人名等讹误和重复，也时有发现。

在清代的历朝《实录》中，太祖、太宗、世祖三朝，由于开国伊始，制度草创，显得比较粗陋，另外又加上皇族内部斗争的影响，所以对于早先编修的《实录》，后来的子孙们就感到在某些地方有失体面，或在政治上有所忌讳，所以出现了清初屡次修改《实录》的情况。目前我们见到的《太祖实录》，就署有崇德元年大学士刚林、希福等恭修，康熙二十一年大学士觉罗勒德洪、明珠奉敕重修，雍正十二年大学士鄂尔泰、张廷玉等奉旨校订。1931年，故宫博物院文献馆发现四卷题名《大清太祖承天广运圣德神功肇纪立极仁孝武皇帝实录》，据孟森等考证，疑为顺治年间重缮本。这样，《太祖实录》至少经历了三四次改修。《太宗实录》自顺治九年（1652年）成书后，也有康熙十二年（1673年）重修本和雍正十二年（1734年）校订本。《世祖实录》则有康熙六年（1667年）和雍正十二年（1734年）两种本子。罗振玉根据当时"史料整理处"收藏

---

① 何乔远：《名山藏》，"李建泰序"。

的几种《太祖实录》的本子，影印名《太祖高皇帝实录稿三种》。早先流传于日本的清三朝《实录》，很多记载与目前通行本不同，据传为康熙年间改定本。日人邻山纬等曾据以编《清三朝实录采要》十六卷、《清三朝事略》二卷。

有关清初三朝《实录》的改纂情况，中外学者都有所考订，有的还比较仔细地核对了几种版本的异同，以考察他们为什么要删除或修改。这些，对于我们了解清初的历史是很有意义的。对于清初三朝《实录》的各种版本，有的还有待发掘整理。

在清代，《实录》均属皇家秘本，修成后，"皆藏之金匮石室，廷臣无得见者"①。清亡以后，才稍稍有所流传，但毕竟因抄本过少，一般人难以得见。1930年，原辽宁省通志馆委托辽宁大学影印《满洲实录》。此书最早为天聪九年（1635年）修成的《太祖实录图》，记载从满洲发祥的神话传说起，到太祖努尔哈赤的一生战迹，共绘图八十七帧，以满、汉、蒙三种文字配图作说明。《满洲实录》在形式上与以后的历朝《实录》很不相同。乾隆四十六年（1781年），清高宗"命依式图绘"，改题《满洲实录》，一贮宫内上书房，一送盛京崇谟阁。影印的《满洲实录》即根据盛京的崇谟阁本。1933年，伪满又以崇谟阁所藏清历朝《实录》为底本，开始影印《清实录》，其中缺本则从北平（今北京）配抄，1936年底，全部影印完成，计从《满洲实录》起到《德宗实录》止，共十二部。另有《宣统政纪》七十卷，记宣统元年至三年逊位事。全部《实录》，连同卷首总目，共装订一百二十一帙，一千二百二十册。其中《德宗实录》中有不利于日本部分，颇多删简。1964年，台湾华文书局根据原影印本重印，并精装成九十五册出版，1985年，北京中华书局又照故宫博物院和中国第一历史档案馆藏本影印出版了《清实录》。

中华人民共和国成立后，在国内先后出版了一些《清实录》专题资料集辑。如1958年南开大学历史系编辑了《清实录经济资料辑要》，1962年内蒙古少数民族社会历史调查组、中国科学院民族研究所编辑《〈清实录〉达斡尔、鄂温克、鄂伦春、赫哲史料摘抄》，还有中国科学院地理研究所编《〈清实录〉中俄关系史料》，新疆民族研究所编辑并

① 吴振棫：《养吉斋余录》卷三。

出版《〈清实录〉新疆资料辑录》，中国科学院民族研究所与贵州少数民族研究所编辑的《〈清实录〉贵州资料辑要》，山东大学历史系编辑出版的《〈清实录〉山东史料选》、云南省历史所编辑出版《〈清实录〉有关云南史料汇编》和由陈振汉等编辑、北京大学出版社出版的《〈清实录〉经济史资料》等。这些专题资料汇辑，对于广大史学工作者进行专题研究，提供了一定的方便。

（二）《东华录》 《东华录》的体例完全仿照《实录》，一些史学工作者也常常把它与《清实录》并列，作为研究清史的基本史料。《东华录》有蒋氏《东华录》和王氏《东华录》两种，后来朱寿朋又编《光绪朝东华录》，以续王氏《东华录》之缺。

蒋氏《东华录》凡三十二卷，叙事时间从清开国前的天女传说起，到雍正十三年（1735年）止。作者蒋良骐，乾隆十六年（1751年）进士。他编这本书，主要是根据他充国史馆纂修官时辑录的资料。作者在自叙中说："乾隆三十年十月，重开国史馆于东华门内稍北，骐以谫陋，滥竽纂修，天拟管窥，事凭珠记。谨按馆例，凡私家著述，但考爵里，不采事实，惟以《实录》、红本及各种官修之书为主，遇阖分列传事迹及朝章国典兵礼大政，与列传有关合者，则以片纸录之，以备遗忘。信笔摘钞，逐年编载，祗期鳞次栉比，遂觉缕析条分，积之既久，竟成卷轴，得若干卷云。"从蒋氏的"自序"中，是以得知，该书的资料，除以《实录》为主以外，还注意吸收红本（即题本）和其他各种史籍，如通常为大家所提到的，史可法答摄政王多尔衮书，就为《实录》所不载。康熙二十七年（1688年），御史郭琇上疏弹劾权臣明珠，则是作者从郭琇《华野集》中辑录的。另外，作者在资料考订方面也花费了不少工夫。

王氏《东华录》成书于光绪初年，时间比蒋录晚了好多。作者王先谦，同治四年（1865年）进士。他编辑该书，除续撰乾隆以后至同治各朝事迹外，因"病蒋氏简略"。还"加详"了自天命迄雍正的事迹①。王氏《东华录》的资料来源，据作者自述："凡登载谕旨，恭辑《圣训》《方略》，编次日月，稽合《本纪》《实录》；制度沿革纂《会典》；军务

---

① 王先谦：《虚受堂文集》卷二《东华录序》。

奏折取《方略》。兼载御制诗文，旁稽《大臣列传》。"① 从整体内容来看，王录远不及《实录》丰富，但其中确实也编进了《实录》所缺载的资料。如雍正帝办曾静一案，《实录》刊载的谕旨远不及王录详尽，咸丰年间铸造大钱事，《实录》无而王录有，等等。

王录与蒋录相比，除了续补乾隆以后的事迹外，最大长处是叙事详尽。但是，蒋录也有其长处。孟森曾以事实作过评论："岂知蒋录虽简，而出于王录以外者甚多，且为世人所必欲知之事实。如顺治间言官因论圈地、逃人等弊政而获谴者，蒋有而王无。康熙间，陆清献论捐纳不可开而获谴，李光地因夺情犯清议，御史彭鹏两疏痛纠之，使光地无以自立于天壤，皆蒋录有之，而王录无。"② 这些也是今天我们看重蒋氏《东华录》的原因。

蒋录和王录，都有刊刻本。1980 年，中华书局又出版了校点本的蒋氏《东华录》。

（三）《方略》《纪略》　清代，从康熙时候起，每当一次军事行动以后，朝廷为了宣示其武功，都要下诏设馆，"纪其始末，纂辑成书"③，叫作《方略》或《纪略》。

《方略》或《纪略》的资料，多采自当时的军事奏报和有关谕旨，并按年月日次序进行编纂。有的还把一些庆贺胜利的御制诗文和诸大臣附和的诗文，以及纪功勒石的碑文，也一并收录。乾隆十四年（1749 年），清朝政府把方略馆定为常设机构以后，方略馆的总裁统由军机大臣兼领，其他提调、收掌、纂修等官，亦由军机处章京兼充，并得调阅所藏档案。

总计清代的《方略》《纪略》，共二十四种，而且有的篇幅很大，多至三四百卷。从内容看，大致可以分成两类：一类属于平定叛乱、削除割据势力，统一和巩固边疆的活动；还有一类属于镇压人民起义活动的。

属于前一类的计有：

《平定三逆方略》六十卷　康熙二十一年（1682 年）纂修，记康熙十二年（1673 年）至二十年（1681 年）清朝平定吴三桂、尚之信、耿精忠三藩叛乱事。

① 王先谦：《虚受堂文集》卷二《东华续录跋》。
② 孟森：《明清史论著集刊·读清实录商榷》，中华书局，1959 年版，第 620 页。
③ 梁章钜、朱智：《枢垣记略》卷十四《规则》二。

《平定察哈尔方略》上下两卷　记康熙十四年（1675年）平察哈尔部布尔尼乱。

《平定海寇记略》四卷　记平台湾郑氏。

《平定罗刹方略》四卷　记清政府为驱逐沙俄侵略势力，在雅克萨等地进行自卫反击战争胜利事。

《亲征平定朔漠方略》四十八卷　记康熙三次出师征讨噶尔丹反清势力事。

《平定金川方略》三十二卷、《平定两金川方略》一百五十二卷　记乾隆时，四川大小金川土司先后两次发动叛乱，清廷的两次军事行动。

《平定准噶尔方略》前编五十四卷、正编八十五卷、续编三十三卷乾隆三十七年（1772年）撰，记平定西北准噶尔部和回疆等诸事务。其中自康熙三十九年（1700年）七月至乾隆十八年（1753年）九月为前编，"志其缘起，详述圣祖以来屡申挞伐之事"。乾隆十八年（1753年）十一月至二十五年（1760年）三月为正编，"备录扫荡伊犁及削平阿睦尔撒纳，歼馘波罗尼都、霍集占之事"。以后至乾隆三十年（1765年）十一月为续编，"凡一切列戍开屯，设官定赋，规划善后事宜与讨定乌什及绝域响风之事毕载焉"①。

《皇清开国方略》三十二卷　乾隆帝为了表彰其祖宗在入关前建立后金和清的功绩而修撰，始于天命纪元前癸未年（明万历十一年，1583年），迄于顺治元年。

《平定回疆剿擒逆裔方略》八十卷　撰于道光九年（1829年），记平定回疆张格尔叛乱。

属于镇压起义的有：

《兰州纪略》二十卷、《石峰堡纪略》二十卷　分别记乾隆四十六年（1781年）及四十九年（1784年）清军镇压甘肃回民起义。

《台湾纪略》七十卷　记镇压台湾林爽文起义。

《平苗记略》五十二卷　记嘉庆初年镇压石柳邓等领导的苗民起义。

《剿平三省邪匪方略》正编三百六十一卷、续编三十六卷、附编十二卷记嘉庆年间清朝镇压川楚陕等省的白莲教大起义。

---

① 《清朝文献通考》卷二百一十九《经籍》九。

《平定教匪纪略》四十二卷　记嘉庆十八年（1813年）镇压林清、李文成领导的八卦教起义。

上述《方略》或《纪略》，除《平定海寇纪略》等少数未经刊行外，大多都已刊刻。2006年，北京图书馆（今国家图书馆）集辑并出版了《清方略丛书》，收录自《皇清开国方略》起到光绪朝编定的《钦定平定贵州苗匪纪略》二十四种，装订成二百册，正式出版。清朝统治者编辑这些书，主要为了宣示其武功，所以往往对其不利的地方进行掩饰以至窜改。这些，只要我们参证其他资料，比如一些私家著述，也就不难发现。

（四）《会典》《会典事例》和各部、院、署《则例》　邓之诚在《中华二千年史》中说："清以例治天下，一岁汇所治事为四季条例，采条例而为各部署《则例》，新例行，旧例即废，故《则例》必五年一小修，十年一大修。采《则例》以入《会典》，名为《会典则例》或《事例》。"① 清朝的官员也一再谈到这种情况，"至若《会典》，乃当代宪章，与律令相表里"②。"夫《会典》所载，皆百臣奉行之政令，诸司分列之职掌，即官礼诸制，无不条悉其中"③。所以《会典》《会典事例》以及各部、院、署《则例》等书，对于我们研究清代的典章制度是十分重要的资料。

清代的《会典》，最早修于康熙二十三年（1684年），在形式上仿照《明会典》，采取"以官统事，以事隶官"的方法，即把有关的规章制度，分别系于各所属的衙门之下。"凡职方、官制、郡县、营戍、屯堡、觐享、贡赋、钱币诸大政于六曹庶司之掌，无所不隶。"④ 为了不断补充新的《则例》，以后雍正、乾隆、嘉庆、光绪又先后四次重修《会典》。从乾隆《会典》起，鉴于"则例旋增"，"典与例无辨"，把典则和事例，分别为两个部分，即《会典》和《会典事例》。大致"以典为经，例为纬"，"经纬殊途同归"。事例作为《会典》的辅助，是把各门各目的

---

① 邓之诚：《中华二千年史》卷五下册，中华书局，1958年版，第531页。
② 赵吉士：《万青阁自订文集》一集，《题为请红本收藏之所并陈会典编纂宜宽严宪章以严职掌事》。
③ 魏象枢：《寒松堂集》卷一《圣朝大典既行亟请更定会典以明职掌以昭国制事》。
④ 乾隆《大清会典》卷首《御制序》。

"因革损益"的情况，按年进行排比。这样既有门类，又有时间顺序，对于我们查阅资料是很方便的。另外，在嘉庆和光绪《会典》中，又把礼部的仪式、祭器、卤簿，户部的舆图，钦天监的天体图等，绘图成编。叫作《会典图》。与《实录》等书一样，清朝每修《会典》，除了汉文本外，同时也有满文本。

五部《会典》修纂的时间、卷数、收辑资料的起讫年限以及何时刊刻，列表如下：

会典类别	卷数	收辑资料年限	纂修上谕发布年代	修成或进呈年代	刊行年代
《康熙会典》	162 卷	起自崇德元年（1636 年）迄康熙二十五年（1686 年）	康熙二十三年（1684 年）	康熙二十九年（1690 年）	康熙三十四、三十五年间（1695—1696 年）
《雍正会典》	250 卷	起康熙二十六年（1687 年）迄雍正五年（1727 年）	雍正二年（1724 年）	雍正十一年（1733 年）	雍正十二年间（1734 年）
《乾隆会典》	会典 100 卷则例 180 卷	迄于乾隆二十三年（1758 年）其中理藩所载止于二十七年（1762 年）	乾隆十二年（1747 年）	乾隆二十八年（1763 年）	乾隆三十三年间（1768 年）
《嘉庆会典》	会典 80 卷事例 920 卷图 132 卷	迄于嘉庆十七年（1812 年）	嘉庆六年（1801 年）	嘉庆二十三年（1818 年）	道光二年（1822 年）
《光绪会典》	会典 100 卷事例 1220 卷图 270 卷	迄于光绪二十二年（1896 年）	光绪十二年（1886 年）	光绪二十五年（1899 年）	光绪三十年（1904 年）前后

清代的五种《会典》，当时虽有刊刻，但流行不广。此外如《四库全

书·史部·政书类》曾收乾隆《会典·会典则例》；《图书集成》本收光绪《会典》，光绪三十四年（1908 年）上海商务印书馆的光绪《会典》石印本和《万有文库》中的《光绪会典》刊印本，使《会典》可方便为人们阅读利用。近年来刊印发行的则有台北中文书局和新文丰出版公司，据光绪二十五年原刊本影印的光绪《会典·会典事例·会典图》，2005 年吉林出版社据《四库全书》本刊行的乾隆《会典》，但收录最全的当推线装书局推出的《大清五朝会典》共二十五册，将清代五种《会典》，统都囊括在内了。

除《会典》和《会典事例》以外，朝廷各部院寺监府等衙门还编有《则例》。如《吏部则例》《户部则例》《礼部则例》《工部则例》《理藩院则例》。每个部院下，又有专门性的或分司的则例，如吏部下有《吏部处分则例》《史部铨选则例》《史部封验司则例》《吏部稽勋司则例》《大挑则例》，兵部下有《督捕则例》《军需则例》《军器则例》《科场则例》等，其中内务府下的分司则例就不下三十种。按照清朝的规定，"各部《则例》每十年奏请纂修一次"①。实际上并不完全如此。如《户部则例》初撰于乾隆四十一年（1776 年），再刊于同治十二年（1873 年），间隔长达九十七年。各地方编纂的则例如《粤东则例》《福建省例》《湖南省例成案》《江苏省例》《晋政辑要》《顺天府则例》等。此外像《山海关钞关则例》《浙海钞关征收税银则例》也都次第出现。

清朝政府纂修各部院《则例》，目的也是为了使官员们在处理政务时有所遵循，但与《会典》相比，它就更显得专门一些。

（五）《清朝文献通考》《清朝通典》和《清朝通志》　与《会典》价值相仿而流传更广的，还有《清朝文献通考》《清朝通典》和《清朝通志》。它们都是在乾隆十二年（1747 年）开始纂修的，完成于乾隆五十一至五十二年间（1786—1787 年），纪事断限，除少数定为乾隆五十一年（1786 年）外，均以五十年（1785 年）为止。

清朝编"三通"，体例、门目沿袭杜佑的《通典》、马端临的《通考》和郑樵的《通志》。但因适应不同的情况，其间或革或因，也稍有所变通。《清通考》序言谈到该书的编纂大旨时说："其二十四门初亦仍马

① 《清朝文献通考》卷二百二十二《经籍》十二。

氏之目……其子目于田赋增八旗田制，钱币增银色、银直及回部普儿，户口增八旗壮丁，土贡增外藩，学校增八旗官学，宗庙增安奉圣容之礼，封建增蒙古王公，皆遵今制所有而加。于市籴删均输、和买、和籴，选举则删童子科，兵考删车战，皆以今制所无而省。"《清通典》《清通志》的增删情况，也大体如此。

清朝政府为了编纂"三通"，曾经调阅了大量的资料，仅书中载明的，就不下数十百种，以《清通考》为例：田赋、钱币、户口、职役、征榷、市籴、土贡、国用等考，多取材于档册、《会典》和国史馆资料；选举，学校，职官等考，本于《会典》、各部署《则例》和档案；郊社、群祀、宗庙、群庙、王礼、乐等考，取材于《实录》《起居注》、国史、《会典》、档案、通礼、《大清一统志》等书；兵考取自《实录》《起居注》、国史、《会典》《工部则例》；刑考则取自《实录》《圣训》《大清律例》；经籍考取自《起居注》、国史、《四库全书》及各种诗文集；帝系、封建二考多本于《玉牒》等书；象纬取之于《实录》《御制考成》《历象考成》等书及"藏于天府"之"旧法及西法诸器"；物异考则本于《实录》、各省《通志》等，舆地和四裔考，又多取自《一统志》和各种地方志。上述资料，虽然在今天大多都能找到，但均属篇卷繁多，翻寻不易，所以对于一般史学工作者来说，也可把清"三通"作为一种基本史料。

清朝编"三通"，虽然体例详略各有不同，但因取材相同，不少篇目又相近似，所以雷同、抵牾之处，所在不免。尽管如此，它们还是各有所长。王钟翰在《清三通纂修考》一文中说："就其大体而言，自以《通考》较为详尽，故昔人有既读《通考》为蓝本，但采《典》《志》以补足之可也。"① 这段话，对于我们了解并使用清"三通"，是很有参考价值的。

在清"三通"以后，清末刘锦藻又续乾隆五十一年（1786年）以后事为《清朝续文献通考》三百二十卷。虽然它较比前书可称下乘，但也绝不是毫无参考价值。关于《清通考》和《清续通考》，1988年、2000年浙江古籍出版社曾影印出版。

① 王锺翰：《清史杂考》，中华书局，1962年版，第258页。

（六）《清史稿》　是清亡以后，仿照以往各朝代"正史"的体例编写的一部清代历史。它始编于 1914 年，至 1927 年刊印，历时十四年。全书共五百三十六卷，其中本纪十二，二十五卷；志十六，一百四十二卷；表十，五十三卷；列传十五，三百一十六卷。

《清史稿》的史料来源，主要根据《清实录》、清"国史馆纪传表"、《起居注》《会典》《方略》以及一些档案。虽然上述资料和档案目前都不难找到，但是，正如标点本《清史稿》"出版说明"中谈到的："它把大量资料汇集起来，初步作了整理，这就使读者能够得到比较详细系统的有关清代史事的素材，而且有些志和清末人物传并非取材于常见的史料，当另有所本，因此，仍有它的参考价值。"

《清史稿》的最大问题是，全书贯穿着反对民主革命，表扬清朝的封建正统思想。这是因为当时参加编书的，多为清室遗臣。另外，成稿以后，缺乏总阅审定，接着又仓促刊行，因此，体例不一、繁简失当和史实上的错误也颇不少，甚至有一人二传等情况。在有的志中，还掺杂封建迷信的东西。《清史稿》正式刊行后，曾经遭到很多人反对，有人还提出加以禁毁。但是，由于长期以来，史学界一直没有能编写出一部更好的清史来取而代之，而《清史稿》在某些方面也还有可取之处，所以不少人还常常把它作为了解清朝历史的基本书籍而加以使用。1977 年中华书局把它整理标点出版，其原因也在于此。

《清史稿》前后共有五个版本。1928 年史稿印出后，正是国民军向北京推进的时刻，担任校刻的金梁即携其中的一部，随张作霖军至关外。金梁对原稿颇多改窜，并增加张勋等列传及校刻记，这个版本通称"关外本"。"关外本"发行后，引起其他编撰人员的反对。于是他们把原存北京的史稿作了些抽换，并行出版，即称"关内本"。以后，金梁对"关外本"又作了些改动，刊印发行。1942 年，上海联合书店根据金梁第二次改动的本子，稍作修改，影印成精装二厚册出版。上述四种版本，内容上互有出入。近年中华书局出版的标点本《清史稿》，是以金梁第二次改动的本子作为工作底本，对照其他本子作了校刊，改正了原书中的脱、漏、衍、误、倒和异体、古体等字，对人、地、官、部落名称中同音异译的，也作了些统一。因此，在上述五种本子中，中华书局标点本应是目前最好的。

（七）"国史馆列传"和其他纪传体著述　清初即沿袭明代旧制，规定凡修撰《实录》，即"附载诸臣勋绩履历官阶"①。到了乾隆二十五年（1760年），又开国史馆于东华门内，凡京官副都御史以上，外官督抚、提督以上，旗员副都统以上官，以及"京堂科道中或有封章建白，实裨国计民生者"②，都宣付国史馆立传。此外，如"儒林""列女"等，亦各有专传。

"国史馆列传"虽然至今尚无刊本，但是清代的很多大部头传记，差不多都与"国史馆列传"有密切关系。前面谈到的《清史稿》，其列传多本自"国史馆列传"。早前流传甚广的《满汉名臣传》八十卷，记清开国至乾隆朝人物，以及后来罗振玉的东方学会所印《国史列传》，补乾、嘉朝人物，也都"录国史馆稿"。

《国朝耆献类征》七百二十卷　李桓撰，搜集自太祖天命元年（1616年）到道光三十年（1850年）的"满汉臣工士庶"，分宰辅、卿贰、词臣、谏臣、郎署、疆臣、监司、守令、僚佐、将帅、材武、忠义、孝友、儒行、经学、文艺、卓行、隐逸、方伎等十九类，分传前并有"钦定宗室王公功绩表传"十二卷，"钦定外藩蒙古回部王公表传及续修各表传"一百九十二卷，被称为"于国朝人物掌故叹观止矣"③的大书。作者在编辑过程中，曾广搜各家碑传文集及"诸家丛钞"几百种，而编次的顺序也是凡"本人有国史馆本传者，均将史传首列，次及诸家文学"④。

《国朝先正事略》六十卷　平江李元度撰。李，湖南平江人，道光时举人。该书于同治五年（1866年）完稿，分名臣、名儒、经学、文苑、遗逸、循良、孝义七门。人为一传，计五百人，附见者六百零八人。据作者自述，他编该书，曾"偏阅本朝人文集，遇伟人事迹辄手录之，积久成之"。但他也参考了"国史列传"。"各事迹皆采自私家传志、郡邑志乘，间及说部，仍正以国史列传"⑤。1991年，长沙岳麓书社出版了它的校刊本。

---

① 昭梿《啸亭续录》卷一《国史馆》。
② 光绪《大清会典事例》卷一千零四十九《翰林院》，《职掌》，《纂修史书》。
③ 《清朝续文献通考》卷二百六十四《经籍》八。
④ 《国朝耆献类征》卷首《述意》。
⑤ 《国朝先正事略》卷首《自序》。

《清史列传》　1928年由中华书局集辑出版，是一部颇为史学界重视的大书，一般都认为它的史料价值要超过《清史稿》。该书共分八十册，收集了约二千八百九十四人的传记。1987年中华书局委托王锺翰点校并重印了此书。考其来源，除录于清国史馆编写的《大臣列传》外，另有相当部分出自《满汉名臣传》和《国朝耆献类征初编》，而后两书，都与清国史馆所撰列传有着密切的渊源关系。所以，它实际上就是清"国史馆列传"的选编本。

《碑传集》　道光初年嘉兴钱仪吉纂录，是仿照宋杜大珪《名臣碑传琬琰集》和明焦竑《献征录》的体例编辑而成。该书始于天命纪元，讫止嘉庆朝，分宗室、功臣、宰辅、部院大臣、内阁九卿、翰詹、科道、曹司、督抚、河臣、监司、守令、校官、佐贰杂职、武臣、忠节、逸民、理学、经学、文学、孝友、义行、方术、蕃臣、列女等二十五类，凡"王公大夫士庶统一千六百八十余人，列女三百三十余人，采文五百六十余家，都一百六十有四卷"①。其编辑方法，首先是"诸先正碑版状记之文，旁及地志杂传，以其时、以其爵、以其事次第排比"。尤其是有关家传、行状和墓志铭，搜集最为丰富，在某些方面甚至还在《国朝耆献类征》之上，它也是清史工作者所经常提及的一部大书。

钱仪吉以后，江阴缪荃孙编《续碑传集》八十六卷，其"体例一仿钱书"，但也有所创新。以后，闵尔昌又辑《碑传集补》六十卷、汪兆镛辑《碑传集三编》五十卷。1987年，上海古籍出版社将上述四种碑传集子合在一起，影印出版，起名曰《清代碑传全集》，随后上海书店又以《清碑传合集》的名称，装订成五册出版。

在清代纪传体书籍中，还有一些专门性的传记，如：

《文献征存录》十卷，钱林撰，为约四百个学者、文人立传。

《畴人传》四十卷，阮元编撰，其中有很大一部分记录清代有关天文、历法、算学等科技方面的人物，还附录西方来华传教士三十七人，是一部比较有影响的书籍。

---

① 《碑传集·例言》。

（一）方志　清代是方志的全盛时期。据统计，全国现存方志八千五百多种，其中清代约近六千种，十余万卷。

清代的方志，不但数量庞大，而且种类也很多。大体而言：

1. 综合全国地方情况的有《一统志》。清《一统志》从康熙时候起，经雍正、乾隆、嘉庆，曾三次增辑重修，其中以嘉庆二十五年（1820年）成书的五百六十卷本《一统志》，最为完备。

清朝政府纂修《一统志》，主要以各地方编辑的志书为基础。康熙十一年（1672年），清廷曾为此谕令各省"促修"志书。雍正时，又规定各省府州县志，六十年纂修一次。因此，清朝纂修《一统志》，还起着进一步推动全国各地修撰方志的作用。

2. 地区性的方志：省有通志，个别的也称大志、总志，如康熙十年（1671年）蔡毓荣修的《四川总志》，新疆有嘉庆时修《西域总志》。还有，像康熙五十九年（1720年）白潢等修的江西省志，起名叫《西江志》；乾隆二十七年（1762年）修、四十七年（1782年）增修的钦定新疆志书，则称呼为《西域图志》。清代，各省纂修通志都不止一次。通志的卷帙一般都比较大，有的多至二三百卷，为了方便阅览，有的省区又编有志略、辑要、纪要等简省本，如乾隆《贵州志略》、道光《皖省志略》、道光《陕西志辑要》、道光《粤西志辑要》、光绪《全滇纪要》等。

省以下的府、州（包括直隶州和散州）、县、厅，卫等，都各有志，其中以县志的数量最大，约占现存全部方志的百分之七十。各省、府、直隶州编纂志书，往往从县（州）志中撷取资料，它是方志中最基本的部分。

此外，有的道还有道志，是介乎通志和府志之间的志书，像乾隆《湖北下荆南道志》。在西南土司地区，也有编写志书的，如湖南《永顺宣慰司志》、四川《九姓司志》《九姓志略》等等。还有像康熙时王镐纂山西《宁武守御所志书》、道光五年（1825年）李涵元的四川《绥靖屯志》，以及康熙十一年（1672年）修、乾隆七年（1742年）续修的山东《威海卫志》等，都比较少见。

各府州县志，一般通署某某府志或某某州志、县志，但有以该地别称起名的，如《琴川志》（常熟别称）、《云间志》（松江别称）等等。有的地方，因后来行政区划变动而基本情况相同，所以有两个县或几个地方合编的方志。在甘肃等省，还有分县志，像《陇西分县武阳志》《拉打池县丞志》等。分县附于大县，由县丞摄理政务，所以也称县丞志。

与通志一样，清代的府州县志也一再重修，最多的是《常熟县志》，连《常（熟）昭（文）合志》，共有十几种本子。《台湾府志》从康熙三十五年（1696年）修志，到清末，修了七八次。在一般情况下，后修的本子往往包括了前面的某些内容，当然详略有所不同，但也有的只续后来的内容。

乡村镇志主要出现于明代中期，清乾隆以后，编写的人就更多了。乡村镇志包括乡志、村志、镇志、场志、坊志、里志、岛屿志等等，以江、浙两省数量最多。编辑乡村镇志的，都为当地的士绅和乡村秀才等知识分子，有的还是他们本身的所见所闻，所以在内容上也常常更显真切。

乡土志清末才较多出现，一般都比较简要，通常仅数万言，分历史、人类、地理三大目，"历史首建置，终耆旧；人类首氏族，附户口、实业、宗教；地理旨疆域，终物产，附以商务"①。由于乡土志的内容多为采访实录，因此可补官修志书的不足。

3. 专志：指山、水、禅林、寺庙、书院等志，这在清代也很不少，差不多著名的山水寺庙，都有人修志。不少书院也修志书，甚至像著名的名胜地区修专志，比如苏州的《沧浪亭志》、洛阳《龙门志》、绍兴《兰亭志》，以及陕西《马嵬志》等。

在清代的专志中，还有一些关津也修志，如《浒关志》《浒墅关志》《北新关志》，在云南还有盐井志，像《黑盐井志》《琅盐井志》《白盐井志》，在江苏有《淮南十场志》。

和明代一样，清代的方志也大多属于官修。全国性的《一统志》由朝廷敕修；《通志》《总志》由省开局，总督、巡抚领衔监修；府、州、县志各归所在官府纂修。私人修志的风气也很盛行。除乡村志和专志多

第十章 清史史料

---

① 上官兼等：光绪《邵阳乡土志》卷首《例言》。

为私家撰纂，也有独身负担县、州、府以至省志编撰的，师范修《滇系》，不但卷帙大，而且事迹精核，可与《云南通志》相媲美。

清代的地方志，在体例和内容上也有所改进、创新。顺治间，巡抚贾汉复主修河南、陕西两通志，分成三十门，有相当影响。乾隆以后，人们更注意编纂方法。嘉庆初，谢启昆编《广西通志》，他比较了历代志书的长短得失，舍芜取精，手撰叙例二十三则，颇具特色，为当时修志者所推崇。孙星衍、洪亮吉以及李兆洛等人，也在修志上有所创新。对方志研究最深、成就最大的是章学诚。在编纂体例上，他提出"仿纪传正史之体而作志，仿律令典例之体而作掌故，仿文选、文苑之体而作文征，三书相辅而行，阙一不可，合而为一，尤不可也"①。章氏又写《修志十议》，被认为是编志的典范。

清代方志包括的内容，从子目分类而言，一般有：星野、建置、舆地、风俗、物产、赋役、户口、学校、选举、职官、人物，兵事、灾异、艺文、经籍、杂志等。每一大类下，往往还有若干小目，如风俗志下分节序、岁时、氏族、婚丧祭礼、士农工商等四民生产、生活情况，以及方言等；物产志分谷、蔬、瓜、果、草、药、货、鳞毛、矿石等；人物类下分名宦、乡贤、流寓、技艺、忠义、列女等，不但包括的面相当广泛，而且有不少记载是我们在正史中所无法见到的。由于地方志多根据当地档案、访册、谱牒、传志、碑碣、笔记、信札等资料编写，所以内容也是很丰富的，又加上"以一乡之人修一乡之书，其见闻较确而论说亦较详也"②，真实性也更大些。

朱士嘉把我国地方志的特征归结为区域性、连续性、广泛性和可靠性四点③。这四点特征实际上包含了对地方志史料价值的评价。由于清代从全国到州县，几乎各地无不修志，这就为我们了解每个地区的情况，提供了最好的条件。而清代各地志书的不断重修续纂，又保证了历史的连续性。至于广泛性和可靠性，我们在前面已经简单做过些介绍。当时，曾有不少名家参与修志，他们多以资料丰富，史实可靠、可信作为修志的第一条件。洪亮吉主张引证平实，网罗事实完备。他编《泾县志》《淳

① 章学诚：《章氏遗书》卷十四《方志立三书议》。
② 同治《鄞县志·张恕序》。
③ 朱士嘉：《中国地方志浅谈》，《文献》第一期，1979年12月。

化县志》《长武县志》等，都遵循这样的方针。章学诚则进一步提出，充分利用方志"地近而易核，时近则迹真"的有利条件，广泛搜集资料，"博观约取"，他强调"校核不厌精详"，"取舍贵辨真伪"①，他的代表作如《和州志》《永清县志》和《亳州志》，都是按此原则编写的。其他一些著名的志书，也以史料丰富可信见长见胜。

由于清代方志的资料异常丰富，所以很多史学工作者研究清史专题，差不多都要利用方志。自20世纪50年代起就在史学界引起热烈讨论的，关于我国封建社会中资本主义萌芽的问题，不少重要资料，是从方志中取得的。又如研究清代的租佃关系和抗租抗粮斗争，方志中所记载的，也远比《实录》和其他史籍广泛、详尽。烟草、玉米、番薯、花生等农作物，是明代从美洲传入我国的，清代大大地推广发展了，有关这方面的资料，也可以从方志的"物产志"得到线索。1989年中华书局出版的由郭松义、邓自欣编辑《有关玉米、番薯在我国传播的资料》就征用方志九百五十种，计近二千条的相关资料。

为了满足人们的需要，除嘉庆《重修一统志》于2008年由上海古籍出版社影印出版外，台北成文出版社在1966年至1985年间，曾影印出版了《中国方志丛书》，收录全国各省区方志二千零三十五种，另如台北华文书局和台北学生书局，也各出有《中国省志汇编》和《新修方志丛刊》。《中国地方志集成》则是规模更大的一项系统工程，其中的乡镇村里志单独成辑，余下均按今行政区划，以省和直辖市为单位，陆续编辑出版。再如《日本藏中国罕见地方志丛刊》（包括续刊共五十四册）和《清代孤本方志选》《故宫珍本丛刊》的出版，亦值得称道。《著名图书馆藏稀见方志丛刊》系国家"十一五"规划重点出版项目，已出版的包括上海、南京、广东中山、浙江、北京、陕西、辽宁、湖南、中科院等各大图书馆和北大、北师大、复旦、人大、华东师大等大学图书馆收藏的珍稀方志一千一百四十七种，一千二百零九册，也数量庞大。此外，有关部门还根据地方志，编了不少专门性的资料，如《中国地震史料年表》《方志物产》《中国古代天文资料》《五百年来我国旱水涝史料》《上海地方志物产资料汇编》《中国地方志民俗资料汇编》，以及包括道教、

① 《章氏遗书》卷十五《修志十议》。

佛教、人物传记、灾异、金石、经籍志等内容的《地方志专题资料丛刊》，等等。这些资料汇编，不但有助于专门史的研究，而且对于今天从事的各项建设事业，亦有参考借鉴意义。

（二）诗文别集 在清代，从一般的文人学士到朝廷显宦，甚至连皇帝，都喜欢把本人的文章搜集起来，编印刊刻，以显示其学问。因此，我们看到的清人诗文集，数量十分庞大，2001年，北京古籍出版社推出柯愈春编纂《清人诗文集总目提要》，内收录清代作家达四万人。据有人估计，有著目可查的清代诗文集总数可能会有八万种，现今存在的至少可逾二万家、四万种，经常被人提到或使用的，亦不下两三千种。

由于文集多为个人之作，而个人的经历又包括很多方面，反映在文集内容上也很庞杂。统而言之，大概有表文、奏疏、告示、序跋、赞颂、辞文、论说、碑传、志状、考辨、书札、诗赋、杂记等等。当然，根据作者不同的经历和学识，各人文集的内容也有所侧重。

纵观清人的文集，也有颇能嗅到时代的气息。比如我们从清朝初年明末遗民的集子中，可以察觉到他们愤世不羁或逃避世俗又紧连时事的气概。他们中除著名的清初三大儒顾炎武、黄宗羲、王夫子的作品外，还有像孙奇逢的《夏峰集》、傅山的《霜红龛集》、屈大均《翁山集》、陈恭尹的《独漉堂稿》等，应是其中的代表。被叫作江左三大家的钱谦益、吴伟业、龚鼎孳，都曾一度降清后却极度悔忏，并显露于诗文之中，像吴伟业诗词中"所咏时事，或见小报，或归客所述，以瘾语括之，熟悉清初事者，一见即知"；其"纪事之文，心存畏忌，不敢表章沧桑间事，然所述者，皆身经目击，较传闻失实者固有间矣"①。而钱谦益所作《投笔集》，陈寅恪更誉之为"诗中颇多军国之关键，为其所身预者，《投笔》一实为明清之诗史，乃三百年未有之绝大著作也"。另外，也有一些文人学士，鉴于明末迂儒空谈误国，转而致力于像纬律历、农田水利以及刑政、河漕、盐屯等经世实用之学。张履祥的《杨园先生全集》、陆世仪《桴亭先生文集》、宁都三魏的文集（魏际端《魏伯子文集》、魏禧《魏叔子文集》、魏礼《魏季子文集》），以及稍晚的王锡阐、梅文鼎等集子，都是例子。康熙时，统治者大力提倡朱子理学作为思想统治的工

---

① 邓之诚：《清诗纪事初编》，中华书局，1965年，第394页。

具，于是在一些宰辅大吏中，就有以阐发理学迎合统治者意图的作品。魏象枢的《塞松堂集》、汤斌的《潜庵先生遗稿》、李光地《榕村全集》、张伯行《正谊堂文集》等，就充满着此等货色。雍、乾两代，禁书之风和文字之狱迭兴，思想统治更趋严密，知识分子为了逃避文网而沉溺于"铨释故训，究索名物"① 之中。其时，凡著名的学者，往往就是著名的经师。在他们的文集中，诂经、证史、议礼、明制、考文、审音、铨释名物等，都是其中的重要内容。到了嘉、道以后，随着社会矛盾的不断显露、激化，社会危机日深，很多知识分子的思想也发生变化，注重现实、要求变革的空气又开始浓厚起来。龚自珍的《定盦文集》和魏源的《古微堂集》中的很多文章，反映了当时变化的潮流。

当然，在清人的文集中，故弄风雅、滥竽充数的货色也颇不少。但是其中确实也有很多重要的历史资料。比如文集中的很多奏议，往往为正史等史籍所不载，有的即使在《实录》等书中有所披露，也已大加删节。碑志传状，虽然多数是受人请托的作品，免不了有粉饰溢美之词，但是确有一些资料丰富、考订严实的作品。比如清初著名学者黄宗羲，一生注重治史，留心当代文献及乡邦掌故，他的《南雷文定》中，有很多碑、志、传、状，记录了不少有关南明抗清及隐世人物的事迹，不但当时人称"信史"，而且很多记述，因触及清廷忌讳，为清朝正史所缺载。全祖望是清代浙东史学派的重要人物，他的《鲒埼亭集》中的碑表志传，一篇篇都是很有分量的作品。邵廷宷的《思复堂文集》，大半为人物传记，其中包括许多专传，如《明遗民所知传》《王门弟子传》《刘门弟子传》《姚江书院传》等，均颇具特色。

序、跋、说、记，一般都是谈书籍事物，但有内容的资料也很不少。陈玉璂《学文堂文集》有《农具记》《宁古台方言纪》等，为其他文集所未见。李文藻《南涧文集》有《琉璃厂书肆记》，对于我们了解清代乾隆年间北京的文化情况，很有意义。纪昀《纪文达公遗集》中的《马氏重修家乘序》《河间孔氏族谱序》《汾阳曹氏族谱序》等，记录了谱学的源流和发展的历史。杭世骏《道古堂文集》中的《施愚山先生年谱》，谈修年谱的体例，都很有参考价值。

---

① 梁启超：《清代学术概论》，中华书局，1954 年，第 18 页。

诗赋词曲中无聊的应酬唱和固然不少，然而也不乏反映社会现实的作品，作者通过咏物记事，写下了珍贵的史实。吴梅村的《圆圆曲》，一直为史学家们所重视。清人张应昌编《清诗铎》，从清人九百余种文集中，选录了二千多首，分政术、财赋、农政、田家、税敛、科派、灾荒等一百多类，几乎全部都是政治诗。后来，邓之诚又根据六百种文集，编《清诗纪事初编》，也与社会的现实紧紧相连。

在清人文集中，还有一些内容，如张玉书《张文贞公集》，有《纪顺治间户口数目》《纪顺治间钱粮数目》，其数字直接抄录于档册，可以与《实录》互作订正。姜宸英《西溟文抄》中的《张使君提调陕西乡试闱政记》，叙述清代科举败坏，困辱人才的情况，生动真切。陈仪《陈学士文集》中收录了不少有关他家乡直隶水利的论述，既有其亲身体验，也有他的具体规划设想，很有见地。韩梦周《理堂文集》中，有劝民依山种桑养蚕、挑塘、筑堤、种树，及劝谕业佃瘠田加粪等文字，反映了他就官安徽来安知县时的"政绩"。法坤宏《学古编》的《胶州通记》，是谈他家乡山东胶州的地理沿革、人事变迁，分析透彻，叙事详尽。李调元《童山文集》中《与严署州论蜀啯噜三书》，对于我们了解四川民间秘密组织啯噜的组织和发展情况，十分难得。

清人的诗文别集，除原有的各版本外，清乾隆时修《四库全书》，以及后来与《四库全书》有关的丛书如《四库全书存目丛书》（1997年齐鲁书社出版）、《四库禁毁书丛刊》《四库未收书辑刊》（以上两书均1997年由北京出版社出版）、《续修四库全书》（2002年上海古籍出版社出版），均收有为数不等的清人诗文集，如"存目丛书"有百余种，"续修"有六百余种，另如1935—1937年由商务印书馆铅印出版的《丛书集成》也有清人各种诗文别集百三十余种。近几十年来，中华书局和上海古籍出版社等各出版单位，在发掘整理、校勘标点清人别集上做了许多有益的工作，像上海古籍出版社的百种"中国古典文学丛书"，就选刊了清人集子三十三种。2004年，在国家清史编纂委员会倡导支持下，由中国人民大学和北京大学主持编纂，历经数年，于2010年由上海古籍出版社陆续出版的八百零一册《清代诗文集汇编》，可称迄今为止内容最丰富，涵盖面最广的清代诗文汇集工程。该汇编共涉及作者三千四百余人，其时代上起明末，下迄清末民国，身份有帝王、八旗宗室、大小官员，乃至工商匠人、文人学者乃至僧道、革命党人，也有女性，计收诗文别集四千零五十八种，多数为当时刻本，也有抄本和稿本。每部集子前均附以作者小传，列举作者姓氏字号、年代籍贯、生卒年、籍贯（旗色）、科举功名、事迹履历、学术活动等，以便为读者查阅提供方便。

在我国文人中，一向有选文选的传统，如把历代或一朝中好诗文、好奏章选录下来，集辑成书。就从事史学者而言，最关注的还是那些有关于时政的经世文论集辑，其中值得一提的有：

《切问斋文钞》三十卷　编者陆耀，乾隆十七年（1752年）举人，由内阁中书官至湖南巡抚。他从清人文集有关议论时政得失、礼俗盛衰、民生疾苦等著述中选编了这本文钞，分学术、风俗、教家、服官、选举、财赋、荒政、保甲、兵制、刑法、时宪、河防十二门。由于这部书出现于乾嘉考据之风盛行的时候，而编选原则是要"立言贵乎有用"，尊古亦颇重今，以及"一事两说并存，欲使穷理"①，是十分难能可贵的。它不但对于当时的知识分子影响很大，而且因为书中不少资料反映社会的现实，也为今天研究社会经济史者经常翻阅引用的。

《皇朝经世文编》　是贺长龄主持，由幕友魏源编辑的。贺是嘉庆十三年（1808年）进士，由庶吉士官至云贵总督。编辑该书是在道光初年他任江苏布政使的时候。与《切问斋文钞》一样，该书也是选录各家奏议、文集中"存乎实用"②的篇章，分类汇辑而成，但是在内容上却远远超过《切问斋文钞》，收辑"硕公庞儒，俊士畸民"的著述达七百余家③，收录时间从清入关到嘉庆末道光初。全书分学术、治体、吏政、户政、礼政、兵政、刑政、工政八类。每类下又有子目，如吏政下分吏论、铨选、官制、考察、大吏、守令、吏胥、幕友八目；户政下分理财、养民、赋役、屯垦、八旗生计、农政、仓储、荒政、漕运、盐课、榷酤、钱币十二目；兵政分兵制、屯饷、马政、保甲、兵法、地利、塞防、山防、海防、蛮防、苗防、剿匪十二目。全书共六十五目，一百二十卷，二千二百三十六篇。正文前还有"姓名总目"三篇，简单介绍被选录各家的简历及其著作。无文集而选自其他书籍的，也开列说明，这对于读

---

① 《切问斋文钞·例言》。
② 《皇朝经世文编·文编五例》。
③ 《皇朝经世文编·叙》。

者是很方便的。该书刊行后，影响很大，前后有不少人翻印刊刻，版本最佳者当推光绪十二年（1886年）的思补楼重校本。1963年，台湾国风出版社曾影印出版了此书，1992年北京中华书局又根据思补楼重校本再加影印发行。

由于《经世文编》选录的标准是"经世致用"，因此对于我们了解当时的社会政治情况，很有用处。特别是清人的文集，多而且散，要普遍翻阅很不容易，该书把其中的一部分分类收辑起来，便于查阅。

《皇朝经世文编补》一百二十九卷　继贺氏的《皇朝经世文编》刊刻以后，道光二十九年（1849年）陕西安康人张鹏飞辑。该书除全录贺书外，又针对贺书"详东南、略西北"等缺点，作了补选或续选，其中增补较多的是学术、治体和礼政三门，并加附增补部分的"姓名总目"。此外，还有不少续编本，但无论就其内容或影响，都远逊于贺书。2013年，学苑出版社将其先后所辑的经文编共二十二种集成一起，名《清经世文全编》出版，从而方便了读者的查阅使用。

（三）族谱　俗称家谱，也有叫作宗谱、世谱、支谱、房谱、世牒和家乘的。修谱制度在我国由来已久，尤其自魏晋以后，谱牒之学大盛，一些士族门宦，都以此互为夸耀。郑樵《通志·氏族略》中说："自隋、唐而上，官有簿状，家有谱系。官之选举必由于簿状，家之婚姻必由于谱系……所以人尚谱系之学，家藏谱系之书"。但是，明以前的谱牒早已亡佚殆尽，明代的也所存寥寥，现在能够见到的，多为清代的族谱。

现存的清代族谱，数量十分庞大。清代的族谱，一沿宋明以来惯例，均以姓为单位，就地、就房、就支进行登录，属于私家之谱。修谱的目的为了本祖德、亲同姓、训子孙、睦故旧。按照宗法制的原则选出族长、房长，负责约束族人，并修建祠堂，一些有经济实力的家族还拥有族产，设立义庄、义学和作祀祭之用。为了维护和延续族权统治，很多家族规定每隔一定时间，如十年、二十年、三十年就要续修一次，还有小修和大修之分。这样，清代的族谱不仅有其地区广的特点，而且在时间上有它的延续性。

收藏于中国第一历史档案馆的大批《玉牒》和《星源集庆》，就是清朝皇帝爱新觉罗氏的宗谱。《玉牒》记载自所谓显祖皇帝塔克世以下各子孙的名谱，内容有婚嫁、生育、继嗣、封爵、授职、升迁、降革及死亡。

大体以帝系为统，长幼为序，男女各按宗支、房次等进行排列。《玉牒》规定每十年修造一次。《钦定八旗满洲氏族通谱》八十卷，乾隆九年（1744 年）敕撰。该书在每一姓氏下，总书地名，地名下又叙述得姓的由来以及支分派别。另外，在人名下，"撮其官阶事实为传"。其余像蒙古、高丽、尼堪等"久隶八旗者，亦并录焉"①。

在私家族谱中，目前收存最多的是孔姓族谱，仅山东省曲阜文管会收藏的就达三百零八种（内"先贤"宗谱二十一部）。其他像江南的著姓大族，也大多卷帙浩繁，并不断加以续修、补修。

清代的族谱，在格式上大体沿袭于宋代。每一部族谱，差不多都由谱系、朝廷恩荣、祠宇、家墓、传志、艺文等几个方面组成。谱系是族谱最主要的部分，里面包括族姓源流、世系谱表、移住始末等等。即所谓"既详其世系，别其支派，尤必稽受姓之由，发祥之区，自以为本本而原原"②。朝廷恩荣，对凡科举中试，受命制诰，或"忠义"耆老，以及节妇烈女等人物，一一加以载录。祠宇志中记载祠堂及其与之有关的族规，家训、族产、义庄、义田等。家墓则指明该族祖先坟茔所在，有的往往绘有坟茔图。传志和艺文收录族人的行状、墓志铭、传赞及其有关诗文等著述。

清代学者章学诚十分重视族谱的史学价值。他说："年谱，一人之书也；族谱，一家之史也；方志，一州之书也；地理，天下之书也。四部之书治，而天下记载各有统率矣。"③ 又说："夫家有谱，州县有志，国有史，其义一也。然家谱有征，则县志取焉，县志有征，则国史取焉。"④把族谱作为修方志、国史的资料。当时一些著名的史学家如黄宗羲、万斯大、全祖望、纪昀、洪亮吉等，都对族谱有较深的研究。所谓"谱与史之表里为用"⑤，"家谱者，史之别也"⑥，均显示了它的重要性。

族谱的史料价值是不容忽视的。由于谱系"一依行辈、时代为

---

① 《清朝文献通考》卷二百二十四《经籍》十四。
② 陈鹏年：《道荣堂文集》卷之四《殷氏族谱序》。
③ 《章氏遗书》外编卷十七《和州志》。
④ 《章氏遗书》卷十四《为张吉甫司马撰大名县志序》。
⑤ 陶澍：《陶文毅公全集》卷三十八《柳林黄氏族谱序》。
⑥ 李绂：《穆堂初稿》卷三十二《湖山许氏族谱序》。

序"①，并注明其生卒，这对我们研究当时的人口消长，以及其他有关人口统计学中的一些问题，都是非常宝贵的。族规家训虽然多大同小异，但是它却最具体地体现了中国封建社会晚期的宗法性家族统治。族产、义庄、义田是从宋代发展起来的，到了清代更加普遍。通过族产、义庄、义田的管理规则、办法，可以了解到内部的协济关系，以及透过宗族周济等这层温情脉脉的纱幕，窥见贫富间不平等的一面。在有的族谱中，通过族产、祠祭等内容，还能得知该地区或一定时期内田价、地租、赋役，以及物品价格的情况，对于经济史的研究也有参考价值。族谱中传志、艺文，也有不详于其他记载的。其中有的资料，因出自作者的亲身见闻，更显得真切生动。

当然，族谱的资料也存在着不少问题。章学诚说："家谱之类人自为书，家自为说，其难言者多矣。"② 其中最明显的是为亲者讳。所谓"私门牒谱，往往附会名贤，侈陈德业，其失则诬"③。另外，在记叙世系上，"避寒素而攀华胄"④，抬高自身的声价，也是经常可见的。

有关族谱的史料价值，已经越来越引起史学界的重视。但是因为族谱的数量十分庞大，除全国各图书馆各有收藏，更多的还散落在民间，据梁洪生《江西公藏谱牒目录提要》（2002 年江西教育出版社出版）中谈到，该省各级公藏机构共藏族谱七百二十七种，可他亲见的散存于民间的私藏族谱就有一万二千多种，并由此估测全省应有旧谱约在四万种左右。梁所列举的情况，笔者在江、浙、辽宁等省也听说过，见到过。1997 年中华书局出版的《中国家谱综合目录》收录了上海图书馆以外的全国各大图书馆馆藏谱牒一万四千七百余种，2008 年上海古籍出版社出版的《中国家谱总目》共收了六百四十三个姓氏的三万六千余种馆藏家谱。照此，全国私藏谱牒至少应超过十万种，如此庞大的私藏谱牒散落于民间，对整理保管都带来很大的难题，更谈不上有统一的目录了。另外，在族谱的发掘、征集工作中，也存在着各种困难。按照过去的惯例，凡族谱只颁给族人，外人不得私窥，更不许鬻卖市场，否则就要受到家

① 《章氏遗书》卷十三《高邮沈氏家谱叙例》。
② 《章氏遗书》卷十三，《与冯秋山论修谱书》。
③ 《章氏遗书》外编卷七，《永清县志》二《士族表》第三。
④ 李兆洛：《养一斋文集》卷五《杨舍郭氏宗谱序》。

规的重处。即使到了现在，习惯势力还依然存在。所以，今天我们了解族谱的资料价值，除了要充分利用它为史学研究服务以外，并要十分珍惜并保护这些资料，使之不再大量散落毁弃。

（四）年谱 以被谱的人物为主，将其出身、籍贯、学业、生平事迹和交游情况，按年月排比的一种传记。有的年谱为了使人明了其时代背景，还往往将与谱主有关的政治大事同时列出。通过年谱，不但可以知道谱主的一生作为，而且对我们考察当时的政治形势，以及经济、文化情况，也有重要的帮助。拿年谱与一般传志、行状相比较，年谱的载述更加细致，内容也更加丰富。

年谱作为专门的一种传记体裁，开始于宋代。到了清代，编撰年谱非常普遍。据有人粗略统计，清人年谱（不包括后人编撰的清人年谱），约占现存年谱的一半左右，而康、雍、乾三朝又占其中的多数，而且谱主的范围也比过去广泛得多了，即不只限于官僚文人，而且还包括没有科举功名的商贾、艺技以及释道人等，还有为妇女作年谱的。

年谱有的单独成册，有的则附于谱主的诗文集或奏议之后，也有载入家谱的。在清代，刊刻丛书的风气很盛，因此，有的年谱也为丛书所收录，而且往往一种丛书同时有好多种年谱。如《嘉业堂丛书》中有查继佐、阎尔梅、顾炎武、查慎行、厉鹗、李兆洛、瞿中溶、徐同柏、张金吾等人年谱。

清人年谱，从编著者考察，多数是其家属或门人、友好。由谱主生前自订，或自订为主，最后由子孙或门人续成的也不少。以上两类年谱，因为记述都是亲身经历，或者与谱主关系密切、有过共同生活，直接受其教诲，所以，不少资料是他人难以取得的。比如通过《查东山（继佐）年谱》和《查他山（慎行）先生年谱》，知道查氏与浙江湖州庄廷鑨的许多关系，这对我们了解康熙初年清廷所发动的"庄氏史狱案"大有裨益。又如通过《李文襄公（之芳）年谱》，得到有关平定三藩叛乱的很多难得的史料；在《陈恪勤公（鹏年）年谱》中，有关于治河、三藩等记载；《襄勤伯鄂文端公（尔泰）年谱》记有西南改土归流等事；《德壮果公（楞泰）年谱》《杨忠武公（遇春）年谱》，记录了不少清朝统治者镇压川楚陕等省农民起义的经历；《仁庵（魏成宪）自记年谱》记有道光初年山西摊丁入地和田赋等事，这差不多都是他的亲身经历。此外，在

《敬亭（沈起元）自订年谱》和汪祖辉的《病榻梦痕录》中，保留了不少乾、嘉时期米价、田价、银钱比例等数字，这也是他们实际的见闻。还有像李塨自撰的《恕谷先生年谱》，谈到他治学的心得，没有亲身体会就无法叙述。段玉裁撰《戴东原先生年谱》，戴、段二人都是乾嘉学派中的著名学者，而段又是戴的得意门生，所以写戴的学问时，也深切细致。这两类年谱的缺点是免不了有自我粉饰，或羼杂虚美阿谀之词。

还有一类年谱是后人补撰的年谱。这些年谱，多为作者的研究之作，因此考订用心。如张穆的《顾亭林年谱》，除按年记录顾氏活动以外，还注意当时的政治大事，顾所交往的朋友之间的活动，以及顾的诗文目录等等，是一部很有分量的作品。这一类年谱，因为作者与谱主相隔的时代较远，双方都没有更多的利害关系，所以在评述中也比较客观，缺点是不像前二类年谱见闻真切、资料直接。

清人年谱，一般都记录谱主的一生活动，少数也有比较特别的。如徐嘉编《顾亭林先生诗谱》，袁守定自编《袁易斋作诗年谱》，只就其诗文而编著年谱。麟庆《鸿雪因缘图记》在文字叙述外又配以图画；窦克勤编《寻乐堂日录》是自叙年谱，并兼记日月，也不多见。有的人同时有好几种年谱，往往因有所补充而作，可以互见长短。

近几十年来，全国各出版社出版重印了不少年谱，有的还以丛书、丛刊和集成的形式汇编出版，从而增加了使用的方便，像中华书局出版的"年谱丛刊"就收有清人年谱十余种，规模最大的是 1999 年北京图书馆出版社影印出版的《北京图书馆藏珍本年谱丛刊》，计收历代人物年谱（包括年表、年略、述略、编年、年状、年纪、行实录、观生记、梦痕录、知非录、言旧录、鸿爪录以及诗谱、读书谱等）一千二百一十二种，谱主一千零一十八人（民国时期人物不在其内），在这千余种年谱中，清人年谱约八百种，占其中的三分之二。

（五）日记 比年谱记录更详细的还有日记。日记大都依照年月日的次序，把处理日常政务、学习心得、生活感受以及社会见闻，随时记录下来。与年谱不同的是，日记都是作者的亲手笔录。

清代日记的数量不少，多数都是记作者生活中的某一个片断，全面记录一生活动的，尚不多见。由于日记的作者包括了各个时代、各种人物，而记载的内容又各色各样，这就使得日记的内容也丰富多彩。比如，从夏之璜的《出塞日记》中，我们不但可以了解乾隆初年从北京到乌里雅苏台各台站的设置情况，而且还记录了一些边官的日常生活。郁永河《采硫日记》记他受命在台湾开采硫磺矿的经历，并谈了不少有关采矿的知识。李钧《转漕日记》记道光十六年（1836 年）九月至次年六月，他以署河南粮盐道转运该省漕粮事，其中还论述了他对盐漕政务的意见。王定柱《鸿泥日录》是他在嘉庆六年（1801 年）由直隶真定府到云南就官的舟车日记。他对沿途的山川景物、民情、物产，都留心记录。由于当时正是白莲教大起义接近尾声的时期，而他所经过的豫鄂等省的不少州县，又多是当时的战场，所以日记中还记录了不少战后劫余的景状，有利于我们了解当年战争的激烈情况，以及清军的烧杀抢掠。

1982 年，上海人民出版社推出《清代日记汇抄》，收录有关上海史事的日记二十八种，其中以曾羽王《乙酉笔记》和姚廷遴《历年记》影响最大。

（六）笔记　又称杂记、笔录、见闻录等。由于它体裁简洁，形式随便，只要有所见有所得，都可随时笔录笺记，所以，一些士大夫往往把它作为寄托感情或显示学问的方式。在清代，不少著名的学者，如顾炎武、纪昀、袁枚、钱大昕等，都留下了这方面的著述。

清代的笔记，无论就其数量或者内容，都较前代有很大的发展。类似魏晋志怪传奇体的有蒲松龄的《聊斋志异》、纪昀的《阅微草堂笔记》、袁枚的《新齐谐》（亦名《子不语》等），以及沈起凤的《谐铎》等。记载历史掌故、民情风俗、人物轶闻的有钮琇《觚剩》、王士祯《池北偶谈》、姚元之《竹叶亭杂记》、昭梿《啸亭杂录》等。以考据辨证见胜见长的有顾炎武的《日知录》、赵翼《陔余丛考》、俞正燮《癸巳类稿》《癸巳存稿》，以及钱大昕《十驾斋养新录》等。

从史料学的角度看，属于志怪传奇一类的笔记，因为体裁更接近于小说，研究历史的人一般都不直接引用。但由于清代的文化专制主义统治，有的人虽然对现实不满，却不敢大言直书，而通过谈鬼说怪，曲折地进行反映。了解到这一点，再去看有些故事，也还是很有意思的。如《聊斋志异》卷四，有《公孙九娘》一则，这是对正史中有意讳忌的，顺治年间清朝政府血腥镇压山东于七领导的反清农民起义所作的无情揭露。又如《促织》一节，写的是明宣德间事，实际上也是暗指清初官吏横暴，百姓冤苦难伸的痛苦情况。纪昀的《阅微草堂笔记》，虽然充满着宣扬封建伦理的说教，但也有不少是触及当时官场腐朽和社会人情世故的。笔记还对北京、乌鲁木齐等地的地方景物、民情风俗、社会弊端，作了不少描摹揭发。

考据辨证类的笔记，大多偏重于对前朝经史名物的训诂和校注，但也有一些涉及清代史事的考订文章，如俞正燮《癸巳类稿》中的《驻札大臣原始》《台湾府属渡口考》《俄罗斯佐领考》《俄罗斯事辑》《总河近时考》《地丁原始》《除乐户丐户籍及女乐考》等，都很扎实。李慈铭在《越缦堂日记》中称之："亦他日国史所必需也。"

最为史学工作者重视的，当然还是记载掌故、民情风俗和人物轶闻方面的笔记。

《广阳日记》　刘献廷撰，收集了不少有关明清之际的时事、掌故，其中记建义候林兴珠以盾牌兵大破盘踞雅克萨的沙俄侵略军，记清军与吴三桂在长沙的攻防战，记孔四贞婿孙延龄事，记王辅臣与康熙帝的关系，记康熙二十七年（1688 年）湖广夏包子兵变事，等等，都是很难得的史料。

《池北偶谈》　王士禛撰，是康熙年间的作品。全书二十六卷，分"谈故""谈献""说艺""谈异"四大类，其中"谈故""谈献"，着重谈清朝的典章制度、科举和"名臣"言行。钮琇也是康熙时人，他一生做官，到过很多地方，有不少见闻。他的《觚剩》正编八卷，按地区分为"吴觚""燕觚""豫觚""秦觚""粤觚"五目。另外又有续编四卷，则以事记，有"言觚""人觚""事觚""物觚"四目。书中有不少关于明清和顺、康之际的史料。如"吴觚"中的《虎林军营倡和》和《力田遗诗》二则，就是谈康熙二年（1663 年），因庄氏《明史》案牵连而被捕杀的潘力田等事，《河东君》记明末江南名妓柳如是事，"燕觚"中的《圆圆》则叙吴三桂与陈圆圆事迹，《三别号》言昆山徐氏（乾学、元文、秉义）三兄弟逸事，"秦觚"中《两大文章》则记清初学者李因笃，《蒋山佣》记顾炎武，《秦将杜客》记康熙名将张勇。"粤觚"中更有不少关于三藩，特别是建藩广州的平南王尚可喜、尚之信事。类似上述记载，均颇具特色。

《履园丛话》　钱泳撰，是一部收录内容很广的笔记。《旧闻》目中有《田价》《米价》《银价》三条目。记前明至嘉庆年间田价、米价的涨落变化，及银钱兑换比例。在《景贤》《耆旧》《科第》目中，保留了不少人物传记，其中有的传记为他处所少见。《古迹》《陵墓》《园林》各目，多为作者亲身经历的记录，可供文物考古工作者参考。

其他像王士禛的《香祖笔记》、俞蛟《梦厂杂记》、阮葵生《茶余客话》、梁章钜《归田琐记》、梁绍壬《两般秋雨盦随笔》，等等，其内容也大致与上述相类似。

《啸亭杂录》 作者礼亲王昭梿是努尔哈赤第二子代善的后代。因为门第和生活的经历，昭梿对清代的典章制变和上层官场的遗闻逸事，知道很多。又因为他后来在政治上失意，一度遭到圈禁，并夺去王爵，心境抑郁不满，在书中也留下了痕迹，并促使他去揭露一些清朝政府腐朽贪婪的内幕，这些都对我们有参考价值。如《巴延三》《岳威信始末》《兵部失印事》等。还有像卷六《癸酉之变》，记林清起义军进攻北京皇宫，乃是他亲身参加镇压活动的经历。卷二《图文襄用兵》，记康熙时，图海领兵征讨察哈尔部布鲁尼叛乱事，其中有的内容为他书所不见。李慈铭在《越缦堂读书记》中说："阅《啸亭杂录》，所载国朝掌故极详……考国故者，莫详于是书。"

还有像姚元之的《竹叶亭杂记》、徐锡麟的《熙朝新语》、陈康祺的《郎潜纪闻》、陈其元《庸闲斋笔记》、薛福成《庸盦笔记》等，对清代的掌故制度，遗闻逸事也有较多的记述。比如薛福成的《庸盦笔记》，虽然时间稍晚，但正如作者在前言中所说："史料一类，涉笔谨严，悉本公是公非，不敢稍参私见，即轶闻，述异两类，无不考订确实"，是花费了相当工夫的。

此外，有关记载风土地理的笔记，清代也颇不少。如吴长元的《宸垣识略》、潘荣陛《帝京岁时纪胜》、戴璐《藤阳杂记》、杨静亭《都门杂记》等，是专门记述北京的。甘熙《白下琐言》、陈作霖《凤麓小志》说的是南京。张焘《津门杂记》谈天津。雍正时厉鹗《东城杂记》和稍后范祖述《杭俗遗风》，谈的是杭州。乾隆间李斗《扬州画舫录》谈扬州。康熙时汪森《粤西从载》谈广西，田雯《黔记》谈贵州，周亮工《闽小记》谈福建，顾铁卿《清嘉录》谈苏州。黄印《锡金识小录》谈无锡，檀萃《滇海虞衡志》谈云南，《楚庭稗珠录》谈贵州和广东，等等，都有不少可取的内容。

当然，笔记中的糟粕也颇不少，除了反映作者的地主阶级观点以外，普遍的问题是有许多封建迷信的传闻。另外，互相抄袭，夸大伪造，也经常可见。这些，只要我们正确地进行辨认，也是不难搞清楚的。

清代笔记的整理出版工作，也做得有声有色，其中中华书局以"清代史料笔记丛刊"的名义，先后共出版清代笔记三十八部四十五种；上海古籍出版社有"明清笔记丛刊"二十种，清代占十二种。又，2007 年，上海古籍出版社用《清代笔记小说大观》之名，选用清代笔记十九种；齐鲁书社编"历代笔记小说丛书"，清代笔记也占有多数，加上其他各出版社出版的清代笔记，这些，都极大地方便了读者的查阅使用。

（七）其他史学著述　明清之际，是我国历史上大变动的时期，但是由于清朝统治者对这一段历史有很多忌讳，官修史书往往加以隐瞒，甚至有意歪曲，因此利用其他史料，尤其显得重要。一些明末遗民，或某些当时人留下的个人私著，可以弥补其中的缺陷。

谢国桢在《增订晚明史籍考》一书的"自序"中，曾约略地列举了一些书目："综核明季裨乘……其记南明诸朝者，则有查继佐《国寿录》、冯梦龙《甲申记事》、佚名撰《南都荩言录》及瞿其美《天南逸史》、沈佳撰《存信编》、刘茞撰《狩缅纪事》，以及李天根《爝火录》等书。其记鲁监国者，则有查继佐《鲁春秋》、林时对《雪交亭集》、黄宗羲《鲁监国大统历》等书；记郑成功者，则有夏琳《闽海纪略》、延平王户官杨英《从征实录》、阮旻锡之《海上闻见录》、傅以礼辑《忠节纪实》等书；记吴三桂者，则有傅以礼所辑之《楚之祷杌》等书……记史狱者，则有范魏撰《记范氏史狱》、傅以礼辑《庄氏史案本末》等书。"此外，像王船山的《永历实录》、计六奇的《明季南略》《明季北略》，温睿临的《南疆逸史》，等等，内容也十分丰富。

嘉、道以后，又有更多的人从事本朝史事的研究。

《圣武记》　魏源撰。魏源写《圣武记》，正是英国借鸦片之役，对我国发动侵略战争的年代，是一部有感于时局的激愤之作。书中特别着力于对康、乾"盛世"武功的叙述，目的就是企图以此来激发社会。全书十四卷，分"开创""藩镇""外藩""土司、苗瑶、回民""海寇、民变、兵变""教匪"六个类目。最后谈清朝的兵制、兵饷，称"武事余记"。全书的年代断限：从入关前的"开国龙兴"起，到嘉庆时镇压川楚陕农民起义止，其中最能表现魏源思想见地的是"武事余记"四卷。魏源写《圣武记》，是根据他"借观史馆秘阁官书及士大夫私家著述"，还加上"故老传说"①。虽然其中也有记载失实之处，但因他观察力敏锐，全书组织得也好，所以后来常常被人们当作初学清史的基本入门书来读。

在魏氏生前，《圣武记》就有三种本子。后来各地印行的本子，大体都是以道光二十六年（1846 年）扬州重订本为底本，进行刊印的。

《石渠余记》　王庆云撰，专记清朝典章政事，内容包括赈贷、蠲免、河工，科举、吏治和官员考察、军政、库藏会计、漕粮、屯垦、荒政、圈地和旗人生计、钱币、矿政、盐法、商课、关税、边外互市、海舶米粮等共八十七篇。王庆云是道光九年（1829 年）进士，官至工部尚书。他写该书，也是感于当时政治上的种种弊端，想通过对本朝各项制度的考究，以求得"升平之答"，所以，该书原起名《熙朝纪政》。定稿后，因内容不限于康熙一朝，又改称《石渠余记》。

《石渠余记》取材多本于官书，如《实录》《会典》《清通考》《中枢政考》《赋役全书》等，间或也有采自私家文集的，但也不是简单的史料排比，每篇都参有按语，对官书中的某些错误记载，也作了一定订正，这在今天都有参考价值。该书的最早刊本是湖南黄氏本，不久攸县龙氏再刊于长沙，这两种本子，在卷数和内容详略等方面，都稍有出入。后来的本子，多源于此。

重视边疆史地的研究，也是当时的特点。

《西域水道记》　徐松撰。这是他嘉庆十七年（1812 年）遣戍伊犁后，结合实地调查，并参照史籍写成的。全书的主旨是谈新疆的水系，实际上涉及内容很广，诸如交通、物产、城邑兴废、民族分布等，都有记载。这对于我们今天研究新疆的历史是很有用处的。

此外，祁韵士的《皇朝藩部要略》是就蒙古各部，以及回部、西藏的封袭、建置等事迹，按编年体裁进行叙述。张穆的《蒙古游牧记》则"拟诸古人地志"②，详细地考核了蒙古各部的游牧地域、历史沿革等情

---

① 《圣武记》卷首《自叙》。
② 《蒙古游牧记》祁寯藻序。

况。何秋涛的《朔方备乘》严格说来是一部资料书，作者把官私著述中有关北部边疆的史料，分类排比，并进行考订，使之对沙俄侵略我雅克萨地区以后的中俄关系，以及北徼形势，一目了然。

再介绍两部有关官员出仕和参与科举者家庭、家族状况的资料集成书。

《清代朱卷集成》　顾廷龙主编，1992 年台北成文出版社影印出版，共四百二十册。该集成收录自康熙朝到光绪朝乡试、会试、五贡等朱卷八千二百三十五份，其中会试卷一千六百三十五份，涉及进士近一万二千人，乡试朱卷五千一百八十六份，五贡朱卷一千五百七十六份，此外另有武会试卷四份，武乡试卷三十四份。至于朱卷，系指士子参加乡、会试中，试卷的誊抄文本。按照规定，凡朱卷开头，需填写应试者履历如姓名、字号、行第、生年、籍贯、已取得的功名、著作撰述等。另得登录本族谱系，先开直系始祖及高、曾、祖父，祖妣至本身父母；再填同族尊长，本人兄弟子姪、孙、侄孙、妻子姓氏与子女。以上凡有科名、官阶封典、著述者，均要开载。再是受业、问业、受知师长以及同窗益友情况介绍。朱卷第二部分的内容是参加乡、会试地点、年份、中试名次，主考官、同考官和总裁官姓名、官阶及对试卷的批语。最后部分才是考生文章。

基于上述内容，"朱卷集成"主编顾廷龙在其前言中将该资料的价值归结为"不可多得的传记资料"，"研究八股文的第一手材料"和"窥视清代教育状况之一斑"。若从社会史研究的角度来看，它还是考察家庭、家族和中上层人士社会交往圈的极好资料。清代朱卷除已出者外，在国内外各大图书馆乃至民间都有所收藏，但因分散零星，故不缀。

《清代缙绅录集成》　清华大学图书馆科技史暨古文献研究所编，2008 年大象出版社影印出版，计九十五册。清代《缙绅录》亦名《爵秩全书（或全览）》《缙绅全书》《中枢备览》《职官录》等。清朱彭寿《安乐康平室随笔》："《缙绅录》一书刊行时，第为翻检当代中外官员人名而设，一经更调，便如明日黄花矣。然阅数十年或数百年，旧时人物凋谢无遗，后人之浏览遗编，每足为征文考献之助，故得之者辄加题识考证，往往视如故籍，什袭珍藏焉。"可见很早人们已把《缙绅录》视为考证人物仕宦信息的重要来源了。

根据《缙绅录》记载，在人物排列顺序上，都是先京官，后地方外官，再分别开具各官官阶、品级、职衔、姓名籍贯、除授日期和科甲出身、顶戴俸禄等。外官在各省、府、厅、州、县之下，还得注明疆域、民风、学校、土产、钱粮、仓储、驿站、夫役、杂税、养廉、姓氏里居等，其内容更超出研究官员人物史的范围。九十五册本《清代缙绅录集成》共收从雍正四年（1726年）到宣统朝的各册本二百零七种，其中道光朝以前五十一种，之后一百五十六种，其藏本均出自清华大学图书馆。此外，由沈云龙主编的《近代中国史料丛刊》，亦收有光绪和宣统朝《爵秩全览》和《职官录》三种七册（台北文海出版社出版）。又，厦门大学出版社推出《中国稀见史料》则收有单士元藏《内务府爵秩全览》三册，至于藏存于国内外各图书馆未及刊行的《缙绅录》一类册籍，因尚待发掘整理，无法提供更多信息。

第五节　图像资料

就史学资料而言，除了先人留下的文字记载，随后发掘发现的考古文物遗存、口述采访外，利用绘画、摄影等方式展示的图像资料，同样弥足珍贵。在我国，向有"左图右史"的说法，其目的就在于以图证史、补史，故以往各时期留下的图像资料，也常成为今天可资利用的史料之一。不过总体来说，我国图像史料的数量和类别，远比不上文字资料，但亦不少见，尤其到了清代，更见丰富，自晚清从西方传入照相技术（再后来的纪实电影），有了逼真的实物形象，以及报刊等大众传媒中时事画报一类出版物的广泛普及，以图像说事，乃至证史、补史的作用就愈显彰明了。

清代前期的图像资料可分为朝廷或官方绘制收存和民间流行画卷两部分。

由朝廷或官方主持绘制的像乾隆时奉敕改修《太祖实录图》的《满州实录》，就是以"左图右史"的形式，叙述清（满洲）开国时的那段历史。又如嘉庆朝《大清会典》和光绪朝《大清会典》，均专列图卷，计舆地图外，各有天文、冠服、礼乐、舆卫、武备等图幅一千一百一十一帧和一千五百九十八帧。它们以形象的方式增强了大家对皇家礼仪、祭器、服饰、仪仗、甲胄武备各器械的了解，补充文字描述的不足。再譬如按照乾隆帝旨意完成的清代大型农书《授时通考》，在用文字叙述的同时，在田制、作物品种、耕作方式、农具类型、播种收获、水利设施等门类中，插入了各种图画。其中在"本朝重农"中，不忘将完成于康熙年间的《御制耕织图》四十五幅（耕图二十一幅、织图二十四幅）收归在内，以上共配插图五百一十二幅，数量也不算少。康熙和乾隆等皇帝都很看重写实画，任用像焦贞、王翚、冷枚、唐岱等一批画师作画，一些具有版画、油画技艺的西方传教士如郎世宁、王致远、艾启蒙等，也先后成为宫廷的御用画师。他们奉命创作了不少具有再现当时历史场景的画品，其著名者有：

《康熙南巡图》，王翚等绘制，原图共十二卷，现存九卷（北京故宫博物院存一、九、十、十一、十二卷，另二、三、四、七卷流散在法、美等国）。画卷展示康熙二十八年（1689 年）皇帝第二次南巡的经历，御驾并随从由京师出发，经直隶、山东、江苏、浙江等省区，沿途的山川城池、名胜古迹，以及官商市民迎驾盛况，其中涉及人物逾万，牛马牲畜过千，虽然画中布局和不少内容具有画家们的想象成分，但确实也在相当程度上反映了康熙中期江南及所经之地的人文风情。

《康熙万寿盛典图》。此图原为庆祝康熙帝六旬寿辰而作，由宋骏世、冷枚等画。全图长四十四米，描绘京城由西直门到神武门一带衢歌巷舞的场面，有江南十三府进奉戏台，福建等六省灯楼，人物众多，街面铺号栉比，宣扬当时"天下升平康乐"的景象。

《乾隆南巡图》，徐扬等绘制。该图描绘了乾隆十六年（1751 年）皇帝首次南巡时沿途景象，分启跸京师、过德州、渡黄河、阅视黄淮河工、金山放船至焦山、驻跸姑苏、入浙江境到嘉兴烟雨楼、驻跸杭州、绍兴谒大禹庙、江宁阅兵、顺河集离舟登陆、回銮紫禁城等十二卷。

《姑苏繁华图》，原名《盛世滋生图》，乾隆二十四年（1759 年）徐扬作。画面由苏州城郊的木渎镇起，经横山、石湖、上方山、介狮山，然后进城绕盘、胥、阊三门，穿山塘街至虎丘山上，其中既显示了苏州近郊的山乡田园，也有城内商贾辐辏、百货骈阗的社会风情。全图长 12.25 米，共出现人物一万两千余名口，房屋二千一百四十栋、桥梁五十座。客货船只四百余艘，商号招牌二百块，把清中期苏州的繁盛气魄表现得惟妙尽致。

由郎世宁等西方画师绘制的历史画作中，《乾隆平定西域战图》（或作《乾隆平定西域得胜图》《乾隆平定准部回部战图》）被人们所看重。该图卷从其名称可知，它是清廷为标榜乾隆二十年（1755 年）至二十四年（1759 年）出兵西域（今新疆地区），平定准噶尔和天山南麓回部胜利而作。乾隆二十七年（1762 年），郎世宁奉命着手构思创作草图，随后加入王致诚、艾启蒙、安德义参与绘制，三十六年（1771 年）完稿，再船运到法国制成铜板，三十八年（1773 年）再将原版图并各图二百张印图，返回宫中收藏。《乾隆平定西域战图》卷由十六幅图组成，分别是：平定伊犁受降、格登鄂拉斫营、鄂垒扎拉图之战、库陇癸之战、和落霍澌之捷、乌什酋长献城降、通古斯鲁克之战、黑水解围、呼尔璊大捷、阿尔楚尔之战、伊西洱库尔淖尔之战、霍斯库鲁克之战、拔达山汗纳款、平定回部献俘、郊劳回部成功诸将士、凯宴成功诸将士。以上十六幅图，每幅都代表了清廷进军西域成功的一个节点，具有历史意义。

另与《乾隆平定西域战图》齐名的，还有《万树园赐宴图》，表现乾隆帝在承德避暑山庄赐宴漠西蒙古杜尔伯特部首领车凌、车凌乌巴什、车凌孟克率部内迁事；《阿巴锡持矛荡寇图》，表彰蒙古勇士阿巴锡跃马持矛率二十四名勇士夜袭敌营与准噶尔达瓦齐叛军作战取得胜利；《万法归一图》，乾隆帝为欢迎土尔扈特部首领率领其部，由俄罗斯伏尔加河地区返回祖国，在避暑山庄万法归一殿设宴欢庆等。除了上述表现大场景画作外，在宫中还收存了不少皇帝"御容"、后妃功臣名宦画像。著名皇家园苑圆明园，在第二次鸦片战争中被英法联军所毁，但当时留下的《圆明园四十景图》却给我们留下了当时的盛景。

有关反映农工商生产行运过程画作也有不少，最著名的当然是前面提到的《耕织图》，另如康熙《滇南盐井图》、乾隆《制瓷图典》、乾隆《制茶图》、乾隆《棉花图》、乾隆《广州十三行图》等。稍晚的像贺长龄《江苏海运全案》中有沙船梁仓图、蛋船梁仓图、三不象梁仓图，对参与京运漕粮船只加以图示；《泰邑赈厂图说》系指嘉庆十年（1805 年）江苏泰州遭遇水灾，设赈厂救灾事。类似图集图片还有不少。

民间流行画卷，更多的是指生活风俗一类的年画、图说，另外像别集、年谱中作者画像，也有珍贵者。前述麟庆《鸿因缘图记》是一部年谱，但以文配图，记录其活动，别有价值。再有不少画像，虽然刊印的时间是清代后期，可在诸如生产生活习俗、服饰器具、交往礼仪、官衙布局、商号作坊乃至庙宇、祠堂、民宅等方面，很多变动不大或无所变化，所以亦可比照参考。

在当前，已有愈来愈多的学者看重以图证史的作用，常常在其所著通史、专门史乃至通俗小文中，辟出篇幅，或用专页、或以插页方式，刊登相关图画、照片，以加强形象效果；还出版了一些专门以图说清史的书籍，如《清史图典》，朱诚如主编，紫禁城出版社 2002 年出版。《图典》按太祖太宗、顺治、康熙、雍正、乾隆、嘉庆、道光、咸丰同治、光绪宣统各皇帝年号分成九卷，每卷各选用相应的图片及文物、古建照片以达到以图证史、以图补史的目的。

《图录丛刊》，国家清史编纂委员会编辑，中国人民大学出版社 2007 年、2008 年、2009 年出版。

《图录丛刊》共十册，每册原图分别各来自不同的图书馆、博物馆和档案馆，并起用不同的书名：

《帝国掠影：英国访华使团画笔下的清代中国》。乾隆时，英国马嘎尔尼使团来华，随行制图员威廉·亚历山大，将沿途所见所闻进行绘图写生，内容包括中国行政、刑狱、军伍、运输、商业、民风年俗等方面，并附文字旁白。该图录由原藏伦敦大英博物馆提供版权翻印。

《烟雨楼台：北京大学图书馆藏西籍中的清代建筑图像》，收集清代城墙城门、宝塔名楼、牌坊、会馆、学校、考场、寺庙、教堂、街道、桥梁、花园府第、亭台楼阁、祭坛陵墓等图片照相资料。

《水道寻往：天津图书馆藏清代舆图选》，全书从古籍《治河全书》《山东省黄河图说》《山东黄河全图》《山东黄河简明全图》《水道提纲》《保定府属河图》《冀赵深定易五直隶州属河图》《正定府属河图》八种水道图，以及《大沽炮台图》《圣驾回銮行宫图》《文登威海等地古迹图说》等古迹图，精选出四百二十七幅图片，分舆地图、水道图和古迹图三类加以展示。

《耆献写真：苏州大学图书馆藏清代人物图像选》，选收自顺治元年（1644 年）到宣统三年（1911 年）之间活动的人物图像，有线画、木刻、石刻像和照片等形式显现，每个人物都附以简单的生平介绍。

《皇舆遐览：北京大学图书馆藏清代彩绘地图》，收录内容包括清代的国舆地图、各省府州县地图、江河水利图、海防边防图、道路里程图、土地丈量图，以及盐业物产图等各类专题地图。

《巴蜀撷影：四川省档案馆藏清史图片集》，内以吏役管理、政令贯彻、政务工作、民俗工商、民族事务等进行分类。

除上文介绍的六本图册外，还有《券证遗珍：天津市档案馆藏清代商务文书图录》《"满铁"旧影：旅顺博物馆藏"满铁"老照片》《盛京风物：辽宁省图书馆藏清代历史图片集》《旧粤百态：广东省立中山图书馆藏晚清画报选辑》等四种，但因图片或照片的年代都偏于晚清，故只提书名，以供参考。

第六节　国外资料

（一）朝鲜史籍中的中国资料　朝鲜是我国的邻国，清朝和当时朝鲜的李朝，在政治上的关系十分密切，仿照中国《实录》撰修的《李朝实录》，是一部用汉文书写的朝鲜重要史籍，起自太祖李成桂元年（1392年），到哲宗李讳十四年（1863年），共一千八百九十三卷，其中仁祖二十二年（1644年）以后，相当于我国清朝统治时期。在《李朝实录》中，记载了很多有关中朝两国关系的资料。如聘使往还，商业贸易，海上救护，文化、科技交流，边事交涉等等。入关以前的满族，特别是女真部在东北地区活动的历史，因清朝统治者对其中的某些情况有所忌讳，留下的记录不多，《李朝实录》中却有大量此类的记载，对我们了解这段史实，很有益处。

《李朝实录》原来只有抄本，1930年至1932年，日本占领下的朝鲜汉城帝国大学，把它缩印了二十部。1953年，日本学习院东洋文化研究所又影印复制《李朝实录》五十册。1959年，中朝两国科学院合作，影印了以后的高宗、纯宗两代《实录》，接着1967年，日本学习院也进行重印。目前流传的《李朝实录》，就是这几种版本。

郑昌顺的《同文汇考》是他奉国王英宗之命，根据承文院收藏的与清朝来往的交往文书汇编而成，内容包括交易、犯越、别还、漂民诸事。该书类目清楚，条引明确，颇具实用价值。

不少到过中国的朝鲜使臣，在回国以后，写了一些出使记录。最早像清入关前李朝仁祖十五年（清崇德二年，1637年）金宗一之《沈阳日乘》。随后者仍仿例续写。有的因为两次、三次出使而留有两次、三次记录。如郑太和的《阳坡朝天日录》分别记清顺治六年与康熙元年两次到抵北京的所见所闻；南万九的《甲子燕行杂录》和《丙寅燕行杂录》，记康熙二十三年（1684年）、康熙二十五年（1686年）事；英祖十年（清雍正十二年，1734年）、二十六年（清乾隆十五年，1750年）两次出使中国的黄梓，在其《毕依斋遗稿》中，有《甲寅燕行录》与《庚午燕行录》两种。柳得恭因在乾隆五十五年（1790年）、嘉庆元年（1796年）和嘉庆六年（1801年）三次出使，而留有《滦阳录》《冷斋书种》《燕台再游录》。

其他像洪大容的《湛轩燕记》、李德懋《入燕记》、朴趾源《热河日记》、严璹《燕行录》、徐浩修《燕行记》、柳得恭《热河记行诗注》等，都是一些出使记录，其中以朴趾源的《热河日记》影响最大。

朴趾源还写过一篇有名的《书李邦翼事》。这是他根据李邦翼亲身经历撰写的。文章叙述李邦翼由济州岛经海路到汉城时，遇到飓风，船只漂泊到澎湖列岛，受到中国政府热情的照料，然后经福建、浙江、江南、山东等省，从北京再转辽阳回国的详细经过。书中既记录了中朝两国友好互助的故事，同时也写了不少当时中国的风土人情，既是一篇文学著作，也是一篇历史纪行文。

上述朝鲜使臣撰写的记录，统称《燕行录》。1962年，韩国成钧馆大学大东文化研究所将其搜集编辑，出版了《燕行录选集》。接着1967年，韩国民族文化推进会也刊行《燕行录选集》。及2001年，韩国东国大学出版的《燕行录全集》，内容更广，收集更全。该集收录自1200年（相当于南宋宁宗庆元六年、金章宗承安五年）至清嘉庆五年（1800年）六百年间朝鲜（高丽）使臣来华见闻记录共五百种，计一百册。另，1990年起由韩国民族文化推进会（2000年起改由韩国古典翻译院出版）编辑的《韩国文集丛刊》亦可参见。在中国，早在上世纪20年代金毓黻编《辽海丛书》，就收有柳得恭的《滦阳录》和《燕台再游录》。近年来，更有上海书店出版社出版朴趾源的《热河日记》。2011年复旦大学出版社出《韩国汉文燕行文献选编》三十册，2012年广西师范大学出版社出

《燕行录全集》十册，从而使中国读者能更方便地接触到这些史籍。

（二）越南史籍中的中国资料　《大南实录》是越南最后一个王朝——阮朝的《实录》。嘉隆十年（清嘉庆十六年，1811 年），阮福映下诏开馆编纂。全书共四百五十三卷，分前编、正编两部分。前编十二卷，记录嘉隆以前割据广南时期的历史，成书于绍治四年（清道光二十四年，1844 年）。以后为正编，其中第一纪嘉隆朝，成书于绍治八年（清道光二十八年，1848 年）。下面六纪，记载嘉隆以下七帝事，维新三年（清宣统元年，1909 年）才最后完成。此外，随《实录》另有《大南列传》八十五卷。

《大南实录》全部用汉文撰写，是研究越南阮朝历史的重要史料。在清代，由于中国和越南的关系十分密切，所以，《大南实录》中也保留了很多有关中越关系，以及直接记载中国的材料。

《大南实录》除越南阮朝有刊本外，1962 年日本有邻堂还影印出版。1962 年到 1972 年，越南史学出版社、科学出版社和社会科学出版社，更把它翻译成越南文出版。

另外，阮朝国史馆编的《钦定越史通鉴纲目》，阮朝内阁编的《钦定大南会典事例》，以及潘叔直的《国史遗编》等等，也有不少涉及中国的史料。

1991 年，中州古籍出版社出版了由戴可来、杨保筠校注的《岭南摭怪等史料三种》，其中《嘉定城通志》系当时旅居越南华人郑怀德（1765—1825 年）所撰，全书采用我国的传统修志方法，对越南南方的嘉定地区建置沿革、山川河流、疆域变迁、城池贸易、风土人情、气候物产作了详尽记述，其中有很多关于华侨、华人的事迹，以及华人在帮助开发南越大地所作的巨大贡献。《郑氏家谱》，武世营著。郑姓是清初由广东海康移居于真腊河仙镇的，始祖叫郑玖（1655—1735 年）。他与他的后代，以河仙镇为据点，辛勤开发，事业日盛，时间达七十年之久，为越南华侨史留下了极为珍贵的史料。作者武世臣也是华人，长期追随于郑氏家族，其起述当属可信。

2010 年复旦大学出版社出版的《越南汉文燕行文献集成》二十五册，主要收集越南（安南）陈朝、后黎朝、西山朝和阮朝（约相当于中国元朝仁宗皇庆到清光绪年间，1314—1884 年）出使中国燕行使者的七十九种著述。内容包括途中日记、来往公文、咏吟风光及与中国朝野士绅的文字交流，其中有不少涉及清代中越关系的史料。

（三）日本资料（附琉球资料）　清代，中日两国政府间的往来不多，但是民间的贸易却十分频繁。日本元禄八年（清康熙三十四年，1695年）刊行的《华夷通商考》，以及后来的《增补华夷通商考》等各类有关书籍流行，反映了当时两国贸易的盛况。

1958年至1959年由日本东洋文库铅印发行的《华夷变态》三册，则是日本德川幕府为了解中国等各国情况，向闽粤福漳等地商船及其他国家来往日本船只收集的各种资料。据日人《琼浦偶笔》卷六《唐船互市杂记》中说："凡唐船入港，即日邮报，蛮舶则速到飞报，亦皆问取外域风说以报闻。"① 该书的编者为日本幕府弘文学士林春斋及其子凤冈。《华夷变态》的续编本改题《崎港商说》，编纂体例和内容，与以前相同。

《华夷变态》的正续各本，原来都珍藏于日本秘库，明治维新以后才公开流传。1958年东洋文库刊印的三大册《华夷变态》，是根据各种版本校订的，并附有浦廉一的解说，是目前最完备的一种本子。

《华夷变态》的内容主要是"唐人风说书"，即日本当局根据中国商贾或船员提供的、有关当时清朝的各种时事传闻的书面报告，其中包括中国方面的敕谕、咨文、檄文、时务论策等。时间从日本正保元年到享保元年，相当于清顺治元年（1644年）到雍正二年（1724年），约八十年间事。

《华夷变态》虽然大多根据中国方面提供的资料，但也有很多内容为中国史籍所少见或不见。谢国桢在《增订晚明史籍考》中评论说："是书所录文书记载则为汉文，其叙述之事则用和语，其所记如李自成覆史军门书，吴三桂檄文，朱成功献日本书，郑锦舍檄文，何倩大明论，林上珍清朝有国说等篇，皆为中土所久佚。但有人疑李自成覆史阁部书为伪者。清乾隆间文网之禁，藏吴三桂檄文者罪且至族，今此本俨然具在，不可不谓珍本。且其他海外诸风说，亦皆研究中日及南洋交通之重要资料也。"

《鞑靼漂流记》是清入关初期日本人写的一部有关中国的见闻录。书中的开头说："越前国三国浦新保村的竹内藤右卫门和他的儿子藤藏船两艘，以及国田兵右卫门等五十八人，共乘三艘船往松前（在北海道），在

---

① 转引自浦廉一《华夷变态解题》第2页，载《华夷变态》第一卷。

海上遭遇大风，漂流到鞑靼国，被送到其国都（系指盛京），从这里又被送到大明的北京，再从那里被送到朝鲜的都城，移交给对马藩主属下古川伊右卫门，随后到达对马。"竹内等一行从顺治元年（1644年）漂流到中国，在北京住了将近一年，直到顺治三年（1646年）六月才经朝鲜回到日本。《鞑靼漂流记》是他们回日本后，日本德川幕府为了解中国情况而传讯的记录。竹内等一行虽然主要住在北京，但由于当时正是明清大变动的时期，而他们又接触了一些包括多尔衮在内的清朝高级人物。书中还谈到清朝的武备纪律、政治情况，以及社会风气，北京等地的城市概貌等，对我们了解这段历史有一定价值。

《鞑靼漂流记》因藏本不同，在日本有不同名称，如《鞑靼物语》《异国物语》《北鞑靼物语》《鞑靼漂泊录》等，各本的内容也稍有差异。

《东鞑纪行》，日本德川幕府下普请设（司工官）属吏间宫林藏著。他于1808年（清嘉庆十三年）奉派两次潜入我库页岛和黑龙江下游地区进行侦察活动。该书就是他第二次进入后所作的一份"踏察报告"。书中根据作者的亲身经历，具体记录了库页岛和黑龙江下游一带的地理、民族、风俗和沿途见闻，确实证明我国清朝政府对这一地区所施行的行政管辖权。书中附有清朝设置的"德楞行署"图和土著风俗图多幅，还有满文副都统衙门札寄姓长、乡长的公文一通，时间是乾隆四十年（1775年）二月二十日，通知那里的上层男子入京进贡娶妻，反映清廷以婚姻羁縻当地诸部属的事实。

琉球现在是日本的一部分（即冲绳县），清代则为琉球国。它与中国的关系十分密切。琉球的不少史籍也用汉文书写。官纂的《历代宝案》始编于尚贞二十九年（清康熙三十六年，1697年），收录了大量的咨文、执照，其中也记录当时中国和琉球政府交往的文件。因为琉球是个岛国，中国出海的商、渔船只，遇到风暴后，常常漂流到琉球避难，书中的很多内容就是有关遣送中国船只回国事的。又如《中山世谱》《球阳》等书，也有不少记载中琉关系的内容。《球阳》是一部有名的琉球国史，全书正编二十二卷，附卷四卷，记琉球中山国开国起，到尚泰二十九年（清光绪二年，1876年）事，该书卷十二，尚敬十九年（清雍正九年，1731年）条记："自古以来，本国船只皆用螺灰。是年正月，苏州府镇洋县商船一只，漂到本国赤丸崎，引到运天港，其难人吴，以烧石灰，其烧费甚减，而灰品更好，从此之后，本部今归、仁两郡，皆烧此灰，每年烧纳公库，由是贡船及楷船①皆用石灰。"这是一条记录中琉人民友好关系很宝贵的资料。

一些到中国的琉球使臣，也往往留下日记、游记或诗文集。如程顺则《雪堂燕游草》、蔡汝霖《北燕游草》《闽山游草》，蔡肇功的《南闽游草》等，这些书也有参考价值。

由中日两国合作，2013 年复旦大学出版社推出《琉球王国汉文文献集成》三十二册，其内容就有《中山世谱》《球阳》《琉球国旧记》《琉球国碑文记》以及像《雪堂燕游草》等诸多琉球珍贵文献。

（四）欧洲等西方国家的资料　在欧洲等西方各国记载的有关中国的历史资料中，《耶稣会书简集》是很值得重视的。从 16 世纪 50 年代开始，西方耶稣会传教士陆续来到中国。清朝取代明朝以后，这些传教士不但继续在北京等地活动，而且利用西方天文、数学等科技知识，加上又多精通汉语、汉文，迁就中国的习惯礼教，所以很快博得清朝统治者的青睐。他们中有的被授予钦天监正等官职，有的则接受朝廷的其他差遣。他们还出入宫廷，经常为皇帝讲课，治病，甚至扈从巡行外地。在与欧洲等西方国家的交往谈判中，他们被清廷委派担任翻译，并参与其中的某些机密。《书简集》所收录的，就是他们在中国活动期间发回的各类信件。

《书简集》还收录了从 17 世纪末到 18 世纪末在近东、美洲，印度等许多地方传教的耶稣会士的书信，其中以法国的传教士书信为最多。该书最早出版于 1702 年（清康熙四十一年）到 1776 年（清乾隆四十一年），共出版了三十四卷，有关中国的《书简集》则多达十余卷。

除了《书简集》以外，不少来华的耶稣会传教士还有一些其他关于中国的著述。如卫匡国的《鞑靼战记》，南怀仁的《鞑靼旅行记》《西鞑靼旅行记》，《徐日升日记》，《张诚日记》，白晋的《康熙帝传》等，有的已有中译本。

一些国家的档案馆还保存了外国与中国接触交往的文件。比如荷兰国家档案馆收藏的 17 世纪荷兰东印度公司的档案手稿，内容不少涉及中

---

① 贡船指琉球政府派往中国的船，楷船则指去日本的船。

国，关于台湾的资料，更是丰富。沙俄政府因与清廷有长期官方往来，因而留下了许多有关中国的资料，这些大都收藏在《国家中央古代文件档案》《俄国外交政策档案》等文件中。另外还有不少长期在北京居住的东正教士也对中国情况有所记录，其中教士卡法罗夫（1817—1878 年）就编有《俄国驻北京传教士团成员著作集》共四卷，内容涉及中国人的宗教信仰、中医医术、养蚕和制墨技能、算盘算法以及文化习俗等。